Etude sur les ouvrages destinés à l'instruction du public féminin en France (1650-1800):
leurs traits principaux, leurs cadres sociaux et leur héritage pour le XIXᵉ siècle

フランスで出版された女性のための知的啓蒙書(1650〜1800年)に関する一研究

──その特徴及び時代背景から19世紀への継承まで──

小山 美沙子
Misako Koyama

溪水社

扉の挿絵は、作家のスキュデリー嬢 (1607-1701 年) の文学サロンの様子を描いたもので、出典は、フランスで出版された本書筆者架蔵の『フランスの女性作家達』(*Les Femmes de lettres de France*, 1890) である。

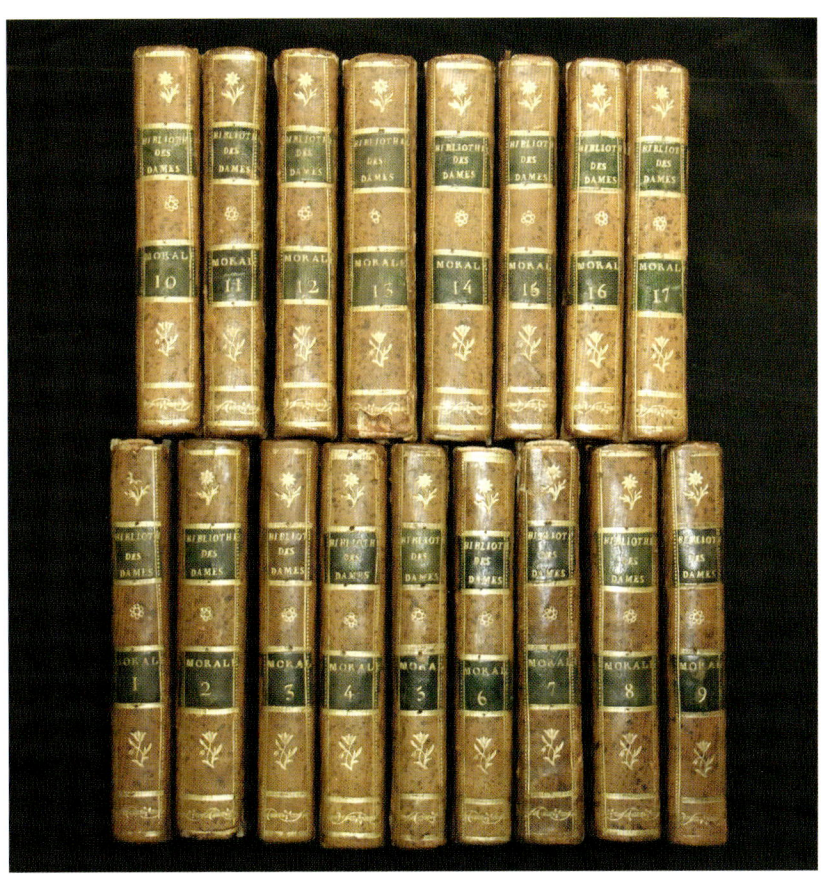

『婦人の百科文庫』に収められた『倫理』17巻（1785-1790年）［各巻高さ約13.3 cm］
（本書筆者架蔵）

　19世紀に入ってからの装丁という可能性もあるが、日本の文庫本よりひとまわり小さいサイズ（十八折版）による『婦人の百科文庫』は、旅の友としても重宝であったことだろう。

　　　　　　※表紙カヴァー及びグラヴィア写真ページのための
　　　　　　　撮影は、すべて本書筆者によるものである。

左からアントニーニの『婦人用のイタリア語文法』(1731年版)［高さ約16.5 cm］、ルプランス・ド・ボーモン夫人の『少女百科』(全4巻、1778年版)と『若い淑女百科』(全4巻、1772年版)［各巻高さ約16 cm］(本書筆者架蔵)

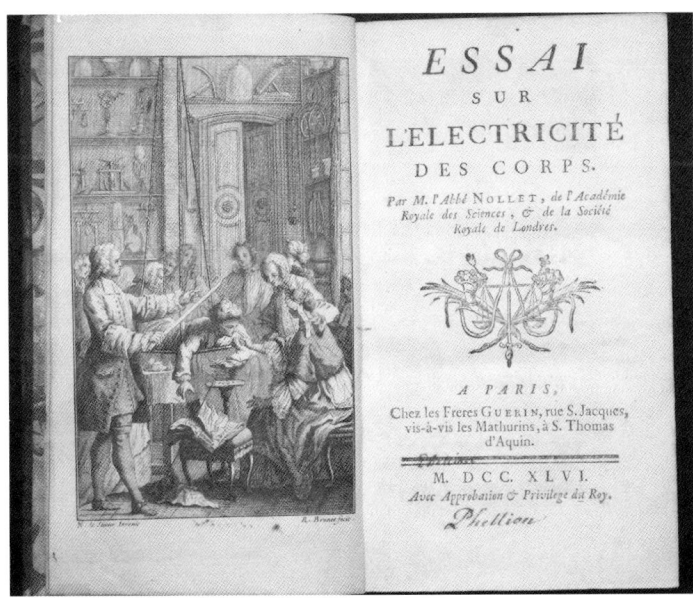

ノレの『物体の電気についての試論』(1746年)の口絵(本書第3章の註(112)参照。)と表紙[それぞれ縦16.3 cm、横約9.3 cm]（本書筆者架蔵）

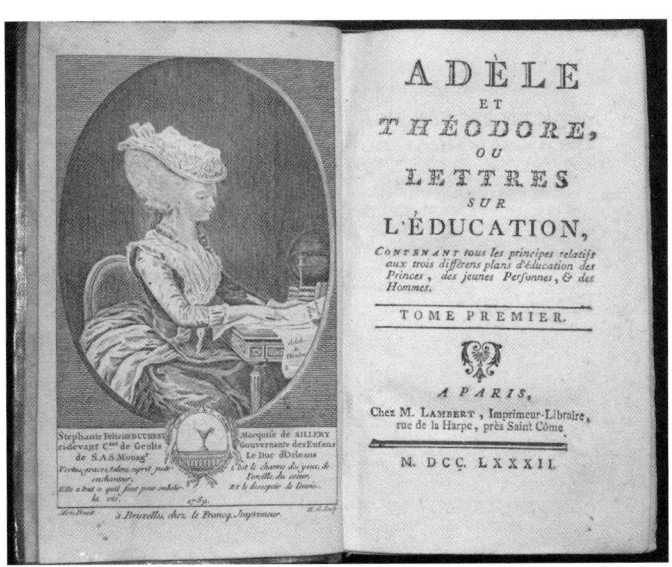

ジャンリス夫人の『アデールとテオドール』(第1巻、1782年)の口絵と表紙[それぞれ縦約16.5 cm、横約10 cm]（本書筆者架蔵）

口絵(年号を示すと思われる「1789」や欄外にはブリュッセルの印刷屋の名前が記載されている。)は、後の装丁で加えられたと考えられる。ジャンリス夫人が、「アデールとテオドール」と書かれた用紙を下にして、「美徳の年代記」のタイトル名を掲げた用紙にペンを走らせている。

LES ANNALES

DE LA VERTU,

OU

HISTOIRE UNIVERSELLE,

ICONOGRAPHIQUE ET LITTÉRAIRE;

à l'usage des Artistes et des jeunes Littérateurs,
et pour servir à l'éducation de la Jeunesse:

PAR MADAME DE GENLIS.

Nouvelle édition, revue, corrigée et augmentée de plus de 700 pages.

TOME PREMIER.

A PARIS,

Chez MARADAN, Libraire, rue Pavée S. André-des-Arcs, n°. 16.

1806.

ジャンリス夫人の『美徳の年代記』(第1巻、1806年版)の表紙[縦17 cm、横約9.5 cm](中西学園中央図書館所蔵)

TABLE DES ARTICLES

contenus dans ce volume.

Loix, mœurs, usages, littérature, etc. . p.　1
Arts et Sciences. . . . .　79
Chirurgie. . . . .　82
Botanique. . . . .　85
Peinture, Sculpture, Architecture, Jardins.　87
De la Musique. . . . .　94
Déclamation théâtrale. . . . .　98
Littérature 105
Notice des femmes Auteurs les plus célèbres
　des deux derniers siècles 205
De l'Opéra. 242
Traits détachés de l'Histoire de France. . . 255

FIN DE LA TABLE DU TOME CINQUIÈME.

『美徳の年代記』（第 5 巻、1806 年版）のフランス史関係の目次
(中西学園中央図書館所蔵)

　第 4 巻後半のフランスの地理と歴史(政治・外交史)の概略に続いて、第 5 巻では、フランスの風俗と学芸の歴史、17-18 世紀の女性作家、16 世紀までの特筆すべき人物(国王や軍人、王妃など)の紹介がなされている。

des Enfans. 53

LEÇON XIV.

Des Plantes.

D. QU'est-ce qu'une Plante ?

R. C'est une production de la terre, qui y tient par des racines. Des Racines sort la Tige, & de la Tige sortent des Branches, les Feüilles, les Fleurs, le Fruit & la Graine.

D. Comment divise-t-on les Plantes ?

R. Les unes sont basses, qu'on appelle Herbes: les autres plus grandes, sont les Arbustes: les autres très-grandes, qui sont les Arbres.

D. Quelle est la vie des Plantes ?

E iij

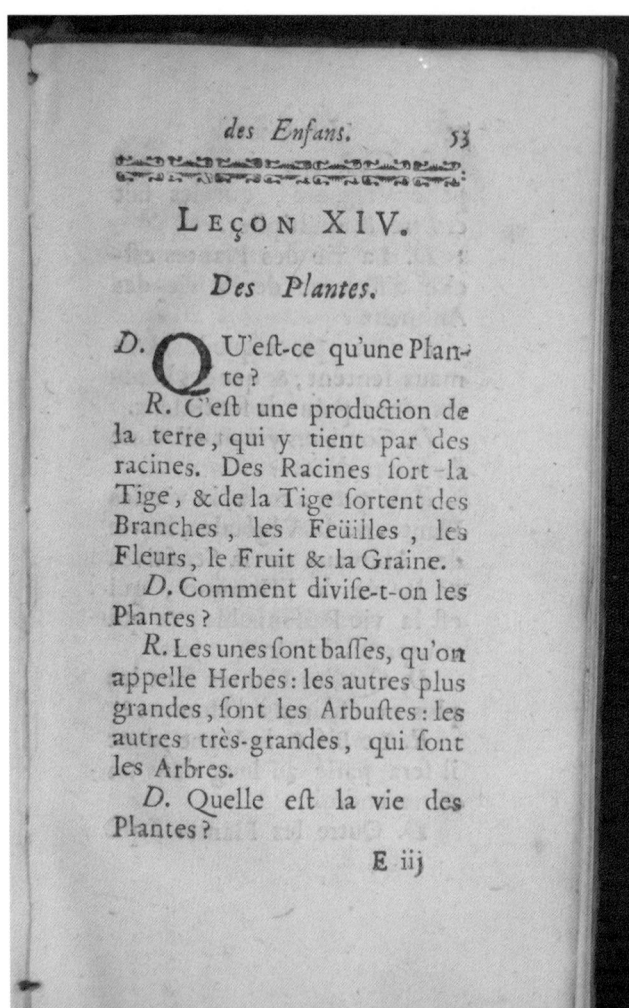

問答形式による『子供の書』(1728 年版)の第 14 課「植物について」の冒頭ページ[縦約 16 cm、横約 9 cm](中西学園中央図書館所蔵)

無駄のない極簡単な植物の定義と類別で始まっている。

ドゥムースチエの『神話についてのエミリーへの手紙』(第 1 巻、1828 年版)の第 1 書簡の冒頭ページ［縦約 21.3 cm、横約 13 cm］（本書筆者架蔵）

詩句を交え、エミリーに語りかける調子で始まっている。

『婦人の百科文庫』に収められた『旅行紀』の第1巻（1785年）の表紙［縦約12.7 cm、横約7.7 cm］（本書筆者架蔵）

　この文庫では、当時の通常の慣例と異なり、出版年の記載はローマ数字ではなくアラビア数字である。学者ぶった印象を与えることを避け、親しみやすくしようとしたのであろうか。

『婦人の百科文庫』に収められた『旅行紀』(第3巻、1786年)の第1書簡冒頭ページ(本書筆者架蔵)

　極東アジア国々から旅を始める青年が、旅先から「奥様」に捧げる書簡が楽しく意義あるものとなることを予告している。

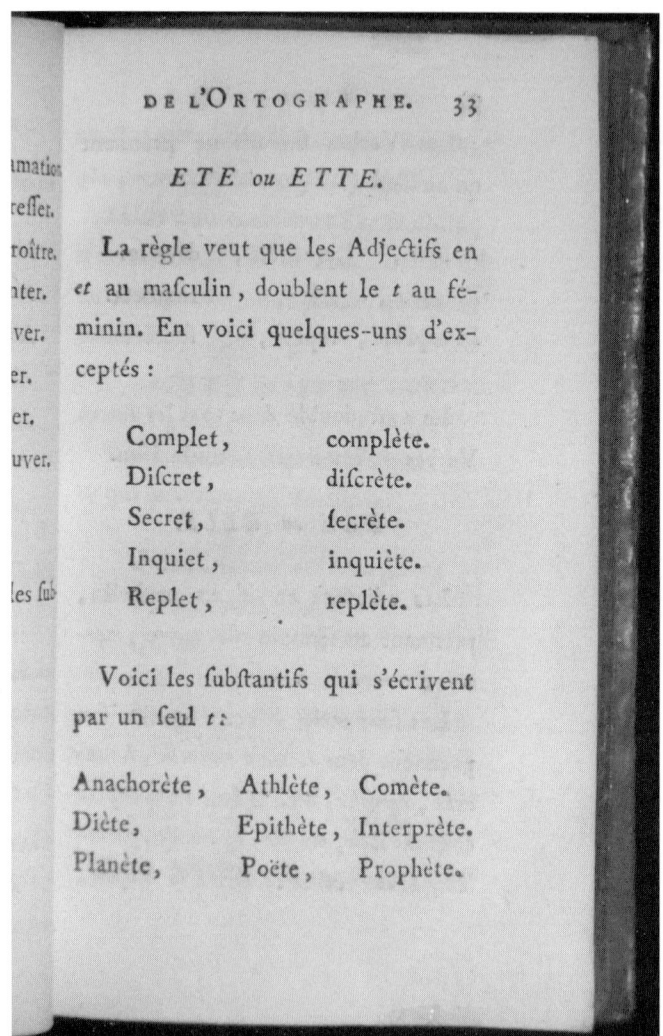

『婦人の百科文庫』に収められた『合集』(第 2 巻、1785 年)の『綴り字概論』の本文より（本書筆者架蔵）

　et で終わるフランス語の形容詞の女性形への語尾変化が、原則通りの ette ではなく ète となる例外と、ète で終わる名詞の例も示されている。現代でも間違いやすい点である。

『婦人の百科文庫』に収められた『倫理』(第 17 巻、1790 年) の『J. J. ルソーの断片的考察集』(第 3 巻目) の第 1 頁「現代への風刺」(本書第 3 章の第 126 – 127 頁参照。) の冒頭ページ

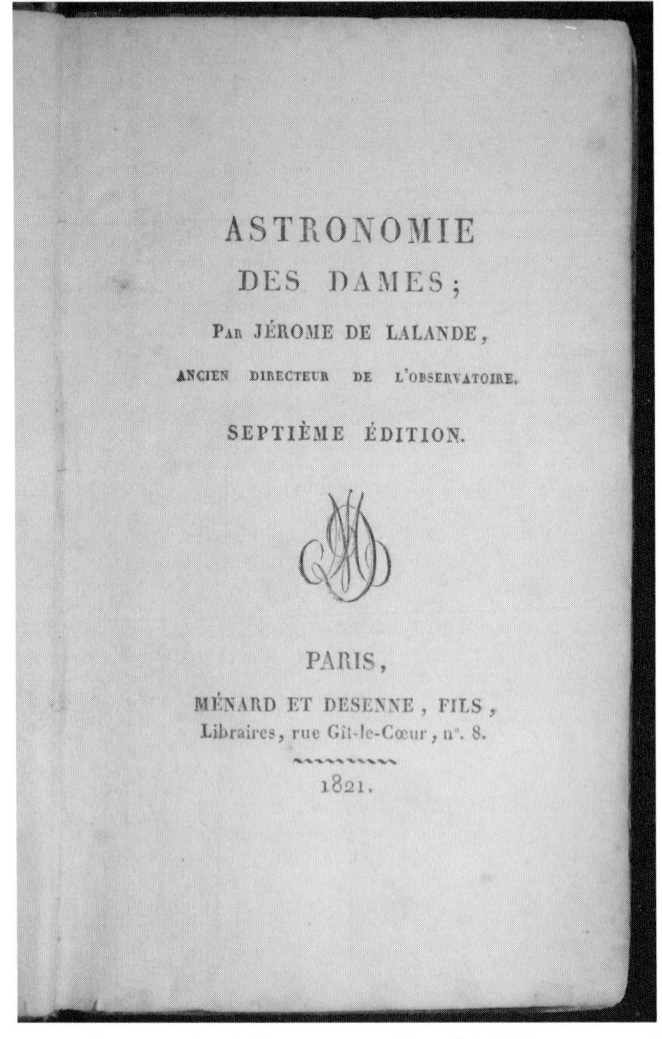

ラランドの『婦人の天文学』(第 7 版、1821 年)の表紙［縦約 16.3 cm、横約 9.5 cm］（本書筆者架蔵）

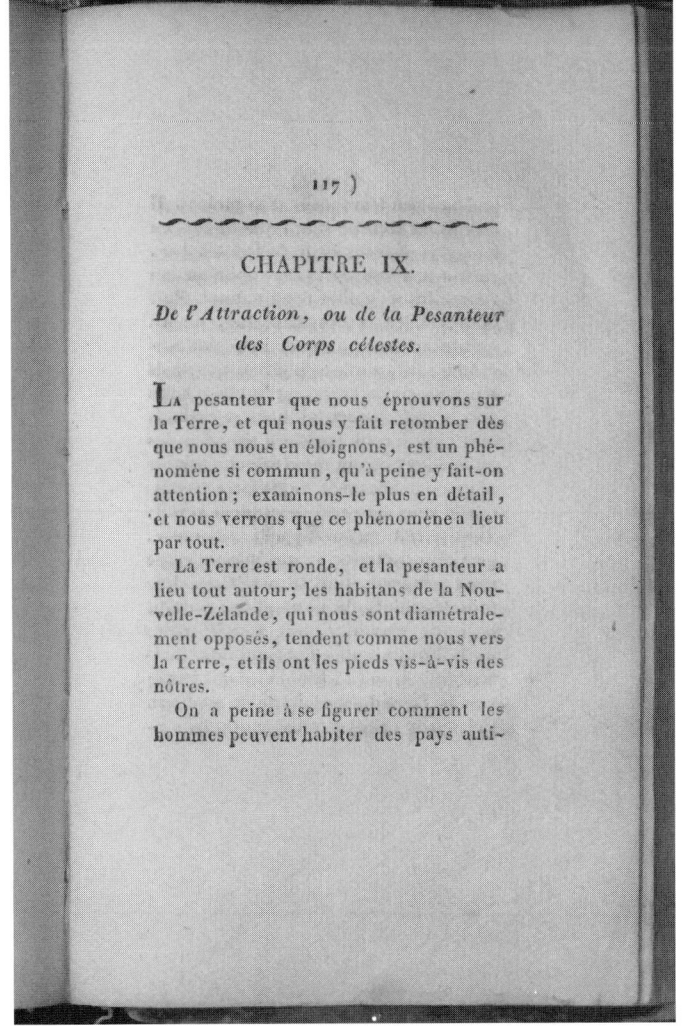

ラランドの『婦人の天文学』(第7版、1821年)の第9章「引力について、あるいは天体の重力について」の冒頭ページ

重力の存在について、読者がイメージしやすいように、誰もが経験的に理解できる日常的な現象から始めて、地球全体に話しを発展させている。

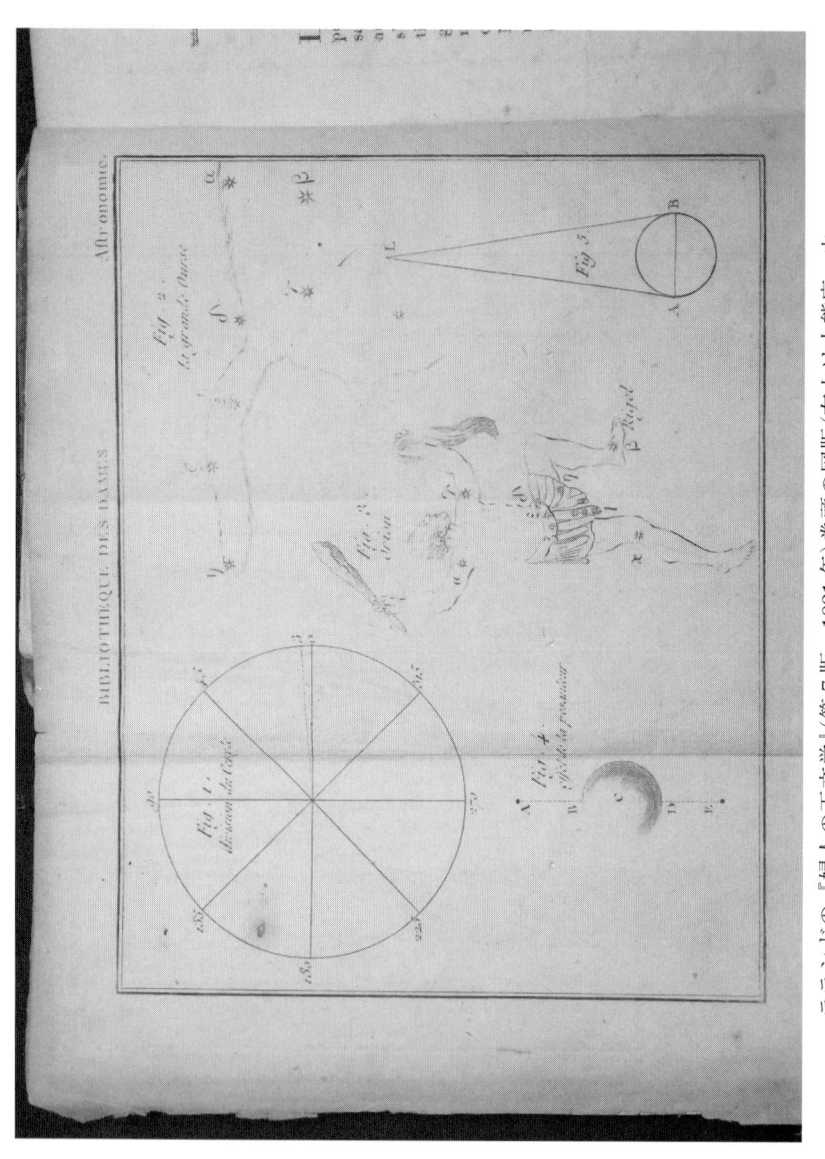

ラランドの『婦人の天文学』(第7版、1821年)巻頭の図版(右上は大熊座、中央下はオリオン座)[縦約 16.3 cm、横約 18.5 cm]

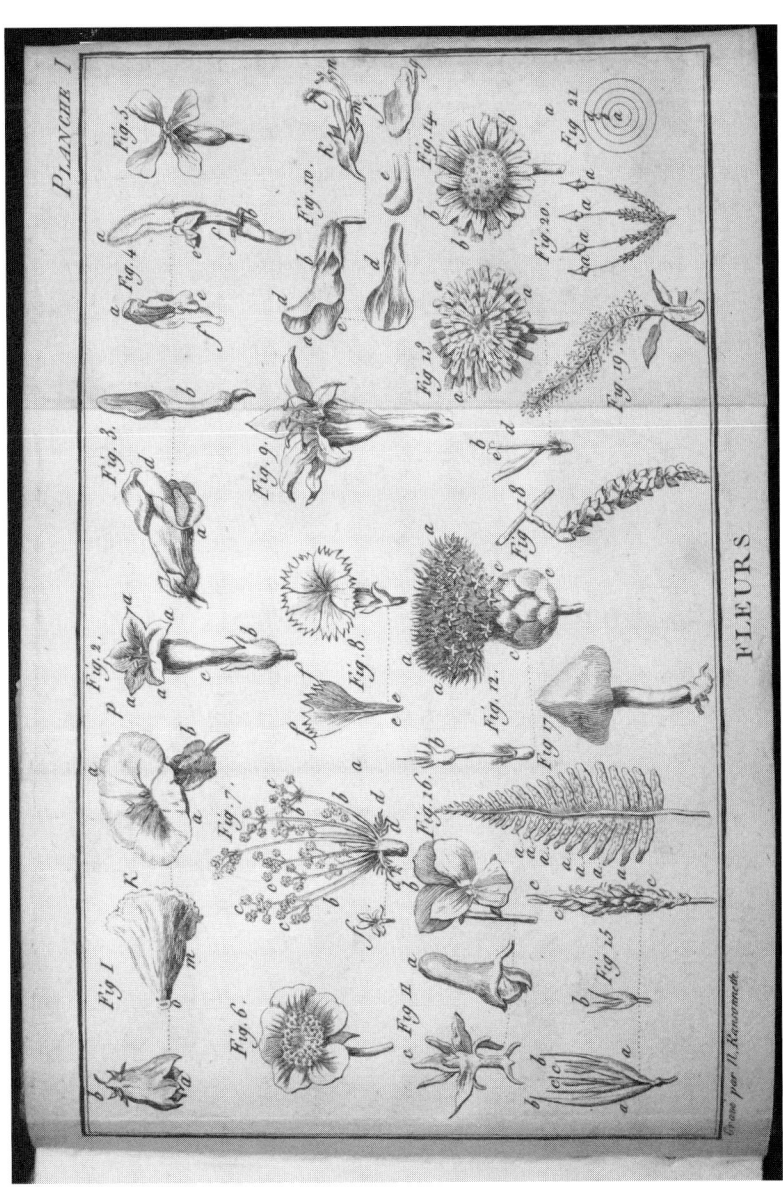

『婦人の百科文庫』に収められた『植物学』(第1巻、1786年) 巻末の「図版1」の「花」 [縦12.6 cm、横約19.2 cm] (本書著者架蔵)

『婦人の百科文庫』に収められたルッセルの『家庭の医学、あるいは簡単な健康維持法』(第1巻、1790年)の表紙（本書筆者架蔵）

242　　　TABLE
De la suppression du Flux Menstruel.　　Page 39
Du Flux Menstruel excessif & irrégulier.　　48
Des Fleurs blanches.　　54
De la Nymphomanie.　　57
De la Masturbation.　　59
Des Vapeurs.　　62
De l'Affection hystérique.　　80
Des Maladies des femmes enceintes.　　90
Des signes de la grossesse.　　91
Des accidens causés par la Pléthore.　　94
Des pertes de sang dans les femmes enceintes.　　95
De l'Avortement.　　98
Constipation.　　101
De la difficulté d'uriner.　　103

『婦人の百科文庫』に収められたルッセルの『家庭の医学、あるいは簡単な健康維持法』(第1巻)の女性の病気を扱った目次項目の一部（本書第3章の第129頁参照。）

アントニーニの『婦人用のイタリア語文法』(1731年版版)の表紙［縦16 cm、横約9 cm］

CHAPITRE III.

Des Noms.

Dans la Langue Italienne tous les Noms font terminez par une voïelle ; ainfi les cinq voïelles, *a*, *e*, *i*, *o*, *u*, forment cinq Declinaifons differentes.

Les Noms Italiens, non plus que les Noms François, ne changent point de Terminaifon dans leurs Cas : ce ne font que les Articles qui font connoître les Cas des Noms.

SINGULIER.	SINGULIER.
Nom. *il Libro*,	le Livre.
Gen. *del Libro*,	du Livre.
Dat. *al Libro*,	au Livre.
Acc. *il Libro*,	le Livre.
Abl. *dal Libro*,	du Livre.

Du Nombre Singulier, on forme le Pluriel dans l'Italien, en changeant la derniere voïelle, & non pas en ajoutant une confone, comme il arrive en François.

　アントニーニの『婦人用のイタリア語文法』(1731年版) の第3章「名詞について」の冒頭ページ
　名詞の語尾、格変化、複数形と、仏伊両言語を比較しながら説明をしている。右に仏語訳をつけた libro (本) の格変化表は、ラテン語文法の影響を受けていた当時のイタリア語文法書の例としても興味深い。

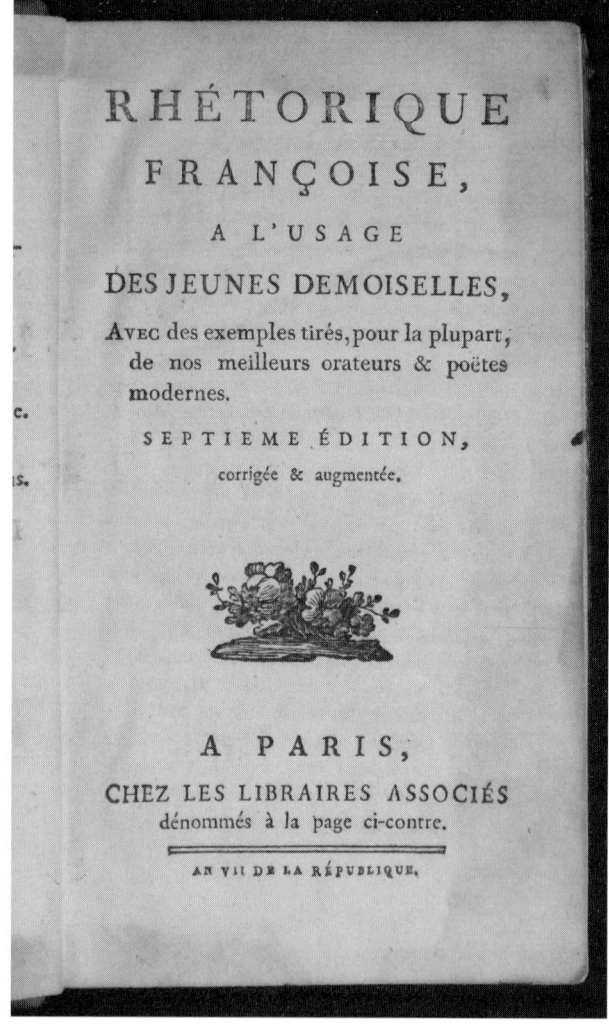

ガヤールの『若い令嬢用のフランス語の修辞学』(第7版、革命暦7年)の表紙［縦約 16.3 cm、横約 9.3 cm］（本書筆者架蔵）

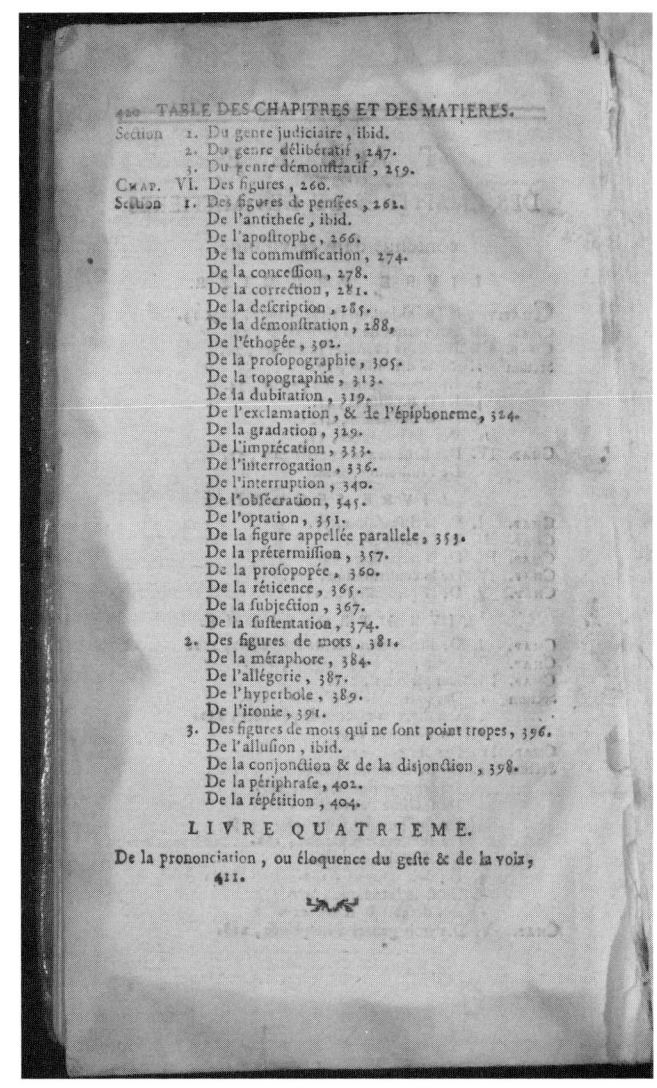

ガヤールの『若い令嬢用のフランス語の修辞学』(第7版、革命暦7年)の目次の後半部分(修辞学の第3の要素である表現法の諸項目の続きと第4の要素である発声法と仕草)

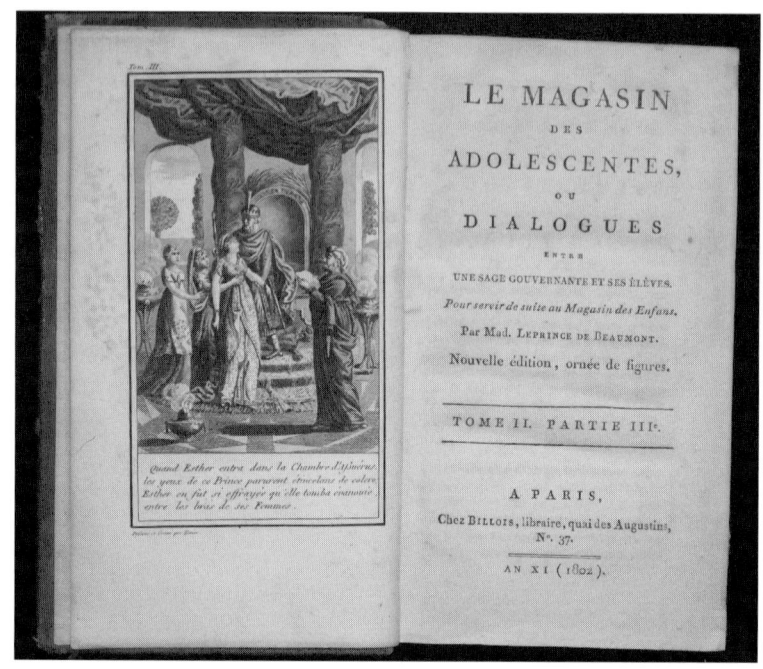

ルプランス・ド・ボーモン夫人の『少女百科』(第 2 巻、1802 年版)の口絵と表紙[それぞれ縦約 17 cm、横約 9.7 cm](本書筆者架蔵)

　口絵は、ペルシャの王妃となったユダヤ人のエステルが、ユダヤの民の皆殺しを阻止するために、命の危険を冒して王に謁見した場面(第 24 の「対話」より)。旧約聖書に出てくるエステルの物語は、演劇作品でたびたび取り上げられてきた。17 世紀のフランスの劇作家ラシーヌも、マントノン夫人の求めでサン＝シールの女学校の生徒達のために悲劇『エステル』(1689 年)を書き、そこで生徒達によって初演された。

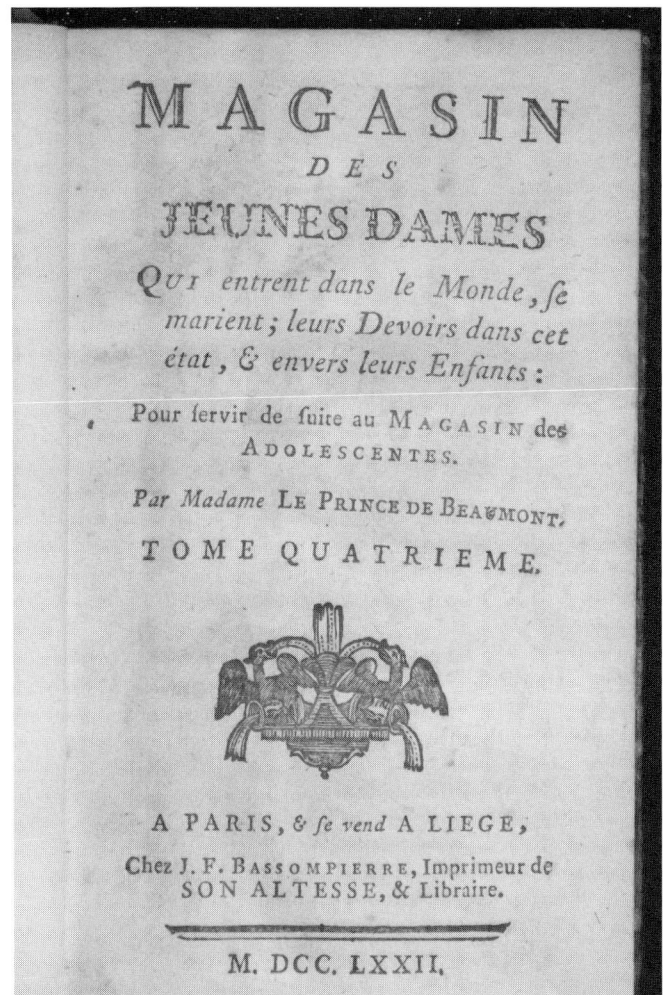

ルプランス・ド・ボーモン夫人の『若い淑女百科』(第 4 巻、1772 年版)の表紙[縦 15.4 cm、横約 8.7 cm]

MAGASIN
DES
JEUNES DAMES.

QUATORZIEME JOURNÉE.

Toutes les Ecolieres rassemblées.

Madem. BONNE.

Ady *Mary*, dites-nous la leçon du St. Evangile. Renouvellons notre attention, Mesdames.

Lady MARY.

Vous avez appris qu'il a été dit : œil pour œil, & dent pour dent ; & moi, je vous dis de ne point chercher à vous venger de celui qui vous traite mal ; mais si quelqu'un vous donne un soufflet sur la joue droite, présentez-lui encore l'autre. Si quelqu'un veut plai-

A 2

ルプランス・ド・ボーモン夫人の『若い淑女百科』(第4巻、1772年版)の「第14日目」(福音書にある報復をしないという原則をめぐって議論が始まる。)冒頭ページ

はじめに

　本書は、筆者が2007年に大阪大学大学院文学研究科に提出した学位論文に、刊行するにあたって必要な手直しを施したものである。筆者は、この論文で、17-18世紀の女性のための知的啓蒙書の分析というフランス本国でさえほとんど未開拓な分野を手掛け、多くの一次資料を直接検討し、女性の知への接近を促す社会的背景は勿論、当時の出版事情との関連、一般読者や男女用の啓蒙書の出版なども検討する中で、現時点において可能な限り、女性のための啓蒙書の特徴を浮かび上がらせた。更に、これまで見落とされがちであった19世紀との連続性にも章を充てたが、これは、自身の今後の研究への大きな布石となるものである。もともと本論は、後述するように、19世紀前半の女性のための知的啓蒙書を本格的に研究するために手掛けた予備的な検討作業から出発したもので、網羅的な検証をめざしたものではない。しかしながら、フランスで長年に亘る資料収集とそれに基く研究の成果をこのように著書の形で公表することで、制度史的観点からはネガティヴなイメージが付き纏ってきたフランスの女子教育史に、女性読者のための知的啓蒙書という別な観点から光を当てた時、少なくとも、啓蒙の時代にふさわしい新たな相貌が現れてくることを知っていただけることであろう。

　但し、こうした研究成果を公表するに当たり、読み易くするために、本文や註にあった夥しい原文の引用や書物のタイトルをできる限り日本語訳に改めることにした。又、博士学位論文申請公開口頭試問において審査委員の諸先生方から賜った数々の貴重なご指摘と試問の結果を踏まえることは勿論だが、論文提出後、新たにフランス国立図書館から資料を取り寄せるなどした結果、判明した新事実もあり、これも本書に反映させるよう努めた。その他、論文全体を見直す過程で、細かい点での加筆や修正もできる限り行った。こうした作業は、案外多くの労力と時間を要し、そのため、

学位規定に反して刊行が1年以上遅れることになった。書物の探究には際限がない。更に検討を加えたい点も多々あるが、それは今後の課題とすることにしたい。

　さて、本書の概要を述べる前に、まず、こうした研究に取り組むことになったいきさつと、その意義について述べておきたい。
　1991年、筆者は、パリのある古書店から届いたカタログの中に、19世紀末にパリで出版された女性用百科事典のタイトルを偶然見つけた。当時の筆者は、その事典『女性と家庭の辞典』(Dictionnaire de la femme et de la famille, 1897)の第2版が、案外多岐に亘る項目で構成されていることに注目してはいたが、服飾関係の項目が圧倒的に多いため、本書を「女性用の知」への女性読者の囲い込みという観点から論文を発表したのであった[1]。
　しかし、論文執筆直後、フランス国立図書館で資料探索を開始すると、女子の教育制度の進展の遅れが目立つ19世紀前半に、そうしたネガティヴな視点だけでは到底説明しきれないような野心的な女性用の百科事典、『婦人の百科事典』(Encyclopédie des dames, 22 vol.,1821-1823)や『婦人と若い娘用の会話辞典』(Dictionnaire de conversation à l'usage des dames et des jeunes personnes, 10 vol., 1841)が既に世に出ていたことを知って感銘を受け、手間ひまかけてこれらの全容を可能な限り明らかにすることに努めた[2]。更に、百科事典以外の女性のための知識の普及書にも探索の範囲を広げ、1996年の夏に文献資料の発掘を本格的に開始したのであった。当時筆者が関心を寄せていた19世紀前半の女子の知育の問題を、教育制度ではなく、女性の啓蒙を意図した書物の検証というこれまでにない新たな観点からアプローチしようと考えたからである[3]。
　その後、フランスの19世紀前半における女性のための知的啓蒙書の解明に取り組むために、1997年3月から1年間、勤務先の名古屋外大の海外派遣教員として、フランスの女子教育制度史の研究で著名な、パリ第4大学大学院のフランソワーズ・マユール教授(当時)の助言を仰ぎつつ、フランス国立図書館を中心に、国立教育研究所付属図書館(当時はパリ市内

にあった。)、ソルボンヌ大学の図書館で、調査、資料収集に努めた。その結果、1801年から1848年までの女子用の知的啓蒙書と呼ぶに値する文献の存在を多数確認できた。これに加えて、文献探索は、女性用の知的啓蒙書の背景を探る上で欠かせない、当時の女子教育論や男女用の啓蒙書、一般の啓蒙書にまで及んだのである。

ところで、上層階級の婦人達が主催するサロン文化の全盛時代が終わりを告げ、夫権や父権の優位を明文化した1804年の民法典に象徴される19世紀は、基本的に男性主導の市民社会である。そうした中で、女子の公教育の整備の遅れは、女子の知的陶冶に対する消極性を意味しているはずであるが、当時のとりわけ女性のための啓蒙書の中には、女子の知的啓蒙への真摯な意図を表明しているものも少なくないのである。しかし、同時代の資料探究だけでは、そうした現象を合理的に説明できないことは明白であった。

一方、19世紀初頭の出版報を調べていた頃、偶然目に止まったのが、18世紀の啓蒙の時代精神の女性への波及効果を思わせる『婦人の百科文庫』(*Bibliothèque universelle des dames*, 154 vol., 1785-1793) の部分的な再版の記載であった。この百科文庫は、その存在が知られていながら、これまで研究者によってその全容が正確に把握されてこなかったものである。学位論文では、そうした状況を考慮し、啓蒙の時代の女性のための知的啓蒙書の頂点に位置するこの意義深い叢書の分析に多くの頁を割いたが[4]、この叢書との出会いは、幸いにも、19世紀の出版文化の開花現象を読み解く鍵が前世紀にあることを認識するきっかけとなってくれたのであった。そして、これが、筆者を17-18世紀の女性のための知的啓蒙書への探索へと導いたのであった。主にフランス国立図書館で、デジタル化された所蔵カタログをもとにキーワード検索を繰り返し、その都度現物を検討していった。又、当時の書誌もできる限り参照した。こうして、該当する文献37点(計209巻)をリストアップするに至ったのである[5]。但し、17世紀の文献については、1650年以前の文献が確認できなかったため、極少数に止まることとなった。更に、それらの文献の分析に必要な当時の女子教育論、同

時代の男女用の知識の普及書や一般の普及書などについても上述の複数の図書館で調べを行った。しかし、分析には相当な時間を要するため、フランス国立図書館所蔵の文献資料については、大抵の場合、マイクロフィッシュやマイクロフィルム化の申請を行った。こうした探索は、その後も、夏休みを利用した2度の渡仏とフランス国立図書館から資料を取り寄せることで続けられた。

　これらは、もともと、19世紀の女性のための知的啓蒙書の背景を探るための探索であったので、網羅的な調べを追求したわけではないが、それでも、結果的に、学位論文のメインとなった第3章は膨大なものになり、資料的価値も非常に高いと筆者は判断するに至った。そこで、既に19世紀初頭の文献の詳しい検討作業に入ってはいたのであるが、今後の検討作業を実りある形で進めるためにも、17-18世紀の部分の膨大な作業を改めて見直し、独立した研究として纏め上げることにしたのである。既にこの時代の分析結果の核心部分は、2度に亘って日仏教育学会の学会誌で公表する機会を得てきたが、改めて、見直しをしてみると、更に調べを進める必要のある点も少なくなく、実にやりがいのある作業であった。

　又、著者は、19世紀と前世紀の連続性という点に注目してきたので、19世紀への継承を示す部分を章に加えることにした。19世紀前半の豊富な文献資料も手元にあり、既に若干分析を手掛けていたからこそ、筆者には、どういう点に注目して17-18世紀の知識の普及書を検討すればよいのかわかっていた。そのため、前世紀の検討作業の見直し作業とふたつの時代の連続性に関する部分の執筆を順調に進めることができたのである。学位論文は、こうした経緯を経て完成したもので、長年に亘る研究に、ひとつの区切りをつけ、次のステップへのより大きな糧を得ることができたと思っている。

　尤も、17-18世紀当時の出版部数や実際の読者に関する情報が多くの場合欠如しているなど、全容を解明したとは言いがたい。しかし、フランス本国でさえ、当時の女性のための知的啓蒙書に関する纏まった研究が存在しない現状を考慮すれば[6]、本書が、少なくともフランスの女子教育史や

はじめに

女性史、そして出版の歴史の研究にも一灯を捧げることができるものであると確信している。

本書では、まず第1章で、17-18世紀の女子の公教育を概観するが、これは、教育制度史の枠外での女子の知育の問題を検討することの意義、及び、女性のための知的啓蒙書の存在の意義を浮き彫りにするためである。

第2章では、女性の知的啓蒙書が出版される背景として、女性の知的啓蒙を促す社会的背景と知育擁護論の諸相を検討する。ここで明らかになる女子の知育擁護論は、第3章で検討する女性のための知的啓蒙書における女子啓蒙の意図と連動しており、ここである程度細かく検討することは意義深いと考える。

第3章では、最初に、17-18世紀の（特に啓蒙の時代であった18世紀の）書物の出版状況や、男女用の知識の普及書も含めた一般的な知識の普及書の状況を概観する。その上で、女性のための知的啓蒙書一覧を示し、特に女性のための知的啓蒙書の金字塔とでも言うべき『婦人の百科文庫』の詳細な分析を提示するつもりである。その後で、改めて全37点の啓蒙書の特色を、啓蒙の時代の知識の普及書の特徴や啓蒙の時代精神と女性啓蒙の意図の表われといった点を重視した、16のチェック項目のもとに分析を試みた。更に、こうした啓蒙書出版の意義と限界、反響の問題、当時の女性にとっての読書の重要性といった点についても、当時の証言も交え、できる限り言及した。

最後の第4章では、19世紀における前世紀の女性のための知識の普及書の再版の問題を取り上げる。二つの時代の連続性を、時代と出版文化の観点から歴史的に概観した後で、女性用として再版された知識の普及書の中にも、時代に呼応して、ふたつの時代の架け橋となりうる点が見出せるか否かを検討していく。又、これらの知識の普及書としての在り方をも検討することで、その価値と限界が明らかにされるであろう。最後に、前世紀の継承としての啓蒙書の再版という点に止まらず、19世紀に新たに出版された女性のための知的啓蒙書に見る前世紀の継承の可能性について

も、若干記しておきたい。

「むすび」では、本書の総括以外に、本研究をベースにした自身の今後の研究の展望についても触れるつもりである。

出版文化が花開き、公教育の整備が知における男女格差の問題を残しながらも少しずつ進展していく19世紀以前に、リスクの多い出版業界で、特に女性を啓蒙の対象とした様々な知識の普及書がフランスで出版されていた事実を、現時点で可能な限り明らかにすることで、その多くが歴史の闇に埋もれたこれらの人道主義的な行為の産物に光を当て、その意義を見出し、後世に伝えることに本研究が多少なりとも寄与できれば幸いである。

尚、学位論文完成に至るまで、数多くの貴重な助言を賜ると共に、仕事の遅い筆者を終始暖かく見守ってくださった指導教授の柏木隆雄先生(当時は大阪大学大学院教授、現在は放送大学大阪学習センター長)に、心より感謝申しあげたい。

又、教育制度史の観点とは異なる視点からのアプローチを試みていた筆者に、フランスでの仕事を円滑に進められるよう便宜を図ってくださり、多くの励ましと助言を賜った今は亡きフランソワーズ・マユール先生にも深い感謝の念を捧げたいと思う。

そして、筆者の研究を発展させて学位論文に纏めるよう強く勧めてくださり、資料収集のための留学を支援いただいた当時の名古屋外国語大学大学院研究科長で京都大学名誉教授の故大橋保夫先生、並びに大学関係者の皆様、論文執筆の過程で協力いただいたフランス語学科の教職員の皆様にも心からの謝意を表したい。

はじめに

註

(1) 拙論「19世紀末のある女性用百科事典」『ガリア』、XXXI、大阪大学フランス語フランス文学会、1992年、第237-246頁参照。尚、拙論で検討対象とした第2版の出版年代は不明であるが、項目の記述内容からやはり世紀末ではないかと思われる。

(2) 拙論「フランスの『婦人の百科事典』の企画と出版をめぐって―その限界と意義について―」『女性学』第2号、日本女性学会学会誌編集委員会編、新水社、1994年、第104-120頁、「7月王政下のある女性用百科辞典―女性のための知的出版物に見る女子啓蒙の試み―」『日仏教育学会年報』第3号、日仏教育学会、1997年、第69-84頁参照。

(3) フランスの女子教育史については、フランソワーズ・マユールによる19世紀までの女子教育全般に関する通史『19世紀のフランスにおける女子教育』(Françoise MAYEUR, *L'Education des filles en France au XIXe siècle,* 1979)や、レベッカ・ロジャーズによるナポレオン1世が設立した女学校に関する研究『レジオン・ドヌールの令嬢達』(Rebecca ROGERS, *Les Demoiselles de la Légion d'honneur,* 1992)、マルチーヌ・ソネによる18世紀の女子の学校教育について纏めた『啓蒙の時代の女子教育』(Martine SONNET, *L'Education des filles au temps des Lumières,* 1987)などがあるが、いずれも、女子の知育の問題が主に教育制度との関連でクローズアップされており、女子のための知的出版物に関する言及は僅かである。この他、最近、学校の教科書に関する研究が進んできている。例えば、アラン・ショッパンが中心になって、1789年から現代に至るまでに出版された教科書のリスト作りをし、『1789年から今日までのフランスの教科書』(Alain CHOPPIN, *Les Manuels scolaires en France de 1789 à nos jours*)というタイトルで1987年から2000年にかけて、ギリシャ語、イタリア語、ラテン語、ドイツ語、スペイン語、英語についての年代別の目録を同研究所からそれぞれ分冊で出版しているが、内容に関する分析はまだほとんど手付かずの状態である。勿論ショッパンらの仕事を含めて、教科書に関する研究の中で、「女性のための啓蒙書」をテーマにしたものはひとつもない。

(4) このシリーズについての研究成果を拙論「『婦人の百科文庫』について―18世紀末の百科全書的な女性のための知的啓蒙書―」で公表する機会を得た。(『日仏教育学会年報』第8号、日仏教育学会、2002年、第53-62頁参照。)
(5) この他、フランス国立図書館の所蔵カタログは勿論のこと、デジタル化されたカタログに不備があることが判明したため、手書きの検索カードや、18世紀の書誌(P. M. Conlon の *Le Siècle des Lumières, Bibliographie chronologique* や L. Desgraves らによる *Répertoire bibliographique des livres imprimés en France au XVIIIe siècle*、J. S Ersch の *La France littéraire contenant les auteurs français de 1771 à 1796*)も参照した。

尚、これらの文献についての分析結果の概略については、既に、日仏教育学会2002年度研究大会(2002年9月15日、於早稲田大学)で口頭発表し、これは、同学会誌に掲載される機会を得た。拙論「フランスで出版された女性のための知的啓蒙書分析の試み―1650年から1800年まで―」『日仏教育学会年報』第9号、日仏教育学会、2003年、第90-101頁参照。
(6) 勿論、17-18世紀の女性のための知的啓蒙書に関する言及がこれまでになされなかったわけではないが、このテーマに焦点を絞った分析がなされることはなく、断片的なものに止まってきた。例えば、18世紀の女性の間での科学ブームと科学の普及書については、ジャンヌ・ペフェール(Jeanne PEIFFER)が、「18世紀における女性の科学熱」(L'Engouement des femmes pour les sciences au XVIIIe siècle)というタイトルの論文(*Femmes et pouvoirs sous l'Ancien Régime*, 1991, pp. 196-222.)で若干言及しており、当時の女性読者の理解力と好みに合わせた科学の普及書に対して、女性達を科学の教養へ導くものとしてある程度評価している。又、唯一、リンダ・チンメルマン(Linda TIMMERMANS)が『女性の教養への接近』(*L'Accès des femmes à la culture(1598-1715)*, 1993)の中で、「科学の普及とフェミニズム」(Vulgarisation scientifique et féminisme, pp. 370-386.)という項目を設けて、主に科学の普及書について論じながら、それ以外の書にも若干言及している程度である。しかし、本書の扱う時代はほぼ17世紀に限定されており、筆者のような、19世紀との連続性という観点に立ったものではない。チンメルマンは、女性の知

的解放という観点から、女性の理解力に合わせたレベルの普及書に対しては、結果的に芳しくない評価を下している。

目　次

グラヴィア
はじめに …………………………………………………… *i*
　註 ………………………………………………………… *vii*

第1章　17-18世紀の女子の公教育
1. 教育制度史から見た女子教育の遅れ ……………… *3*
2. 慈善学校による教育 ………………………………… *4*
3. 寄宿学校(修道院)での教育 ………………………… *5*
4. フランス革命時代 …………………………………… *9*
5. 教育制度の枠外での知育の問題から女性のための知的啓蒙書の研究に向けて ……………………………… *11*
　註 ………………………………………………………… *13*

第2章　17-18世紀における女性の知への接近と女子の知育擁護論
1. 女性達における学問熱 ……………………………… *17*
2. サロンと教養の必要性 ……………………………… *21*
3. 反女学者の風潮 ……………………………………… *22*
4. 女子の知育擁護 ……………………………………… *26*
5. 女子の知育擁護の論拠 ……………………………… *28*
6. 女子の知育のカリキュラム ………………………… *35*
　男性と同等の学習
　　―プーラン・ド・ラ・バール、リバリエとコッソン・ド・ラ・クレッソニエール　*35*
　節度あるしっかりした学習
　　―ミルモン、ランベール、デスピナッシー　*37*
　女性の役割重視の学習(17世紀)
　　―フルリー、フェヌロン　*40*

xi

　　　　女性の役割重視の学習（18世紀）
　　　　　　—カステル・ド・サン＝ピエール、ル・グロワン・ラ・メゾ
　　　　　　ヌーヴ　42
　　　　女性の役割重視と百科全書的な学習プラン
　　　　　　—ジャンリス　44
　　7. 女子の知育に求められるレベル …………………………47
　　　註 ………………………………………………………………50

第3章　17-18世紀の女性のための知的啓蒙書
　　1. 書物の出版のおおよその状況 ……………………………65
　　2. 求められる知識の重要な普及要因としての書物 ………68
　　3. 世俗の知識の普及書の出版 ………………………………69
　　4. 版型と挿絵 …………………………………………………70
　　5. 整理統合と簡明さ …………………………………………72
　　6. 普及書に見られる様々な叙述スタイル …………………76
　　　　教理問答集を模倣した問答形式　77
　　　　文学的な形式　77
　　7. 男女用の知的啓蒙書の存在 ………………………………81
　　8. 17-18世紀の女性用の知的啓蒙書一覧 …………………89
　　9. 『婦人の百科文庫』について ……………………………100
　　　　文庫シリーズ出版の意図とその構想　101
　　　　執筆陣について　103
　　　　叢書の規模と構成　105
　　　　明確な女性啓蒙の意図　116
　　　　啓蒙の時代認識の中での女性啓蒙の意図　119
　　　　啓蒙の時代精神の顕現　121
　　　　普及書としての在り方　127
　　　　再版と反響について　138
　　10. 女性のための知的啓蒙書の特色 …………………………139
　　　　書物の規模　139
　　　　執筆者達　141

読者対象　*145*
　　　啓蒙書の分野　*149*
　　　女性の知育擁護と啓蒙の意図　*154*
　　　具体的な学問の奨めとその効用　*160*
　　　献辞　*178*
　　　叙述スタイル　*179*
　　　啓蒙書が対象とする知識の性格　*182*
　　　「総覧の野心」を持つ啓蒙書の存在　*184*
　　　整理統合の精神　*186*
　　　簡明さへの配慮　*187*
　　　女性用の啓蒙書の持つ限界　*192*
　　　懸け橋としての啓蒙書　*194*
　　　啓蒙の時代の反映　*196*
　　　反響と再版の問題　*199*
　11. 女性と読書の重要性 ……………………………………*202*
　　註 ……………………………………………………………*207*

第4章　18世紀から19世紀へ
―女性のための知的啓蒙書の再版とふたつの時代の連続性―

1. 女性の時代の継承 ………………………………………*295*
　　　女性の黄金時代は失われたか？　*295*
　　　ふたつの時代の連続性　*297*
　　　サロンの復活　*297*
　　　18世紀精神の刻印を受けた女性達の活躍　*299*
　　　女子の知育擁護論の再版　*301*
2. 啓蒙の時代の書物と知識の普及書の再版 ………………*304*
　　　啓蒙の時代の書物の再版　*304*
　　　知識の普及書の再版　*305*
3. 19世紀に再版された18世紀の女性のための知的啓蒙書 …*312*
　　　再版された女性のための知的啓蒙書一覧　*312*
　　　19世紀に継承された女性のための知的啓蒙書の概況　*321*
　　　18世紀精神と女子啓蒙の意図の継承　*327*

xiii

科学の分野の啓蒙書　*336*
       語学・文学の啓蒙書　*346*
       総合学習書　*353*
       女子教育の手引書　*360*
　4. 前世紀を継承する19世紀前半の女性のための知的啓蒙書 … *364*
　　註 ……………………………………………………………… *369*

　むすび ……………………………………………………………… *395*
　　註 ……………………………………………………………… *399*

　参考文献 …………………………………………………………… *401*
　(編)著者名・タイトル索引 ……………………………………… *431*
　　　Ⅰ．(編)著者名　*431*
　　　Ⅱ．タイトル　*441*
　Résumé（要旨）…………………………………………………… *461*

Etude sur les ouvrages destinés à l'instruction du public féminin en France (1650-1800):
leurs traits principaux, leurs cadres sociaux et leur héritage pour le XIXᵉ siècle

フランスで出版された女性のための知的啓蒙書(1650〜1800年)に関する一研究
―その特徴及び時代背景から19世紀への継承まで―

第 1 章
17-18 世紀の女子の公教育

　知的啓蒙書を検討する前に、女子教育の一般的な状況をまず概観しておく必要がある。ただし、本書は、女子教育史そのものを論じることがその目的ではないので、この章では、必要以上に女子教育の在り様を詳述するつもりはない。又、女子の知への接近を促す言説については、後の章で検討するので、女子教育論についてもここでは特に立ち入らないことにする。本書は、女子教育制度の枠外での知的啓蒙の実態の一環である知的啓蒙書を問題にしている。したがって、そうした書物の存在意義を浮き彫りにすることができればよいので、17-18 世紀の女子の教育システムの在り様については、概観するに止めたい。

1. 教育制度史から見た女子教育の遅れ

　クロード・デュロンは、「19 世紀の末までずっと、女子教育は男子の場合に比べ 100 年の遅れを取ってきた[1]」と言っているが、教育制度史を少し見渡して見れば、時代によっては、100 年どころかそれ以上の遅れであることがわかる。これは、男子が国を担う重要な構成員として期待をされている一方、女子は一般にまず、良き家庭人であることが期待されていたため、女子の知育が男子の場合ほど重視されてこなかったからである。

　ソルボンヌを始めとする大学という高等教育機関や、17 世紀にはフランスの中等教育をほぼ独占することになるコレージュ[2]は、中世の時代からあった。しかし、これらは女子には開かれていなかったのである。住み込みの家庭教師をしていたジュリー＝ヴィクトワール・ドービエ嬢(Mlle Julie-Victoire DAUBIÉ, 1824-1874)という女性が、パリで大学入学資格試験の

受験を拒否された後、リヨンで漸く受験が認められ、37才でフランス初の女性の大学入学資格者となったのは、第二帝政時代の1861年のことである。尤も、彼女の先例のお陰で大学入学資格試験が女性達に開かれたものの、実際に大学の講義に出ることが許されるようになったのは、次の時代の第三共和政に入ってからであるという。ドービエ嬢は、独学で学位取得の準備をしなければならず、晴れて文学士となったのは、1871年のことである[3]。又、女子の中等教育のシステムが確立するのは、1880年のカミーユ・セー法(Loi Camille Sée)によってであり、1881年、漸くモンペリエに女子のための中等教育施設であるリセ(lycée)が1つ開校した[4]。ただし、大学入学資格試験に必要なラテン語とギリシャ語がカリキュラムから除外されているなど、男子の中等教育と同等であったわけではなかった。両者が同一になるのは、1920年代を待たねばならない。

　これらはいずれも、女子教育の進展が男子教育にいかに遅れをとっていたかをよく示す事実であるが、19世紀前半までは、女性のための高等教育は勿論、中等教育さえ確立していなかったのである。

2. 慈善学校による教育

　17-18世紀における女子の教育と言えば、庶民階級については、プチッテコール(petite école)や慈善学校(école charitable)と呼ばれた初等教育レベルの民衆教育の場があり、裕福な階級では、修道会が経営する寄宿制の女学校での教育、そして、家庭教師による自宅での学習であった。

　プチッテコールでは、宗教教育を中心に、簡単な読み書きや計算などを教えていた。女子の場合は、針仕事も教えられた。

　例えば、フランス北東部で主任司祭をしていたピエール・フーリエ(Pierre FOURIER, 1565-1640)は、1599年から17世紀初頭にかけてロレーヌ地方のいくつもの町で女子のための無料の学校を開いた。これらは、彼が1598年に作成した内規に基づいて創設されたものであるが、その内規を見る限り、こうした学校では、宗教教育を施しながら、読み書きと針仕事

という必要最低限の教育に限定されていたことがわかる[5]。

　同様の学校は地域差はあるものの、フランス全土で開かれていった。デュロンは、17世紀末までには、男女共学あるいは女子のプチッテコールの存在しない司教区はないと言えるほどにまでなったとしている[6]。しかし、これらの「学校は決して組織化されたり体系化されることはなかった。どんな人間でもすぐ教員になれ、勤める期間も長かった[7]」とも指摘しており、教会まかせのこうした学校は、教師の知的レベルや知育の到達水準について、行政側による公的な規定や鑑査は全くなかったのである。その上、男子に比べ、女子の知育には無関心な風潮もあり、先のフーリエなど、学校の創設者は、「女子の就学の有効性を説くのに大変苦労した[8]」という事実からも、具体的なデータはないが、庶民の女子の就学率は決して高くはなかったのではないかと思われる。

　ちなみに、結婚の際、自分の名前が公文書にサインできた者(階級の区別はない。)の割合を示すと、1686年から1690年にかけては、男性が29％に対して、女性はわずか14％にすぎなかった。当時、完全な文盲は、相変わらず女性に多かったのである。さらに、その100年後の1786年から1790年にかけては、男性が47％に対して、女性はまだ27％でしかなかったという[9]。

3. 寄宿学校(修道院)での教育

　ところで、教育に関しては性差ばかりでなく、階級差も考慮しなければいけない。裕福な階級の娘達は、一般に女子修道会が運営する女学校で、時代の進展と共に、読み書きや、針仕事などの伝統的な女性の手仕事以外に、歌やデッサンといった芸事、地理や文学の基礎的な教養を身に付けることができた。

　女子教育をその使命とする女子修道会は、16世紀末から17世紀にかけて盛んに組織化されていき、早いもので16世紀末から女学校を創設し、貧しい庶民階級の女子を対象とした上述の慈善学校と共に、裕福な階級の

女子のための寄宿学校をも設立していったのだった。17世紀前半、フランスにあった「女子の教育修道会は、公認されたもの528団体、非公認のもの260団体、そして、これらの修道会の経営・管理する教育施設は、公認された修道会にかかわるそれだけで、1万5,000をこえていた[10]」という。そのうち、裕福な階級の女子のための施設がどれだけあったかは不明であるが、貧しい少女達のために無償で初歩的教育を施す通学生の学校を開く一方で、有料の寄宿生をも受け入れるという形式をとる修道会や、寄宿制しか採用していない修道会もあった。

しかし、慈善学校にせよ、寄宿学校にせよ、宗教戦争の後を受けて、カトリックの優位を確保すべく、未来の良きカトリック教徒を確実に養成するための教育がその中心にあったということに変わりはなかった。

早い時期から非常に活発な女子のための教育事業をおこなっていた有名なウルスラ修道会(Ursulines)は、上述のような2つの形態の女子教育を行なっていた教育修道会のひとつである[11]。既に、1612年に最初の寄宿学校である修道院をパリに設立し、1628年に、パリ近郊の都市サン＝ドニに2つ目の学校を開いている。パリの修道院でも採用された1697年のルーアン（ノルマンディー地方の中心都市）の同修道会の修道院の会憲(constitutions)は、この修道会が、有徳のキリスト教徒の女性を世俗に送り出すことを目的としていることを明記している[12]。したがって、学校は、宗教教育に基づいた行儀見習いの場であると言ってよい。勿論、読み書きや針仕事が女学校で教えられるわけであるが、この会憲では、以下のように規定している。

「寄宿生達に、読んだり、書いたり、縫い物をしたり、女性という性やその年齢にふさわしいその他の真面目な仕事の仕方を教えるのに大部分の時間が費やされるとはいえ、ウルスラ女子修道会の修道女達は、ただ教理問答集の原文だけに止めて、そこに込み入った問題を加えず、大いに敬意を払って神聖な事柄を扱うことに慣れさせるために彼女達の好奇心を抑制しつつ、キリスト教の教義と良き品行こそが、

第 1 章　17-18 世紀の女子の公教育

彼女達に第一に教えねばならない主たる事柄であることを想起しなければいけない [...] (13)。」

　あくまでも、宗教教育を重視しているのがわかるであろう。知育が修道女達による教育の第一の目的ではないのである。この事実について、フランソワーズ・マユールは、「あらゆる会憲が、この点でははっきりしている(14)」と言っている。
　早くて 6 才位から受け入れ、結婚適齢期の 18 才位まで良家の女子の教育を行なうこうした修道会の経営する寄宿学校は、しかしながら、時代の進展と共に、その教育内容を広げていくことになる。家庭を堅実に治め、夫を補佐できるような有能な家庭婦人となるためには、知識もやはり必要である(15)。時代の進展にともなう社会の複雑化は、そうした知識の増大をもたらしたのである。
　こうして、寄宿制の学校でも、当初、宗教教育以外には、簡単な読み書きや針仕事が教えられる程度であったものが、時代の要請と良家の娘達の親の要望で、カリキュラムが拡大する現象が起こってくる。
　例えば、時代の要請に応えて、有徳であると同時に教養のある女性を養成しようとマントノン夫人 (Mme de Maintenon, 1635-1719) が、1686 年にパリ近郊のサン＝シール (Saint-Cyr) に開いた貧しい貴族の女子のための寄宿制の女学校では、宗教や針仕事、家事の他に、読み書き、算数、歴史、地理、神話、フランス語、文学などの他に、実生活に役立つ看護学や植物学、薬学、医学、さらに芸事では音楽、デッサン、ダンスなどが教えられた(16)。歴史や地理の学習が導入されたのは、ヨーロッパ諸国がかかわった様々な戦争がヨーロッパの歴史への関心をかき立て、植民地活動によるヨーロッパの膨脹が地理学への学習に駆り立てることになったためである。ウルスラ修道会の修道院でも、18 世紀初頭、教会史やフランス史といった歴史や地理の勉強がカリキュラムに導入された。さらに、18 世紀の間に、娘達の家庭の要請を受けて、学外から、ダンスやデッサン、音楽の講師を招いて授業をさせるようになっていった(17)。

しかし、こうしたことはあくまでもたしなみの領域を出ないレベルを目指したにすぎなかったし、サン＝シールの学校のように豊富なカリキュラムが組まれたのは、当時としては例外的であった。又、カリキュラムの拡大といっても、法律や論理学などが教えられることはなかったから、教育の中身には大いに限界があった。したがって、教師の質が問われることもなかったのである。事実、ミルモン伯爵夫人(comtesse de Miremont, 1735-1811)は、その女子教育のための教育講座シリーズ、『女性教育論、及び知育の完璧な講座』(Traité de l'éducation des femmes, et cours complet d'instruction, 7 vol., 1779-1789)の第1巻(1779年)の女子教育論で、無知な修道女達による教育のせいで、修道院が、実生活に対応できない無能な娘達を世間に送り出している現状を厳しく批判している[18]。

一方、男子については、大学付属のコレージュと修道会経営のコレージュが男子の中等教育を担っており、社会に有用な人材を輩出していた。「18世紀には、2,450万の人口に対して全国に総数562のコレージュが存在し、生徒数は7万2,747人を数えた[19]」という。正規の課程(文法学級、古典学級、修辞学級の3段階)では、例えば、18世紀末のパリ大学付属コレージュの場合、生徒達は、ラテン語、ギリシャ語、フランス語、聖書、ギリシャ史、ローマ史、フランス史、古代文学などを学ぶと共に、古代から現代までの著者による作品を読んだ。大学入学資格取得のための準備をする者は、さらに上級の哲学級で、アリストテレスの倫理学や形而上学、物理、さらに数学も学んだ[20]。全体的に見て、コレージュの授業は、古色蒼然たる様相をおびたカリキュラムに基づくものではあったが、女子の寄宿学校とは勿論比較にならないほどレベルの高いものであったことだけは確かである。

これに加えて、18世紀後半には23の大学があり、神学部、医学部、法学部、これらの準備課程としての人文学部という伝統的な学部組織が存続していたが[21]、勿論、これらも女性に門戸を開いてはいなかったのである。

4. フランス革命時代

　旧制度下での教育体制を崩壊させて、新しい教育体制を打ち立てようとした革命時代も、女子教育については大して関心が払われず、女子教育について言及した議会報告や法案も、女子教育を特に積極的に進展させるようなものではなかった。

　憲法制定議会が教育問題に関する報告を委任した憲法委員会のメンバーであったタレーラン(Talleyrand, 1754-1838)は、委員会の求めに応じて1791年9月に提出した報告書の中で、「教育は、両性のために存在すべきである[22]」と明言したものの、彼が女子に認めた公教育は、8才までの初等教育に限られていた。女子には家庭での教育が一番で、8才を過ぎたら、自宅で母親からさらに教育を受ければよいと主張したのである。

　又、公教育組織計画の作成を任された6人委員会のメンバーであったルペルチエ(Lepeletier, 1760-1793)が準備した国民教育についての計画が1793年7月に国民公会で紹介された。この中の法案の第1条で、初等教育について、「全ての子供達は共和国の費用で、男子は5才から12才まで、女子は5才から11才まで教育されなければならない[23]」とし、皆が同一の教育を受けることを記しているが、それ以上の教育については、女子を排除する規定もないかわりに、男女の教育における機会均等に関する文言も明記されていなかった。これに対して、ロベスピエール(Robespierre, 1758-1794)は、ルペルチエの提案について行なった1793年7月29日の国民公会での演説で、「女子については、公教育の終業年限を11才と定めることを提案する[24]」と述べ、女子の公教育の修業年限を結局、初等教育に限定する提案をした。

　一方、男女が平等の権利を持つべきだと考えるコンドルセ(Condorcet, 1743-1794)は、『公教育に関する5つの覚え書き』(1791年)のうちのひとつ、「公教育の性格と目的」で、「教育は男女同一でなければならない」とし、「教育は共通に施されねばならないし、女性は教育制度から排除されるべ

9

きではない⁽²⁵⁾」と、当時としては、極めて進歩的な主張をしたが、そのコンドルセですら、このように女子教育についての理念は述べても、具体的な教育プランを示すことはなかったのである。

結局のところ、フランス革命時代、女子教育に関しては、1795年10月24日（革命暦4年のブリュメール3日）の初等教育に関する政令で、初等学校が男子校と女子校に分けられ、それぞれ女子教員と男子教員がいること（第1条）や、「第2条—女子は、読み書き、計算、共和国道徳の基礎を学ばなければならない。そして、各種の有益で日常的な手仕事ができるよう教育されねばならない⁽²⁶⁾」とされるに止まり、知育に関しては、相変わらず、初等教育レベルの読み書きと計算の範囲に限定されたままであった。

もっとも、男子の初等教育についても、同年同日の政令で、女子同様、「第5条—各初等学校では、読み書き、計算と共和国道徳を教えなければならない⁽²⁷⁾」とされていた。しかし、これ以前に、中等教育について、1792年にコンドルセによって表明された原則にしたがって、1795年の法律で中等教育レベルの公教育を施す中央学校（école centrale）が創設されたし、高等教育については、1794年の法律で理工科学校（Ecole polytechnique）と師範学校（Ecole normale）が創設されたのである。女子については、初等教育以上の公教育に関するプランすら作成されることはなかったのであった。

ところで、革命時代の公教育に関する政策は、私立学校による教育を排除することにはならなかった。コンドルセを始めとする理論家や法案作成に携わった者達は、「教育の自由」の原則を容認していたのである。1794年7月のテルミドールの反動は、私立学校による教育が堂々と復活をするきっかけを与えることとなった。1794年11月17日の初等学校法には、「この法律は、法廷当局の監督のもとに、私的で自由な学校をひらくという、市民がもっている権利を、なんら侵害することができない⁽²⁸⁾」と明記している。こうして、旧制度下で私立学校を経営していた世俗の教師のみならず、修道会のもと会員達は、国の監督を受けることなく自由に学校

を開いていくことになる。一方、宗教教育を排除した公立学校は、宗教による道徳教育を相変わらず信奉し続ける大多数の親達に不人気であり、その上、とりわけ公立の初等学校の教員の質の劣悪さは、公立学校に対する不信感を植え付けていった。この結果、初等学校も中等教育の学校も、総裁政府時代(1795-1799年)、完全に私立学校が優位を占めるに至ったのであった[29]。

旧制度下で私教育に独占されていた女子については、勿論この反動の影響は男子以上であった。ウルスラ修道会などの女子修道会は、さっそくその教育活動を再開したのである。とりわけ、1801年の政教条約(Concordat)以後、旧制度下の女子修道会は、次々と学校を開設していった。のみならず、19世紀初頭、サクレ＝クール(Sacré-Cœur)など新たな女子修道会が誕生し、同じように女子教育に参入してきたのであった。さらに、修道会には属さない世俗の教師達が教える寄宿学校も第一帝政時代増加していった。後者のような世俗の女学校でも、修道会の経営する女学校同様、宗教教育は重視されており、教育内容に違いがあるわけではなかった。こうして、旧制度時代の女子教育が復活したのである。例えば、ルイ15世の子供達の朗読係りを経て、マリー＝アントワネットの侍女を務めたことのあるジャンヌ・カンパン(Jeanne CAMPAN, 1752-1822)は、1794年、ロベスピエールの処刑後、一家の生活のためにパリ近郊のサン＝ジェルマン＝アン＝レ(Saint-Germain-en-Laye)に寄宿学校を開いたが、ここでは、マントノン夫人のサン＝シールの学校での教育を手本に、宗教、フランス語、歴史、地理、計算、裁縫などが教えられたのだった[30]。

5. 教育制度の枠外での知育の問題から女性のための知的啓蒙書の研究に向けて

ところで、貧困な公教育システムが女子の知育の進展を阻んできたとはいえ、歴史的に見ると、上層階級を中心とした女性達の中には、その時代の一級の男性知識人にも劣らない高い教養を積み、最高の知識人が集うサ

ロンを主催したり、優れた文学作品を生み出すなど、文化活動に積極的に参与してきたということは周知の事実である。彼女達は、男性のように公教育の恩恵を受けることができなかった代わりに、17世紀に成立したサロンでの交流、家庭教師や娘の知育に熱心な親による教育、そして読書によって教養を積むことができたのである。

　例えば、18世紀、物理学の論文を発表しニュートンの著作の仏語訳を出版したシャトレ侯爵夫人、エミリー・デュ・シャトレ(Emilie du CHÂTELET, 1706-1749)は、少女時代から両親の開くサロンの会話に加わることを許されていて、哲学者のフォントネル(Fontenelle, 1657-1757)と物理学や天文学について語り、家庭教育で語学や数学、哲学など幅広く且つ深い教養を身に付け、膨大な蔵書を幼少期より耽読する機会に恵まれていた[31]。19世紀初頭、作家として活躍するスタール夫人(Mme de STAËL, 1766-1817)も、やはり少女時代からサロンで交わされる会話を聞き、自ら会話に加わり、同時に自宅の蔵書のお陰で、古代の作家から英文学の作品、哲学書などに至るまで幅広い読書をすることができた[32]。残念ながら、こうした公教育以外の場での教育の詳しい実態はほとんどわかっていないと言ってよいし、これまで、女子の知育の問題というと、とかく教育制度の観点からのみのアプローチに終始して、19世紀前半までの女子の知育についてはとりわけ否定的なイメージがつきまとってきた。しかし、女子の知育を検討する場合、時に公教育よりも遥かに教育効果が高かったと思われる家庭での教育や読書といったものをも考慮に入れなければ、その有り様をより的確に把握できないのではなかろうか。筆者が女性のための知的啓蒙書の研究に取り組んだのは、まさにそのためである。

第 1 章　17-18 世紀の女子の公教育

註

(1) クロード・デュロン『大世紀を支えた女たち』伊藤洋・野池恵子訳、白水社、1991 年、第 34 頁。原著、DULONG (Calude), *La Vie quotidienne des femmes au grand siècle*, Hachette, 1984.

(2) LAROUSSE (Pierre), *Grand Dictionnaire universel du XIX*^{e} *siècle*, tome IV, 1869, article «COLLEGE», p. 603 参照。

(3) DAUBIÉ (Julie-Victoire), *La Femme pauvre au dix-neuvième siècle*, tome 1, 1992 に付されたアニエス・チエルセ (Agnès THIERCÉ) による「序文」(pp. 13-27.) 参照。尚、ドービエ嬢による上記の書『19 世紀の貧しき女性』(全 3 巻) は、1859 年、リヨンの帝国アカデミーの公募に応募して受賞した論文であり、初版が 1869 年に 2 巻本で出た。

(4) MAYEUR (Françoise), *L'Enseignement secondaire des jeunes filles sous la troisième République*, Presses de la Fondation nationale des Sciences politiques, 1977, p. 162 参照。

(5) その内規には、「我々の目的は、公の学校を造り、そこで女子に無償で、読み書きや針仕事、キリスト教の教えを教授することであるが、その際、彼女達と我々の能力にしたがって教理問答を理解させ、敬虔さと信仰心への手ほどきをするよう努める」とある。(PARIAS (Louis-Henri) (sous la dir. de), *Histoire générale de l'enseignement et de l'éducation en France*, tome 2, Nouvelle Librairie de France, 1981, p. 378 参照。)

(6) 伊藤洋他訳前掲書、第 31 頁参照。

(7) 同書、第 28 頁。

(8) 同書、第 30 頁。

(9) PARIAS, *Op. cit.*, tome 2, p. 418, p. 459 参照。

(10) 梅根悟監修『世界教育史体系』第 34 巻 (女子教育史)、講談社、1977 年、第 51 頁。

(11) ウルスラ修道会は、1620 年には 65 の学校を、1670 年頃には 300 以上の学校をフランス国内で経営していた。(PARIAS, *Op. cit.*, tome 2, p. 413 参照。)

(12) MAYEUR, *L'Education des filles en France au XIXe siècle*, Hachette, 1979, p. 15 参照。

(13) *Ibid.*, p. 16 による引用参照。

(14) *Ibid.* 参照。

(15) 学問そのものが徳育上、有益とされたという事実もあった。この点も含めて当時の女子の学識有益論については、次の章で特に問題にする。

(16) DECAUX (Alain), *Histoire des Françaises*, tome 2, Académique Perrin, 1979, p. 138、*Les Demoiselles de Saint-Cyr, maison d'éducation 1686-1793*, Somogy, 1999, pp. 160-166、PARIAS, *Op. cit.*, tome 2, p. 485 参照。サン＝シールの学校は、250人の寄宿生を受け入れていて、7～12才で入学を許され、20才で卒業した。この学校は1692年、修道院となり、1793年に廃止された。マントノン夫人は、ルイ14世とその愛妾モンテスパン夫人との間の子供達の養育係を務めた女性で、サン＝シールの学校設立以前にも貧しい娘達のための学校を経営した経験があった。

(17) MAYEUR, *L'Education des filles...* p. 18 参照。

(18) MIREMONT (Anne d'Aubourg de la Bove, comtesse de), *Traité de l'éducation des femmes, et cours complet d'instruction*, tome 1, Ph.-D. Pierres, 1779, p. 68 参照。著者についての詳しいプロフィールは不明であるが、他に何度か版を重ねた『クルミー侯爵夫人の回想録』(*Mémoires de Mme la marquise de Cremy*, 2 vol., 1766) を出版している。

(19) 梅根悟監修『世界教育史体系』第9巻(フランス教育史)、講談社、1975年、第63-64頁。

(20) 同書、第65-68頁参照。

(21) 18世紀の学生数については、「大学コレージュと修道会コレージュの、双方の「哲学課程」に学ぶ学生を大学生とみなして人文学部約5,000名、法学部2,600名以上、医学部500名、神学部3,000～4,000名で、合計して1万名をわずかに上まわる程度であった」という。(柴田三千雄他編『フランス史』第2巻、山川出版社、1996年、第302-303頁。)

(22) MAYEUR, *Op. cit.*, p. 28 参照。タレーランは、報告書の後半で、「公教育に

第1章　17-18世紀の女子の公教育

ついての法案」を作成している。その中で、全ての市民の子供に対して無償で初等学校が開かれることを明記した第2条に続いて、第3条では、「いかなる者も、満6才未満で入学を認められることはない」(Nul n'y sera admis avant l'âge de six ans accomplis)としており、女子の初等教育を8才までと考えるタレーランの主旨に従うと、結局、女子は初等教育を最長でも2年間しか受けられないことになる。(CHERVEL (André), *L'Enseignement du français à l'école primaire, textes officiels concernant l'enseignement primaire de la Révolution à nos jours*, tome 1, INRP, 1992, p. 45 参照。)

(23) ALLAIRE (Martine) et FRANK (Marie-Thérèse), *Les Politiques de l'éducation en France de la maternelle au baccalauréat*, La Documentation française, 1995, p. 50 参照。

(24) *Ibid.*, p. 24 参照。

(25) MAYEUR, *Op. cit.*, pp. 29-30 による引用参照。

(26) CHERVEL, *Op. cit.*, p. 54 参照。

(27) *Ibid.*, p. 53 参照。

(28) 梅根悟監修『世界教育史体系』第9巻、第231頁による引用。

(29) 例えば、1797年の夏頃、お膝元のセーヌ県では、私立学校が2,000校以上も存在していたのに、公立学校は56校しかなく、そこに学ぶ児童も1,100から1,200いるかどうかであったという。又、中等教育の学校については、パリでは中央学校(école centrale)が3校しかなかった時に(年代不明)、20位の私立学校があったという。(同書、第238頁、241頁参照。)

(30) DECAUX, *Op. cit.*, tome 2, p. 658、ROGERS (Rebecca), *Les Demoiselles de la Légion d'honneur*, Plon, 1992, p. 25 参照。

(31) BADINTER (Elisabeth), *Emilie, Emilie, l'ambition féminine au XVIIIème siècle*, Flammarion, 1983, pp. 65-70 参照。

(32) D'ANDLAU (B.), *La Jeunesse de Madame de Staël (de 1766 à 1786) avec des documents inédits*, Genève, Droz, 1970, pp. 31-32, p. 59 参照。

第2章
17-18世紀における
女性の知への接近と女子の知育擁護論

　女性のための知的啓蒙書が出版される背景には、当然の事ながら、女性の知への接近を促す考えがあり、又、実際、その程度は一律ではないにしても、女性が知識を進んで受け入れる背景があったということを考慮しなければならないであろう。本章では、17-18世紀(とりわけ「啓蒙の時代」と言われる18世紀)における女性達の間での学問の流行という当時の目立った知への接近現象を、その対極にある反女学者の風潮をも考慮に入れながら検討する。更に、サロンと教養の重要性の問題、そして、女子の知育を擁護し、これを促す様々な言説を、知育擁護の論拠から知育のカリキュラムのガイドラインや求められる知育のレベルに至るまで検討してみたい。

1. 女性達における学問熱

　公教育が女性の知育に大した関心を払ってこなかったにも拘らず、既に、ルネサンスの時代から18世紀に至るまで、上層階級の男性達が享受していた知への接近を積極的に試みた女性達がいて、それが目立った現象になっていたという事実は、これまでにも研究者達によって指摘されてきた[1]。

　イタリアルネサンスの影響を受けて、学問や芸術への関心が大きな高まりを見せた16世紀のフランスでは、貴族を中心にした富裕層の女性達の間にまでこれまでになく学問熱が広がっていた。例えば、国王フランソワ1世(François Ier)の姉で人文主義者のマルグリット・ド・ナヴァール(Marguerite de Navarre, 1492-1549)は、激しい知識欲の持ち主で、生涯学問と知識の習得に励んだ当時最高のインテリのひとりである。この他、読書を好み、ギリシャ語やイタリア語、スペイン語に通じていた詩人のルイー

ズ・ラベ(Louise LABÉ, 1524[頃]-1556)、博学で、早くから文学に専心し、その詩才を発揮したニコール・エチエンヌ(Nicole ESTIENNE)など、今日でもその名が伝えられている16世紀の知的エリート女性達も決して少なくない[2]。

　本格的な文学サロンの成立が見られ、ポピュラー・サイエンスの流行現象が始まる17世紀、女性達の間で高まる学問熱は、モリエール(Molière, 1622-1673)の有名な喜劇『女学者達』(Les Femmes savantes, 1672)の中で、学問好きな妹ベリーズに対する一家の主人クリザール(裕福な中流市民)の台詞を借りて、次のように批判的に描写されるまでになる。

　「貴女が四六時中手にしている本は、私には嬉しくありませんよ。ただ、分厚いプルタルコスの本は別ですがね、私の折り返し襟をこさえるのに重しになりそうですから。ああしたがらくたはみんな焼却し、学問はこの町の学者先生達にお任せすればいいものを。人を怖がらせるあの長い望遠鏡も、見たらうんざりするような沢山のがらくた物も、私の家の屋根裏部屋からどこかへ持っていってくれたらいいのですが。月世界で人が何をしているか調べようなんて、とんでもありません。[...] 今の女達は、ものを書きたがり、作家になりたがっています。どんな学問も、女達にとっては、大して奥深いものではないというわけです [...][3]。」

　秩序と節度を重んじる時代性が、学問に夢中になっている女性達を戯画化して描かせることになったのであろうが、別な見方をすれば、喜劇の主題にされるほど、女性達の学問熱が高まっていたということでもある。尤も、学問好きの女性達に対して知的職業への道が開けていたわけではないから、大抵の場合は単なる学問の愛好者のレベルを超えることはなかった。しかし、中には、ギリシャ・ラテンの作家達の優れた仏語訳を出版した古典の文献学者アンヌ・ダシエ(Anne DACIER, 1647-1720)のように傑出した女性や、薬学の勉強をして慈善的医療活動に従事し、その成果をもとに

第2章　17-18世紀における女性の知への接近と女子の知育擁護論

『婦人のための慈悲深く易しい化学』(*La Chymie charitable et facile, en faveur des dames*, 1666)を出版したマリー・ムルドゥラック(Marie MEURDRAC, 1660-1680)のように、学問が社会での実際的な活動に結びついた例外的なケースもあった。

　文学を始め、歴史、地理、哲学、物理、化学、天文学、数学(天文学上の計算に不可欠な学問)、医学など、様々な学問が女性達の興味の対象となった。まさに、「いかなる学問も、彼女達の好奇心の対象とならないものはひとつもなかった[4]」のであった。女性達には、読書をし、あるいは自宅へ教師や学者を招き、サロンに参加し、公開講座に出席することで知識と教養を身につけることが可能であった。

　17世紀後半、パリのサロンに浸透していったデカルト(Descartes, 1596-1650)の思想が社交界の女性達の間でもてはやされ[5]、これに準拠した天文学の普及書であるフォントネルの『世界の複数性についての対話』(*Entretiens sur la pluralité des mondes*, 1686)が女性読者の歓迎を受け続けた背景には、女性達の根強い学問への趣向があったのである。

　こうした現象は、「啓蒙の時代」と言われる18世紀に一層拍車がかかる。1757年、ある婦人は、文芸新聞を創刊した批評家のエリ・フレロン(Élie FRÉRON, 1718-1776)に宛てた手紙の中で、「パリで、多分、地方においてさえも、幾何学や代数、そしてとりわけ形而上学の概説書を貪り読まないような女性がいるでしょうか[...]。遂には、私達の家の化粧台の上に、私達を堕落させることにしか役立たなかったああした雅な恋愛物語の代わりに、芸術、自然についての解釈、商業、帝国の利害関係に関する深い考察の書などが置かれているのです[6]」と、女性達の間で、こうした真面目な書物が雅な恋愛小説を凌ぐほどの人気を博している現状を語っている。

　又、後に作家のゴンクール兄弟(Édmond et Jules de GONCOURT, 1822-1896, 1830-1870)は、女性達があらゆる学問に手を伸ばし、女性には苦手と思われるような学問にまで魅せられ、情熱を傾けていた状況を、「いかなる学問も女性に嫌悪感をもよおさせることはなく、最も男性的な学問にさえ、女性は誘惑され、魅了された。医学への情熱は、この社会ではほとん

19

ど一般的であった。例えば、外科学への情熱は、よく見られるものであった。多くの女性達がランセットやメスでさえもその扱い方を学んでいた[7]」と解説することになるだろう。

　18世紀は、社交界の男女の間で科学への趣向が特に高まりを見せた時代で、例えば、物理の公開実験は、一種のショーのように人気の的であった。天文学、物理学(特に実験物理学)、化学、医学、博物学は女性達をも大いに引きつけた。ジャン＝アントワーヌ・ノレ神父(abbé Jean-Antoine NOLLET, 1700-1770)の『物体の電気についての試論』(*Essai sur l'électricité des corps*, 1746)は、科学の専門家だけでなく科学好きの一般の読者も読むことができる内容であるが、電気の実験に男女が参加している様子が口絵に描かれている。又、両性の若い人達向けの普及書として書かれた彼の『実験物理学講義』(*Leçons de physique expérimentale*, 6 vol., 1743-1748)の第5巻と6巻でも、女性達が実験や観察に加わっている様子が図版や口絵に描かれている。これは、当時の女性達が積極的に科学と関わっていたことの反映であろう。事実、彼の公開講座は、当時人気のあった科学の講座のひとつで、その参加者は、大部分が女性ということもしばしばであったという[8]。

　外科医で物理学者のジョゼフ＝エニャン・シゴー・ド・ラフォン(Joseph-Aignan SIGAUD DE LAFOND, 1730-1810)の実験物理の講座も同様にパリで人気の的であった。彼は、女性を読者対象とした物理学の書『一般物理学』(*Physique générale*, 2 vol., 1788)の序文で、次のように述べている。

　　「パリで私が実験物理学を教えた30年以上の間、婦人達はほとんどいつでも私の受講者の大部分を占めており、いつでも彼女達は、その熱心さと光栄にも私に注いでくださった特別な関心で際立ったのです。彼女達は、知性に、女性に特有の明敏さに恵まれているので、誰も彼女達ほど容易に最も抽象的な真理を理解することはありませんでしたし、彼女達以上に最も複雑な実験を正確に理解する者はいませんでした[9]。」

単に、数の上で女性が彼の講座の受講者の大部分を占めていたばかりでなく、その熱心さや理解力の点でも彼女達は優れていたというのであるから、生半可な気持ちではなく、真面目に学問と向き合っていた女性達の存在が窺えるであろう。1782年に故郷のブールジュ（パリから200キロ以上南に位置する都市）に戻った彼は、ここでも物理学の講座を開く。「首都から離れ、私が選んだ隠遁の地で、そこでも又、私は、熱心に学ぶ婦人達が私の受講者の数を増やし、模範的な熱心さで私が組織した実験物理学の講座に通うのを目にしています[10]」と言っているように、彼の女性受講者達の「教養を積みたいという[…]あの熱烈な欲求[11]」は、パリだけでなく、首都から遠く離れた地方都市でも同様であった。

女性達の間で空前の科学熱が高まりを見せたこの時代、単なる科学愛好家のレベルを超えるような女性達が輩出するに至る。彼女達の中には、物理学の論文を発表し、ニュートンの『自然哲学の数学的原理』(*Philosophiae naturalis principia mathematica*, 1687)の注釈付き仏語訳を出版したシャトレ夫人[12]を始め、科学者と呼ぶにふさわしい女性達もいた[13]。

女性達の学問熱の根本にあるものは、シゴー・ド・ラフォンが、彼の講座の女性受講者達の中に見出した学ぶことへの強い欲求によるものであることは確かであろう。そして、フランスで最も発達したサロン[14]という、性別の区別なく参加できる開かれた文化交流と知的情報の集積の場が、彼女達の知的欲求に応えると共に、より大きな知的好奇心を掻き立てることになったのである[15]。

2. サロンと教養の必要性

サロンでの社交生活は、男女を問わず上流階級の人々にとって極めて大切であったわけであるが、ここで求められる社交界人としての人間像は、17世紀に確立されたオネットム（honnête homme）のタイプであった。すなわち、申し分のない立ち居振舞いができる教養人が理想とされたのであった。但し、教養はあるが、学者やその道のプロである必要はなく（その身

分を問わず招かれた学者や芸術家、作家といった専門家がサロンにいるのであるから)、衒学的であることはむしろ避けなければいけなかった。しかし、万事に明るい必要はあった。とりわけ「啓蒙の時代」と呼ばれる18世紀のサロンでは、17世紀の文学サロンで重要であったフランス語や文学、人間の心情に関するものに加えて、科学や哲学、政治などに関する話題にも的確に対応できる必要があり、ほとんどあらゆるテーマに通じていることが求められたのである[16]。

　したがって、会話が重要な役割を果たすサロンにおいて、これを主催する女性達[17]は勿論であるが、参加者の女性達も、知的な会話を積極的に導くことはしないまでも(女性が衒学的に見えることは、男性以上に好ましいことではなかった。)、人の話題に興味を示し、これを良く理解し、その真価が判断でき、適切な受け答えができ、適宜自身の見解を差し挟むことができる必要があった。勿論、それには十分な教養が必要であったことは言うまでもない。ミルモン夫人が、『女性教育論、及び知育の完璧な講座』の第1巻(1779年)の女子教育論で、「女性というものは、学者に見えても、駆け引き上手に見えても、才人ぶって見えてもいけません、もしそういうふうに見えたら、滑稽でしょうから。しかしながら、全てを理解し、何事にも退屈せず、適宜意見を述べ、他人の知識を楽しむために、しかも、その知識に騙されて賛美することがないよう十分な知識を持つべきです[18]」と言っているのはそのためである。

　こうしたサロンでは、有識者、専門家による講演や、作品の朗読、様々なテーマでの議論がなされることがあったから、少なくとも問題になっていることが理解できる必要はあった。したがって、女性達が懸命に教養を積もうとしたのは、単に本質的な知への欲求によるものだけではなく、そうしなければいけない状況に置かれていたためでもあると言える。

3. 反女学者の風潮

　サロンや公開講座などを通して女性達にも知に接近する手段があったと

はいえ、それは、勿論、多くの場合上層階級の女性達に限られていた。しかも、女子の公教育が貧困であったから、彼女達は、幼少から一貫してきちんとした教育が受けられたわけではない。知への接近は、本人の意識と保護者の娘達への教育方針にも大きく左右されていたのである。

したがって、シャトレ夫人のように、両親が娘の教育に極めて熱心で、学問好きの娘に家庭で息子達が受けているのと同じ最高の教育を娘に授けようと配慮した例もあれば（勿論当時としては例外的な事例である。）、ルイーズ・デピネ（Louise d'ÉPINAY, 1726-1783）のように、少女時代は、娘の知育に無関心な母親と彼女の知育には否定的な叔母のせいで、知的な発達を阻害され、大人になってから漸く自分の意志で自由に知的形成に励むことのできた例もあった[19]。

その上、先に引いたモリエールの喜劇が示しているように、17世紀、尊大で虚栄心の強い女性のイメージと結び着きやすい[20]、学問という男性の領域の侵犯者である女学者は歓迎されなかったのであるが（とりわけブルジョワジーの間では、その傾向が著しかった。）、それは18世紀も同様であった。例えば、ジャン＝ジャック・ルソー（Jean-Jacques ROUSSEAU, 1712-1778）は、『エミールあるいは教育について』（*Emile ou De l'éducation*, 1762）で、「自身が裁判長となって文学の法廷を家の中で開くようになる博学で才人気取りの娘よりも、素朴でろくに教育も受けていない娘の方が遥かにいいのにと思う。才人気取りの女性は、夫やその子供たち、その友人達、その召使いたち、皆の災厄である。[...] そういう女性は、女性としての自分の義務を軽蔑し、いつでもまず自分を男のように見せかけるものだ[21]」と言っている。彼にとって、女学者は、不当にも天与の性を逸脱しようとする家庭と社会の災厄でさえあった。

したがって、女性達の間に学問熱が広がっても、その多くは愛好家のレベルを超えることがなかったとしても不思議はない。尤も、社交界の男女を問わず、学問は高尚な楽しみや気晴らしという側面が強かったわけであるから、一般の男性も大抵は、やはり愛好家のレベルに止まっていた。しかし、サロンで講演するのは、あくまでも男性の知識人であったし、一流

の学者と目された人々は、やはり圧倒的に男性達であった。男性の学者に比肩するようなレベルの仕事をした女性達は、女学者であることを公の前では隠す必要があった。勿論、それが、時代の要求する良き作法でもあったのである。

事実、古典の文献学者ダシエ夫人は、一流の学者でありながら、その仕事はあくまでも個人的な余技の範囲内であるということを強調して、自分を本物の学者とは区別する発言をしていた(22)。又、18世紀の女性科学者の頂点に位置しているシャトレ夫人を知る者達は皆、彼女はサロンでは、自分に知識のあることをひけらかすようなことは決してなかったと言っていたという(23)。それが男女を問わず社交界の流儀でもあったわけであるが、少なくとも、男性の学者達のように、彼女は物理学をテーマにした講演をしたわけでもなければ、物理学の公開実験を披露したわけでもないのである。彼女がその驚異的な知性を直接人前で披露したのは、ヴォルテール(Voltaire, 1694-1778)など一級の知識人との極私的な交流においてのみであった。学識のある女性が社会通念や社交界での流儀と折り合うためには、先に引いたミルモン夫人の言葉通り、少なくとも「女性というものは、学者に見えても、［...］才人ぶって見えてもいけません(24)」ということになるのである。

尤も、ミルモン夫人は、後で触れるように当時としてはかなり進んだ知育を擁護しながらも、「主たる目的は、彼女達［若い娘たち］を博学というより、感じが良く、幸せにすることです(25)」と言っており、彼女の知的啓蒙書は、事実上もやはり、女学者を養成することを目指していたわけではなかった。一方、出版直後の17世紀末は勿論のこと、19世紀後半になっても版を重ね続けることになる『女子教育について』(*De l'éducation des filles*, 1687)の中で、フェヌロン(Fénelon, 1651-1715)は、「滑稽な女学者を作ることを恐れねばならないというのは本当だ(26)」と、明確に女学者養成に反対する考えを表明している。娘達を女学者にすることは避けるべきだというのが、一般に女子教育を論ずる者達の基本的な立場であり続けたのである。

第 2 章　17-18 世紀における女性の知への接近と女子の知育擁護論

　ところで、劇作家のモリエールも、先に引いた『女学者達』で、女学者を批判的な立場から描いていた。尤も、この芝居では、滑稽な衒学趣味に陥っている女性の登場人物(ベリーズの他に、クリザールの妻フィラマントと長女のアルマンド)と共に、浅薄な知識を振りかざして彼女達を幻惑し、欲得がらみで彼女達に取り入っている才人ぶったトリッソタンや、品位と良識に欠ける博学なヴァディウス(いずれも滑稽な衒学者)(27)が同じく戯画化されていることにも注目する必要があろう。のみならず、作中で「愚か者が持つ学識は、場違いになるものだ(28)」などと言う青年クリタンドルの台詞を通して、学問の価値を貶めているにすぎないこの種の男性学者達も又、批判の対象になっているのである。男性の場合も、学者であることが必ずしも常に求められ、異論の余地なく受け入れられていたわけではなかった(29)。

　事実、パリの大学区長を務めたシャルル・ロラン(Charles ROLLIN, 1661-1741)は、その成功を博した教育理論の書、『知性と心情の面を考慮した文学の教育及び学習方法について』(*De la manière d'enseigner et d'étudier les belles-lettres, par rapport à l'esprit et au cœur*, 4 vol., 1726-1728)の第 1 巻で、若者の教育に携わる良い教師像について、養成すべき理想的な人間像は学者というより、先にも触れたオネットムの方であることを示唆している(30)。又、18 世紀末に出た若い男性用の知識の普及書のひとつ、『基礎的百科事典、あるいは学問と芸術の入門書』(*Encyclopédie élémentaire, ou Rudiment des sciences et des arts*, 3 vol., 1775)の序文でも、人は必ずしも「学者」である必要はないが、少なくとも「教養人」であることの必要性を強調し(31)、本書の意義を示していた。先にも触れたことではあるが、一般にはやはり、その程度で良かったのである。このことは、知識の普及書の在り方に深く関わってくることになろう。

　ところで、パリでサロンを主催していたランベール侯爵夫人(marquise de Lambert, 1647-1733)は、『女性についての新しい考察』(*Réflexions nouvelles sur les femmes*, 1727)で、モリエールの問題の芝居が引き起こした「混乱」について言及し、この時以来、女性に禁じられている悪徳とほとんど同様

に女性の知識も恥だとされ、女性達はそうした無邪気な楽しみ事が攻撃されたことで、かえって自分をより辱しめる快楽の方を選ぶ結果になったのだと嘆いていた[32]。

とはいえ、反女学者の風潮が根強かったからといって、女性達の激しい知的欲求が封じ込められてしまったわけではなかった。それどころか、18世紀末、女性達の間に高まる学問熱に呼応するように、地理、歴史、フランス語、天文学、文学、倫理学、数学、物理、化学、植物学、医学などの分野に亘る百科全書的な叢書『婦人の百科文庫』(*Bibliothèque universelle des dames*, 154 vol., 1785-1793)が世に出ることになるのである[33]。

4. 女子の知育擁護

反女学者の風潮が一般的であったとはいえ、女子の公教育の貧困が是認され、女子の無学文盲が支持されていたわけでは勿論なかった。事実、既に中世以来、様々な女性擁護論の中で女子の知育擁護の主張がされてきたが[34]、中でも、フランスのフェミニズムの歴史を語る上で今日も重要視されているのは、フランソワ・プーラン・ド・ラ・バール(François POULAIN DE LA BARRE, 1647-1725)の『両性の平等について』(*De l'égalité des deux sexes*, 1673)である。ここでは、伝統的なあらゆる女性に対する偏見を払拭しつつ、「知性に男女の別は少しもない」ことや、「両性には学問に対して平等の権利がある」という主張が論理的に展開されており、女性には男性同様あらゆる学問に専心する能力があるということ、したがって、大学で学問を修めることができれば、神学や医学、法学の修士号や博士号を取得することもできるし、自身の学識を、様々な公職に従事して役立てることができるとまで著者は断言しているのである[35]。

一方、様々な女子教育論の書も、貧困な女子教育・知育の現状を批判し、あるいは、女子の知育を擁護しないではいられなかった。事実、フェヌロンは上述の同じ教育論で、「女子の教育ほどなおざりにされているものはない。女子教育においては、母親の習慣と気まぐれで全てが決まってしま

う。したがって、女性には、ほとんど知育を施すべきでないと思われてしまうほどだ」と、なおざりにされている女子教育を嘆き、「無知」ゆえに娘は「無為」に陥り、堅実とはいえない関心事にうつつをぬかすことになる危険性を警告していた(36)。

　18世紀末のミルモン夫人も、女性の家庭教師による教育は、「嘘と隠蔽で成り立っているレッスン」にすぎず、母親は自分の楽しみ事に忙殺されていて娘の教育に真剣に関わろうとしていないし、無知な修道女達による教育は、実生活に対応できない無能な女性達を世間に送り出しているなどと女子教育の現状を厳しく批判している。そして、無知を悪徳とみなし、「無知は、誤りあるいは狂信しか生まない」と明言したのである(37)。

　同じく18世紀末、リバリエ(Riballier)とコッソン・ド・ラ・クレッソニエール嬢(Mlle Cosson de La Cressonnière, 1740-1813)も、『女性の体育と心の教育について』(De l'éducation physique et morale des femmes, 1779)で、同様の女子教育批判をしている。のみならず、彼らは、「女性の魂は、男性の魂と性質が異なっているわけではない。さて、我々の考えや我々の行動方針の源である知性は皆、魂にのみ存在しているのであるから、一体、どうして女性の魂が男性の魂ほど、学問や芸術、哲学に没頭したり、これらの分野でこの上ない成功を収めて際立つ能力がないなどということがあろう？」とするなど、男女の知的能力の対等性を主張した。そして、「彼女達の知性を、良い教育の助けで伸ばしてやろう(38)」と、立派な教育によって女子の知性を伸ばすことを訴えたのであった。更に、国費で女子のための学校を設立することを提案し、彼女達に中等及び高等教育を施すことを構想したり、教育論の後に続く、「有名女性達の略歴紹介」の冒頭で、「アテネでそうしていたように、修辞学や政治、数学の学校に彼女達［女性達］を受け入れてやろう。そうすれば、彼女達の中から、女性の雄弁家達や手腕のある政治家達、見識のある哲学者達、洞察力のある数学者達が出るであろう(39)」と述べるなど、プーラン・ド・ラ・バールの主張を想起させるような主張を展開しているのである。

5. 女子の知育擁護の論拠

ところで、女子の知育はなぜ重要であるとされたのか？ 既に、若干触れてはきたが、これは、女子の知的啓蒙書の在り方と深く関わる問題であるから、特に改めて言及する必要があるだろう。但し、このテーマに関する当時の文献を全て検討するわけにはいかないが、ここでは、17世紀から、とりわけ18世紀の様々な女子教育論[40]の中で展開されている女子の知育擁護の重要な論拠を、知識や学問、学業の有益性という観点からまとめてみたい。

無知と偏見からの解放

ロランは、先の教育理論の書で、若者達の教育の目的として、知性を育み、正しい品行を身に付けさせ、キリスト教徒を育成するという3つの目的を掲げている。この中で、知性を育むために学問・芸術を学ぶことが有益であるとして、これらの学習が、知識を広げ、無知と偏見から解放し、的確な思考能力をつけるとしている[41]。

女子の知育を擁護する人々も、そうした効果を意識していた。プーラン・ド・ラ・バールは、無知は「最も厄介な奴隷状態」であるとして、女性達が知的好奇心を発揮して勉学によって知識を得ることに賛同していたし[42]、小説家のラクロ(Laclos,1741-1803)は、その女子教育論『女性の教育について』(De l'éducation des femmes, 1783)で、女性に「あらゆる有益な知識」を与えて、「あらゆる偏見」を免れさせることを理想として思い描いていた[43]。又、「[女性達の] 知性を育くまねばならない、女性達に堅実な事柄を吹き込まねばならない、彼女達の判断力を養成しなければいけない、要するに偏見を取り去って倫理上の規範を与えねばならない[44]」と訴えるミルモン夫人も、しっかりした教養を女性に身に付けさせることを主張した。

「反無知」、「反偏見」は、啓蒙の時代精神を特徴づけるキーワードであ

る。女性の知育を擁護する人々の主張は、女性もこうした時代精神と無縁ではなかったことを窺わせるものである。

倫理性の養成
　ところで、ロランは、先の理論書において、知性を育むだけでは不十分で、勉学を通して倫理上有徳な人間を育成することを目指さねばならないし、又、それは可能であるとしていた。この点について彼は、例えば、若者達に美徳への好みと悪徳への嫌悪を吹き込むために、有益な話やお手本などを読書から引き出すことができるとしていたし、「歴史は上手く教授されれば、万人にとって倫理の学校になる」と言っていた[45]。知徳合一の理念は、既にソクラテスやプラトンの哲学において見られたもので、その後も教育理論においてなんらかの形で継承されてきたものであるが[46]、女性における学問や勉学の有用性の論拠としても援用されたのである。
　例えば、『両性の平等について』で、男女を問わず有徳であるためには、しっかりした知識がなければいけないとするプーラン・ド・ラ・バールは、「確実に有徳であるためには、博学でなければならない[47]」と言っている。学問に勤しむことで得られる真理の認識、明確な知識が人を真に幸福にし、真の美徳の実践に繋がっていくのだと考える彼は、学識がなければ、幸福も美徳も完全には手に入れることができないから、学識を必要とする仕事に就かなくとも、女性にとって学識はやはり幸福や美徳同様重要であると主張した[48]。すなわち、的確な思考能力と正しい行動規範を身に付け、自身と自身の周囲にあるものをよく知り、これら周囲の事物を正しく利用し、我々の欲望を制して情念をコントロールするという、美徳の実践や幸福に不可欠な要素を形成するには、学識が必要だというのである[49]。
　「学問が頭に働きかけると、今度は、頭が心を動かす[50]」と考えるミルモン夫人も、人は教養を積むにつれより良くなろうとするものだとし、女子の啓蒙がその倫理的向上に役立つことを確信していた。
　又、アデライド・デスピナッシー嬢（Mlle Adélaïde d'ESPINASSY）は、娘の教育の手引書『令嬢の教育についての試論』（*Essai sur l'éducation des*

demoiselles, 1764)で、娘を博学にすることを目指す必要は全くないが、たとえ女学者と思われようと、娘時代に様々な学業をさせることには大きな利点があるという。大部分の若い娘達は、真面目な事に関心を持たず、退屈し、悪書を読んだり、「媚態のお勉強」で気晴らしをしがちであるから、筆者は、自分の生徒には、しっかりした勉学に勤しませることでこうした不都合を避けるのだとしてしている。彼女は、「私は、私の年若い女生徒にしっかりした、しかしながら満足のいく程度の勉強に勤しませることで、こうした不都合を予防します。なぜなら、こうした勉強は、彼女からあらゆる雑念を遠ざけ、又その知性を育み、知性をよりしっかりしたものにすることで、自分に将来降りかかる社交界の誘惑に抵抗できるようにするからです」と述べている[51]。学業は、精神と品行を正しく導くことにつながるというのである。

教育によって人を向上させることができるという発想の中に、人間精神の進歩に信頼を寄せていた啓蒙の時代精神を垣間見ることができよう。そして、女性も又その知的啓蒙によって倫理性の向上を期待できる存在だということを、女性の知育を擁護する者達は認めているのである。

真の学識の効用

尤も、現実には、学識を積んだ者が、必ずしも倫理性という点でも優れているとは限らない。この点について、プーラン・ド・ラ・バールは、学識が人を徳へ導いていないとすれば、それは「まやかしの知識」(fausses lumieres)であるからだと言う。例えば、不明瞭な観念を提供する「まやかしの哲学」(fausse Philosophie)は、精神を乱してしまう。これに対して、真の学問は人を徳に導くものであるから、例えば、学問のせいで女性達がより意地悪く傲慢になるというのは、俗人の抱く妄想である。真の学識の習得は、むしろ人を必ず謙虚にするものなのであるから。こうした論の運びで、彼は、学問に親しむ女性達への偏見を批判した[52]。

後にル・グロワン・ラ・メゾヌーヴ伯爵夫人(comtesse Le Groing La Maisonneuve, 1764-1837)は、『女性の使命に最も対応していると思われる種

類の教育についての試論』(*Essai sur le genre d'instruction qui paroît le plus analogue à la destination des femmes*, an Ⅶ［革命暦7年で、1798又は1799年］)において、知識が女性を断定的で尊大にすると人は主張するだろうが、もしそうなるとすれば、それは、真の学識のせいではなく、生半可な知識や見せ掛けだけの知識で飾った無知が原因であると主張することになる。「十分消化された学業は精神を当を得たものにし、したがって、精神を控えめにするものです[53]」という彼女の言葉は、読者の理解を促す工夫をこらした知識の普及書で女性が学ぶことを正当化する論拠となりうるものである。

一方、リバリエとコッソン・ド・ラ・クレッソニエールは、しっかりした教養を積んだ女性は、自己の義務と社会の掟を大切にするものであるから、彼等の考える進んだ女子の知育は社会秩序を転覆させることにはつながらないし、ましてやモリエールが矯正しようとした彼の時代の滑稽な女性達を養成することにはならないとして、女性の学識を擁護したのであった[54]。

危険な無為と倦怠の防止

ところで、デスピナッシーの先の教育論の引用部分には、悪徳の原因である無為を防ぐために学問を奨励するという消極的な知徳合一の観念も窺えるが、勿論、男子の場合も、学業が無為を防ぎ、閑暇を有益に過ごさせるのに良いという考えは、大いに支持されていた[55]。しかし、無為に陥った女性が無知から良からぬ関心事に没頭することの危険性を警告した先のフェヌロンの例に見られるように、女性の無為はとりわけ避けるべきこととされており[56]、この危険な無為を防ぐための学問を奨励又は許容するという考えは、珍しいものではなかった。

例えば、ルゼ＝マルネジヤ(Lezay-Marnésia, 1770-1814)は、若い女性のための読書案内書『若い婦人のための読書プラン』(*Plan de lecture pour une jeune dame*, 1784)で、女性が学問をすることの意義について、「早くから、知性を磨き、その理性に光を灯す女性は、生涯にわたって、倦怠を防ぐ手

立てを自分のために用意し、倦怠が引き起こす多くの常軌を逸した振る舞いに陥ることは少しもないのです(57)」と述べている。又、フルリー (Fleury, 1640-1723) は、19世紀に至るまで版を重ねることになる『学習の選択及び方法論』(*Traité du choix et de la méthode des études,* 1686)で、後にも触れるように、女子用の学問の内容をかなり限定していた。しかし、ラテン語やその他の言語、歴史、数学、詩などは、これらが有益もしくは必要な仕事と無縁な女性達には必要でないし、これらを勉強すれば自惚れることになりかねないと警告しながらも、「しかしながら、彼女達［女性達］が小説を読んだり、賭け事をしたり、自分のスカートやリボンのことを話したりするよりも、そうしたことに余暇の時間を使う方がいいだろう(58)」と述べ、暇を持て余して無価値な又は有害な事に身を入れるよりは、無用な学問をしてくれる方が良いという判断を下している。

自身の楽しみと男性への好ましい影響

　プーラン・ド・ラ・バールは、先に触れたように、学問をすることで得られる真理の認識や明確な知識が本人の幸福につながるとしていたが、知識や学問が女性個人にもたらす利点については、他にも様々な事が言われていた。

　例えば、リバリエとコッソン・ド・ラ・クレッソニエールは、全ての芸術に勤しみ、最良の書で勉学をし、最も健全な哲学の教えについて熟慮できれば、女性達は、倦怠や無知からつまらない楽しみ事に走らないで、「あのとても心地よい暇つぶし」の中に、「常に多様で、常に新鮮味のある楽しみ」を味わうことができるとした。のみならず、こういう女性達の姿に男性達は専ら「あらゆる美徳のお手本」を見出し、自分達も学問と仕事を好み、徳ある人として振る舞うのでなければ彼女達にふさわしくないと思うようになるとして、男性に倫理上好ましい影響を与えうると主張した(59)。そもそも、高雅なサロン文化を取り仕切るインテリ女性達の存在なくしてフランスの風俗の洗練はありえなかったし、そうしたサロンで男性達も洗練されていき、自身を高めることができたのであった。そうした歴史的事

実が、リバリエとコッソン・ド・ラ・クレッソニエールの主張に反映していると考えられる。

女性の魅力アップと社交界での効用

　女性がサロンで活動するには、実に多様な知識を必要とした。ルゼ＝マルネジヤは、女性の知的啓蒙を強く意識した先の読書案内の書で、彼が提案した多様なジャンルの書物を注意深く読むことで、女性は、「知ることが重要なこと全て」を学ぶことができると言う。そうすることで、女性の判断はより確かで、会話はより興味深いものになり、社交界での彼女は「より感じがよく」なり、社交界に「より多くの魅力」をもたらすことになるのである[60]。

　しっかりした知識や教養を身に付けることが、女性自身の魅力につながるという考えは、他でも言われている。例えば、「有益な知識を全て」女性に与えることを思い描いたラクロは、相手を魅了するまなざしを放つためには、天与の美しい目を持っていても、頭の中が空虚ではいけないとして、「あなたの知性を磨きなさい、あなたの考えを増やしなさい[61]」と言っている。又、既にプーラン・ド・ラ・バールは、女性は、勉学によって培われた知性の輝きによって身体の美の輝きが大いにアップするとさえ言っていた。そして、たとえ最も醜い女性達であっても、「勉学によって磨かれた知性の利点」が「自然あるいは運命が彼女達に拒んだものを補う手段をたっぷり与えてくれるだろう」と言ったのである。こうして、女性達は、学者達の対話に加わり、知性と美貌の両方で学者達の上に君臨することになるのである[62]。これは、識者の集うサロンにおける理想的なインテリ女性の有り様を念頭に置いたものであろう。

家庭での役割への期待

　ところで、女性の知育重視の根拠は、女性自身のためのみならず、夫や子供、家庭などのためという母や妻、主婦としての役割への期待にも大いに起因している。こうした家庭での役割への期待による根拠は、母性が重

視され、妻や主婦の役割が強調される19世紀のブルジョワジーの時代にとりわけ重要なものとなっていく。19世紀にも繰り返されることになるこのような女性の伝統的な役割に由来する女性の知識重視の言説は、程度の差はあるが、大抵の女子教育論に登場するものである。まず何よりも女性自身のための知的開花を最も重視したプーラン・ド・ラ・バールですら、『両性の平等について』の翌年に出版した女子教育論『学問と品行において精神を導くための婦人教育について』(*De l'éducation des dames pour la conduite de l'esprit dans les sciences et les mœurs*, 1674)で、ウラリー(Eulalie)という女性の登場人物に、「もし女性達に十分教養があったら、結婚生活はそのためにより良くなるでしょうに、家庭ももっとうまく切り盛りされ、子供達ももっと立派に育てられるでしょうに[63]」と言わせていた。

プーラン・ド・ラ・バール同様、女性のために、男性と同等の知育を要求し、男性並に知的職業への従事を可能にすることを訴えたリバリエとコッソン・ド・ラ・クレッソニエールは、他方で、次の世代の人類全体のために子供の教育という重要な役割を果たすには、女性に十分な知育を施さねばならないと考えていた。女性達の身分や知力などの条件が許す限り、女性達に教養をつけ、女学者にすることさえ許容する一方で、「もし女性達に教養があれば、彼女達は、古代人達が若者の教育であんなにも成功していた教育方法の中で最良の方法を自身で選ぶことができるだろう[64]」としている。彼等の考える女子教育の改革には、国民の利益、人類全体の幸福を実現するという究極の目的があり、未来を担う子供達の教育のための女子の啓蒙というテーマは彼等の教育論で重要な位置を占めていた。

又、フェヌロンや有名な作家で教育家のジャンリス伯爵夫人(comtesse de Genlis, 1746-1830)なども、将来、女性が家庭での役割を果たすために女性に知育を施すことを特に重視する主張を展開していた。

フェヌロンは、子供の教育、召使いの管理、家政が女性の役目であるから、女性の学問は、彼女達のこうした役目に応じたものに限られねばならないと言っている[65]。

一方、ジャンリス夫人は、『女子修道院の廃止と女性の公教育について

の論説』(*Discours sur la suppression des couvens de religieuses, et sur l'éducation publique des femmes*, 1790)で、最良の教育は、生徒の性別と身分に応じて、本人に最も必要な長所と才能を伸ばし、完成させることだとし、女性は、妻、母、寡婦といった将来の運命に適した教育を施すべきだと主張したのである。したがって、将来、娘を育て、家政を賢明にこなすための知識を与えることが不可欠だとして、「女性がいつの日か娘達を立派に教育し、賢明なやりくりで家庭内を運営できることを可能にする教育と知識を女性に施すことが不可欠です[66]」と述べ、更に、寡婦となって息子達の後見役を担ったり、夫の諸権利を引き継いでいけるような知識が必要であるとした。

更に、カステル・ド・サン＝ピエール(Castel de Saint-Pierre, 1653-1743)も、『女子教育改善計画案』(*Un projet pour perfectionner l'éducation des filles*, 1730［頃］)において、こうした女性の役割を全うさせるために能力ある女性を養成することは、一家にとって重要であるばかりでなく、国にとっても計り知れないメリットがあると述べたのであった[67]。

6. 女子の知育のカリキュラム

では、女子教育を論じる者達は具体的にどのような知育を提唱していたのであろうか。この問題も又、女子の知的啓蒙書の在り方と深く関わる問題であるから、特に言及する必要があるだろう。

女子の知育の具体的な内容は、上述の女子の知育擁護やその根拠を当然反映しており、論者の立場の違いから、その及ぶ範囲には幅がある。全てを詳細に紹介するわけにはいかないが、主なものを検討したいと思う。

男性と同等の学習——プーラン・ド・ラ・バール、リバリエとコッソン・ド・ラ・クレッソニエール

プーラン・ド・ラ・バールや、リバリエとコッソン・ド・ラ・クレッソニエールは、男女の知的能力の同一性と同一の知的活動の可能性を主張し

ていたが、女子の知育のプランを明確に示したわけではない。

　しかし、前者は、『両性の平等について』において、能力が等しく備わっているのであるから、男女が等しく学問をする権利のあることを主張しており、具体的には、形而上学、物理学、医学、論理学、数学、天文学、フランス語文法、雄弁術、倫理学、法律学、政治学、地理学、世俗史、教会史、神学、民法、教会法といったものに女性は取り組むことができるとしていた[68]。

　尤も、『学問と品行において精神を導くための婦人教育について』では、ギリシャ語とラテン語の学習は困難であるから、現在では仕事に就くためでなければ必要でないこれらの言語を、女性は習得しなくてもよいとする。その代わり、最高の知識に接近するために、フランス語訳で読むという「特に女性のために」近道を示すことでより現実的、実際的な助言をしているのである[69]。

　この教育論は、女性に対する学問の奨めになっており、諸学問の有益性を概説している。すなわち、論理学は、あらゆる対象について的確に理解する術を教え、形而上学は、万物について我々が抱く諸概念全体を明白に示し、物理学は、それぞれの事物の概念を明らかにしてくれるものである。フランス語文法は、自分の考えを表明するための規則を、又、雄弁術は、人を説得するために言葉に装飾を施して表現する規則を教えてくれる学問である。プーラン・ド・ラ・バールは、簡単ではあるが、性別を問わないオーソドックスな学問の有用性を示したのであった[70]。

　一方、『女性の体育と心の教育について』において、女性に可能な限り知育を与えることを考えるリバリエらの構想する女子校では、宗教の勉強が重視されているものの、宗教の次に重要な地位を占める「文学」(belles-lettres)や「高度な科学」(hautes-sciences)もその学習プランに入っていた[71]。更に、現行のコレージュや大学の学年制を採用することも構想されていた。

　尤も、この女子校では、高度な科学から針仕事まで多様な内容を完璧に身に付けるという理想が掲げられているだけで、より具体的な科目につい

第 2 章　17-18 世紀における女性の知への接近と女子の知育擁護論

ての提案はない。しかし、男性が学業をする過程で、男性がやっていることを理解でき、共に思索し、啓発してくれるような「プラトンやプルタルコス、タキトゥス[古代ローマ時代の歴史家で政治家]、ニュートン、ビュフォン、ボシュエ[1627-1704、司祭で作家]、マシヨン[1663-1742、有名な説教師]、モンテスキューに慣れ親しんだ女性達(72)」がいることを無上の喜びとする旨の記述があり、やはり男性同様の多様で高度な学識を想定していることは確かである。

　このような、男性と同様の知育を構想したケースは勿論例外的であろう。通常は、女学者にすることへの恐れやためらい、男女間における能力や役割の違いなどを根拠に、女子の知育の中身を限定する傾向があった。とはいえ、女性に推奨される知育の中味は案外多様で、設定されるその限界も教育論によって幅があるのである。

節度あるしっかりした学習──ミルモン、ランベール、デスピナッシー
　ミルモン夫人は、女性達は深みのある学習をするように運命づけられていないと考えたばかりでなく、「精神を豊かにするよりはこれを矯正する方が大切」だと言っていた(73)。又、若い娘達を博学な女性よりは、「感じのいい幸せな」女性にすることが学業の主な目的だと言っていた。しかし、彼女は、女子の知的啓蒙を強く意識しており、7 巻本に収められた彼女の女子教育論と学習講座シリーズ『女性教育論、及び知育の完璧な講座』を通して見ると、フランス語の読み書き、算術は勿論、フランス史、世界史、地理、哲学(論理学と認識論)、修辞法、文学(演劇、小説)、法律、博物学、生理学、保健、物理というようにかなり幅広い分野の学習や知識を推奨していることになる(74)。

　中でも、論理学については、「真の論理学とは、的確に考え、思考に的確さを与えることで、思考を真理に導く術なのです。つまり、これは、真理を発見するための、そして、他人にその真理を伝えるための諸規則を我々に提供してくれる術なのです。つまり、一言で言えば、思考力を磨くことでこれを育成する術なのです [...](75)」などという言葉を引いて、こ

の学問の本来の有益性を強調しているのであるが、論理的な思考や判断力を重視する著者は、論理学を非常に重要な学問だと考えていた。

又、歴史上の偉大なお手本から、「人生の様々な状況に適用可能な教訓」が引き出せるし、歴史(たとえ悪い史実であれ)からは、最良の教訓を得ることができるとして、道徳的な面での歴史の有益性を擁護している[76]。

この他、文学は、楽しみを与えてくれ、「趣味の良い書物」は、考えと感性を豊かにしてくれるとしている[77]。更に、第2巻の序論では、「かくも多くの若い女性達がその魅力と健康を損なうのは、無知からである」として、健康に関する知識の重要性を喚起している。更に、生理学の知識を与えることで、女性達に自身の存在の原理を知らせ、知識を得た女性が「多くのつまらない偏見(petits préjugés)」に支配されにくくなるという効用を訴えているのである。のみならず、物理学についても、「我々の能力を超えるどころか、我々の考える範囲を広げてくれる」と推奨しているのは、当時の女性達の間での科学ブームが念頭にあったからであろうか[78]。

一方、ランベール夫人は、『ある母親の娘への助言』(Avis d'une mère à sa fille, 1728)で、女性がその理解を超えるような学問に専念する事を戒めて、「理解を超えるような学問へのあなたの好みは控えめにしなさい。なぜなら、それらは、危険であり、ひどく傲慢にするだけです」と言い、抽象的な学問ではなく、「有益な知識[79]」に時間を使うよう呼びかけていた。

しかしその一方で、若い娘達が「しっかりした学問」(sciences solides)に専念するのは良いことだとして、まずギリシャ・ローマ史を、「そこに見られる偉大な行ないによって魂を高め、勇気を養う」という理由から推奨している。フランス史については、「自分の国の歴史を知らないというのは許されない」としている。更に、その能力があれば「哲学を少し」(un peu de philosophie)やることも「批判はしない」とした。又、雄弁家のキケロなどの書を読み、倫理学も学んで欲しいと言っている。

語学については、女性は母国語で十分だが、「教会の言葉」で、「あらゆる学問への扉を開いてくれ、あらゆる時代の最良であったものと交流させてくれる」ラテン語をやることに反対はしないとしている。しかし、「愛

の言語」であるイタリア語の学習は危険に思われるし、イタリア語の作品には「精神の的確さ」とは反対の言葉遊びや「羽目を外した妄想」があるとして、この言語の学習を暗に戒めている[80]。

　デスピナッシーの女子教育論『令嬢の教育についての試論』では、博学な娘を育成する意図が全くないことが示唆されているが[81]、少なくとも、まず、自身のために自己をしっかり形成することを目指しているのが窺える。彼女は、ルソーが『エミール』で描いたソフィーの受けた教育に同感できる部分があることを認めながらも、例えば、自分が持つべき宗教も夫次第とされていることに異議を唱え、ルソーの考える精神的に夫に従属した女性像には反対した[82]。その上で、ルソーが良いことだと認めているという女性達による男性の支配（具体的には、家庭で妻が夫を支配することを意味する。）を望ましい形で実現するために、良い教育で心と知性を育むことを考えるのである[83]。

　ルソーのように年齢に応じて教育を段階的に施すことを考える彼女が、幼児教育を経て、7才以降16才までに家庭教師（科目毎にそれぞれ教師がいることが前提になっているようである。）をつけて学ばせる知育の科目は、次の通りである。

　まず、将来、家を切り盛りする者に不可欠な算術、「頭の働きを的確且つ論理的に」してくれるという重要な利点を持つ幾何学（但し基礎的なもの）、そして、聖史だけでなく、祖国の歴史も学ばねばならない。地理（ヨーロッパの地図と特にフランスの地図、世界地理）の学習については、「その機会が訪れた時に、他の［娘］と同じように話ができ、話題になっているのを耳にした時、少なくとも退屈しないようにするため」に必要である。フランス語文法は、ひどい言葉遣いで会話の楽しみを損なうことになってはいけないので、フランス語を話す術を習得するために必要である。更に、読み辛いフランス語で文体を台無しにしてはいけないので、正確にフランス語が書けるように綴り字法の学習も必要である。博物学や物理学は、自然の中の秘密に分け入り、自然が生みだしたものを嘆賞する事ができれば、田舎での隠遁生活で、素晴らしい「倦怠防止の手段」となりうるし、世間

で盛んに推奨されている園芸にも役立つとしている[84]。

　16才からは、毎日読書することを奨め、お伽話や教訓話の他に、歴史書(これは、書かれている様々な事柄が興味を引くと同時に教訓となり、しかも頭の働きを的確にする。)や詩、演劇作品(性格喜劇や優れた悲劇は、心を損なうことなく知性を育むのに適している。)、神話(異教の神々を識別し、詩の主題を理解するのに必要である。)などの「かなり幅広い読書プラン」を提案している[85]。

　これに加えて、著者は、紋章学の基礎的な学習を、実際的な必要性から望んでいる。又、将来、法律上の問題で頼りになる人がいなかったり、寡婦となって管理すべき財産があるというような事態に備えて、若い娘達が法律の知識を是非持つ必要があるとした[86]。

女性の役割重視の学習(17世紀)—フルリー、フェヌロン

　男女の役割の違いを強く意識し、家庭での女性の役割を特に期待する教育論を唱える者達においても、妻、母、主婦の役割を果たすには知識が必要であるという認識は、勿論あった。それと共に、これまでにも見てきたような知育の持つ様々な効用をも意識せざるを得なかったため、女子の知育のプランを決してないがしろにすることはなかったのである。フルリーとフェヌロンがそうであった。

　フルリーは、『学習の選択及び方法論』で、初めて女子教育のカリキュラムのガイドラインを素描した。彼は、女性用の知識として、宗教や家事を重視することは勿論だが、「早くから、自分に関係しそうな通常の主題について筋道立って考え、しっかり推論する訓練をする」ために「論理学の最も重要な点」も女性に教えるとしている。又、母親でもある女性は自身が健康でなければいけないし、家庭での治療薬の準備や病人の世話に適しているから、「普通の病気の最も簡単な治療法」を知るのも良いとしている。更に、フランス語文法は、手紙や計算書、その他個人的な書き物が正確にフランス語で読み書きできるように、計算については、男女を問わず、必要な日常的な算術程度で十分であるとしていた。又、寡婦になって

第2章　17-18世紀における女性の知への接近と女子の知育擁護論

財産管理の必要が生じるという事態に備えて、法律を教えることの重要性も強調している[87]。こうした実用的な知識の他、ラテン語、ギリシャ語、歴史、数学、詩などについては、「[上述した]これ以外の全ての勉強を女性はしないですますことができる[88]」と言っていたが、先にも見たように、消極的なニュアンスでではあるが、許容はしていた。

一方、『女子教育について』で、同時代のフェヌロンが考える娘の知育においては、フランス語の正確な読み書きと、それに役立つような文法の知識の習得がなされねばならなかった。後者の勉強のお陰で、将来、母親になった時、巧く話す術を子供達に教えることができるようになるであろう。更に、四則を学ばせなければならない。これについては、「計算が正確にできることは、しばしば家の中の良き秩序を形成する」とさえ言っており、実際的な勉強を重視する立場が窺える。又、同じく、遺言と贈与の違いや、契約、動産、不動産とは何であるかなど、結婚したら重要になるこうした事柄に対処するために、法律の主たる知識もいくらか持たねばならないとしている。これに加えて、「名門の出で莫大な財産のある娘達」の場合は、所領地における領主の義務と権利に関する事柄も教えねばならないとした[89]。

そして、これらの最優先すべき知識の後で、本人の「自由な時間と理解力に応じて、情念になんら危険を与えない世俗の本を読ませておくことは無益でない」として、ギリシャ・ローマ史の本を薦め、フランス史も知る必要があるとした。「虚栄心や気取りを避けさえすれば、これらは皆精神を偉大にし、魂を偉大な感情にまで高めることに役立つ[90]」と、フェヌロンは言っており、歴史の勉強が衒学趣味に陥らなければ、頭と心の両方に教育的効果をもたらす事を認めているのである。後にロランも、歴史の勉強の有益性に「知性と心情を育む[91]」を挙げており、これは、男女を問わず認められていた効用なのである。

語学については、「危険で、女性達の欠点を増長しうる書物を読むことにしかほとんど役立たない」イタリア語やスペイン語を学ぶよりは、教会での祈祷の言葉が理解できればためになるから「教会の言葉」である「ラ

41

テン語を学ぶ方が遥かに道理がある」とした。これは女性達に、学術の言葉でもあったラテン語を学ぶ格好の口実を与えるものであろう。

又、雄弁と詩作品の読書については、「娘達にその趣味があり、これを正しく利用するに止められるほどの十分な判断力があれば認めるのだが」などと言っており、禁止をしているわけではないが、音楽や絵画に対するのと同様、慎重であることを要求していた[92]。

女性の役割重視の学習（18世紀）―カステル・ド・サン＝ピエール、ル・グロワン・ラ・メゾヌーヴ

18世紀の前半には、カステル・ド・サン＝ピエールが、先の女子教育の改革を提言した『女子教育改善計画案』の中で、女子は男子のように公職に就くわけではなく、家庭を治めることになっているのだから、彼が構想する女子のための公教育施設では、男子と異なった教育がなされねばならないとした。例えば、女子にはラテン語の代わりに、針仕事の類を教えるとされている。とはいえ、彼は、実に多様な知育の内容を提案している。

カステル・ド・サン＝ピエールは、「普通の会話にでてくる可能性のあるあらゆる学問とあらゆる技芸の基礎知識や男性達の様々な職業に関係のあるいくつもの事柄でさえも、つまり、彼らの出身地の歴史、地理、刑法、主たる民法でさえも、将来男性達がこれらについて娘達に言うことを喜んで聞け、時宜を得て彼らに質問し、夫とその職にまつわる日々の出来事をより容易に語り合うことができるようにするために、これらを娘達に教えることを目指さなければいけない[93]」と言っている。将来、家庭やそれ以外の社交の場での通常の会話や、夫や男性達の職業に関係した会話に対応できるように、あらゆる学問の知識を一通りは娘達に教えることが必要だと考えていたのである。これは、会話を重視するサロン文化の国ならではの発想であるが、勿論、それ以外の教育効果も念頭に置いていたのであった。

すなわち、地理と歴史（自分の住んでいる地方から、フランス、ヨーロッパを始めとする世界全体）、著名な男性と有徳な女性の人物史（読書が楽しく

第 2 章　17-18 世紀における女性の知への接近と女子の知育擁護論

なって、「倫理的な考察の書や、いくつかの理論的な書物」をより楽しめるように)の他に、有用な科学の基礎的且つ一般的な知識も教えるとしている。科学の知識については、「暦が利用でき、食とは何か」などがわかるように「天文学を少し」、それを造った神の偉大な叡知と力に感嘆するために、「動物の体の仕組みや栄養の摂取、この仕組みの見事な営みについての知識を少し」を、又、厄介な迷信を取り除くために「人を驚かすような現象の自然原因についての知識を少し」推奨していた。更に、将来、家の法律絡みの実務を理解する必要が出てくるから、裁判に関連する知識や地方の主たる法律を学ばせると共に、賃貸借契約などの法行為や簿記といった商業実務に関する知識も知らねばならないとしている。勿論これらは、読み書き、計算といった基本的な学習をしたことが前提になっている[94]。

　一方、18世紀末、『女性の使命に最も対応していると思われる種類の教育についての試論』で、女性の家庭での伝統的な役割を特に重視するル・グロワン・ラ・メゾヌーヴ夫人も又、女性の知育の重要性に着目していた。女性達には「家の中だけにしか果たすべき務めはない」のであるから、彼女達を「感じよく」すると共に、「有益に」することが女性の教育の目的であるというのが、彼女の基本理念であった[95]。そのために彼女達に必要な知識として、家政や裁縫に関する事は勿論のこと、子供達に読み書き、計算の基礎が教えられるように、「完璧に読め、まあまあ書け、計算ができなければいけない」し、子供達の質問に答えられるように、「歴史や神話、主な自然界の現象の基礎知識をいくらか、そして可能であれば、植物学についての何らかの知識でさえ」必要であるとしている。又、家族の看護人として、病人に対する適切な処置を若干心得ていなければいけない[96]。更に、夫亡き後は、自分で法律上の実務ができるようにしてやることを著者は望むと共に、夫の存命中は、夫婦共同の利益のために有益な会話ができる位の十分な知識を持つことが双方にとってもメリットがあるとしており、法律上の基本的な知識の必要性を示唆している[97]。

　ところで、「[...]両親、両親がいない場合は、女教師［家庭教師］が、その指導を受けている若い娘達の知性を育み、その分別に磨きをかけ、自然

が許す限りこれら[知性と分別]を伸ばさねばならないと私には思えるのです[98]」という著者が、将来娘達が家庭で役立つ女性となるために重視したのは、基本的な知識の獲得だけでなく、理に適った知的な頭の働きを促すことでもあった。尤も、これは、これまでに見てきた教育論においても、知育の効用として期待されていた点である。女性の分別に磨きをかけるために必要な学習を問題にした第4章において、彼女は、「深みをもって構想され、適度に論理立った書物」を読むことが、「的確な頭の働きを養成する」こと、「知性に磨きをかける」ことに最も効果的であるとして、「しっかり理論立てられた文学講座」(cours de littérature bien raisonné) を推奨した。但し、これはレベルの高い勉強なので、その基礎となる歴史と外国語(主に英語とイタリア語)の勉強をそれ以前にする必要があるとしている。尚、彼女は、ここで、英語やイタリア語の勉強が、母国語の習得に役立ち、こうした言語で書かれた面白くてためになる書物の読書が有益であることも指摘している[99]。

女性の役割重視と百科全書的な学習プラン―ジャンリス

　女子の役割に応じた知育を強調した様々な理論家の中でも、ジャンリス夫人は、同じく18世紀末に、例外的とも言える女子の知育のプランの実践を、その成功を博した書簡体小説風の有名な教育論、『アデールとテオドール、あるいは教育についての書簡』(*Adèle et Théodore, ou Lettres sur l'éducation*, 3 vol., 1782)で展開した。

　作中で、アルマーヌ男爵の娘アデールが、幼年期から18才位までに段階的に学んでいった科目は、フランス語(読み書き)、英語、イタリア語、算数、歴史(フランスと世界の)、聖史、幾何学、ギリシャ・ローマ史、神話、博物学、化学、物理、法律と盛沢山である。

　英語は、幼児期から英国人教師について学び、6才でフランス語と同じ位この言語を楽に話し、後にイタリア語も英語と同じ位容易に話せ、母国語を加えた3ヵ国語の書物の傑作を読んだというのであるから相当なものである[100]。今日では、ギリシャ語やラテン語ができなくても、この3ヵ

第2章　17-18世紀における女性の知への接近と女子の知育擁護論

国語を完璧に勉強すれば、「少なくとも、古代が提供しうる知識と同等の優れた多くの書物からの知識」を得られるとして、アデールの母親は、この3ヵ国語を重視していたのである[101]。歴史は、母親が「判断力と心を養える」ことを願って書いた自作の歴史書(『美徳の年代記』(*Annales de la vertu*, 1781)でジャンリス夫人の著書)を活用したのであった。更に、イタリア中にある絵画と記念建造物を理解するためには、ローマ史と同じ位完璧に神話を知る必要があるということで、やはり自作の神話についての書を娘に与えたという[102]。

博物学や化学、物理については、アデールを「博学な女性」(savante)にするつもりはなく、「時折、自分の楽しみに役立ち」、こうした学問の趣味がある「父親、兄弟あるいは夫の話が退屈しないで聞け」、無知から来る「無数のくだらない偏見を防ぐ」ことのできる程度の「非常に浅い知識」(connoissance très-superficielle)を彼女に与えるだけだとしているが、実際には、アデールは兄のテオドール同様、既に幼年期に、アントワーヌ・プリューシュ神父(abbé Antoine PLUCHE, 1688-1761)の若者向けの博物学や農芸、物理、天文学などを扱った普及書『自然の姿』(*Le Spectacle de la nature*, 9 vol., 1732-1750)を読んで、暗記していたというのであるから、必ずしも「非常に浅い知識」とは言えないであろう[103]。

更に、学習内容の重要な部分を占めるアデールの読書が、第3巻の巻末に付された読書プランに紹介されている。そこには、翻訳による古代文学から、フランスの古典主義文学、英語やイタリア語の文学作品、ヴォルテール、モンテスキューといった啓蒙思想家達による書物、教育論、地理学、論理学、博物学などに至るまで、実に幅広く、又、内容的にもしっかりしたものである[104]。

ところで、この教育論では、虚栄心を矯正して堅固なものに向かわせるという徳育の面では男女の教育は類似しているが、「それ以外のほとんど全ての点で」男女の教育は異なるとされている[105]。確かにアデールにはテオドールのように数学やドイツ語、ラテン語を習わせなかったし、後者の読書プランはアデールより更に幅広いものであった。又、学問への趣向

は、女性達に奇をてらわせ、素朴な家庭の義務や社交界からも彼女達を引き離してしまうと、暗に女性の過ぎた学問熱を批判する発言がなされている(106)。

　しかし、一方、作者はアデールの母親に、女性の役割とその獲得すべき知識や資質について、次のように言わせているのである。

> 「彼女達[女性達]は、一家を切り盛りし、子供達を育て、助言と服従を交互に要求することになる主人に依存するよう運命づけられていますから、几帳面さと忍耐力、慎重さ、的確で健全な頭の働きを持たねばならず、あらゆる種類の会話に楽しく加われるよう、いかなるジャンルの知識にも門外漢であってはいけませんし、あらゆる好ましい才芸を身につけ、読書の趣味を持ち、長々と論じることはしないが熟慮し、熱狂することはないが愛する術を知らねばならないのです(107)。」

　これに作中での彼女の知育のプランの実践を重ね合わせてみると、有能な主婦、母、妻を目指すことが、知育の限界を意味していると同時に、百科全書的な知識を得るための口実になっているとも言える。尤も、主婦や妻には交際社会での務めも期待されることになるのであるから（アデールは16才で社交界にデビューした。）、豊かな教養が求められるのは当然なのである。

　そして、更に、ここで注目しなければならないのは、ル・グロワン・ラ・メゾヌーヴ夫人同様、理に適った知的能力を養成することをジャンリス夫人も重視した点である。例えば、アデールの母親は、真に優れた小説をも批判的に読むことで、アデールの「知性と判断力を養成する」ことを期待しており、この事が将来、心と頭に有害な小説を貪り読むという「あの軽薄な趣味」を娘が持たないことに役立つと考えていた(108)。又、理に適った助言と反駁の手紙を書かせる訓練をさせることで、「彼女の文体と知性、理性を同時に養成し、彼女をあらゆる危険な影響に対して武装させてやるつもりです［...］彼女があらゆる主題について道理をもって考える

事ができるようにしてやり、彼女に女性達が本当に稀にしか精通することのない「優れた論理学」を教えてやるつもりです[109]」と母親にその意図を述べさせている。理に適った頭の働きの養成は、女性の役割を果たす上でも有益であるが、ここでは、自分自身にとっての重要性が示唆されている。ジャンリス夫人の場合、この点も特に念頭に置いていたのである。

7. 女子の知育に求められるレベル

以上のように、推奨される女子の知育のプランには、大いに限界があるものの、それでも案外様々な科目が提唱、あるいは許容されていると言ってよいのではなかろうか。尤も、そのレベルは、しばしば「〜を少し」(un peu de...) とか、「〜の基礎知識をいくらか」(quelques notions de...) などといった表現を用いており、深い知識を目指しているわけではないことが示されている場合が多い。又、デスピナッシーは、娘がそれぞれ家庭教師から学ぶべき科目を順に説明した後で、「あなたの娘にこうしたこと全てを教えるからといって、博学な娘を養成するなどと思わないでください。娘は博学とは遥かに程遠く、まさしく、無知な女性にならないために必要なことだけ知ることになるのですから[110]」と述べて読者を安心させている。決して博学ではないが、無知でもないというのが、女子の知育のレベルについての最低限の基準であったのではないかと思われる。したがって、多くは、字義通りに受け取るべきであろう。

しかし、他方、例えば、先に見たジャンリス夫人の場合のように、「非常に浅い知識」と言いながら、必ずしもそうとは言えない例もあった事を思い出さねばならない。又、デスピナッシー自身、娘が獲得することになる博物学や物理学の知識について、「彼女[あなたの娘]が知っていたら有益なこと全てを、少しかじる程度に知ることになるでしょう」と言っているのだが、これらの学習のために、やはりプリューシュの『自然の姿』やノレの『実験物理学[講義]』([Leçons de] *Physique expérimentale*) が推薦されているのである[111]。これらの書は、専門家向けのレベルではないが、少

47

なくとも、若者や一般の大人の読者が読むに堪えるような普及書のレベルである。こうした事実を考えると、いかにも浅薄な知識で十分であるかのような表現を用いているのは、一般読者の反感を買わないための良き作法に従った、一種のレトリックと解釈すべき場合もあるということを考慮する必要があろう。

又、男子の場合は、公職に就くという目的があれば、教養として求められる知識の幅もレベルも異なるのは当然であるし、時代の制約を考えれば、かなり高いものを目指した言説がいくつもあったという事実にこそ注目すべきなのである。

* * *

ところで、先に見たように、シゴー・ド・ラフォンは、パリで彼の実験物理学の講座に集まった女性達が非常に優秀且つ熱心で、とりわけ女性達の教養を積みたいという欲求は、地方都市のブールジュでも同様であったとして、女性達が実に真面目に学問に取り組んでいる姿勢を語っていた。一方、アカデミー・フランセーズ会員、アントワーヌ=レオナール・トマ (Antoine-Léonard THOMAS, 1732-1785) は、『様々な時代における女性の性格と風俗、精神についての試論』(*Essai sur le caractère, les mœurs et l'esprit des femmes, dans les différens siècles*, 1772)において、知識を容易に獲得できる女性達は、16世紀の女性達のような学ぶことそのものへの情熱を持っているわけではなく、「彼女達[女性達]は、専ら精神の飾りを求めるように、知識を求めているにすぎない。彼女達は、学ぶことで、知りたいというより、人に気に入られたいのであり、教養を積みたいというより、人を愉快にさせたいのだ[112]」と言っており、あくまでも知識というアクセサリーを身に付けたいだけなのだと、その軽薄な学問への趣向を批判していた。

男女を問わず、社交界に集う人々にとって、学問はまず、高尚な気晴らし、楽しみ事であったわけであるから、体験に基づくシゴー・ド・ラフォンの証言同様、トマの批判も大いに根拠のあるものであろう。しかし、女性達が知識を求める真の動機がいかなるものであれ、彼女達の過ぎた学識

第 2 章　17-18 世紀における女性の知への接近と女子の知育擁護論

への趣向を好ましく思わない根強い風潮があるにも拘わらず、女性達が懸命に知に接近しようする目立った現象がもはや動かし難い現実としてあったということ、サロン文化がそれを助長したであろうということ、又、女性の知への接近が、様々な効用を口実に(時に性別を超えた有力な論拠を拠り所に)、女子の知育に関する多様な言説の中で正当化されていたという事実には大いに注目する必要があろう。

そして、女子の知育擁護の言説に見られる幅広い教養の尊重には、サロン文化の精神を、その程度は一様ではないものの、無知や偏見から女性を解放し、女性の判断力や理性的な思考の育成が期待される所に、18 世紀の啓蒙と理性の時代精神を、女性の天与の役割における知育の重要性(とりわけ、子供の教育者としての母親の知育の重要性)の主張の中に、19 世紀に強まる時代精神の前兆を垣間見ることができるのである。

更に、これまで見てきた理論家の中には、女性読者を念頭に置いた知的啓蒙書の執筆という実践に手を染めた者がいた。ミルモン夫人は、その教育論を彼女の知育擁護の理念の反映である学習講座シリーズとひとつにした『女性教育論、及び知育の完璧な講座』(1779-1789 年)を出版したし、アデールの歴史教育用として先のジャンリス夫人の教育論にも出て来た『美徳の年代記、あるいは若い娘用の歴史講座』(*Annales de la vertu, ou Cours d'histoire à l'usage des jeunes personnes*, 2 vol., 1781)は、ジャンリス夫人自身の著書である。のみならず、これまでに見た女子の知育擁護の主張は、同時代の女子の知的啓蒙書の作者達がその序文で展開する知育擁護論の中で、あたかも木霊のように響き渡ることになろう。こうした点については、次章で改めて問題にしたい。

註

(1) 例えば、SCHIEBINGER (Londa), *The Mind Has No Sex?*, Cambridge, Harvard University Press, 1989（ロンダ・シービンガー『科学史から消された女性たち』藤岡伸子他訳、工作社、1992年）、TIMMERMANS (Linda), *L'Accès des femmes à la culture (1598-1715)*, Éditions Champions, 1993 参照。尚、こうした女性の間での学問熱は、フランスに限らずヨーロッパ全体における現象であった考えられる。

(2) ALBISTUR (Maïté) & ARMAGATHE (Daniel), *Le Grief des femmes*, tome 1, Éditions Hier & Demain, 1978、BRIQUET (Fortunée B.), *Dictionnaire historique, littéraire et bibliographique des Françaises et des étrangères naturalisées en France*, Treuttel et Würtz, 1804、MAZENOD (Lucienne) & SCHOELLER (Ghislaine), *Dictionnaire des femmes célèbres de tous les temps et de tous les pays*, Robert Laffont, 1992 参照。印刷業を営む家に生まれたニコール・エチンヌについては、正確な生没年は不明である。尚、学問熱の背景には、いまだ根強い粗野な時代風潮の中で、貴族や富裕階級にとって、学問や芸術への趣味を持つことは、男女を問わず一種のステータスでもあったという事情も考慮する必要があろう。ステータスとしての知識の重要性は、時代を経ても変わることはなかった。

(3) MOLIÈRE, *Les Femmes savantes* in *Œuvres complètes*, tome 2, Gallimard, 1971, pp. 1012-1013 参照。

(4) TIMMERMANS, *Op. cit.*, p. 129 参照。

(5) 社交界のデカルト哲学信奉者の女性達の中には、デカルト派のサロンを開いたり、デカルトの弟子達による講演会を毎週自宅で主催した者までいたという。(*Ibid.*, p. 124 参照。)

(6) Comte de LUPPÉ (*Les Jeunes filles à la fin du XVIIIe siècle*, Librairie ancienne Édouard Champion, 1925, pp. 154-155.) による *Année littéraire* (V, 1757) からの引用参照。

(7) GONCOURT (Edmond et Jules de), *La Femme au dix-huitième siècle* (1862), nouvelle éd., revue et augmentée, G. Charpentier, 1878, p. 427 参照。

(8) PEIFFER (Jeanne), «L'Engouement des femmes pour les sciences au XVIIIe siècle» in *Femmes et pouvoirs sous l'Ancien Régime*, Éditions Rivages, 1991, p. 206 参照。

(9) SIGAUD DE LAFOND, *Physique générale*, tome 1, Cuchet, 1788, pp. v-vj 参照。尚、この『一般物理学』は、本書の第3章で取り上げる女性のための文庫

第 2 章　17-18 世紀における女性の知への接近と女子の知育擁護論

シリーズ、『婦人の百科文庫』(*Bibliothèque universelle des dames*, 154 vol., 1785-1793) に収められていたものである。
(10)　*Physique générale*, p. ix 参照。
(11)　«ce désir ardent […] de s'instruire» (*Ibid.*, p. viij.)
(12)　物理学論文は、王立科学アカデミーの公募論文として 1738 年に提出された、『火の性質と伝播についての論考』(*Dissertation sur la nature et la propagation du feu*, in-8°, II-139 p., 1744) である。又、ニュートンの著書『自然哲学の数学的原理』の注釈付き仏語翻訳書 *Principes mathématiques de la philosophie naturelle* (in-4°, 2 vol., 1759) は、英語版からの翻訳だが、今日でもエミリー・デュ・シャトレによる本書が唯一の仏語訳である。

彼女は更に、ニュートンの理論の入門書『物理学教程』(*Institutions de physique*, 1740) も著した。
(13)　その他、「1774 年 4 月 1 日の太陽の金環食地図」(Carte de l'éclipse annulaire du soleil du 1er avril 1774) を作成するなど天文学の分野で活躍したニコール=レーヌ・ルポート (Nicole-Reine LEPAUTE, 1723-1788)、化学の分野での著書 (300 もの実験を行なった末、執筆されたと言われる。)『腐敗論』(*Traité de la putréfaction*, 1766) や、英国で出版された化学の普及書を自ら増補改訂した仏語訳版『化学講義』(*Leçons de chimie*, 1759) を残したジュヌヴィエーヴ=シャルロット=チルー・ダルコンヴィル (Geneviève-Charlotte-Thiroux d'ARCONVILLE, 1720-1805) といった女性科学者もいた。
(14)　フランスのサロンは、16 世紀の末から形成されていった。主に貴族を中心とした富裕階級の婦人が主催するサロンは、17 世紀の文学サロンの盛況を経て、18 世紀半ば頃には、作家や学者、思想家などの知識人が集うフランスの知的活動の拠点と化した。(CLOTZ (Marguerite) et MAIRE (Madeleine), *Salons du XVIIIe siècle*, Nouvelles Editions latines, 1949, p. 25 参照。)

19 世紀になってアカデミズムの中心が大学に移るまで、サロンはフランスの学術の発展に貢献する重要な拠点であったと言える。
(15)　学者や作家、芸術家達が集うこうしたサロンには、もうひとつの文化運動の中心であるアカデミーの会員も出入りしており、会員制のアカデミー(大抵の場合、女性に門戸を閉ざしていた。)以上に、フランスの学術・文化の発展に果たした役割の重要性がもっと認識されてもよいであろう。17-18 世紀のサロン文化については、前掲書及び、*Les Grands Salons littéraires (XIIe et XVIIIe siècles)*, conférences du Musée Carnavalet (1927), Payot, 1928、CONCHES (Feuillet de), *Les Salons de conversation au dix-huitième siècle*, Charavay Frères Éditeurs, 1882、川田靖子『17 世紀フランスのサロン』大修

館書店、1990年他参照。又、上流階級の知的エリート女性(特に科学の分野での)とサロンとの係わりについては、SCHIEBINGER, *Op. cit.*参照。

(16) CLOTZ et MAIRE, *Op. cit.*, pp. 17-26 参照。特に科学や哲学は、17世紀の後半に既にサロンの話題の中心になりつつあった。尚、モラリストのラ・ブリュイエール(La Bruyère,1645-1696)は、箴言集『人さまざま』(*Les Caractères*, 1688)の「女性について」で、「オネットム(honnête homme)の美質を持つ美女というものは、より楽しい交際がなされる社交界に存在する人である。なぜなら、そういう女性の中には、男女の長所すべてが見出されるからだ」(«DES FEMMES» in *Les Caractères*, Garnier, 1962, p. 115 参照。)と言っており、オネットムという理想像は、社交界にあっては、女性にも望まれるバランスのとれた教養人のタイプであったと考えられる。

(17) 文学サロンを主催したランブイエ侯爵夫人(marquise de Rambouillet, 1588-1665)や、百科全書派の集うサロンを主催したマリー＝テレーズ・ジョフラン(Marie-Thérèse GEOFFRIN, 1699-1777)など、富裕な上流階級の女性達がサロンを開いた事実は良く知られている。

(18) MIREMONT (Anne d'Aubourg de la Bove, comtesse de), *Traité de l'éducation des femmes, et cours complet d'instruction*, Ph.-D. Pierres, 1779, tome 1, p. 145 参照。

(19) エミリー・デュ・シャトレ(シャトレ侯爵夫人)と本書の第3章でリストアップした女性のための知的啓蒙書の著者のひとりであるルイーズ・デピネ(デピネ侯爵夫人)の知的形成については、エリザベート・バダンテール(Elisabeth BADINTER)の *Emilie, Emilie, l'ambition féminine au XVIIIème siècle*, Flammarion, 1983, chap. 1, chap. 3 参照。尤も、バダンテールも指摘しているように、エミリー・デュ・シャトレは富裕な上流貴族の出で、ルイーズ・デピネは貧しい地方の小貴族の出であったから、受ける教育に差が出るということはありえた。同じ貴族階級といっても、必ずしも等質ではなかったから、親の地位や財産によっても、当然娘達の教育内容に格差が生じた。

(20) BADINTER, *Ibid.*, p. 71 参照。バダンテールは、「女学者」が「男の学者」と全く異なる軽蔑的なニュアンスで用いられた事情を、「「男の学者」と「女学者」の間には大きな差異が横たわっている。前者は、尊敬の念を持って傾聴される感嘆される存在である。もし、ある男性が学者という肩書きに値すれば、誰もその根拠について議論しようなどと思いはしないだろう。反対に、女学者の肩書きは、嘲笑の的である。この肩書きは、何も知らないのに知っていると思い込んでいるとか、そのまやかしの学識を披露すれば皆に欠伸をさせるというふうに解釈される。その上、そういう女性は、誇大妄想すれす

第 2 章　17-18 世紀における女性の知への接近と女子の知育擁護論

れの、育ちの悪い見栄っ張りと見なされる」(*Ibid.*, pp. 71-72 参照。)と指摘している。

(21)　ROUSSEAU, *Emile ou De l'éducation*, Garnier Frères, 1964, pp. 518-519 参照。

(22)　TIMMERMANS, *Op. cit.*, p. 132 参照。

(23)　BADINTER, *Op. cit.*, p. 228 参照。

(24)　原文は «Une femme ne doit paroître ni savante [...] ni bel esprit» (MIREMONT, *Op. cit.*, p. 145.) で、下線は本書筆者による。

(25)　MIREMONT, *Op. cit.*, p. 285 参照。

(26)　FÉNELON (François de Salignac de La Mothe), *De l'éducation des filles* in *Œuvres* I, Gallimard, 1983, p. 91 参照。この教育論は、1687 年に初版が出て以来、幾度も版を重ねている。フランス国立図書館は、17 世紀から 18 世紀にかけて 10 版(初版を除く。)を、19 世紀の前半については 15 版を、19 世紀後半については 30 版余りを所蔵している(『選集』(*Œuvres choisies*)などといったタイトルで作品集の中に収められているのものも含めると、その数は更に増える。)。フェヌロンは聖職者で、教育を任されたブルゴーニュ公のために書いた教養小説『テレマックの冒険』(*Les Aventures de Télémaque*, 1699)で知られている。尚、本書では、世俗の知識が問題になっているので、女性達の宗教上の知識については特に検討の対象としないが、ルイ 15 世の聴罪司祭を務めたクロード・フルリー神父(abbé Claude FLEURY, 1640-1723)が、「女性達は、宗教を知らないということがあってはならないし、知りすぎてもいけない(*Traité du choix et de la méthode des études*, Pierre Aubouin, Pierre Emery et Charles Clousier, 1686, p. 267 参照。)と主張していたように、必要以上に宗教上の知識を持つことは危険視された(特に女性が神学の問題に立ち入るのは好ましくないとされた。)という事実も念のため付け加えておきたい。フルリーは、女性達に、優しさ、慎み深さ、従順、忍耐、揺るぎなさなどといった美徳が吹き込まれる程度の極普通の教義を教える必要はあるが、過度な宗教の知識は、彼女達が教義を立てしようとしたり、通常の教義から外れる考えにはまり込む可能性があると警告していた。この他、女性と信仰心の問題については、本章の註(49)参照。

(27)　MOLIÈRE, *Op. cit.*, p. 985 参照。

(28)　*Ibid.*, p. 1050 参照。

(29)　モンテーニュ(Michel de MONTAIGNE, 1533-1592)も、『エセー』(*Essais*, 1580-1588)において、「知識を魂に固着させてはならない、知識を魂と一体化させなけれならない [...] もし知識が魂を変え、その不完全な状態を改善する

ことがないのなら、知識など放っておく方が遥かによい」(*Essais* in *Œuvres complètes*, Gallimard, 1962, p. 139 参照。)と、魂の向上に学識が役立たねば、学識を獲得する意義がないとしていた。

(30) ROLLIN (Charles), *De la manière d'enseigner et d'étudier les belles-lettres, par rapport à l'esprit et au cœur*, nouvelle éd., tome 1, Veuve Estienne, 1732, p. xxj 参照。この書は、18世紀の間に少なくとも8回は版を重ねている。

(31) CROMMELIN (Issac-Mathieu), *Encyclopédie élémentaire, ou Rudiment des sciences et des arts*, tome 1, 1775, p. viij 参照。

(32) LAMBERT (Marie-Thérèse, marquise de), *Réflexions nouvelles sur les femmes* in *Œuvres*, Librairie Honoré Champion, 1990, p. 215 参照。著者は、女性や教育、趣味、友情など様々なテーマについての考察を残している。

(33) 啓蒙の時代の女性のための知識の普及書の金字塔とでも言うべきこの文庫シリーズについては、第3章で詳しく検討したい。

(34) 例えば、クリスティーヌ・ド・ピザン(Christine de PISAN, 1364-1429)の『婦人の都』(*La Cité des dames*, 1405)がそうであるし、16世紀の所謂「女性論争」において女性擁護の論陣を張ったコルネリウス・アグリッパ(Cornelius AGRIPPA, 1486-1535)の『女性の高貴さと優秀性について』(*De Nobilitate et praecellentia foeminei sexus*, 1529)などの女性擁護論が知られている。18世紀には、翻訳家のフィリップ=フロラン・ド・ピュイジュ(Philippe-Florent de PUISIEUX,1713-1772)が、英語からの翻訳書として『女性は男性に劣らない』(*La Femme n'est pas inférieure à l'homme*, 1750)という女性擁護論を刊行した。これらの中では皆、男女の本質的な知的能力の対等性と、女性の知育(これの欠如が現実における女性の劣性の重要な原因とされている。)の重要性の主張が展開されている。尚、中世から18世紀までのフランスの女性擁護論については、マルク・アンジュノー(Marc ANGENOT)が『女性の擁護者達』(*Les Champions des femmes*, Les Presses de l'Université du Québec, Québec, 1977)において、概説と簡単な分析を施している。

(35) POULAIN DE LA BARRE (François), *De l'égalité des deux sexes*, Fayard, 1984, pp. 59-79 参照。ふたつの引用の原文は、«L'Esprit n'a point de Sexe»、«Les deux Sexes ont un droit égal sur les sciences» である。熱烈なデカルト哲学信奉者であったプーラン・ド・ラ・バールの女性擁護論(ここでは、デカルト哲学の方法と理論が適用されている。)、『両性の平等について』(1673年)は、1679年に第2版が出ている。ジャン・ラボーによると、「よく読まれ、何度か再版された」という。(Jean RABAUT, *Histoire des féminismes français*, Stock, 1978, p. 31 参照。)フランス国立図書館は、初版と1679年版の他に、1676年

第 2 章　17-18 世紀における女性の知への接近と女子の知育擁護論

版と 1691 年版も所蔵している。著者は、他に、『男性の優秀性について、反男女平等』(De l'excellence des hommes, contre l'égalité des sexes, 1675)というタイトルの書で女性の優秀性を論じていることからも推測できるように、女性擁護を論理の遊びのようなつもりで楽しんでいた節もあるが、論理の積み重ねで本書のような女性擁護論を世に出したという事実が重要なのである。

(36)　FÉNELON, Op. cit., p. 91, p. 93 参照。
(37)　MIREMONT, Op. cit., pp. xxv-xxvij, p. 68 参照。引用の原語は、«leçons de mensonge, de dissimulation»、«l'ignorance ne produit que l'erreur ou le fanatisme» である。
(38)　RIBALLIER & COSSON DE LA CRESSONNIERE (Charlotte-Catherine), De l'éducation physique et morale des femmes, Freres Estienne, 1779, pp. 3-4 参照。リヴァリエの生没年、経歴等については不詳。シャルロット＝カトリーヌ・コッソン・ド・ラ・クレッソニエール嬢についても、経歴などは不明である。
(39)　Ibid., p. 90 参照。この引用で述べられている内容が、何を典拠としたものかは不明である。尚、本書は、女子の知育のみならず、女子の肉体の鍛練をも強く主張しており、これはプーラン・ド・ラ・バールの書にはなかった点である。
(40)　本書のために特に筆者が参照した 17-18 世紀の教育論のリストは、「参考文献」に列挙したので、参照されたい。
(41)　ROLLIN, Op. cit., tome 1, pp. iij-ix 参照。
(42)　POULAIN DE LA BARRE, Op. cit., pp. 103-104 参照。引用の原語は、«le plus fâcheux esclavage» である。
(43)　LACLOS (Pierre Choderlos de), De l'éducation des femmes (1783), Jérôme Millon, 1991, p. 86 参照。但し、「あらゆる有益な知識」の具体的な内容については説明がなされていない。
(44)　MIREMONT, Op. cit., p. xxj 参照。
(45)　ROLLIN, Op. cit., nouvelle éd., Veuve Estienne, 1732, tome 1, pp. xviij-xl, tome 3, p. 7 参照。
(46)　例えば、シャルトル公の男女の子供達(その中には、後の国王ルイ・フィリップがいる。)の教育を担当し、小説、劇作品、教育書など多数の著作をなしたジャンリス伯爵夫人(comtesse de Genlis, 1746-1830)は、『民衆公教育論』(Discours sur l'éducation publique du peuple, 1791)において、知的啓蒙をすることで、民衆に偏見への軽蔑と正しい考え、良俗と品位への趣向を植え付け、自身の尊厳と義務を知らしめ、秩序と平和と公平さを愛させることができる

として、「真の知識(véritables lumières)は、確実に美徳(vertu)に導く」と言っている。(GENLIS (Stéphanie-Félicité du Crest de Saint-Aubin, comtesse de), *Ibid.*, Onfroy, 1791, p. 2 参照。)

(47) POULAIN DE LA BARRE, *Op. cit.*, p. 73 参照。

(48) *Ibid.*, pp. 72-74, p. 76 参照。

(49) *Ibid.*参照。尚、一般に信仰がとりわけ美徳の養成に必須であることは、当然認識されており(恐らくは知徳合一の観念以上に)、信仰を持つことは必須とされていたわけであるが、他方で、過ぎた信心は特に警戒されていた。例えば、女性作家のマドレーヌ・ダルサン・ド・ピュイジュー(Madeleine d'Arsant de PUISIEUX, 1720-1798)は、信心が行き過ぎると、隣人のあらゆる行ないを容赦なく批判するなど、他人に対して厳しくなり過ぎ、人も自分もこちこちの信心家の自分に嫌気がさすようになるとして、娘はほどほどの信仰心を持てばよいと考えていた。(PUISIEUX, *Conseils à une amie*, 1749, pp. 31-32 参照。)尚、女性と宗教上の知識の問題については、本章の註(26)参照。

(50) «Les sciences agissent sur l'esprit, l'esprit à son tour fait mouvoir le cœur» (MIREMONT, *Op. cit.*, p. xxj.)

(51) ESPINASSY (Adélaïde d'), *Essai sur l'éducation des demoiselles*, B. Hochereau, 1764, pp. 43-44 参照。フェルディナン・ビュイッソン(Ferdinand BUISSON)の『新教育学・初等教育辞典』(*Nouveau Dictionnaire de pédagogie et d'instruction primaire*, Hachette, 1911, p. 573.)によると、彼女は、18世紀初頭に生まれ、1777年に亡くなった「女性作家」であった。彼女は、若い人達の教育に非常に関心を寄せており、他に、男女用の歴史の普及書『若い人達用の新概要フランス史』(*Nouvel abrégé de l'histoire de France à l'usage des jeunes gens*, in-12, 7 vol., Saillant, 1766-1771)も出版している。

(52) POULAIN DE LA BARRE, *Op. cit.*, p. 74. プーラン・ド・ラ・バールは、更に同書(『両性の平等について』)で、女性達の中には、精神的な陶冶のために苦労して読書をした結果、並より秀でると、そのことを隠すことを余儀なくされる者がいるが、それは、その夫達が嫉妬などから、才女(précieuses)になりたがっていると彼女達を非難するからだとしている。(*Ibid.*, p. 98 参照。)女子の知育や学問の擁護と共に、まじめな、好ましい動機で学問に励む女性達に対する世間の冷ややかな眼差しを理不尽だとする主張が展開されている本書が、『女学者達』に異議を唱えるかのように、この芝居の初演の翌年(1673年)に出たのは非常に興味深い。

(53) LE GROING LA MAISONNEUVE (Françoise-Thérèse-Antoinette, comtesse), *Essai sur l'instruction des femmes*, 3e éd., R. Pornin et Cie, Tours, 1844,

第 2 章　17-18 世紀における女性の知への接近と女子の知育擁護論

p. 31 参照。初版(1798 又は 1799 年)は成功を博し、1844 年には第 3 版(上記のように『女性の教育についての試論』とタイトルが改められたが、本論の教育論の部分は同一)が出た。尚、著者は、学問と芸術に造詣の深い非常に博識な女性で、文学や哲学の論文などを文芸新聞に発表するなど、文筆活動を行なったり、19 世紀初頭、パリで女子の寄宿学校の運営にも携わった。(*Biographie universelle ancienne et moderne*, tome 23, Madame C. Desplaces, 1856, pp. 646-647 参照。)

(54) RIBALLIER & COSSON DE LA CRESSONNIERE, *Op. cit.*, p. 75 参照。

(55) ROLLIN, *Op. cit.*, tome 1, pp. xvj-xvij 参照。

(56) FÉNELON, *Op. cit.*, p. 165 参照。

(57) LEZAY-MARNÉSIA (Claude-François-Adrien, marquis de), *Plan de lecture pour une jeune dame*, 2e éd., Lauzanne, A. Fichier & Luc Vincent ; Paris, Louis, 1800, p. 50 参照。第 2 版は増補版だが、本文では、註が増補されただけで初版を踏襲している。尚、著者は、外交官や知事を歴任した人物で、教育問題に関心を持ち、1811 年にストラスブールで初等教育の師範学校を設立した。(BUISSON, *Op. cit.*, p. 1026 参照。)他に、詩や教訓的な物語なども発表している。

(58) FLEURY (abbé Claude), *Op. cit.*, p. 270 参照。本書の第 38 章が「女性の学習」(Etudes des femmes)に充てられている。尚、フランス国立図書館は、初版から 1829 年版まで 8 つの版を所蔵している。著者は聖職者で王族の子弟達の家庭教師を務めた人物である。フルリーについては、本章の註(26)も参照されたい。

(59) RIBALLIER & COSSON DE LA CRESSONNIERE, *Op. cit.*, p. 8 参照。著者達は、男性と同じ知育を求めているが、彼等にとって、その効用は女性自身に止まらなかった。様々な学問に親しんでいる女性と共に学問できることが男性の喜びにつながることや、中等教育や高等教育で男女を競わせることができることの有益性なども主張している。(*Ibid.*, pp. 67-68, pp. 81-82 参照。)

(60) LEZAY-MARNÉSIA, *Op. cit.*, p. 33 参照。弁護士で、哲学、倫理、学芸などに関する著書があるブディエ・ド・ヴィルメール(Boudier de Villemert, 1716-1801)による 18 世紀に成功を博した女性への助言の書『女性の友』(*L'Ami des femmes*, 1758)は、「女性達がその知識を広げれば広げるほど、女性達と私達の間の交流の種が増え、この交流は、益々興味深く、活気づくであろう」(BOUDIER DE VILLEMERT (Pierre-Joseph), *Ibid.*, p. 27 参照。)としており、女性が知識を多く持つほど、男女の知的ギャップが解消されるから、男女の交流が楽しいものになるという、交際社会における女性の教養の重要性

を指摘している。但し、筆者は、実際には、幅広い学問を女性に推奨したわけではなかった。

(61) LACLOS, *Op. cit.*, p. 135 参照。

(62) POULAIN DE LA BARRE, *Op. cit.*, p. 84 参照。女性作家のピュイジュー（本章の註(49)参照。）も、当時成功を博した『ある女友達への助言』(*Conseils à une amie*, 1749)で、「醜女は、容貌で自身に欠けているものを、もし知性を持ち合わせているのなら、自身の知性を豊かにすることでのみ贖うことができる」(*Ibid.*, 1749, p. 37 参照。）と言っている。反対に、「知性なき美は、危険な結果をもたらす」(*Ibid.*, p. 38 参照。）と断言し、知性なき美は、男性を長く引きつけておけないとしている。

(63) POULAIN DE LA BARRE, *De l'éducation des dames pour la conduite de l'esprit dans les sciences et les mœurs*, Jean du Puis, 1674, p. 27 参照。

(64) RIBALLIER & COSSON DE LA CRESSONNIERE, *Op. cit.*, p. 72 参照。

(65) FÉNELON, *Op. cit.*, pp. 153-154 参照。

(66) GENLIS (Stéphanie-Félicité du Crest de Saint-Aubin, comtesse de), *Discours sur la suppression des couvens de religieuses, et sur l'éducation publique des femmes*, Onfroy, 1790, pp. 26-27 参照。

(67) CASTEL DE SAINT-PIERRE (abbé Charles-Irénée), *Un Projet pour perfectionner l'éducation des filles* in *Œuvres diverses de M. l'abbé de Saint-Pierre*, tome 2, Gissy, 1730, pp. 94-98 参照。カステル・ド・サン＝ピエール神父は、政治、社会、教育などの分野における諸改革を訴える著書を多く残した有名な人物であった。問題の女子教育論は、上記の著作集に収められたものしか判明していないため、本書ではその年代を1730年頃としたが、実際に書かれたのは、それよりかなり遡る可能性もある。

(68) POULAIN DE LA BARRE, *De l'égalité des deux sexes*, pp. 59-70 参照。

(69) POULAIN DE LA BARRE, *De l'éducation des dames pour la conduite de l'esprit dans les sciences et dans les mœurs*, p. 39, p. 40 参照。

(70) *Ibid.*, pp. 218-219.

(71) RIBALLIER & COSSON DE LA CRESSONNIERE, *Op. cit.*, pp. 80-81 参照。「文学(belles-lettres)」には、文法や雄弁術、詩(法)などが含まれるが、ここでは具体的な内容は示されていない。又、「高度な科学」(hautes-sciences)についても、具体的な分野の記述はない。

(72) *Ibid.*, p. 68 参照。

(73) MIREMONT, *Op. cit.*, tome 1, p. 120 参照。

(74) *Ibid.*, tome 1, pp. 42-55, pp. 116-145, pp. 230-283, tome 2, pp. 9-13, pp. 17-18

第 2 章　17-18 世紀における女性の知への接近と女子の知育擁護論

参照。彼女の知育の理想が、学習書でもある 7 巻本の本書に実現されているわけであるが、この点については第 3 章で検討したい。

(75) *Ibid.*, p. 119 参照。尚、引用の出典は、「現代のある著者」とされているだけである。

(76) *Ibid.*, pp. 133-134 参照。

(77) *Ibid.*, p. 230 参照。

(78) *Ibid.*, tome 2, pp. 9-10, pp. 12-13, p. 17 参照。

(79) LAMBERT, *Avis d'une mère à sa fille* in *Avis d'une mère à son fils et à sa fille*, J.-J. Blaise, 1829, p. 154-156 参照。『ある母親の娘への助言』は、『ある母親の息子への助言』(*Avis d'une mère à son fils*, 1728)と共に好評で、19 世紀に至るまで版を重ね続けた。

(80) *Ibid.*, pp. 152-153 参照。

(81) ESPINASSY, *Op. cit.*, p. 41 参照。

(82) *Ibid.*, *Op. cit.*, pp. 4-5 参照。著者によると、なおざりにされた女子教育の現状について考えたり、『エミール』を読んだことが本書を書くきっかけになったのであった。(«Avis» in *Ibid.*, p. vj 参照。)

　尚、『エミール』で、男女の知的能力及び役割における差異とその補完性を強調する立場を明確にしていたルソーは、母や妻として男性に役立つ女子教育を重視して、「女性の教育は全て、男性に関したものでなければならない」(ROUSSEAU, *Op. cit.*, p. 455 参照。)と言い、女性の学問そのものを限定する発言をしている。例えば、「抽象的で思弁的な真理や諸科学における原理と公理の探究」などは、女性の活動領域ではなく、日常の実際的分野が「女性の学問の全て」だとしていた。(*Ibid.*, p. 488 参照。)とはいえ、無知なソフィーに、それ以外の様々な勉強をする機会がないわけではない。ルソーは、彼女に未来の夫エミールから「哲学、物理学、数学、歴史、要するに全てのレッスン」(*Ibid.*, p. 541 参照。)を受けさせるのである。尤も、女性は考える事はできるが、「理論科学の表面に触れているだけ」だとし、ソフィーは、道徳と趣味的な分野で最も進歩しただけで、理解力はあるが、大して記憶に残らないとされており、能力に限界がある女性にあらゆる知育を施すことの無益さを示唆している。

　しかしながら、「彼女と一緒に理屈を述べ、思索することの楽しみを思い描き」、「知っている事は何でも」彼女に教えようと夢中になっているエミールと、彼の熱意に喜んで応えようとするソフィーが登場するあの「感動的であると同時に人を微笑ます情景」を描くことで(*Ibid.*, pp. 541-542 参照。)、少なくとも身近な男性から女性があらゆる学問を学ぶことのできる可能性だけは

残していると言えないだろうか。

　『エミール』はその後の教育論に多大な影響を与え続けた書であるが、知的能力に限界を与えられ、未来の夫のためにのみ育成されるソフィー像は、女子の精神的な自立と知的開花を強く期待する人々から、強い批判を受けることになる。例えば、リバリエらは、「かくも屈辱的で、かくも値打ちを下げるような肖像(un portrait si humiliant, si avilissant)」(RIBALLIER & COSSON DE LA CRESSONNIERE, *Op. cit.*, p. 23.)をルソーが描いたとして、ソフィー像批判を彼等の女子教育論で展開している。

(83)　ESPINASSY, *Op. cit.*, pp. 5-6 参照。ルソーは、「女性は、自分がやりたいことを命令してもらうことで、国家における大臣同様、家の中で君臨しなければいけない。この意味で、女性が最も権力を持っている世帯が最良の家庭であるというのが常である。しかし、女性が家長の声を理解せず、家長の権利を簒奪し、自分自身で命令しようとする時、この混乱からは、必ず悲惨と顰蹙、不名誉しか生じない」(ROUSSEAU, *Op. cit.*, p. 517 参照。)と言っており、家庭における女性の支配を認めているとはいえ、あくまでも女性は家長である夫の下におり、家庭の中で采配を振るとしても、それは、夫の代行者としてそうするに過ぎないのである。しかし、デスピナッシーは、ここから、女性による賢明な支配を遂行するための女子教育の重要性の論理を導き、これを強調するに至ったのであった。

(84)　ESPINASSY, *Op. cit.*, p. 21, pp. 36-41 参照。

(85)　*Ibid.*, pp. 54-65 参照。尚、著者が後に出版した男女用のフランス史の普及書『若い人達用の新概要フランス史』(*Nouvel abrégé de l'histoire de France à l'usage des jeunes gens*, in-12, 7 vol., Saillant, 1766-1771)の第1巻序文で、女性は歴史学から締め出されるどころか、歴史の知識は、母親が立派な息子を育てるのに有効であり、男女とも魂を高めることに役立つとしており、本書が女性にも読まれることを期待しているのが窺える。本書は、彼女の教育論の実践とも言えるであろう。(*Ibid.*, tome 1, pp. xiv-xv 参照。)

(86)　*Ibid.*, pp. 63-64, pp. 65-67 参照。

(87)　FLEURY, *Op. cit.*, pp. 267-269 参照。

(88)　*Ibid.*, p. 270 参照。

(89)　FÉNELON, *Op. cit.*, pp. 160-162 参照。

(90)　*Ibid.*, p. 162 参照。

(91)　«former l'esprit & le cœur» (ROLLIN, *Op. cit.*, tome 3, p. 9.)

(92)　FÉNELON, *Op. cit.*, pp. 162-163 参照。

(93)　CASTEL DE SAINT-PIERRE, *Op. cit.*, p. 120 参照。

第 2 章　17-18 世紀における女性の知への接近と女子の知育擁護論

(94)　*Ibid.*, pp. 121-127 参照。
(95)　LE GROING LA MAISONNEUVE, *Op. cit.*, p. 6, p. 10, p. 12 参照。
(96)　*Ibid.*, pp. 13-18 参照。
(97)　*Ibid.*, pp. 27-30 参照。
(98)　*Ibid.*, pp. 31-32 参照。
(99)　«Quelles sont les études les plus propres à perfectionner la raison d'une femme?» in *Ibid.*, pp. 33-42 参照。なお、著者の言う「文学講座」は、例えば、18 世紀末に出版されたラ・アルプ(La Harpe, 1739-1803)の『古代と近・現代の文学講座』(*Cours de littérature ancienne et moderne*)のような文学ジャンルと文学史の批評的な書物による講座を意味していると思われる。
(100)　GENLIS, *Adèle et Théodore, ou Lettres sur l'éducation, contenant tous les principes relatifs aux trois différens plans d'éducation des princes, des jeunes personnes, et des hommes*, in-12, M. Lambert, 1782, tome 1, p.19, tome 3, p. 104 参照。本文に付されたタイトルは、『アデールとテオドール、あるいは教育についての書簡』であるが、表表紙には、書物の内容を示す表現が極細の書体でタイトルの一部として続いている。つまり、『アデールとテオドール、あるいは、王子と若い娘、男子の三つの異なる教育プランに関するあらゆる原則を収めた教育についての書簡』とある。本書は大いに売れた書物で、初版出版の年(1782 年)に、早くも第 2 版が出た。第 2 版では、書物の内容を示す部分が「王子と男女の若い人達の三つの異なる教育プランに関するあらゆる原則を収めた」(contenant tous les principes ralatifs aux trois différens plans d'éducation des princes et des jeunes personnes de l'un et de l'autre sexe)と変更された。
　19 世紀になっても好評で、1827 年には第 7 版が出ることになる。19 世紀中庸の『新総合伝記事典』(*Nouvelle Biographie générale*)は、本書を、「彼女[ジャンリス夫人]の最も重要な著書、つまり、少なくとも作家としてのその名声を成した書」(*Ibid.*, tome 9, Firmin-Didot, 1858, p. 906 参照。)としている。ジャンリス夫人自身、本書を、「15 年間の熟慮と観察、子供達の性向と欠点、抜け目のなさについての最も首尾一貫した研究の成果」(*Adèle et Théodore*, 6e éd., tome 1, 1822, p. vij 参照。)としている。自身の教育経験も踏まえたと思われる本書は、彼女が心血を注いだ教育書であった。
　尚、現代の伝記事典は、教育家としての彼女について、「優れた教育家、美と同じ位真実に向けられた現代的な教育の創始者で、若い人達の眼を開くことに心を砕いた」(*Dictionnaire de biographie française*, tome 16, 1982, p. 1047 参照。)と大いに評価している。

ジャンリス夫人については、既に本章の註(46)でも若干記したが、彼女は、幅広い教養を身に付け(若い頃、大いに読書をしている。)、文学サロンを開き、多彩な有名知識人達と交流し、小説、劇作品、教育書など多数の著作をなした女性である。

(101) GENLIS, *Adèle et Théodore*, 1782, tome 1, p. 83 参照。

(102) *Ibid.*, tome 1, p. 248, tome 2, p. 296 参照。

(103) *Ibid.*, tome 3, pp. 176-177 参照。尚、18世紀、大成功を博したプリューシュ神父の『自然の姿』(*Le Spectacle de la nature*)の第6巻の第5の対話では、女子教育論が展開されている。ここでは、女子教育の真の目的は、「いつの日か、若い娘が自身を導き、他の人々を治めることができるようにすること」であるとされており、まず宗教教育が重視され、教会史を学び、福音書や教理問答集といった宗教書を読むことが勧められている。次いで、読み書き、計算という実生活に必要な学習の重要性が説かれている。しかし、才気のある娘の場合は、それ以上の勉強をさせることに好意的な見解が示されている。それは、本人のためであると同時に、家族のためでもあるという。すなわち、能力ある娘にその生来の能力を満足させる糧がないと、「危険な悪癖」にのめり込む可能性があるというのである。又、しっかりした考え方をし、的確に自分の考えを表現できる娘や婦人は、人を楽しませる対話ができるだけでなく、何が起こっても適切な助言や説得ができるから、一家の要の役割をするという。プリューシュは、特に幅広く高度な知識の獲得を認めているわけではないが、聖史と世俗の歴史(同時に歴史地理学も学び、世俗の歴史の勉強を深めたい婦人に対しては、現代の歴史書と共に、ギリシャ・ラテンの歴史家達の優れた翻訳書を読むことも推奨している。)、神話、博物学の勉強を勧めている。又、歴史の勉強で培われた趣味が、雄弁術と詩法の主な規則の知識の獲得に向かわせ、これらのジャンルで最高の作品を味わうことができるとしており、雄弁術や詩法の勉強も暗に認めている。この他、女子に男子のようなラテン語学習を課すことには反対しているものの、宗教書や教会の祈祷のラテン語の学習については、禁じていない。(PLUCHE, *Ibid.*, nouvelle éd., tome 6, Freres Estienne, 1755, pp. 78-110 参照。)

(104) «Cours de lecture suivi par Adèle depuis l'âge de six ans jusqu'à vingt-deux» in GENLIS, *Op. cit.*, tome 3, pp. 343-352 参照。

(105) *Ibid.*, tome 1, p. 30 参照。

(106) *Ibid.*参照。

(107) *Ibid.*参照。

(108) *Ibid.*, p. 247 参照。

(109) *Ibid.*, tome 3, p. 53 参照。「優れた論理学」の原語は «une excellente Logique» である。

(110) ESPINASSY, *Op. cit.*, pp. 41-42 参照。

(111) *Ibid.*, pp. 40-41 参照。この他、神話に関する必要な知識についても、「かじる程度の神話の知識」(une teinture de la fable) としながら、そのための推薦図書には、「オウィディウスの『変身物語』や『イリアス』、『オデュッセイア』、一般的にあらゆる叙事詩全て」(*Ibid.*, p. 63 参照。) と、一般の人々が読むに値する極めてオーソドックスなものを挙げている。

(112) THOMAS, *Essai sur le caractère, les mœurs et l'esprit des femmes, dans les différens siècles*, in *Œuvres de Thomas*, nouvelle éd., tome 4, Moutard, 1773, p. 149 参照。

第3章
17-18世紀の女性のための知的啓蒙書

　女子の公教育が未整備な状況の中で、その知育の重要性が様々な教育論の中で主張されるだけではなかった。ミルモン夫人のように、女子啓蒙の主張が際立った女子教育論を含む教育講座シリーズを出版する者すらいた。のみならず、当時、様々な女性啓蒙のための書物が世に出ていたのである。本章では、17-18世紀の(特に18世紀の)書物の出版や知識の普及書の一般的な状況を概観した後で、男女用の知識の普及書の存在にも言及し、これらを踏まえた上で、女性読者を想定した知的啓蒙書についての分析を可能な限り試みてみたい。但し、19世紀前半に再版されたものについては、第4章で特に的を絞って扱うことにする。尚、本書で扱う女性のための「知的啓蒙書」とは、フランス国内で出版されたフランス語による女性のための世俗の知識の普及書で、その内容は、地理や歴史、文学など、通常、学業の対象と見なされていたものが中心になる。デッサンなど芸事に関するもの、刺繍、料理、育児の方法といった伝統的な女性の家事に関するものは、原則として除外する[1]。

1. 書物の出版のおおよその状況

　グーテンベルクの印刷術の普及と学問熱の高まりを見た16世紀以来、フランスでは、パリとリヨンを中心に出版業が進展していった。ルネサンスの遺産を引き継ぎながらも、独自の古典主義文芸が開花した17世紀から、科学の一層の進歩と啓蒙の時代の18世紀に至るまで、読者層の拡大や、手軽な小型本の増加などの条件も加わり、出版部数も、19世紀の出版文化の時代には及ばないものの、印刷術が導入され始めた時代に比べれ

ば大いに増加したのである[2]。

　古代作家などの仏語翻訳書の出版や、フランスの現代作家の著書の増加によって、16世紀の半ばを過ぎる頃、フランス語による書物がラテン語本を追い越すことになる[3]。フランス語による出版の傾向は更に進んでいき、例えば、パリで出版された書物について言えば、ラテン語によるものは、17世紀初頭には30％位になり、世紀末には10％位にまで落ち込むに至っている[4]。これは、人々にとって、母国語で容易に知識に接近する機会が拡大していったことを意味しているであろう。

　そして、書物のジャンルに関して、特に18世紀に顕著な傾向として見られたのは、宗教書の占める割合の減少であった。シャルチエ(Chartier)はこの点について、公式の出版許可申請書から見た出版点数に関して、「すべてのジャンルをふくめた宗教書の、パリにおける出版点数は、17世紀末には全出版物の半数を占めており、1720年代にもなお3分の1を占めているが、1750年代のはじめにはもはや4分の1のみを、1780年代にはたった10分の1をかぞえるにすぎない[5]」としている。これに対して、著しい伸びをみせたのは、「諸科学と技芸」(Sciences et artsで、科学、哲学、政治、農業、技芸などが含まれる。)の分野である。これは、17世紀の半ばには、ほんの5％程度を占めるにすぎなかったが、1720年代には、公式の出版許可によるもののうち20％を占め、1780年代には30％に上昇した。この中で最も多いのが科学の分野で、18世紀を通して半分近くを占めていた。これが、非公式の出版許可(禁止する程ではないと判断されて出される黙許のことで、18世紀末には公式の許可申請を上回るようになった。)によるものになると、1750年代の30％弱から1780年代には40％弱を占めるに至る。このうち、1750年代には、政治(30％強)、哲学(25％)、科学(20％弱)の順に多く、1770年代では、科学(40％)、政治(25％)、哲学(15％)、1780年代には、政治(55％)、科学(25％)、哲学(15％)であった[6]。こうした「諸科学と技芸」の比重の増加現象について、シャルチエは、これが「読者に二重の野心を与えることになった。すなわち、まずは総覧と知識の野心を、そして又、批判と改革の野心を、である[7]」と指摘してい

第 3 章　17-18 世紀の女性のための知的啓蒙書

る。

　ところで、常に安定した重要なウエイトを占めていたのは、「文学」(Belles lettres)の分野(文学や文法関係の書や辞典などが含まれている。)で、17世紀半ば頃は20％を割り込んでいるが、18世紀の公式出版許可申請では、常にほぼ3割を占めていた。非公式出版許可申請では、1750年代と1770年代では55％を占める最大の分野で、1780年代になって40％強に下がるが、それでも台頭する「諸科学と技芸」の頭をかろうじて押さえていた[8]。18世紀(17世紀については詳しい資料がない。)、この分野の中で特に最も多いのは、詩(演劇作品を含む。)や小説といった虚構文学で、とりわけ非公式出版許可申請では8割を占めている[9]。

　この他、歴史の分野は、17世紀から18世紀にかけて、10％から20％の間で比較的安定しているが[10]、18世紀には、「教会史にたいして世俗史、それも比較的新しい時代をあつかったものが多くなる[11]」傾向にあり、ここでも学問の内容の世俗性が強まったと言える。

　最後に、書物の版型(format)について言えば、16世紀の半ば頃までは、二つ折版(in-folio)や四つ折版(in-4°)という大型版が主流であったが、次第に、八つ折版(in-8°)や十二折版(in-12)といった小型版がこれを凌駕していき、16世紀末には、小型版が8割を占めるに至った。この後大型版の復調が見られ、17世紀の半ば頃には小型版は50％に落ち込むが、その後は増加に転じて、世紀末には90％を占めるに至るのである[12]。そして、大型サイズで出版される傾向にある事典類でさえ、ハンディータイプの事典は、18世紀後半に増加を見ることになった[13]。

　書物の小型化は、よりハンディーでより廉価な書物を求める読者の欲求に合致したものであるばかりでなく、効率的に要点を見渡すのに適した量の知識を収めた書物への趣向の表われでもあるだろう。知識の宝庫であることを要求される事典類ですら、簡略版の事典の類が18世紀半ばから登場し始め、世紀末の1780年頃ピークを迎えることになる[14]。

2. 求められる知識の重要な普及要因としての書物

アルベール・ソブール（Albert SOBOULE）は、知識の普及要因としての書物が、サロンの会話や書簡、新聞記事などが依拠するとりわけ重要な文化の道具であったことを次のように説明している。

> 「書物は、常に特権的な文化の道具であり続けた。多分、サロンやクラブ、カフェ、書簡や新聞のお蔭で、実りある議論や意見の応酬が可能であったであろう。しかし、会話や書簡、論説は、大抵の場合、書物を拠り所としており、書物は重要な知識の普及要因であり続けたのである[15]。」

例えば、18世紀の半ば頃から事典類の出版が盛んになり[16]、ディドロらの『百科全書』（*Encyclopédie*）が評判を呼び、百科事典の出版が盛んになっていくが、これは、18世紀における「諸科学と技芸」の書物の増加傾向と共に、書物の利用価値を認識している読者の「総覧と知識の野心」に応えた結果であると言える。

そして、職業柄、高度な専門知識を必要とする人々はとりあえず除くとしても、知的快楽や社交上の必要から知識を求める社交界の男女や、将来のために、学校や家庭で基礎的な知識を習得する子供達、新しい科学技術や新思想とは無縁な、ラテン語偏重の古色蒼然たる教育に飽き足らない中等教育課程の生徒達、その他、知的欲求を持ちながら公教育の恩恵にあずかれない人々に至るまで、その求める知識のレベルや幅は一様ではないものの、知識普及に貢献する書物の読者は決して少なくはなかったと思われる。ここに知識の普及書が出回る余地があったのである。

しかしながら、旧制度下の知識の普及書に関する本格的な研究がいまだに存在しないのは、これらがしばしば安価な仮綴じ本のため、度重なる使用に耐えられなかったり、資産価値に乏しいため（特に基礎学習書の類）、

第3章　17-18世紀の女性のための知的啓蒙書

大切に保存されてこなかった事情が考えられる。又、公教育制度が徐々に整備されていく19世紀のように、国家が学校用の教科書リストを綿密に作成することもなかったため、一層その実態を把握することは困難なのである[17]。

又、学問の領域における職業プロとアマチュアの区別が明確でない場合が多い上に[18]、教育システムが確立しておらず、学校以外の場での私教育や独学の重要性を無視できない時代において、知識の普及書を、学校用と家庭学習用、あるいは、青少年用と一般用の区別を明確にすることが困難な場合もあろうから、統計処理が難しいということもあろう[19]。本書は、旧制度下の知識の普及書の全容を明らかにすることを目的にしているわけではない上に、こうした種々の困難な事情もあるため、おおよその説明に止めるが、世俗の知識の普及書に関する既存の個別的な研究の成果も活用しつつ、特に、啓蒙の時代である18世紀の書物について、本書筆者が閲覧しえた当時の様々な書物を手掛かりに、その輪郭をできる限り示してみたい。

3. 世俗の知識の普及書の出版

　世俗の知識の普及書全体の出版の推移を示す統計が作成されていないため、全体的な数値を示すことはできないが、ビュイッソン(Buisson)の『16世紀の教育図書一覧』(*Répertoire des ouvrages pédagogiques du XVIe siècle*)は、少なくとも、フランスの内外で既に16世紀の前半、古典語やフランス語、地理、歴史、哲学、算術、幾何学、天文学など多岐にわたる分野の普及書が世に出ていたことを窺わせている[20]。

　更に、17世紀初頭から刊行が始まり、17世紀後半から18世紀末までとりわけ読者の民衆化が進むことになる人気の廉価本シリーズ『青本叢書』(*Bibliothèque bleue*)が知られている。尤も、1789年のトロワ(Troyesで、パリの南東約150キロに位置する都市)にあった印刷工房の在庫目録によると、その7割強が宗教書と創作作品(御伽話や詩など)で占められており、知育

69

や知識を含む入門書(特に実用的なものが中心)の類であるフランス語の綴り方と読み方の教本、算数、手紙の文例集、歴史や旅行案内などの分野は、全体の13.5％にすぎなかったが、それでも6万冊近くにのぼり[21]、全体としては、出版量が膨大であったことが想像される。

　一方、啓蒙の時代の金字塔とでも言うべきディドロ(Diderot)の『百科全書』(*Encyclopédie*, in-folio, 28 vol., 1751-1772)は、4,000部以上発行され、更にフランス国外で(国内での出版が困難になったため)再版が続き、1789年までにフランスの内外で計24,000部(海賊版は含めない。)が発行されベストセラーになった。うち、11,500部位がフランス国内の読者のためのものであった[22]。

　又、ビュフォン(Buffon, 1707-1788)の『一般と個別の博物誌』(*Histoire naturelle, générale et particulière*, in-4°, 36 vol., 1749-1788で、本書では、特別な場合を除いて単に『博物誌』とする。)は、彼の長年の研究の集大成であると共に、当時としては、鉱物や動物、鳥類に関する網羅的な大著で、初版で3,000部が刊行されたという。ソブールによると、18世紀、書物の出版部数は、一点につき、500部から3,000部であったというから、これは売れ筋と判断されたのであろう[23]。事実、最初の方の巻が出るや大成功を博し、1762年には、もう第5版の出版が始まっている。しかも、初版以降、新しい版は次々に売り切れという状況であった[24]。

　基礎的な知識を提供する廉価本から、本格的な知識の集大成の書まで、知識の普及に貢献する書物への需要は、とりわけ、啓蒙の時代の18世紀において益々高まったのである。

4. 版型と挿絵

　立派な外観の優れた知の宝庫を所有していること自体がステータスである上層階級にとっては、大型本に立派な装丁を施せば、インテリアとしても大いに利用価値があるから、最初二つ折版で出版された『百科全書』も、予約購読者の僧侶や貴族、上流市民達のそうした思惑と合致した部分が

第 3 章　17-18 世紀の女性のための知的啓蒙書

あったのではないだろうか。しかし、日常使用するには、ハンディーである方が便利である。先に触れた事典の版型の小型化は、『百科全書』も例外ではなかった。国外での再版も、二つ折版から四つ折版や八つ折版に小型化されることになる[25]。『博物誌』についても、フランス国立図書館の所蔵カタログ中、国内で刊行された出版年代(18世紀)や版型の記載があるものに限って見てみると(国立図書館が部分的にしか所蔵していない版も含める。)、1760年代以前に刊行が始まった4つの版全てが四つ折版であった。しかし、1760年代以降の版は、十二折版が2つと、八つ折版がひとつである。

　知の集大成とまではいかない、通常の青少年向けの普及書になると、一層小型の版型で出版する傾向があった。例えば、若い人向けに書かれ、大成功を博したアントワーヌ・プリューシュの『自然の姿』(*Le Spectacle de la nature*, 1732-1750)は、少なくともフランス国立図書館の所蔵カタログにある18世紀の国内版9つのうち、初版を含めて7つまでが十二折版で、残りは八つ折版である。又、子供用の総合学習書である『子供の書』(*Le Livre des enfans*, 1706)は、判明している6つの国内版(いずれも作者名不詳[26])のうち版型が不明の初版を除く5つの版のうち、八つ折版と十六折版がひとつずつ、2つが十二折版、最も新しい1771年版に至っては、日本の文庫本よりひとまわり小さい十八折版のミニサイズであった。これは、資産価値やインテリアとしてよりも、使い易くて廉価であることが求められたせいであろう。

　一方、視覚に訴えて、文字による説明の補完及び、知識の一部を構成したり、読者を楽しませる効果のある挿絵(単なる飾り絵の類は考慮せず、本文と関係のあるものに限る。)は、普及書にしばしば使われた。通常、別刷りの図版(planche で、本書での文献一覧では多くの場合 pl.と略して表記)として、書物の中や巻末に挿入されたり、巻頭に口絵(frontispice)として入れられることがあった。

　とりわけ図版は、博物学や機械工学、物理などの知識の普及に大いに貢献したと思われる。『百科全書』に至っては、28巻のうち図版の巻が11

71

巻もあり、図版の豊富さもこの百科事典の誇る点であった。先のプリューシュの書については、本書筆者架蔵の版(十二折版、第1-4巻が1764年、残りが1755年出版)では、各巻、関連のある、しかも読者を楽しませるような口絵(物語の中の一場面のような描き方がされており、小説本の口絵を思わせる。)が巻頭に1枚あり、更に、博物学や物理、天文学、技術といった視覚的情報が欠かせない分野の図版が計142枚、大抵は大判で3つに折って必要な箇所に挟み込まれており、かなり行き届いた作りになっている。

　しかし、普及書が必ずしも挿絵付きであるとは限らない。先の『子供の書』は、少なくとも中西学園中央図書館所蔵の1728年版では、本文と関係のない小さな飾り絵はあるものの、図版や口絵は全くないのである。シャルチエによると、17-18世紀に出た『青本叢書』の332点のうち(その具体的なジャンル別の統計は示されていない。)、「ひとつ以上の挿絵が入っているものは38％で、しかもその半分は挿絵はひとつしか入っていない」という[27]。挿絵の有無は、その必要性如何によるものであるばかりでなく、図版作成(又は、使えそうな図版の入手)とその挿入という作業が加わることによる手間とコストの問題も無視できなかったと思われる。

5. 整理統合と簡明さ

　『百科全書』の序文には、本書が目指す「2つの目的」が示されており、そのひとつが、「できる限り人間の知識の順序と繋がりを提示しなければならない」ということであり、もうひとつが、「それぞれの学問と技芸について、その基盤にある一般的な原理とその総体と本質を成す最も重要な細部を含まなければならない[28]」としている。つまり、知識の整理・体系化と共に、各専門分野における最重要事項の包括を行なうことを目指しているわけであるが、これは、知識の普及書が目指すべきひとつの方向でもあろう。『百科全書』とその補遺を基に1780年に2巻本で『分析的且つ理論的一覧表』(*Table analytique et raisonnée*)が追加発行されたのは、包括された知識の集積物を整理するためであった。但し、後者もアルファベット

第 3 章　17-18 世紀の女性のための知的啓蒙書

順の配列になっていた。

　アルファベット順は確かに事典を参照し易くするが、系統だった知識の獲得にはやはり不向きである。そうした欠点を改善したのが、分野別（各分野内の項目はアルファベット順）の百科事典『体系的百科事典』(*Encyclopédie méthodique*, 1782-1832)で、パリの出版業者パンクック(C.-J. Panckoucke, 1736-1798)の企画により、1782 年から半世紀かけて四つ折版で 200 巻以上が刊行されることになる。予約購読者も最初から 4,000 人もあり、ヨーロッパ中で模倣や翻訳がなされたという[29]。

　しかし、テーマ別で知識が整理統合されているといっても、全 200 巻以上というのは、通常の普及書の域を遥かに超えている。勿論、ディドロの『百科全書』もこれ程の規模ではないが、やはり膨大である。後者については、文学批評家のラ・ポルト(J. de La Porte, 1713-1779)が、1768 年に、その既刊の抜粋版『百科全書精選集』(*Esprit de l'Encyclopédie*, in-12, 5 vol.)を出し、更に、世紀末(1798-1800 年)には、オリヴィエ(R. Ollivier, 1727-1814)がこれを受け継ぎ、12 巻本(in-8°)で完全版を出した。より手軽な知の総覧の書が求められていたのである。

　実際、例えば、若者がオネットムにふさわしい適度な幅広い教養を手軽に身に付けるために、あるいは、子供達が森羅万象に関する一通りの基礎的な知識を要領良く身に付けるために、各分野毎に整理された、しかも多様な分野をカバーした書物が求められるのは当然であろう。これが、百科全書的な総合学習書や知識の普及書で、例えば、世紀末まで版を重ね続けた先の『子供の書』(1706 年)がそうである。1728 年版では、博物学を始め、倫理、社会、宗教、天体、芸術などに関する 40 課に分かれたテーマ別の極初歩的な知識を授ける学習書である。その前書きは、教師達が、子供に宗教と文法を教えることだけに熱心で、子供にとって「有益で楽しく、必要ですらある多くの事柄」を考えないから、子供達はいつまでも愚かなままなのだと厳しく批判し、これらを本書が「最も簡明に」(d'une maniere la plus simple & la plus claire)提供するとしているのである[30]。

　この種の普及書は、18 世紀後半から、明らかにディドロの『百科全書』

の影響下にあることが見て取れるタイトルを掲げて登場することになる。クロムラン(I.-M. Crommelin, 1730-1815)の『基礎的百科事典』(*Encyclopédie élémentaire*, in-12, 3 vol., 1775)は、その典型的なタイプのひとつである。タイトルの下に「若い男性の教育に役立ちうるあらゆる知識を集成することを意図する書」とあり、若者向けにあらゆる学問と芸術の基本的な知識を授けようという意図が示されている[31]。必ずしも「学者」(savant)でなくてもよいが、「教養人」(homme instruit)でなければならないとして、「一般的な知識」(connoissances générales)を若い男性が持つことの有益性を序文で説く著者は[32]、諸学問と芸術に関する基礎的な知識を分野別に分けた上で、それぞれ全体的な概略を説明し、更に小項目に分け、順に基礎的な説明を簡明に施している[33]。

更に、世紀末には、パジェス(F.-X. Pagès, 1745-1802)の『百科に亘る学習講座』(*Cours d'études encyclopédiques*, in-8°, 6 vol., an VII〔革命暦7年で1798又は1799年〕)が出ており、これは、総合学習書的性格を持つテーマ別の百科事典である[34]。著者は、その序文で、ディドロの『百科全書』への敬意と賛辞を表明した後で、他の項目に送り表示をするだけではテーマとしての纏まりを欠くことになる、その面白みのないアルファベット順の配列を批判し、本書は「方法的順序」(ordre méthodique)で(つまりテーマ別の配列を採用して、系統的に事項を配列するということである。)、可能なかぎり「あらゆる人間の知識のうち、最も興味深く、最もためになると思われたもの全て」を本書に収める方針を表明している。そして、万人に理解可能な形であらゆる人知を提供するという、知識の普及書の理念を述べているのである[35]。実際、物理、化学、博物学など実に多様な分野の知識がジャンル別に系統的に提示されている。内容的には、初級から中級レベルといったところであるが、一般の普及書としても十分通用したであろう。出版部数は不明だが、本書は成功を博し、初版は1年以内で売りきれ、革命暦8年(1799又は1800年)に第2版が出た[36]。

ところで、勿論、特定の分野について網羅的な知識を提供しているものもあった。ビュフォンの『博物誌』や、文学批評家ラ・アルプ(La Harpe,

第3章　17-18世紀の女性のための知的啓蒙書

1739-1803)の『リセ、あるいは古代と近・現代の文学講座』(革命暦7-8年［1798又は1799年-1799又は1800年］)(*Lycée, ou Cours de littérature ancienne et moderne*, in-8°, 16 tomes en 19 vol., an VII-an VIII)などがそれである。後者は読者に、「ホメロスから今日までの精神と想像力のあらゆる芸術の理論的歴史[37]」を提供しようという壮大なものである。事実、ここでは、文学だけでなく、哲学や倫理、歴史の書物も対象になっているのである。いずれの大著も、秩序だった構成で内容が整理されている。

しかし、膨大であるため、とりわけ19世紀に入って、全巻の再版がされる一方で、縮約版が多数出版されることになる。ビュフォンの書については、特に子供向けに易しく書き改められたダイジェスト版が多数世に出ることになる。この点については、次の章で改めて言及するが、これは、整理された知の総和が求められる一方で、より効率よく、より簡単に要点を吸収したいという読者大衆の手頃な普及版への欲求に応えた結果なのである。

実際、同じ内容の著書を、対象とする読者層のレベルや欲求に応じて改変するということは、しばしば行なわれていた。例えば、シャルチエによると、あの大衆的人気を博した『青本叢書』は、ジャンルを問わず、新旧の既刊の学問的なテクストや実用書などで利用可能なものからの借用であったという。しかも、元のテクストに手を入れて、文章を簡明で分かりやすくするために、古めかしい表現を現代風に改めたり、「縮小と単純化」の編集作業を行なうことで、読者大衆の便宜を計ろうとしたのであった[38]。

又、有名な文法家ヴァイー(N.-F. Wailly, 1724-1801)は、一般の読者用に『フランス語の一般並びに特殊原則』(*Principes généraux et particuliers de la langue françoise*, 1754)を出して大好評を博すが[39]、特に「若い人達に有益」であることを願って、本書の縮約版である『フランス語文法概要』(*Abrégé de la grammaire françoise*, 1759)をも出版することにしたのである[40]。これも同じく好評で、1822年には第15版が出ることになる。

一方、気象学者で、気象学や物理に関する論文を多数発表したコット(L. COTTE, 1740-1815)は、博物学の普及書も幾種類か出版した。中でも、

それぞれ王政復古時代には第4版を出すまでになる、子供用の『博物学の基礎的講義』(Leçons élémentaires d'histoire naturelle, 1784)と、若者用の『若い人用の博物学の基礎的講義』(Leçons élémentaires d'histoire naturelle, à l'usage des jeunes gens, 1787)は、同様の内容を、対象とする読者のレベルに応じて書き分けたものである。つまり、前者は、要点は外さず、易しい表現を用いてできる限り簡略化した問答形式に、後者はそれより遥かに網羅的で詳しく発展させた叙述形式にしている[41]。

　整理統合された網羅的な普及書も、要点を押さえた簡明な普及書も、いずれも読者のニーズに応えるもので、知識普及の担い手としてそれぞれ有益な役割を果たしたと思われる。

6. 普及書に見られる様々な叙述スタイル

　通常の普及書は、明快さを心掛け、要点にポイントを絞ってはいても、事典の記述のように坦々とした説明形式をとるのが普通である。ラヴォアジエ(Lavoisier, 1743-1794)の『化学要論』(Traité élémentaire de chimie, 1789)のように、インテリのアマチュアなら理解可能な概論書でありながら、れっきとした学術書と言えるものは勿論そうであった。一方、万人に理解できるよう簡明さを心がけた『フランス語の一般並びに特殊原則』の著者ヴァイーは、網羅的な内容をその無駄のない通常の説明様式で展開したのであった。更に、その若い人向けの縮約版においても、元の著書のスタイルはそのまま引き継がれている。しかし、著者の中には、この正攻法とでも言うべきスタイルを採用せず、明らかに、読者を引きつけ、その書物の世界に誘い込み、伝授すべき内容を読者の頭に刻みつけるために、対象とする読者層や時代の好みなどを考慮して知識を提示する特別な様式を選択する者もいたのである。以下に、そのいくつものスタイルについて言及してみよう。

教理問答集を模倣した問答形式

　コットの『博物学の基礎的講義』は、問答形式を採用している。その序文で、著者がこれを「教理問答集の形式で[42]」と言っているように、これは、子供達の宗教教育で浸透していた教理問答集の形式を借りたものなのである。ここでは、付随的な叙述や、思考の過程での紆余曲折は完全に排除して、項目毎に記憶に留めるべき要点を、段階的に秩序立った道筋に従って、「問い」(Demande)と「答え」(Réponse)という問答形式のみで展開していくことで、読者は、ポイントを無駄無く容易に把握できるしくみになっている。又、問いに対して答えが正確に言えるかどうかを確かめることで、自身の理解度をはかり、要求される知識の完全な獲得を目指すことができる形式なのである。問答形式は、青少年、とりわけ子供用の知識の普及書でしばしば採用された。コットは、子供用の別な普及書、『物理学と天文学、気象学の基礎的講義』(*Leçons élémentaires de physique, d'astronomie et de météorologie*, 1787)[43]でも同じ形式を採用している。

　又、先の『子供の書』や、19世紀に至るまで版を重ね続けた若者向けのリゴール(Le P. F.-X. Rigord, ?-1739)の『神話の知識』(*Connoissance de la mythologie*, 1739)[44]や、1832年には第25版を数えることになる大成功を博した青少年向けの『クロザの地理概要』(*Abrégé de la géographie de Crozat*, an VIII[革命暦8年で1799又は1800年])[45]もこの形式を採用している。本書の1810年版の前書きには、「私は対話形式[ここでは問答形式をさす。]を選んだ。なぜなら、この方法のお蔭で、子供は学んだことをより容易に記憶することができるということに気づいたからだ[46]」とあり、問答形式の有効性を十分認識した上でこの形式が採用されたのである。

文学的な形式

　問答形式は、上述したように無駄がなく、要点だけを確実に辿っていくことができるが、無味乾燥な印象を与えるであろう。したがって、知識を獲得することに有用性を見出すだけでなく、そこに楽しみを見出そうとする社交界の男女や、特に楽しみながら学ぶことを望むその他の読者のため

に、学問に文学的な体裁、味付けを施した普及書も出回り好評を博した。それは、対話形式や、書簡体形式、その他文学的な叙述のスタイルによるものである。

　対話形式は、単なる質疑応答に終始する問答形式(台詞の前に「問い」と「答え」それぞれの頭文字 «D.»、«R.» とされるだけで、発話者の名も記されない。)と異なって、ふたり以上の登場人物(大抵は、台詞の前に名前あるいは肩書きが示される。)の間でもっと自然な形で会話が進展していく演劇形式を意識したものである[47]。これは又、会話が重要な役割を果たす社交界風の様式でもあり、その「優美さと多様性の美学」に準拠しているものなのである[48]。侯爵夫人と彼女に恭しく振る舞う哲学者の男性との対談によるフォントネルの『世界の複数性についての対話』(*Entretiens sur la pluralité des mondes*, 1686)の大成功[49]には、豊富な話題と優雅で知的な会話への趣向の強さが感じられるが、勿論、サロンの盛況とポピュラー・サイエンスの流行がその背景にあった。

　同じく成功を博したプリューシュの『自然の姿』では、最初の3巻までが対話形式になっている。著者は、「話の題材を持ち込んだり、これに多様性を持たせるために」、コレージュの生徒である貴族の若者と、ジョンヴァル伯爵夫妻、修道院長兼主任司祭という身分の異なる対話者を選んだのだという[50]。サロン風の会話の雰囲気を再現しようとしたのであろう。尤も、伯爵夫人については、著者は「役者の数を増やす」という程度のつもりでいたようである[51]。確かに、全41の対話中、ジョンヴァル伯爵夫人(comtesse de Jonval)が登場するのは18の対話に限られている[52]。しかし、伯爵も21の対話に参加するに止まっているので極端に少ないわけではない。ところで、知識を提供する伯爵や特に修道院長の話に興味を示す貴族の若者を参加させているのは、本書が特に若い人達が読者対象として考慮されているからである。著者は、若い読者のことを考えて、少なくとも最初の3巻では、陰気な雰囲気を排除しようと思い、「しばしば嫌悪と倦怠をもたらす首尾一貫したあるいは論考の連鎖による言説」ではなく、全ての形式の中で「最も自然な対話形式」を採用し、「自由で理解可能な

第 3 章　17-18 世紀の女性のための知的啓蒙書

会話で若い人達の頭を楽にする[53]」よう心掛けたのであった。

　尤も、対話形式は、人物の考えや印象が披露されたり、途中で話の内容に疑念が差し挟まれたり、曲折することもあり、無駄が多いだけのスタイルに思われがちである。しかしこれは、真理に到達するために、読者も登場人物と一緒にひとつひとつ議論の中身の是非を確かめていくことができる形式なのである[54]。既に、古代ギリシャのプラトンは、その対話編でこの方式を大いに活用したことは知られているし、ガリレイは、その理論を多くの人々に理解してもらおうと、イタリア語の対話形式で『天文対話』（1632 年）や『新科学対話』（1638 年）[55]を公刊した。論理の流れが緩慢にはなるものの、人の思考の自然な手続きを踏襲したこの形式は、若い人向けの普及書にふさわしく、「若い読者の思考方法に最も近いそれ［形式］[56]」であるとプリューシュも判断したのであった。

　又、ルプランス・ド・ボーモン夫人（Madame Leprince de Beaumont, 1711-1780）も、この形式をいくつもの教育図書で採用している[57]。例えば、女教師と子供達（女子）による対話で構成された知育と徳育の書である『子供百科』（*Magasin des enfans*, 1758）[58]は、一世紀以上も版を重ね続けたロングセラーの書である[59]。

　対話形式は、社交生活に根差した時代の趣向から来るものであるのみならず、伝統ある形式であり、教育効果の点からも望ましいと思われていたから、啓蒙書にふさわしい形式のひとつであると認識されていたのである。

　一方、このような緩慢な形式ではなく、書簡の形で一方的に特定の人物を相手に叙述するスタイルが採用されることもあった。先のプリューシュの書は、4 巻目からは対話形式を事実上採用せず、修道院長が貴族の若者に語るという書簡体を念頭に置いた叙述形式になっている[60]。このような形式では、読者が自身を書簡の受け手に重ね合わせて、叙述の内容をより身近なものとして感じ取ることができる効果が期待できるのである。

　この形式は多用され、パスカル（Pascal, 1623-1662）の『田舎の友への手紙』（*Les Provincilales*, 1656-1657）や、ヴァランクール（J.-B.-H. du T. de Valincour,

1650-1730)の『『クレーヴの奥方』についての某侯爵夫人へ手紙』(*Lettres à Madame la marquise *** sur le sujet de la Princesse de Clèves*, 1687)のような 17 世紀の宗教論争や文学論争のための論文から、18 世紀のモンテスキュー(Montesquieu, 1689-1755)の『ペルシャ人の手紙』(*Lettres persanes*, 1721)、ヴォルテールの『哲学書簡』(*Les Lettres philosophiques*, 1734)[61]といった啓蒙風刺文学に至るまで、いずれもサロンの読者など人に読まれることを意識して書かれ、しばしば磨きのかかった散文であった。

書簡体形式の知識の普及書としては、メネストゥリエ(C.-F. Ménestrier, 1631-1705)の『彗星に関するある地方貴族からある貴婦人への手紙』(*Lettre d'un gentil-homme de province à une dame de qualité sur le sujet de la comète*, 1681)[62]、ヴァラン(L.-P. Vallain で生没年不詳)の『文章術についての某氏への手紙』(*Lettres à M^r de *** sur l'art d'écrire*, 1760)[63]などがあるが、初版がロシアで出て、ヨーロッパ中で名声を獲得し、フランスでも版を重ねた数学者オイラー(Euler, 1707-1783)の『物理学と哲学の諸問題に関するドイツのある王女への手紙』(*Lettres à une princesse d'Allemagne sur divers points de physique et de philosophie*, 1768-1772)は特に有名である[64]。オイラーの書は、説明が明快で、主題の選択も妥当であるため、公教育で読まれるべき書物と見なされたという[65]。

そもそも書簡体形式は、相手に語りかけて知識を伝達する形式であり、口頭での直接教授に代わるものであるから、教育図書にふさわしいスタイルである[66]。

この他、対話体や書簡体といった形式は取らないが、文学的な叙述が採用されている場合もあった。例えば、ガルニエ=デシェーヌ(E.-H. Garnier-Dechesnes, 1727-1812)の詩句による主に財産関係の法律を全 362 箇条に纏めた解説書『見開きで原文付き、詩句になったパリの慣習法』(*La Coutume de Paris mise en vers, avec le texte à côté*, 1768)は、難解な法律用語による無味乾燥な文言を詩句で分かり易く言い換えることで、楽しみながら法律の知識を身に付けることを促すもので、1787 年には第 3 版が出た[67]。ボワロー(Boileau, 1636-1711)が『詩法』(*Art poëtique*, 1674)を韻文詩で綴った例も

あり、これは、特に風変わりな例というわけではなかったと思われる。

実際、叙述そのものが文学的な精彩を帯びることも珍しいことではなかった。既にフォントネルは、『世界の複数性についての対話』において、対話以外の地の文を小説風に叙述していたし、「文体を思想以上に重視している[68]」ビュフォンは、その一流の作家に匹敵する才能を『博物誌』で如何無く発揮している。「彼の貴族的に洗練された端正な文章で書かれた生ける自然の雄大な景観と愛すべき動物の描写は、サロンの読者をよろこばせ」たのであり、「科学そのものが文学の中に入った[69]」のであった。この著書で、フランス文学は博物学という分野を新たに獲得したと言われる所以である[70]。これは、博物学ブームの引き金となるほど成功したわけであるが、文学的な装いをした科学は、学問が高尚な楽しみ、気晴らしであった当時のサロンを中心とした読者の好みに合致していたのである。

18世紀末には、有名な天文学者で数学者のラプラス(Laplace, 1749-1827)が、明快なフランス語による天文学の普及書『宇宙体系解説』(*Exposition du système du monde*, 1796)[71]を公刊し、好評を得た。その文体は、今日でも、「極めて明快で好ましい」(extrêmement claire et agréable)とされ、特に第5の巻「天文学史概要」(Précis de l'histoire de l'astronomie)は、「間違いなく文学作品の傑作」であると高い評価を得ている[72]。事実、18世紀末から強まる科学の専門化の流れの中で、数学的な装いを避けた本書は、分かり易い明快なフランス語を使い、言葉の力で天文学上の諸現象や理論をイメージさせることに成功しているのである。本書は、19世紀になっても幾度も再版されることになるが、読む楽しみを感じながら容易に学問に接近したいという、高尚な趣味を持った読者の支持を受け続けたためであろう。

7. 男女用の知的啓蒙書の存在

ところで、E. バダンテール(E. Badinter)は、「『百科全書』が、専ら男性の運動であると考えられても驚くことは何もない[73]」と言っている。確

かに、『百科全書』の序文にも、勿論その長い表紙のタイトルにも、女性を読者対象として考慮した節は少しも窺えないし、百科全書派のいかなるメンバーであれ、本書による女性啓蒙の意図を僅かでも表明した者はいないのである。では、女性達は、『百科全書』のような膨大にして水準の高い啓蒙書は勿論、18世紀の啓蒙精神普及の顕著な表われである一般の知的啓蒙書からも締め出されてしまっていたのであろうか？

　勿論そうではなかった。文学サロンの成立を見た17世紀には、既に社交界の男女を対象にした知識の普及書(その代表的な例が『世界の複数性についての対話』)が出版されていたのである。男女が共通の知的な話題をサロンで交わすという状況があったわけであるから、それはむしろ当然であったと言えるだろう。L. チンメルマンによると、そうした出版物は17世紀の前半から出回り始めた[74]。17世紀、既に、通常の概論形式や書簡形式、小説形式による教育的な普及書が出版されていたという[75]。

　チンメルマンが紹介している普及書のひとつ『聖なる中庭の哲学』(*La Philosophie de la cour sainte*, 1641)で、著者 J. ランベール(J. Lambert, 1603-1670)は、「気に入られ、教化する」(Plaire et instruire)ことを目的としていたという[76]。フォントネルも又、『世界の複数性についての対話』の序文で、「これから［本書を］読む人で、物理学について何らかの知識がある人達に言っておかなければいけないが、私は、そういう人達に教えてやろうというつもりは全くなかったのである。ただ、そういう人達が既により確かに知っていることを、もう少し楽しく、陽気なやり方で彼らに提示しつつ気晴らしさせようとしただけなのだ。そして、こうした題材が目新しいという人達には、彼らに教え、しかも気晴らしをさせるということを全く同時にやれると私は思ったのだということを言っておく[77]」と言っている。社交界の男女にとって、知識や学問を積むことが同時に楽しみであることも強く求められたわけであるから、彼等を読者として想定した普及書が、これに応える意図をもって書かれたのも無理からぬ事である。そして、社交界の男女に受け入れられるよう、交際社会の流儀と趣向の基本にある「優美さと多様性の美学」に合致した文学的体裁を知識の普及書が積極的

第3章　17-18世紀の女性のための知的啓蒙書

に採用したとしても不思議はないのである。

　その点では、フォントネルの『世界の複数性についての対話』は、まさに典型的な書物であった。事実、高貴な身分のご婦人に対する語り口は、社交界で求められるギャラントリー(galanterie で「男性が女性に気に入られるため」に実践する「雅の道(78)」)そのものであり、地球や月、他の様々な天体の話から、天文学上の最近の発見に関する話まで、豊富な話題を提供している。作品の大半を占める対話は、シナリオ形式で書かれているのではなく、直接話法で対話を進行させながら、地の文による状況説明が併置されているわけであるが、この地の文そのものは、雅な小説風なのである(79)。科学が進歩して、本書の重要な拠り所のひとつであるデカルトの宇宙論が古くなってしまっても、19世紀前半に至るまで再版され続けることになるが、それは、ギャラントリーの美学が相変わらず有効であったばかりでなく、文学作品としての魅力も色褪せることがなかったためであろう。

　そして、「私は婦人達に、この思想体系全体に対しては、『クレーヴの奥方』に必要なのと同じ努力しか要求しない(80)」と序文にあるように、本書は気軽に読める普及書のレベルを狙ったものなのであった。この点で、『世界の複数性についての対話』は、学者というより教養人を理想とする社交界の趣向に合致した教養書であった。

　ところで、注目したいのは、著者がその序文で、啓蒙の対象である侯爵夫人を登場させることが、女性の啓蒙を促すことに繋がるという意図を次のように明確に表明していることである。

　　「私は、これらの対話の中に、教えを受ける一人の女性を登場させたが、彼女はこういった事柄を話題にするのを一度も聞いたことがないのだ。私は、この虚構が、作品をより楽しくすることに役立ち、又、科学を少しもかじったことがない人の域を決して出ないで、言われることを絶えず聴き、頭の中で、渦動と諸世界を混乱なく絶えず整理するひとりの女性の例によって、婦人達を励ますことに役立つだろうと

思ったのだった[81]。」

　これは、女性の登場人物の存在が、社交界好みの(とりわけ女性に好まれる)優美さとギャラントリーの雰囲気を醸し出すための装置であるばかりでなく、著者による明確な女性啓蒙の意図をも示唆しているということの例証になるであろう。
　実際、女性を天文学へ誘う本書は、女性読者を大いに引きつけた。1801年版の序文で、天文学者のラランド(Lalande, 1732-1807)は、「私に天文学の話をした才女で、フォントネルの『世界[の複数性についての対話]』を読んだことがないと言った女性にひとりも出会ったことがない[82]」とまで言うことになる。
　一方、詩人で作家のドゥムースチエ(C.-A. Demoustier, 1760-1801)は、18世紀末、『神話についてのエミリーへの手紙』(*Lettres à Emilie sur la mythologie*, 1786-1790)[83]によって、フォントネルの伝統を引き継ぎ大成功を収めた。これは、その後、一世紀もの間再版され続けることになるのである[84]。
　ここでは、「私」なる人物が、恋しい女性エミリーの命を受け、神話の知識を詩句を交えた散文の書簡で伝授するという設定になっている。巻頭のエミリーに捧げる書簡詩『エミリーへ』(*A Emilie*)には、愛情と親しみと共に、理想化された憧れの女性への恭しさが滲み出ている[85]。詩句を散りばめたその「魅惑的な書簡[86]」は、17世紀以来の文学サロンの中で育まれ、とりわけ婦人読者を意識した人に気に入られる文学の系譜に連なるものである。事実、本書は当時、「とりわけご婦人達のもとで大成功を博した[87]」という。フォントネル同様ドゥムースチエも、その序文を読む限り、本書を女性読者のみに捧げているわけではない[88]。しかし、作中で特定の女性が啓蒙の対象として選ばれ、しかも、ギャラントリーの雰囲気が漂う優美な語りで叙述がなされているために、これは女性のために書かれたという印象を読者に与えたはずである。事実、19世紀初頭、詩人のファヨール(F.-J.-M. Fayolle, 1774-1852)は、「エミリーに語りかけることで、

第 3 章　17-18 世紀の女性のための知的啓蒙書

ドゥムースチエは、これを読む全ての女性達に気に入られようとした[89]」と明言することになる。又、彼は、ドゥムースチエの書とフォントネルの書の類似性を指摘し、「ドゥムースチエは、フォントネルが天文学でやったこととほぼ同じことを、神話でやったのだ。『世界[の複数性についての対話]』と『[神話についての]エミリーへの手紙』は、科学や神話を女性達が理解できるようにした楽しい書物だ[90]」とも言っている。文学的な優美な味付けを施した理解し易いギャラントリーの書は、とりわけ女性読者用であると受け取られやすかったのであり、実際、こうした類の書が、女性読者を大いに意識して書かれたということは確かであろう[91]。

ところで、社交界の男女ばかりでなく、一般の両性の若い読者用にも様々な知識の普及書が出版されたことも忘れてはならない。例えば、実験物理の公開講座を開いて人気を博したノレが、その講座での教授経験を踏まえて執筆した『実験物理学講義』(*Leçons de physique expérimentale*, 1743-1748)[92]は、「主に、コレージュあるいは寄宿学校で人生の最初の時期を過ごす両性の若い人達」を読者対象にしたものである[93]。本書も好評で、18 世紀末に至るまで版を重ね続けた。

又、バスヴィル(N.-J. Hugou de Bassville, 1753-1793)の『ホメロスとウェルギリウスの詩の分析を伴う神話の基礎知識、両性の若い人用の寓意的説明付き』(*Elémens de mythologie, avec l'analyse des poëmes d'Homère & de Virgile, suivie de l'explication allégorique à l'usage des jeunes personnes de l'un & de l'autre sexe*, 1784)[94]も同様の読者対象を考慮した神話の知識の普及書である。これらは通常の叙述形式だが、ノレの上記の書の内容を中心に編集した書簡体形式の簡略版も両性の若い人向けに出た。ド・ランシー(De Rancy)による『書簡形式による両性の若い人用の物理学試論』(*Essai de physique en forme de lettres ; à l'usage des jeunes personnes de l'un & de l'autre sexe*, 1768)[95]がそれである。著者は序文で、本書を宣伝するために、「現象の産物や実験と説明が、彼ら[若い人達]を楽しませながら教える[96]」と言っている。楽しみながら学べるというのは、社交界の男女に限らず、青少年を対象にした普及書においても重要なセールスポイントであった。

一方、世紀末、男女の若い人用の百科全書的な知識を提供する様々な総合学習書が出る。例えば、ワンドゥランクール(A.-H. Wandelaincourt, 1731-1818)の『令嬢及びラテン語を学ぶことを望まない若い男性用の教育講座』(*Cours d'éducation à l'usage des demoiselles, et des jeunes messieurs qui ne veulent pas apprendre le latin,* 1782)[97]は、倫理、芸術の歴史、地理、自然学、世界史、文法、論理学を扱った学習講座シリーズである。又、ムスタロン(Moustalon)の『若い人のリセ、あるいは補いの学習―両性の若者用の新しい知育の講座』(*Le Lycée de la jeunesse ou Les Études réparées; nouveau cours d'instruction à l'usage de l'un et l'autre sexe,* 1786)は、学問が十分できなかった一般の大人の読者をも対象にしており、文法、神話、修辞学、文学の4分野の知識を網羅的に収めた知識の普及書である。これは好評だった模様で1823年には第4版が出た[98]。この他、父とその3人の子供達との対話形式による子供向けの総合学習書(著者不詳)、『少年時代の教本―あるいは、倫理、政治、博物学、地理、歴史、神話、フランス革命、憲法等々についての、ある父親とその子供達の両性用絵付き対話』(*Manuel de l'adolescence. Ou Entretiens d'un père avec ses enfans, sur la morale, la politique, l'histoire naturelle, la géographie, l'histoire, la mythologie, la Révolution française, la Constitution, etc. etc. à l'usage des deux sexes, avec figure,* an VII)[99]は、ムスタロンのものより遥かに基礎的な内容で規模も小さいが、タイトルにあるとおり、その知識の及ぶ分野は極めて広く、新しい時代の状況を学習内容に盛り込んだ意欲的な普及書である。本書は1828年には第28版が出る程根強い人気を保ち続けた。
　更に、そのタイトルから、『百科全書』(*Encyclopédie*)に由来する百科事典ブームの広がりを感じさせる子供用のテーマ別の百科事典『若い人の百科事典』(*Encyclopédie de la jeunesse,* an VIII[革命暦8年で1799又は1800年])[100]も出た。本書は、タルデュー・ド・ネール夫人(Mme Tardieu de Nesle)という人物による、文法、算術、歴史、神話、地理、科学など多方面に亘る基礎的な知識の宝庫をコンパクトに収めたもので、その序文では「両性の若い人用[101]」とされている。これも好評であったらしく、1825年には第6

版が出ることになる。

　この他、1791年頃、幅広い読者層を対象にした男女用の『家庭百科事典』(*Encyclopédie domestique*)[102]が出た。副題には、「両性用」(à l'usage des deux sexes)と明記してあり、編者は前書きで、「あらゆる社会階層の父親、母親、両性の子供」に可能な限り幅広い知識を収めた本書を提供するのだと力を込めて謳い、人類全体の利益に役立つことが執筆者の目的だとされている[103]。ここには、性別、身分、年齢を問わず啓蒙しようという知の平等の精神が見て取れるであろう。フランス革命が男女間の平等の実現を目指すところまで至らなかったことを考えると、この志は意義深い[104]。尤も、読者対象を「男女用」とすれば女性読者をも取り込むことができ、商売上有利だという計算もあったに違いない。しかし、単に表紙のタイトルに両性用であることを明記するだけでなく、そのことを改めて編者が著書の中で意図として表明している場合は、女性の啓蒙をも真面目に考えていたと判断してよいであろう。

　のみならず、ムスタロンやワンドゥランクールの男女用の普及書のように、女性の知識獲得を当然と考えたり、女子の啓蒙を特に意識している場合さえあった。ムスタロンは、先の『若い人のリセ』の序文で、今日、女性達に無知を強要していた「あの時代遅れの偏見」(ce préjugé gothique)はほとんどなくなって、「精神の陶冶と魅力」(la culture et les grâces de l'esprit)が自分達の美の勝利を保証すると女性達が感じるようになり、良書を読むことで、趣味を洗練し、精神的な能力を向上させている(男性達の楽しみを分かち合いたくて、フランス語やラテン語の学習に勤しむ女性もいるという。)という好ましい状況を指摘し、大家の書のエッセンスの集約である本書のような書物を女性達に提供することは、「必ず彼女達の役に立ち、彼女達の楽しみに貢献する」のではないかと述べている[105]。ムスタロンは、書物による知識獲得が女性においても極普通になっている現状を認識するだけでなく、その精神的な有益性を認めた上で本書を推奨したのであった。著者は、この序文で、女性読者に対して学びの奨めを表明したことになる。

一方、『令嬢及びラテン語を学ぶことを望まない若い男性用の教育講座』シリーズにある『技芸の歴史』(Histoire des arts, 1782)の序文で、ワンドゥランクールは、将来、職人達の手による物品の購入を家庭で取り仕切ることになるから、女性達も技芸についての知識を持つことは必要だとしている[106]。

　又、このシリーズの最後の巻である『論理学、あるいは、真理の探究における我々の悟性を導く術』(Logique, ou L'Art de diriger notre entendement dans la recherche de la vérité) の序文では、「本講座の最後の部分は、批判の対象となる可能性があるだろう。なぜなら、論理学の勉強は女性達には堅すぎ、その理解力を超えていると思われるかもしれないからだ。しかし、女性達は考え、話し、行動する。自分で決め、身を処し、いくつもの手段から選択をしなければいけない。だから、彼女達の判断力の誤りは、異論の余地なく男性達のそれと同じ位有害である[107]」とし、論理学を講座に入れることの妥当性を主張しているのである。そして、ここでの論理学は、慎重で賢明な女性、「家庭と社会の幸福[108]」に役立つ女性を養成するに足りるだけの内容に限定しているとしながらも、そのすぐ後で、「自身の知識をより広げたいと思う女子は、私のコレージュ用の教育講座に頼ることができよう。私は、この講座で学びたいと思う女子が巧くいくことを疑わない[109]」と、更に高度な学習への可能性を促しているのである。ここで言う「コレージュ用の教育講座」とは、本シリーズ以前に出版されたと思われるよりレベルが高く、内容も遥かに豊富な(ラテン語や古代文学なども扱われている。)別の講座シリーズである[110]。のみならず、男性に劣らぬ女性の知的能力に信頼を寄せる著者は、若い頃に受けた教育のお蔭で学問において進歩を遂げた女性達や、あらゆる学問分野における歴史上有名な女性達の存在などに言及した後で、「全ては教育次第だ」としている[111]。この序文は、女性が自信を持って学問に取り組むことを促す言説になっているのである。

　ところで、上述の普及書のように男女用であることが、タイトルや序文に明記してあるものは、女性読者のこうした書物への接近を容易にしたこ

とであろう。しかし、たとえ、女性啓蒙の意図はおろか、どこにも男女用であることの記載がなくとも、ノレの『物体の電気についての試論』(*Essai sur l'éléctricité des corps*, 1746)[112]の口絵のように、物理の実験に女性達も参加している図が示されていたり、プリューシュの『自然の姿』のように、女性の登場人物が対話に加わっていれば、その書物が女性読者をも想定していると読者は感じるであろう。又、『ドイツのある王女への手紙[113]』のように、男性が女性に宛てて書く書簡形式のように、特定の女性に向けて知識が提供される形式の普及書[114]については、『神話についてのエミリーへの手紙』同様、女性達は、これが女性のための書であると思いたくなるであろう。女性啓蒙の意図を言葉で表明していなくとも、女性読者は、女性の登場人物に自身の姿を重ね合わせて、著者による女性啓蒙の暗黙のメッセージを読み取ることになるのである。したがって、ドゥムースチエの書がとりわけ婦人読者の歓迎を受けたという事実からもわかるように、これらの普及書は、女性達を知に誘う効果が大いにあったと考えられる。

これまで言及してきたタイトルや序文、口絵、書物の設定といったものは皆、女性読者を学びへと導く装置とみなすことができよう。

8. 17-18世紀の女性用の知的啓蒙書一覧

以上のような男女のための普及書の他に、「女性用」であることを読者にアピールしたり、特に女性が読者対象として考えられていると思われる普及書もあった。こうした女性用の普及書の起源は不明であるが[115]、17世紀の半ばには出版されており、啓蒙の時代の18世紀には、実に様々な普及書が出版された。以下、本書筆者の調べで現物を確認できた(少なくとも、初版もしくはその後の版で)書物37点(計209巻)を、フランス国内での出版年代順に(初版が外国で出たものについては、国内での初版の年代で)リストアップした。第2章で女子教育論として扱った著書で、特に母親向けの教育の手引書として執筆されたものもリストに加えている。

出版年代に続いて著者名とタイトルを日本語で示し、次に原題と版型と

頁数、出版社名を記した。出版された都市名は、原則としてパリ以外の場合のみ記した。パリに加えてそれ以外の都市の出版発売元の記載もある場合は、併記してある。又、判明している 19 世紀以前の再版年代も全て示した。但し、同一年代の版が複数ある場合は、そのうちのひとつを掲載し、他は註で補足説明を行なった。同じタイトルで再版がなされた場合は、タイトルを省略し、«；» の後で、版型と頁数、出版社名、再版年代を判明している範囲内で記載してある。タイトルに変更があった場合は、改めて日本語訳も併記した。又、タイトルや固有名詞の古い綴り字には変更を加えなかったが、大文字と小文字の区別は現代の表記方法に合わせることにした。

19 世紀に再版されたものについては、年代の頭に星印（∗）を付した。19 世紀における再版の年代については、第 4 章で改めて作成した一覧表で記載することになる。

リストに挙げた各書物に付した註では、当該の啓蒙書の概要とその著者についての説明などを入れたが、19 世紀に再版されたものについては、次の章で改めて説明を施す。

尚、以下の文献は、若干数の書物(適宜註などで言及)を除いて、全てフランス国立図書館が所蔵しているものである。

1650 年 シャルル・ド・サン＝ジェルマン『助産婦の方法的且つ完璧な学校、あるいは分娩術』(SAINCT-GERMAIN (Charles de), *L'Eschole methodiqve et parfaite des sages-femmes, ov L'Art de l'accovchement*, in-12, [xxv]-352 p., Gervais Clovsier.) [116]

1660 年 ルネ・バリー『婦人の理解力に合わせた極上の哲学』(BARY (René), *La Fine philosophie, accomodée à l'intelligence des dames*, in-12, 406 p., Simon Piget.) [117]

1666 年 マリー・ムルドゥラック『婦人のための慈悲深く易しい化学』(MEURDRAC (Marie), *La Chymie charitable et facile en faveur des dames*, in-12, [xxxiij]-334 p.) ; 第 2 版、1674 年 (2e éd., in-12, [xxxiij]-334 p.,

第3章　17-18世紀の女性のための知的啓蒙書

Jean d'Hoüry, 1674）；1680 年（J. B. Deville, 1680）；増補改訂第 3 版 1687 年（3e éd., revue, et augmentée de plusieurs préparations nouvelles et curieuses, Laurent d'Houry, 1687）；増補改訂最新版、1711 年（dernière édition, revue et augmentée de plusieurs préparations nouvelles et curieuses, in-12, frontispice,［vij］-420 p., tableau, Laurent d'Houry, 1711.）[118]

1728 年　アンニバル・アントニーニ神父『対話と詩論付き婦人用のイタリア語文法』（ANTONINI (abbé Annibale), *Grammaire italienne à l'usage des dames avec des dialogues et un traité de la poésie*, in-12,［x］-298-［lxvj］p., Rollin）；増補改訂新版、1731 年（nouvelle éd., revue, corrigée, et augmentée par l'auteur, in-12,［x］-354 p., Jean-Luc Nyon, 1731.）[119]

＊1746 年　ガブリエル＝アンリ・ガヤール『大部分が近・現代の我が国の最も優れた雄弁家と詩人達から引いた例文付き、若い令嬢用のフランス語の修辞学試論』（GAILLARD (Gabriel-Henri), *Essai de rhétorique françoise, à l'usage des jeunes demoiselles, avec des exemples tirés, pour la plupart, de nos meilleurs orateurs & poëtes modernes*, in-12,［iij］-348 p., Le Clerc）；『大部分が近・現代の我が国の最も優れた雄弁家と詩人達から引いた例文付き、若い令嬢用のフランス語の修辞学』増補改訂第 2 版、1748 年（*Rhétorique françoise, à l'usage des jeunes demoiselles, avec des exemples tirés, pour la plupart, de nos meilleurs orateurs & poëtes modernes*, 2e éd., revue, corrigée et augmentée, in-12, pièces limin. et 468 p., Ganeau, 1748）；増補改訂第 3 版、1752 年（3e éd., corrigée et augmentée, in-12, xij-456 p., Brocas, 1752）；増補改訂第 4 版、1765 年（4e éd., corrigée et augmentée, in-12, xvj-491 p., Despilly, 1765）；増補改訂第 5 版、1776 年（5e éd., corrigée et augmentée, in-8°, xvj-491 p., Bally, 1776）；増補改訂第 6 版、1787 年（6e éd., corrigée et augmentée, in-12, 420 p., Les Libraires associés, 1787）；増補改訂第 7 版、革命暦 7 年［1798 又は 1799 年］(7e éd., corrigée et augmentée, in-12, 418 p., Les Libraires associés, an VII.）[120]

91

* **1747 年** ルイ＝ダニエル・アルノー・ド・ノーブルヴィル、フランソワ・サレルヌ『慈善活動家の婦人の教本、あるいは、本書に含まれる薬の正しい適用を容易にするための有益な注意書き付きで、都会と田舎で貧しい人々に薬を施す慈善活動をする女性達のために作成された準備の容易な薬の処方―及び様々な瀉血法についての概要論』（ARNAULT DE NOBLEVILLE (Louis-Daniel), SALERNE (François), *Manuel des dames de charité, ou Formules de médicamens, faciles à préparer, dressées en faveur des personnes charitables, qui distribuent des remèdes aux pauvres dans les villes, & dans les campagnes, avec des remarques utiles pour faciliter la juste application des remèdes qui y sont contenues. Et un traité abrégé sur l'usage des différentes saignées*, in-12, xxxij-256 p., Orléans, N. Lanquement ; Paris, Debure）；1751 年（in-12, Debure l'aîné, 1751）；第 4 版、1758 年（4ᵉ éd., in-12, lvj-474 p., Debure l'aîné, 1758.)[121]

1749 年 ガブリエル＝アンリ・ガヤール『例文付き婦人用のフランス詩法』（全 2 巻）（GAILLARD (Gabriel-Henri), *Poëtique françoise, à l'usage des dames, avec des exemples*, in-12, 2 vol., Le Clerc.)[122]

* **1749 年** アンドレ＝ジョゼフ・パンクック『文法と詩、修辞学、書簡のやりとり、年代学、地理、歴史、英雄神話、道徳的な寓話、礼儀作法の規則、算術の短い概論を含む、令嬢にふさわしい学習』（全 2 巻）（PANCKOUCKE (André-Jeseph), *Les Etudes convenables aux demoiselles, contenant la grammaire, la poésie, la rhétorique, le commerce des lettres, la chronologie, la géographie, l'histoire, la fable héroïque, la fable morale, les regles*[sic] *de la bienséance, & un court traité d'arithmétique*, 2 vol., in-12, Lille, Panckoucke）；（全 2 巻）、1759 年（in-12, 2 vol., Lille, Panckoucke, 1759 ［第 1 巻のみを INRP 所蔵］）；（全 2 巻）、1762 年（in-12, 2 vol., Saugrain le Jeune, 1762）；（全 2 巻）、1776 年（in-12, 2 vol., Bailly, 1776）；（全 2 巻）、1789 年（in-12, 2 vol., Les Libraires associés, 1789.)[123]

第 3 章　17-18 世紀の女性のための知的啓蒙書

1760 年　ジャン・ブランシェ『婦人用の知性と心情の論理学』
（BLANCHET (Jean), *La Logique de l'esprit et du cœur à l'usage des dames*, in-12, 104 p., Cailleau.）[124]

* **1760 年　ジャンヌ＝マリー・ルプランス・ド・ボーモン『少女百科、あるいは、ある賢明な女性家庭教師と名家の出の生徒達のうちの幾人もの生徒との間の対話―『子供百科』の続編として』**（全 2 巻）
（LEPRINCE DE BEAUMONT (Jeanne-Marie), *Magasin des adolescentes, ou Dialogues entre une sage gouvernante et plusieurs de ses élèves de la première distinction. Pour servir de suite au Magasin des enfans*, 4 parties en 2 vol., in-12, J.-B. Reguilliat）；第 5 版（全 2 巻）、1768 年（5ᵉ éd., in-12, 4 parties en 2 vol., Jacquenod père et Rusand, 1768）；（全 2 巻）、1768 年（in-12, P. Bruyset-Pontuis, 4 parties en 2 vol., 1768）；（全 4 巻）、1778 年（in-12, 4 vol., Lyon, Pierre Bruyset Ponthus, 1778）；（全 2 巻）、［1797 年］（in-12, 4 parties en 2 vol., Moutardier, [1797]）；（全 6 巻）、［1798 年］（in-18, 6 vol., Leprieur, [1798].）[125]

* **1764 年　ジャンヌ＝マリー・ルプランス・ド・ボーモン『社交界に入り結婚する若い淑女のための教え、その身分における又その子供達に対する彼女達の義務―『少女百科』の続編として』**（全 3 巻）
（LEPRINCE DE BEAUMONT (Jeanne-Marie), *Instructions pour les jeunes dames qui entrent dans le monde, se marient ; leurs devoirs dans cet état et envers leurs enfans. Pour servir de suite au Magasin des adolescentes*, in-12, 3 vol., Lyon, J.-B. Reguilliat ; in-12, 4 tomes en 1 vol., J.-B. Reguilliat, 1765）；『百科、あるいは、社交界に入り結婚する若い淑女のための教え、その身分における又その子供達に対する彼女達の義務―『少女百科』の続編として』（全 3 巻）、1766-1782 年（*Magasin, ou Instructions pour les jeunes dames qui entrent dans le monde et se marient ; leurs devoirs dans cet état et envers leurs enfans. Pour servir de suite au Magasin des adolescentes*, in-12, 4 tomes en 3 vol., Lyon, J.-B. Reguilliat, 1766-1782）；『社交界に入り結婚する若い淑女百科、その身分にお

ける又その子供達に対する彼女達の義務—『少女百科』の続編として』（全4巻）、1772年（*Magasin des jeunes dames qui entrent dans le monde et se marient ; leurs devoirs dans cet état et envers leurs enfans. Pour servir de suite au Magasin des adolescentes*, in-12, 4 vol., J. F. Bassompierre, 1772）；（全4巻）、1781年（in-12, 4 vol., J. F. Bassompierre, 1781）；（全4巻）、1782年（in-12, 4 vol., P. Bruyset-Ponthus, 1782.)[126]

1771年 エノー『基礎の地理、対話形式の概論書、特に一家の母親と若い令嬢のために編まれた書』（HÉNAULT, *Géographie élémentaire, traité en forme d'entretiens, ouvrage principalement fait en faveur des meres de famille et des jeunes demoiselles*, in-12, xj-353 p., Freres Estienne.)[127]

1771年 アンセルム＝ルイ＝ベルナール・ブレシエ・ジュルダン『婦人の医者、あるいは婦人の健康維持法』（JOURDAIN (Anselme-Louis-Bernard Bréchillet), *Le Médecin des dames, ou L'Art de les conserver en santé*, in-12, xxiv-466 p., Vincent.)[128]

1772年 ベンチレーキ神父『婦人用週1回のイタリア語講義、ふたつの語彙集とイタリア語に適用されたジラール神父の『フランス語の同義語』選集、日常手紙文解説、イタリア語の作詩法の規則概要付きで、ベンチレーキ神父からフランスの婦人達に捧げられた』（BENCIRECHI (abbé), *Leçons hebdomadaires de la langue italienne, à l'usage des dames, suivies de deux vocabulaires ; d'un recueil des Synonymes français de l'abbé Girard, appliqués à cette langue ; d'un discours sur les lettres familières ; et d'un précis des regles*[sic] *de la versification italienne ; dédiées aux dames françaises, par M. l'abbé Bencirechi*, in-12, vij-324 p., La Veuve Ravenel）；『婦人用週1回のイタリア語講義、ふたつの語彙集とイタリア語に適用されたジラール神父の『フランス語の同義語』選集、日常手紙文解説、イタリア語の作詩法の規則概要付き—ベンチレーキ神父からフランスの婦人達に捧げられた』増補新版、1778年（*Leçons hebdomadaires de la langue italienne à l'usage des dames, suivies*

第 3 章　17-18 世紀の女性のための知的啓蒙書

de deux vocabulaires; d'un recueil des Synonymes français de l'abbé Girard, appliqués à cette langue ; d'un discours sur les lettres familières ; et d'un précis des regles[sic] *de la poésie italienne. Dédiées aux dames françaises par M. l'abbé Bencirechi*, nouvelle éd. avec des additions faites par l'auteur, in-12, vij-324-vij p., l'auteur, Fétil, 1778）；『イタリア語をこの言語の学習を容易で楽しくする方法で学びたい婦人に捧げるイタリアのエトレンヌ』［改訂版］、1783 年（*Etrennes italiennes, présentées aux dames, qui désirent d'apprendre l'italien par une méthode qui leur facilite et rende agréable l'étude de cette langue*, in-12, 334 p., Dénos, Molini, 1783.)[129]

1772-1775 年　ピエール・フロマジョ神父『若い令嬢の学習講座、若い男性にも有益で、コレージュでの学業の補完の役目をしうる書、地理学のための地図、紋章学や天文学、物理学、博物学のための銅版画による図版付き』（8 巻）（FROMAGEOT (abbé Pierre), *Cours d'études des jeunes demoiselles, ouvrage non moins utile aux jeunes-gens de l'autre sexe, et pouvant servir de complément aux études des colléges*[sic]*; avec des cartes pour la géographie, & des planches en taille-douce pour le blason, l'astronomie, la physique & l'histoire-naturelle*[sic], in-12, 8 vol., pl., Vincent.)[130]

＊**1775 年**　ルイーズ＝フロランス＝ペトロニーユ・タルディユ・デスクラヴェル・デピネ侯爵夫人『エミリーの会話』（EPINAY (Louise-Florence-Pétronille Tardieu d'Esclavelles, marquise d'), *Les Conversations d'Emilie*, in-12, frontispice, viij-388 p., Leipsick et Paris, Pissot）；新版［第 2 版］（全 2 巻）、1782 年（[2ᵉ éd.] nouvelle éd., in-12, 2 vol., frontispices, Humblot, 1781; in-12, 2 vol., Belin, 1782）；第 5 版、1788 年（5ᵉ éd., in-12, 2 vol., Belin, 1788.)[131]

＊**1775 年**　ジャン＝ルイ・ボードゥロック『問答形式による助産婦見習いのための分娩術の基礎知識』（BAUDELOCQUE (Jean-Louis), *Principes sur l'art des accouchemens, par demandes et réponses, en faveur* des élèves sages-femmes, in-12 [所在未確認]）；第 2 版、1787 年（2ᵉ éd. [所在未確認], 1787.）[132]

1777 年 ド・プリュネ『地方語表現を知り、それを避け、若い令嬢達の間違った発音の習慣を予防する方法と共に、フランス語の正確な綴り方を学ぶための確実で容易な諸原則を収めた婦人の文法』（PRUNAY (de), *Grammaire des dames, où l'on trouvera des principes sûrs & faciles, pour apprendre à l'ortographier*[sic] *correctement la langue française, avec les moyens de connaître les expressions provinciales, de les éviter, & de prévenir, chez les jeunes demoiselles l'habitude d'une prononciation vicieuse,* in-12, frontispice, xxxvj-322 p., Lottin l'aîné.）[133]

1779 年 ニコラ・アダン『婦人用のフランス語普遍文法』（ADAM (Nicolas), *Grammaire françoise universelle, à l'usage des dames,* in-8°, viij-xij-68 p., tableau., Benoît Morin.）[134]

1779 年 アンドレ＝ギヨーム・コンタン・ドルヴィル『婦人用の歴史の蔵書、フランス語による完璧な歴史講座を構成するのに必要な全ての書物の理論だったカタログを収め、ジョフロワ・ド・ヴィルアルドゥアンの『コンスタンチノープル征服史』とジョワンヴィル侯による『聖王ルイ伝』のダイジェスト付き』（CONTANT D'ORVILLE (André-Guillaume), *Bibliothèque historique à l'usage des dames, contenant un catalogue raisonné de tous les livres nécessaires pour faire un cours complet d'histoire en langue françoise, suivie d'un extrait de l'Histoire de la conquête de Constantinople, par Geoffroi de Villehardouin, et de celui de la Vie de S. Louis, par le sire de Joinville,* in-8°, xvj-371 p., Moutard）；『婦人用の歴史の蔵書』訂正新版、1785 年（*Bibliothèque historique à l'usage des dames,* nouvelle éd. corrigée, in-8°, xvj-467 p., Moutard, 1785.）[135]

1779 年 アンドレ＝ギヨーム・コンタン・ドルヴィル『城館の教本、あるいは、人の集まりで行う芝居を演出し、サロンの楽しみを多彩にするための小説の蔵書を作るための助言を収めた書簡』（CONTANT D'ORVILLE (André-Guillaume), *Manuel des châteaux, ou Lettres* *contenant des conseils pour former une bibliothèque romanesque, pour diriger une comédie de société, & pour diversifier les plaisirs d'un salon*, in-8°, xvj-349 p., Moutard）;『フランス語で書かれた文学書の選び抜かれた蔵書を作るための助言を収めた婦人用の文学の蔵書―『ある膨大な蔵書から集めた文献集』の第 2 巻の新版として』、1785 年（*Bibliothèque de littérature à l'usage des dames, contenant des conseils pour former une bibliothèque choisie de livres de belles-lettres écrits en françois. Pour servir de nouvelle éd. au second volume des Mélanges tirés d'une grande bibliothèque*, in-8°, 363 p., Moutard, 1785.) [136]

1779 年　ジャン＝ルイ・ドゥロベック『ラテン語の鍵、あるいは、両性のあらゆる年齢の人々（特に婦人）がラテン語を学び、これを良く学び、学者先生が何と言おうと、短期間でいかなる苦労もなく、これを学ぶことができる極簡単な方法』(DROBECQ (Jean-Louis), *La Clé de la langue latine, ou Moyen très-simple par lequel les personnes des deux sexes et de tous les âges (particulièrement les dames) peuvent apprendre le latin, l'apprendre bien, l'apprendre en peu de temps, sans peine aucune; en dépit des pédans*, in-8°, 31 p., Rome et Paris, l'auteur, maison de Mlle Le Poivre.) [137]

1779-1789 年　アンヌ・ドブール・ド・ラ・ボーヴ・ミルモン伯爵夫人『女性教育論、及び知育の完璧な講座』（7 巻）(MIREMONT (Anne d'Aubourg de la Bove, comtesse de), *Traité de l'éducation des femmes, et cours complet d'instruction*, in-8°, 7 vol., imprimerie de Ph.-D. Pierres.) [138]

＊1781 年　ステファニー＝フェリシテ・デュ・クレスト・ド・サン＝トバン・ジャンリス伯爵夫人『美徳の年代記、あるいは若い娘用の歴史講座』（全 2 巻）(GENLIS (Stéphanie-Félicité du Crest de Saint-Aubin, comtesse de), *Annales de la vertu, ou Cours d'histoire à l'usage des jeunes personnes*, in-8°, 2 vol., Lambert & F. J. Baudouin）;（全?巻）、1784 年 (in-12, ? vol., imprimerie de Lambert & Baudouin, 1784.) [139]

1783 年　ニコラ・アダン『婦人用のイタリア語文法、あるいは、婦人用のフランス語普遍文法を使って、容易に、可能な限り最も速くイタリ

ア語を学ぶ真の方法』（ADAM (Nicolas), *Grammaire italienne, à l'usage des dames, ou La Vraie manière d'apprendre aisément, & le plus promptement qu'il est possible, la langue italienne, par le moyen de la grammaire françoise universelle, à l'usage des dames*, in-8°, viij-71 p., tableau, Benoît Morin.) [140]

1783年　ニコラ・アダン『イタリア語の無韻詩句に翻訳されたアウグストゥスの解放奴隷ファエドルスの寓話、婦人用のイタリア語とフランス語の文法書を使ってイタリア語を学ぶ人のためのフランス語構文と非常に便利な辞典付き』（ADAM (Nicolas), *Les Fables de Phedre, affranchi d'Auguste, traduites en vers blancs italiens; accompagnées de la construction françoise & d'un dictionnaire très-commode, en faveur des personnes qui apprennent la langue italienne par le moyen des grammaires italiennes & françoises, à l'usage des dames*, in-8°, 229 p., Benoît Morin.) [141]

1784年　クロード＝フランソワ＝アドリアン・ルゼ＝マルネジヤ侯爵『若い婦人のための読書プラン』（LEZAY-MARNÉSIA (Claude-François-Adrien, marquis de), *Plan de lecture pour une jeune dame*, in-18, xviij-74 p., imprimerie de Prault）; 増補第2版、1800年（2ᵉ éd., augmentée d'un supplément et de divers morceaux de littérature et de morale, in-8°, xij-255 p., Lauzanne, A. Fichier & Luc Vincent ; Paris, Louis, 1800.) [142]

＊1785-1793年『婦人の百科文庫』（154巻）（*Bibliothèque universelle des dames*, in-18, 154 vol., [Cuchet].) [143] [『婦人の天文学』（*Astronomie des dames*, 1785）のみ所在未確認]

1786年　ジャン＝ルイ・ドゥロベック『散文と韻文による単母音A、E、I、O、U、Yの婦人用英語発音概要』（DROBECQ (Jean-Louis), *Précis de prononciation angloise pour les voyelles simples, A, E, I, O, U, Y, en prose et en vers, à l'usage des dames*, in-8°, 16 p., l'auteur.) [144]

1788年　デュプレッシー男爵夫人『婦人のミュゼでなされる講義総覧』第1巻（DUPLESSY (baronne), *Répertoire des lectures faites au musée des dames*, tome 1, in-12, 124 p., Cailleau.) [145]

1788 年 ボーシャン『最も有名な文法家達に準拠して編集された令嬢用フランス語の基礎知識』(BEAUCHAINT, *Principes de la langue françoise, rédigés d'après les plus célèbres grammairiens, à l'usage des demoiselles*, in-12, 357 p., Paris, Guillot ; Sant-Malo, L. H. Hovius, fils ; Rennes, E. G. Blouet.) [146]

1792 年 ペッピーナ・キュリオーニ『イタリア語の学習を始めるための婦人用の手引書』(CURIONI (Peppina), *Méthode pour commencer l'étude de la langue italienne, à l'usage des dames*, in-12, 47 p., l'auteur.) [147]

1792 年 アントワーヌ・ジュディ・デュ・グール『若い令嬢用の新しいフランス語の修辞学、国民議会でなされた演説やレナル、J. J. ルソー、ヴォルテール、モンテスキュー、コンドルセ、フロリアン等々の著書から引いた例文付き』(DU GOUR (Antoine Jeudy), *Nouvelle Rhétorique françoise, à l'usage des jeunes demoiselles; avec les exemples tirés des discours prononcés à l'Assemblée nationale, et des ouvrages de Raynal, de J. J. Rousseau, de Condorcet, de Florian, etc. etc. etc.*, in-12, 298 p., Angers, Pavie ; Paris, Bossange.) [148]

1792 年 ジャン＝フランソワ・サコンブ『助産婦への助言』(SACOMBE (Jean-François), *Avis aux sages-femmes*, in-8°, 120 p., Croullebois.) [149]

革命暦 5 年（1796 又は 1797 年） P. カヴァイエ『新エミール、あるいは、ある母親へのその子供達の教育についての助言』(CAVAYÉ (P.), (*Nouvel Emile, ou Conseils donnés à une mère sur l'éducation de ses enfans*, in-12, 172 p., Castres, Rodière.) [150]

1797 年 ルイ・バルテルミー神父『婦人の文法、あるいは、最も単純な規則に限定し、詩や歴史などの選りすぐりの作品によって正当性が証明されている、新フランス語綴り字法概論』第 5 版 (BARTHÉLEMY (abbé Louis), *Grammaire des dames, ou Nouveau traité d'orthographe française, réduite aux règles les plus simples & justifiées par des morceaux choisis de poësie, d'histoire, etc.*, 5e éd., in-8°, viij-423 p., Pont-de-Vaux, J. P. Moiroud.) [151]

＊革命暦7年（1798又は1799年）　フランソワーズ＝テレーズ＝アントワネット・ル・グロワン・ラ・メゾヌーヴ伯爵夫人『女性の使命に最も対応していると思われる種類の教育についての試論』(LE GROING LA MAISONNEUVE (Françoise-Thérèse-Antoinette, comtesse), *Essai sur le genre d'instruction qui paroît le plus analogue à la destination des femmes*, in-18, 69 p., imprimerie de Dufart.) [152]

9.『婦人の百科文庫』について

　このリストの中でも一際目立っているのは、18世紀の女性のための知的啓蒙書の金字塔とでも言うべき『婦人の百科文庫』(154巻) (*Bibliothèque universelle des dames*, in-18, 154 vol., 1785-1793) の叢書である。これは、書物による啓蒙の時代精神の女性への波及現象の頂点にある叢書であるから、できる限りその輪郭を明らかにしたいと思う。

　この文庫の存在は既に知られているが、巻数が膨大であることや、関連情報が不足しているためであろうか、その正確な全容は明らかにされてこなかった。例えば、これまでにこの叢書に関して最も詳しい説明をしたのは（とはいえ、極簡単な概略程度ではあるが）、第三共和政時代、パリ副大学区長を務めたオクターヴ・グレアール (Octave GRÉARD, 1828-1904) である。その書『徳育と知育、中等教育』(第2版) (*Education et instruction, Enseignement secondaire*, 2e éd., tome 1, 1889) には、本文と付録でその内容が紹介されている[153]。しかし、そこには案外事実誤認があることに驚かされるのである。すなわち、トータルの巻数を「150巻[154]」としていたり、彼が巻末に付した叢書の内容一覧では、『小説』(*Romans*) のシリーズが、「40巻」あって（実際は20巻）、「それ［この叢書］は、ラ・ファイエット夫人［の作品］でもって17世紀の所で終わっている[155]」（実際には17世紀の作品は扱われていない。）としているなど、実際に出版された叢書全体を見ていないのではないかと思われる間違いが見られるのである[156]。

　したがって、ここで本書筆者がその全容をできる限り明らかにすること

第 3 章　17-18 世紀の女性のための知的啓蒙書

は、益々意義があると考える。尚、本章の註(143)で既に言及した本書の発売元などに関する点は割愛する。

文庫シリーズ出版の意図とその構想

　本叢書の出版の意図やその構想などは、『旅行紀』(*Voyages,* tome 1, 1785) の巻頭に付されたシリーズ全体の「前書き」に記されている。但し、これを構想したのは、「ある文学者グループ」とだけしかなく、発売元と考えられるキュシェ(Cuchet)の当時の出版・在庫案内カタログ(フランス国立図書館所蔵で、同図書館によると「1792 年」発行)にも、この点に関する言及はないので、残念ながら詳細は不明である[157]。

　前書きの冒頭は、「精神の陶冶が、若さと美貌を遥かにより好ましくするというのが真実なら、精神の陶冶がこのふたつの長所の欠如の埋め合わせになるということさえ真実であるのなら、我々が企てる叢書に対して好意的な歓迎を我々は期待できるはずである[158]」という言葉で始まっており、編者は、本叢書が、美と若さに魅力を添え、これらの欠如の埋め合わせをすることに繋がる知性の陶冶への貢献を自負しているのが窺える。これは、あのプーラン・ド・ラ・バールの主張を想起させるものであろう。そして、「知識がよりあまねく普及している今日、交際社会では、女性達にかつてよりも教養があることが求められているが、現に彼女達はそうである[159]」という言葉には、現代が啓蒙の時代であるという時代認識に止まらず、この時代精神が交際社会で重要な役割を果たす女性にまで及んでおり、女性も又、それに応えている状況が示されているのである。そうした中で、女性達がその蔵書の選択に大変苦労している現状を指摘した上で、女性達がそうした苦労をしないで済むように、多様なジャンルの知識を提供する叢書が構想されたのだった[160]。

　更に、本叢書は、タイトルにあるように婦人を読者対象としているわけであるが、社交界に出る前の娘が読んでも差しつかえないことを予告しており、これが、大人の女性のみならず、若い娘をも読者対象として考慮していることを示唆していた[161]。

又、版型は、十八折版(in-18)という「最もハンディーな形」、「今日好まれている」版型のひとつで、「女性達が特に好んでいるらしい」ものを採用したのだという(162)。事実、これは日本の文庫本よりひとまわり小さい版型であるから、女性がソファーでくつろぎながら開いた本のページを片手で支えて読むのにちょうどいいのである。携帯に便利であるから、格好の旅の友にもなりえよう。

こうして、明らかに女性啓蒙の意図をもって構想された叢書は、先の出版・在庫案内カタログに、「婦人の百科文庫、あるいは、あらゆる学問の基礎知識を収めた百科の小文庫(163)」と、基礎的ではあるが、あらゆる知識を提供する叢書として紹介されている。「百科の」(Encyclopédique)という表現は、ディドロの『百科全書』(*Encyclopédie*)を想起させるもので、啓蒙書としては非常に野心的なシリーズであることをアピールしているのである。

先の前書きには、10種類に区分けされた分野(classe)より成る文庫の内容が予告されている。各分野のタイトルは、順に、世界地理を扱う「旅行紀」(Voyages)、「歴史」(Histoire)、フランス語文法や綴り字法などを収めた「合集」(Mélanges)、「演劇」(Théâtre)、「小説」(Romans)、「倫理」(Morale)、「数学」(Mathématiques)、「物理学と天文学」(Physique et Astronomie)、「博物学」(Histoire Naturelle)、「芸術」(Arts)である(164)。1792年の先の出版・在庫案内カタログには、これらに加えて、「医学」(Médecine)と「法律」(Législation)も記載があり、全体で12分野とされている。しかし、実際には、「医学」のみが入れられて、最終的に11分野になった。

更に、このカタログは本叢書について、「1785年～、154巻、十八折版」としており、末尾の註に、まだ「本書を完成するために12巻」が残っており、これらは1793年に出ることになるとされている(165)。1793年に出た、『田舎と家庭の家政』(*Economie rurale et domestique*)の第6巻を最後に刊行がストップしてしまったため、実現しなかったが、実際には154巻を超える叢書が計画されていたことになる。現実には、このカタログの最後に記載のある「法律」の分野は全く刊行されないなど、出版が中断してし

まった模様である。原因は不明であるが、シリーズの刊行が大革命の混乱の時代と重なったという事実と決して無縁ではなかろう。

執筆陣について

ところで、この文庫シリーズの著者には、当時の有名な人物が幾人も名を連ねているのは注目に値する。後にメナール・エ・ドゥゼーヌ・フィス (Ménard et Desenne, fils でパリで出版と書籍販売を手掛けていた。) の1919年のカタログにこの叢書の広告が掲載されるが、錚々たるメンバーが各分野で名を連ねており、その執筆陣も本シリーズの誇るところであった[166]。

まず、書簡体による『旅行紀』のシリーズを担当したルシェ (Roucher, 1745-1794) は、当時知られた詩人であるが、『フランス史に関する私的回想録の百科叢書』(*Collection universelle des mémoires particuliers relatifs à l'histoire de France*, in-8°, 65 vol., 1785-1790) の編纂作業も手掛けており、本叢書の『歴史』のシリーズも彼によるものとされている[167]。

アンベール (Imbert, 1747-1790) は、当時成功を博した詩人で劇作家、小説家であった[168]。尚、彼が担当した『合集』(*Mélanges*) のシリーズのうち、3巻は、『ホメロスの『オデュッセイア』』(*L'Odyssée d'Homère*) で、優れた文献学者であったダシエ夫人による仏語訳でその全文が収められている。

又、『田舎と家庭の家政』(*Economie rurale et domestique*, 6 vol., 1788-1793) を執筆したパルマンチエ (Parmentier, 1737-1813) は、有名な農学者であった[169]。彼は、本書出版以前に、『穀物と穀物粉を僅かな費用で保存する容易な方法』(*Méthode facile de conserver à peu de frais les grains et les farines*, 1784) や、『穀物の扱い方と穀物でパンを作る方法についての助言』(*Avis sur la manière de traiter les grains et d'en faire du pain*, 1787) などといった関連する内容の著書を既に世に出していた。

更に、物理の分野に関する書を担当したシゴー・ド・ラフォン (Sigaud de Lafond, 1730-1810)[170] は、外科医で物理学者であった。文庫シリーズのために『一般物理学』(*Physique générale*, 2 vol., 1788) を執筆した頃、彼は、既にパリで30年以上も実験物理の講師を務めた経験があり、更に、故郷

ブールジュに1782年に戻ってからも、同様の仕事に携わっていたという経験豊かな人物であった。彼の講座に熱心で優秀な女性の聴講者が多数出席したという事実については、既に第2章で触れた通りである。又、彼は既に、『実験物理学室の詳細と利用法』(Description et usage d'un cabinet de physique expérientale, 2 vol., 1775)や、『物理学事典』(Dictionnaire de physique, 5 vol., 1781-1782)、『理論物理学と実験物理学の基礎知識』(Elémens de physique théorique et expérimentale, 4 vol., 1777)などといった書も出しており、物理学における啓蒙家としての著作活動にも経験があった。

一方、天文学の概説書『婦人の天文学』(Astronomie des dames, 1785)を執筆したのは、当時科学アカデミーの会員(1753年より)で、コレージュ・ド・フランスの天文学の教授でもあったラランド(Lalande, 1723-1807)であった[171]。彼は既に、「この学問について出版された最も完璧な書物[172]」と高い評価を受け続け、多くの天文学者達の参考文献となった『天文学概論』(Traité d'astronomie, 2 vol., 1764)を始め、天文学の分野の著書や論文を多数発表していた[173]。

又、生理学や医学の分野の書を執筆したルッセル(Roussel, 1742-1802)は、当時の最新の女性生理学の普及書『女性の身体と精神の仕組み』(Systême physique et moral de la femme, in-12, xxvj-380 p., 1775)で大成功を博した医者で生理学者であった[174]。

『化学の基礎知識』(Principes de chimie, 2 vol., 1787)については、1784年に王立植物園の化学の教授に任命され(園長のビュフォンによる。)、同年、科学アカデミーのメンバーとなったフルクロワ(Fourcroy, 1755-1809)によるものである[175]。フルクロワの同園での講義は大人気を博したという[176]。彼は、その化学の普及書である『博物学と化学の基礎的講義』(Leçons élémentaires d'histoire naturelle et de chimie, 2 vol., 1782)を、1786年には、『博物学と化学の基礎知識』(Elémens d'histoire naturelle et de chimie)の第2版を4巻本で出していた[177]。『新教育学・初等教育辞典』(Nouveau Dictionnaire de pédagogie et d'instruction primaire, 1911)では、化学者としてのフルクロワは、「創造者(créateur)というよりは、知識の普及家(vulgarisateur)[178]」と評価さ

れている。以上のような状況からすると、女性のための化学の普及書を出版した頃の彼は、既に化学の啓蒙家であったということになる。

一方、数学の分野を担当したモンジェ(Mongez,1747-1835)は、考古学者で、1785年に碑文アカデミー(Académie des inscriptions)の会員に迎え入れられ、1796年には、フランス学士院のメンバーになる人物である[179]。

ラセペッド(Lacépède, 1756-1825)は、博物学者で作家でもあった。『卵生四足動物と蛇の博物誌』(*Histoire naturelle des quadrupèdes ovipares et des serpens*, 2 vol., 1788-1789)や、『魚類の博物誌』(*Histoire naturelle des poissons*, 5 vol., 1798-1803)などの執筆で、ビュフォンの死後もその『博物誌』の完成に尽くした人物である。博物学と共に、音楽にも打ち込んでいた彼は、『音楽の詩学』(*Poétique de la musique*)を、1781年から1785年にわたって発表し、好評であったという[180]。詳細は不明であるが、少なくとも、この文庫シリーズで彼が執筆を担当した、『音楽の詩学』(*La Poétique de la musique*, 2 vol., 1787)のもとになったと思われる。

又、植物学を担当したのは、作家で農学者のルイ・デュシユ(Louis D'USSIEUX, 1747-1805)であった[181]。

以上のような執筆陣の中には、その道の専門家であったり、知識の普及書の出版や、教育の仕事に携わることで啓蒙活動を行なっている者までいることは注目してよいであろう。又、シゴー・ド・ラフォンの場合のように、現実に、啓蒙の対象として女性達がいたという事実も重要である。このような執筆者達の知識と経験が、この叢書に活かされないはずはない。更に、これらの著者が、特に文庫のために提供した自著以外に、本叢書は、古代ギリシャ・ローマから18世紀フランスの思想家達、フランス古典演劇の作品などが多数収められているのである。

叢書の規模と構成

42枚の図版による『携帯地図帳』(*Atlas portatif*, 2 vol.)を除く、152巻それぞれの平均の総頁数は、290頁弱[182]である。最低が、『三角法』(*Trigonométrie*)の第1巻目で131頁、最高が、『小説』(*Romans*)の第12巻目

で、410頁である。尤も、活字や版型の大きさを考慮に入れなければ、その規模を客観的に示すことができないであろう。そこで、必ずしも正確とは言えないが、参考までに、活字の印字可能数でおおよその規模を示してみたい。各頁の平均的な行数と各行の平均的なストローク数で掛け合わせた数値に、総頁数と対象となる巻数152を掛け合わせると約3,000万字ということになる。同じ方法で、例えば、18世紀末にジュネーヴで出た『百科全書』の新版(nouvelle éd., in-4°, 39 vol., Genève, Pellet, 1777-1779)のうちの図版と補完を除く36巻では、約1億4,000万字である。確かに、両者の規模の差は歴然としている。しかし、それでも、各頁2段組で、その上大判であるあの『百科全書』の5分の1を超える『婦人の百科文庫』は、やはり相当なものであると言わざるをえない。

さて、ここでこの叢書全体の構成を明らかにすると共に、タイトルだけではその内容が明確でないと思われるものについては、そこで扱われているテーマも簡単に示してみたい。尚、この叢書の再版状況については、残念ながらよくわかっていない。これまでに再版が確認されたものについては、18世紀の再版年代のみを記し、19世紀にも再版されたもの(次章で改めて取り上げる。)については、各巻の頭に«*»を付した。

第1分野（1ère classe）「旅行紀」

ジャン＝アントワーヌ・ルシェ『旅行紀』20巻、1785-1791年（ROUCHER (Jean-Antoine), *Voyages*, 20 vol., 1785-1791.）

 第1巻（1785年）　『序論―地球概観』(*Premier Discours : vue générale du globe terrestre*, 1785.)

 第2巻（1786年）　『『旅行紀』の読書入門として役立つ地理概論』(*Traité de géographie, pour servir d'introduction à la lecture des Voyages*, 1786.)

 第3-20巻（1786-1791年）［29才の青年が、パリの「奥様」(Madame)に宛てて、旅先から297通の書簡によるルポを綴ってよこす形式になっている。アジア、中東、アフリカ（フランス領を含む。）の

国々とトルコ、シベリアについて報告と解説がなされている。]

『携帯地図帳』全2巻（1786年）(*Atlas portatif*, 2 vol., 1786.) [計42枚の図版（白黒）には、世界地図、ヨーロッパ、アジア、アフリカ、アメリカ（中南米を含む。）の全体図は勿論のこと、ヨーロッパの主要な国々、中国、トルコ、ロシア、エジプト（古代と現代）の地図に加え、星座や天球儀、天体現象（食や月の満ち欠け）に関する図、天動説と地動説の両方の考え方に基づくそれぞれの宇宙図が描かれている。]

第2分野（2ᵉ classe）「歴史⁽¹⁸³⁾」

ジャン＝アントワーヌ・ルシェ『歴史』30巻、1785-1791年（ROUCHER (Jean-Antoine), *Histoire*, 30 vol., 1785-1791.）

第1-13巻（1785-1786年）　『古代史』(*Histoire ancienne*, 1785-1786.) [第1巻目は、暦、世紀、年月日、時間の概念について歴史的解説を施した「『歴史』の読書入門として役立つ年代学概論」(Traité de chronologie, pour servir d'introduction à la lecture de l'*Histoire*)で始まる。世界の始まりから、古代ギリシャ・ローマの時代までが扱われている。]

第14-30巻（1787-1791年）『近・現代史』(*Histoire moderne*, 1787-1791.) [実際には、ゲルマン人の移動から18世紀半ばのヨーロッパの状況までが扱われている。]

第3分野（3ᵉ classe）「合集」

バルテルミー・アンベール『合集』15巻、1785-1789年（IMBERT (Barthélemi), *Mélanges*, 15 vol., 1785-1789.）

＊第1巻（1785年）　『フランス語文法』(*Grammaire françoise*, 1785.)

＊第2巻（1785年）　『綴り字概論』、『発音概論』、『作詩法概論』(*Traité de l'ortographe*[sic], *Traité de la prononciation*, *Traité de la versification*, 1785.)

第3巻（1785年）　『論理学及びフランス語の修辞学概論』(*Traité de*

logique et de réthorique[sic] françoise, 1785.)［本書については、本章の註(124)及び(148)の末尾に付した解説参照。］

第 4 巻（1785 年）　『神話についての試論』(Essai sur la mythologie, 1785.)

＊第 5-7 巻［出版年代記載なし］『ホメロスの『オデュッセイア』』(L'Odyssée d'Homère)［ダシエ夫人による仏語訳の全文。出版年代は、前後の巻の出版年代から推測して 1785-1787 年のいずれかであると考えられる。］

第 8 巻（1787 年）　『ギリシャの詩人達全般について』(Des poëtes grecs en général, 1787.)

第 9 巻（1788 年）　『ギリシャの詩人達』(Poëtes grecs, 1788.)［各詩人の生涯と作品についての解説付き仏語訳選集。］

第 10 巻（1788 年）　『ギリシャの劇詩人達』(Poëtes dramatiques grecs, 1788.)［古代ギリシャの劇詩人達についての作品からの仏語訳抜粋付き解説の書。］

第 11-15 巻（1788-1789 年）　『ラテンの詩人達』(Poëtes latins, 1788-1789.)［古代ローマの（劇）詩人達についての解説と作品の仏語訳抜粋。］

第 4 分野（4ᵉ classe）「演劇」

『演劇』13 巻、1785-1788 年（Théâtre, 13 vol., 1785-1788.)

　　［第 1 巻（1785 年）の「劇詩の起源と発展についての叙説」(Discours sur l'origine et les progrès de la poésie dramatique)、「フランスにおける役者の成立とその戸籍上の身分についての歴史的解題」(Notice historique sur l'établissement des comédiens en France, & sur leur état civil)、「演劇における朗誦についての試論」(Essai sur la déclamation théâtrale)に続いて、17 世紀のフランス演劇の作品 22 編を収録。その内訳は、ジャン・ド・ロトゥルー(Jean de ROTROU, 1609-1650)の傑作のひとつとされる『ヴァンセスラス』(Venceslas, 1747)を始め、第 2 巻以降、ピエー

ル・コルネイユ(Pierre CORNEILLE, 1606-1684)が、傑作作品『ル・シッド』(*Le Cid*, 1836)、『オラース』(*Horace*, 1640)、『シンナ』(*Cinna*, 1641)、『ポリュークト』(*Polyeucte*, 1642)など計8編、トマ・コルネイユ(Thomas CORNEILLE, 1625-1709)が、有名な悲劇『アリアーヌ』(*Ariane*, 1672年)他1編、モリエール(Molière, 1622-1673)が、有名な喜劇『女房学校』(*L'Ecole des femmes*, 1663)、『人間嫌い』(*Misantrope*, 1666)、『守銭奴』(*L'Avare*, 1668)、『タルチュフ』(*Tartuffe*, 1664)など計11編(『滑稽な才女達』(*Les Précieuses ridicules*, 1659)はあるが『女学者達』はない。)である。]

第5分野（5ᵉ classe）「小説」

『小説』20巻、1785-1788年（*Romans*, 20 vol., 1785-1788.）

  第1-8巻　[『テアゲーネスとカリクレイアの恋』（*Amours de Théagènes et Chariclée* で本章の註(253)参照。)他計7編の古代ギリシャの小説の仏語訳版。]

  第9-15巻　[主にフランス中世の騎士道物語や恋愛冒険物語など13編の現代フランス語版(ダイジェスト版を含む。)]

  第16-20巻　[16世紀初頭のスペインの長編騎士道物語1編(仏語訳版)。]

『アブデケール、あるいは美しさを保つ術』全4巻、1790-1791年（*Abdeker, ou L'Art de conserver la beauté*, 4 vol., 1790-1791.）[小説風の美容に関する助言の書。第1巻の序文では、本書は、トルコ大使の医師ディアマント・ウラスト(Diamantes Ulasto)が1742年にパリに持って来たアラビア語の原稿の仏語訳であるという設定になっている。実際には、フランス人医師アントワーヌ・ル・カミュ(Antoine LE CAMUS, 1722-1772)によって1754年にパリで出版された書である。本書は、主人公の医師アブデケールが、彼が愛する絶世の美女ファトゥメ(Fatmé)に、あらゆる美の秘訣を手ほどきしていくというものだが、美と健康が一体になっているという考えに貫かれているので、歯や髪、肌など

の健康を維持するための保健医学上の実用的な知識も多数盛り込まれている。］

第6分野（6ᵉ classe）「倫理」

『倫理』全17巻、1785-1790年（*Morale,* 17 vol., 1785-1790.）［倫理・道徳上の思想、発言を独自に編集して集めたものだが、人間の在り方や社会一般に関するものまで多岐に亘る。］

 第1-8巻　［第1巻の冒頭にある「古代のモラリスト達の生涯と様々な意見についての歴史的試論」（Essai historique sur la vie et les différentes opinions des moralistes anciens）に続いて、古代のギリシャ・ローマの哲学者、モラリストの人と作品についての解説と仏語訳による抜粋。］

 第9-17巻　［第9巻の冒頭にある「近・現代のモラリスト達の生涯と様々な意見についての歴史的試論」（Essai historique sur la vie et les différentes opinions des moralistes modernes）に続いて、16世紀のモンテーニュ（Montaigne）（現代フランス語版で本章の註(228)参照。）、17世紀のラ・ロッシュフコー（La Rochefoucauld, 1613-1680）、ラ・ブリュイエール（La Bruyère, 1645-1696）、パスカル、18世紀のルソー（Rousseau）の人と作品についての解説と抜粋。英国の思想家、ウォラストン（Wollaston, 1659-1724）やシャフツベリー（Shaftesbury, 1671-1713）も紹介されているが、引用文はフランス語訳による。］

第7分野（7ᵉ classe）「数学」

アントワーヌ・モンジェ『数学』9巻、1789-1791年（MONGEZ (Antoine), *Mathématiques,* 9 vol., 1789-1791.）

 『算術』全2巻、1789年（*Arithmétique,* 2 vol., 1789.）［四則、分数、小数、比例、利息、為替換算、度量衡換算（国内外）などの計算。換算表付き。］

『代数学』全3巻、1789年（*Algèbre*, 3 vol., 1789.）［代数方程式、連立方程式、乗数計算、平方根、三乗根、四乗根、これらの実際的な例（通貨換算など）への応用、対数計算。］

『幾何学』全2巻、1790年（*Géométrie*, 2 vol., 1790.）［9枚の図版付き。平面幾何と立体幾何。］

『三角法』全2巻（*Trigonométrie*, 2 vol., 1791.）［6枚の図版付き。平面三角法と測量計算。］

第8分野（8ᵉ classe）「物理学と天文学[184]」

＊ジョゼフ＝ジェローム・ル・フランソワ・ド・ラランド『婦人の天文学』1785年（LALANDE (Joseph-Jérôme Le François de), *Astronomie des dames*, 1785.）；増補改訂第2版、1795年（2ᵉ éd., revue et augmentée, 1795.）［当時の現物が確認できていないので、19世紀版によると、天文学史、天体の位置と名称、その動き、食、引力、星の光の屈折現象、木星の衛星、彗星、潮汐運動など。19世紀版にある図版が18世紀版にもあった可能性はあるが、その事実は確認できていない。］

ジョゼフ＝エニャン・シゴー・ド・ラフォン『一般物理学』全2巻、1788年（SIGAUD DE LAFOND (Joseph-Aignan), *Physique générale*, 2 vol., 1788.）［3枚の図版付き。物体の性質、物体の運動と力、てこの原理などの静力学、流体力学。］

第9分野（9ᵉ classe）「博物学[185]」

ルイ・デュシユ『植物学』全2巻、1786年（D'USSIEUX (Louis), *Botanique*, 2 vol., 1786.）［8枚の図版付き。植物界（règne végétal）の定義と植物の分類法の歴史、植物の特徴、分類（これが大部分を占める。）。第2巻の本文の最後の1/3は、『L***夫人への植物学についてのJ.J.ルソーの初歩的書簡』（*Lettres élémentaires de J. J. Rousseau sur la botanique à Madame de L****で本章の註(273)参照。）である。］

アントワーヌ＝フランソワ・フルクロワ伯爵『化学の基礎知識』全2巻、

1787 年（FOURCROY (Antoine-François, comte de), *Principes de chimie*, 2 vol., 1787）；1797 年（2 tomes en 1 vol., 1797.）［化学全般の定義、親和性と親和力、火、光、熱、空気、土、水、塩、化学結合、燃焼、発酵、生命体を構成する物質、腐敗など。尚、1797 年版は 2 巻を 1 冊にしている。］

ピエール・ルッセル『人の身体』第 1 巻、1787 年（ROUSSEL (Pierre), *Physique de l'homme*, tome 1, 1787.）[186]［動物の中の種としての人の解剖学上、生理学上の特性、及び、社会的動物としての人の特性が、論点になっている。但し、ここでの「人」は、「人又は男性」という «homme» の二重性の中で書かれている。続巻の刊行は確認されていない。］

ピエール・ルッセル『身体と精神から見た女性について』全 2 巻、1788-1789 年（ROUSSEL (Pierre), *De la femme, considérée au physique et au moral*, 2 vol., 1788-1789.）［女性の心と体についての生理学の書で、妊娠、出産など女性特有の現象は勿論、男性との比較も交えながら、解剖学的な説明を施し、肉体構造と精神の関連に言及している（本章の註(254)参照。）。］

アントワーヌ＝オーギュスタン・パルマンチエ『田舎と家庭の家政』全 6 巻、1788-1793 年（PARMENTIER (Antoine-Augustin), *Economie rurale et domestique*, 6 vol., 1788-1793.）［夫の死後、子供の教育と荒れ果てた田舎の所領地を世話をして過ごすことになったある侯爵夫人が、これまでに読んだ良書や「私」の助言を得て、田舎で野良仕事をして暮らすという設定で[187]、彼女の実践した事が小説風に語られる一方、多様な知識が通常の叙述形式でまとめられている。子供のしつけ、召使いの扱い方など主婦の心得に始まり、主婦に必要な、食品や下着などに関する知識、更に、農芸及びこの分野での植物学を含む博物学、獣医学の知識など、実際的な幅広い知識が盛り込まれている。内容的に家政と農芸を明確に線引きし難い部分もあるが、大雑把に分ければ、第 2 巻までが家政に属す内容ということになる。］

第 3 章　17-18 世紀の女性のための知的啓蒙書

ジョゼフ＝エニャン・シゴー・ド・ラフォン『特殊物理学』全 3 巻、1789-1792 年（SIGAUD DE LAFOND (Joseph-Aignan), *Physique particulière*, 3 vol., 1789-1792.）[188]［地質や地球の成り立ち、地震、気象など地学の分野、大気、水、火、光、電気に関する化学や物理の分野に跨る内容も含まれている。］

第 10 分野（10ᵉ classe）「医学[189]」

ピエール・ルッセル『家庭の医学、あるいは簡単な健康維持法』全 3 巻、1790-1792 年（ROUSSEL (Pierre), *Médecine domestique, ou Moyens simples de conserver sa santé*, 3 vol., 1790-1792.）［専門的な医学書ではなく、女性用の基礎的な保健と家庭医学の書。日常的な健康維持のための助言（睡眠や食事など）に始まり、女性、子供、大人それぞれの病気が扱われており、性病や女性の生理、女性の性的病癖に関する記載もある。特に、妊産婦や子供の病気に関する基礎知識（病気の説明と対処法）の要点を網羅的に提供している。］

第 11 分野（11ᵉ classe）「芸術[190]」

ベルナール＝ジェルマン＝エチエンヌ＝ド・ラヴィル・ラセペッド伯爵『音楽の詩学』全 2 巻、1787 年（LACÉPÈDE (Bernard-Germain-Etienne de Laville, comte de), *La Poétique de la musique*, 2 vol., 1787）; 1797 年（2 tomes en 1 vol., 1797.）［音楽の起源と効果、演劇における音楽（器楽曲と声楽曲）、教会音楽（宗教劇を含む。）、室内声楽（カンタータ、アリア、シャンソン）、器楽（交響曲や重奏曲など）についての解説の書。1797 年版は 2 巻を 1 冊にしている。］

以上の通り、多様なジャンルに亘る叢書だが、最初の計画（先の「前書き」による。）では、これ以外に、第 1 分野には、「地理学辞典」(un Dictionnaire géographique) が、第 2 分野には、「あらゆる有名女性の正確な紹介文」(une notice exacte de toutes les Femmes célèbres) の入った「歴史辞典」(un

Dictionnaire historique)が、第3分野には、「新しいフランス語単語集」(un nouveau Vocabulaire françois)と「神話辞典」(un Dictionnaire mythologique)が、第6分野には、「普遍的な倫理講座」の締めくくりとしてマリヴォー(Marivaux, 1688-1763)などによる最良の演劇作品が、第7分野には、数学者ジャック・オザナン(Jacques OZANAM, 1640-1717)の『数学遊戯』(*Récréations mathématiques*)やそれ以降のこの種の新しい発見「全て」が、第9分野には、「科学百科辞典」(un Dictionnaire universel des Sciences)が、第10分野には、「新しい芸術辞典」(un nouveau Dictionnaire des Arts)も収められる予定であった。又、第10分野については、音楽だけでなく、「絵画と彫刻、版画、建築」(la Peinture, la Sculpture, la Gravure & l'Architecture)についての考察も入れられることになっていた[191]。更に、後には、先にも触れたように、「法律」(Législation)の分野を追加する予定になっていたが、これも実現していない。女性用としては既に十分博学な内容の叢書が、膨大に成り過ぎたと判断されたのかもしれない。それでも、154巻まで出た上に、更に12巻の刊行予定が決まっていたという事実を考慮すると、やはり、大革命の混乱の時代に出版時期が重なったということが、未完の叢書となった最大の原因ではなかろうか。しかし、未完に終わったとはいえ、又、政治・経済に関する分野などが最初から除外されていたとはいえ、多岐にわたる構成内容を見ると、驚くほど網羅的な内容を目指していたことは確かである。

　ところで、実際に刊行された154巻に占める分野別の構成比率は、どのようになっているのであろうか。巻数による比率を以下に示してみよう。家政と農芸(後者は、以下の分類表では科学のジャンルに入れてある。)をその内容とする第9分野の『田舎と家庭の家政』(全6巻)は、その内容構成を考慮して、最初の2巻のみを家政の分野に入れた。又、美容の分野は、学問の分野ではないと思われがちであるが、実は、これも科学の一分野に含めることが可能である。『アブデケール、あるいは美しさを保つ術』(全4巻)には、保健や医学上の知識が多数盛り込まれているからである。しかし、ここでは一応、「美容」の分野ということで別扱いをすることにした。

第 3 章　17-18 世紀の女性のための知的啓蒙書

『婦人の百科文庫』の分野別構成比率

ジャンル	154 巻に占める割合[192]
地理・歴史	33.8％（歴史が 19.5％）
文芸＊	32.5％（芸術だけでは 1.3％）
科学	18.8％（数学が 6.0％で最多）
思想＊＊	11.0％
美容	2.6％
家政	1.3％

＊「文芸」は、『合集』と『演劇』、『音楽の詩学』、『小説』（「美容」の分野に入れた『アブデケール、あるいは美しさを保つ術』は除外）を合わせたものである。
＊＊「思想」には、『倫理』が該当する。尚、『合集』の第 3 巻『論理学及びフランス語の修辞学概論』の最初の 2 章 (pp. 3-44) は、論理学の基礎知識（論理学の 4 つの内容区分と主に修辞学の学習に有用な「推論」の形式の説明）に充てられているが、ここでは、「思想」に含めていない。

　まず、目に付くのは、女性用の叢書であるにも拘わらず、特に女性の分野と考えられる美容と家政の分野が合わせても 4％足らずにしかならないということである。反面、教養の定番である地理・歴史と文芸が約 2/3 を占めているということは、真面目に女性を啓蒙しようとしている意図の反映と解釈できるであろう。歴史や文学に当たる分野の占める割合は、本章の冒頭で言及したような、当時の出版状況に呼応するものである。一方、芸術の分野が、計画に反して、音楽の分野しか出版されなかったのは、結果的に造形芸術軽視の叢書になってしまったことになる。又、18 世紀末は政治の分野の出版物が重要なウエートを占めるようになるわけであるが、この文庫シリーズには政治の分野は初めから構想されていなかった。
　一方、科学の分野が 20％近くあるのも、やはり時代を反映したものである。のみならず、この叢書が特に女性を対象にしていることを考えると、女性の間での科学熱が、この叢書にも反映していると言えるであろう。科学の分野（計 29 巻）のうち、数学（天文学は含まない。）が 31.0％、物理・化学が 24.1％、医学（生理学を含む。）が 20.7％の順に多くなっている。因み

に、1789年から1800年にかけてフランスで出版された科学書のタイトルで分類した分野別(天文学も含めた「数学」(Sciences mathématiques)、「度量衡」(Métrologie)、「物理・化学」(Sciences physico-chimiques)、「自然科学」(Sciences naturelles)、「医学」(Sciences médicales) の5分類)の統計では、「医学」が38.2％で最も多く、次いで、「自然科学」が23.1％、「数学」が15.5％、「物理・化学」が12.6％となっている[193]。この叢書で、数学が科学の叢書の中で最も比重が大きく、物理・化学がそれに次ぐというのは、やはり並の普及書ではないということになる。又、医学が最多ではないにしても、20.7％を占めているのは、婦人用文庫であることを考慮すれば、注目してよい。尚、「自然科学」(Sciences naturelles)に相当するものとして、植物学や農芸の分野を合算したもので計算すると、これも20.7％になることも付け加えておきたい。

明確な女性啓蒙の意図

既に見たように、『旅行紀』の第1巻の巻頭に付された叢書全体の前書きでは、女性の知性陶冶の効用と女性啓蒙の意図が示されていた。これに続く具体的な叢書においても、そうした意図を表わす言説が見られることを指摘しておかねばならない。

例えば、『合集』の第1巻(『フランス語文法』)の前書きでは、「[本書が捧げられている女性]は、それでも知育を必要としている。なぜなら、知育は、女性が交際社会に広めるべき幸福の総和を増やすからだ。したがって、我々は、女性が教養を積むことを望まねばならない。しかし、女性のためにその手段を容易にすることに我々は関心があるのだ[194]」と、女性における知育の重要性の認識と共に、女性の知への接近を容易にしようという意図が示されている。これは、本書を執筆する著者の基本理念であった。又、第2巻の『綴り字概論』では、完璧に綴り字が書けるということが、美しい女性に「新たな魅力」を与え、したがって、彼女の愛する人々にも「楽しみ」を与えることになるとか[195]、続く『発音概論』では、女性は公の場で雄弁を揮うことはないが、「正確で滑らかな発音」は、「会話の興味」

第 3 章　17-18 世紀の女性のための知的啓蒙書

を増し、「言語に新たな優美さを与える[196]」として、学習の効用を強調しているのである。女性の知育が本人だけでなく、周りの人々にも利益があるという考え方が表明されている。言葉が重要である交際社会ならではの論拠である。

　一方、数学の分野でも、モンジェは、『算術』の第 1 巻の「緒言」で、数学は、男女共通の領域で、「判断力」を強化し、「ある程度までこれを矯正しさえする」上に、実務に役立ち、これに専心することで味わう「楽しみ」が人生の苦痛と悲嘆を忘れさせてくれ、しかも予備知識や特別な機械などの備えがなくても取り組めるとし、これらの利点が婦人達に数学に対して関心を抱かせるはずだと結論づけている[197]。

　又、フルクロワは、『化学の基礎知識』の第 1 巻の序論で、化学は他の学問同様「人間精神の領域」を広げてくれるから、有益な諸知識の中でも、「一級の地位のひとつ[198]」を占めるに値するとし、更に、しっかりした知識を提供する本書によって、婦人達が、分かり易いが通俗的な小説本などの読書では得られないような楽しみを獲得できることを示唆して次のように言っている。

　　「[...] 彼女達［婦人達］にもう少し大きな困難があることを予め教えることで、よりしっかりした知識を獲得し、読書の数時間の楽しみを、自然の諸現象の様相が彼女達に与えることになる永続的な喜びに代えるという心地良い希望を、私は彼女達に提供できるのだ[199]。」

　他方、ルッセルは、『家庭の医学』の第 1 巻の序文で、次のように言っている。

　　「私がそれら［いくらかの助言］を書きとめているこの叢書は、女性用であるから、女性達が最初にそうした助言を受ける対象となるのは当然である。事実、女性達は、女性の本性とその体質ゆえに、男性よりも多くの病気に罹りやすく、男性よりも一層助言が必要なのである。

よって、私は、女性の健康について書き、女性の気質の範疇と女性に特有の生来の機能に由来する病気を扱うことから始める[200]。」

　ルッセルは、何よりも女性用の叢書であることを念頭に置いて、本書を執筆したのであった。それも、男性よりも多くの病気にかかりやすい女性は、より医学上の助言を必要としているから、まず、女性自身の健康や病気に関するテーマを扱おうというのである。
　そして次に重要なのは、小児病に関する知識である。彼は、女性は「子供の最初の医師」の役目を運命付けられているから、子供の病気が、婦人用のこの家庭医学の書で2番目の地位を占めるとしている。第3番目に女性に求められるのは、その他の一般的な大人の病気の知識である。事故や病気の際、夫や召使い、隣人は、まず女性から応急処置を受けるものであるから、「女性は、男女の様々な年齢の大人の多様な病気について、簡単だが正確な知識をいくらか持つ必要がある」と主張している[201]。女性自身のために、そして、母、主婦としての役割のために、女性が医学の知識を持つべきだという主張には説得力がある。こうして本書は、初歩的な家庭医学の有用な知識を女性に提供するために、特別に書き下ろされたのであった。
　女性の家庭での役割に注目した啓蒙の意図は、「すべての女性達がこれほどなくてはならない義務を果たすことに真に没頭する姿を、目にすることができますように！[202]」と、『田舎と家庭の家政』でパルマンチエも述べているが、家政と農芸の啓蒙書であるからそれも不思議はなかろう。尤も、既に先の『旅行紀』の第1巻の前書きも、叢書にあるフランス語学習関係の書は、母親が子供達の教育をする際に役立つことをアピールしていた[203]。
　以上の言説は、既に、本書の第2章で見た女性の知育や知識の効用についての主張と似通っている。本叢書は、まず、女性自身のための知的啓蒙をめざすことが主眼となっているのであるが、勿論、交際社会や家庭での役割のための啓蒙を無視したわけではなかったのである。

第3章　17-18世紀の女性のための知的啓蒙書

そして、叢書全体の前書き同様、女性読者を啓蒙する意図を表明したこうした言説は、女性読者を、躊躇うことなく知に直接通じる次の扉を開くよう励ます装置として働くものなのである。そうした意味では、次に取り上げる啓蒙の時代認識を伴った女性啓蒙の意図の表明についても同様のことが言えよう。

啓蒙の時代認識の中での女性啓蒙の意図

ところで、先に引いた『旅行記』の第1巻の前書きでは、現代が啓蒙の時代で、女性もその時代の潮流の渦中にあって、以前より教養があることを求められ、現にそれに応えている状況が記されていた[204]。これは、女性（全体からすれば、限られた女性達ではあるが）における教養の獲得が、世紀末、既成事実となり、定着していたことを意味している。この明確な認識に立って、女性に多彩な分野の知識を提供する叢書が構想されたのである。このことは、叢書全体の前書きのみならず、個別の分野の著者の言説の中にも具体的に見出される。

例えば、フルクロワは、先の『化学の基礎知識』の序論で、人間精神の領域を広げる効用を持つ化学が至るところで学習されており、ほとんど誰もが化学の基礎知識を学ぶ意欲を持っているという現状を示した後で、「婦人達は、あの一般に広まっている趣味を、何年か前から分かちあっている[205]」と、女性達もこの化学ブームの渦中にいる事実を指摘している。更に、女性達が科学一般に専心する能力を持ち合わせ、これに強い熱意を示している現状を認める一方で、女性達の受けてきた科学教育の不備を指摘し、女性の科学教育のための簡明な科学の普及書の必要性を訴えると共に、これが本書の執筆の動機であることを明言するのである。勿論、これには、前例となる既存の書が念頭にあったことは間違いない。彼はこう記している。

「しかし、彼女達［婦人達］が受けてきた教育の類は、彼女達の頭を精密科学の勉強に向かわせてこなかったから、最も勤勉な男性でも観

察科学の勉強を始める際、克服するのに苦労が伴う困難を、明快さと簡潔さによって彼女達に免れさせることができるような書物が、彼女達のこの分野の教育のために是非ともあるべきだのだ。既に、幾人もの有名な作家が、この種の仕事に苦労して打ち込んだことがある。その結果、フォントネルの『世界』や、物理学と博物学に関するその他のいくつもの書は成功した。尤も、後者は、前者の巧みな書のような稀有な長所は備えていないが、それでも至る所で尊敬を集め、著者達が目指した目的を果たしたのである。

　私がこのささやかな化学の概論書を書いたのは、こうした意図によるものである[206]。」

　ここに挙げられている既存の書は、フォントネルのあの『世界の複数性についての対話』であり、物理学と博物学については、ノレの『実験物理学講義』やプリューシュの『自然の姿』がその例として考えられよう。既に指摘したように、これらの普及書は、女性読者を受け入れる要因を備えており、又、実際に女性読者にも歓迎されたため（特にフォントネルの書がそうであった。）、ここでは、女性の科学教育に貢献する意図を持った既存の書として扱われたものと思われる。17世紀後半から18世紀前半にかけて出版されたこうした科学の普及書の例に、彼も倣おうというのである。

　又、アンベールは、『合集』第2巻の『綴り字概論』の冒頭で、基礎的な知育の普及が女性達にも及んでいて、知識を増大させるのに、もはや何も憚ることなく、彼女達には専ら容易に学べる手段が提供されているとしている[207]。したがって、女性が、書簡体というその生来の才能を発揮できる分野で、「僅かな学習」によって技を磨くのは悪いことではない。こうして、彼は本書での学習を女性達に奨励しているのである[208]。

　勿論、彼らの主張が、女性の知的能力への信頼に根ざしたものであることは言うまでもない。この点については、シゴー・ド・ラフォンが、女性を読者対象とした『一般物理学』(1788年)の序文において、優秀な女性受講者達の存在に彼が注目していた事実も思い起こしたい。

そして、シゴー・ド・ラフォンは、そうした婦人達の学びたいという強い欲求を、フルクロワも、女性達の能力と共に、科学に対する「彼女達の熱意[209]」を認識しており、結果的にこれに応えることになったのである。又、『旅行紀』を担当したルシェは、自分の娘達や自分自身のために地理の概要を収めた書を求める母親達の要望で、最初の予定にはなかった地理学の概説書を執筆することになったのだと言っている[210]。これが、第2巻の『『旅行紀』の読書入門として役立つ地理概論』(1786年)として実現するのである。叢書の編者達が、この啓蒙の時代に、女性も又知識伝播の対象として無視できない存在であることを強く意識していたことは間違いない。

啓蒙の時代精神の顕現

ところで、この叢書においては、啓蒙の時代認識に止まらず、啓蒙思想の時代精神そのものを反映する記述内容が見られることにも注目したい。特に、ルシェによる『旅行紀』と『歴史』の叢書における言説では、理性重視、人間精神の進歩の観念、客体化と相対主義の見地からの強い批評精神、そしてその産物とも言える無知と偏見、狂信、不寛容への批判などといったものが、随所に窺えるのである。以下に例示してみよう。

例えば、『旅行紀』の第2巻の序は、「理性の発達[211]」を促す仕事をする作家の喜びほど、心地良く純粋な喜びはないという著者自身のことを示唆する言葉で締め括られている。ここには、理性の時代に貢献する啓蒙家の役割の自覚と誇りが垣間見えるであろう。

そもそも、『旅行紀』は、単なる異国情緒を喚起する書簡体の旅日記風ルポに終始しているわけではない。事実の詳細な列挙に止まらず、極めて批評的、分析的なのである。例えば、日本についてのルポでは、キリスト教徒の迫害に至った道程とその原因について、スペインとポルトガルの宣教師やキリスト教徒側の非、国内の僧侶達の危機感など、多方面に目配りした分析がなされるだけでなく、キリスト教徒を迫害し(この点については宗教上の不寛容への批判がなされている。)、鎖国令を敷いた日本は、より建

設的な選択をすべきであったという批評が具体性をもって付されており、今日でも十分読むに耐える記述内容になっている[212]。又、他方で日本人の精神的、道徳的美質や、私利私欲を離れた篤い信仰心を賛美している。日本人は、「より見識のある諸国民のお手本[213]」になりうるとし、更に、専制政治下にあっても多くの美質を保持した唯一の国民で、美徳の心根をもった国民であるから、法律や政府を持たせたら、世界の一等国民となり、「東洋の英国人」(l'Anglois de l'Orient)と呼ばれるに値するようになるとまで言っているのである[214]。誇張がないわけではないが、ここでは、もはや、ヨーロッパは、絶対的な優位に置かれていないのである。

　一方、当時のフランス領イール・ド・フランス(île de France で現在のモーリシャス島)については、島のフランス人社会の悪しき現実が描かれている。その中で、子供達が放置されている無知の状態や、現地人の乳母から受け取る悪徳、哀れな黒人奴隷に対する気まぐれな仕打ちといったものが、現地のフランス人社会を堕落させていること、富裕層はそれに対処するために幼少期より子供達を本国で過ごさせるが、これも又悪徳を身につけて帰ってくることが多いとしている[215]。ここでは、同じ島を舞台にしながら、ベルナルダン・ド・サン＝ピエール(Bernardin de Saint-Pierre, 1737-1814)が『ポールとヴィルジニー』(*Paul et Virginie*, 1787)で決して描くことのなかった非牧歌的な現実が報告されており、同時に、堕落した世紀末のフランス社会への痛烈な批判が込められていると言える。筆者は更にこれらの書簡で、黒人売買と黒人奴隷への非人間的な扱い、これに対するフランス本国の無策、神学者の欺瞞と思想家の反応の鈍さ、黒人搾取の上に本国の豊かな生活があることへの批判を、力を込めて敷衍しているのである[216]。

　ルシェが担当したとされる、もうひとつのシリーズ、『歴史』の第1巻の前文には、この分野全体の目的と方針が示されており、次のような言説で始まっている。

　「それについていかなる知識もなければ恥となるような諸国民につ

第 3 章　17-18 世紀の女性のための知的啓蒙書

いての観念を与えること、変革の道筋を眼前に描いて見せること、諸政府をその起源とその発展、その退廃という観点で説明すること、結果をその原因に求めて見ることに慣れさせること、これらが、本書で目指さなければならないと思った目標である。時には、知識や法律、良俗が国家の繁栄を形作っていた幸福な時代を見ることになるだろう。しかし、無知と偏見、誤謬、悪徳が、諸国民の災禍を準備し、最も繁栄している帝国をも滅亡させていた不幸な時代を、より頻繁に見ることになるだろう[217]。」

　ここで示されている、歴史の進展を分析的に考察し、必然的な因果関係において国の興亡を提示する科学的な姿勢と、読者にこうした歴史学の思考方法を植え付けようという啓蒙精神、無知と偏見と誤謬を亡国の原因とする見解には、啓蒙の時代精神が色濃く反映している。
　更に筆者は、諸国民を観察するにつれ、それぞれの政府と、国民によって異なる風俗や思考方法（人間精神）の相互的な影響が、あらゆる変遷の原理にあり、あらゆる統治の幸不幸を形成することを確信するだろうとしている[218]。単に歴史的事実の列挙を目指すのではなく、歴史の相対的な事実の理性的な分析から、その変遷の原理にまで読者を導こうという意図が窺えるのである。歴史が、科学的、思想的な学問として取り組まれているのである。
　これは、モンテスキューの啓蒙史学の書『ローマ人盛衰原因論』（*Considérations sur les causes de la grandeur des Romains et de leur décadence*, 1734）の理念の影響を受けているものと思われる。この書の意義は、国の興亡が、運命や神の摂理によるものではなく、物質的・精神的な原因に起因する必然的な因果の法則によることを示すことで、歴史が「科学的史観に一層近づいた[219]」ことである。これは本叢書にも見出される点である。事実、叢書の中では、ローマ共和国の拡大と凋落の原因が、その政策や統治の在り方、軍事技術、風俗、慣習などといった物質的、精神的要因に求められており[220]、これは、モンテスキューの書が著者の念頭にあったと

思わないわけにはいかない。尚、第 5 巻(古代ローマ史)には、この啓蒙史学の書からの直接引用が、半頁近くを占めている箇所すらある[221]。

この他、第 30 巻では、科学や文学、政治学などの発展、特に、近代の科学史の進展の模様が概説されていくが、単なる事実の列挙ではなく、人知の発展を分析的に意味付けしながら解説されており、人間精神の歴史を跡付けようという意図が感じられる内容になっている[222]。しかし、これも人知の進歩への単純な賛美に終わっているわけではなく、本書の終章は、「依然として良き学業の妨げになっている障害について」と題して、現代フランスにおける、学問の進歩に逆行する旧態依然とした大学の在り方と有用な学問を教えない古びた教育を行なっているコレージュへの批判が展開されている[223]。

上記の巻に限らず、この『歴史』は、政治、風俗、学問、芸術と多方面からの歴史的記述をなしながら、人間精神の在り方とその進展をも提示している[224]。この点では、ヴォルテールが既に、その啓蒙史学の書の傑作と言われる『ルイ 14 世の時代』(*Le Siècle de Louis XIV*, 1751)で、やはり多方面からルイ 14 世の時代を浮かび上がらせており、しかも、描こうとしたのは、「人間の精神」(l'esprit des hommes)であった[225]。ルシェは、モンテスキューだけでなく、ヴォルテールの啓蒙史学の書からも少なからず負うものがあったのではなかろうか[226]。更に、例えば、『ルイ 14 世の時代』では、無益な戦争政策や、ナントの王令の廃止という宗教政策の誤りなど、ルイ 14 世も又、厳しい批判を免れない国王として現代の視点から批判されているが、ルシェの書でも同様の批判内容が展開されているのである[227]。

こうして見ると、ルシェは、全く独自の歴史書を編纂したというわけではない。しかし、時代の先端を行く啓蒙史学の書の理念を取り入れて、女性読者のために古代史から現代史まで提示したこと自体、啓蒙書としての普及書の役割を自覚していたとは言えないだろうか。

ところで、この文庫シリーズには、ヴォルテールやルソーによるものが採用されており[228]、そこには、啓蒙思想家ならではの記述内容が窺える。それは、17 世紀のフランスの古典演劇を収めた『演劇』のシリーズに

第 3 章　17-18 世紀の女性のための知的啓蒙書

あるもので、22編のうち、19編(ピエール・コルネイユとトマ・コルネイユ、モリエールの作品)に序文や緒言、1編にコメント、更に1編には喜劇作家モリエールの短い評伝が、ヴォルテールによるものを採用しているのである[229]。これらは、ヴォルテールによる、1739年の「作品についての見解付きモリエールの生涯」(Vie de Molière avec des jugemens sur ses ouvrages)と、1764年の「解説付きピエール・コルネイユの演劇」(Théâtre de Pierre Corneille, avec des commentaires)から採ったものである。しっかりした教養に裏打ちされた、簡明な解説・批評になっているが、中でも、モリエールの生涯についての評伝「ヴォルテールによるモリエールの生涯」には、人物伝が無用な細部や嘘の伝承で台無しにされる原因に言及すると共に、確かな事実に基づいて人物史を構成しようという、ヴォルテールの合理的で理性的な態度(彼の啓蒙史学にも貫かれている姿勢)が示されている[230]。

この他、モリエールの『守銭奴』(L'Avare)の序文の冒頭では、これが韻文ではなく散文で書かれていたために、「偏見」から当初は不評であったという事実をまず問題にしている[231]。又、宗教団体から激しい批判を受けて上演禁止にまで追い込まれた『タルチュフ』(Tartuffe)の序文では、当時の不当な扱いを強く批判すると共に、こうした筆禍事件の例を通して、見識を持たない大多数の人々が天才を正しく評価しないことを戒めている[232]。

一方、『倫理』の叢書では、17巻中、最後の3巻(1790年)がルソーに当てられている。『J. J. ルソーの断片的考察集』(Pensées de J. J. Rousseau)というタイトルで、『学問芸術論』(Discours sur les sciences et les arts, 1750)や、『人間不平等起源及び根拠論』(Discours sur l'origine et les fondemens de l'inégalité parmi les hommes, 1755)、『エミール』(Emile, 1762)など、ルソーの様々な著書の一節や名言などをテーマ別に集めたものである[233]。編者(誰であるかは不明)は、その序文の冒頭で、現代が哲学の時代であるという時代認識を示した後[234]、哲学者達の攻撃が行き過ぎると、「無政府状態と放縦を引き起こす」と警告している[235]。これは、ラディカルな哲学思想が革命の源流として働いて、フランス革命の惨劇と混乱を引き起こしたことを暗に批判したものであろう。しかしながら、編者は、世に出た書物から、世間

の批判を浴びた部分を除去して、「有益な真理」だけを取り出せば、社会のためになり、そうした書物の著者達と時代の栄誉にもなるとした後で、この3巻がそうした趣旨に見合ったルソーの「貴重な箴言集」であることを示唆しているのである[236]。ルソーの書が、その反体制的性格ゆえに物議を醸したとはいえ、実際には非常に良く読まれ、その重要性を否定するわけにはいかないという現実があった。革命勃発後の出版になったとはいえ(刊行の準備はそれ以前から進んでいたはずである。)、読者の多数派と思われる旧体制の恩恵に浴していた上層階級の予約講読者達に配慮した序文を付けて、このように刊行の意図と意義を読者に訴えて理解を求める必要があったのであろう。

　この3巻本では、倫理の面で福音書が賛美されている「福音書[237]」(ÉVANGILE)から、画家の能力の本質について述べた「デッサン[238]」(DESSIN)、今日から見れば、偏見に満ちた女性観が展開されている「女[239]」(FEMME)などに至るまで、ルソーの思想の多様性を反映した100を超えるテーマで文章が集められている。

　しかし、興味深いのは、序文で編者の穏健な姿勢を印象付けておきながら[240]、実際には、ルソーの時代精神を共有した辛辣さや、あるいは、他の啓蒙思想家とも異なるラディカルな思想が随所に見出されることである。例えば、「迷信は人類の恐ろしい災厄である」(La superstition est le terrible fléau du genre humain)という言葉で始まる「迷信」(SUPERSTITIONS)では、迷信は、「単純な人々の思考を麻痺させ、賢人達を迫害し、諸国民を隷属させ、至る所で恐ろしい害悪を及ぼす」が、専制君主達にとってのみ都合が良く、彼等の「最も恐るべき武器」となるもので、これこそ「未曾有の最大の害悪」であると、単純な迷信批判ではなく、そこには強烈な現体制への皮肉と批判が込められた記述になっている[241]。又、「古代の政治家達は、絶えず良俗と美徳を話題にしていたが、今日の政治家達は商売と金銭のことしか話題にしない[242]」という言葉で始まる「現代への風刺」(SATYRE[sic] DU SIECLE PRÉSENT)では、現代の文明社会そのものへの批判が見られるが、これは本書の中に多く窺えるものである。実際、「人

間⁽²⁴³⁾」(HOMME)や「学問と芸術⁽²⁴⁴⁾」(SCIENCES ET ARTS)では、人を育む文明社会が人を幸福にせず、学芸も文明の徒花に過ぎないという考えが表明されている⁽²⁴⁵⁾。そして、「所有権の悪魔は自身が触れるもの全てを堕落させる⁽²⁴⁶⁾」と、所有権まで大胆に批判する言葉が、「雑考」(PENSÉES DIVERSES)で採用されているのである。

全体的に見て、人知や文明の進歩に疑問を投げかけ、現代の人間そのものの在り方を問うルソーの倫理思想は、本書に十分反映されていると言ってよい。

普及書としての在り方

ところで、教養書レベルの普及書では、書物という啓蒙の装置に読者を引き寄せるために、しばしば「有益で好ましい(楽しい)知識」の提供がセールスポイントになっていることがある。例えば、パジェスの『百科に亘る学習講座』は、「有益であれ、楽しいものであれ、あらゆる知識を万人に理解できるようにする」ことを目的のひとつに挙げていた。又、男女用の家庭百科事典『家庭百科事典』も、「有益で好ましい諸発見」(découvertes utiles et agréables)がその内容のひとつとしてタイトルに掲げられていた⁽²⁴⁷⁾。

この婦人文庫でも、叢書全体の趣意書になっている『旅行紀』の第1巻の前書きで、この叢書が、「旅行紀、歴史、哲学、文学、科学、芸術が提供しうる有益で好ましい知識全て⁽²⁴⁸⁾」を含むことがプランとして構想されたと記されていたが、例えば、哲学の分野では形而上学が、数学の分野では微積分のような高等数学は当初から除外されていた。このような学問は、婦人達にとって「有益で好ましい」とはみなされなかったからであろう。結果的に、提供される知識の分野がこのような基準に基づいて、選別されることになったわけである。

『旅行紀』全体の序に当たる同巻の「序論」で、この地理学の分野の叢書の編集作業について、「この作業は多分苦労を伴うであろうが、[読者に]気に入られもし、役立ちもするという期待を持つことで楽にならない仕事

があろうか？[249]」と言って、有用性と読者を楽しませることを著者が期待していることが示唆されているが、そうした叢書の構想意図の反映であろう。

しかし、ラセペッドのように、「私は、これ［『音楽の詩学』のこの版］の読者となるはずの女性達にとって好ましくするために、何事も疎かにはしなかった[250]」と、女性読者を意識して好ましさの方を特に重視したというケースもあるが、叢書全体としては、有益性を強調する言説が特に目につくのである。

それは、何よりも、先に指摘した叢書の編者達による女性啓蒙の意図に顕著に表われていることで分かるであろう。そして、娯楽性の強い小説部門の編者でさえ、小説がなければ婦人文庫は完璧でなかろうし、小説は他の文学ジャンルよりも婦人達の興味を引くとする一方で[251]、小説というものの倫理上の有益性を一般的に述べて、小説というものは「倫理学の講座」となりうるのだと力説しているのである。勿論、このシリーズには良書のみが採用されるとしている[252]。事実、この叢書の第1作(第1-7巻)として収められている古代ギリシャの人気長編小説『テアゲーネスとカリクレイアの恋』(Amours de Théagènes et Chariclée)について、エピソードの真実みや、文体の魅力という点で小説作品のお手本にふさわしいとする一方で、「最も純粋な道徳が詰まっていて、[...]作者が自身の考える美徳を優先させた作品[253]」という点を編者は強調している。

又、有益性の重視という姿勢は、叢書で採用されている普及書としてのスタイルにも反映している。叢書の中で、書簡体形式を採用しているのは、『旅行紀』の第20巻と『植物学』の第2巻の最後の1/3に当たる『L＊＊＊夫人への植物学についてのルソーの初歩的書簡』だけである。小説風の形式を採用しているのは(小説そのものである『小説』は除く。)、『アブデケール、あるいは美しさを保つ術』の4巻と、『田舎と家庭の家政』の一部に過ぎない。知識が娯楽のひとつであった社交界の男女に好まれた文学的な形式は、全体からすれば少数に止まっており、残りは全て、通常の叙述形式なのである。

第3章　17-18世紀の女性のための知的啓蒙書

　ところで、微積分などの高等数学や形而上学が排除されている一方で、性に関係する知識が案外豊富に提供されているというのは大変興味深い。しかし、これも有益性を重視した結果であろう。
　ルッセルの『身体と精神から見た女性について』は、女性の生殖器官（子宮の位置と形状、変容に至るまで詳述されている。）、月経（月経の有無と、女性の病気との関連についての説明を含む。）、生殖のシステム（性交渉からその結果に至るまで）、妊娠、出産などについて、「膣」(vagin)、「卵巣」(ovaires)、「精巣」(testicules)といった重要な解剖学用語も説明付きで適宜用いながら、当時考えられている事、判明している事を一通り説明している[254]。又、『家庭の医学、あるいは簡単な健康維持法』でも、女性に関しては、月経や妊娠、出産に伴なう様々な病気の他、色情狂、オナニーまで扱われており[255]、大人の病気については、性病についての記述も、「性病とその様々なタイプについて」(De la Maladie Vénérienne, et des différentes formes qu'elle prend)、「淋病について」(De la Gonorrhée)、「下疳について」(Des Chancres)などといった小見出しの許で、少なくとも、当時の医学水準の範囲内ではあるが、説明されているのである[256]。性に関連する知識の提示は、決して、好ましいとは見做されなかったはずであるが、有益であることだけは間違いない。このように、女性にとって重要な自身の性的身体に関する生理学上、医学上の重要な知識が隠蔽されることなくこれらの書物の中で提供されているのは、極めて意義深い事であると言える。
　更に、この叢書が、当時の出版物の一般的傾向に合致して、何よりも世俗の知識を提供している点も、時代の要求に応える有益な内容を目指していることの表われであろう。
　事実、『歴史』では、その第1巻で、創世記から最初の古代王国が誕生するまでの時代について、部分的に聖書の記述に言及しながらも、これをなぞった聖史の概説の再現をするのではなく（ここでは、聖書の内容を、読者が熟知していることが前提になっているのではないかと思われる。）、これに対する現実的推測や、世俗の学者達の諸説を突き合わせながら説明しており、それ以外は、通常の世俗の古代史になっている[257]。又、教会史に関

する事柄も、多方面から記述される世界史の流れの中で語られる、ひとつの問題の域を出ていない。一方、詩や小説、演劇(古典演劇)においても、宗教劇や説教文学のようなキリスト教文学の類は収められていない。又、倫理学においても、古代ギリシャ・ローマの倫理哲学や、所謂モラリスト文学はあっても、キリスト教の教義に準拠した倫理道徳は外されている。

又、知識の最新性という点も、単に興味深さだけでなく、有益な知識を求める現代人にとって、重要である。この点、ルシェの『歴史』では、同時代の現代史が手薄であるという印象を受けるが[258]、『旅行紀』では、書簡の日付(第7巻以降は日付なし)は、最初の海外ルポの書簡である第2書簡が、「1780年12月20日[259]」で、日付つきの最後の書簡、第149書簡が、「1782年5月15日[260]」である。同時代の世界地理なのである。

又、『倫理』では、先にも言及したように、18世紀を代表する思想家ルソーに3巻も充てていた。

一方、フルクロワは、『化学の基礎知識』の序文で、本書が「<u>新たな諸発見の突合せと、私が行う簡明な解説に注ぎ込もうと努めた明快さで〔読者の〕好奇心をそそる</u>[261]」という様相を呈するだろうと、言っているが、確かにこの書には、ラヴォアジエの、燃焼を酸化と見做す新しい燃焼理論(1777年から1778年にかけて発表された。)が、簡単ではあるが、明快にまとめられている[262]など、18世紀の化学における新発見が盛り込まれている。

この他、シゴー・ド・ラフォンの『特殊物理学』では、1746年に発明されたライデン瓶(la bouteille de Leyde)の理論と実験やその後の展開、フランクリン(Franklin)による電気現象についての説など、少なくとも18世紀半ば過ぎまでの電気についての理論と実験、及びその応用について基本的な事柄が明快に解説してある[263]。又、18世紀の重要な火山噴火について、1787年のものまで言及する[264]など、できる限り現代の知識を盛り込もうという努力が感じられる。

尤も、『演劇』のシリーズが、ラシーヌ(Racine)や18世紀の作品の巻が続くことなく終わっているのは中途半端な印象を受ける。最終巻(第13巻)

第 3 章　17-18 世紀の女性のための知的啓蒙書

が出たのは大革命の 1 年前であり、続巻を出すことが困難になったのかもしれないが、詳細は不明である。又、古代ギリシャの長編小説から始まる『小説』では、最後に 1754 年に発表された小説風の美容の助言書が添えられているものの、本来の意味での小説としては、事実上、中世スペインの騎士道物語で終わっていることになる。しかし、第 1 巻の序文では、スペインの作家セルバンテス（Cervantes）の他、フィールディング（Fielding）、リチャードソン（Richardson）、マリヴォー（Marivaux）、ル・サージュ（Le Sage）、プレヴォー（Prévost）などといった 18 世紀の英仏の作家の作品も収めることを予告していた[265]。未完に終わったものの、こうした現代の小説を入れる計画があった事実も指摘しておきたい。

　さて、欠落している部分があるとはいえ、これまでに見てきた事実だけでも、この叢書に、「総覧と知識への野心」が窺えることは明らかであろう。実現はしなかったが、先にも指摘したように、種々の辞典をも入れようとしたのは、まさに、網羅的に知識を集成しようという意図の表われなのである。

　そして、『ホメロスの『オデュッセイア』』（『合集』第 5-7 巻）や、解説付きの選集である『ギリシャの詩人達』（『合集』第 8-9 巻）、古代ギリシャの小説（『小説』第 1-8 巻）、古代ギリシャ・ローマの思想家達の著書の解説付き抄訳（『倫理』第 2-8 巻）など、古代文学や古代思想ですら、フランス語訳で叢書に入れることで、ラテン語やギリシャ語を知らない多くの女性達に、こうした古典の教養を容易に身に付けさせることを可能にしているのである。こうして、プーラン・ド・ラ・バールが期待していた、フランス語訳という女性のための近道[266]がこの叢書の中で実現していることも大いに評価したい点である。

　百科の知識を収めるという本叢書の企画は、完全に実現したわけではなかったが、それでも、多様な分野をカバーしたこの婦人文庫が、ある程度まで意図を実現したことも事実である。

　そして、分野毎に叢書を編集し、分野毎あるいは書物（作品）毎に、序に当たるものを付して、全体の見取り図や、全体の理解のための基礎的な知

識を提供したり(例えば、『旅行紀』と『歴史』では、その分野の理解のための序論が工夫されている。)、年代順に(『演劇』や『小説』でも年代順に作品が紹介されているし、『倫理』でも、年代順に思想家が紹介されている。)、あるいは段階的に(特に、数学の分野では、単純な内容からより複雑な内容へと段階的になるよう編集されている。)中身を提示していくなど、テーマ別の百科事典のように、知識の整理・統合が図られているのである。

こうした多様な知識の整理・統合は、何よりも、知識の普及書として読者の理解に役立たねばならないという意識を著者達が明確に持っていたということを是非とも指摘しておかねばならないであろう。

例えば、『合集』の分野の『神話についての試論』は、序に当たる冒頭の部分で、神話の知識の有益性と必要性を述べた後で、次のように記している。

>「したがって、私はこの試論の中に、多数の書物の中に散らばっている神話についての重要な知識を全て集めたので、これからは、本書の読者達はこうした書物なしですますことができよう。私がこうした知識を整理していく順序のお蔭で、理解するのも記憶するのも共に容易になるだろう[267]。」

ギリシャ・ローマの神話からエジプトやフェニキアなど古代民族全体の神話をカバーする内容を持つ本書は、神話に関する様々な書物に散りばめられている知識を、読者が容易に理解し、記憶に残るような順序で集約・整理しようという意図が表明されているのである。事実、神話の起源と種類から、神々の種類、神殿や儀式に関する事など、順序立てた構成になっている。

又、『旅行紀』のシリーズでは、「博学すぎるか、あるいは膨大過ぎて、決して本書の読者が慣れ親しむことのない無数の作品に散らばっているあらゆる考えや知識[268]」を集積したものとなると予告しているように、まず、『序論―地球概観』と題した第1巻で、地球と様々な学問との関わり

から始まって、大地の姿を大掴みだが、系統的かつ論理的にまとめている。次いで、第2巻の『『旅行紀』の読書入門として役立つ地理概論』で、地理学の用語など地理学上の基礎的な事項を巻頭の「基礎的な予備知識」(Notions préliminaires)の頁で解説した後、本論で、アジア、アフリカ、ヨーロッパ、アメリカの順で、それぞれにある国をほとんど網羅して、地理上の位置や地形に始まり、政治形態、宗教、国民性などに至るまで総合的な概説が、順を追って、簡潔明快になされているのである。読者は、この2巻によって、地理学の基礎から、世界地理を総合的且つ体系的に把握することができるようになっており、第3巻以降のより具体的で、詳細な世界地理(但し、ヨーロッパとアメリカの巻が未完となった。)の理解が容易になったはずである。

このように、知識の普及書として求められる知識の整理・統合がされていることは勿論だが、同じく、読者の理解のための要点を重視した、簡潔で明快な内容を目指したという点も指摘しておく必要があろう。

例えば、『合集』の第1巻、『フランス語文法』の序に当たる前書きでは女性読者の学習意欲を削がず、短期間で学習できるように、文法の学習を「明快さ」と「簡潔さ」に配慮する編集方針を掲げている[269]。こうして、必要な事項に絞って編集がなされたのであった[270]。確かに、本書は、時制の用法などの点で簡略過ぎる記述もあるが、一通り、基礎的な文法を網羅している。これは、先にも言及したヴァイーのロングセラーの書(発音や綴り字、詩法の解説もある。)『フランス語の一般並びに特殊原則』(1754年)の文法の部分、「フランス語文法」(Grammaire françoise)と同様の構成だが、全体の量は遥かに少なく、1819年版と比べると、1/3しかない。しかし、同じくロングセラーであったヴァイーの上記の書の縮約版で若い人向けの、『フランス語文法概要』(1759年)と比べれば、文法事項の提示の仕方は、さすがにヴァイーの方が上手いが、内容的には決して劣っていないのである。

植物学の知識を全くもたない読者を想定している『植物学』の序文でも、「しかしながら、こうした基礎知識の正確で簡潔な観念を提供するために

は、何も疎かにはしなかった。こうした基礎知識を、最も簡潔で最も明快だと思われる順序で提示した[271]」と、重要事項を全て簡明に秩序立てて提示したことが示されている。本書は、植物界の定義と植物の分類法の歴史（アリストテレスからリンネまで）、植物の特徴に始まり、「理解するのに、［リンネの方法より］より単純で、より簡単で、フランス語で説明するのに、より便利な[272]」トゥルヌフォール(Tournefort, 1656-1708)の方法に従って植物を分類し、良く整理されたわかりやすい内容になっている[273]。

又、簡明さへの配慮は、もともと著者によって執筆されていた同様の書の縮小と平易化という形でなされたものもあった。フルクロワの『化学の基礎知識』やシゴー・ド・ラフォンの一連の物理学の書がそれである。

フルクロワは、婦人達の精密科学教育のために、困難を回避させるような「簡明さ」と「簡潔さ」を併せ持った書物が「不可欠」であるとして、婦人用のこの化学の入門書を構想したのであった[274]。こうして彼は、「私の『基礎知識』のダイジェスト[275]」である本書を世に出したのであるが、この『基礎知識』とは、『博物学と化学の基礎知識』（第2版、全4巻）(Elémens d'histoire naturelle et de chimie, 2ᵉ éd., in-8°, 4 vol., 1786)のことであると思われる[276]。尤も、単なる簡略版ではない。著者は、先にも触れたように新しい化学の成果も盛り込むことに意欲的であった[277]。又、フォントネルの『世界の複数性についての対話』の類のような「小説と同じ位分かり易い科学」の書ではなく、「もう少し程度の高い難しさ」があるが、その代わり、「よりしっかりした知識[278]」を与える書であると言っている。本書は、自然界の物質とその作用に関する化学の基礎全般が、新しい化学の成果も盛り込みながら、解りやすく、簡潔に説明されたものである。勿論、専門家のための書ではないが、科学知識の普及書としては、フォントネルの書よりも遥かにしっかりした内容であることは事実である。

一方、シゴー・ド・ラフォンの物理学の書は、『理論物理学と実験物理学の基礎知識』（全4巻）(Elémens de physique théorique et expérimentale, in-8°, 4 vol., 1777)を「より簡明で、より膨大でない[279]」ものにしたのだという。本書は、後者にはあった、実験器具の組み立てや操作に関する細部は全て

カットし（本書では、実験による推論と真理の把握が主眼であるから）、化学や生理学、博物学といった別な著者が担当している分野も除外し、物理で扱われる数学的な証明も省いて、より簡単な理屈に置き換えたという。又、数学用語も必要最低限にし、他の言葉で言い換えができない場合に限り、説明付きで使用したとしている[280]。そして、不変の諸原理や、言い換え不能の物理学上の真理は別として、問題の扱い方や、援用した証拠、考察などは、全て、「本書の明快さや、婦人達の教育を損なうことなく」書き換えがなされたのだという[281]。

とはいえ、フルクロワの書同様、単なる簡略版ではなかった。著者は、「特に彼女達［婦人達］のために書かれているといっても、これは、多分人が想像するように、単なる私の『基礎知識』のダイジェスト——これだと実験物理学の概要でしかなくなってしまうだろう——では少しもないのだ[282]」と自負を隠さないのである。すなわち、本書は、「物理学全体」を扱い、元になった書に欠けていた問題をいくつも扱っていると明言している[283]。その上で、婦人用の書の展開を損なうことなく[284]、上述のようなやり方で、削除と書き換えを行なったというのである。実際、物体の概念から、流体静力学、地球物理や、気象、電気などに至るまで、実に盛沢山な内容を系統立てて、平易なフランス語で分かり易く、一通り説明がなされている。

ところで、物理学には数式がつきものであるが、シゴー・ド・ラフォンは、ラランドの『婦人の天文学』同様、複雑な計算式を避けている。しかし、これは、普及書レベルの書では珍しいことではなかったのである。

ジャンヌ・ペフェールによると、18世紀半ば、ニュートンや微積分学の発見以後、物理学が数学化していくのとは反対に、「万人に理解できる」(à la portée de tout le monde) ことを謳う普及書では、「公式や計算は、一般に注意深く回避されて」いたという[285]。これは、18世紀末も同様であったと思われる。事実、若い男性向けの『基礎的百科事典、あるいは学問と芸術の入門書』(1775年) (*Encyclopédie élémentaire ou Rudiment des sciences et des arts*, 1775) の第1巻にある物理の分野では、項目「引力について」(DE

L'ATTRACTION)にさえ数計算が全くなく、同じく「運動について」(DU MOUVEMENT)や、「重力について」(DU PESANTEUR)においても[286]、極初歩的な公理による若干の数計算に止められているのである[287]。

　当時の実験物理学講座の人気を支えていたのは、一種のショーのような面白さに加えて、難解な数学的証明より、まず、見て理解できることであったと思われる。この点、人気のこうした講座を長年担当していたシゴー・ド・ラフォンが、女性向けの物理学の書で、数学的な証明の部分を省いて、具体的かつ現実的な設定を想定しながら理論の説明をする場合が多いのもうなずける。恐らく、書物の中で自身の講義内容を再現しようとしたのであろう。

　しかし、それでも、シゴー・ド・ラフォンの書では、例えば引力[288]や物体の運動[289]、屈折光学[290]に関する箇所など、基本原理に関わる数計算や幾何学図を用いての説明がなされており、ラランドの書同様、計算を完全に排除したわけではなかった。より良い理解のためには、むしろこうした説明はある程度必要であると著者が判断したためであろう[291]。

　この他、文学や思想では、作品の抜粋を交えて解説を施し、全体を要領良く見渡せるように工夫している場合もある。ギリシャ・ローマの詩人や劇作家及びその作品を紹介している『合集』(第8-15巻)がそのケースである。全体的な解説に続き、各詩人の解説と具体的な作品、あるいは作品の抜粋を交えながら解説する形式を採用しており、一種の文学講座のように、古代文学の歴史や作品、作家についての知識を効率的に得易い体裁になっている。尤も、これらは、「ギリシャ・ラテン」と「詩・演劇(悲劇・喜劇)」という区分に加えて、時代順を考慮した分類方法で並べられているだけであり、ラ・アルプの有名な『リセ、あるいは古代と近・現代の文学講座』の方が、ジャンル別のより細かい分類と、より体系的な配列方法になっている。とはいえ、ラ・アルプでは、やや冗漫な解説に加えて、作品の中身の具体的な例示が極めて限られているのに対して、『合集』のシリーズでは、主たる作品(演劇作品については、ほぼ全て)が、豊富な例示と共に解説されており、作品をより理解しやすい体裁になっている。又、作家の生涯

第 3 章　17-18 世紀の女性のための知的啓蒙書

についての記述が簡略な人物伝になっていて、ラ・アルプのものより充実しているため、興味深く読めるのである。更に、ホメロスの『イリアス』が抜けていることを除けば、本シリーズは、ラ・アルプが扱っていないような作品や作者についての説明もあり、かなり網羅的である。因みに、本シリーズの先の古代文学の部分は、翻訳書である『ホメロスの『オデュッセイア』』(第 5-7 巻)を除外しても、ラ・アルプの古代文学(本叢書と同じ詩と演劇の部分で、註は除く。)の字数は、本書筆者架蔵の 19 世紀のフィルマン・ディド(Firmin Didot)版(第 1-2 巻、1821 年)の 1.7 倍強もある。

　一方、『倫理』のシリーズでも、第 1 巻から第 8 巻(1785-1787 年)までが、古代ギリシャ・ローマの哲学者とモラリストについて、やはり同様の形式で解説がなされている。思想家毎に時代順に、特定の主題で、あるいは無題の断章の形で、編者が簡略版にまとめたものである。第 4 巻にあるセネカの『神の摂理について』(*De la Providence*)のように、もとの 8 割位を再現しているものもあれば、第 5 巻にある『魂の平和について』(*De la paix de l'âme*)のように、ほんの 5％弱の抜粋しか紹介していないものもある[292]。簡略版ではあるが、全体を効率よく把握させようという普及書なりの網羅的な意図が感じられる。

　そして、理解を助けるための工夫として、図版の存在も見逃せない。地図や星座、天体現象などを示す図版が、『携帯地図帳』(全 2 巻)(*Atlas portatif*, 2 vol., 1786)に多数収められ、数学や物理学、植物学でも先のリストに示したように、図版が巻末に入れられていた[293]。全体的には、決して豊富な数とは言えないであろうが、これらの図版も、普及書としての体裁に不可欠な要素になっている。尤も、医学や生理学の書に図版はない。これは、専門的過ぎる印象を与えたり[294]、体のしくみを女性読者の目に露骨に触れさせることを避けようとしたためかもしれない。

　ところで、叢書全体の水準については、その多様性ゆえに、これを明確にランク付けするのは困難である。因みに、ペフェールによれば、数学の叢書については、当時のコレージュで読まれていたものと差がないという[295]。その一方で、『フランス語文法』のように初歩的なレベルと判断できるも

のもある。とはいえ、全体的に見れば、教養書としてはまずまずのレベル内容になっていると言えよう。上述したように、ラ・アルプの文学講座（これは、初学者と博識家の間のレベルを目指したものである[296]。）にも決して劣らない内容を提供したり、何よりも、古代から現代まで、そして盛沢山な内容の知識を提供していること自体、女性のための百科全書とでも言うべき価値ある叢書であると言える。

再版と反響について

　先にも言及したが、この叢書が未完に終わったのは、出版時期が大革命時代と重なったことと、やはり、女性のための叢書としては、博学で膨大過ぎたという理由が考えられる。しかし、その構想や実際の内容は、未完ながら、普及書としてまずまずの体裁を備えていたから、当然、評価されたはずである。残念ながら、当時の証言を入手することはできなかったが、先にも紹介したメナール・エ・ドゥゼーヌ・フィス（Ménard et Desenne, fils）の出版・在庫カタログ（1819 年）の広告には、「この貴重な叢書は、その長所が十分知られており、婦人達だけでなく、僅かな費用であらゆる分野に亘る精選された蔵書を手に入れたいと考えている全ての人達にふさわしい[297]」などと特記されており、一般の普及書としても十分通用する叢書として、それなりの評価を得ていたと思われる。

　叢書の最後の出版（1793 年）から 30 年近く経ても、このような広告が比較的大きな扱いで（広告は計 14 行に及ぶ。）出ているということは、たとえ、部分的であれ、当然、再版が行なわれていたと考えるのが妥当であろう。しかし、出版部数や、詳しい再版状況は、目下のところ不明である。先の内容一覧で示したように、19 世紀以前の再版については、『化学の基礎知識』と『婦人の天文学』の再版が判明しているだけである。他にも当然再版されたものがあったと推測されるが[298]、この点については、今後も追跡を続けていきたい。

10. 女性のための知的啓蒙書の特色

『婦人の百科文庫』に関するこれまでの分析も踏まえながら、最後に、先の一覧表に挙げた女性のための知的啓蒙書の特徴を、可能な限りまとめてみたい。完璧なリストではないが、ある程度は、こうした書物の傾向が掴めるのではないかと考える。

先に挙げた書物は、タイトル数で見ると(『婦人の百科文庫』のような叢書は、ひとつとして計算する。又、シリーズのうちの一部が女性用となっているものは、リストでも別々に記載したので、ここでも個別に計算する。)、37点ある。これらの普及書としての体裁とその内容について、順に検討していきたい。

書物の規模

全体の巻数にして(初版を問題にするが、初版が海外で出た3点については、判明している限りでのフランスでの最初の版で計算)、209巻に及ぶが、このうち、『婦人の百科文庫』が154巻を占める。この例外的な規模の叢書を除けば、他は、平均して、約1.5巻で構成されている計算になり、2巻以上で構成されているものは、この叢書も含めて7点に過ぎない。但し、これ以外にアダンとコンタン・ドルヴィルの書(計5点)は、それぞれ、別々の叢書の一部をなしているものである。

37点の国内での初版のうち、版型の分布状況は、不明の1点を除いて、八つ折版(in-8°)が10点、十二折版(in-12)が23点、十八折版(in-18)が3点で、当時の普及書の版型の傾向を反映して、小型版に限られている。中でも十二折版が2/3近くを占めており、これは、当時、ポピュラーな版型であったことを反映している。再版や重版を含めても(但し、版型が判明しているものに限られるが)、八つ折版が15点、十二折版が60点、十八折版が4点で、やはり、小型版のみである。特に、十二折版は2.5倍以上に増え、全体の7割以上を占めるに至っている。

次に、初版又はフランスで出た初版の頁数(3点については、その正確な頁数が把握できなかったため、それ以降の国内版での頁数で計算した。その結果、巻数も全体で212巻となる[299]。)は、1巻当たりの平均で言えば、約300頁ということになる。まずまずの規模である。但し、極端に少ないものが、『散文と韻文による単母音 A、E、I、O、U、Y の婦人用英語発音概要』(1786年)の16頁、次いで、『ラテン語の鍵』(1779年)の31頁だか、100頁以下のものは、7点しかない。逆に、400頁を超えるもの(叢書になっているものは、各巻の平均頁数で比較)は、9点ある。最高は、18世紀の版が確認できなかったボードゥロックの『分娩術の基礎知識』(1775年)の1812年版の604頁を除けば、ミルモンの『女性教育論、及び知育の完璧な講座』(7巻、1779-1798年)の平均頁数、523頁である。このシリーズは、出版された7巻のうち、5巻が500頁を超えており、最高が第7巻目の645頁で、本書筆者が知る限り、当時の女性用の書物1巻分としては最も頁数が多い[300]。本章の最初の方で触れた、本書筆者架蔵のプリューシュの9巻本の『自然の姿』(最初の4巻が1765年版、残りの5巻が1755年版ではあるが、参考までに、各巻の平均頁数を計算すると、533頁になる。十二折版サイズの通常の普及書としては、頁数が多い部類に入ると思われる。)でも、最高で621頁(第4巻、1765年)で、500頁を超えているのは9巻中5巻である。但し、各頁の平均的な行数と各行の平均的なストローク数を掛け合わせた1頁分の値は、ミルモンのそれの約1.14倍であるから、プリューシュの書の第4巻目は、ミルモンの書の第7巻目の約1.18倍の規模ということになる。いずれにしても、プリューシュの方が規模が大きいことは確かであるが、それでも、ミルモンのシリーズは、巻数の差を考えれば、全体でプリューシュの書の76％の規模に相当するというのは、やはり、かなり意欲的な書であることは確かである。

　尚、上記のようなストローク数での計算によると、全体の規模という点では、フロマジョの『若い令嬢の学習講座』(8巻、1772-1775年)は、ミルモンの書の約1.08倍で、リストの中では、かろうじてミルモンの書を押さえて第2位である。トップにあるのは、『婦人の百科文庫』で、フロマ

第 3 章　17-18 世紀の女性のための知的啓蒙書

ジョの講座シリーズの約 7.40 倍もあるが、勿論これは全く別格の規模である。

　図版については、フロマジョの講座シリーズの第 1 巻にある地理学のための地図 6 枚と、既に言及した『婦人の百科文庫』の理数科系の書の図版と、『携帯地図帳』の図版集くらいしか見当たらない。尤も、ボードゥロックの『分娩術の基礎知識』(1775 年) の 1812 年版には 30 枚もの図版が付いており、18 世紀の版が既にそうであった可能性は大いにある。

　更に、先のミルモンの書の第 3 巻は、ノレの『実験物理学講義』(全 5 巻、1843-1848 年) の簡略版だが、ここに収められていた豊富な図版はなく、僅かに、第 6 章 (「光の性質と伝播について」) の本文の頁に、光学に関する小さな挿絵が 2 つ採用されているだけである[301]。

　尚、図版ではないが、ミルモンの上記の巻には、科学の分野の学問の分類表 (これについては、後に言及するつもりである。) が入れられている。又、アダンの 1779 年と 1783 年のフランス語とイタリア語の学習書では、巻末に文法の諸規則の早見表の類がそれぞれ付されている[302]。

　このように、全体的に見て、図版付きの書は限られているが、単にコストの面だけでなく、学問的な書のイメージを与え過ぎる[303]ことを避けるためだったのであろうか。

執筆者達

　37 点のうち、共著の書は 2 点である。そのひとつ、『慈善活動家の婦人の教本』(1747 年) は、主たる共著者が 2 名、もうひとつの、『婦人の百科文庫』は、少なくとも名前が判明している共著者が 10 名 (文庫の執筆者に名を連ねていない過去の文学作品などの作者や翻訳者は除外) であった。残りの 35 点は、それぞれ著者名は分かっており、29 名の著者によるものである。

　これら計 41 名中、筆者が閲覧し得たなんらかの伝記事典、又はビュイッソンの『新教育学・初等教育辞典』(*Nouveau Dictionnaire de pédagogie et d'instruction primaire*, 1911) に記載のあった人物は、31 名である。又、『19 世紀百科大辞典』(*Grand Dictionnaire universel du XIXe siècle*) にまで記載のあ

141

る人物は、25名で、中でも、有名なジャンリス伯爵夫人は、各頁が4段組になっているこの辞典で、3.5段分を、デピネ侯爵夫人は、人物に加えてその作品『エミリーの会話』についての項目を合わせると1頁(4段組)近くを占めている[304]。

とはいえ、全体的に見れば、『婦人の百科文庫』のような錚々たるメンバーで占められているわけではない。しかし、少なくとも、『若い令嬢用のフランス語の修辞学試論』(1746年)の著者ガヤールは、アカデミー・フランセーズ(Académie française)の会員であったし、ボードゥロックは、ヨーロッパ中に知られた有名な産科医である。又、ルプランス・ド・ボーモンは、修道会の学校で教えたり、家庭教師として女子教育の経験が豊富であったばかりでなく、イギリスで教育書の執筆を手掛けて成功しており[305]、ジャンリスも、王族の娘の家庭教師の職務に就き、若い娘のための徳育の書を出版して成功していた[306]。ル・グロワン・ラ・メゾヌーヴは、『女性の使命に最も対応していると思われる種類の教育についての試論』(1798又は1799年)を出版した頃、パリの自邸に女子の寄宿学校を設立している[307]。その他、イタリア語教師であったアントニーニとベンチレーキ、キュリオーニ、貴族の娘の家庭教師をしていたフロマジョ、身近な子供達の教育の経験を持つデピネ、医者のサン＝ジェルマンやアルノー・ド・ノーブルヴィル、ジュルダン、サコンブといった、職業上の(あるいは、デピネのように私生活での)経験が、啓蒙書の執筆に繋がったと考えられる例もある[308]。又、専門家であったかどうかは定かではないが、ドゥロベックやバルテルミーなどのように、同じ分野の啓蒙書を他にも出版している例がある。又、アダンの場合は、教育を仕事にしていたわけではなかったが、語学教育の経験を持ち、何よりも語学教育の理論家であった[309]。そうした、専門性をもった著者、あるいは、少なくとも、その道の別な書も出版している著者は、31名(少なくとも、目下の所、職業や経歴、又はその著書が判明している者に限られる。又、デピネのように、自分の子供や孫の教育に携わった者は、とりあえず除外することにする。)で、全体の約3/4に当たる。又、そうした著者によって執筆・編集された女性のための

第3章　17-18世紀の女性のための知的啓蒙書

啓蒙書は、そのようなシリーズが多くある『婦人の百科文庫』の他には、25点である。この文庫シリーズも数に入れると、7割近く(37点中25点)を占める。

　中でも教歴が判明している者は、私的な講座などの講師や家庭教師が計5名、コレージュ教師が2名、コレージュ・ド・フランス(本章の註(171)参照。)、王立植物園、医学の専門学校の教授がそれぞれ1名、その他詳細は不明だが、教歴のある者が5名の計15名(全体の37％で、『婦人の百科文庫』を1点としてを含めれば、書物の点数では16点で43％)を数える。このうち、女子を教えた経験のある者は8名である。

　尚、ムルドゥラックを始めとする女性の執筆者は8名で、全体の約20％を占めるに過ぎない。女性による書物の点数では、24％(9点)を占める。当時の時代状況(知育における男女間での格差という現実的な事情)を考慮した場合、これを多いと見るべきか、少なすぎると見るべきか、意見の分かれるところであろう。しかし、とりわけ18世紀は、女性作家を多く輩出したとはいえ[310]、やはり、啓蒙や出版という行為は、まず男性の領域であったのである。ムルドゥラックは、『婦人のための慈悲深く易しい化学』(1666年)の出版について、もともとこれは、「私だけの満足」のために書いたものだが、出来栄えが良かったので、出版したくなったのだという。しかし、出版を決意するのに「2年近く」かかったと言っている[311]。彼女は、女性が他人に教えたり、出版するという事への当時のためらいの気持ちを、本書の序文で、次のように打ち明けている。

> 「[...] 人に教えるということは女性の仕事ではないのだからとか、女性は自分の知っていることも証言せず、沈黙したまま、聴いたり学んだりすべきなのだ、著書を公にするということは女性の能力を超えることなのだ、男性達はいつでも女性の頭から出てくる産物を軽蔑したり批判したりするので、著書を公刊するなどという噂が立つことは、通常好ましいことではないのだからという理由で、本書を公にしない方がいいと私は考えていた[312]。」

そもそも、サロンで女性達を前に講演をし、種々の講座で女性達に教えるのは、まず男性であった。一大ロングセラーとなった、フォントネルの『世界の複数性についての対話』もドゥムースチエの『神話についてのエミリーへの手紙』も、そうした状況が書物に反映されたものなのであり、理解力はあるが無知な女性が、男性から優しく手ほどきを受けるという図式は、教育における男女格差という現実と、交際社会で重んじられていたギャラントリーの美学が一体となって支え続けたものなのである。

とはいえ、ムルドゥラックのように、ためらった末ではあるが、啓蒙書を世に出した女性がいたという事実には注目したい。又、キュリオーニ（イタリア人であろうと思われる。）については、誰を対象に教えていたかは不明であるが、女性の語学教師が、語学の教科書を自ら執筆した例があったということになる。

一方、ルプランス・ド・ボーモンは、教師としての経験を活かし、女教師とその女生徒達との対話形式の書で、現実の女教師達にも手本を示したことになる。又、母親、祖母として、娘や孫娘の実践的な教育経験を踏まえて、『エミリーの会話』を執筆したデピネは、第2版(1781年)の序文で、次のように言っている。

「これらの会話は、日の目を見る運命にはなかった。ひどい健康状態のせいで、愛する娘の教育に見出す慰め以外の慰めが残されていなかった一人の母親が、この子が極幼い頃より会話に特別な関心を持っていたので、その知性を育み、難なく努力を要しないで熟慮する習慣をつけるために、会話を有益に利用することが容易にできるだろうということに気づいたのだった。彼女は、この方法を用いることを決心し、いくつか会話を創作してみたところ、その子はその会話に強い関心を示したのである［...］[313]。」

ここには、「娘の教育者としての母親」という、19世紀、とりわけ重視

第 3 章　17-18 世紀の女性のための知的啓蒙書

される女性の役割を体現した執筆者像が示されている。これは、特に世間から認知されやすい女性作家の在り方であったと思われる。

　尚、女性の著者 8 名のうち、貴族(爵位が確認できる者)は 5 名(それ以外に、マリー・ムルドゥラックは父親が貴族であったとされている。)である。因みに残りの男性の著者の場合、33 名中貴族(爵位が確認できる者)は 4 名にすぎない。又、僧侶は 4 名である。女性の場合は、教育図書を世に出せるほどの教養を獲得できる階層が男性以上に限られていたためであろう。

読者対象

　読者対象は、タイトル(以下の « » 内の表現が含まれている。)や序文の中で表明されている。以下にまとめてみよう。(　)内の数字は、37 点中の書物の点数である。

1. 「婦人」(計 18 点)
   a. 「婦人用...」(*... à l'usage des dames*)　(9*)
   b. 「婦人の...」(*... des dames*)　(5**)
     *コンタン・ドルヴィルの『城館の教本』(*Manuel des châteaux*, 1779)については、1785 年版のタイトル『婦人用の文学の蔵書』(*Bibliothèque de littérature à l'usage des dames*)を対象とした。
     **バルテルミーの『婦人の文法』(*Grammaire des dames*, 1797)については、本章の註(151)で指摘したように、タイトルにも拘わらず、序文では、「主に令嬢向け」とされている。
   c. 「婦人のための...」(*... en faveur des dames*)　(1)
   d. 「若い婦人のための...」(*... pour une jeune dame*)　(1)
   e. 「婦人の理解力に合わせた...」(*... accomodée à l'intelligence des dames*)　(1)
   f. その他　(1*)
     *『ラテン語の鍵』(1779 年)には、先に示したリストにある通り、副題には、「両性の(des deux sexes)あらゆる年齢の人々」用であることが示されているが、「特に婦人」(paritculièrement les dames)とある。

2.「令嬢、少女、若い娘」[未婚の若い女子](計9点)
   a.「若い令嬢用...」(... à l'usage des jeunes demoiselles)（2）
   b.「令嬢用...」(... à l'usage des demoiselles)（1）
   c.「令嬢にふさわしい...」(... convenables aux demoiselles)（1）
   d.「若い令嬢の...」(... des jeunes demoiselles)（1）
   e.「少女の...」(... des adolescentes)（1）

   f.「若い娘用...」(... à l'usage des jeunes personnes)（1）
   g. その他（2*）
   *ひとつは、リストの中で『若い淑女のための教え』(1764年) と訳した *Instructions pour les jeunes dames*(1764)で、タイトルには «dames»（婦人）とあるが、結婚前の娘達を対象にしている。もうひとつは、『アウグストゥスの解放奴隷ファエドルスの寓話』(1783年)（*Les Fables de Phedre, affranchi d'Auguste*)で、本章の註(141)で記したように、若い令嬢(jeunes Demoiselles)を対象にしている。

3.「婦人」と「令嬢」（1点*）
   *『婦人の文法』(1777年)（*Grammaire des dames*)で、本章の註(133)参照。

4.「母親」（計3点）
   a.「ある母親への...」(... à une mère)（1）
   b. その他（2*）
   *『エミリーの会話』(1775年)と、『女性教育論、及び知育の完璧な講座』(1779-1798年)で、それぞれ、本章の註(131)及び(138)参照。

5.「母親」と「令嬢」（計1点）
   「一家の母親と若い令嬢のために...」(... en faveur des meres de famille et des jeunes demoiselles)（1）

6.「母親」と「女教師」（計1点*）
   *『女性の使命に最も対応していると思われる種類の教育についての試論』(1798又は1799年)で、本章の註(152)参照。

7. その他特定の仕事に従事する女性向け（計4点）
　a.「助産婦（志願者）」(3)
　b.「慈善活動家の婦人」(*dames de charité*) (1)

　このようにして見ると、特に「婦人」(dame)を読者として想定していることを掲げた書が約半数あり、「母親」を表看板にしているものが限られていることがわかる。勿論、先の『婦人の百科文庫』についての分析でも触れたように、子供の教育者や看護人としての役割に役立つことへの期待が表明されている場合があったし、ジュルダンの『婦人の医者』(1771年)にも、小児医学に関する知識が盛り込まれており、母親の役割への期待が読み取れる。とはいえ、教育制度が不備であるために娘時代は十分な教育を受けられなかった婦人達が、自身のために、交際社会での役割の遂行のために、適当な教養書を必要としており、そうした需要に応える書物が出版されていたということなのであろう。尚、女子啓蒙の意図については、後で検討するつもりである。

　又、4)のb)については、娘を教育する母親の手引書の役割を果たしているが、これは、そのまま、娘の知育に繋がるものである。

　ところで、リストアップした書の中には、男性も読者として想定しているものがある。とりわけ、上記の「1. f.」に挙げたドゥロベックの書の副題には、「両性用」とある。しかし、「特に婦人」と但し書が付いており、編集・出版人である「某夫人」(Madame＊＊＊)による「女性出版人の言葉」(*Avis de l'éditrice*)の中で、女性啓蒙を示唆する言葉が特に記されており、本章では女性用の啓蒙書のリストに入れることにしたのである[314]。

　又、フロマジョの『若い令嬢の学習講座』には、タイトルに、「若い男性(jeunes-gens)にも有益で、コレージュの学習の補完の役目をしうる書」とある。男子も読者として考えられているのである。尤も、本章の註(130)でも言及したように、男子用に使えるようにという意図のあったことが明かされるのは、最初の2巻が出てからである。まず、女子の事が念頭にあったことは、この註でも示した通りである。

一方、コンタン・ドルヴィルの読書案内書の第1巻に当たる『婦人用の歴史の蔵書』(1779年)は、本章の註(135)で指摘したように、男性も読者として想定されていた可能性がある。ボーシャンの、『令嬢用フランス語の基礎知識』(1788年)も、本章の註(146)で示したように、本書が両性の若い人達の間で成功を博すことが予見されるコメントが付されていた。又、ジャンリスの『美徳の年代記』も、註(139)で示した通り、男性を含めた「若い娘」以外の読者層も考えていたと思われる。
　こうしたことは、女子啓蒙を特に意識しながらも、教養書のレベルとして、性別を超えた有用性があるという著者の自信を裏付けるものではなかろうか。
　ところで、この時代に専門職にある(又はそれを目指す)女性のためのマニュアル本があったというのは、興味深い。それは、「7. a.」に分類した、助産婦用の2つの啓蒙書、『助産婦の方法的且つ完璧な学校』(1650年)と『助産婦への助言』(1792年)、及び、助産婦の職を志す女性達のための『問答形式による助産婦見習いのための分娩術の基礎知識』(1775年)である(315)。
　1730年の法規定により、助産婦の資格取得手続きが決められ、少なくともパリでは(全国一律の法ではない。)、助産婦の資格を得るには、助産婦の研修と、専門家による能力審査に合格する必要があった(316)。1767年に、フランス国王は、有能な助産婦アンジェリック＝マルグリット・ル・ブルシエ・デュ・クードゥレ(Angélique-Marguerite LE BOURSIER DU COUDRAY)を、フランス全土における助産婦の教育者に任命し、彼女は、各地で教育活動を展開してゆくことになる(317)。産婦や乳幼児の死亡を減らすために、有能な助産婦の養成は、国家の重要な課題であった。これらが、こうしたマニュアル本の存在に表われていると考えられる。
　尚、「7. b.」は、アルノー・ド・ノーブルヴィルらによる『慈善活動家の婦人の教本』(1747年)で、施療院で医療補助をする婦人も含め、貧しい人々の世話をする任務を負った婦人達を対象にした書である(318)。当時、慈善活動は、富裕階級の女性達のステータスのひとつであった(319)。副題

第 3 章　17-18 世紀の女性のための知的啓蒙書

にある「慈善活動をする女性達(personnes charitables)のために作成された準備の容易な薬の処方」という表現の中の «personnes charitables» とは、«personne» が特に女性を意味する場合があり(320)、«dames de charité»(慈善活動家の婦人)の言い換えとも取れるのだが、慈善活動に携わる男女とも解釈できる曖昧さが残る。しかし、序文で、「その身分から［その道の］達人では全くない、慈善活動をする女性［又は人］達(321)」とされているように、素人を想定しているのであるから(したがって、学者、医師、薬屋などの専門職にある男性ではない。)、女性を中心に考えられているのは確かであろう。

啓蒙書の分野

　これらの啓蒙書の分野は、どのような傾向を示しているのであろうか？37 点の書を、複数のジャンル(又は科目)を収めた叢書や総合学習書の類は「総合」とし、それ以外の書については、それぞれ分野別に示すと次のようになる。尚、読書案内書は、学問の入門書にもなっているので、同様の分類基準に従う。(　)内は書物の点数である。

1. **語学（11）**
　イタリア語（5）　フランス語（4）　英語（1）　ラテン語（1）

2. **総合（9）**
　総合学習書（5）　叢書（1）　読書案内（2）　その他（1*）

3. **医学（5）**
　産科学（3）　保健医学（1）　その他、医薬に関するもの（1）

4. **教育（3）**
5. **修辞学（2）**
6. **論理学（2）**

7. 歴史（2**）
8. 詩法（1）
9. 地理（1）
10. 化学（1）
　　*デュプレッシー『婦人のミュゼでなされる講義総覧』(1788年)で、本章の註(145)参照。
　　**1点は、コンタン・ドルヴィルの『婦人用の歴史の蔵書』(1779年)である。

　37点中、上位を占めるのは、語学の分野(30％)、総合学習書(24％)、科学の分野(16％)である。後で示す「総合」が扱う分野のデータも考慮すると、語学・文学関係の比重が高い傾向にあるが、本章の冒頭でも記したように、18世紀の公式出版許可申請では、ほぼ3割という安定した重要な比重を占めていたから、特異な状況とは言えない。
　中でも、国語は勿論だが、外国語としてイタリア語の普及書が多いのは興味深い。第2章で、女子のイタリア語学習に批判的な見解がある一方で、これを積極的に奨める教育論もあるのを見た。フランスの文化的母たる国の言葉、芸術の言葉であるイタリア語の習得が、教養を重んじる階層の女性達の間で需要があったことは間違いない。英語については、これは、ドゥロベックの『婦人用英語発音概要』(1786年)という極簡単な発音の手引書にすぎないのであるが、こういうものが出ること自体、イギリスが、フランスも一目置く先進国として台頭してきた事情と無縁ではなかろう。
　尚、先にも言及したラテン語の書が、特に婦人を対象にしようとしているのは、意外な事であると思われるかもしれない。しかし、例えば自身がパリで開いた学校で教育活動に携わっていた医師で弁護士のジャン・ヴェルディエ(Jean VERDIER,1735-1820)は、その教育理念と具体的なプランを述べた『将来一級の職業や国家の要職に就くことになる生徒達用の教育講座』(1777年) (*Cours d'éducation à l'usage des élèves destinés aux premières professions et aux grands emplois de l'Etat*)で、「ラテン語は婦人達の間で流行

第3章　17-18世紀の女性のための知的啓蒙書

になっている(322)」と、婦人達の間でのラテン語ブームを指摘している。本書の第2章で、ラテン語学習を是認する考えがあったことを指摘したが、ヴェルディエ自身も、ラテン語が、「神との親密な付き合いをする満足感」やラテン語学習による知的陶冶を主張しており、こうしたブームを是認している(323)。こうしたことを考慮すると、この種の学習書は他にも存在していた可能性があるだろう。

　又、理科系の分野も少なからず目に付く。「総合」に分類した『婦人の百科文庫』でも、2割近くが数学を含めた科学の分野であった事実が想起されるであろう。尤も、ここでは、化学を含めた6点中、助産婦(見習い)用のマニュアル本が3点もあり、次に示す「総合」の中にも、この叢書に匹敵するようなものは存在していないから、女性の間での科学ブームが顕著に現れた結果だとは言い難い。しかし、残りの3点は、化学や、保健医学や医薬に関するものであり、又、次に示す「総合」においても、あの叢書を含めて9点中3点に、保健医学や物理学、科学のいくつもの分野が入り込んでおり、少なくともそうした現象の片鱗は窺えるのである。

　ところで、ここで「総合」9点の中味を一覧表にしてみる。既に、それぞれについて、註などで若干説明してきたが、ここで、その具体的な分野を［　］内にそれぞれ列挙してみよう。

Ⅰ．総合学習書
　1．フロマジョ『若い令嬢の学習講座』［地理、歴史］
　2．ルプランス・ド・ボーモン『少女百科』［聖書、倫理・道徳、歴史、地理が中心で、その他、論理学、若干の博物学、生理学、天文学など］
　3．ルプランス・ド・ボーモン『若い淑女のための教え』［聖書、倫理・道徳、歴史が中心で、その他、教育、若干演劇などにも話題が及ぶ］
　4．ミルモン『女性教育論、及び知育の完璧な講座』［教育、保健医学、生理学、哲学、物理学、歴史］
　5．パンクック『令嬢にふさわしい学習』［フランス語(文法、綴り字など)、

151

詩法、修辞学、実用手紙文、歴史、地理、神話、寓話、修身と礼儀作法、算術〕

II. 叢書
『婦人の百科文庫』〔地理、歴史、フランス語(文法、綴り字、発音)、詩法、修辞学、論理学、神話、文学(演劇、詩、小説)、美容、倫理思想、数学(算術、代数、幾何、三角法)、天文学、物理学、植物学、化学、生理学、農芸、家政、保健医学、音楽〕

III. 読書案内
1. コンタン・ドルヴィル『城館の教本』〔文学(雄弁、詩、演劇、小説、説教、紀行文、書簡)、思想、フランス語文法、フランス語辞典〕
2. ルゼ゠マルネジヤ『若い婦人ための読書プラン』〔フランス語文法、イタリア語、宗教、倫理学、歴史、文学(演劇、詩、小説)、神話〕
(1800年の第2版では、ベルナルダン・ド・サン゠ピエールの『自然の研究』(*Etudes de la nature*, 1784)や、ギリシャ旅行記の書なども薦めている。)

IV. その他
デュプレッシー『婦人のミュゼでなされる講義総覧』〔地理、神話、歴史〕

9点が扱うジャンルの上位は、歴史(8点)、文学(6点〔修辞学や詩法を含む〕)、地理と倫理(道徳)(各5点)、語学(主にフランス語)(4点)の順である。ここで特に目につくのは、地理と歴史であるが、特に歴史はほとんど全ての書にある。特に、パンクックの書(I. 5.)では、本文の総頁数、1,013頁のうち、歴史が半分近くを占め、ミルモンの書(I. 4.)では、歴史が7巻中4巻を占め、フロマジョの書(I. 1.)では、8巻中7巻を占めるに至っており(但し、ギリシャ史で始まる第3巻の最初の168頁は、ギリシャ神話に充てられている。)、いずれも歴史が最大の地位を占めている。『婦人の百科文庫』

第3章　17-18世紀の女性のための知的啓蒙書

でも、先のジャンル別構成比率で、歴史は全体の20％近くを占めていた。これらは世界史を収めているから、必然的に量が多くなったのであろう。尤も、パンクックの書以外は未完のシリーズであるから、歴史の比重の大きさは、著者達の当初の意図とずれがあるかもしれない。歴史は、当時の出版物においても安定した比重を占めていた事実を本章の冒頭で指摘したが、少なくともこの結果を見る限り、女性用の普及書においても重要なジャンルであったことが窺える。又、本書の第1章で、時代の要請に応えて、女子の寄宿学校でも地理や歴史の教育が導入されていった事情に触れたが、こうした状況をも反映した結果になっていると言える。

　尚、これら9点においては、世俗の歴史に重きが置かれる傾向が見られるというのも、当時の歴史の出版物の傾向と一致する。パンクックの書では、「聖史」(Histoire sacrée)は、世俗史にも記載のある教会史を入れても18％、フロマジョのシリーズでも、「聖史」とあるのは、第2巻目の最初の117頁(すなわち、本文の22％)にすぎず、7巻に占める割合は極めて小さい。フランス史を中心にしたミルモンの書に至っては、キリスト教の歴史に関する記述はあるものの、「聖史」と題されている頁すらない。尚、ジャンリスの『美徳の年代記』でも、聖史や聖書の説明は、全体の僅か11％である。

　先の分野別の表と合わせて眺め渡してみると、女性用の啓蒙書の内容は、分野に偏りがあるとはいえ、案外多様であることがわかる。これは、本書の第1章で見たように、一般には女子の公教育が貧困な中で、既にマントノン夫人のサン＝シールの学校では、例外的に案外多様な学習内容が盛り込まれていたことを想起すれば(勿論、本章でリストアップした女性用の啓蒙書の内容ほど多様ではないが)、上層階級の女子には、幅広い教養が求められていたという状況を反映したものではなかろうか。尤も、『婦人の百科文庫』のように野心的な叢書は、やはり例外的なものだと言わざるを得ない。それでも、これらの限られたリストをジャンル別に見渡すだけでも、啓蒙の時代の空気を感じ取れるはずである。

女性の知育擁護と啓蒙の意図

　ここでは、既に第2章で紹介した主張や『婦人の百科文庫』については割愛し、それ以外の主たる啓蒙書を具体的に取り上げたい[324]。

　リストに挙げた啓蒙書の多くが、女性の知育の擁護と女性啓蒙の意図を主にその序文で表明しており、その主張の根幹は、主に第2章で見た傾向を踏襲したものである。とかく、「女子教育論」をタイトルに掲げているものだけに関心が向きがちであるが、知的啓蒙の意志の実践である知識の普及書で表明される女子の知育擁護と啓蒙の意図にこそ、机上の理論にはない重みと説得力が感じられるのである。そしてこれは又、女性読者をより積極的に学びへと向かわせる装置として働くものである。本書筆者が、啓蒙書における女性の知育擁護と啓蒙の意図を表明する言説に特に注目して検討するのは、そのためである。

　さて、ミルモンは、『女性教育論、及び知育の完璧な講座』という、女子教育論とこれの実践としての教育講座をひとつにした総合学習書を出したが、フロマジョも『若い令嬢の学習講座』の第1巻（1772年）の序文で、女子教育論を展開している。

　この中で、彼も又、他の女子教育論者同様、女子教育がなおざりにされてきた事実を嘆き[325]、母親は子供の教育には無頓着で、子供の世話を、「粗野で、無知で、最悪な教育の欠点に満ちた召使い［子守女中兼家庭教師のことであろう。］」に委ねて悪影響を与え、あるいは、世捨て人の修道女に子供の養育と知育を委ねて、世間について無知なまま娘達が俗世間に出て来る現状を批判している[326]。こうして彼は、娘に自身の果たすべき義務を教え、美徳を植え付けると共に、娘の知性を入念に育むことを世の母親に向けて強く訴えて、「彼女［あなたの娘］にその義務を教えなさい、その心を美徳に導きなさい、しかし、その知性も疎かにしてはなりません。つまり、その知性は、入念に磨かれねばならないのです[327]」と言うのである。

　これまでに見た女子の知育擁護論の中にも、女性の知的能力をその論拠としているものがあったが、フロマジョも同様であった。いつの時代にも

第3章　17-18世紀の女性のための知的啓蒙書

あらゆる民族において、多くの歴史上有名な女性達が、男性達に伍して政治や学芸の分野で活躍してきた事実を強調し、フランスだけでも、多数の女性達が科学や文学に勤しんできたとしている[328]。要するに、女性の知的劣性は、作られたものなのである。彼は、男性の教育に磨きをかけるような書物は多いのに、男性と同等の知的能力を備えた女性達のための書物がほとんどないことを嘆いている[329]。

とはいえ、彼も又御多分に漏れず、モリエールの『女学者達』に出て来るような「滑稽な女学者達」(savantes ridicules)を養成することには反対で、「教養のある女性達」(femmes instruites)を養成することを理想としていた[330]。教養ある女性というものは、確かな判断力と思考力を身に付け[331]、社会の掟に従い、しかも、自身の属す交際社会の「無上の楽しみ」の源泉となるような魅力的な女性なのである[332]。フロマジョは、この理想の女性を養成するには、早くからより的確な教育で彼女達の知性を磨く必要があると考え、次のように言っている。

「もし、通常施されている教育よりもより当を得た教育によって、早くからその知性を磨けば、彼女達［女性達］は、的確且つ見識ある精神の持つゆるぎなさと、美貌から来る魅力、才能の持つ魅力を合わせ持つことになろう[333]。」

確かに女性は、男性のように、「国家を治めたり、軍隊の先頭に立って行軍したり、宗教や王座の後ろ盾になるために造られていない」が、それでもやはり「社会の一員であり、社会で果たすべき義務がある[334]」と著者は主張する。立派な教育によって女性の「天分を豊かにし、才能を芽生えさせる」ことができれば、我々は、「新たな幸福の源」を得ることになり、女性自身も、そうした教育の効用を理解し、自分の子供の教育も疎かにしなくなるだろうと、彼は期待を抱くのである[335]。このように、母、妻としての、又、交際社会での女性の役目に注目した読者の理解を得やすい知育擁護の論拠を彼も踏襲していた。

こうしてフロマジョは、自身の学習書シリーズが、若い娘達の無為を防止し、軽佻浮薄な関心事にうつつを抜かす習慣がつかないことに役立ち、「知性と心情」を養い、「好ましく、有益で必要な知識」を習得させる有効な手立てとなることを期待して、「もし、本書が、早くから若い令嬢達に有益な時間を過ごす習慣を身につけさせ、さほど苦労もなく、同時に彼女達の知性と心情を育み、世間で彼女達に要求されているような、ああした好ましく、有益で必要な知識を彼女達に身に付けさせる確かな方法となるのであれば、私は、幸いにもこの骨の折れる任務を果たしたことになろう[...][336]」と、真摯な執筆の意図を表明しているのである。

　しかし、序文の冒頭で、「良い教育の規範は人生の幸福の源[337]」だとする彼は、この序論を、「もし本書が、私の目論み通り、彼女達[女性達]のこの上ない幸福に貢献するのであれば、私自身嬉しいだろう[338]」と結んでいることにも注目する必要がある。理想的な教養ある女性の養成を目指して構想された本書は、そうした女性の育成が、まず女性自身の幸福の実現に貢献するものであるという信念に貫かれたものなのである。尤も、自分自身のための教養という論拠も、当時の女子の知育擁護論で繰り返し言われてきたことである。

　一方、デュプレッシー男爵夫人は、女性達が、公教育や、アカデミーなどの公式の知の殿堂からほぼ疎外されている現状を指摘し[339]、女性の知育のための施設である「婦人のためのミュゼ」(Musée pour les dames)を構想していたが、『婦人のミュゼでなされる講義総覧』(1788年)の序文で、女性の知育擁護論を展開している。

　彼女によると、女性は、不当にも男性に知識を独占されている状況では、美徳を女性に期待することはできないとし、無為は、無知（間違った考え方や不品行と狂信の源）や軽薄さなどの根源であり、「仕事や真理の探究、勉強、知識で」これを追放すれば真の幸福が得られると説く。とりわけ、勉学に専心することによって、「心と判断力を養成しながら」、有意義に時間を使うことができるのである[340]。女性にとっての学問の精神的効用については、更に、序文に続く「第1講」で、学問は「最も痛ましい悲

嘆における慰め」となり、「情念を鎮め、快楽を制御し、知恵を豊かにする(341)」とも言っている。

　デュプレッシーも又、教養ある女性を理想として掲げていた。すなわち、「教養のある、あるいはそうなろうとする女性」(Une femme instruite, ou qui cherche à le devenir)は、「知性を育むことを怠っている女性達には知られていない楽しみを自身に準備し」、偉人と目されるに値するような「美徳」を身に付け、「幸福」が保証され、しかも、「我が子にその知識を伝え、[...]我が子の教育の成果を誇りに思い、そこに富と宝を見出せる楽しみ」を得ることになると言うのである(342)。

　そして彼女は、女性が博学になったら、傲慢になって、夫や他の男達を軽蔑し、子供や家の仕事をなおざりにするだろうから、女性は、所帯の世話や人から好かれる技にだけ時間を使うべきだという世間でよく言われる理屈に対しては(343)、当然のことながら反論を展開してゆく。まず、学ぶことで自身の無知をより知ることになるのだから、教養ある女性は、寧ろ謙虚になるのだと言っている(344)。又、知識(但し、「有益又は好ましい知識」という限定付きではあるが)は、女性を妻、母、主婦としての義務の遂行に貢献するものだというオーソドックスな論拠を展開している(345)。

　勿論、彼女は、教養の持つ女性自身へのメリットも強調していた。すなわち、教養は、女性自身の存在の永続的な魅力にも繋がり、教養ある女性は、人に精神的な喜びを与え、尊敬を勝ち得ると主張したのである(346)。彼女の主張に見られる知徳合一の観念や学業の精神的効用、博学な女性を擁護する論拠の多くは、これまでも繰り返し見てきたものである。

　ところで、サロンを主催し、そこに集う教養豊かな女性の存在が、フランスの風俗の洗練と文化の発展に寄与してきたことは知られている。貴族の女性であるデュプレッシーは、以下のように記している。

　　「女性達における知識は、益々風俗を洗練し、男性達を競わせることに貢献するはずである。学習への好みに触発される人々は、麗しい口から、魅惑的な声によって発音される知識が出て来るのを喜んで目

にするのだ[...]例えば、ラ・ファイエット夫人の家は、当時の学者達の学校であった[347]。」

これは、彼女が女性の知に、教養豊かな女性との交流が単に人を楽しませるという意義以上の、文化史に果たす女性の役割をも認めていたからに他ならない。

さて、本章では、『婦人の百科文庫』の執筆者の中に、啓蒙の時代認識に立って女性のための啓蒙書を構想したことを序文で表明した者がいたことを指摘した[348]。この点については、ガヤールによる『婦人用のフランス詩法』(1749年)の序文からも、類似の趣旨が読み取れるので、ここで紹介しておきたい。但し、彼の場合は、この時代認識をより敷衍すると共に、女性の知を阻む偏見を批判し、女性の知的陶冶こそが学芸の発展に貢献していることが、デュプレッシー以上に力を込めて論じられている点で際立っている。彼は序文の冒頭で、次のように言っている。

「あらゆる学問が熱心に取り組まれ、芸術も古代が経験しなかったような完璧なレベルにまで達している洗練された啓蒙の時代に生きているという利点を、私達は持っている。高邁なる競争があらゆる人々を支配し、無知は世界から追放されている。趣味人達、真の文学愛好家達は、女性達の精神をその家庭内の仕事の暗がりに閉じ込め、彼女達が魅力と知識を持つことを無慈悲にも禁じていたあの恥ずべき偏見(ce préjugé honteux)が、息絶えるのを喜んで見ているのである[349]。」

学芸が発展を見る啓蒙の時代にあって、この時代精神が女性にまで波及している現状を、彼自身大いに歓迎しているのが読み取れる。それは特に、女性の知を阻む偏見への軽蔑を露にした表現からも窺えるであろう。彼は、この偏見を「何世紀もの間根を張ってきたあの滑稽な過ち」とも呼び、これのせいで、モリエールの『女学者達』は、フランスを、再び「あの昔の野蛮に沈めようとしていた」と、当時の状況を厳しく批判するのである[350]。

第3章　17-18世紀の女性のための知的啓蒙書

　ところで、サロン文化における女性の存在は極めて重要である。そして、そこでの交流は、男女間の共通の知的基盤を前提にしたものである。そうした状況を踏まえてのことであろう。ガヤールは、知的女性の擁護を、男性をも納得させるような論拠で展開していくのである。つまり、男性が精神を豊かにしようする動機のひとつは、女性に役立ち、好ましく思われたいと思うことである。しかし、男性に長所や魅力がなかったら、女性に気に入ってはもらえないのである。もし女性達が、その知を阻む偏見のせいで、完全に芸術や教養を捨ててしまったら、男性は、女性が知らないことで気に入られようとはしないだろうから、「もはや、競争も趣味もなくなり、才能も雄弁も、永遠にコレージュの暗がりの中に埋没し、[...]衒学趣味があらゆる学問に、人を寄せ付けない堅苦しい性格を与えて、学問の屍の上に、迷信と無知を再生させることになろう[351]」と彼は断言するのである。しかし、幸いにも、「理性の光がこの[偏見が持つ]威光を追い払ってくれた」ので、女性が知的陶冶に励んだ結果、その知性と美の融和から新たな魅力が生まれ、それが社会の利益となっている[352]。現に、女性達は、最も困難な学問でさえものともせず、その知的好奇心の対象は、物理、哲学、天文学などあらゆる分野に広がり、彼女達がそうした学問に勤しんでいる好ましい現状をガヤールは指摘するのであった[353]。

　尤も、彼が特に「婦人達に最もふさわしい」とする学問は、「軽めの文学」、「趣味と楽しみの学問[354]」であった。修辞学の普及書『若い令嬢用のフランスの修辞学試論』(1746年)に続いて、『婦人用のフランス詩法』(1749年)が編まれたのはそのためである。

　勿論、こうした啓蒙書の刊行には、女性の知的能力への信頼(これまでに紹介した著者達の言説に滲み出ている。)が前提としてあったことは確かである。事実、『婦人のための慈悲深く易しい化学』(1666年)の著者ムルドゥラックは、プーラン・ド・ラ・バールに先駆けて、既に「知的能力に少しも男女の別はない[355]」と考えていたし、ドゥロベックの『ラテン語の鍵』(1779年)では、本書の編者で出版人であったとされる女性が、女性は、本来「知性の恵み」と「最も自由な悟性」を与えられているから、適切な導

159

きさえあれば容易に知識を獲得できるとしているのである(356)。

具体的な学問の奨めとその効用

　ガヤールは、女性に最もふさわしい学問は、「趣味と楽しみの学問」だとしていた。又、デュプレッシーが構想する教育施設でなされるのは、「婦人にふさわしいあらゆる知識を対象にした講義」であった。したがって、将来、男性がその固有の役職に就くために取り組む「ああした学問の無味乾燥な勉強」は対象外であるとする。排除の対象である分野は記されていないため、その具体的な内容は不明であるが、少なくとも、政治や法律、高等数学といった分野は除外の対象であることが想定されよう。これは、ひとつには、女性の学業が、一般には職業生活に結びつき得ないという現実があるからに他ならない。

　しかし、デュプレッシーは、それに止まらず、女性特有の肉体的精神的性質から、女性の学問に制限を設けている。すなわち、「彼女達の体の諸器官の脆弱さや彼女達の気質のもろさ、彼女達の性格の優しさは、かくも困難で抽象的な勉強とは両立しえない」とも言っているのである(357)。

　又、女性らしさへのこだわりからであろう。ルゼ＝マルネジヤも、『若い婦人のための読書プラン』(1784年)で、人を魅了するのが婦人の義務や運命であるのだから、「婦人達が開拓すべきなのは、科学の厄介な分野ではない(358)」と断言し、「科学は、女性達に有益であるどころか、彼女達には有害であろう(359)」とさえ言っている。

　この他、ル・グロワン・ラ・メゾヌーヴも、『女性の使命に最も対応していると思われる種類の教育についての試論』で、「女性の精神を的確にするために、論理学と数学を勉強させるべきではないと思う(360)」と、否定的な見解を述べていた。

　とはいえ、既に見たように、偏りはあるものの、女性のための啓蒙書のジャンルは案外多岐に亘っている。これらの啓蒙書には、特に個々の学問について、その推奨が明確に表明されている場合があるのである。以下、その具体例を見てみよう。

第 3 章　17-18 世紀の女性のための知的啓蒙書

フランス語　フランス語は、母国語であるから必須の学習科目であると考えられる。しかし、本書の第 1 章で触れたように、当時の識字率は極めて低かった。したがって、教養が求められる階級の女性達に、著者が敢えてその重要性を学習書の前書きなどで訴える必要があった。

事実、バルテルミーは、『婦人の文法』(第 5 版, 1797 年) で、「育ちの良い女性」というものは、必ずしも博学である必要はないが、母国語の知識は「知らないでは少しも済まされない知識」であり、「その諸規則を知らないというのは、庶民の間でしか許されない[361]」と言っている。彼は、簡単な同義語辞典のようなものをこの第 5 版に付けたが、巻末の結びの言葉で、これが読者から感謝されることを期待すると共に、できるだけ早い時期から若い娘達に的確なフランス語を身につけさせることの重要性を強調している。更に、良い教育というものは、知識や美徳だけでなく、優れた表現力によっても魂の潤色に努めるものだという趣旨の言葉を引いて、フランス語の鍛錬が、女子教育に必須であることを示唆しているのである[362]。

一方、プリュネは、『婦人の文法』(1777 年) で、フランス語がその種々の長所ゆえに、ヨーロッパの他の言語よりも好んで使用され、ヨーロッパの外交語となっており、唯一ラテン語をも凌駕したほどの言葉であるから、フランス語は、「必要不可欠で基本的な教育の部分[363]」と見做されるべきであるとする。しかしながら、一般に (男性も含めて)、正しくフランス語で書く能力が特に欠けていると著者は嘆くのである。ある婦人の場合、会話は見事なのに、書くとなると纏まりのない文章で、しかも、綴り字が間違いだらけなので読み辛いという。著者は、綴りの誤りは、特別に学習しなければ回避できないとしている[364]。したがって、プリュネは、正確なフランス語を書くには、フランス語の諸規則を文法書で習得するしかないと考えており、この認識を女性が持つことを期待しているのである[365]。彼の期待はそれだけに止まらない。その女性特有の器官の「肉体的な繊細さ」ゆえに、女性は、男性よりも「真実と美」を把握しやすく、人の心を生き生きと感動的に描くことが容易くできるから、彼女達の書くものは、「優美で正確な文体」で書かれた「完成されたお手本」となり (書簡体作者

として有名なセヴィニエ夫人(Madame de Sévigné, 1626-1696)などの例が既にある。)、フランス語がそうした作品で豊かになるであろうとさえ、著者は言っている[366]。女性達の文学的資質に対して揺るぎない信頼を持つプリュネは、彼女達がフランス語を文法書できちんと学ぶことで、その資質が開花し、文化的な貢献に繋がる可能性まで示唆しているのである。

外国語　外国語については、第2章で、ル・グロワン・ラ・メゾヌーヴやジャンリスがイタリア語とフランス語の学習を推奨していた事実を紹介した。フランス語とイタリア語、ラテン語、英語、ドイツ語の学習書シリーズを出版したアダンは、女性達が様々な外国語を学ぶ事により積極的な姿勢を見せている。彼の教え子であった婦人達や娘達が、彼の方法で短期間にいくつもの外国語を習得した経験を語り、ヨーロッパの他の国々の婦人達が、「通常、いくつもの言語を知っている[367]」とする彼は、女性の外国語学習が特別な事でも、能力的に困難な事でもないということを、シリーズの最初の書『婦人用のフランス語普遍文法』(1779年)の序文で示しているのである。尤も、これらのシリーズは、本章の註(134)で指摘したように女性読者を想定していることは確かであろうが、特に、「婦人用の」(à l'usage des dames)とされている外国語の学習書は、イタリア語のみである。しかも、その理由については述べられていない。

　その点、ベンチレーキは、『婦人用週1回のイタリア語講義』の序に当たる「フランスの婦人達へ」で、イタリア語学習の意義とその学び易さを強調することで、女性達にイタリア語の学習を促していた。彼は、イタリア語の「諧調性」や「表現」の魅力といったヨーロッパの他の言語に対するこの言語の優越性を指摘して、イタリア語習得の意義を説いたのであった。更に、フランス語との類似性からくるイタリア語の学び易さを強調し、「特にフランス人女性にとって」、イタリア語ほど学び易い言語はないと説得力のある論拠を示している[368]。

　一方、ル・グロワン・ラ・メゾヌーヴは、外国語学習の様々な効用について記していた。しかし、外国語に精通することを重視していたわけでは

ない。彼女にとって、外国語の学習は、歴史の学習と共に、彼女が推奨する「しっかり理論立てられた文学講座」の学習に必要な予備的学習に過ぎなかったのである。彼女が推奨していたのは、英語とイタリア語の学習であった。古くから歴史的に最も繋がりの強いイタリアとイギリスの言葉を推奨するのは当然であろう。特に、18世紀における植民地を巡る英仏の覇権争いや、イギリス文学のフランスへの影響の重要性は、英語学習推奨の背景にあるものと考えられる。

　しかし、ここで注目すべきなのは、このふたつの外国語学習に与えられている予備的な学習という役割が、現代でも十分通用しそうなものであるという点である。つまり、テクストの仏語訳の作業を通して、母国語であるフランス語というものを知り、フランス語を「正確で優美に書く」術を学ぶことになるとしている。更に、こうした言語で書かれた「有益で興味深い書物」、例えばイタリア史や英国史の書物を「適宜コメントを付けながら翻訳させることで、その[子供達の]頭に最も重要な事実を刻み込む」ことになり、年代を辿って比較することで各時代の特徴を知ることができ、それぞれの時代の諸事件を地図で辿っていけば、地理の勉強にもなるというのである[369]。外国語の学習を、母国語の運用能力の向上や、外国の歴史と地理の学習に繋げるという発想は、実生活で外国語を使う必要性のあるなしにかかわらず、その学習を奨める論拠として今日でも十分有効であろう。

　歴史　歴史については、既に第2章で、歴史の勉強が徳育に有効であることの認識があったことや、本章で、特に18世紀における世俗史や現代史重視の傾向に言及してきた。女性の啓蒙書においても、こうした点を反映する形で、歴史の学習が推奨されている。又、本書の第1章で、時代の要請から、歴史の学習が女子教育に導入されるようになったという点にも触れたが、ヨーロッパでの戦争や植民活動による世界の膨張は、フランス史は勿論のこと、世界史の学習にまでその推奨範囲が広がる例が見られる。

まず、コンタン・ドルヴィルは、『婦人用の歴史の蔵書』(1779年)で、歴史を「我々の知識の中で肝要な部分[370]」と位置付けている。そして、一般に、「知性を育み、心を律するのにかくもふさわしいこの勉強[371]」の有用性の認識を示した。特にフランス史の勉強に関しては、男女を問わずその重要性を認めている。「フランス人男性あるいはフランス人女性は、ケルト人の歴史を概観することから始めて、主にフランス史に勤しまねばならない[372]」とし、他の古代民族の歴史を知っていて、フランス史を知らないのは恥だとさえ言っていた[373]。

　この点については、フロマジョも既に、『若い令嬢の学習講座』(第1巻、1772年)で、「フランス史の知識はフランス人女性にとって不可欠[374]」だと言っていた。彼は、先にも触れたように、歴史上、男性に比肩するような優れた女性達が、フランス内外で多数存在してきた事実を指摘しており、そうした女性達の歴史が若い娘達にお手本として教育的な効果をもたらすことも期待していたと思われる[375]。

　一方、ルゼ＝マルネジヤは、『若い婦人のための読書プラン』で、歴史書を通して女性は、世界の諸国家、諸民族の変遷の歴史を知るだけでなく、描かれる罪と美徳から人間の何たるかを知ることにもなり、どの歴史的事件も女性にとって教訓になるとしている。要するに、歴史を学ぶとは、「最も完璧で最も有益な倫理学の講座[376]」を受講することになるのだと、ロランのように、歴史の学習の倫理的効用をも認めているのである。そして、彼も又、「フランス女性が懸命によく知りたいと思わねばならないのは、とりわけ、自国の歴史である[377]」と主張したのだった。

　フロマジョも、歴史は万人にとって有益で、「歴史はあらゆる時代とあらゆる国家の教訓である[378]」と述べていたが、ミルモンも又、歴史の学習における優れた倫理的効用を認めて、「歴史の勉強から引き出せるのは、最良の教訓である[379]」と言っている。つまり、歴史の様々な実例から、「人生の様々な状況に適用可能な教訓[380]」が学べるという実際的な効用を期待しているのである。尤も、この点では、あらゆる分野で偉大な人物が登場するギリシャ・ローマ史に比べて、フランス史にはそうしたお手本が

少ないとも言っている(381)。それでも、彼女が特に重視したのは、同時代の出来事や、様々な国と民族、宮廷の利害関係、風俗・習慣などを対象にした世界史であり(382)、「現代と関連のある歴史的事実(383)」であった。

地理 本書の第1章で、歴史同様、時代の要請から、地理も女子寄宿学校での学習に導入されていた例を挙げたが、この分野を扱った著者達も、女性読者にその学習を促している。例えば、フロマジョは、講座シリーズの第1巻の『地理』(La Géographie)で、地理学は「簡単な学問」で、これが対象とする様々な事柄が「非常な努力を必要とすることなく、好奇心を掻き立てるという長所がある」としている。そういう易しい地理学の知識を持っていないというのは、恥であるとさえ言っていた(384)。

エノーも又、『基礎の地理』(1771年)の序文において、地理の学習に読者を誘う(いざな)ために、地理は、分かり易く面白い学問で、基礎的な必須科目であることを訴えている。つまり、これは、「子供に最も理解可能な、最も興味深い学問」であり(385)、最初に学習対象となるべきもののひとつであるなどとしているのである(386)。

更に本書の対話では、登場人物である母親の娘への言葉を通じて、地理の知識を獲得するメリットが示されている。

「例えば、よくあることだけれど、あなたが皆と一緒にいて、ある国のことが話題になるのを耳にした時、それがどこの国であろうと、言われていることが良く理解できるでしょう。又、歴史の本を読む時も、その内容が分かるでしょう。そうして、ついには、いつの日か、育ちがいいのに、非常に単純な事柄について恥ずべき無知を謗られる大部分の女性達のようになることはないでしょう(387)。」

地理の学習は、地理を話題にした会話や歴史の本の理解に役立ち(388)、教養ある女性となるには不可欠なのである。尤も、これらは男女を問わず、社交界の教養人に共通な知識獲得の動機としても有効なものであろう。

文学　そういう意味では、文学の分野の知識こそは、あらゆる教養の中心にあるべきものであった。17世紀前半の文学サロンの成立以来、男女を問わず重視されてきた知識であるからである。しかし、とりわけ上層階級の女性達が、サロンで文学作品の評定に積極的に関わり、文芸の庇護者として文壇に君臨し、その作品が高い評価を受ける者まで輩出した事実は[389]、この分野が女性にふさわしいという論拠を与えると共に、サロンでの役目を果たすためにその学習を奨励する必要があった。

　例えば、ルゼ＝マルネジヤは、『若い婦人のための読書プラン』で、文学講座や詩法の書を女性に薦めている。それは、「その感受性や鋭敏さ、機転の確かさ、心の琴線のこの上ない可動性ゆえに、最も微妙な特徴、最も感知しがたいニュアンスでも容易に理解する女性達は、芸術の最高の鑑定家でなければならないし、現にそうである」が、いつも正しい判断を下すためには、天与の才だけでは不十分であり、詩法の持つ諸規則の知識も獲得しなければいけないからである[390]。

　一方、交際社会での作詩法の知識の重要性が、『婦人の百科文庫』の『合集』第2巻(1785年)に収められている『作詩法概論』の冒頭で示されている。教養人といえども、詩作の才能や趣味のある人は少ないが、「社交界で詩を読んだり、あるいは人前で暗唱する機会が頻繁にない人はいない。日々社交界で、マドリガルが回し読みされるが、エピグラムはもっと速く伝わる、これらは読み手を必要としているのだ。しかし、この読み手が作詩法を知らないということを確信するには、4行読むのを聞けば十分だ[391]」という著者は、女性がこうした詩について意見を述べる機会があり、詩人に正しい評価を下すためにも、女性に作詩法の知識を強く奨めている。その上、作詩法の勉強は易しいから、これを女性が習得するのは当然だとしているのである[392]。

　ところで、ルゼ＝マルネジヤは、『若い婦人のための読書プラン』の第2版(1800年)の『補遺』(*Supplément*)で、文学全体の詳細な見取り図であるラ・アルプの『リセ、あるいは古代と近・現代の文学講座』を薦めている。この文学講座を読めば、女性は「努力も苦労もなしに、必然的に母国語を

学ぶことができる」し、これを読むことが、「かくも豊富な教養の源」への扉を開いてくれ、「豊富な楽しみの源」になると、精神的効用をも指摘している(393)。但し、女性達に対しては、「学者」(doctes)になって欲しくない(彼女達には、あくまでも、「感じが良く幸せ」(aimables et heureuses)になって欲しいから)という理由で、彼は、この文学講座の古代文学の部分の読書は推奨しなかった(394)。

そして、文学ジャンルの中でも、当時、軽薄なジャンルと見做されがちであった小説については、ルゼ＝マルネジヤは、「風俗を描き、矯正し、大いなる教訓を与える(395)」ような書もあるとし、女性達にその読書を闇雲に禁じることを良しとしない姿勢を示している(396)。これは、特に、18世紀の英国小説(リチャードソンやフィールディングの作品)の中に、倫理的有用性を認めた結果である(397)。

この他、ミルモンは、文学の学習に若い娘達の「文体を育む(398)」という実用的な利点があることも指摘した。これは、手紙をしたためるのに役立つという実際的なメリットを意識したものであるが、優れた文学作品は、当然文章のお手本となりうるものである。

修辞学　一方ミルモンは、娘達に小説を読むことを禁じるだけではだめで、正しい、有益な読書ができるよう指導することが肝要であると考えていた。すなわち、作品を正しく判断するための「見識と趣味」を養成することが必要なのである。そのためには、例えば修辞学の知識が求められるであろう。彼女は、修辞学が文学芸術の諸規則を教えるとしている(399)。尤も、彼女は、若い娘が修辞学の知識を一通り習得するということまでは要求していなかった。

その点、ガヤールは、修辞学の基礎をほとんど網羅した『若い令嬢用のフランス語の修辞学試論』(1746年)を世に出しており、娘達が修辞学を学ぶ目的も明確に表明していた。彼は、本書の第2版(1748年)から第7版(革命暦7年[1798又は1799年])の序文の冒頭で、修辞学の目的について、「修辞学にはふたつの目的がある。つまり、これは、優れた作品を書く術

を教えるのであり、そうした作品を味わう術を教えるのだ[400]」としているが、女性を単に文学作品の鑑賞者としてその趣味を養成するだけでなく、作品の創造者としてその知性に磨きをかけることを肯定する言説まで展開しており、ミルモンより遥かに進んだ見解を披露している。尚、本書での彼の主張については、第4章でもう少し詳しく検討するつもりである。

　神話　神話については、『婦人の百科文庫』に収められている『合集』の第4巻『神話についての試論』(1785年)の冒頭の序で、神話は想像の産物に過ぎなくとも、学習に値するとして、その理由が述べられている。それは、文学・芸術の理解に神話の知識が欠かせないという、極オーソドックスな理由である[401]。この点では、ルゼ＝マルネジヤも、「少なくとも、神話に出て来る素晴らしい虚構の物語についてのちょっとした知識」が女性には欠かせないとし、これがなければ、絵画や、詩人、彫刻が理解できないとしている[402]。

　更に、『神話についての試論』は、神話の物語は、現実の古代史と関連があり、この知識がなければ、「古代人の宗教と倫理上の規範」が不明瞭にしか解らなくなってしまうとして、神話が古代史の理解にも不可欠であることを指摘していた[403]。

　哲学　哲学の分野については、当然のことながら、実際的でない部分や抽象的で無意味な議論(精神陶冶に有益でない部分)は避けて、実人生に役立つ哲学(倫理学や論理学)が推奨される傾向が強かった[404]。

　中でも、形而上学は、前者に属す分野である。ミルモンは、形而上学を、「理性を疲弊させるために作られている抽象的な学問」だとか、「判断力にとって危険な障害物」と呼んで警告していた[405]。彼女は、母親が子供の知性を育むために、寧ろ、人間の認識、思考の心理的起源に関する認識論の知識を持つことを歓迎していた。それは、「知性のあらゆる働き」を理解することで、「娘を育てる母親達が、これによって、記憶力より悟性を訓練することの方が大切だと感じる[406]」ことを期待していたからである。

本書に収められている『コンディヤック神父のいくつもの書とその他のいくつかの書からのダイジェスト[407]』(Extraits détachés de plusieurs ouvrages de M. l'abbé de Condillac, et de quelques autres)は、その認識論を扱ったものである。

　一方、フロマジョは、形而上学を女性の学習科目に入れることを当然だとした数少ない例である。彼はその『若い令嬢の学習講座』(第1巻)で、生徒と一緒に形而上学に取り組んだという自身の教育実践を語っているが、その中で、「女性達に形而上学？　どうしていけないことがあろう？」と言っている[408]。しかし、その学問の範疇をそのまま教えることを主張したわけではなかった。現代の形而上学者達は、真理の探究に役立たないような異論の余地のない原理の証明のために理屈をこねて終わる虚しい学問を漸く捨てて、形而上学を「その若い弟子達のために有益であると同じ位好ましい」ものにしたから、これを利用して、自分の生徒に伝授するのは当然だとしている[409]。これは、知識の普及書の中で、あるいは私的な講座などで、若者向けに、あるいは社交界の若い世代の男女向けに、形而上学が有益で接近しやすい形で提示されていることを意味しているのではないかと思われる。虚しい探究に終始する無益な学問ではなく、神の存在とその全能の力、神の属性、人間の本性について自分の生徒は学習したのだという[410]。教授内容を慎重に選べば、形而上学も女子の知育に貢献するはずだという確信を彼は持っていた。「いかなる女性達も、その才能を増大させ、引き立たせうるあらゆる学問を自分達に学ばせることを目的としている書の中に、この学問の勉強を入れさせたことを悪く思う者はいないだろう[411]」と言う彼は、この講座シリーズにこの学問を入れるつもりであったはずだが、実際には、形而上学の書は収められなかった。叢書が未完に終わったためであろう。

　一方、『婦人の百科文庫』は、17巻本による『倫理』のシリーズを実現した。『哲学』ではなく、『倫理』であったという点が重要で、こちらの方が女性読者から受け入れられるという読みがあったことは間違いないであろう。しかし、『倫理』第1巻の冒頭が、倫理学のことを、「あらゆる点で、

人類の美しき片割れ［la belle moitié du genre humain で女性のこと］の文庫の中でひとつの位置を占めるに値する」と断言するのは、単純な道徳的論拠によるものではない。それは、社会的な存在であることを自然によって運命づけられている人間に、人が社会を形成する「目的と行き着く先」は何かを教え、「物事の道理」という点で自然が人間に求めているものを学ばせ、物事の道理に従い続けるようにすることでのみ幸福を享受できるということを知らしめることが、「倫理学の重要な目的」であると明言することによってであった(412)。人間学としての倫理学の深みのある意義を訴えている点が、いかにもこの野心的な叢書にふさわしいと言えよう。

しかし、読者対象が少女達となると、もっと実生活を意識した説得の仕方が必要になる。ルプランス・ド・ボーモンは、『少女百科』(1760 年)で、女教師に、特に倫理哲学は、「男性と同じ位婦人にふさわしい」とか、「どうしても倫理哲学(Philosophie morale)に専心しなければならないというのは、全く疑いのないことです。なぜなら、これは、有徳に生きることで幸福に生きる術であるからであり、又、あなた方の利益になるので、この勉強を怠ることはできないからです(413)」と女生徒の前で言わせている。確かに、より良く生きるための倫理哲学の有益性は、性別を問わない。これに加えて、倫理学を、幸福に通じる有徳な生き方の教えとする実際的な定義は、若い娘達を学びに誘う有力な論拠となるものである。

一方、論理学に関しては、形式的な理屈を捏ねる学問というイメージを払拭するかのように、実際的な有用性が強調されている。

例えば、『婦人の百科文庫』の『合集』第 3 巻『論理学及びフランス語修辞学概論』では、論法は必要だが「屁理屈を捏ねる(argumenter)」のはいけないとされており、全体の 1/5 にも満たない論理学の頁は、あくまでも修辞学の学習に先立ってこれを補完するために入れられているのである。著者は、前書きで、修辞学と論理学が一体となっていた古代人達の前例を想起させ、両者をひとつにしたことは決して特異なことではないとしている。これは、例えばアリストテレスの弁論術の書が念頭にあったのであろう。こうして、第 1 章の冒頭で、「論理学は推論を教え、修辞学はそ

第 3 章　17-18 世紀の女性のための知的啓蒙書

れを潤色する。しかし、推論しないで話したり書いたりするということがあろうか?」と、理屈があってこそ、雄弁も価値が出てくるのであり、人を納得させ、心を打つことができると述べるのである[414]。したがって、ここでの論理学の基礎知識は、理論立った考えの表明に役立つと考えられる「推論」の諸形式に特に頁が充てられることになる。

　一方、ブランシェは、伝統となっていたとりわけ思考する術としての論理学から一歩踏み出して、その精神的効用を特に強調した。『婦人用の知性と心情の論理学』(1760 年)で、この学問を、「良く考え、良く感じる術[415]」と定義し、著者は、正しい思考を促し、更に、その思考の論理によって情念をもコントロールし、直感に惑わされやすい人間を理性的な存在にすることを期待していたのであった。これは、いかにも理性と啓蒙の時代にふさわしい発想である。

　フロマジョも、論理学の実際的な効用に着目した。彼は、この学問を様々な考えを判断する術と見なし、この術が方法化されたのは、「正しい理屈を見極め、詭弁の誘惑から身を守る術を学ぶため[416]」(これは、ジャンリスの目指したあの「優れた論理学」に相当するものである。)だとし、次のように言っている。

> 「この学問は、その妥当な限度内に縮小し、その諸原則を明快に説明することで学びやすくなれば、大いに有益ではなかろうか? [...] 一体どうして女性達にこの学問をさせないというのだろう?「知性に男女の別は少しもない」と、彼女達の真の友のひとりが言った。つまり、彼女達には、男性と同じ位知性があり、その知性には、同じ活動が可能だということなのだ。彼女達を、しばしば間違った理屈に騙される危険にさらされるがままにしておくというのは、不当であろう [...][417]。」

　彼は、形而上学を推奨した時と同様、学問としての論理学全体を学ばせようとしているのではない。実際的な内容に止めて、分かり易い形で教え

ることが念頭にあったものと思われる。しかしこれは、彼が学問を教育的に活用しようとしているからで、手加減をしようという意図に由来するものではないのである。その上、プーラン・ド・ラ・バールの言葉を、男女の知的能力の同等性を示す論拠とし、女性が論理学を学ぶことに不都合がないことを重ねて主張している点は注目して良いであろう。しかし、何よりも有用性こそは、女性を学問に勤しませる最も説得力のある論拠となるものである。彼は論理学の学習を、自身の生徒の利益と幸福に繋げようとしていた。そもそも詭弁や誤った推論を指摘するというのは、伝統的に論理学で取り扱われてきた事柄である。したがって、論理学の学習によって女性を誤った理屈に騙される危険から守ってやるという発想は極めて自然であり、フロマジョの論拠は、読者を大いに納得させるものであろう。

法律 法律の知識については、既に第2章で見てきたように、当時の女子教育論では、特に実生活に必要な知識を女性に教える必要性が唱えられていた。ミルモンもその講座シリーズの教育論で、法律上の知識が欠如しているために、多くの寡婦が、破産の憂き目に会ったり、弱肉強食の社会の犠牲者となっている事実を指摘している。したがって、せめて「法律についてのいくらかの簡潔な基礎知識[418]」を女性達に与えることで、こうした悲惨な事態を防止することの必要性を示唆していた。又、ル・グロワン・ラ・メゾヌーヴも、女性は、必ずしも弁護士になったり、法律学の書を読む必要はないが、必要な「助言を選び、正しい意見と間違った意見の区別ができ、自分に関係のある法律を読んだり、理解したりできる[419]」ことは有益だとしている。

科学 第2章で示したように、単なる算術に止まらず、物理や博物学など案外多様な科学の分野が女子に推奨されていた。時代を反映したものであろう。しかし、物理学については、純粋に数学的な証明による理論物理が奨励されたわけではない。ミルモンは、女性にとって、厳密な数的計算を拠り所とする精密科学は無益であり、観察や実験で確かめられる実験物

第3章　17-18世紀の女性のための知的啓蒙書

理学こそが精神を的確にするという考えを表明している(420)。彼女は、分かり易く、「我々の考えの及ぶ範囲を広げてくれ」、「見たり考えたりする習慣をつけてくれ」、倦怠防止にも役立つこの物理の基礎知識を持つことは当たり前なことだと説いている(421)。そもそも、視覚に訴えて理解し易く興味を引く実験物理学が、当時の社交界の男女の間で流行していたわけであるから、この種の学問の基礎知識は、女性に限らず社交界人の必須であったと思われる。

　フロマジョも科学の知識を推奨していたが、特に、物理学(火、水といった基本要素の特性から、簡単な天文学、気象の学習を自身の教育実践の中で問題にしている。)と共に、博物学を重視し、両者を、自分の生徒にとって、「ふたつの尽きることのない楽しみの源泉」、「あのふたつのひどい有害獣である倦怠と無為を防ぐ、最も確かな解毒剤(422)」と見做している。楽しみと倦怠や無為の防止というのは、いかにも令嬢向けの定番とも言える精神的効用である。しかし、彼が表明している博物学の実践的教育プランは、断片的ではあるものの、真面目な教育的意図が感じられるものである。彼は、自然という万人に開かれた書物を読み取るためには、「確かな方法」(une méthode sûre)によって導びかれねばならないと考えていた(423)。学習プランに従った学習書の存在意義が、ここにあるのである。そこで、「博物学に出て来る最初の最も素晴らしい対象、それは人間である」とする彼は、博物学の中で最も興味深い人体についての学習を優先し、自分の生徒に、骨学(ostéologie)や人体の見事な構造について語り、血液の循環や筋肉の働きについての知識を与え、健康維持に関して重要な事を教えたとしている(424)。そして、人が自然をどのように活用したかを彼女に理解させるために、技芸と工場に関する書物の講読と実地見学で、博物学の勉強を締め括ったのであった(425)。尤も、折角具体的な学習プランの流れを示しながら、この未完の学習講座には、最初の予定にはあった物理学同様、博物学の書も収められることはなかった。

　ところで、ミルモンも又博物学を女子教育のプランに入れている。彼女は、そもそも、博物学が対象とする「自然」(nature)という言葉自体が、

173

「万物の至高の創造者にまで、我々の観念を高めてくれる[426]」とする。本来、博物学を極めることは、造物主の御業を理解することであるから、この学問は、男女を問わず推奨に値するものであった。中でも、地球上至る所で生育する植物については、彼女によると、人に思索の材料を豊富に与えてくれるものである。これを観察することで法則がわかり、そのお蔭で、知識が増え、楽しみが多様になり、「栽培技術を用いれば」(作物栽培のことが念頭にあるのであろう。)有益性も期待できるとして、彼女は読者の植物学への関心を高めようとするのである[427]。

更に彼女は、フロマジョ同様、博物学が扱うテーマのうち、人体の知識を特に重視していた。人は全てを知りたがるものだが、自分自身については無知であるという事実を指摘し、「人間についての学習ほど人にとって素晴らしい学習があろうか！［人間の］諸器官の構造ほど見事な構造はあろうか！だから、必然的に一層人の関心を引くものがあるのだ」と、人体の知識の素晴らしさ、興味深さを熱っぽく語っている[428]。女性達における科学ブームは、医学にまで及び、外科学に夢中になる女性達も多かったという事情を考えれば、女子用の学習講座でこうした言説が見られるのは不思議ではなかろう。勿論、単なる人体の持つ驚異の面白さを宣伝するだけでは、教育講座とは言えない。したがって、フロマジョ同様、彼女もそうした知識の有用性を読者に訴えることになる。事実、「博物学は、必然的に人体の解剖的描写を含む。［...］多分、主たる内臓や、これらの占める空間と、これらに割り当てられている機能についての簡単な理論は、有益以外の何ものでもない[429]」としているのである。人体の知識が有用であるのは、保健医学のための基礎知識となりうるからである。フロマジョは、人体の知識を健康維持に有用なものと認識していた。ミルモンもそうした有用性を意識していたことは間違いない。なぜなら、彼女は教育講座に『生理学ダイジェスト』(*Extraits de physiologie*)[430]まで収めたが、以下で紹介するように、これは健康保持のために重要であるという認識に立って編まれたものであるからである。

しかし、生理学というのは、まだまだ一般には、馴染みの薄い学問で

あった。又、人の生理機能の詳細を女性に教えるというのは、通常はタブー視されていたと思われる。彼女は、こうした現実を踏まえ、生理学の知識を提供するという自身の思い付きが非難を受ける覚悟をしていた[431]。しかし、「確かに、この学問の大部分の知識は、我々にとって無益以上であろうが、私は、必要だと思っていることを述べたのだ」とし、彼女は、健康という「あの幸福の基礎、あの楽しみの真の支え」の保持のためには、この学問の知識が必要であるという実際的な意義を訴えるのである[432]。そもそも、女性に自己の身体に関する基礎知識さえ禁じるというのは、時代精神にも逆行する。彼女は、「自身の存在の基本的な原理について女性達にいつまでも無知を強いることを望むのが、啓蒙の時代なのであろうか？[433]」と語気を強めないではいられなかった。

のみならず、ミルモンはここで、実際的な有用性に止まらず、「知性陶冶」と「ものの見方の向上[434]」という精神的効用の見地からも、自身のあらゆる感覚の作用とその機能を学ぶことに大きな意義を見出していたことも指摘しておきたい。

彼女は又、『健康についての助言[435]』(*Avis sur la santé*)と題して、衣服、食べ物、運動など、日常生活に関するテーマを、保健医学の観点で具体的な助言（心身の健康維持のための一般的な助言と、コルセットや危険な成分の入った化粧品の弊害に関するものなど、特に女性向けの助言がある。）も本書に収めている。「経験から教わるのでは、いつも手遅れだとすれば、獲得した知識だけが、経験を補いうる[436]」として、彼女は、本書で有益な知識を提供する意義を強調している。

ミルモンが、健康に関する知識を女性に与えることを重視しているのは、無知こそが女性の健康と魅力の大敵であると考えたからである。

　　「かくも多くの若い女性達が、その魅力と健康を台無しにするのは、無知からである。彼女達が最も健康のためになる意見とくだらない偏見を混同するのは、無知からである。体が衰える時期が来て、ありえない若返りを彼女達に約束するペテン師にも、ああした危険な秘訣に

お墨付きを与える最もあだっぽい女にも、同じように騙されるのは、やはり無知のせいである[437]。」

尤も、彼女は、『健康についての助言』にも『生理学ダイジェスト』にも、生殖器官を含め、性に関する知識を入れなかった。彼女は、若い娘達に、生殖についての知識を教える必要はないと考えていたのである[438]。性に関する無知は若い娘の無垢を保証する要因であると見なされていたから、当時としては、当然の配慮であったと考えられる。しかし、この教育講座は、娘の教育のための母親用の啓蒙書であったことを想起すれば、こうした認識不足は唯一惜しまれる点であろう。

啓蒙の時代とはいえ、無知と偏見が無くなったわけではない。中でも、医学や保健上の知識の欠如や偏見は、命に係わるから最も深刻である。偏見から間違った処方が横行する現状を踏まえて、医師の立場から、この分野の的確な知識を提供する意図を表明したのがジュルダンである。その『婦人の医者』(1771年)の序文は、本書の概要を説明した後で、「健康に関係のあることにはいくら注意してもし過ぎることはないので、様々な治療法——利益になるためその発案者達が思いつき、しかもその効果は、しばしば有益というよりは危険である——にまつわる多くの偏見を私は明らかにするようにした[439]」と結ばれており、保健医学の正しい知識の重要性を読者に認識させる文言が入っている。

一方、唯一職業女性を対象にした助産婦用の啓蒙書『助産婦の方法的且つ完璧な学校』(1650年)の序文の冒頭は、まず医学、次いで産科学の重要性を明確に述べることで、助産婦達の職業への自覚を促そういういう著者の熱意が伝わってくるものである。すなわち、サン＝ジェルマンはその序文で、医学は、人の健康保持と健康回復に役立つから、あらゆる学問・技芸の中で最も有益且つ必要で、最も気高く、最も優れた分野であることを明言している。中でも、産科学に関する部分が最も重要であるとして、「医学の中で、最も基本的で、最も中心的で、最も重要な分野は、誕生の根源において、又、分娩の時期において、人を援助し救う方法を扱う分野

である。分娩は、人が［体内にいた時期を除いた］その残りの人生の全てにおいて遭遇しうる最も危険な通り道であるから、尚更そうである[440]」などと述べている。極めて深刻なリスクを伴う分娩において生命の誕生を助ける産科学の重要性が十分認識されておらず、助産婦の教育も不十分であった当時の状況を考えれば、この言葉には重みがあろう。

教育　ル・グロワン・ラ・メゾヌーヴは、母親と女教師のための女子教育の手引書である『女性の使命に最も対応していると思われる種類の教育についての試論』で、教育という仕事には苦労が伴なうが、その見事な成果を見る喜びもあると述べ、子供の教育がやりがいのある仕事であることを読者に訴えている[441]。著者は、娘の教育を家庭教師や修道女に一任している上層階級の母親達に向けて、子供の教育に携わる意義を伝えようとしたのである。

一方、ミルモンは、自分の子供の教育に真剣に関わろうとしない母親だけでなく、娘達の教育を引き受けている家庭教師や、無知な修道女がまともな教育を実践していないことも問題視していた。彼女は、まず、7才までの子供の教育について、母親は、この最初の時期を導く最良の方法に通じている必要があり、これを家庭教師に教えねばならないとしている[442]。つまり、幼年期の教育に関する知識が必要なのである。これは、幼年期の教育を重視したルソーの影響であろうか。更に、少女達の教育を担う修道女の教育者としてのレベルアップを意図し、その具体的な知育のプランを提示している[443]。公教育の女性教員養成プランの元祖とでもいうべきものを提案しているわけであるが、ミルモンは、娘を教育する母親も参考にすることを期待していた[444]。修道女同様母親も、場当たり的な対応ではなく、娘の教育者として役立つ学習に取り組むことを促しているのである。

以上のような著者達の主張や見解も、それを収めた普及書が未完に終わったり、読書の奨めや、教育論で提唱されている内容に過ぎないものも

あり、全てが、実際の女性のための啓蒙書となって実現したわけではない。しかし、第2章で紹介した女子の知育のプランの主張と合わせて考えると、限界はあるものの、少なくとも、実に多様な分野が推奨の対象となっていることがわかるであろう。そして、指摘される各分野の知識の意義は、女性の役割を念頭に置いたものもあるが、その精神的な効用については、必ずしも女性に限定される内容とは言えないものも多いことがわかるであろう。これは、第2章で概観した、女子の知育擁護論でも見てきたことである。しかし、いずれにせよ、楽しみのみならず、しばしば真摯に主張される有用性という論拠は、女性にはふさわしくないのではないかと思われる学問にさえ勤しむ口実を与えていることになる。とりわけ、啓蒙書の序文の中には、著者達の女性啓蒙への熱意が読み取れるものがある。そして結果的に、こうした序文の言説によって、著者達は、心置きなく学問の扉の向こうへ入っていけるよう、女性読者を学びへと誘う装置を入念に用意したことになるのである。

献辞

　まず、37点の啓蒙書の巻頭に付された献辞の有無について言及しておこう。18世紀の版（初版以外の版を含む。）で、献辞の有無が確認できた35点中、献辞付きは10点（ムルドゥラックとルプランス・ド・ボーモンを除いて、全員が男性によるもの）で、その内、女性宛は6点であり、計7名の女性が対象である。その内訳は、アントニーニが献辞を捧げた「著名な家柄」の英国の婦人と、4人の貴族の婦人、残り2名は貴族ではないと思われる(445)。男性からのものは4点である。これらには、特定の女性に向けられた親愛の情や恭しさ、敬意が込められているが、表紙という知の扉を開けたばかりの女性が、著者の個人的な思いを知ることで、書物に親しみを覚えることになろう。又、例えば、『婦人用のイタリア語文法』に付されたアントニーニからナイト夫人（Madame Knight）に宛てた献辞には、時代を反映した敬意のこもったギャラントリーの精神が感じられ、女性読者に心地良さを与えると共に、上流階級の女性への献辞は、女性であるがゆえ

第 3 章　17-18 世紀の女性のための知的啓蒙書

に権威ある男性への献辞以上に、女性読者を呼び込む効果が狙われていたのかもしれない(446)。更に、プリュネは、マリー＝アントワネットの女官長であるランバル大公妃に宛てた献辞で、本書がその献呈を受け入れられるという栄誉に浴し、彼女の見識ある賛同に値しうる本書は、女性達の賛同をも自分に保証するものだと、恭しい言葉遣いで本書の宣伝をしている(447)。こうした献辞は、書物に泊が付き、又広告の役割も担っていると言えよう。

叙述スタイル

　次に、啓蒙書が採用している叙述形式を問題にする。37 点中、通常の叙述形式が 26 点で、全体の 7 割に及ぶ。大半は、オーソドックスな形式を採用しているのである。

　他は、対話形式が 4 点、問答形式が 3 点、書簡形式が 1 点、その他、通常の叙述形式と韻文による詩句形式の併用が 1 点、通常の叙述形式に、一部、小説風の叙述形式と書簡形式が加わっているものが 1 点、最初の 2/3 が書簡形式で、残りが叙述形式となっているものが 1 点ある。

　対話形式は、ルプランス・ド・ボーモンの、女教師と女生徒達による対話で構成された『少女百科』(1760 年)と、その続編『若い淑女のための教え』(1764 年)、エノーの『基礎の地理、対話形式の概論書、特に一家の母親と若い令嬢のために編まれた書』(1771 年)、デピネの『エミリーの会話』(1775 年)である。

　エノーは、地理の勉強を興味深くするために対話形式を採用したのであった。そして、特にこの形式で書かれた本書は、地理の知識がなくても読みやすいという長所を持つことを著者は確信していた。彼は、序文でこう言っている。

> 「私が地理学を対話形式(forme d'Entretiens)で扱ったのは、その勉強をより興味深くするためである。したがって、少しも地理学の知識がない人々、とりわけ、大部分の女性達は、こうした主題について書か

れた他のいかなる書物を読む場合より、一層進んで［本書を］読もうとするだろうし、読みながら、読者を立ち止まらせるようないかなる困難にも遭遇しないだろうと私は確信している(448)。」

とりわけ、女性読者の学習意欲を削がないための配慮として、この形式が選ばれていることにも注目したい。

又、母親から地理の基礎知識を学ぶ形式になっている本書は、子供がこれを読む際苦労しないように、予め母親が子供にこの対話の内容を理解させておくことを著者は期待していた(449)。したがって、本書のタイトルにある、「一家の母親と若い令嬢のために編まれた書」には、母と娘が本書を通して共に学ぶだけでなく、母親が本書を娘の教育に役立てる学習教材の意味も込められていると思われる。このように考えると、デピネの書も、子供を教育する母親に対して対話の手本としての役割を果たすと共に(450)、母親が対話を子供と一緒に読みながら、子供を教育する教材にもなりうるのである。

一方、問答形式は、サン＝ジェルマンの『助産婦の方法的且つ完璧な学校』(1650年)と、パンククックの『令嬢にふさわしい学習』(1749年)、及び、ボードゥロックの『分娩術の基礎知識』(1775年)で採用されている。サン＝ジェルマンは、問答形式について、「これは、技術や知識を覚えるためにも、これらを教えるためにも、どんな場合であれ、その場で質問し、明快かつ容易に答えるためにも、非常に適した、非常に優れた方法である(451)」と言っており、これが教師と生徒双方にとって最良の方法であるという認識を持っていたのであった。とりわけ、サン＝ジェルマンの書とボードゥロックの書は、要領良く知識を獲得するのに適したマニュアル本になっている。それは、演劇風の対話形式よりも無駄がなく、段階的且つ明確に知識内容を確認できる問答形式を採用したからに他ならない。

尚、ル・グロワン・ラ・メゾヌーヴの、『女性の使命に最も対応していると思われる種類の教育についての試論』は、通常の叙述形式を採用しながら(従って、通常の叙述形式のグループに入れた。)、7つの章そのそれぞれ

第3章　17-18世紀の女性のための知的啓蒙書

のタイトルが、「社会は女性達に何を求めているか？」(第1章)のように質問になっていて、本文がその答えという形式をとっており、手引書として要点が掴みやすい工夫がされていると言える。

書簡形式を採用したのは、コンタン・ドルヴィルの読書案内書である『城館の教本』(1779年)と、カヴァイエの『新エミール』(革命暦5年)の最初の2/3、そして、『婦人の百科文庫』の『旅行紀』のシリーズ(第3巻以降、最終巻までが書簡)である。最初の2つは、順に、「某氏」(M. de ***)から「某夫人」(Madame de ***)への、「私」なる人物(男性)から、ソフロニーという名の2児の母親への助言の形式をとっている。最後の書は、29才の青年から「奥様」(Madame)宛の旅報告である。知識を伝授するのは、相変わらず男性であるが、有名なフォントネルの書の前例もあり、女性読者には受け入れられ易い設定と判断されたのであろう。

ところで、『旅行紀』の第1巻で、地理学は、「専門的な細部の行列でごたごたしているため、魅了するかわりに不快にする」と言う著者は、地理学からその「無味乾燥で味気ない外観」を取り除くことで、「とりわけ、これまでこの学問にやる気を削がれてきた女性達の許で、我々はこの学問に大いに貢献することになるだろうと思った」と述べている[452]。ここには、単に、学者ぶった叙述の回避に止まらず、ギャラントリーの精神が期待できる文学的な外観で地理学の知識を提供することで、より多くの女性読者を地理学に引きつけようという意図が込められていると言えよう。

通常の叙述形式に韻文による詩句形式を交えたものは、ドゥロベックの『婦人用英語発音概要』(1786年)である。本章の註(144)でも指摘したように、こうした文学的な味付けを施すことで、学習をより楽しいものにして読者に興味を持たせようとしたのである。

この他、『婦人の百科文庫』の第9分野にあるパルマンチエの『田舎と家庭の家政』では、部分的に小説風の語りが採用されている。又、同叢書の第5分野の『アブデケール、あるいは美しさを保つ術』も、小説風の美容に関する助言の書であった。後者は、序文で、「美しさについての完璧な概論」であるが、読者は、「読み終わったら、彼[主人公の医師]の恋物

語しか読まなかったと信じているが、彼のあらゆる秘訣に通じている」ことになるとされている(453)。気楽な娯楽として定着している小説を思わせる叙述形式は、女性読者を引きつけるには好都合であった。

啓蒙書が対象とする知識の性格

　さて、啓蒙書が目指す知識の性格、及びこれに関する著者や編者の意図については、既に、本章の「『婦人の百科文庫』について」や、「女性の知育擁護と啓蒙の意図」、「具体的な学問の奨めとその効用」の中で検討してきた。これらは、しばしば、所謂「有益で好ましい知識」(connaissances utiles et agréables)を目指しているわけだが、これは、女性の啓蒙書に限らず、通常の啓蒙書が目指す知識の性格としては普通であることも、既に指摘した通りである。

　したがって、提供される知識の分野の選別が行なわれ、『婦人の百科文庫』の分析でも指摘したように、当然、排除される分野が出てきたのである。又、「具体的な学問の奨めとその効用」でも言及したように、女性に推奨される知識・学問と、そうでないものがあり、抽象的で実用的でない分野は敬遠される傾向にあった。例えば、ミルモンが、数学を意図的に排除しているのはそのためである。確かに、『婦人の百科文庫』以外に、単純な算術以上のレベルの数学を扱った書は知られていない。

　一方、身近な法律の知識の重要性が説かれながら、目下の所、当時出版された女性のための法律書は全く知られていない。旧制度時代、地域によって法律が異なるという煩雑な事情もあり、限られた読者層のためにそうした概説書を出版すること自体困難であったと想像される。しかし他方、無味乾燥な法律の条文は、女性向きではないと思われていたのではなかろうか。

　これに対して、性の知識については立場が分かれる。ミルモンは、若い娘達に生殖に関する知識を与えることに否定的で、性病や女性の生理など、性に関する知識は、彼女の講座シリーズにある生理学や保健・医学に関する部分からは、完全に除外されていた。彼女は、これらが収められている

第3章　17-18世紀の女性のための知的啓蒙書

第2巻の序文で、「棘は抜かれている[454]」と言っているが、こうしたことも踏まえてのことであろう。尤も、性的知識を与えることをタブー視する風潮は、若い娘の場合に限らなかった。例えば、「若者の教育に役立ちうるあらゆる知識を統合することを目指す書」と表紙にある、クロムランによる若者向けの『基礎的百科事典』(1775年)には、生殖の概念について一般的な記述(植物や動物について)はあるが、人間の性に関する解剖学や生理学上の具体的な記述は全く見られないのである[455]。

他方で、医師のジュルダンは、『婦人の医者』(1771年)で、女性の生理から、生殖、妊娠、出産に関する事柄も解説している[456]。尤も著者は、若い娘達も読者として想定していたわけではなかろう。したがって、そうした記述を省略しなかったと考えられる。しかし、婦人病について色々記述がある一方で、梅毒に関しては全く説明がないという点で、やはり限界があった。

この点では、先にも見たように、『婦人の百科文庫』の趣意書ともいうべき序文では、若い娘がこの叢書を講読しても差しつかえないという趣旨のことが記されていたわけであるが、これに収められているルッセルの『家庭の医学』や『身体と精神から見た女性について』では、その種の性的知識の隠蔽はなかった。これは案外、編集者と執筆者の間での意思統一が十分図られていなかったことによるものかもしれないが、いずれにせよ、当時としては例外的な事例であろう。

この他、サン＝ジェルマンやボードゥロックの産科学に関する書について言えば、さすがに、性に関する知識は職業上必要であるわけであるから、こうした隠蔽はなされていない[457]。

性の知識は、教育上好ましくはないにしても、少なくとも、専門職や実生活では有益であり、実際必要であるから、産科学や家庭医学の書が性的な知識を盛り込んだのは、有用性の方を優先させた結果である。こうした有用性を特に重視するのは、啓蒙書の中でも、特に実用書であろう。事実、サコンブは、『助産婦への助言』(1792年)の序文で、職業上の有益な知識を助産婦に与えることが本書の目的であるから、著者は、「楽しませるより

も知識を与える」ことに努めたのであった[458]。有用性こそ、女性に知識の獲得を許容し、学識に接近させる異論の余地無き理由となりうるものなのである。

「総覧の野心」を持つ啓蒙書の存在

ところで、未完に終わったとはいえ、『婦人の百科文庫』には、女性に百科全書的な知識を提供しようという知的啓蒙への熱意が、その具体的な内容にも表われていた。これほどではないにしても、類似した野心的な意図は、まず、先にリストの中で示した総合学習書の存在にも見て取れるであろう。

特に、フロマジョやミルモンによるシリーズは、未完に終わってしまったが、本章の註(130)及び(138)で本書筆者が施した解説を始め、これまで指摘してきた事実からもわかるように、これらは、極めて野心的な学習書なのである。ミルモンは、第3巻(1780年)の実験物理学の書『実験物理学講座』(*Cours de physique expérimentale* で、ノレの『実験物理学講義』を元にしたもの)について、「有益以上の事については、私は、もはや趣味の問題だとしか思わなかったので、その選択は母親達に任せることにした[459]」と言っており、彼女の目から見て、若い娘には有益以上の内容と思われるものも入れたことを示唆している。例えば、流体静力学に関する章(第2章「流体静力学について[460]」)は、若い娘に実際的な有益性があるとは考えられない。これはノレの書の縮約版ではあるが、少なくとも、そこで扱われていた主題の大筋は、踏襲しているのである。

この他、先の啓蒙書の分野で「総合」に分類した、ルゼ＝マルネジヤの読書案内書『若い婦人のための読書プラン』も、それなりに多様な内容を示している。特に、歴史や文学において彼の推薦する書物は、幅広い教養を獲得することに繋がるものである。すなわち、歴史では、ユダヤ民族史、古代史(プルタルコスによる人物伝を含む。)、教会史、フランス史、英国史、スペイン史、ドイツ史、ポルトガル史、スウェーデン史、デンマーク史、ロシア史、アメリカ史などの書が紹介されている。文学では、説教文学、

第 3 章　17-18 世紀の女性のための知的啓蒙書

詩法、文学講座(1800年の第2版では、ラ・アルプの有名な『リセ、あるいは古代と近・現代の文学講座』のうち、特に古代文学以外の部分)、詩、演劇、小説(フランス、スペイン、イギリスの近・現代の小説、及び、「あらゆる国とあらゆる時代の小説家達の作品[461]」を集めた小説文庫シリーズ)などが推奨されており、かなり網羅的な様相を帯びていると言えよう。

　又、特定の分野の啓蒙書では、例えば、ガヤールの『婦人用のフランス詩法』(1749年)は、「叙事詩からトリオレ［極短い詩形の一種］まであらゆる様々な種類の詩がその固有の長所を持っていることを確信しているので、本書における私の意図は、そうした詩がどういうものであるかを教えることである[462]」という著者の野心的な意図が示されているように、純粋な詩法の説明に始まって、ほとんどあらゆるジャンルの詩(イギリス演劇やオペラなどにまで及ぶ。)についての解説を網羅している。本書は、偉大な先人ボワローの書を踏まえた上で、例文も加え、これを更に拡大、発展させる意図を持って書かれただけあって[463]、普及書としてはやや博学過ぎる内容である。又、長文の例文が多過ぎるのは、煩雑な印象を与えるであろう。尚、ガヤールの書では、序文を除いた本文の総頁数が815頁もあるが、ボワローの『詩法』(1674年)は、現代のプレイヤード版[464]で、ほんの29頁しかない。

　サン＝ジェルマンの産科学の書も、本章の註(116)で解説したように、解剖学上の説明から、妊娠、出産に関する必要な知識だけでなく、出産後の産婦のケアーや新生児の世話に至るまで、助産婦に必要な知識が網羅されている。

　アルノー・ド・ノーブルヴィルらによる『慈善活動家の婦人の教本』(1747年)も、本書で扱われている病名は、巻末の索引の項目数では、181項目、同じく、病気に対する対処療法や指示は、187項目を数える。巻頭には、本書に頻出する医学用語の解説(アルファベット順に87項目)に続いて、本書で出て来る薬(又はその材料)の名前が、大抵は価格付きで、アルファベット順に300種類以上もリストアップされている。更に、度量衡に関する説明まで付されている。個々の薬の調合や作り方、多様な対処療法

に関する丁寧な説明がなされている本書は、現場の様々な状況に対応できるように編集されているのである。

　更に、コンタン・ドルヴィルの1779年の2つの読書案内書も、本章の註(135)と(136)で解説したように、幅広いジャンルに亘る膨大な書物が紹介されており、極めて野心的な内容になっていた。

　そして、この他にもそうした野心的な啓蒙書があることは、それぞれの書物について本章の註で記した解説が物語っているはずである。

整理統合の精神

　ところで、種々の知識は、集積されるのみならず、整理統合を図ってこそ、読者に知への接近を容易にさせると言える。

　この点では、若い娘達のための「知育の集大成」(un corps d'instruction)を『若い令嬢の学習講座』(8巻、1772-1775年)で実現しようとするフロマジョは、「私は、方法的な順序で、ある種の階級では、知らないと恥であるような様々な事柄を集め、整理するだけなのだ。私は、彼女達[若い令嬢達]が知りたがっていること全てと、彼女達が見渡さねばならないであろう無限にある書物を、寄せ集めるのが困難であるがために学ぶことができないことを、その眼前に次々と通過させる」と言っている[465]。必要な事を網羅しながら、しかも整理統合をしようという著者の意図が示されている。事実、第1巻の世界地理と第2巻の世界史は、それぞれの学問についての解説に始まり、共に順序立てた内容構成になっている。フロマジョは更に続けて、「彼女達の知識を増やしつつ、苦労を免れさせてやりたいのだ[466]」と言っており、知識の整理統合が、より多くの知識の吸収を助けることに繋がるのは言うまでもない。尤も、学習効果を考えれば、当然、順序立てた構成にする必要があるわけで、事実、そうした配慮は、本書で問題にしている大抵の啓蒙書で実現されていることである。フロマジョの書では、更に、最初の2巻の本文の前にアルファベット順の索引があり、百科事典のように必要な知識を個別に引き出すことも可能である。但し、それ以降の巻では、巻末に目次が付いているだけである。

第 3 章　17-18 世紀の女性のための知的啓蒙書

　順序立てた内容の書に、アルファベット順の索引をつけるという整理の仕方を加えて読者の便宜を図るやり方は、パンクックの『令嬢にふさわしい学習』(1749 年)や、先の『慈善活動家の婦人の教本』でもなされていることである。但し、前者には、本文の内容に則した目次が付されていないのが惜しまれる。

　この点、ジャンリスの『美徳の年代記』(1781 年)では、通常の目次(本文の前)に加えて、巻末に詳しいアルファベット順の索引が付されていて非常に便利である。

　女性用の啓蒙書に限らず、大抵は目次のみが付いているわけであるが、目次とアルファベット順の索引の両方を採用して学習者の便宜を図るというのは、勿論、通常の普及書にも例がある。例えば、リゴールの『神話の知識』(1739 年)も、少なくとも本書筆者架蔵の第 7 版(1768 年)や、プリューシュの『自然の姿』(1732-1750 年)の同じく本書筆者架蔵の 1664 年版の博物学を扱った最初の 3 巻には、両方備わっている。

　この他、ボーシャンの『令嬢用フランス語の基礎知識』(1788 年)の巻末の目次[467]では、出て来た順に各項目の要約が付けられており、説明の流れを把握するのに非常に便利である。

簡明さのへ配慮

　ところで、普及書として必要な要件には、女性用の普及書に限らないことであるが、簡明さへの配慮がある。

　これには、まず、専門的過ぎる細部を排除をし、分かり易い表現を心掛けねばならない。女性用の啓蒙書でも、例えばジュルダンは、『婦人の医者』で、「好み、あるいは地位ゆえに、人間の構造についての完全な知識の取得を目指している人々にしかふさわしくありえないような細部で煩わせないで」読者を満足させたいという考えを表明している[468]。確かに本書では、保健・医学の日常的な普及書であることに徹して、必要以上に専門的な細部に立ち入らない姿勢が窺える。そうした配慮は、読者の学習意欲を削がない効果も期待できるだろう[469]。

又、表現のレベルでは、「解剖学用語、医学と外科学の用語」を回避して、「もっと理解の容易な他の用語に置き換えるよう注意を払った」という。とはいえ、最低限必要な専門用語はやはり使用せざるをえないであろう。しかし、その場合は、より分かり易い表現で言い換えを施すことで対処したのであった[470]。又、表現の言い換えだけではイメージが掴めない場合もある。「できるだけ、これこれの人間の部分を、これこれの家畜の部分と対比しようとした」とする彼は、身近な動物の部位の名称を示すことで、それに照応する人の器官を理解させようとしたのであった[471]。こうした対比的な置き換えは、人体が問題になっているだけに、女性読者の羞恥心に配慮することにも繋がるであろう。例えば、第1部第14章の「生殖について[472]」では、最初に、身近な動物達に関する一般的な話から始めて読者を生殖の観念に慣らしてから、本論に入るという慎重な説明方法を取っている。尤も、必ずしも常にこうした回りくどいやり方に頼るわけでなく、大抵は、分かり易いフランス語で、必要なことを通常の叙述形式で説明しているのである[473]。とはいえ、デリケートな女性読者の理解を促すこうした工夫は、ジュルダンに、「最も教養のない女性でも、何ら不快感を抱くこともなく、その羞恥心を傷つけられることもなく、自分自身についての知識を得ることができるのである[474]」と自負させることになる。

　尚、専門用語を回避しない場合、『婦人の医者』のように、大抵は本文で言い換えたり説明を施すが[475]、中には、『慈善活動家の婦人の教本』のように本書に頻出する医学用語のアルファベット順の用語集をつけて便宜を図るケースもあった。こうした配慮は、ノレの『実験物理学講義』にも見られることで、第1巻(筆者架蔵の第8版で1775年版)の本文の始めに、本書で使われる幾何学の用語の説明が、アルファベット順に収められている[476]。ミルモンは、これを借用して、自身の教育講座シリーズの中の『実験物理学講座』の前に添えている[477]。繰り返し同じ専門用語が出てきた場合、簡単にその語義を確認できるから、この方が便利である。

　一方、専門用語だけではなく、複雑な計算式も又、読者を困惑させるも

のである。この点については、当時の普及書では、一般に複雑な数式を回避する傾向があったということは既に述べた通りである。ムルドゥラックの『婦人のための慈悲深く易しい化学』も、ミルモンの『実験物理学講座』も、こうした普及書の傾向に反することはなかった。ミルモンの書は、当時流行の実験物理学(理論物理と違って、複雑な計算式を理解する必要がないこともあり、そのスペクタクル的要素が社交界で大いに受けた。)を扱ったノレの先の書を簡略化したものであるが、個々の細々とした実験の説明を省いているから、ノレの書にはあった簡単な計算まで略されている。パンクックの『令嬢にふさわしい学習』で扱われている算術も、簡単な四則や比例計算、利息計算など日常的な計算の域を出ていない。最もレベルが高いのは、当時のコレージュの水準に値する数学の知識を提供した『婦人の百科文庫』であった。

さて、簡明さの実現には、内容をできる限り基本事項の範囲内に止めて要領良く説明するというのが、とりわけ基礎的な普及書に見られる傾向である。例えば、アダンは、『婦人用のフランス語普遍文法』(1779年)を、「純粋に基礎的で、非常に簡潔で、非常に明快[478]」な文法書であることを強調していた。実際には、格変化を品詞の説明に持ち込むなど、ラテン語文法の影響を受けた伝統的なフランス語文法の慣用に囚われている点で、現代から見れば必ずしも分かり易い文法書になっているとは言えない。しかし、文法事項を基礎的な点に絞って説明し、巻末に動詞の活用や格変化を見易く纏めた一覧表を付すことで、フランス語文法の基礎を見渡すのに便利な書になるよう工夫はされている。

又、キュリオーニの『イタリア語の学習を始めるための婦人用の手引書』(1792年)も、「明快で単純、簡潔であるために、私はできるだけのことをする[479]」と言っているように、イタリア語の基礎を要領良くまとめたものである。

一方、簡明な普及書の中には、有益だが膨大な、あるいは学問的な体裁を持つ書物を、普及書向けにアレンジすることで、そうした書物の知識に効率良く接近させたものある。

中でも、ミルモンは、ノレの実験物理学の書を元にした自身の『実験物理学講座』を、「『実験物理学[講座]』は、読者にとって本書を非常に無味乾燥にするあの長々とした実験を取り去ったが、普通に行われる事柄、あるいは、少なくとも万人にとって最も理解可能な事柄の場合は、そこから例証を引いた[480]」と紹介している。実際に実験に立ち会うことなく、細かい実験の手順と経過を長々とした説明文で理解するというのは確かに読者にとって面白いことではなかろう。事実、ノレの書にあった、無数の実験に関する細かい説明はほとんどカットされており、6巻本のノレの書を2割以下に縮小している。そのため、元の書にはあった豊富な図版もほとんど割愛されている。
　但し、少なくとも、ここでの彼女の縮小の仕方は、ノレの書の一節をそのまま再現して抜粋集を作成するとか、本文の文章を、部分的に削除して繋ぎ合わせるというものではない。ノレが扱った大枠の主題は順に辿りながら、基礎事項を押さえていき、原文をよりわかりやすい(堅すぎない)表現で言い換え、必要に応じて言葉を更に添えて読者の理解を助けようという配慮が窺える。したがって、実験物理学でありながら、その細かい手順よりは、実験によって判明した事柄に焦点が当てられることになるのである。実験物理学では、結果が出てくるそのプロセスも重要であるから、これでは学問の本質的な理解を損うことになる。しかし、とりあえずこの分野の基礎的知識を一通り見渡すには、その方が効率がよいであろう。他方、ミルモンは、ノレが読者の理解のために付した幾何学の用語解説集については、縮小や割愛をしないで本書で採用している。これは、彼女が、科学の基礎知識を重視していたことを示しているが、こうした用語の理解は他の科学の分野の学習にも役立つものである。又、最初に、「物理学の起源」(Origine de la Physique)というタイトルで、物理学の歴史的変遷と、理科系の学問における位置づけについての解説、及び、理科系の学問の分類表を巻末に入れており(これらについては、後で改めて触れるつもりである。)、原著にはなかった工夫を施していることも付け加えておきたい。
　勿論、特定の書物の簡略化に止まらず、普及書は多様な文献からエッセ

第 3 章　17-18 世紀の女性のための知的啓蒙書

ンスを抽出することで、読者が効率良く有益な知識を獲得することができるようにしたものでもある。

　例えば、ジュルダンは、『婦人の医者』の序文で、本書が「最も有名な著者達の知識」に負っていることを認め、彼らの優れた著書から必要な事を抽出することで、それぞれ見解を異にしているような膨大な文献を読者が調べる手間を省くことができ、医師に相談する前に素早い対応が可能になることを著者は示唆している(481)。具体的な典拠の記載があるのは稀なので事実確認ができていないが、しかし、少なくとも、多様な文献を突き合わせて問題の答えを探す苦労をしなくても、役立つ知識を効率良く獲得することを可能にするという、普及書の役割を著者は意識していたことがわかる。

　一方、プリュネの『婦人の文法』(1777 年) も、「簡単で万人が理解できるように」という配慮から、明快さを基準にして「他の文法書の持つ富」を寄せ集めた成果であった(482)。参照した文献が明らかにされていないので、比較はできないが、本書が「通常の棘を排除して」他の文法書よりもコンパクトになっているとしており(483)、そうした既存の文法書にある難解な文法理論の細部を排除して簡明さを目指したものなのである。実際、文法の基礎事項を要領良く 154 頁にまとめた文法書に仕上がっている。

　しかし、彼は、単に簡明な内容にしただけで満足していたわけではない。「最も優れた著者達から引いた非常に有益な備考」(REMARQUES TRÈS INSTRUCTIVES, Extraites des meilleurs Auteurs) と題した、簡単ではあるが、実用的な同義語辞典の頁を付録として付けている。又、本書について、「幾つかの花で飾られた」(ornée de quelques fleurs) ともしており、簡単な読みものも若干添えて、無味乾燥な文法書の体裁を破ったのであった。こうして著者は、必ず「婦人達に気に入られうるだろうし、若い令嬢達は、楽しみながら、記憶力を疲弊させることなく、綴りであれ、表現であれ、我々の言語の最も重要な部分を本書で迅速に学ぶだろう」と自負することになる(484)。楽しみながら学べるという要素も考慮したのであった。

　プリュネは、その要領良くまとめられた自著について、要点を迅速に学

191

べるメリットを強調していた。簡明な普及書は、効率良く要点を把握するには都合が良いのである(485)。これは、良く出来た普及書全体の長所であり、普及書の目指すべきひとつの方向であろう。そして、たとえ他からの借用であろうとも、そこに加味された様々な工夫を見ていると、どのような普及書が出来上がるかは、結局のところ、著者の編集上の手腕にかかっているのだということがわかるのである。

女性用の啓蒙書の持つ限界

ところで、ミルモンは、ノレの書を簡略にした自身の『実験物理学講座』について、「しかしながら、[実験物理学の]こうした基礎知識は簡略なものであるから、私が、女性を何でも知っていると自惚れさせる所まで引き上げようというわけではないことがわかるだろう(486)」と言っていた。これは、彼女が女学者の養成を目指しているわけではないことを読者に納得させるためにも、縮約版の体裁にする必要があったということを意味している。しかし、女子の知育を擁護し、意欲的な学習講座を企画しながらも、女性が学者に見えることを戒めていた彼女にふさわしい言葉なのである。女性読者を念頭に置いて、一方で野心的な知的啓蒙書が、他方で知への接近に好都合な簡潔明快な普及書が世に出たとはいえ、そこには当然限界もあったことを指摘しておかねばならないだろう。

事実、簡略という意味では、ドゥロベックの2つの語学学習冊子は極端である。読者対象を「特に婦人」としている『ラテン語の鍵』(1779年)は、総頁数が31頁しかない極初歩的内容の冊子にすぎない。ラテン語学習が婦人の間で流行っていたとはいえ、本格的な女性用のラテン語の学習書は知られていないのである。同じく、英語に至っては、『婦人用英語発音概要』(1786年)は、総頁数が16頁しかなく、極端に内容が限定されている。又、キュリオーニの『イタリア語を始めるための婦人用の手引書』(1792年)も、47頁しかない極入門的なイタリア語の学習書である。

一方、パンクックの『令嬢にふさわしい(convenables aux demoiselles)学習』のタイトルで本書筆者が下線を施した表現は、書物のレベルや内容が、控

え目であることの明確な表示になっているとも言える。前者は、極初歩的なレベルの書で、総合学習書ではあるが、算術以外の理科系の科目が完全に排除されている。この点、バリーの『婦人の理解力に合わせた(accomodée à l'intelligence des dames)極上の哲学』(1660年)は、本章の註(117)で解説したように、徹頭徹尾読者のレベルに合わせたわけではなく、通常の普及書としての工夫がなされているに過ぎない。しかし、本書筆者が下線を施した表現は、哲学といっても、形而上学のような難解な分野ではなく、女性にも理解できる哲学の分野であることを読者にアピールしているのではなかろうか。事実、本書は、実用性を考慮に入れた論理学の書なのである。

そもそも、「女性用」とすること自体、基礎的、つまり限定された内容を意味すると言えるかもしれない。リストに挙げた、37点の啓蒙書のうち、少なくとも9点は、極々初歩的なレベルと内容に徹している[487]。他の書も、大抵は、通常の普及書のレベルを超えるようなものではない。

しかし、女性用の啓蒙書に見られる、簡明さや、別な書物の縮約版などといった在り方は、既に指摘してきたように、必ずしも女性用に限らない啓蒙書の特徴であり、こうした啓蒙書の特殊性をことさら強調するべきではなかろう。実際、少なくともリストで挙げたものは、先にも指摘したように、全体として見れば、規模はまずまずであり、野心的な啓蒙書がいくつもあったことを思い出したい。

とはいえ、統計資料が存在していないため、男女の啓蒙書の量的比較を数値化できないが、わざわざ「女性用」を掲げた啓蒙書の数が少数派であることだけは確かであろう。したがって、その中でも、野心的な女性のための啓蒙書が全体の中で占める割合は、微々たるものであろう。

こうした状況に対して、フロマジョは、既に指摘したように、男性と同等の知的能力を備えた女性達のための書物がほとんどないことを嘆いていた。彼は、自身が教育を任されたある若い娘の学習用に書物を捜していた。しかし、既存の不完全な少数の書では、彼の考える8才から17-18才までの令嬢達の学習にはふさわしくないと判断し、「自分自身で私の教育プラ

ンを満たしうる全てのものを寄せ集め、これを編集する過程で、読むべきそれらを私の生徒に与える決心をした」という[488]。これが、タイトルにある「若い男性にも有益で、コレージュでの学業の補完の役目をしうる」というレベルを狙った彼の学習講座シリーズに結実したのである。

　確かに、フロマジョのこの学習講座シリーズに限らず、ミルモンの講座シリーズや、『婦人の百科文庫』の叢書が未完に終わったことに象徴されるように、その野心的な試みが成功したとは言いがたい。しかし、女性啓蒙のためのこうした試みがあったという事実だけも、特筆に値すると言わねばならない。

懸け橋としての啓蒙書

　ところで、婦人のための天文学の概説書、『婦人の天文学』(1785年)を書いたラランドは、「多分、本書で、ああした数学の初歩の概念の紹介を試みるべきであったであろうが、〔もし、そうしていたら〕その姿は、本書が対象としている大多数の女性にとって、ひどく怯えさせるものに見えたであろう。なぜなら、それが、極単純な観念であっても、あまりに威圧的な形式で登場するであろうから。しかし、私には、科学を最初に一瞥することで、怯えさせるのではなく、引きつけることが重要なのである[489]」と言っており、当然のことながら、複雑な計算式は、本書から除外されている。確かに、厳めしい専門書の外観では、大抵の女性読者は学問の扉の前で躊躇してしまうであろう。たとえ、好奇心にかられて扉の向こうへ足を踏み入れたとしても、途中で引き返してきてしまうかもしれない。したがって、女性のために簡明な親しみやすい普及書があれば、女性達に学問への興味を持たせ、そのアクセスを容易にすることができるであろう。そもそも、親しみやすい体裁を備えた普及書は、読者が気軽に読めるものであるだけに、学者ぶった専門書よりも、幅広い読者の啓蒙に貢献する確率が遥かに高いのである[490]。

　しかし、簡明な普及書が効率良く要点を把握するのに役立つことは確かだが、通常の普及書のレベルや内容では、極めて浅薄な知識を吸収するだ

第 3 章　17-18 世紀の女性のための知的啓蒙書

けで終わってしまうこともありうる。この点は確かに問題である。そうした懸念の声を予想したのか、ラランドは、次のように言っている。

「これ［私が婦人達の好奇心に応えて提供するささやかな書］が、彼女達の幾人かを、この後、もう少し詳しい書物に移る気にさせ、宇宙の偉大な姿をもっと良く知って、これに感嘆してくれますように！(491)」

　彼は、基礎的な概説書レベルの『婦人の天文学』との出会いをきっかけに、更に詳しい書物に取り組む女性読者が出てくれればいいという期待をこめて、本書を執筆したのだった。つまり、これは、より本格的な書物への懸け橋の役目を負っていることになる。
　事実、この序文では、彼の手による『天文学概論』(全 3 巻)や『天文学概要』(Abrégé d'astronomie)もあることが紹介されている(492)。同様のことは、他の啓蒙書にも見られる。例えば、ジュルダンは、『婦人の医者』において、より詳しい説明を必要とする読者のために、本文で医学辞典などを紹介している場合がある。プリュネも、基礎的な内容に徹した『婦人の文法』の最終頁で、「正確に話したり書いたりすることに、喜びを見出すようになる人達の必読書」と題して、一般の文法書や、綴り字辞典(その内容も解説されている。)などを紹介している(493)。
　この他、ミルモンの学習講座にある実験物理学などの概説は、元になった文献あるいは著者名が明記されている場合があるので、知識を深めたい読者は、一通り本講座で学習した後、原典で改めて読み直せば、原典からいきなり始めるより理解が容易になるであろう。
　普及書は、アカデミズムと一般大衆の橋渡しの役割をも果たしうるものなのである。勿論、これは、女性用の啓蒙書に限ったことではない。しかし、先のラランドの言葉からわかるのは、そうした普及書の役割を、女性のための普及書の著者が認識していたという事実である。しかし、たとえこうした認識を言説化していないとしても、又、他の文献紹介や典拠を明らかにしていなくとも、女性のための普及書そのものが、女性の知識欲や

195

知的好奇心を掻き立てることで、結果的により高度な、あるいは関連する分野の知識への橋渡しの役目(494)を担い得るのである。

啓蒙の時代の反映

これまでに、『婦人の百科文庫』の分析において、啓蒙の時代認識や、その時代精神の反映を指摘してきた。そして、それ以外の女性用の知識の普及書の序文でもこうした現象が見られることを見てきた。著者達の言説に込められた女性啓蒙の意図、反無知、反偏見、理性的な思考の重視などの理念は、こうした時代精神と無縁ではない。

更に、啓蒙書の内容そのものの中にも、啓蒙の時代の反映を見ることができる。例えば、ミルモンのシリーズには、ディドロの『百科全書』からの借用が見られる。まず、先にも挙げた、第3巻の『実験物理学講座』に付された、概説「物理学の起源」は、欄外で『百科全書』からの出典であることが明らかにされており、その記述を部分的に借用している(495)。又、同巻末の理科系の学問体系の図、「物体の形而上学あるいは一般物理学。[物体の空間的な] 広がりと [ふたつの物体の] 相互不可貫入性、運動、真空など」についても、「『百科全書』に挿入されている体系図の写しと説明(496)」で、これは、まさにダランベール(d'Alembert)による「人間の知識の体系図」(Système figuré des connoissances humaines)と題する有名な諸学問の体系図の一部であり、理科系の分野の学問の体系図をそのまま借用したものである。更に、同シリーズにある未完の歴史の学習書、『歴史の総体を成すように取り纏められた歴史のダイジェスト』(*Extraits historiques rapprochés de manière à former un corps d'histoire*)にも、『百科全書』が典拠として欄外に示されているケースもある(497)。

又、この歴史の学習書には、啓蒙史学の影響が見て取れる。これは、様々な文献を利用しながら歴史の総体を、比較的平明なフランス語で再構成し直したものであるが(したがって、原文の抜粋を繋ぎ合わせたものではない。)、ヴォルテールの『世界史についての試論』(*Essai sur l'histoire universelle*, 1754)や、モンテスキューの『法の精神について』(*De l'esprit des lois,* 1748)なども、典拠として示されている[498]。彼女は、第4巻(歴史の分野の最初の1巻)の序文で、次のように言っている。

　「ヴォルテール氏の中に、私は、無益な事柄を退け、主たる事件で立ち止まり、怪しげな事柄を警告し、嘲笑という常に確かな武器で一方の事柄と戦い、常に当を得た熟慮で他方の事柄を証明するあの真の哲学を見出した［...］[499]。」

　ヴォルテールの批評精神と実証主義的で理性的な歴史家としての姿勢を、ミルモンは評価しているのである。又、彼女の書(刊行された部分に限れば)では、フランス史を主軸にすえながら、ヨーロッパ史もカバーしているが、政治、法律、慣習、宗教、文化と多方面からの記述と、事象の因果関係(神の摂理は援用されていない。)と影響関係の合理的な説明を心掛けながら、再構成しており、独創性には欠けるが、この点では、ヴォルテールの歴史書の在り方を踏襲していると言える。

　フロマジョの歴史(『若い令嬢の学習講座』第2-8巻)の場合は、僧侶である著者の立場を反映して、聖史に関しては、聖書の記述にそって概説するだけで、その細部の合理性の如何については全く不問に付している[500]。しかし、世俗の歴史については、やはり、時代精神の影響が感じられる。序に当たる「歴史」で、世俗の歴史に関して、「真実が歴史の性格でなければならない」とし、そうした真実の確信は、「幾人もの同時代の著者の一致した証言」や、確かな「古い資料」によってのみもたらされるものだとし、大部分の古代国家の起源がはっきりしないのに、後の年代記がこれについて「馬鹿げた神話」を捏造し、これが伝えられ、受け入れられてきた事情を批判的に分析しているのである。そして、古代史に関して、現代の歴史家の研究成果がこれよりも少しは確かなことを教えてくれると言っている[501]。実際、彼による世俗の歴史には、神の摂理の顕現を示そうとする態度は見られず、あくまでも、事実の記述(政治だけでなく、風俗や文化、社会制度についての記述も重視)に徹しようという姿勢が窺える。

又、専制政治の政体とはどういうものかを説明する際、1頁半に亘ってモンテスキューの『法の精神について』にあるこの政体についての批判的な記述を、本書からの借用であることを明記した上で採用している。のみならず、それまでの、民主政体や君主政体などに関する解説も、この書の記述を参考にまとめたものなのである[502]。

又、古代ローマ史では、モンテスキューの啓蒙史学の書『ローマ人盛衰原因論』を参照しており、文章をそのまま借用したり、手を加えて本文に入れている箇所すらある[503]。

一方、ルゼ＝マルネジヤは、『若い婦人のための読書プラン』で、本書で彼が指南した歴史の読書を、「ボシュエの『世界史』とヴォルテールの『世界史』[504]」で終えたら、「世界史についての幅広い、的確な観念」が持てるとしている。僧侶のボシュエ(Bossuet, 1627-1704)による『世界史論』(*Discours sur l'histoire universelle*, 1681年)は、伝統的にその権威を保ってきた神の摂理による歴史観が表明された歴史書であるが、これと対照的な歴史観を表明しているヴォルテールの歴史書を同時に推奨している点は注目に値するであろう。ヴォルテールの世界史の書は、1756年に、『ルイ14世の時代』(*Siècle de Louis XIV*)なども含めて『世界史と諸国民の風俗と精神についての試論』(*Essai sur l'histoire générale et sur les mœurs et l'esprit des nations*, 7 vol.)というタイトルで出版された『世界史についての試論』(*Essai sur l'histoire universelle*, 2 vol., 1754)であろうと思われる。ヨーロッパ中心主義やキリスト教文化圏中心主義を脱し、政治だけでなく、諸国民の文化や社会にも光を当て、人間精神の進歩を示そうとするヴォルテールの世界史は、まさに啓蒙の時代の産物である。ルゼ＝マルネジヤは、ヴォルテールが必ずしも不偏不党の立場で事実を記載していないという主旨の批判をするものの、その未曾有の優れた構想を讃え、賛美している[505]。

コンタン・ドルヴィルの場合は、『婦人用の歴史の蔵書』(1779年)で、運命や神の摂理に導かれる歴史が語られてはいるが評価の定まったボシュエの『世界史論』を賛美する一方で[506]、啓蒙思想家達の歴史書も紹介している。ヴォルテールについては、8点の書がリストに挙がっており、その

中には、勿論、啓蒙史学の書として重要な、『カール12世伝』(*Histoire de Charles XII*)や『ルイ14世の時代』(*Siècle de Louis XIV*)などもある。尤も、彼のコメントを読む限り、ヴォルテールよる歴史書の持つ長所が十分理解されているわけではない[507]。他方で、モンテスキューの『ローマ人盛衰原因論』については、詳しいコメントはないものの、少なくとも、「見事な著書」、「優れた著書[508]」と、最大級の評価を下している。

又、同著者による『城館の教本』(1779年)の1785年版(第2版)『婦人用の文学の蔵書』の「某夫人の蔵書に入るべき文学作品カタログ」には、フレシエ(Fléchier, 1632-1710)やボシュエの説教文学の書(それぞれ1冊ずつ)と共に、ルソーの『ジュリーあるいは新エロイーズ』(*Julie ou La Nouvelle Héloïse*, 1761)や、モンテスキューの『ペルシャ人の手紙』が入れられている[509]。前者については、「欠点はあるが、あなたのコレクションに入るべきである」としており、「この小説や、一般的にその作者の著書全体に対してなされている非難は、確かに文体に向けられているわけではありません。なぜなら、これほど精彩のある、これほど魅力的な文体はありませんから[510]」と言っているように、ルソーの思想が評価されているわけではなく、あくまでも文学上の価値基準によって推薦されているのである。又、啓蒙風刺文学の傑作である後者については、「逸話、興味深い探究」を含む書簡体文学として、紹介されているもののひとつで、「きっとあなたには既知であるか、あるいは、あなたが知るに値するか」のいずれかだとされているだけである[511]。しかし、実際にこれらの書を読んで、どのような思いを抱くかは、読者次第である。まず、こうした書物に対する女性読者の関心を掻き立てることこそが肝要なのであり、読書案内をきっかけに、女性達が知への第一歩を踏み出すことになれば良いのである。

反響と再版の問題

リストに挙げた女性のための知的啓蒙書の反響については(既に、本章の本文で触れたものは除く。)、一部であるが、窺い知ることができる。『婦人のための慈悲深く易しい化学』は、急死した著者ムルドゥラックに

代わって、編者で出版元のローラン・ドゥリー(Laurent d'Houry)が、増補改訂版(1711年)に付した読者への巻頭の言葉の中で、「本書の長所をわざわざ褒めちぎる必要はなかろう、これまでになされてきた本書の印刷［版を重ねたこと］は、読者が本書から授かった有益性を十分証明しているのだから[512]」と証言した通り、イタリアやドイツでも再版されるなど好評を博した。

又、ガヤールの『若い令嬢用のフランス語の修辞学試論』(1746年)は、「本書は、最も再版された書のひとつ[513]」であった。実際、革命暦7年(1798又は1799年)には第7版が出ており、フランス国立図書館所蔵のカタログで見る限り、ガヤールの20点以上の著書のうち、本書が他を遥かに引き離して最も版を重ねているのがわかる。女性読者の許で人気を博したことは、本書の成功に励まされて著者が新たに執筆した、『婦人用のフランス詩法』(1749年)の序文で、「［あの魅惑的な性(女性)］が私の『修辞学』に対して向けてくれた好意的な歓迎は、私を励ましたのだ[514]」と著者が言っていることから窺える。尤も、膨大な引用文のあるやや博学すぎる後者の書については、19世紀の伝記事典は、前者の書と比べて、これは、「それほど有益でなく」で、「遥かに不成功[515]」であったと記している。

デピネの『エミリーの会話』(1775年)も好評で、1783年、アカデミー・フランセーズから、創設されたばかりのモンチョン賞(prix de Montyonで、その年度で最も有益と評価された書物に送られる賞)を受賞している。

一方、ボードゥロックの『助産婦見習いのための分娩術の基礎知識』(1775年)も非常に好評で、「政府の費用で6,000部再版された書[516]」であったという。本書は、ガヤールの『若い令嬢用のフランス語の修辞学試論』同様、19世紀になっても版を重ね続けることになる。

アダンの語学書のシリーズ、『現用語であれ死語であれ、何らかの言語をフランス語を手段にして学ぶ真の方法』のいくつかは再版がされたというが、詳しいことはわかっていない[517]。しかし、少なくとも、最初に出た『婦人用のフランス語普遍文法』は好評であったと思われる。後に出た、イタリア語の読本の序文で、この「最初の書は、これが確かに比類のない

第 3 章　17-18 世紀の女性のための知的啓蒙書

古典となりうると私に信じさせるほどの歓迎を、その道に通じている人達から受けた[518]」と、アダンは言っているのである。

　この他、ルゼ＝マルネジヤも、『若い婦人のための読書プラン』の第 2 版(1800 年)で、初版(出版部数は不明)は「忽ち売り切れた」としているし、コンタン・ドルヴィルによるふたつの読書案内書(出版部数は不明)も、『婦人用の歴史の蔵書』の同じく 1785 年版(第 2 版)によると初版は「在庫切れ[519]」の状態であったというから、好評であったのであろう。

　ところで、それぞれの具体的な出版部数は不明であるが(上述のボードゥロックの書についても、初版の部数は不明)、国内での再版(初版以外の全ての版)の状況については、ある程度わかっている。

　目下のところ、19 世紀以前に女性読者用として再版が確認されているものは、37 点中、全体の約 4 割に当たる 15 点(部分的に再版が確認されている文庫シリーズも含む。)である。又、8 点が、女性読者用として 19 世紀に再版がなされた[520]。19 世紀以前における国内での再版回数は、1 回が 5 点(『婦人の百科文庫』を含む。)で、3 割を占め、次いで、4 回が 3 点、3 回と 2 回が 2 点、残りは、5 回、8 回、11 回がそれぞれ 1 点となっている。11 回の再版が確認されているのは、ガヤールの『若い令嬢用のフランス語の修辞学試論』(1746 年)で、本章の註の(120)で指摘したように、同一年代に、複数の版が別々の出版社から出ているため、回数が多くなっている。8 回は、ルプランス・ド・ボーモンの『少女百科』(1760 年)、5 回は、同著者の『若い淑女のための教え』(1764 年)で、4 回は、デピネの『エミリーの会話』(1775 年)、パンクックの『令嬢にふさわしい学習』(1749 年)とムルドゥラックの『婦人のための慈悲深く易しい化学』(1666 年)である。最後の書を除けば、いずれも基礎的な内容の普及書で 19 世紀にも再版がなされることになる。

　一方、ミルモンやフロマジョの野心的な学習講座は再版どころか未完に終わり、『婦人の百科文庫』の叢書も、一部の再版が確認されているだけで、やはり未完に終わっている。基礎的な普及書が売れ筋であるのは、当時の女性用の啓蒙書に限らず、一般的な傾向であろう。しかし、こうした

百科全書的な啓蒙の企ての挫折は、フロマジョの書を除いて、出版が大革命の混乱の時期と重なったという事実を考慮しても、やはり、女性読者の圧倒的な支持を勝ち得るには至らなかったという事実を意味しているのではなかろうか。

11. 女性と読書の重要性

ゴンクール兄弟は、『18世紀の女性』(1862年)で次のように言っている。

> 「思索や精神に関する様々な事柄にかくも忙殺されるこの社会にあっては、それぞれ図書室のあるああした邸宅や城館で、女性は読書によって自身に力をつけるのだ。[…]女性は書物の空気の中で生き、書物によって支えられる。したがって、彼女の書簡には、自身が書物に求める真面目な気晴らしや、最も重々しい書物、哲学書、歴史物語から汲み取る滋養全てが絶えずはっきり表われるのである[…][521]。」

18世紀の上層階級の女性達が、書物から、気晴らしと知的な(あるいは心の)糧を得ていた日常的な状況が示されているわけであるが、健全な楽しみと、有益な知識や知恵の源となりうる真面目な書物を読むことの重要性は、勿論、性別を問わなかったはずである。

ところで、知識の普及要因としての書物の重要性については、既に本章2.で言及したが、教育の機会が男性に比べて限られている女性達においては、知的な糧を得る手段として、読書は、確実でしかも気軽にできるものであるだけに、非常に重要な比重を占めていたのではないかと思われる。事実、ルゼ=マルネジヤは、「彼女達[婦人達]は、自身を啓蒙する大いに豊富な手段を持っている世の男性達よりも、遥かに書物からの啓蒙を必要としている[522]」と言っている。又、デスピナッシーは、『令嬢の教育についての試論』(1764年)で、「最も奥深い地方でも、人々は、パリにおけるように書物を入手することができる、そして、この手段によって多くの事柄

第 3 章　17-18 世紀の女性のための知的啓蒙書

を学ぶのだ(523)」と述べている。たとえ、知育の機会がより限定される地方の田舎に居住する場合でも、郵送で書籍を取り寄せる方法もあるから、少なくとも、富裕階級においては、書物という知識獲得の手段は、居住地による知的環境上のハンディー解消に繋がるのである。

　実技が重要な助産婦の仕事においてさえ、産科学の知識の普及書は重要であった。サン＝ジェルマンが助産婦達のために問答形式の普及書を執筆することにしたのは、彼女達が「その職業の掟と諸規則を説明する良書」を読むことの重要性を認識していたからなのである(524)。

　ところで、プーラン・ド・ラ・バールは、先の章で指摘したように、既に『婦人教育について』(1674年)において、特に女性が立派な学識に接近するための近道として、フランス語訳で読むことを奨めていた。ラテン語本の衰退の一方で、翻訳による知への接近の可能性の拡大は、時代の進展と共に強まっていったと思われる。コンタン・ドルヴィルは、その約100年後、あらゆる時代のあらゆる学芸の知識の獲得が、翻訳本でより容易にできるようになった状況を、次のように説明している。

　　「あらゆる芸術、あらゆる学問、あらゆる文学ジャンル、あらゆる国民とあらゆる時代の歴史の概念を獲得するために、大部分がラテン語で書かれ、あるいはフランス語で下手糞に書かれた多くの書物を検討しなければならなかったのは、100年以上も前のことだ。今や、こうした幅広い知識を獲得する手段は、実に簡単である。一方、学者語の知識はそれほど必要でなくなっている。又、外国語の知識も、もはや好奇心、あるいは状況の問題でしかない(525)。」

　男性と雖も、皆が古典語や外国語に精通していたわけではないから、翻訳書というものは、性別を問わず重宝であった。勿論、古典語の文献や、その他の外国語の文献が読みこなせるほどの語学力を備えていた女性達は、男性以上に限られていたと思われる。したがって、翻訳書の存在は、そうした言語で提供されている学識に女性が気軽に接近することを可能に

してくれるものであった。いずれにしろ、翻訳書の存在は、女性の知的啓蒙に一層寄与し、男女の知識の共有を促す重要な要因のひとつであったと思われる。

　実際、コンタン・ドルヴィルが2つの読書案内書で紹介する書物は、全てフランス語本で、歴史の翻訳文献では、例えば、古代ローマの歴史家タキトゥスやサルティウスのラテン語による歴史書、18世紀の英国の歴史家ギボンの英語による歴史書の仏語訳の書などが紹介されている[526]。文学では、先の「某夫人の蔵書に入るべき文学作品カタログ」に、例えば「ギリシャ・ラテンの詩人の翻訳書」として、ギリシャ演劇の書に加えて、ホメロスやウェルギリウス、オウィディウス、サフォーなど10数名の詩人達の仏語訳本が、又、「外国の詩人の翻訳書」として、ミルトンなどの作品や英国とスペインの演劇など14点の書物が掲載されている[527]。

　一方、『婦人の百科文庫』は、『小説』や『合集』、『倫理』のシリーズで、実際に、多数の古代作家や思想家の作品の全文又は抜粋を翻訳で紹介していた。

　さて、読書が重要であるにしても、何をどのように読み進めていけばよいのかという問題がある。ここに、読書案内書の果たすべき役割がある。つまり、これまでに紹介してきた3点の読書案内書は、いずれも、単なる既刊本の紹介書ではなく、読書の(そしてそのために揃えるべき蔵書の)指南書なのである。これらは、どのようなジャンルの書物を、どのような事を念頭に置いて読み進めていくのかを、具体的且つ秩序立てて解説してくれている。例えば、コンタン・ドルヴィルは、『婦人用の歴史の蔵書』で、特に婦人達は、行き当たりばったりに、「順序も方法もなく[528]」歴史書を読んでいるとして、匿名の侯爵婦人に歴史書の系統的な読み進め方とその具体的な書物を紹介するというのが本書の設定になっている。

　又、ルゼ＝マルネジヤは、多読よりも、選び抜かれた書物の秩序立った読書によって教養を積むことの重要性を強調した後で[529]、女性が彼の『若い婦人のための読書プラン』に従って読書することの生涯に亘る効用を次のように述べていた。

第3章　17-18世紀の女性のための知的啓蒙書

「私が提案した書物は、ほんの僅かである。しかしながら、多忙で心地よい時間を過ごしつつも、これらをいくらか注意深く読む女性は、知ることが重要であるもの全てを容易に学ぶことになろう。そうすれば、彼女の判断はより確かになり、その会話はより興味深くなるだろうし、彼女自身、社交界でより好ましくなり、そこにより多くの魅力をもたらすと共にそうした魅力を見出し、隠遁の地では、倦怠という最大の苦痛を決して感じることはないであろう[530]。」

　必要な知識の獲得だけでなく、生涯の楽しみとなり、判断力が強化され、交際社会でより興味深い会話ができ、交際社会に魅力をもたらすなどといった方法的な読書の効用は、女子の知育擁護の言説にも見られたものである。そして、こうした女性に対する真摯な読書の奨めと懇切丁寧な読書の指南書の存在自体、当時の婦人達(限られた階級の女性達ではあるが)にとっていかに読書行為が重要であったかを物語っている。
　この他、ジャンリスの『アデールとテオドール』で示されているアデールの段階的な読書プランに代表されるように、女子教育論の中にもそうした読書に関する言及(必ずしも、常に具体的な書名が紹介されているわけではないが)は、多かれ少なかれなされているのである[531]。こうした事実は、娘達の知育や徳育における書物の重要性を物語っている。
　ところで、『婦人の百科文庫』では、その全体の序に当たる部分で、啓蒙の時代の渦中にいる女性達が、蔵書の選択をしないで済むようにという意図で構想された旨の趣意説明がなされていたことを思い出したい。この叢書は、読書案内書を参照する手間さえ惜しんで、百科に亘る選り抜きの書を手にしたい婦人達をターゲットにしていたと考えられないだろうか。

＊　＊　＊

　本章では、当時の出版の状況に始まって、啓蒙の時代精神の表われである知識の普及書の出版とその特色を概観した後で、女性用の普及書の分析

を、様々な観点から試みた。限られた文献資料である上、当時の版で確認できないものがあったり、それぞれの書物に付随する情報(出版元が手がけていた分野など)も欠如しているなど、まだ探究の余地は残されているが、現時点での可能な限りの観点から、その傾向をある程度明らかにすることができたと考える。

ここでリストアップすることのできた普及書37点の多くが、婦人達が重要な役割を果たす文学サロンが花開き、識者の集うサロンが絶頂期を迎える啓蒙の時代と重なっているのである。しかしこれは偶然ではなかろう。自身の精神的陶冶のために、実りある会話と読書のために、サロンが求めた教養人を目指して、あるいは実際的な必要性から、そうした普及書を求める女性達(特定の階級ではあるが)が少なからずいたことは事実である。現代以上にリスクが高かったと思われる出版業界で、わざわざ読者層を「女性」に絞り、女性啓蒙の意図を表明することができたこと自体、そうした現象の信憑性を裏付けていると考えられる。

教育制度上の男女格差に加えて、反女学者の風潮もある中、「女性用」という表示は、女性が、自ら堂々と学識の扉を開けることを促すものである。又、それは、「女性にも理解可能な書物」を意味するわけであるから、恐れや不安を抱くことなく、知に接近することを可能にする印でもある。本書の第2章で検討した女子の知育擁護論や多様な教育プランは、単なる建前や机上の空論ではなく、種々の限界はあるものの、女性ための知的啓蒙書として実現したのである。

ところで、こうした啓蒙書の中に、吹き荒れる革命の嵐の中を生き延び、反動の時代と言われる19世紀に再版されたものがあった。こうした書物に関する考察が次章の課題である。

第 3 章　17-18 世紀の女性のための知的啓蒙書

註

(1) 幼児向きの図書は除外する。又、これに準ずるフランス語のアルファベットや綴り方と読み方の極初歩の教本「アベセデール」(abécédaire)の類もここでは、リストに加えなかった。又、民衆用の『青本叢書』の類も検討の対象にしていない。本書は、フランス語による出版物を問題にするが、国外で出版された女性のための啓蒙書の翻訳書も除外する。家政や育児に関する普及書には、保健医学や小児医学、教育学の分野に属する内容が盛り込まれていることがあり、決して軽視できないであろう。こうした書物の本格的な分析については、今後の課題とすることにして、本来の啓蒙書のリストからは一応除外する。尚、日常的な徳育の書（教訓的な物語など）や、暦に加えて月の満ち欠けや生活の豆知識なども載せた「アルマナ」(almanach)の類、知的啓蒙の意図が明確でない文学作品なども原則除外する。

(2) 因みに、フランス国内で出版された書物（40 頁未満のものは除外）の版数を問題にすると、15 世紀には、約 3,000 版であったのに対し、16 世紀には、約 60,000 版、17 世紀には、約 200,000 版、18 世紀には、約 400,000 版が出たという。(BÉLY (Lucien) (sous la direction de), *Dictionnaire de l'Ancien Régime*, PUF, 1996, p. 748 参照。)

(3) CHARTIER (Roger) et MARTIN (Henri-Jean) (sous la direction de), *Histoire de l'édition française*, tome 1., Fayard, 1990, p. 547-550 参照。

(4) *Ibid.*, tome 2, p. 114 の統計資料参照。

(5) シャルチエ『フランス革命の文化的起源』松浦義弘訳、岩波書店、1994 年、第 106 頁。原著、CHARTIER, *The Cultural Origins of the French Revolution*, Duke University Press, 1991.

(6) CHARTIER et MARTIN, *Op. cit.*, tome 1, p. 553, tome 2, p. 120, p. 122 の統計資料参照。

(7) シャルチエ『フランス革命の文化的起源』、第 107 頁。尚、本書の仏語版（初版は英語版と同じ年に出た。）では、「二重の野心……」の原語は、«une double ambition : d'inventaire et de connaissance, d'abord, mais aussi de critique et de réforme» (CHARTIER, *Les Origines culturelles de la Révolution française*, Editions du Seuil, 2000, p. 104.) である。

(8) CHARTIER et MARTIN, *Op. cit.*, tome 1, p. 553, tome 2, p. 122 の統計資料参照。

(9) *Ibid.*, tome 1, p. 122, p. 124 参照。

(10) CHARTIER et MARTIN, *Op. cit.*, tome 1, p. 553, tome 2, p. 122 の統計資料

参照。
(11) 柴田三千雄他編『フランス史』第2巻、山川出版社、1996年、第308頁。
(12) CHARTIER et MARTIN, *Op. cit.*, tome 1, p. 553, tome 2, p. 115 の統計資料、BÉLY, *Op. cit.*, p. 748 参照。四つ折版は、日本の週刊誌より幅広で、もう少し高さのあるものもある。八つ折版は、A4用紙を半分程度にしたサイズからもう少し高さのあるサイズもある。十二折版は、B5用紙を半分にしたサイズに近い。
(13) QUEMADA (Bernard), *Les Dictionnaires du français moderne*, Didier, 1968, p. 258 の統計資料参照。
(14) *Ibid.* 参照。
(15) SOBOULE (Albert), LEMARCHAND (Guy), FOGEL (Michèle), *Le Siècle des Lumières*, tome 1, 2e vol., PUF, 1977, pp. 621-623 参照。
(16) CHARTIER et MARTIN, *Op. cit.*, tome 2, p. 122, p. 232 参照。
(17) CHARTIER et MARTIN, *Op. cit.*, tome 2, p. 615 参照。
(18) 例えば、自宅で研究に没頭して成果をあげていた化学者のアントワーヌ＝ローラン・ド・ラヴォアジエ（Antoine Laurent de LAVOISIER, 1743-1794）の本業は徴税請負人であった。
(19) CHOPPIN (Alain), *Les Manuels scolaires: histoire et actualité*, Hachette, 1992, p. 55 参照。
(20) BUISSON (Ferdinad), *Répertoire des ouvrages pédagogiques du XVIe siècle*, Imprimerie Nationale, 1886 及び *Répertoire des ouvrages pédagogiques du XVIe siècle, Complément (1886-1894)*, INRP, 1979 参照。
(21) MARTIN (Henri-Jean), *Le Livre français sous l'Ancien Régime*, Promodis, 1987, pp. 162-163. 上記の書における具体的な分類項目名は、«Abécédaire, syllabaire, orthographe»（アベセデール、シラベール［いずれもアルファベットや綴り方と読み方の極初歩］、綴り字法）、«Arithmétique»（算数）、«Modèle épistolaire, conversations, jeux»（手紙の文例、会話、ゲーム）、«Technique de la vie»（生活術）、«Histoire, itinéraire»（歴史、旅行案内）である。尚、市場に出回った『青本叢書』全体については、目下のところわかっていない。
(22) DARNTON (Robert), *L'Aventure de l'Encyclopédie, 1775-1880*, Académique Perrin, 1982, pp. 60-63 参照。初版の『百科全書』は、1777年から1780年にかけて、更に補完4巻、図版1巻、索引2巻が出た。
(23) SOBOULE (Albert), *Op. cit.*, tome 1, PUF, 1977, p. 626 参照。尚、『博物誌』の初版の年代については、フランス国立図書館の所蔵カタログによるもので、この版は、補巻やラセペッドによる続巻を含んでいない。

第 3 章　17-18 世紀の女性のための知的啓蒙書

(24) LAFFONT-BOMPIANI, *Dictionnaire des œuvres de tous les temps et de tous les pays*, tome 3, Robert Laffont, 1990, pp. 539-540 参照。

(25) ジュネーヴ版（1771-1776 年）、イタリアのルッカ版（1758-1776 年）とリヴォルノ版（1770-1778 年）までは二つ折版で出版されたが、その後、ジュネーヴ版とヌーシャテル版（1777-1779 年）は四つ折版で、ローザンヌ版とベルン版（1772-1782 年）は八つ折版で出版されたのである。(DARNTON, *Op. cit.*, pp. 60-62 参照。)

(26) 初版である 1706 年版は、フランス国立図書館にもないため、確認できなかった。中西学園中央図書館所蔵の 1728 年 (in-12, [x]-187 p.) の増補改訂新版の巻頭に作者によるその甥への献辞の最後に、名前のイニシャルと思われる «F. G.» の記載があるが、詳細は不明である。

(27) シャルチエ『読者と読書』長谷川輝夫他訳、みすず書房、1994 年、第 289 頁。原著、CHARTIER, *Lectures et lecteurs dans la France d'Ancien Régime*, Seuil, 1987. 尚、『青本叢書』の版型についての統計資料は作成されていない。

(28) DIDEROT & D'ALEMBERT, *Encyclopédie ou Dictionnaire raisonné des sciences, des arts, et des métiers*, tome 1, Briasson, 1751, p. j 参照。

(29) ジャック・プルースト『百科全書』平岡昇他訳、岩波書店、1979 年、第 227 頁参照。原著、PROUST (Jacques), *L'Encyclopédie*, Armand Colin, 1965.

(30) «AVERTISSEMENT» in *Le Livre des enfans*, nouvelle éd., revue, corrigée et augmentée, 1728 参照。尚、本書は、1785 年には、ブリュッセルでも出版された。
　この他、百科全書派のジャン＝アンリ＝サミュエル・フォルメ (Jean-Henri-Samuel FORMEY, 1711-1797) による『子供用のあらゆる学問概要』(*Abrégé de toutes les sciences, à l'usage des enfans*（初版の出版年代不明）は、1767 年に増補改訂新版が八つ折版でベルリンにおいて出版された (BARBIER, *Dictionnaire des ouvrages anonymes*, tome 1, 1963 による。) 後、1785 年には第 5 版（in-12, XII-179 p.）がブリュッセルで、1793 年には、『子供用のあらゆる学問概要、あるいは若い人のための百科事典』(*Abrégé des toutes les sciences à l'usage des enfans, ou Encyclopédie pour la jeunesse*, in-8°, 139 p.) というタイトルで第 7 版がアムステルダムで出版された。『子供の書』よりも充実した内容（図版付き）だが、これと同様の形式の書で、こうした普及書はフランス国外でも人気を博していたと思われる。

(31) 本書は、総頁数 1,615 頁、口絵が 1 枚と図版が 2 枚付いている。各巻末に索引が、第 3 巻の巻末には更にアルファベット順の索引が付されている。尚、

クロムランは、ディジョンの科学・芸術・文学アカデミーの会員で、地方のサロンで際だった存在であった。又、スイス国境近くの村フェルネーのヴォルテール宅も訪れている。(*Dictionnaire de biographie française*, tome 9, 1960, p. 1276 他参照。)

(32) CROMMELIN (Issac-Mathieu), *Encyclopédie élémentaire ou Rudiment des sciences et des arts*, in-12, tome 1, Autun, P. P. Dejussieu, 1775, pp. v-vj 参照。

(33) *Ibid.*参照。

(34) PAGÈS (François-Xavier), *Cours d'études encyclopédiques, ou Nouvelle encyclopédie élémentaire, contenant : 1° histoire de l'origine et des progrès de toutes les sciences, belles-lettres, beaux-arts et arts mécaniques ; 2° l'analyse de leurs principes; 3° tous ces mêmes objets traités en détail, principalement la physique, la chimie, et l'histoire naturelle*, in-8°, tome 1, Artaud, an VII. 著者は、小説家であった。

(35) *Ibid.*, pp. 5-10 参照。

(36) *Ibid.*, 2e éd., in-8°, 6 vol. avec atlas de planches (in-4°), Artaud, an VIII 参照。出版報 *Journal général de la littérature française*(25 Floréal an VIII)の出版案内 (pp. 242-243.)参照。

(37) LA HARPE (Jean-François de), *Lycée, ou Cours de littérature ancienne et moderne*, tome 1, Firmin Didot, 1821, p. IV. 参照。

(38) シャルチエ『読者と読書』、第 277-287 頁参照。

(39) *Nouvelle Biographie françoise depuis les temps les plus reculés jusqu'à nos jours*, tome 46, Firmin Didot, 1866, p. 487 参照。本書は 19 世紀に至るまで、多数再版がなされることになる。

(40) WAILLY (Noël-François), *Abrégé de la grammaire françoise*, in-12, [ij]-144 p., table, De Bure l'aîné, 1759, p. [j] 参照。尚、元の書の初版（十二折版）は、フランス国立図書館も所蔵していないのでその正確な規模は不明だが、1763 年の増補改訂新版（十二折版）では、序文を除く本文が 304 頁あった。

(41) COTTE (Louis), *Leçons élémentaires d'histoire naturelle par demandes et réponses, à l'usage des enfans*, in-12, 159 p., J. Barbou, 1784、COTTE (Louis), *Leçons élémentaires d'histoire naturelle, à l'usage des jeunes gens*, in-12, viij-471 p., J. Barbou, 1787 参照。前者は第 4 版(in-12, 168 p., pl., Augusute Delalain)が 1819 年に、後者も 1828 年に第 4 版(in-12, viij-392 p., pl., Auguste Delalain)に出た。尚、ルイ・コットについては、*Dictionnaire de biographie française*, tome 9, Librairie Letouzey et Ané, 1961, p. 838 参照。

(42) «en forme de Catéchisme» (COTTE, *Leçons élémentaires d'histoire naturelle*,

第 3 章　17-18 世紀の女性のための知的啓蒙書

par demandes et réponses, à l'usage des enfans, 3ᵉ éd., Auguste Delalain, 1810, p. iij.)

(43)　COTTE (Louis), *Leçons élémentaires de physique, d'astronomie et de météorologie, par demandes et par réponses des enfans*, in-12, 175 p., pl., J. Barbou, 1787. 1821 年には、第 3 版 (in-12, viij-237 p.) が出た。

(44)　RIGORD (Le P. François-Xavier), *Connoissance de la mythologie, par demandes et par réponses*, in-12, ij-345 p., C. Simon père et C. F. Simon fils, 1739. 1777 年には、第 7 版が出た。フランス国立図書館は、19 世紀の版として、1811 年、1817 年、1829 年を所蔵している。尚、著者のプロフィールは不明。

(45)　*Abrégé de la géographie de Crozat, par demandes et par réponses*, in-12, viij-231 p., Veuve Fournier, an VIII.「クロザ」とは、侯爵令嬢マリー＝アンヌ・クロザ (Marie-Anne CROZAT で生没年不詳。1707 年に結婚した。) のことである。ルフランソワ神父 (abbé A. LEFRANÇOIS で生没年など不肖。) が、彼女への献辞を付けて、1705 年に (BARBIER, *Dictionnaire des ouvrages anonymes*, tome 3, 1963 による。)、『地理を学ぶための簡略で易しい手引書』(*Méthode abrégée et facile pour apprendre la géographie*, in-12, Brunet) を出したが、この献辞のために、本書は『クロザの地理』(*Géographie de Crozat*) という名で知られるようになったという。(*Nouvelle Biographie générale*, tome 12, Firmin Didot, art. «CROZAT (Antoine, marquis du CHATEL)», p. 553 参照。)『地理を学ぶための簡略で易しい手引書』は、若い人向けに書かれた世界地理の普及書で、通常の叙述形式で書かれている。『クロザの地理概要』は、この叙述形式の普及書を問答形式に書き改めたものであるが、編者は不明である。

(46)　LEFRANÇOIS, *Abrégé de la géographie de Crozat, par demandes et par réponses*, Lyon, J. Ayné, p.[j], 1810 参照。

(47)　この対談形式は、17 世紀半ばから目覚ましい発展を遂げたという。(TIMMERMANS, *L'Accès des femmes à la culture (1598-1715)*, p. 371 参照。)

(48)　*Ibid.* 参照。

(49)　FONTENELLE (Bernard Le Bovier de), *Entretiens sur la pluralité des mondes*, in-12, pièces limin. et 359 p., pl., Veuve C. Blageart, 1686; in-12, pièces lim. et 359 p., pl., Lyon, T. Amaulry, 1686. 本書は、著者が 1757 年に亡くなるまでに 33 回も再版されたという。(PEIFFER, «L'engouement des femmes pour la science au XVIIIᵉ siècle» in *Femmes et Pouvoirs sous l'Ancien Régime*, Éditions Rivages, 1991, note 38, p. 217 参照。) 以後も 19 世紀前半に至るまで、再版され続けた。

(50)　PLUCHE, *Le Spectacle de la nature*, nouvelle éd., tome 1, 1764, p. xiv 参照。

(51)　*Ibid.*, p. xvj 参照。

(52)　特に第 1 巻の 15 の対話（entretiens）中、2 つを除く全てに伯爵夫人は参加している。

(53)　PLUCHE, *Op. cit.*, tome 1, 1764, pp. x-xj, p. xiij 参照。

(54)　田中美知太郎編『プラトン』第 1 巻、中央公論社、1978 年、第 19 頁参照。

(55)　ガリレイ（Galileo GALILEI）の『天文対話』の原題は、『プトレマイオスとコペルニクスとの二大世界体系についての対話』（*Dialogo sopra i due massimi sistemi del mondo, Tolemaico e Copernicano*）で、『新科学対話』の原題は、『機械学と位置運動についてのふたつの新しい科学に関する論議と数学的証明』（*Discorci e dimostrazioni matematiche, intorno à due nuoue scienze attenenti alla mecanica & i movimenti loclali*）である。「ガリレイの書物は、今日の言葉で言えば、まさにポピュラー・サイエンスと呼びうるものである。彼は意識的にそれを一般大衆向けにし、単に学者向けにはしなかった」という。（シモン・G・ギンディキン『ガリレイの 17 世紀』三浦伸夫訳、シュプリンガー・フェアラーク東京、1996 年、第 66 頁参照。原著、GINDIKIN (Simon G.), *Tales of Physicists and Mathematicians* (translated by A. Schuchat), Boston and Basel, Birkaüser, 1988.

(56)　原語は «celui [style] qui s'éloigne le moins de la façon de penser des jeunes Lecteurs» (PLUCHE, *Op. cit.*, tome 1, p. xj.).

(57)　『子供百科』の他に、『少女百科』（*Magasin des adolescentes*, 1760）、『若い淑女のための教え』（*Instructions pour les jeunes dames*, 1764）などでも同様の対話形式が採用されている。

(58)　ジャンヌ＝マリー・ルプランス・ド・ボーモン『子供百科、あるいは、ある賢明な女性家庭教師とその名家の出の生徒達との間の対話—その中で各人の才能と気質、性向に応じて若い人達を考えさせ、話させ、行動させる—』（LEPRINCE DE BEAUMONT (Jeanne-Marie), *Magasin des enfans, ou Dialogues entre une sage gouvernante, et avec ses élèves de la première distinction, dans lesquels on fait penser, parler, agir les jeunes gens suivant le génie, le tempérament et les inclinations d'un chacun*, in-12, 4 parties en 2 vol., Lyon, 1758.) 著者については、本章の註（125）及び（305）参照。本書（初版は 1757 年ロンドンで出た。）は、ヨーロッパ中に広まった教育図書である。（*Dictionnaire des femmes célèbres*, p. 510 参照。）1768 年には、第 5 版（リヨンで出版）が出ており、それ以降、判明しているだけでも、18 世紀末までにフランス国内だけでも 4 つの版が出ており、19 世紀後半まで版を重ね続けた。本書は、5 才から 13 才までの

第 3 章　17-18 世紀の女性のための知的啓蒙書

女子 7 人と、女教師との対話形式で成り立っており、女子を読者として想定していたことは確かであろうが、上記のタイトルに、「若い人達」(jeunes gens) の記載があるところから、本章で示す女性用の知的啓蒙書のリストからは一応外した。

　尚、女教師と女生徒達による対話形式は、イギリスの女性作家、セアラ・フィールディング (Sarah FIELDING, 1710-1768) の『女教師』(*The Governess*, 1749) を真似たものだという。(私市保彦『フランスの子供の本』白水社、2001 年、第 59 頁参照。)

(59)　本書は、20 世紀に入っても、「ああした児童文学の中で最良の作品のひとつ」と評価されることになる。BUISSON, *Nouveau Dictionnaire de pédagogie et d'instruction primaire*, Hachette, 1911, p. 1023 参照。

(60)　2 巻本で構成された第 8 巻 (キリスト教護教論の立場を取る宗教が問題になっている。) は、巻頭の序論で「親愛なる友よ」(mon cher Ami) と、書簡のスタイルを意識した表現が残っているが、本文は極通常の叙述形式を取っている。(PLUCHE, *Op. cit.*, tome 8 en 2 vol., 1755 参照。) 対話形式から、書簡風、そして通常の叙述形式というこのようなスタイルの変化は、若い読者が徐々に学問に慣れていって、最後は本来のスタイルで書物に取り組むことが期待されているのであろう。

(61)　初版は英語版で、1733 年にイギリスで出た。

(62)　MÉNESTRIER (Claude-François), *Lettre d'un gentil-homme de province à une dame de qualité sur le sujet de la comète*, in-4°, 27 p., E. Michallet, 1681. チンメルマンによると、ここで著者は、占星術や天文学上の現象を何かの予兆とする見方に異議を唱え、彗星の真の性質の説明を試みているという。(TIMMERMANS, *Op. cit.*, p. 372 参照。)

(63)　VALLAIN (L.-P.), *Lettres à M^r de *** sur l'art d'écrire, où l'on fait voir les divers inconvéniens d'une écriture trop négligée; et où il est traité de plusieurs objets relatifs à cet art*, in-16, 168 p., Aug. Mart. Lottin, 1760. 本書は、14 通の手紙で構成されており、文章技術の重要性と有益性、これを習得するための心得や具体的な手書き文字などに関する説明がなされている。

(64)　EULER (Leonhard), *Lettres à une princesse d'Allemagne sur divers points de physique et de philosophie*, in-8°, 3 vol., St. Peterbourg, 1768-1772. フランスでの初版は、1787 年から 1789 年にかけて、やはり 3 巻本でパリで出た。以後、縮約版 (1829 年版) も合わせると、19 世紀後半までに更にフランス国内でも 6 つの版が出たことがわかっている。

(65)　*Ibid.*, tome 1, Royez, 1787, p. IV 参照。

(66) 例えば、子供用の植物学の入門書である編者不明の『子供の植物学』(革命暦8年)(*Botanique des enfans*, an VIII)の第1部は、ルソーによる『L***夫人への植物学についてのJ. J. ルソーの初歩的書簡』(*Lettres élémentaires de J. J. Rousseau sur la botanique à Madame de L***)で構成されている。尚、19世紀に入っても、このルソーの作品は、植物学の初学者用に幾度も再版されることになる。

(67) GARNIER-DESCHESNES (Edme-Hilaire), *La Coutume de Paris mise en vers, avec le texte à côté*, in-12, 441 p., Saugrain, 1768. 左頁が法律の条文で、右頁が詩句で分かり易く言い換えられている。1784年に新版が、1787年に第3版(この版の存在については *Biographie universerselle, ancienne et moderne*, t. 16, 1816, p. 491による。)が出た。著者は、パリで公証人を経て国有地管理局の管理職を務めた人物で、19世紀初頭には公証人の職務に関する概説書なども出版している。(MICHAUD, *Biographie universelle, ancienne et moderne*, tome 16, 1816, p. 491 他参照。)

　目下の所、筆者が実際に確認することのできた純粋に詩句だけで構成された当時の普及書は、本書だけである。しかし、詩句形式の普及書は、この他にも色々あったのではないかと思われる。

(68) フィリップ・ヴァン・チーゲム『フランス文学理論史』萩原弥彦他訳、紀伊国屋書店、1973年、第184頁。原著、VAN TIEGHEM (Philippe), *Petite Histoire des grandes doctrines littéraires en France*, PUF, 1946.

(69) 河盛好蔵他編『フランス文学史』新潮社、1973年、第154頁。

(70) LANSON (G.), TUFFRAU (P.), *Manuel illustré d'histoire de la littérature française*, Hachette, 1929, p. 437 参照。

(71) LAPLACE (Pierre Simon), *Exposition du système du monde*, in-8°, 2 vol., 1786, 革命暦7年(1798又は1799年)に第2版が、1836年には第6版が出た。本書を出版した頃、ラプラスは、科学アカデミーの正会員で、本書のお陰で、更にアカデミー・フランセーズ入りするまでになったという。(*Nouvelle Biographie générale*, tome 29, 1862, p. 534, p. 546 参照。)

(72) LAFFONT-BOMPIANI, *Dictionnaire des œuvres* ..., II, 1990, p. 841 参照。

(73) BADINTER, *Emilie, Emilie, ...*, p. 355 参照。

(74) TIMMERMANS, *L'Accès des femmes à la culture (1598-1715)*, p. 370 参照。先の『彗星に関するある地方貴族からある貴婦人への手紙』もそのひとつとして、チンメルマンは紹介している。

(75) *Ibid.*, pp. 370-374 参照。

(76) *Ibid.*, p. 374 参照。チンメルマンによると、イエズス会士ジャック・ラン

第 3 章　17-18 世紀の女性のための知的啓蒙書

ベール（Jacques LAMBERT）の『聖なる中庭の哲学―宇宙と天体の科学に基いて論証された聖人達の道徳を内容とする第 1 部』(*La Philosophie de la cour sainte. Première partie, contenant la morale des saints, établie sur la science du ciel & des astres*, in-4°, 633 p., Lyon, G. Barbier, 1641) は、自然科学の説明を、キリスト教道徳を教える道具に転用したものであるという。(TIMMERMANS, *Op. cit.* 参照。)

(77)　FONTENELLE, *Entretiens sur la pluralité des mondes*, Editions de l'Aube, 1994, p. 12 参照。

(78)　『ロワイヤル仏和中辞典』(第 2 版)、第 915 頁、項目 «galanterie» より。

(79)　現代の『作品辞典』(*Dictionnaire des œuvres*) は、『世界の複数性についての対話』を「ギャラントリーの魅力で燦然ときらめいている」(LAFFONT-BOMPIANI, *Dictionnaire des œuvres*, II, 1990, p. 631 参照。) としている。

(80)　*Ibid.*, p. 13 参照。

(81)　FONTENELLE, *Op. cit.*, p. 13 参照。下線は、本書筆者による。

(82)　«Préface de l'édition de 1801» in *Astronomie des dames, par Lalande ; suivie des Entretiens sur la pluralité des mondes, par Fontenelle*, A. René et Cie, 1841, p. 117 参照。この引用文は、フォントネルの『世界の複数性についての対話』(1801 年版) に付されたラランドの序文を、上記の書 (1841 年の『ラランドによる『婦人の天文学』、フォントネルによる『世界の複数性についての対話』付き』) に収められた『世界の複数性についての対話』の頭に、編者による註を追加して再現した序文による。

(83)　DEMOUSTIER (Charles-Albert), *Lettres à Emilie sur la mythologie*, in-8°, 4 vol., Cailleau, 1786-1790. 本書は、ドゥムースチエの最も成功した有名な作品である。

(84)　18 世紀の版は、判明しているものだけでも初版を含め 10 版を数え、19 世紀末に至るまで版を重ね続けた。

(85)　DEMOUSTIER, *Lettres à Emilie sur la mythologie* in *Œuvres de C. A. Demoustier*, in-18, tome 1, Ant. Aug. Renouard, 1804, p. 23 参照。尚、この巻頭の韻文による序文を読む限り、本書は男女の読者を対象としたものである。(*Ibid.*, p. 25 参照。)

(86)　«Notice sur la vie et les ouvrages de Charles-Albert Demoustier, par F. Fayolle» in *Ibid.*, p. 7 参照。

(87)　*Nouvelle Biographie générale*, XIII-XIV, Rosenkild et Bogger, Copenhague, 1965, p. 623 参照。

(88)　本章の註 (85) 参照。

(89) «Notice sur la vie et les ouvrages de Charles-Albert Demoustier, par F. Fayolle» in *Op. cit.*, p. 8 参照。

(90) *Ibid.*, pp. 5-6 参照。

(91) この点について、ドゥムースチエの真意は言葉として表明されてはいない。しかし、本書の成功に励まされたのだろう。日の目を見ることはなかったが、彼は『植物学についてのエミリーへの手紙』(*Lettres à Emilie sur la Botanique*)という書を準備していたという。(*Ibid.*, p. 13 参照。)

(92) NOLLET (abbé Jean-Anoine), *Leçons de physique expérimentale*, in-12, 6 vol., pl., Les Frères Guérin, 1743-1748. 1783 年には第 9 版が出た。

(93) 第 1 巻の序文で、「私は、これ[本書]を、主にコレージュあるいは寄宿学校で人生の最初の時期を過ごす両性の若い人達(jeunes gens de l'un & de l'autre sexe)用とする」とノレは言っている。(*Ibid.*, 8e éd., tome 1, Durand, 1775, p. xxxiv 参照。)

(94) BASSVILLE (Nicolas-Jean Hugou de), *Elémens de mythologie, avec l'analyse des poëmes d'Homère & de Virgile, suivie de l'explication allégorique à l'usage des jeunes personnes de l'un & de l'autre sexe*, in-12, iv-311 p., pl., Laurent, 1784. 1789 年の第 2 版は、両性用ではなく、「コレージュ用」(*à l'usage des Colléges*[sic])となるが、1805 年の出版報で紹介された第 3 版(改訂新版)のタイトルには、「両性の若い人達用」(*à l'usage des jeunes gens de l'un et de l'autre sexe*)とあり、両性用に戻っている。(*Journal général de la littérature de France*, 3e cahier, 1805-XIII, pp. 118-119 参照。)著者は、作家で外交官でもあった。

(95) RANCY (De), *Essai de physique en forme de lettres ; à l'usage des jeunes personnes de l'un & l'autre sexe : augmenté d'une lettre sur l'aimant, de réflextions sur l'éléctricité, & d'un petit traité sur le planétaire*, in-12, xij-584 p., Hérissant fils, Lottin l'aîné, 1768. 筆者のプロフィール等については不明である。タイトルに「～増補」(*augmenté...*)とあるところから、これは改訂版であろう。初版の出版年代は不明である。

(96) *Ibid.*, p. vij 参照。

(97) WANDELAINCOURT (Antoine-Hubert), *Cours d'éducation à l'usage des demoiselles, et des jeunes messieurs qui ne veulent pas apprendre le latin*, in-12, 8 vol., Rouen, Le Boucher, 1782. ワンドゥランクールは、司教職の他に、王立コレージュの校長やパリの士官学校の副校長を務め、青少年向けの多くの学習図書を多数出版するなど、教育活動に積極的に携わった人物であった。(*Grand Dictionnaire universel du XIXe siècle*, tome XV, 1876, p. 1269 他参照。)

(98) MOUSTALON, *Le Lycée de la jeunesse, ou Les Études réparées; nouveau*

　　　　　　　　　　　　　　　　第 3 章　17-18 世紀の女性のための知的啓蒙書

cours d'instruction à l'usage des jeunes gens de l'un et l'autre sexe, et particulièrement de ceux dont les études ont été interrompues ou négligées, in-12, 2 vol., Serriere, 1786. 本書の初版は、総頁数が 944 頁にも及ぶ。第 2 版はフランス国立図書館にもないため確認できなかったが、増補改訂第 3 版 (Lebel et Guitel, 1810) では、更に「哲学」の分野として、論理学、形而上学、倫理学、自然学の知識が追加されている。著者の生没年等は不明であるが、他に、地理やフランス史の概説書など教育的な普及書を書いている。

(99)　*Manuel de l'adolescence. Ou Entretiens d'un père avec ses enfans, sur la morale, la politique, l'histoire naturelle, la géographie, l'histoire, la mythologie, la Révolution française, la Constitution, etc. etc. à l'usage des deux sexes, avec figure*, in-18, xij-528 p., Veuve Fournier, an VII. 本書は、革命暦 7 年 (1798 又は 1799 年) に初版が出た。本書については、第 4 章でも取り上げる。

(100)　TARDIEU DE NESLE (Mme Henri), *Encyclopédie de la jeunesse, ou Nouvel abrégé élémentaire des sciences et des arts, extraits des meilleurs auteurs*, in-12, 2 vol., pl., Henri Tardieu, an VIII. 著者 (出版元のアンリ・タルデューの近親者であろうか。) については、生没年なども含め不詳である。本書については、次章の註 (34) 参照。

(101)　«à la jeunesse des deux sexes» (*Ibid.*, 6e éd., in-12, Boiste fils aîné, 1825, p. [vj].) 引用は第 6 版からのものであるが、この部分は、初版でも同じ表現になっている。

(102)　*Encyclopédie domestique, ou Annales instructives, formant recueil de toutes sortes de remedes, recettes, préservatifs, curatifs des diverses maladies et incommodités des hommes et des animaux, de secrets, d'inventions, de découvertes utiles et agréables, dans les sciences et arts, et généralement de tout ce qui peut intéresser la santé, la beauté, la curiosité, c'est-à-dire, les besoins et les agrémens de la vie morale et physique, à l'usage des deux sexes de la cour, de la ville et de la campagne*, in-8°, Laurens jeune, [1791]. 本書には、出版年が記載されていない。「1791」年は、新刊案内『週刊出版カタログ』(*Catalogue hebdomadaire*, Despilly) に掲載された年代で、著者名は不詳である。

(103)　*Ibid.*, p. [ij] 参照。

(104)　この他、既に大革命前にも、ピュジェ・ド・サン=ピエールという人物による『初歩的基礎知識の辞典』(全 4 巻、1773 年) と題した、身分・性別・年齢を問わない万人向けの百科全書的な基礎知識の普及書である辞典が出版されていた。参考までに、以下に副題を含めた原題を示しておく。

　　PUGET DE SAINT-PIERRE, *Dictionnaire des notions primitives, ou Abrégé* raisonné & universel des élémens de toutes les connoissances humaines; ouvrage destiné à l'instruction de la jeunesse & à accompagner les livres d'éducation & nécessaire à toutes les classes de citoyens; contenant tout ce qui est essentiel pour l'éducation des enfans, la définition & la valeur des idées & des mots, l'exposition exacte & précise de la notion primitive qu'on doit avoir de chaque objet en particulier, & généralement tout ce qui peut contribuer à former le cœur & l'esprit des personnes de tout âge, de tout sexe & de toute condition, in-8°, 4 vol., Costard, 1773.

(105) MOUSTALON, *Op. cit.*, 4ᵉ éd., in-12, tome 1, Auguste Boulland, 1823, pp. vij-viij 参照。引用の部分は、綴り字が現代風に改められている点を除いて、初版と同じである。

(106) WANDELAINCOURT, *Histoire des arts*, 1782, pp. vij-viij 参照。

(107) WANDELAINCOURT, *Logique, ou L'Art de diriger notre entendement dans la recherche de la vérité*, 1782, pp. v-vj 参照。尚、この序文だけは、本書があたかも女子専用であるかのように、女子に関する言及しかされていない。

(108) *Ibid.*, p. viij 参照。

(109) *Ibid.* 参照。

(110) 前掲書の中表紙の前の頁に、「コレージュ用で、特にプライベート教育（éducations particulières）をしようとするあらゆる人に有益な、ワンドゥランクール神父の書」という広告がある。尚、この広告には、「著者はパリのタランヌ通り（rue Taranne）、カンベルラン館（Hôtel de Cumberland）に居住しており、そこでふたつの講座を教えている」とあり、自宅の私塾で、2つの講座シリーズを使って教えていたのではないかと思われる。フランス国立図書館は、『博物学概要講座』（*Cours abrégé d'histoire naturelle*, in-12, vj-666 p., Mandon, Verdun, 1778）、『聖史概要』（*Abrégé de l'histoire sainte*, in-12, xij-431 p., Esprit, 1780）など極一部しか所蔵しておらず、実際に出版されたものの全体像は不明である。尚、同図書館が所蔵するこのシリーズ『教育講座』（*Cours d'éducation*）のひとつで、通常の叙述形式による『若い物理学者達の教本、あるいは新しい基礎の物理学』（*Le Manuel des jeunes physiciens, ou Nouvelle physique élémentaire*, in-12, xij-458 p., Verdun, Christophe, 1778）は、男女用の講座シリーズに収められた問答形式による『新しい物理学』（*Nouvelle physique*, 1782）より、遥かに詳しく、レベルアップした内容になっている。

(111) WANDELAINCOURT, *Logique, ou L'Art de diriger notre entendement...*, pp. viij-xj 参照。

(112) NOLLET (abbé Jean-Anoine), *Essai sur l'éléctricité des corps*, in-12, xx-247 p.,

第 3 章　17-18 世紀の女性のための知的啓蒙書

pl., 1764. これは専門家からアマチュアまでを読者対象としうる普及書で、口絵（本書巻頭のグラヴィア頁参照。）には静電気の実験の様子が描かれている。左端の男性が持つ帯電したガラス棒（又は管）で帯電した実験台の人物の回りで 9 人の男女（女性と確認できる 4 名の内、手前の女性は帯電した人物の鼻に人差し指を近づけている。）が実験に立ち会っている。綴じ込み図版最後の 4 枚目も男女ふたりによる実験の様子を描いている。又、女性の実験参加者を想定した記述も本文に 2 箇所ある。

(113)「ある王女」(une princesse)宛ての書簡集の形になっているにも拘わらず、フランス国立図書館が所蔵する全てのフランスでの再版もののうち、1829 年の縮約版を除く完全版(1787-1789 年版、1812 年版、1842 年版、1843 年版、1859 年版、1866 年版)の巻頭に付された序文（著者によるものはない。）や著者についての紹介文、賛辞の中にさえ女性読者に言及したものはない。唯一女性読者について言及されているのは、同じタイトルの抜粋版(in-18, impr. de Béthume, 1829)の「オイラーについての解説」(Notice sur Euler)である。

(114) 先に触れたように、プリューシュの『自然の姿』に登場する伯爵夫人も、話に興味を示して教えられる側の役割を与えられている。

(115) ヘンチ(Alice A. HENTSCH)は、『特に女性を対象とする中世の教育的な文学について』(De la littérature didactique du Moyen Age s'adressant spécialement aux femmes, 1903)で、「ハンガリーとポーランドの国王ルイ 1 世の妻」でボスニア王の娘エリザベート(Elisabeth)による 14 世紀の『自身の娘達のための教育の手引書』(Manuel d'éducation pour ses filles)は、「かつて、フランスでは良く知られていた」としているが(HENTSCH, Op. cit., p. 135 参照。)、残念ながら、現物は今日伝わっていない。又、出版年代などは不明であるが、『妻の書』(Le Livre de l'épouse)という主に医療の分野を扱っているという概説書を紹介している(HENTSCH, Op. cit., p. 189 参照。)。いずれも、内容についての詳細な情報や出版された場所についての記述もないため、断言はできないが、宗教・道徳の書ほどではないにしても、女性のための知的啓蒙書が、既に中世に出版された可能性はありうる。

(116) サン＝ジェルマン（生没年不詳）は医師で、本書の表紙には、「エキュイエ［騎士より下で最下位の貴族の称号］、医学博士、パリの人」(Escuyer, Docteur en Médecine, Parisien)とある。又、巻頭には、国務評定官、国王の侍医ギュモー氏(Monsieur Gvillemeav)への献辞がある。著者は、1650 年から 1668 年までに数点の医学書を出版しており、その中には、産科学に関するものも一冊ある。

　序文で著者が、「私はこれに、「助産婦の学校」というタイトルを付けたが、

219

それは、彼女達の仕事が分娩やその偶発症状の際に立ち会うことであり、これが、他のいかなる人達よりも、彼女達にふさわしく必要な教えであるからである」と言っているように、本書は、特に助産婦のための産科学についての問答形式による啓蒙書である。尚、序文には頁付けがないので、リストでは、序文の総頁数は[xxv]とカッコ付きにした。以下、リストでは同様に記載をすることにした。

　本書は、第１部が「生殖器官の解剖学」で、男女の生殖器官の比較も交え、子宮を中心にした生殖器官に関する解剖学上の詳細な説明(著者によると、重要であるにも拘わらず、本書のような主題の著書では扱われてこなかったという。)、第２部が「分娩に先立つ偶発症状」で、妊娠(妊娠に至る過程を含む。)と胎児(その位置と成長過程等)、妊娠中の偶発症状、第３部が「分娩に伴う偶発症状」で、正常分娩と異常分娩に関する説明と、分娩に立ち会う助産婦が実践すべき対応、出産後の産婦のケアーや授乳、新生児の世話に関する事柄など、幅広い内容が系統的に整理され、医者の質問に助産婦が答える形で、明快に展開されている。

　尚、本書も含め、リストアップした普及書のほとんどについて、価格に関する情報の収集ができていないので、本書では問題にしていない。但し、『婦人の百科文庫』については、予約申し込み者に対する支払い価格の条件が書物に明記してあるので、参考までに本章の註(143)で示した。又、出版元の出版物の傾向についても、正確な情報を得るに至っていないので、これも扱わないことにする。

(117) バリー(生没年不詳)については、本書の表紙に「国務評定官で国王の史料編纂官」(Conseiller, et Historiographe du Roy)とある。著者は他に、17世紀後半から18世紀前半までに、修辞法や自然学などの普及書を出版している。巻頭には、友人であるという優れた文献学者で神学者のコトゥリエ(J.-B. Cotelier, 1629-1686)への献辞があり、知性、モラル、学識において優れたこの人物が讃えられている。

　本書は、論理学が属する哲学(その範疇と歴史を含む。)の説明や論理学の定義といった序章的な部分に始まり、第１部は、物質的あるいは精神的な対象の認識と諸観念の分類、第２部はそうした観念を表す言語表現(各品詞の文法用語としての説明からその役割)の説明と、論理学の命題のタイプと命題同士の関係(文法用語を使いながら説明されている。)、最終部は、三段論法を中心にした推論のタイプ別説明に加え、最後に分析と総合という思考方法についても若干解説がされている。第１部は、論理学の中心である命題と推論の説明の理解に必要な部分であるが、これが本論全体の６割を占めている。確かに

第3章　17-18世紀の女性のための知的啓蒙書

ここでの説明は、これに続く論理学の核心部分で読者の理解に役立つ内容を多く含んでいるが、もっと簡潔にすることもできたであろう。又、普及書としては、全体的に各部内の構成をもう少しシンプルにすべきであったであろう。とはいえ、細分化された項目ひとつひとつの説明は丁寧で分かり易い。特に最終部では、詭弁的な三段論法など、気をつけるべき様々な論法のタイプについて詳しい解説がある点は、リストアップした他の論理学の書にはない評価すべき点である。

　読者への序文では、普及書であることを意識して、「ここ[本書]で私は、心地よさ(l'agréable)に有益さ(l'vtile)を、厄介なもの(l'épineux)に通俗的なもの(le populaire)を、分かりにくいもの(l'obscur)に明快なもの(le clair)を結びつけ、骨の折れる嫌悪感を催すような材料を簡単で面白い主題にする努力をした」(*La Fine philosophie...*, p. 15 参照。)と、通常の普及書でなされているような配慮をしたことが示されている。事実、読者がイメージし易いように適宜身近な例を挙げることで、理詰めでの理解を要求される説明を分かり易くしたり、時に、とんでもない論理の展開の例を示すことで読者を楽しませる工夫もされている。

　後に内容は同じで、1669年と1672年に同じパリのJ. クトゥロ(J. Couterot)から『論理学そのものの用法が説明されている論理学』(*Logique où il est donné l'usage de la logique mesme*)というタイトルで「新版」として再版されたが、女性読者向けのタイトルではなくなっているため、リストには記載しなかった。

(118) 本書は、フランス国立図書館が所蔵する唯一のムルドゥラック(1610-1680年)による著書である。初版には具体的な出版社名の記載はない。リストにある1674年版は、初版と同一の再版もので、1680年版と1687年版はフランス国立図書館に所蔵されていないが、後者を所々省略した復刻版(CNRS Editionsによる。)が1999年にパリで出た。又、1680年版の存在はこの版の編者による序文からの情報に基く。1682年にイタリアでも出版され、ドイツでは、1674年から1731年までに6つの版が出ているという。有益な書であることが認められていた証拠であろう。(POIRIER (Jean), *Histoire des femmes de science en France*, Pygmalion, 2002, p. 176 参照。)

　本書の巻頭には、名家の出であるギッシュ伯爵夫人(comtesse de Guiche)への恭しい献辞が添えられている。その構成は、第1部が、3元素(塩、硫黄、水銀)、蒸留とろ過、発酵などの化学変化、これに関連する器具などについて、第2部が、薬草や香草、果実、その他の植物の薬用成分の抽出について、第3部が、動物から取る薬効のあるエキスの抽出について、第4部が、鉱物から

の同様の抽出について、第5部が、薬の調合の仕方とその薬効について、更に、女性の美容効果に役立つあらゆるもの（但し、歯や歯茎の健康に役立つ知識も含まれている。）についての説明が第6部（全体の4分の1の頁数）として追加されている。化学といっても、単に物質の性質に限らず、医学や薬学、博物学とも関連した実用的で極めて有用な化学である。目次での項目数は377に及ぶ。

　本書の最終版の編者で出版元のローラン・ドゥリー（Laurent d'Houry）が、読者へのことわり書き（巻頭に付され、頁付けなし。）の中で、ムルドゥラックを、「我らの時代に現れた最高の才人のひとり」（*La Chymie charitable..*, 1711 参照。）と讃えている。彼女の父親は貴族であったという。1626年頃、パリ近郊の王族の城グロボア城（château de Grosbois）の守備隊長ヴィブラック（Vibrac）と結婚した。ムルドゥラックは旧姓である。田舎にいた彼女は、書物で薬学を勉強し、処方を試したり、薬を調合し、ギッシュ伯爵夫人と共に貧者に対する無償の医療行為に従事した。本書は、そうした試行錯誤の仕事の成果であった。（POIRIER, *Op. cit.*, pp. 170-171 参照。）ポワリエは、本書（1711年版では薬の調合法が追加された。）が様々な病気の手当てに使われる水薬（調合薬）を網羅しているだけでなく、現代医学からすれば問題があるケースも多いものの、その明快で厳密な内容は、「薬化学の誕生」を告げるものだとして、大いに評価している。（*Ibid.*, pp. 174-175 参照。）

　この他17世紀の啓蒙書として、現物を確認していないのでリストには入れなかったが、チンメルマンは、フランス語の語法に関するマルグリット・ビュッフェ（Marguerite BUFFET）の『古語・廃語と新語の見事な使い方を扱ったフランス語についての新しい考察―古代と近・現代の優れた女学者達への賛辞付き』（*Nouvelles Observations sur la langue françoise, où il est traité des termes anciens & inusitez, & du bel usage des mots nouveaux. Avec les éloges des illustres sçavantes, tant anciennes que modernes*, in-12, pièces limin. et 342 p., J. Cusson, 1668）を紹介している。著者のビュッフェは生没年不詳で、チンメルマンによると、彼女は女性を対象に教師をしていたという。又、ムルドゥラック同様、女性読者のみを想定しているというが、目下の所確認できていない。（TIMMERMANS, *Op. cit.*, p. 377 参照。）

(119) 本書は、他にパリの2つの出版元、ロビュステル（C. Robustel）とディド（F. Didot）からも十二折版のサイズで1731年に再版されている。リストに入れた1731年版については、本書筆者架蔵。アントニーニ（1702-1755年）は、イタリア貴族の出で、25年近くもパリでイタリア語を教えた。その間パリで出版した『伊羅仏辞典』（*Dictionnaire italien, latin et françois*, in-4°, 2 vol., 1735）

第 3 章　17-18 世紀の女性のための知的啓蒙書

や、他のイタリア語の普及書『実用的理論的イタリア語辞典』(*Grammaire italienne pratique et raisonnée*, in-12, 1746) なども版を重ねた。特に『伊羅仏辞典』は、フランス語とイタリア語に関しては、当時の既存の辞典の中で最良の辞典であったという。(*Biographie universelle ancienne et moderne*, tome 2, p. 91 参照。) 1731 年の新版は、本書に賛意を示してくれた英国の「著名な家柄」で、学芸の保護者の家系の出であると思われるナイト夫人 (Madame Knight) への恭しい献辞が巻頭に掲げられている。

　本書筆者が検討した 1731 年版 (出版元は J.-L. ニヨン) では、本文は、イタリア語の綴り字と発音に始まり、基本的な 7 つの品詞 (冠詞、名詞、代名詞、動詞、副詞、前置詞、接続詞) の説明 (副詞など 4 つの品詞についてはアルファベット順の語彙集付き) を中心にイタリア語の基礎文法を全 8 章 (動詞の活用や例文はフランス語の対訳付き) に纏めた頁に加え、仏伊両言語の類似性に着目した単語の互換法を示す頁や、簡単なイタリア語の 13 の実用会話集 (様々な場面を想定した対話で仏語対訳付き)、フランス語によるイタリアの詩法についての極簡単な説明、その解説に出てきた詩を集めた頁 (仏語訳はない。) など、実に工夫を凝らした作りになっている。特に対訳付きの頁は見やすく、分かり易い説明である。本章でリストアップしたイタリア語の学習書の中では、最も良くできていると言ってよい。文法以外に、語彙集、会話表現、詩法、購読用の原文を入れるといった盛りだくさんな内容構成には、実際にイタリア語教育に携わっていた著者の経験が活かされていると考えられる。尚、ラテン語風の格変化 (但し呼格を除く 5 つの格) で、冠詞や名詞、代名詞の形態が説明されているが、ラテン語の格変化を使った説明の仕方は、名詞を除けば 19 世紀に入っても見られるもので、本書でリストアップした他のイタリア語の文法書にもある。又、形容詞の説明が名詞の中で出てくるのもラテン語文法の影響で、伝統的なフランス語文法にも見られるものであった。

(120) 第 2 版以降は、タイトルの頭の «*Essai de...*» (〜試論) が無くなって、«*Rhétorique...*» (〜修辞学) となり、19 世紀の版もこれを踏襲することになる。1746 年版は、他にパリのガノー (Ganeau) から、第 3 版は、他に同じく、サヴォワーユ (Savoye) とル・クレール (Le Clerc)、C. ル・クレール (C. Le Clerc) から、第 4 版は、アヴィニョン (Avignon) の L. シャンボー (L. Chambeau) からも出ており、本書は大成功を博した。第 7 版は本書筆者架蔵。尚、リストにある 1748 年版の頁数 (468 p.) の記載の前にある «pièces limin.» とは、«pièces liminaires» (巻頭の頁の部分) のことで、ここでは序文に当たるが、頁付けがなされていない場合のフランス国立図書館の記載様式を採用したものである。本書筆者も正確な頁数を確認できていないため、この様式に従った。

ガヤール（1726-1806年）は、若くして弁護士資格を取得したが活動はせず、文学と歴史の分野で活躍した。特に『フランソワ1世伝』(*Histoire de François Ier*, in-12, 7 vol., 1766-1769)など、歴史関係の著書を出版している。文学では、ルーアン(Rouen)のアカデミーで「弁論賞」(prix d'éloquence)を受賞した『ピエール・コルネイユ礼賛』(*Eloge de Pierre Corneille*, in-8°, 52 p., 1768)や、評論と思われる共著による『フランスの三大悲劇詩人、コルネイユ、ラシーヌ、クレビヨンの比較』(*Parallèle des trois principaux poëtes tragiques françois : Corneille, Racine et Crébillon*, in-12, xxiv-203 p., 1765)などを発表している。1771年には、アカデミー・フランセーズの会員となった。1752年から1792年まで有名な学術新聞『ジュルナル・デ・サヴァン』(*Journal des sçavans*)に、又、1780年から1789年までやはり有名な文芸・情報誌『メルキュール・ド・フランス』(*Mercure de France*)に文学批評記事を寄稿している。(*Biographie universelle*, tome 15, 1865, pp. 377-378、*Dictionnaire de biographie française*, tome 15, 1982, pp. 82-83参照。)

　本書は、修辞学の定義に始まり、修辞学の基本要素である発想法(invention)、統辞法(disposition)、表現法(élocution)を、多様な文体の型や表現の技を紹介しながら、近・現代の作家から豊富な用例を駆使して、網羅的に分かり易く、順序立てて解説したものである。最後に、簡単ではあるが、第4の要素である発声や仕草に関する言及もある。基礎的な普及書として非常に充実しており、19世紀になっても再版され続けた。本書については、第4章(3.の中にある「語学・文学の啓蒙書」)で改めて言及する。

(121)　アルノー・ド・ノーブルヴィル(1701-1778年)は、パリで成功を収めたオルレアン生まれの医師であった。(*Grand Dictionnaire universel du XIXe siècle*, tome XI, 1874, p. 1040参照。)初版の巻頭に付された、オルレアンの総徴税区司法・警察・財務監察官への献辞の後にある名前に添えられた肩書きには、「国王の侍医」(Médecin ordinaire du Roy)とある。他に『臨床医学講座』(*Cours de médecine pratique*, in-12, 3 vol., 1769)などの著書がある。フランソワ・サレルヌ(François SALERNE)については、生没年不詳であるが、同じく献辞の後にある肩書きは、パリ王立科学アカデミー通信会員(Correspondant de l'Académie royale des Sciences de Paris)である。他に、本書の補完的な書である、『その効能と利用法、特性の説明付き常用植物概説』(*Description abrégée des plantes usuelles, avec leurs vertus, leurs usages et leurs propriétés*, in-12, xxij-504 p., Debure père, 1767)や、アルノー・ド・ノーブルヴィルとの共著による『動物の博物学』(*Histoire naturelle des animaux*, in-12, 3 tomes en 2 volumes, Desaint et Saillant, 1756)を著わしている。尚、リストのタイトルにある

第3章　17-18世紀の女性のための知的啓蒙書

「様々な瀉血法についての概要論」は、バルビエに(Barbier)よると、ブレスト(Brest)の海軍医、エチエンヌ・シャルドン・ド・クルセル(Etienne CHARDON DE COURCELLES, ?-1780)によるものであるという。(BARBIER, *Dictionnaire des ouvrages anonymes*, tome III, 1986 p. 43参照。)

　献辞によると、アルノー・ド・ノーブルヴィルとサレルヌらは、貧者のための無料診療所を創設し、ここでの診療に役立てるために本書が作られたのだという。したがって、ここで病人の世話をする女性達のことが念頭にあったものと思われる。「慈善活動家の婦人」(Dames de[la]charité)とは、『百科全書』によると、「貧困者の扶助に関心をもち、自身で施しをし、又、人から集める施しものを慎重に彼らに配る信仰心の篤い婦人達の集まりに対してパリの聖堂区で呼ばれている名」(Diderot, *Encyclopédie*, nouvelle éd., tome VII, Genève, Pellet, 1777, art. «CHARITE», p. 394.)であるが、本書のタイトルは、本書が、貧しい人々の世話をする任務を負ったこうした婦人達全体を対象にしていると考えられる。本書は、1816年に、パリ大学の医学博士で、医学、外科、産科の教授でもあったジョゼフ・キャピュロン(Joseph CAPURON, 1767-1849)が増補改訂新版を出すことになるが、その序文(キャピュロンによるものと思われる。)で、「これ[本書]は首都と地方で普及していた。このことは、本書が万人に有益であることをかなり明白に証明していた」(*Manuel des dames de charité*, Thomine, Leriche, 1816, p. v参照。)としており、好評であったことが伺える。

　本書は、主に上記のような婦人達を念頭置いて、煎じ薬や水薬などによる内服薬治療を扱った第1部と、膏薬などによる外用薬治療を扱った第2部で構成されている。薬の効能と作り方、処方の仕方が具体的に分かり易く記されているだけでなく、巻頭には、本書で頻出する医学用語集と、本書で出て来る薬の名を、値段入りでアルファベット順に並べた用語集が、巻末には、本書で扱われている病名と処方のアルファベット順の索引集まで付いている。又、当時広く行われていた瀉血の方法と注意点、使用する器具についての解説も施されている。ムルドゥラックの書のように美容に関する頁はないが、全体的に実用性という点で、より行き届いた作りになっている。

(122) ガヤールについては、本章の註(120)参照。本書は、1746年の『若い令嬢用のフランス語の修辞学試論』が女性読者の許で成功したことに励まされて、女性のために書かれたもので(«Préface» in *Poëtique françoise* ..., p. viij参照。)、総頁数が825頁にも及ぶものである。著者の意図は、「叙事詩からトリオレ[trioletで2種類の脚韻を使った8行詩句]まで、あらゆる多様な種類の詩についての概念(une idée de toutes les différentes sortes de Poësie)を授ける」

225

(*Poëtique françoise ...*, p. x 参照。)というものである。純粋な詩法の説明に始まって、叙事詩から劇詩、墓碑銘に記す小詩に至るまでほとんどあらゆるジャンルの詩（古代ギリシャ・ローマの演劇からイギリス演劇やオペラ、カンタータなどにまで及ぶ。）についての解説がなされ、「ボワローの『詩法』に鏤められている優れた諸原則―これに私は例文を加えた―のある種の拡大と発展」(*Ibid.*, p. viij 参照。)を意図する著者は、古典主義の理論書である偉大な先人ボワローの書を踏まえながらも、これとは比較にならないほど網羅的な内容にしている。有益ではあるが、普及書としてはやや博学過ぎるであろう。特に長文の例文が多過ぎるのは、煩雑な印象を与える。レベルの高いものを目指しているのであるが、再版された形跡がないのは、このような事情から敬遠されたのではないかと思われる。

(123) A.-J. パンクック(1700-1753年)は、学業をしっかり積んだ後、出身地のリール(Lille)で出版・書籍商を営む一方、フランスの諺辞典や天文学、フランス史、数学などの普及書を自ら著者となって出版した。『令嬢にふさわしい学習』は、そのうちのひとつである。彼の子孫達は、文筆家、とりわけ有名な出版業者として18-19世紀にかけて活躍した。(*Grand Dictionnaire du XIXe siècle*, tome XII, 1874, p. 108 参照。)本書の表紙には、「修道院や修道院の学校の若い寄宿生用の書」とあり、実際に、「学校で長い間使われた書」(*Ibid* 参照。)であったという。

　尚、本書出版の前年には、自然学の学びの基礎としての哲学(論理学と形而上学)の概要に始まり、科学(数学や天文学、物理、医学、化学、博物学)の分野を中心にした知識の概説的な普及書(読者対象は示されていないが、若者や一般向けではないかと思われる。)、『哲学教本、あるいは科学百科概要』(*Manuel philosophique, ou Précis universel des sciences*, in-12, 2 vol., 1748)を出版している。年代学を除いて歴史は扱われておらず、文学やフランス語文法、修辞学も除外されている。総頁数は839頁で、問答形式ではなく通常の叙述形式を採用しているので無駄がない。幾何学や物理学、化学の頁のための図版も18枚ある。但し、総索引はあるがアルファベット順の索引はないので、多様な項目の中から参照したいものを探し出すのに不便である。地理学も扱われており、基礎的な内容ながら幅広い知識内容をカヴァーしている。この部分については若干改訂した上で、『令嬢にふさわしい学習』にほとんどそのまま引き継がれている。科学の分野が引き継がれなかったのは、非常に残念である。しかし、序文の冒頭で、物理学の勉強が広がっている状況を述べ、物理学の進歩に加え、易しくて優れた書物が出回ることで、「婦人達(Dames)」が物理学の勉強に余暇を割いている事実に言及していることを考慮すれば

第 3 章　17-18 世紀の女性のための知的啓蒙書

(*Ibid.*, tome 1, p. iij 参照。)、著者は、本書が女性読者にも読まれることを想定していた可能性はある。尚、本書はこれまでのところ再版が確認されていない。

『令嬢にふさわしい学習』の初版では、序文と項目索引が計36頁、本文の総頁数が1,013頁(但し第1巻の巻末の13頁は、聖書の創世記からキリスト誕生までの聖史及び、世俗の古代史年表)に及ぶ基礎的な総合学習書である。扱われている科目は、フランス語文法、詩法、修辞学、実用手紙文、歴史(聖史と世俗史[古代ローマ史からフランスとドイツを中心にした現代史まで]、及び時代区分の簡単な概念を説明した年代学、時代年表)、地理(フランスとヨーロッパを中心にした世界地理)、ローマ神話、寓話、修身と礼儀作法、算術である。通常の目次はないが、第1巻の巻頭に、本書が扱っている項目のアルファベット順による索引があり、百科事典のように使える配慮がしてある。各科目の定義に始まり、問答形式を使って(但し計11頁の修身と礼儀作法のみ通常の叙述形式)その内容の細部に順序立てて進んでいくが、答えの部分が非常に長い場合が多く、ほとんど通常の叙述形式を思わせる。

1776年版に至るまで、内容は序文を含め同じであるが(但し、1759年版はINRP所蔵の第1巻目のみ閲覧可能であったが、第2巻目は所在不明につき、調べられなかった。)、1776年版は、目次がアルファベット順から、各巻、章毎に順に内容を提示した通常の体裁に変わっている。19世紀の版もこの形式を踏襲することになる。19世紀にも再版され続けた本書については、第4章でも改めて言及する。

(124) ブランシェ(1724-1778年)は、パリ南西ロワール河沿いの都市ラ・フレーシュ(La Flèche)にあるイエズス会のコレージュの教授を務めた後、パリで科学の勉強に専心し、医学博士号を取得した。(*Grand Dictionnaire universel du XIXe siècle*, II, 1867, p. 797 参照。)フランス国立図書館は、『その欲求によって啓蒙される人』(*L'Homme éclairé par ses besoins*, 1764)など、共著も含めてブランシェによる著書を若干所蔵しているが、タイトルで判断する限り、論理学の普及書と思われるものは他に見当たらない。

『婦人用の知性と心情の論理学』は、本書での論理学を「良く考え、良く感じる術」だとし、「私達が真理と誤謬、気高い感情や情念をそうでないものと識別し、私達が自身の知性と心情の領域を拡大することで、私達の楽しみの道を広げるのは論理学によってなのだ」(*Ibid.*, pp. 3-4 参照。)と論理学の定義がなされているように、本書は、知性と共に心を正しく導き、人としてより充実することを目指す論理学の書である。したがって、人間の意志作用を弁証法の規則によって導き、直感に支配されがちな人の心の中に理性を据えるこ

とが可能であると考える著者は、論理学の意義と本書の構成の説明に続き、観念、判断(命題)、推論、方法(真理の探求と証明のための)と、伝統になっていた4つの論理学の分野を柱にしながら(その細目については網羅的でなく、理解し易い要点に限っている。)、それぞれ人の心情に重ね合わせて説明を加え、思考の論理を感情に適用しようとしている。古典となっていたポール＝ロワイヤル論理学の書『論理学あるいは思考術』(*La Logiqve ov L'Art de penser*, 1662)も参照しつつ(特にアリストテレスのカテゴリー論や推論の定義については本書から引用あり。)、観念の説明ではロックの経験論を踏まえた記述を施している。モラルと論理学の連携そのものに独創性があったわけではないし、必ずしも数学的な論理が情念のコントロールに適用できるわけでもない。しかし、啓蒙書としては、理に適った感情の対象や感情のあり方を思考するきっかけにはなるだろう。いずれにせよ論理学によって情念を制御し、人を理性的な存在に改善しようというのは、理性と啓蒙の時代にふさわしい発想である。

　この他、『婦人の百科文庫』の中の『合集』(*Mélanges*)のシリーズ第3巻『論理学及びフランス語の修辞学概論』(*Traité de logique et de réthorique françoise*[sic], 1785)の冒頭部分(pp. 3-44)が論理学の基礎知識に充てられている。但し、ここでの論理学は、修辞学の学習に不可欠な学問としての役割を特に考慮したものなので(理屈なしで人を説得し、感動させることはできないという理由から)、論理学が4つの構成分野から成ることが示されてはいるものの、特に3番目の三段論法を中心にした「推論」の形式についての説明がメインになっており、他の3分野については、簡単な定義に止められている。

(125)　ノルマンディー地方の都市ルーアン(Rouen)で生まれたルプランス・ド・ボーモン夫人(1711-1780年)は、多くの子供向けの教訓的な物語の作者として知られているが、修道会の学校で教育に携わったり、貴族の娘達の住み込みの家庭教師の経験も豊富であった。ルプランス(Leprince)が彼女の元々の姓名である。1745年にイギリスへ渡り、貴族の娘達の家庭教師をする傍ら、『子供百科』などの教育図書を出版して成功を収めた。イギリスでピション氏(M. Pichon)と再婚をし、1762年に帰国後も、『教訓的お話し』(*Contes moraux*, 1774)などを世に出し、執筆活動は続いた。(*Dictionnaire des femmes célèbres*, 1992, p. 510、*Il était une fois...les contes de fées*, 2001, p. 16 他参照。) 著者については、本章の註(305)も参照されたい。

　『少女百科』の初版は2巻本(in-12)で、フランス版同様1760年にロンドンで出た。この他、同年オランダでも同じものが出版された。イタリア語版や英語版も出るなど人気を博した。本書は、成功を収めた『子供百科』(*Magasin*

第 3 章　17-18 世紀の女性のための知的啓蒙書

des enfans)の続編として執筆されたものである。[ ]付きの再版年代は、新刊案内『週刊出版カタログ』(Catalogue hebdomadaire)でのみ確認できた年代である。1778 年版については本書筆者架蔵。尚、『子供百科』は女性用の知的啓蒙書のリストから外したが、この点については、本章の註(58)参照。

　『少女百科』は、本書筆者架蔵の 1778 年版(全 4 巻)では、各巻の平均頁数が約 237 頁である。ひとりの女教師と、5 才から 18 才までの少女達(計 16 名)との対話形式による書で、著者自身の教師としての経験が本書に活かされていると考えられる。計 33 の対話による話題は、聖書の物語、キリスト教や倫理哲学に関連した道徳・倫理、古代史、地理、論理学、教訓的な逸話などである。知識の獲得よりも、理性に適った有徳のキリスト教徒として思考し、行動する女性を養成することに主眼があるため、知識内容は体系だったものではなく、多様な話題の中にこうした知識が順次出て来る仕掛けになっている。しかし、会話そのものは生き生きとしており、読み物として楽しめる。19 世紀も再版され続けた本書については、第 4 章でも改めて言及する。

(126) 初版は 3 巻本(十二折版)で、フランス版同様 1764 年にロンドンで出た。同年、同じものが、オランダでも出ている。本書は、『少女百科』(Magasin des adolescentes)の続編として執筆されたもので、結婚前の娘達のための書である。前作同様の形式で、女教師と、15 人の女生徒達との間で展開される対話集である。前作以上に、徳育に比重がかけられている。尚、本書筆者架蔵の 1772 年版(全 4 巻)では、各巻の平均頁数は、約 287 頁である。本書については、第 4 章でも改めて言及する。

(127) 著者のエノーについては、弁護士であったという他には生没年を含め不明である。本書は、フランス国立図書館が所蔵する彼の唯一の著書で、娘が母親から、フランスと世界の地理の初歩を幅広く習うという母と娘の対話形式による普及書である。序文で、「私が試みに書いたこの書き物を捧げるのは、主に最も教育されることのない女性に(principalement au sexe qu'on instruit le moins)である」(HÉNAULT, Géographie élémentaire..., p. x 参照。)と著者が述べる本書は、女子の啓蒙を特に意識して書かれたものである。14 の対話で構成され、天体としての地球の説明に始まり、地理的な世界の形状と区分の後で、フランスを含めたヨーロッパを手始めに、アジア、アフリカ、アメリカ大陸と世界地理の話が展開されているが、新大陸発見の歴史(スペインによる侵略には批判的である。)や英仏の植民地争奪戦にも触れられている。ヨーロッパから遠く離れた地については、風俗に関する記述もある。全体としては筋道立ってはいるが、地図や一覧表もなく、対話だけで綴られる幅広い地理の知識は、煩雑な印象を与える。ただ、気候、風景、人間や動植物と、地球全体

が見せてくれる世界の多様性の観念、相対的な世界観や価値観が示されている点や(*Ibid.*, p. 335, pp. 347-348 参照。)、幅広い知識内容という点で、本書の啓蒙書としての意義は大きいであろう。

(128) ジュルダン(1734-1816年)は、「有名な歯科医」で、「歯科医の技術と口腔疾患について新しい所見に満ちた著書(ouvrages)」(*Grand Dictionnaire universel du XIXe siècle*, tome IX, 1873, p. 1035 参照。)を残したという。フランス国立図書館は、総頁数が1200頁を超える『口腔と該当する部位の病気及びその真に外科的な手術についての概論』(*Traité des maladies & des opérations réellement chirurgicales de la bouche et des parties qui y correspondent*, in-8°, 2 vol., 1778)などといった彼の専門分野に関する著書の他に、男性用に書かれた『思春期から老年末期までの男性達の医者』(*Le Médecin des hommes depuis la puberté jusqu'à l'extrême vieillesse*, in-12, xxiv-426 p., 1772)を所蔵している。

女性のための保健医学の書『婦人の医者』は3部構成で、第1部の「健康を維持するために必要な諸注意」では、人体の仕組み、生理学上の欲求や機能、生活習慣などに止まらず、特に、女性の生理、妊娠、出産、産後についての説明とそれに関連する保健医学上の留意点が丁寧に扱われている。第2部の「様々な年代の病気について」では、4才までの幼年期から高齢期まで5つの年代区分をした上で、それぞれの年代に固有の病気とその具体的症状や対処療法に関する知識を扱っている。一般の病気から女性特有の病気、小児医学など、実際的な知識を、難解な専門用語の使用をできるだけ避けて、網羅的に(但し、梅毒に関する説明はない。)分かり易く解説している。又、日常的な口腔ケア、入浴の奨めなどに関する助言もあり、現代で言う予防医学も意識されている。第3部の「個々の病気」では、風邪、寄生虫による病気など、自分で応急処置ができる様々な病気について、80項目以上に亘ってアルファベット順に対処法が簡単に説明されている。巻末には、美容上の助言も若干付加されている。全体的に各項目が簡明に纏められており、読みやすい。素人判断を戒めて医師の受診を勧め、間違った習慣や、偏見や私利私欲による無知に付け込んだ怪しげな医療への警告もなされている。例えば、当時女性達の間では極普通であったきつ過ぎるコルセット着用の健康への悪影響を強調したり、こびりついた歯石を器具で除去することへの誤った危惧の指摘、通風に対する「驚異の秘薬」という触れ込みで通常医師が行わないような怪しげな処方がなされていることなどに対して警告を発している。尤も、子宮を過剰に病因としているなど現代から見れば間違った記述もあるが、当時の医学水準を考慮すればいたしかたなかろう。

(129) ベンチレーキ(生没年不詳)は、イタリア人で、イタリア語の教師をして

いた。本書の序に当たる「フランスの婦人達へ」(Aux dames françaises)の次の頁に、パリとウイーンで彼を知る貴人達の保護を受け、両国の宮廷の婦人達にイタリア語を教えてきたという著者のプロフィールが記されている。

　本書(本書筆者が特に検討したのは1778年版)は独習書で、婦人達がイタリア語の勉強に取り組み易いように、1月から9月まで毎週1課ずつ月4回の割合で、更に10月は最初の2週(やはり週1回1課)まで、文法事項を段階的に学ぶよう学習計画が組まれており、計38週(約8ヶ月に相当)で終えられるよう編集されている。1課につきひとつの文法事項が問題になっている場合が多いが、項目によっては複数の課に跨っている。文法理論の後で、各課の終わりに、最初は日常的な語彙の仏伊両言語による語彙一覧、学習が進むにつれ、仏語からイタリア語への翻訳、又はイタリア語から仏語への翻訳の課題(大抵は韻文詩)が付されている。理論と実践を組み合わせてイタリア語の運用能力を高めることを狙ったやり方である。(BENCIRECHI, *Leçons hebdomadaires...*, nouvelle éd., 1778, pp. v-vj 参照。)綴り字と発音の関係に始まり、基礎的な通常の文法事項、綴り字法といったオーソドックスな内容は、全体の4割程度で、あとは、翻訳の課題に必要な語彙集(仏伊及び伊仏辞典)と有名な文法家ジラール神父(abbé Girard, 1680-1748)の同義語辞典『フランス語の同義語』(*Synonymes françois* で本章の註(362)参照。)から抜粋したイタリア語版、及び、常用手紙文とイタリア語の作詩法の簡単な解説に充てられている。膨大でもなければ簡略過ぎることもなく、イタリア語の諸規則は単純化し、細部は「明快(clarté)」であること、「簡潔に」(d'une manière concise) (BENCIRECHI, *Op. cit.*, p. iv 参照。)編集するという方針で編まれた書である。言葉の運用に配慮した行き届いた内容で、アントニーニの『婦人用のイタリア語文法』(*Grammaire italienne à l'usage des dames*)に匹敵する充実した書であるが、実践的な会話集はなく、翻訳の課題も解答がないため独習書としては問題があろう。しかし、学習プランを組んで様々な工夫を凝らした点は評価に値する。

　学位論文提出後の調べで、ベンチレーキが、後に『婦人用週1回のイタリア語講義』の改訂版、『イタリア語をこの言語の学習を容易で楽しくする方法で学びたい婦人に捧げるイタリアのエトレンヌ』(*Etrennes italiennes, présentées aux dames, qui désirent d'apprendre l'italien par une méthode qui leur facilite et rende agréable l'étude de cette langue*, in-12, 334 p., 1783)をパリで出版したことが判明したため本書ではリストに反映させた。これもフランス国立図書館が所蔵している。タイトルにある「エトレンヌ(étrennres)」とは、新年の贈り物を意味する言葉であるが、本章の註(1)で触れたアルマナの類のタイトルと

231

してしばしば採用されていた。したがって、本書の巻頭には、1784年の暦（フランス語による。）が付されている。この改訂版は、先の版を下敷きにしており、全体的に文法の説明がより分かり易くなっている。女性読者が気楽にイタリア語の文法書に向き合えるよう、こうしたタイトルが採用されたのであろう。

(130) フロマジョ（1738-1794年）は、ラ・マルシュ伯爵（comte de La Marche）の娘（私生児）の家庭教師であったが、1772年に、国王よりガール（Gard）県にある小修道院を与えられ、以来そこに居住していたという。大革命時代には、共和国憲法への宣誓を拒否した。（*Dictionnaire de la biographie française*, tome 14, 1976, p. 1348 参照。）『若い令嬢の学習講座』（*Cours d'études des jeunes demoiselles*）の他に、これの歴史の部分からの抜粋版である『マリー＝テレーズの御世の年代記』（*Annales du règne de Marie-Thérèse*, in-8°, 340 p., pl., Prault fils, 1775）を出版し、1781年と1786年に再版された。

　表紙のタイトルから推察すると、天文学や物理、博物学なども扱う予定であったことがわかるが、実際にはフランスを含む世界の地理（第1巻）と聖史と古代史、ヨーロッパ史を扱った歴史の分野（第2-8巻）だけになってしまった。しかも、フランス史に関する部分が本格的に展開されておらず、歴史の分野も未完に終わっている。全16巻になる予定であったが（*Dictionnaire de la biographie française*, tome 14, p. 1348 参照。）、実際には8巻だけの出版となった。予定通り全巻出なかった原因については、不明である。各巻の平均頁数は、約470頁で、第1巻には、世界地図の図版以外に、ユーラシア大陸とアジア、南北アメリカ、フランス、ヨーロッパ、アフリカの5枚の地図が挿入されている。

　第1巻は、地理学の定義、地球の姿、地球の様々なレベルでの区分、地球の形状を形成する要素（山脈や河など）に始まり、ヨーロッパ、アジア、アフリカ、南北アメリカの国々に加え、オーストラリアについても説明されている。簡単な記述で済ましている場合もあるが、重要な国については、より記述が詳しい。国の成り立ちとその簡単な変遷、政治制度、宗教、風俗に関する記述が見られる場合も少なくない。批評精神に貫かれているわけではないが、少なくとも国と地域の多様性が印象深く読者の記憶に残るはずである。巻頭には、目次はないが、国や地域の名、地理学上の用語の索引が付されている。

　第2巻以降は、聖史、古代史［エジプト、ペルシャなどの古代国家］、古代ギリャ史（第3-4巻で、第3巻の始めの168頁はギリシャ神話に充てられている。）、古代ローマ史、ヨーロッパ史（蛮族の侵入から「ドイツ帝国史」（神聖

ローマ帝国史)まで)を扱っている。ドイツ帝国史では、関連するフランスやイタリアの歴史にも言及しているが、十分な展開ができていないのは未完に終わったためであろう。世俗史の説明は、神の摂理によらない歴史観に貫かれており、風俗や習慣、教育、社会制度など多方面からの記述がなされている点は興味深い。特に、女性の風俗、教育などについて言及がされているのは、女性読者を意識したものであろう。又、美質と悪徳を兼ね備えたクレオパトラ像、賢明な君主ぶりを発揮したマリア・テレジア像、時に批評精神が認められる歴史の光と闇の記述—これらも女性読者の教訓となりうるものである。

『若い令嬢の学習講座』は第1巻の序文を読むかぎり、上記の貴族の娘と思われる「ある若い令嬢」(une jeune demoiselle)(*Cours d'étude ...*, tome 1, 1772, p. xxvj.)の教育を任された著者の教育実践経験をもとに編集されたものであると推測される。全て通常の叙述形式によるもので、レベル的には、中等教育でも十分使用できそうなものである。タイトルでは、男子の教育にも使えるとしているが、巻頭のランジャック侯爵夫人(marquise de Langeac)への献辞にある通り、本書はまず「若い令嬢達の教育(l'éducation des jeunes demoiselles)のために編まれた書」(*Ibid.*, tome 1, p. [iij]参照。)であるので、女子用のリストに入れることにした。尚、この序文は女子教育論になっており、自身が担当したというある若い令嬢の教育実践も記されている(本章の註(408)参照。)。それに続く、ポール・ロワイヤル(Port-Royal)の女子修道院の寄宿生達の教育を担当していたサント＝ヴァレリー夫人(Madame de Sainte-Valérie)宛ての手紙は、本書を使用するにあたっての助言を施したものである。尚、この手紙や巻頭の献辞、序文にも、男子の教育に関する言及は全くない。

本書を、男子やコレージュの生徒用にも有益な書にしようという意図を持って、本シリーズが構想されたことは確かであろうが(第1巻から、「若い男性にも有益で、コレージュの学業の補完の役目をしうる書」(*ouvrage non moins utile aux jeunes-gens de l'autre sexe, et pouvant servir de complément aux études des colléges*[sic])と小さめのフォントでタイトルが補足されている。)、この意図が本書で明かされるのは、第3巻の「緒言」においてであり、「本書を執筆しながら、これが令嬢達同様青年達にも有益になるよう考えていた」(*Ibid.*, tome 3, 1773, p. ix 参照。)と初めて明かしているのである。又、最初の2巻を読んだピュイマレ侯爵(marquis de Puimarêts)という人物から、本書が「男女の若い人達用」ということであるなら、「農芸の知識がいくらかなければ完璧ではなかろう」とか、コレージュで勉強する若者に役立つよう最初の2巻で歴史地図が適宜必要であるという「妥当なコメント」を受けた(*Ibid.*, pp.

v-vj 参照。)と言っており、著者は当初、男子の読者をそれほど念頭に置いて構想していなかったのではないかと考えられる。

(131) ルイーズ・デピネ(1725-1783年)は、夫と別居後、パリやその近郊の館でサロンを開き、ヴォルテールやルソー、ドイツの作家で批評家のグリム(Grimm, 1729-1807)など当時有名な多くの文化人と交流を持った。『百科全書』の協力者達も皆、常連であったという。(*Dictionnaire des femmes célèbres*, p. 288 参照。)又、息子と娘、さらには、とりわけ孫娘エミリー(Emilie)の教育を自ら手掛けた。この経験が『エミリーの会話』の創作に役立ったと思われる。

　本書の初版は、1774年にドイツのライプツィヒで出版されている。5才を過ぎた頃から始まるエミリーとその母親との対話形式によるものである。「理性的な動物」としての人間の定義に始まり、倫理的・道徳的な話題を中心にしており、植物学や博物学の用語、4元素などが話題に登場する対話もあるものの稀である。本書は、学習項目として通常想定される多くの知識を娘が獲得していくというよりは、対話のやり取りを通して、しっかりした判断力や理にかなった考え方を身に付けさせることを目的とするものなのである。一連の自然な会話は、子供を教育する母親に、その対話の流れのお手本を示したものであり、母親が教育の目的を果たせるよう、本書での対話が「母親を導く」(*Les Conversations d'Emilie*, tome 1, Humblot, 1781, *Ibid.*, p. viij 参照。)ことを著者は願っていたのであった。したがって、本章10.でも、本書を「総合学習書」ではなく「教育」の分野に入れることにした。

　尚、初版(1775年のフランスでの初版もこれに準拠している。)では、12の対話に限られていたが、第2版では、大幅な増補改訂により20の対話で構成されるに至り、以後の版に引き継がれていった。19世紀に再版された本書については、第4章3.にある「女子教育の手引書」でも改めて言及する。

(132) ボードゥロック(1745-1810年)は有名な産科医で、分娩の技術に優れていただけでなく、その普及にも大いに貢献した。彼の分娩術についての著書は、翻訳本も出てヨーロッパ各国の学校で採用された。1794年にはパリの医学校(Ecole de Santé de Paris)の産科学教授に任命され、産科医院(Hospice de la Maternité)の主任外科医と産科医を務め、女性達にも分娩術を教えていた。1806年には、ナポレオンによってパリの医学の高等教育機関(Faculté de médecine de Paris)の産科学の教授に任命された。

　本書は、ボードゥロックが携わってきた産科学の教育の経験をもとに書かれたもので、問答形式による助産婦の職を志す女性達のための分娩術についての普及書である。残念ながら、著者が存命中に出た初版から1806年の第3版までは国立図書館に所蔵されておらず、これらの版については確認できな

かったが、その後出た第4版（1812年）から第6版（1829年）までは、「第3版の正確なコピー」(copies exactes de la troisième édition) («Avant-propos de l'éditeur» in *Ibid.*, 7ᵉ éd., 1837, p. vj 参照。)であるという。これらの版（十二折版）の序文以外の頁は、532頁で30枚の図版付きのかなり大きな書であることが判明している。しかも、第7版に付された第3版の著者による「緒言」では、「この新版は前の版ほど頁数はないが、それでも更に重要な増補を行った」（*Ibid.*, p. xviij 参照。）とあるから、18世紀版（初版と1787年の第2版）は、532頁を超えていたということになる。又、この「緒言」では、特に図版を追加したとは書かれていないから、18世紀版も既に図版付きであったと思われる。19世紀版ではあるが、本書の内容については次章3.の中の「科学の分野の啓蒙書」参照。

　本書は非常に好評で、著者によると、ある著名な人物から著者がその教育を任された「ただひとりの産婆見習いの女生徒」のために印刷されたものが、後に「この同じ職業を選んだほとんど全ての女性達のガイドブック」(*Ibid.*, p. xj 参照。)になったという。又、何ヶ国語にも翻訳されたというから、海外でも有益な書であることが認められたのであろう。初版は忽ち売り切れ、第2版（1787年）は政府の命による国費で6,000部印刷されたという。(*Ibid.*, p. xj, pp. xv-xvj, *Grand Dictionnaire universel du XIXᵉ siècle*, II, 1864, p. 384 参照。) 著者の死後も再版され、1837年には第7版が出た。1781年に、特に医師向けに更にはるかに規模の大きい（序文以外の総頁数が1,032頁）、『分娩術』(*L'Art des accouchemens*, in-8°, 2 vol.)を出し、やはり好評で、1844年には第8版が出ることになる。

（133）プリュネ（生没年不詳）については、フランス国立図書館が所蔵する彼の唯一の著書である本書の表紙に、「聖ルイ王室戦功勲章騎士」(Chevalier de l'Ordre Royal & Militaire de Sᵗ Louis)とあるだけで、詳しいプロフィールは不明である。本書の巻頭には、マリー＝アントワネット（Marie-Antoinette）の女官長ランバル大公妃（princesse de Lamballe, 1749-1792）への献辞が添えられている。

　本書は、正確に書いたり、話したりできるようにするための文法と綴り字（発音通りに綴ることを提唱している。）と表現に関する普及書である。文法の解説は、9つの品詞（名詞、冠詞、代名詞、動詞、分詞、前置詞、副詞、接続詞、間投詞）全体を見渡した後で、それぞれ例を交えて解説を施しており、必要事項をコンパクトに分かり易く纏めてある。尚、形容詞が独立した品詞項目になく（18世紀後半に確立する新しい傾向が反映されていないということである。）、名詞の中で説明が出て来たり、間投詞が独立した品詞項目として扱

われているのは、ラテン語文法の影響を受けた伝統的な文法に従ったものである。本書の特徴はむしろ、基礎文法や綴り字法の説明に止まらず、手紙の基本的な体裁（手紙の表書きや書き出し、結語の書き方など）と女子用の日常的な手紙文例集、基本語彙の用法（類似表現の使い分けなど）についての説明、間違った表現の指摘、実際に書いたり、話したりする際に役立つ様々な知識が豊富に盛り込まれており、基礎的ではあるが実生活に役立つよう配慮されている点である。又、「若い令嬢達の心を育むのに適した例文」や、「イエス＝キリストの死についてのソネ［sonnet で 14 行詩］」など倫理的、宗教的な内容の詩句が、巻末近くに添えられていて（*Grammaire des dames*, pp. 297-302 参照。）、徳育や宗教教育にも配慮した楽しませる要素を入れている。若い令嬢達の教育用の書であるが、末尾の「フランス語のアルファベット」には、極幼年期の子供用の初歩的な説明も付されているので、極初歩のフランス語学習者にも対応できそうである。又、女子の啓蒙の意図の明確な序文を読むかぎり、「若い令嬢」(jeunes Demoiselles)だけでなく、「婦人」(Dames)をも対象として考えていることがわかる。（*Ibid.*, pp. xviij-xix 参照。）尚、口絵には「若い令嬢達のためのフランス語の学校」(Ecole Française, pour les Jeunes Demoiselles)という垂れ幕の掛かった学習室で女教師が、「婦人の文法」(GRAMMAIRE DES DAMES)、少女達がそれぞれ、「冠詞」(L'ARTICLE)、「実詞」(LE SUBSTANTIF)などといった文法用語の見出しの付いた書物を読んでいる風景が描かれており、「幼い令嬢達が良い教育を受けるために注意深くフランス語の［品詞分類の］9つの用語を学習している」という説明が添えられている。

(134) アダン(1717-1792 年)は、若い頃、コレージュで文法と修辞学を教えた経験があった。1760 年に、ベニス大使に任命された貴族の秘書として一緒にベニスに行ったが、その貴族の息子達の家庭教師であったと推測されている。「古典文学の他、英語、ドイツ語、イタリア語を習得していたが、特に、外国語教育（古典語と現代語）と、新しい教育方法を推奨していた」(*Dictionnaire de biographie française*, tome 8, 1959, pp. 466-468 参照。)彼は、晩年、その具現ともいうべき、一連の語学の学習書シリーズ、『現用語であれ死語であれ、何らかの言語をフランス語を手段にして学ぶ真の方法』(*La Vraie manière d'apprendre une langue quelconque, vivante ou morte, par le moyen de la langue françoise*, in-8°, 12 vol., 1779-1787)を出版した。これは、フランス語と他の言語との共通性に着目しながら、フランス語学習を他言語の学習の基礎として位置づけ、外国語を短期間でマスターさせようという考えに基づいて編集されたものである。したがって、例えば、外国語の学習に原文の仏語訳を大いに

活用することを提唱した。このシリーズのいくつかは、再版もされたというが(*Dictionnaire de biographie française*, tome 8, p. 468 参照。)、詳細は不明である。17世紀半ば過ぎ、「ポール＝ロワイヤル文法」と呼ばれる有名な『一般的・理論的文法』(*Grammaire générale et raisonnée*, 1660)が、諸言語間の普遍的な特質を探究しようとした例もあり、こうした方式の基礎にある言語間の共通性という理念そのものに独自性があったわけではない。又、後にも指摘するように、ラテン語文法に影響を受けた伝統的なフランス語文法の説明に準拠し過ぎた点は、先見の明がなかったとも言える。しかし、当時の伝統的なラテン語教育偏重の風潮や、それぞれの言語の習得にふさわしい外国語教育の方法が確立していなかった状況を考慮すれば、こうしたシリーズを実現したこと自体、評価に価する斬新な試みである。リストに挙げたフランス語の文法書は、このシリーズの第1巻目に当たる要の書ということになる。その表表紙には、上記のシリーズ全体を示すタイトルの下に以下に記すように各巻の内容が簡単に記されている。更にその下に「第1部」(Ire partie)とあり、本書のタイトルは、序文と目次の後に出てくるが、リストに挙げた同シリーズに属す他の巻と揃えるために、ここでは敢えて本題のみをリストで記載した。

　このシリーズは、この第1巻の表表紙に、「いくつもの部分に分かれた書」として、「1°. 他の全ての言語の基礎の役目をする婦人用のフランス語文法、2°. イタリア語文法、3°. ラテン語文法、4°. 英文法、5°. ドイツ語文法、6°. その他の文法」とあるが、実際には、1°から5°と、イタリア語読本の『ファエドルスの寓話』(*Les Fables de Phedre*, in-8°, 229 p., 1783)、見開きでラテン語の原文とその仏語訳のついた『ホラチウスの作品の文学的翻訳』(*Traduction littéraire des œuvres d'Horace*, in-8°, 2 vol., 1782)、同じくラテン語読本の『ファエドルスの寓話』(*Les Fables de Phedre*, in-8°, 2 vol., 1787)、語学教育論『新しい教育方法の論証と実践』(*Démonstration et pratique de la nouvelle méthode d'enseignement*, in-8°, 89 p., 1787)が出版された。

　リストに挙げたフランス語文法の書の序文では、古代・現代の諸言語に通じている著者が、語学教師を職業としているわけではないが、語学を「幾人かの人達、大人同様子供も、特に幾人もの婦人と令嬢達」(«Avant-propos» in *Grammaire françoise universelle...*, 1779, p. iv 参照。)に教えた経験があり(これが自身の考える学習方法の実践であったことが示唆されている。)、教え子の彼女達が、ラテン語やイタリア語、ドイツ語を短期間で習得した事実が披露されている。こういう事例を報告するのは、彼が考える母国語の理解をベースにした外国語学習の方法に対して、「親や勤勉な若い娘達」の信頼を勝ち得

るためである。何ヶ国語にも通じているヨーロッパの他の国の婦人達をお手本に、外国語を学ぶ際、母国語に磨きをかけたいという若い娘達の志に応えようというアダンは、明らかに、女性達が様々な語学を習得することに好意的であり、このシリーズが、女性達を読者として想定していることは明らかであろう。しかし、冒頭で、世の若い男女が、成果の上がらない語学教育に無駄金を浪費していることを嘆いて、これまでの語学教育全般の在り方を批判し、序文の後に、「アルファベットと音節のことを話さないで子供たちに読み方を教える新しい方法」を付しているが(*Ibid.*, pp. j-x 参照。)、特に女子を問題にしているわけではない。又、タイトルに、「婦人用の」(à l'usage des dames)とあるのは、フランス語の他に、1783 年に出たイタリア語の学習書のみである。英語(*Grammaire angloise*, 4 tomes en 2 vol., 1786-1787)やドイツ語(*Grammaire allemande*, 1787)の学習書に関しては、女性読者についての言及はどこにも見当たらないのである。

又、例えば、本シリーズのラテン語の学習書、『ラテン語文法、あるいは、この言語の基礎の役目をするために出版された『婦人用のフランス語普遍文法』を予め完璧に理解していることを前提に、容易に可能な限り迅速にラテン語を学ぶ方法』(*Grammaire latine, ou La Manière d'apprendre la langue latine aisément & le plus promptement qu'il est possible ; supposé que d'avance l'on sache parfaitement la Grammaire françoise universelle, à l'usage des dames, publiée pour servir de base à celle-ci*, 1780)の表題も示すように、「婦人用」とされているフランス語の学習書の理解が他の外国語の学習書へ移る基礎になっているのであるから、これらのシリーズが女性読者も想定されていることは確かであろう。しかし、このラテン語の学習書の「緒言」で、著者は、コレージュなどで行なわれている現行のラテン語教育を批判し、彼が本書で提唱している方法が、まず「若い人達」(jeunes gens)の効率的なラテン語学習への貢献を目指していることが示唆されており、その後で、「他の人達」、すわなち、「修道院の多くの修道女の婦人達」(Quantité de Dames Religieuses dans les Couvents)も又、この新方式からメリットが得られるとしているのである。(*Ibid.*, pp. vj-ix 参照。)

『フランスの伝記辞典』(*Dictionnaire de biographie française*, tome 8, p. 468.)は、シリーズ全体を、「婦人用の」(à l'usage des dames)としているが、以上のような事情から本書筆者は、むしろ、男女用と見なしたい。但し、タイトルの中に、「婦人用の」(à l'usage des dames)という表現があるものや、少なくとも序文で女子用であることが示されているものに限り(これらに該当するのは、フランス語とイタリア語の学習書)、女性用の啓蒙書のリストに入れることに

第3章　17-18世紀の女性のための知的啓蒙書

した。

『婦人用のフランス語普遍文法』は、本シリーズの要になる学習書として最初に編まれたもので、これによって、「純粋に基礎的で (purement élémentaire)、非常に短く (très-courte)、非常に明快で (très-claire)、言語の格変化、10の品詞、これらの品詞の相互の関係だけを的確に収めた、フランス語の文法書」(*La Vraie manière d'apprendre une langue quelconque, vivante ou morte, par le moyen de la langue françoise; ou Démonstration et pratique de la nouvelle méthode d'enseignement,* 1787, p. 6 参照。)を、筆者は編んだのだという。確かに、他言語との共通項を意識しているせいか、フランス語文法の難しい細部は省略し、基礎的な文法事項に絞って簡潔にまとめられている。又、それぞれの項目に( )付きで番号を付けて、他の言語の文法書(フランス語の文法項目に照応させて同じ番号が付されている。)で学ぶ時に、フランス語文法をベースにした学びができるよう工夫がされている。しかし、語学の文法が伝統的にラテン語文法の影響下にあったせいであろうか、ラテン語文法に準拠した伝統的なフランス語文法の中でも、本章で取り上げた当時のどのフランス語文法書も採用しなくなっている説明項目が、熟慮した末、「慣用を尊重をするべきだと思った」(*Grammaire françoise universelle, à l'usage des dames,* pp. vij-viij 参照。)として採用されているのである。中でも、前置詞の発達していなかったラテン語の文法にある格(casで、主格や属格、与格など6つある。)を冠詞や名詞、代名詞の説明に取り入れているのは、品詞同士の関係を重視した結果でもあろうが、ラテン語文法の形態を理解しているのでなければ、分かり辛いであろう。とはいえ、現代でもドイツ語は4つの格変化を持っているし、英語やイタリア語文法もラテン語文法の影響を強く受けてきたことを考えると、当時としては納得のいく選択であったと考えられる。尚、18世紀末のフランス語の文法書が、ラテン語に倣った格変化の説明を踏襲しなくなっていたとはいえ、定冠詞の説明に前置詞(àやde)と組み合わせた形を入れて計3つの形態を提示するなど格変化の概念そのものが全く払拭されたわけではなかった。しかし、ラテン語と同じ格変化の概念は通常の学習者には分かり辛いものである。そうした点を考慮したのであろう、本書の巻末には、名詞や冠詞、代名詞の格変化表(リストでは頁数の後にtableau(タブロー)という表現で記載)があり、全体を見渡せるようになっている。同時に、この一覧表にも他の言語の文法書の巻末にある一覧表と同じ番号が項目ごとに付されている。

又、本文の後で、文法上の性・数一致を中心に、実際に文を書く際の文法的な諸規則が纏められており、更に、10種類の品詞の理解を確認するための練習問題として、簡単な文章とその解説がある。副詞や前置詞などいくつか

の品詞について、語彙の簡単な解説を付けて列挙もされている。これらの補足的な頁は、本書で独習をする学習者のための工夫と考えることができよう。

(135) コンタン・ドルヴィル(1730年頃-19世紀初頭)は作家で、演劇作品、評論、小説、歴史書の他に、共著で百科辞典『風俗の百科・歴史・批評辞典』(*Dictionnaire universel, historique et critique des mœurs*, in-8°, 4 vol., 1772)も出している。彼の著書で、最も重要視されているのは、自身が主幹となって編集した『ある膨大な蔵書から集めた文献集』(*Mélanges tirés d'une grande bibliothèque*, in-8°, 70 tomes en 60 vol., Moutard)である。リストの書は、その第1巻目に当たる。残念ながら、筆者はこの膨大な叢書の全体像を把握していないが、第1巻(1779年)のシリーズ全体の序に当たるある匿名の男性への書簡を読む限り、あらゆる分野の有益な書物の批評的な紹介をなした書誌シリーズであろうと思われる。この書簡によると、著者はこの男性の膨大な書物のコレクションを備えた図書室に入れてもらい、本シリーズの大半を占めている書について、その男性による有益な覚え書きを検討することができたという。又、著者は、この図書室の蔵書から書物の選定を行ったということ、『文献集』というタイトルで、各巻300頁以上で80巻を選定した書で埋めたこと、これらは、諸科学と芸術、神学、法律、文学、歴史といった分野の作品を含むとしている。実に多様なジャンルの文献が本シリーズに収められていることが示唆されているのである。(«Lettre, servant de préface ou d'introduction au présent recueil à M. ...... L. M. D. P. M. D. etc.» 参照。)その第1巻と第2巻は、特に、「婦人用の」(à l'usage des dames)とされているのでリストに入れた。尚、本書(第1巻)にある侯爵夫人への第2書簡には、「本書が捧げられる対象である婦人達」(les Dames à qui cet Ouvrage est consacré)と明記されている。(*Bibliothèque historique à l'usage dames*, 1779, p. 305 参照。)但し、序の末尾に、「フランスの婦人達と社交界人士」(les Dames Françoises et les Gens du monde)が歴史書の読書を進める際に本書が有益であることを示唆していることから、男性も読者として想定していた可能性がある。(*Ibid.*, pp. v-vj 参照。)

本書では、ある侯爵夫人(marquise de ***)への手紙が序論代わりになっている。それによると、著者は、彼女の求めに応じて、彼女が歴史という「我々の知識の中で必要不可欠な部分」の教養を十分積むために、書物の「妥当な選択」と「世界史の一貫していて且つ方法的な読書」の進め方を教えようというもので、本書はその読書案内の書である。(*Ibid.*, p. viij, p. 197 参照。)本文では、翻訳書も含めたフランス語の文献で、「その読書が有益で面白い(utile et amusante)ということで我々が読むことを奨める」書物(*Ibid.*, p. 198

第3章　17-18世紀の女性のための知的啓蒙書

参照。)が紹介されている。中表紙の副題には、「歴史の勉強をするのに必要な書物の理論的カタログ(Catalogue raisonné)」とある通り、コメント付きの体系だった体裁になるよう配慮された文献紹介になっている。すなわち、歴史の勉強に必要な地理学の書(現代地理と古代地理)から始め、年代学の書、その後で世界史とそれに関連する書物(聖史から始まる世界史、古代史、教会史、異端や異教徒の歴史、紋章論や外交史、フランスを含む各国史、聖者伝やローマの歴代皇帝などの伝記、歴史辞典や外交辞典など)が紹介されている。歴史の学びを進める手順も考慮しながら、各書物がコメント付きで紹介されていくが、定番となっている書と新しい書、膨大な叢書と簡略な書、楽しみのための書と知識を深めるための書などというように、読者のニーズも考慮して紹介がなされている。その後には、著者名のアルファベット順に、本文で紹介された書物(計526点に及ぶ。)の索引が付されていて便利である。

　巻末には、侯爵夫人への第2書簡で追加図書の紹介がなされている。すなわち、有名な中世の年代記作者、ジョフロワ・ド・ヴィルアルドゥワン(Geoffroi de VILLEHARDOUIN, 1150[頃]-1213年[頃])の『コンスタンチノープル征服記』(*La Conquête de la ville de Constantinople*)と、同じくジャン・ジョワンビル(Jean JOINVILLE, 1224[頃]-1317)の『聖王ルイ伝』(*Histoire de Saint-Louis*で表紙のタイトルでは*Vie de S. Louis*とある。)の内容案内で、原文の抜粋(古いフランス語には現代フランス語を併記し、脚注には文法や歴史的説明を付している。)を入れたダイジェストを収めており、講読の学習の頁になっている。このようなダイジェスト形式にすることで、著者は、本書の読者対象である「婦人達を長時間うんざりさせない」配慮をしたのである。(*Op. cit.*, p.305参照。)

　尚、1785年版では、単なる記述の加筆訂正に止まらず、婦人読者のために、ジョフロワ・ド・ヴィルアルドゥアンからヴォルテールによるものまで、30点を超える歴史書の一節の紹介に後半部分が充てられており、より充実した増補版になっている。

(136) 本書は先の『ある膨大な蔵書から集めた文献集』叢書の第2巻で、初版には、「婦人用の」とはなかったが、本文の巻頭の見出しのタイトルには、少なくとも、「某夫人のロマネスクな閨房に置かれるべき600巻の書の理論的カタログ」(Catalogue raisonné des six cents volumes qui doivent être placés dans le Boudoir romanesque de Madame de ***)とあり、既に婦人用を想定させる表現になっているので、初版から女性用としてリストに入れた。冒頭に、夫人から著者への手紙があり、それに続いて、著者から夫人への返信、更に夫人への第2の手紙が続くという形式になっている。

夫人は、書簡「某夫人から某氏への手紙」(Lettre de Madame de *** à M. de ***)において、先の第1巻で、著者が女性達に(aux personnes de mon sexe)提供してくれたお薦めの「歴史書の合理的なカタログ」を読み、有益であったが、今度は「最も有益で楽しく」読める「フランス文学の書」の推薦をして欲しいと頼んでいる。(*Bibliothèque de littérature à l'usage des dames*, 1985, pp. 1-2 参照。)これに対する返信で筆者は、「婦人達がその知識を最大限に広げることができるのは、このジャンル[フランス文学]においてなのです」と言っているように、婦人が極めて幅広くフランス文学の知識を持つことを是認し、「私は、貴女が我が国のフランス文学について完璧な知識を持ちたいと思っていらっしゃることを疑うことができません。ですから、私は貴女に、この点について私が為すこと全てをお知らせするつもりです」と、婦人のために最高のカタログを作成しようというのである。(*Ibid.*, pp. 3-4 参照。)正しい言葉と文体を身につけるための文法書の紹介に始まり、綴り字辞典や国語辞典、修辞学、雄弁術と弁論集(説教文学を含む。)、詩(古代ギリシャ・ローマ、ドイツの詩と劇詩の仏語翻訳書、詩法、フランスの詩と劇詩)、小説(古代ギリシャ・ローマの作品の仏語翻訳書、騎士道物語、フランス語や仏語翻訳によるフランス内外の歴史物語や恋愛小説)、諺辞典、逸話辞典、思想的な雑文集、書簡体文学など実に多方面なジャンルの書物が秩序立って紹介されている。これに続く、「某夫人の蔵書に入るべき文学作品のカタログ」(Catalogue des ouvrages de Littérature qui doivent entrer dans la Bibliothèque de Madame ***)には、247点の書物が分野別にリストアップされており、必要な分野の文献を探すのに便利である。

　著者によると、これら巻数にして600冊以下の書物に、現代作家の書も加えると800冊以下で、歴史書(古代と現代作家の書を加える。)に、極限られた数のこれ以外の分野(聖書、祈祷書、哲学、科学、芸術)を加えて、1,500から1,600冊位あれば、夫人の「知育に貢献し」、夫人を「十分楽しませる」ものが得られるという。(*Ibid.*, pp. 102-103 参照。)但し、「神学や法律、哲学、諸科学と技芸の書でカタログが無限に膨大になる」ことには否定的であるのは(*Ibid.*, p. 102 参照。)、やはり「婦人用」であるからだろう。とはいえ、第1巻同様、極めて、野心的な読書案内書である。

　これに続く「我が国の最良の作家から引いた例を付けた、フランス語で書かれた文学作品に固有の様々な文体についての試論」(Essai sur les différens styles propores aux Ouvrages de Litterature écrits en Français, avec des exemples tirés de nos meilleurs Auteurs)と題した夫人への第2の手紙で、様々な文体に関する簡単な解説を施した後、説教文学から賞賛の演説、劇作

第 3 章　17-18 世紀の女性のための知的啓蒙書

品、詩、書簡体文学など、具体的な作品の原文を紹介しながら、文体に関する説明を加えている。このように実際に作品を読み味わうのに役立つ頁が本文全体の7割を占めているのは、単に著書を紹介するだけではなく、ここから更に読書行為に繋げようという著者の意欲の表われであると言える。

(137) ドゥロベック (生没年不詳) は、極めて簡単なラテン語の基礎の小冊子『ラテン語の基礎知識』(*Les Elémens de la langue latine*, in-8°, 16 p., 1790)や、本章のリストにも入れた婦人用の英語の発音指導の小冊子『英語発音概要』(*Précis de prononciation angloise*, in-8°, 16 p., 1786) も出版した。後者の冊子の表紙には、著者名の下に、「パリのミュゼ [学術施設か？] の会員でフランス岬のフィラデルフィア人サークルの通信会員」(Membre du Musée de Paris et Correspondant du Cercle des Philadelphes du Cap François)とあるが、詳細は不明である。

本書の最終頁に付された「語学教師へ」(Au maître de langue) というタイトルの短い韻文詩によるエピローグは、「親愛なる同僚よ」(Cher Confrère)という語学教師への呼びかけで始まっている。(*Ibid.*, p. 16 参照。) しかし、巻頭には、本書出版以前に当たる 1777 年 12 月 15 日付けの「著者から本書の編集人である某夫人への手紙の抜粋」(Extrait d'une lettre de l'auteur, à Madame ***, éditrice de cet ouvrage) の冒頭に「教師 (instituteur) として、あなたに私は『ラテン語の鍵』を送ります」とあるものの、対応する脚注には、「ドゥロベック氏は、まだ教師の身分を選んでいないが、神のお導きがあれば、そうする準備できている」としており、この時点では、著者の語学教師としての経歴については定かでない。

『ラテン語の鍵』は男女用とされているが、タイトルに、「特に婦人」(particulièrement les dames)とあることから、ここでは特に女性用のリストに入れることにした。

先の「手紙の抜粋」で、著者は、本書の出版人である「某夫人」に対して、本書が彼女が使うために編まれたもので、「この言語の初歩を学ぶのにコレージュで時間を無駄にするより遥かに少ない時間でラテン語を学ぶための極簡単な方法」(*Ibid.* 参照。) を提供する書、つまり、速習が可能な単純な方法による書であることを謳っている。続く「女性出版人の言葉」(Avis de l'éditrice)では、自身がラテン語を学ぶのに、本書が有益であったから (*Ibid.*, p. 5 参照。) これを出版したといういきさつを語っている。そして、学ぶことの困難さを恐れてラテン語の学習にかかれない人達 (女性のことが念頭にあるのだろう。) に本書を捧げるとし、「私は、私と同性の人達に (aux personnes de mon sexe) 言いたい」(*Ibid.*, p. 5 参照。) と特に女性に向けて、言葉を締めくくっている。

更に、詩句形式で、女性には天与の「知性の魅力」と「最も柔軟な理解力」があるから、「婦人達は容易に知識を得られる、[...]渇望し喜びを感じる魂に、賢明なる導き手が知識を提供し、大胆にも無知の構築物を徐々にひっくり返していく時に」(*Ibid.*, pp. 5-6 参照。)と、適切な導きがあれば、無知は排除され、婦人は容易に知識を得られることを強調しており、女性の知育擁護の表明になっている。そして、まさに、本書がその導き手であることを示唆しているのである。

本書は、ラテン語とフランス語の語尾の照応に注目し、フランス語の動詞や名詞［形容詞も同様］に照応するラテン語の語尾の一覧表や、これの補いとしてアルファベット順に並べられた動詞の語尾一覧「ラテン語の語尾辞典」(Dictionnaire des terminaisons latines)を付け、易しいラテン語テクストを使って解説を施すなど極初歩的な内容を単純化して提示している。文法用語も «terminaison»（語尾）以外は使用せず（学習者を怖気付かせない配慮であろう。)、ラテン語に照応するフランス語を見て判断できるようになっている。とりあえず逐語訳でよいので、ラテン語を理解できるようにするという方針によるものであろう。しかし、一覧表（動詞に比重が置かれており、名詞については不完全である。）は解説が付されているとはいえ、案外分かりにくく、本書に関しては、残念ながら、「極簡単な方法」が必ずしも賢明な導き手になっているとは言い難いのである。尚、本書出版の経験を活かしたと思われる『ラテン語の基礎知識』（一覧表についてはこちらの方が見易いものもある。）には、具体的なラテン語文を使った解説がないので、『ラテン語の鍵』の方が、実践という点では丁寧な作りになっている。

(138) ミルモン伯爵夫人(1735-1811 年)については、本書の第 1 章の註(18)でも若干記したが、その詳しいプロフィールは不明である。本書は、女子の知的啓蒙を強く訴える女子教育論と、その具体的な実現である学習講座がひとつになった啓蒙書である。第 1 巻に付された内容案内(Prospectus)では、「私は母親達のために書きたかったのです」と明言しており、本書の女子教育論や教育プラン、教育講座は、母親の啓蒙と母親の義務である娘の教育に役立てるための講座シリーズである。(MIREMONT, *Op. cit.*, tome 1, 1779, p. iv 参照。)著者は、本書を用いながら、実際に母親が娘に教えることを想定したものではないかと思われる。尚、先の内容案内で、「女性達、若い人達、多くの社交界人士は、最良の著者の書のこうした概要書(précis)を使えば、自身に十分教養がついたと信じることができよう」(*Op. cit.*, tome 1, p. xv 参照。)と言っているが、これは、本書が女性以外の読者も想定しているというより、万人が十分な教養を積むことを可能にする内容をもった普及書だという、著者の自信

第3章　17-18世紀の女性のための知的啓蒙書

の表われと見るべきであろう。

　第2章で紹介したように、彼女はかなり広範囲な分野の学習を推奨しており、最初の計画では、12巻位になる予定であったようだ。しかし、規模が大きすぎて女性読者の十分な賛同が得られなかったのか、第2巻の巻末にある本シリーズの内容紹介の頁には、「12巻か大体それくらいの知育の完璧な講座が少数の女性達に引き起こしていると思われる恐怖心(effroi)」(tome 2, p. 515参照。)に阻まれているという現状を打ち明けており、できるだけ巻数を少なくしたいという著者の意向が示されている。結果的に7巻となったが、最終巻の出版は大革命勃発の年であり、貴族であった著者が出版を継続できない事情が生じた可能性も十分考えられる。事実、第7巻目の歴史の書の年代は、1492年で終わっており、本来なら続刊が出ても不思議はないからである。

　各巻平均523頁もある本シリーズは、第1巻の女子教育論に続く第2巻以降が学習講座になっている。第2巻は、保健衛生と生理学(後者が全体の半分近くの頁数を占める。)、哲学(認識論や形而上学)、育児に関するもの(育児の心得ではなく、行き過ぎた授乳熱に対する警告がその主旨で、10頁にも満たないもの)である。保健医学については、スイスの有名な医師、サミュエル＝オーギュスト＝アンドレ＝ダヴィッド・ティッソ(Samuel-Auguste-André-David TISSOT, 1728-1797)の著書(そのひとつは、『健康についての民衆への助言』(Avis au peuple sur la santé, 1761)であると思われる。)を元にした『ティッソ氏の著書のダイジェスト』(Extraits des Ouvrages de M. Tissot)という副題をもつ『健康についての助言』(Avis sur la santé)は、日常生活上の保健医学に関する助言である。ティッソには、幾度も版を重ねることになる『オナニー』(Onanisme, 1760)という著書もあるが、ここでは、性に関する記述は除外されている。生理学も、ノレ神父などの書からの抜粋で、人間の諸器官の機能や感覚作用についての基礎概念をかなり網羅的に解説したものである。但し、生殖に関する記述は排除されている。　認識論については、特にコンディヤック(Condillac, 1715-1780)の『人間認識起源論』(Essai sur l'origine des connaissances humaines, 1746)を中心に、ロック(Locke, 1632-1704)の『人間知性論』(An Essay concerning Human Understanding, 1690)に準拠したものと考えられる。人の認識の起源と生成に関する部分を極簡略化して纏めたものである。こうした知識は子供の発達段階を考慮した新しい教育に応用が可能であるから、ミルモンが、母親による娘の教育に役立てることを意図してここに収めたことは評価してよいであろう。又、認識論の分野では当時極めて重要視されていた思想家の書を参照した点にも注目したい。形而上学については、抽象的過ぎ、それぞれ異なった見解を示す様々な世界観の誤りを女性に知ら

245

せ、この学問が女性にとって危険であること示したものである。第 3 巻は、ノレ神父の『実験物理学講義』(*Leçons de physique expérimentale*, in-12, 6 vol., 1743-1764)の縮約版で、読者が読み易いよう原著書から厳選したものである。Paris の Moutard からの出版となった第 4 巻以降(1780-1789 年)は、世俗の歴史(ガリアの歴史から 15 世紀末までしかなく未完)で、ヴォルテールなどの著書から借用したと思われるが、フランス史を主軸に据えながら、ヨーロッパ史もカバーし、法律、慣習、宗教、文化、様々な事象における因果関係や影響など多方面の視点に配慮した内容である。

(139) ジャンリス夫人やその教育論については、本書の第 2 章参照。『美徳の年代記』の 18 世紀の別の版については、フランス国立図書館は、1781 年(in-12, Paris et Maestricht, J.-E. Dufour et P. Roux)と 1784 年の版のいずれも第 1 巻目しか所蔵していないため、全体の巻数は不明である。

　　ジャンリス夫人は、大変な労作(総頁数 1,066 頁)である本書が女性読者に受け入れられることを予想して、その序文で、「著者は、一家の母親と若い娘達が、12 年間の読書やとりわけ 8 年間の探究と勉強の成果であるかくも長く骨の折れる仕事に対して、著者に何がしかの感謝の念を抱くであろうと敢えて信じるものである」(*Annales de la vertu*, tome 1, 1781, p. 8 参照。)と言っている。事実、本書は 19 世紀になっても版を重ね、ブロジルは、その評伝『ジャンリス夫人』(*Madame de Genlis*, 1985)の中で、「本書は、前世紀の若い娘達にとって教育的な贈り物(cadeau instructif)のようなものであり続けた」(BROGILE, *Ibid.*, p. 107 参照。)という。尤もこの序文では、本書が歴史の勉強に勤しむ時間のない「職人や彫刻家、画家、図案家」にも有益であるとか、「若い人達に本当に役立つ書」を作るという著者の希望も記されていることから(*Annales de la vertu*, tome 1, p. 5, p. 8 参照。)、「若い娘」以外の男性読者層をも狙っていたと思われる。実際、19 世紀版では、幅広い読者層を考慮して、『美徳の年代記、あるいは<u>芸術家と若い文士用、及び若い人の教育に役立てるための</u>、世界とイコノグラフィーと文芸の歴史』(*Les Annales de la vertu, ou Histoire universelle, iconographique et littéraire, <u>à l'usage des Artistes et des jeunes Littérateurs, et pour servir à l'éducation de la Jeunesse</u>*, in-12, 5 vol., Maradan, 1806)という表題(下線は本書筆者による。)で出版される。

　　しかし、「若い娘達に不都合なく読ませておける歴史書はほとんどない」(*Annales de la vertu*, tome 1, 1781, pp. 2-3 参照。)という現状を憂える著者が、彼女達を念頭に置いて世界史の普及書を構想したことは確かである。「この世界史には、善行と美徳しか含まれていない。[...]悪徳を憎ませる最も確実な方法は、美徳のあらゆる魅力全てとともに美徳の輝かしい姿を提供することで

ある」(*Ibid.*, p. 5 参照。)とする著者は、確かに美徳を示す人間象や歴史上のエピソードを多数紹介している。とはいえ、悪徳抜きで史実は語れない。著者は、史実としての悪徳を黙殺することなく、皇帝ネロの非道ぶりや、日本におけるキリスト教徒迫害の歴史についても、大名達に不信感を与えた宣教師達がいたことを要因として挙げるなど、美徳の対極にある行為の記述も疎かにされていない。悪徳の存在によって美徳の行為はその輝きを増し、悪徳は美徳を導くための教訓となりうるものであるからであろう。又、古代ローマ史では、美徳こそがあらゆる政治体制に不可欠であると結論づけるなど、美徳の観念は、単に個人的な行為のレベルに止まっていないし、日本で多数の殉教者が出る結果になったことに対して、あらゆる美徳にも限界があることを記すなど、単純なモラルの教本と化していない点は、本書を読みごたえのあるものにしている。

　本書は、若干の聖史(新・旧約聖書の簡潔な概説と歴代法王や聖人伝付き)に始まり、世俗の世界史(網羅的とは言えないし、簡単な記述で済ましている場合もある。)を扱っている。歴史概説の前に地理学上の説明も付されている。アジア(中国と日本)、エジプトやギリシャ・ローマなどの古代の地中海世界から現代に続くヨーロッパ史(特にフランスを中心にスペイン、ポルトガル)、アメリカが問題になっている。又、特に古代国家やフランスを中心に、芸術、科学、哲学、法律、風俗・慣習など、世界の多様性や人知の進歩を示す文化史の記述もあり、実に幅広い内容の啓蒙書である。女性読者を意識して、女性の風俗や女性が置かれていた状況、ルイ14世時代における学芸の分野での女性達の活躍など、女性史関係の記述もある。古代史については、モンテスキューの『法の精神について』や『ローマ盛衰原因論』からの引用も見られる。史実やエピソードに関して、時に深みのある倫理的コメントや分析的批評はあるが、神の摂理による歴史観は採用されていない。尚、各巻の巻末には百科辞典のように詳細な索引が付されていて学習に便利である。

(140) アダンと本書を含むその一連の語学書シリーズについては、註(134)参照。このイタリア語の基礎学習書は、シリーズの要である『婦人用のフランス語普遍文法』(1779年)でフランス語を学習したことが前提になっている。すなわち、ここで「速く、確実に」習得する際学んだ「最も必要な諸規則」は、「あらゆる言語に共通だから」イタリア語にも適用できるので(*Grammaire italienne ...*, p. iij 参照。)、これをイタリア語学習に役立てようというのである。又、両言語の共通項目に注目しながらイタリア語を学ぶ際、学習者は、巻末に付された動詞の活用や名詞の変化など文法の諸規則を纏めた一覧表(フランス語文法の書にあった一覧表と対照できるよう、各項目共通の番号付き)を覚

え、更にフランス語との細かい違いも知る必要があるがあるとされており、仏伊両方の文法書を開いて照合しながら学習することが勧められている。

　本論に入る前に、イタリア語の発音についての概説(フランス語との比較もされている。)があり、イタリア語学習にすんなり入ることができる状態であるかどうかを確認するために、フランス語の文法事項についての知識を確認するための質問一覧が、順に共通番号付きで記載されている。次に、それとほぼ照応する形でイタリア語文法についての要点を問う質問一覧が、やはり番号付きで示されている。こうして、改めてフランス語文法の様式に倣って本文の説明が始まるのである。本文の例文も、大抵はフランス語の学習書に出てきたものをイタリア語にしてあり(文法事項毎に順に共通の番号がふってあり、両者を参照しやすいよう配慮してある。)、フランス語の学習書を基礎にしたイタリア語学習が可能になるのである。勿論、フランス語との違いも適宜指摘されている。フランス語文法の書同様、ラテン語文法に倣った格変化の概念が持ち込まれていて、必ずしも分かり易いとは言えないが、当時、イタリア語文法では、ラテン語の6つの格のうち4～5つを使って説明するのが普通であったから、文法書としてはさほど違和感はなかったと考えられる。又、フランス語の文法書同様、巻末の一覧表(リストでは頁数の後にtableauという表現で記載)が学習の助けになるであろう。又、本論の前にある質問一覧を絶えず見返すことで、理解度を確認することもできよう。尚、本論の後で、フランス語文法の書にあった補足的な頁(本章の註(134)の解説の末尾参照。)のイタリア語版に加え、応用練習としてイタリア語による長い韻文詩と、その理解に役立つ非常に詳しい語彙の説明もあり、仏語対訳なしでも理解できるよう工夫がされている。

(141) 1783年の『婦人用のイタリア語文法』の冒頭(*Ibid*., p. 2参照。)において、これでイタリア語学習を始めた入門者の理解度に見合った寓話のイタリア語版(古代ローマの寓話作家で、イソップを真似た寓話の作者カイウス＝ユリウス・ファエドルス(Caius-Julius PHAEDRUS)の作品)刊行を予告していた。それが本書である。序文で、著者は、「ラテン語を学び始める若い人に『ファエドルスの寓話』を持たせる習慣があるが、どうしてイタリア語を学ぶ若い娘達(jeunes personnes)には、それを与えないというのか？」(*Op. cit*., pp. iij-iv 参照。)とか、この寓話の利点について触れて、これが面白く、徳育にも役立つというふたつのメリットに加えて、「イタリア語に勤しむ若い令嬢達(jeunes Demoiselles)に第三の極めて好ましい点を私は付け加えるつもりだ」(*Ibid*., p. iv 参照。)と言っており、女子の読者を特に念頭に置いているのがわかる。尚、この「第三の極めて好ましい点(un troisième fort agréable)」とは、この寓話で

第 3 章　17-18 世紀の女性のための知的啓蒙書

構成された本書を使って、辞典で単語を調べる手間もかからず、独習で楽にイタリア語からフランス語に変換できるようになることを意味している。本書では、先のイタリア語の学習書でイタリア語の基礎を習得した学習者のために、45 の寓話が選ばれており、各寓話は、見開きで寓話のイタリア語版(無韻詩句によるもの)とそれをフランス語の散文の構文にアレンジしたイタリア語訳の頁が見開きであり、各頁下の欄外に本文の単語や表現のフランス語訳が付けられている。ふたつのイタリア語版を参照しながら、フランス語文法を学んだ方式でイタリア語を学習した読者が講読の実践練習ができるように工夫されているのである。フランス語訳付きでないのは、『狼と子羊』など世に広く知られた寓話が取り上げられているからであろう。

(142)　ルゼ＝マルネジヤ(1770-1814 年)については、本書の第 2 章の註(57)参照。第 2 版(1800 年)では、読書案内書としては、本文に註が増補されただけで初版の内容を踏襲している。追加されたのは、献辞(著者の知人と思われる印刷・書籍販売業者の女性に本書が捧げられている。)と、ジャンリス夫人の作品を讚える解説、及び『補遺』(*Supplément*)として 1784 年以後に出版された「幾冊かの非常に良い書物」(その中にはラ・アルプの『リセ、あるいは古代と近・現代の文学講座』や、ベルナルダン・ド・サン＝ピエールの『自然の研究』(*Etudes de la nature*, 1784)もある。)の書評形式による紹介だけではない。本書の初版出版の 1784 年以来、女子の知育が進展していないこと、大革命による社会の混乱が女性にとって不利に働いたことを嘆く言説で第 2 版の『若い婦人のための読書プラン』が締め括られている。又、この後に、彼の手によると思われる「文学と倫理の様々な作品」(divers morceaux de littérature et de morale)である旅行記や評論等の様々な書き物が追加されている。こうした本論の内容とは無関係な書き物が、第 2 版の半分以上を占めている。

　婦人の読書を重要視する著者は、婦人が、「秩序と一貫性のある単純で確かな方法(méthode simple et sûre)」で読書することで多様な知識を獲得し、「鋭敏さ」と「趣味の的確さ」に磨きをかけ、確かな判断力を身に付けることを願って(*Plan de lecture pour une jeune dame*, 1800, pp. 2-3 参照。)、読書案内を展開している。あらゆる読書行為のベースとなるフランス語の文法書に始まり、イタリア語、宗教書(説教文学や護教論の類)、倫理・道徳の書(キケロやフランスのモラリストの書など)、歴史(時代順に読むべき書物を推奨)については、古代史(プルタルコスによる人物伝を含む。)から教会史、フランス史(フランス女性は特に自国の歴史を知る必要があるとして推奨)、ヨーロッパ各国史(英国、スペイン、イタリア、ドイツ、その他東欧や北欧の国々とロシア)、米国史と順に範囲を広げる形で紹介している。最後に、文学関係の書で

は、作品鑑賞の基礎となる文学講座の書に始まり、神話の物語、詩や演劇、小説(スペインや英国小説を含む。)が推奨されている。読書の奨めは、各分野の学習とその分野の読書の意義、有益な読書行為の在り方にも言及しながら、具体的な著書を紹介しつつなされている。本書は、読書の奨めであると共に学びの奨めになっているのである。又、終わりの方では、書物に関する情報源として、新刊書の内容案内を掲載した新聞の購読を勧めると共に、読書の楽しみを増し、その記憶を持続させるために、読んだ本について話題にする往復書簡を交わすことまで推奨している。特に後者は、「教養のある賢明な男性」(*Ibid.*, p. 49 参照。)とやれば、双方にとって楽しく有益であり、しっかりした考察や理屈だった考えの源泉になってくれるとしている。こうした細かい実際的な助言までしているのは、女性を有益な読書行為に導きたいという著者の強い思いがあるからに他ならない。

(143) 出版地は常にパリであることが表紙に示されているが、本屋の名は明記されず、パリの住所(rue et hôtel Serpent)が記載されている。キュシェ(Cuchet)の名は、1786年出版のものから(この年に出た全ての巻ではないが)巻頭の講読案内に登場する。すなわち、問い合わせ先として、この住所を付けて「本屋キュシェ氏」(M. CUCHET, Libraire)の名が明記されている。キュシェは、少なくとも本叢書の発売元であることは確かである。しかし、キュシェの名が登場する以前に出たものについては、巻頭の講読案内に示された問い合わせ先は、パリの別の住所(rue d'Anjou)付きで「叢書の責任者」(Directeur de la Bibliothèque)とあるだけで、詳細は不明である。

この叢書のうち『婦人の天文学』(*Astronomie des dames*, 1785)だけは、当時の版で確認できなかったので、内容については、主に本書筆者架蔵の第7版である1821年版(in-12, 7e éd., 204 p., pl., Ménard et Desenne, fils)で検討した。学位論文提出後に本書筆者がそのリプリント版(1996年発行)の存在を確認することのできた1806年版も内容は同じものである。尚、ラランドの生前に出た版であり且つ確認できる最も古い版である1806年版については、本章の注(182)、及び第4章3.で示したリスト参照。

この他、多くの場合、それぞれの書物の表表紙の裏に予約申し込み者に向けて価格が明記してある。それによると、この叢書は月2冊の割合で刊行され、24巻の予約申し込みに対して、装丁本なら72リーヴル(livres)で、仮綴本なら54リーヴルであるとされている。地方の予約申し込み者の場合は、仮綴本で送られ、別途送料がかかる。当時の貨幣単位で1リーヴル=20スー(sous)である。1788年の肉体労働者の平均時間給は2スーであったというから*、仮綴本1巻当たり、労働者の22.5時間分の給金に値することになる。

第 3 章　17-18 世紀の女性のための知的啓蒙書

因みにアダンの『婦人用のフランス語普遍文法』(1779) は、表紙に「仮綴本で 1 リーブル 10 ソル [sols で sous のこと]」とあり、同様に計算するならば、労働者の 15 時間分の給金に相当する。*鹿島茂『馬車が買いたい！』白水社、1990 年、第 167 頁に引用された Fr. & J. フラスチエ『民衆の証言としての作家』からのデータによる。

(144)　ドゥロベックについては註の (137) 参照。散文と詩句で綴られた英語の母音の発音の「ほぼ全体的な規則」(*Précis de prononciation angloise...*, p. 3 参照。) の知識を授けるための極基礎的な手引書である。散文で簡明に説明された箇所はともかく、詩句による解説は、文学的な味付けを施すことで、読者を楽しませながら教えようという配慮によるものである。事実、詩句を交えた前書きで、この手引書での学習を示唆して、「より楽しい勉強 (étude plus riante) は、結局のところ人に興味を持たせるのだ」(*Ibid.*, p. 5 参照。) と言っている。又、「彼 [果敢な者] は、馬鹿げた衒学趣味の虚しいがらくたの山を軽蔑する...彼は女性に勉強してもらいたいと思う。ところが何と奇妙なこと！彼は、勉強が一瞬でも女性をうんざりさせることを望まないのだ...」(«Avis» in *Ibid.*, p. 4 参照。) という詩句で綴られた言葉の中には、本書で採用されている楽しみながら学ばせるやり方が、女性読者を意識した結果であることが示唆されているのである。

　タイトルにある 6 つのアルファベットの母音としての発音タイプをそれぞれ示し (散文による説明)、それぞれ英単語をフランス語訳付きで例示した後で、そのフランス語の語彙を使った易しい詩句が綴られている。これらは、見易く纏められている。但し、発音の表示は、フランス語の綴り字と発音の照応を利用してフランス語の綴り字で表すのが一般的であったから、現代とは異なっているし、必ずしも正確とは言えない。しかし、例えば、フランスで出た 1802 年の『新英仏・仏英万能辞典』(J. Garner, *The New Universal Dictionary, English and French, French and English* で 1817 年には新版が出た。) の第 2 巻 (フランス語の説明による仏英辞典) の同じアルファベットの説明と比べてみると、母音の長音と短音の区別をしていないなど厳密でない点もあるが、可なりカヴァーできていると言っていい。そもそも英語は単母音だけでも発音の仕方がいくつもあって難しいので、タイトルにあるような母音だけに絞り、詩句を楽しみながら学ばせるという形式は、とりあえず、英語に親しむための第一歩としては評価できる。尚、前書きでは、本書で扱った単母音の他に、単子音や二重母音、二重子音の教本もそれぞれ出す予定であることが記されているが (*Précis de prononciation angloise...*, p. 3 参照。)、実現したかどうかは定かでない。

251

(145) デュプレッシー男爵夫人(生没年不詳)は、怪奇小説『悪魔の姉妹の結婚』(*Le Mariage de la sœur du diable*)(in-18, 175 p., pl., an VII)などを出版しているが、詳しいプロフィールは不明。

『婦人のミュゼでなされる講義総覧』(*Répertoire des lectures faites au musée des dames* は、女性の知育のための教育講座施設「婦人のためのミュゼ」(Musée pour les Dames)において毎週木曜日に実施される公開講座での「婦人達にふさわしい全ての知識を対象とする講義」(lectures sur toutes les connoissances qui conviennent aux Dames)(*Ibid.*, p. 11.)のプランとその主旨を展開したものであり、女性の知育のための学問の見取り図や、地理、神話、歴史の学問への序章的な性格を持つ啓蒙書になっている。この講座は、「婦人達のためのアカデミックな集まり」(*Ibid.*, p. 24 参照。)であるという。又、著者は、本書では、「既に教養を積んだ人」を相手に、既習事項を想起させるが、純粋に基礎的な学習内容は扱わず、未習事項を教えるとしており(*Ibid.*参照。)、本書は、ある程度の教養に接近できる上層階級の女性達を対象にしたものであろう。タイトルにある «lectures» は、同じ綴り字の英語の意味をそのまま適用したものであると考えられるので、「講義」と訳語をあてた。(LITTRÉ, *Dictionnaire de a langue française*, tome 3, 1874, p. 270 参照。)

前書きによると、この施設は、1年前から大臣の保護を受けることが決まっているものの、開設に遅れが出ていたという。しかし、その原因が解消されたので、この施設の企画を公にすることになったというが、デュプレッシーが施設長を務めるこの施設の運営方針や場所、より具体的な教育方法などについての説明がなく、実現したかどうかは定かでない。尚、本書の最終頁の欄外に、「［国王の］出版許可状は第3部の末尾にある」(*Ibid.*, p.124 参照。)とあり、全3巻の構成であるらしいが、フランス国立図書館は、「第1巻」(表表紙にはこの下に「第1部」という記載もある。)しか所蔵しておらず(残りの2巻が確かに出たかどうかも不明)、全容はわかっていない。

女性の知育擁護論となっている序(本章10.にある「女性の知育擁護と啓蒙の意図」で言及する。)に続く第1講も序論的なもので、女性は肉体的、精神的なか弱さゆえに高度な学問に取り組むことが困難ではあるが、その困難を回避してやる配慮をしてやれば、楽しんで取り組める学問も少なくないこと、特に文芸の分野では、優れた女性の詩人や作家が輩出しているとしている。又、理解できる程度の内容に限定すれば、抽象的な学問もちょっとかじる程度なら取り組めるとしているが、そうした学問は絶対に必要なものというわけではなく、むしろ、絶対に疎かにできないフランス語や、地理、神話、歴史の勉強が最も重要であるとしている。こうして、第2講以降、これからの講義

第 3 章　17-18 世紀の女性のための知的啓蒙書

内容の流れと主旨が示されていくのである。第 2 講「地理学のプラン」は、宇宙誌から地球の形状、世界の起源とそれについての諸説などに始まり、アジア、アフリカ、ヨーロッパを中心とした世界地理であることが示されている。最後にアメリカも扱うことが予告されている。各帝国の歴史など、古代から現代まで、歴史と一体になった地理学が想定されている。又、古代世界の神話の世界や博物学的見地からの説明、学問と芸術の歴史、その他の人間の所業(善悪両面の)など、多方面からのアプローチが想定されている。第 3 講「神々(génies)についての論考」は、古代世界の神話の問題を歴史を構成する要素として取り上げたもので、古代エジプトから古代ギリシャ・ローマまで、人間の迷信や無知、傲慢さ、自惚れの産物である神々の形成とその原理について分析したものである。キリスト教以前の時代や民族に固有な神々(あるいは神格化された存在)があっても、そうした存在が形成され、受容されていく原理は共通であることが説得力をもって示されている。具体的な神話の知識に入る前の序章的な内容である。第 4 講「天球・地球概要」は、宇宙誌の概略と地球の区分と形状など地理学の序章的な部分を纏めたものである。古の人々が、どのように地球とそれをとりまく天空世界を考えるようになっていったのかも指摘しており、地理学の発展と人知の進歩が示唆されている。最後の第 5 講「神パン(Pan)についての論考」は、ギリシャ神話に登場するパンを取り上げて詳しい説明をすると共に、その名前、風貌などこの神に纏わる様々な事柄が、神が創造した世界と自然のアレゴリーになっていることが示されている。神話の学習の序章的な内容である。尚、巻末には、更に「第 5 講」として、匿名の 17 才の少女からデュプレッシーに寄せられた自作の韻文詩(死刑を受け入れようとするメアリー・スチュアートの言説)と、これがミュゼで読み上げられるに値するか否かの判定を彼女に委ねる書簡、及び、彼女の才能を高く評価し、創作の継続を励ますデュプレッシーの言葉が追加されている。こうした例を公表することで、文芸の世界に野心を抱く無名の女性達を励ます効果が期待できるであろう。

　全体的に見ると、やや纏まりを欠く説明が気になる。又、第 1 巻だけを見る限り、構成も体系的とは言い難い。しかし、これだけでも、真摯な女性啓蒙の意図によるその野心的な教育内容は十分伝わってくるであろう。

(146) ボーシャン(生没年不詳)については、本書の表紙に、「ボーシャン氏、サン＝マロ[Saint-Malo でブルターニュ半島北岸の都市]の数学教師」とあるが、詳細は不明である。本書は、フランス国立図書館が所蔵するボーシャンの唯一の著書である。表紙のタイトルには、«à l'usage des demoiselles»(令嬢用の)とあるが、「子供達に文法を教える必要性」(Nécessité d'enseigner la

253

Grammaire aux Enfants)と題された序文では、母国語をなおざりにするのは恥で、幼い頃から子供にフランス語の基礎知識を頭に刻み込み、更に若いうちに文法の学習を継続することの必要を訴えており、特に女子に限った啓蒙の意図は表明されていない。尚、巻末の「ルルデ(Lourdet)、国王付き教授」なる人物によるコメント付きの「出版許可状」には、「本書は、簡潔(précision)であるのと同じ位明快さ(clarté)を極めているので、男女の若い人達(la jeunesse de l'un & l'autre sexe)に同じ位成功裏に受け入れられるように思われる」という好意的な言葉があり、両性の若い人たちに読まれうることを予想している。

本書では、まず予備知識として、フランス語の母音と子音の読み方に関する丁寧な説明に始まり、本論では、9つの品詞それぞれについて、概ね簡潔明快に順序立てて説明がされている。又、小項目ごとにある程度まとまった韻文詩や散文が「例」として示されている。これは実践練習のつもりであろうが、独習よりは、教師などがこの文法書を使って教えることが想定されているのであろう。動詞の活用表が最後に纏めて一覧表として提示されているのも、見易いが、各項目を順に学んで行く時は、教師が適宜どこを参照すればいいのか教えてやる必要があろう。この後、綴り字法、文と節、句読法、フランス詩法についての一般的規則に加えて、修辞学上の簡単な説明項目(本来の意味と比喩的意味、誇張法、比喩法、迂言法)や、統辞法上の簡単な説明(文を構成する要素とその役割など)まである。又、巻末の目次も、大きな見出し項目の下、細かい各文法事項がその概要がわかるような体裁で纏められており、後で知識内容を確認する際非常に便利である。全体的に初歩的な内容であるが、丁寧な作りになっている。タイトルに、「最も有名な文法家達に準拠して編集された」とあるが、具体的な文法家の名前は挙げられていない。

(147) キュリオーニ嬢(生没年不詳)は、本書の表紙に、「イタリア語と英語の教師」(Professeur de Langues Italienne et Angloise)とあり、教育経験を活かしてこの学習書が書かれたものと思われる。更に、そこには本書のタイトルを補足して、下の方に「キュリオーニ氏(M. Curioni)によるこの言語の完璧な講座(Cours complet)入門として役立つ」とあり、彼女の親族ではないかと思われる男性によるイタリア語講座(詳細は不明)入門の役割をしているものであるという。序文もなく、特に「婦人」を意識した記述はないので、実際には、それ以外の読者も想定していた可能性がある。事実、「<u>主に若い令嬢用</u>」(<u>principalement</u> pour les jeunes Demoiselles)とした(下線は本書筆者による。)常用基本語彙集が収められている。フランス国立図書館が所蔵する彼女の唯一の著書である本書は、入門者用で、「著者達が、あたかも一冊の書物の価値

は内容量にあるかのようにその文法書を膨大にしようとするのと同じ位、私は明快で、単純、簡潔になるよう (pour être clair, simple & précis) 全力を尽くす」(*Méthode pour commencer...*, p. 14 参照。) と著者が言っているように、イタリア語の極基礎を要領良く簡潔にまとめたものである。綴り字と発音の関係から、仏伊両言語の類似性による単語の変換法、活用形など、極基礎的な事項に絞っている。又、上記の常用基本語彙集とイタリア語独特の表現一覧もフランス語の対訳付きで収められており、初学者用に工夫がされているのが感じられる。しかし、脚注の補足を含めても全体的に解説が極めて少ないので、実際には教師が説明を補ったり、より詳しい文法書を併用する必要が出てくるだろう。

(148) デュ・グール (1766-1840 年頃) は、ラ・フレーシュのコレージュで教鞭をとっていたが、大革命が始まると、辞職してパリで書店を開業しようとするが成功せず、ロシアに渡った。1812 年にロシアに帰化したため、グーロフ (Gouroff) 姓を名乗ることになる。当地で彼は、国務会議評定官や「歴史学と文学の教授」(所属は不明) などに任命されたという。(*Grand Dictionnaire du XIXe siècle*, VIII, 1872, art. «GOUROFF», p. 1399 参照。) 彼は、地理学の普及書『フランスの地理』(*Géographie de la France*, in-12, 596 p., 1791) や、『オリヴァー・クロムウェル伝』(*Histoire d'Olivier Cromwell*, in-12, 2 tomes en 1 vol., Gabon, an III) などの歴史書をいくつも出版している。

　本書のタイトルには「若い令嬢用」とあるが、序文では、特に女子啓蒙の意図が明確にされているわけではない。「レナル [Raynal, 1713-1796] やヴォルテール、J.J ルソー、モンテスキューのような人々、一言で言うと、諸国民の幸福の確たる基礎である倫理のあの大原則を公にしたあらゆる著述家にして思想家達の不滅の傑作から汲み取った多くのお手本によって、少数の規則が説明されているような修辞学の書を若い人達 (jeunesse) が手にすることは必要だと思った」とあり、本書が若い人達の「知性」と同時に「心」を養成することを著者が願っていることが記されている。(*Nouvelle Rhétorique françoise...*, pp. iij-iv 参照。) 本書は、修辞学の基礎の普及書で、修辞学の 3 つの基本要素 (発想法、統辞法、表現法) を順に紹介している。特に、「表現法」では、文体と語に求められる要件についての説明は同類のガヤールの書 (革命暦 7 年版) よりも丁寧だが、実用に役立つ具体的な表現方法についての項目では、後者の方が遥かに詳しい。例えば、「表現法」の項目は、ガヤールの書では 50 項目もあるが、デュ・グールの書では 30 を超える程度に止まっている。他のふたつの要素でも、ガヤールの扱った項目より少な目である。又、第 4 の要素である発声に関する項目も省略されている。その代わり、長文の多様な例が

豊富で興味深いが、それに見合うだけの例文の解説が少ないのは残念である。これは、序文で示唆されているように、豊富な例文の内容が教育的な効果を生むことを期待していたためであろう。この点でも、豊富な例文を引きながら、途中で適宜コメントを付けているガヤールの書の方が、やはり優れていると言える。デュ・グールの書では、定番である 17 世紀の古典演劇の作家達やセヴィニエ夫人(Madame de Sévigné, 1626-1696)の書簡作品などの他に、啓蒙思想家のヴォルテールやモンテスキュー、ルソー、反植民地主義者で反教権主義者のレナル(哲学に専心するために聖職を捨てたフランスの歴史家で哲学者)の著書や、ミラボーなどの政治家達による議会演説など、時代を反映した例文もふんだんに採用されており、文章道を教える伝統と共に、革命と啓蒙の時代が色濃く反映されている。

　尚、この他、『婦人の百科文庫』の『合集』のシリーズ第 3 巻『論理学及びフランス語の修辞学概論』(1785 年)にも修辞学の基礎が収められている。修辞学の 3 要素のうち特に統辞法と表現法に重点が置かれているが(第 4 の発声や仕草に関する項目はない。)、ガヤールの書ほど網羅的ではない。但し、具体的な表現の成果である散文の様々なジャンル(歴史、演説、説教、対話、書簡、小説、哲学などに属する 25 のジャンル)の紹介が、修辞学の頁の 1/3 以上を占めている点は本書にしかない特色である。

(149)　サコンブ(1750 年頃-1822 年)は、本書の表紙に、「モンペリエ大学医学・外科学博士、産科医、いくつものアカデミーの会員」とある。彼は、上記の博士号を取得した後、分娩の理論と実技に専心し、1790 年、パリで「分娩講座」を開き、自然分娩の仕組みを明らかにしようとする一方で、帝王切開とその多くの支持者を激しく攻撃して争いになった。中でも、1803 年、この分娩方法で失敗したことのある有名な産科医ボードゥロックに対する誹謗文書は、告訴騒ぎにまで発展したという。(*Biographie ancienne et moderne*, tome 39, 1825, p. 462、及び *Grand Dictionnaire universel du XIXe siècle*, XIV, p. 25 参照。)この他、『分娩学の基礎知識』(*Elémens de la science des accouchemens*, in-8°, xxix-456 p., Courcier, an X)や、『産科医——一家の母親に有益で、分娩術の実践を志す人達に有益な書』(*Le Médecin-accoucheur, ouvrage utile aux mères de famille et nécessaire aux personnes qui se destinent à la pratique de l'art des accouchemens*(in-12, 310 p., Croullebois, 1791)など、サコンブによる産科学に関するいくつもの著書がフランス国立図書館に所蔵されている。

　『助産婦への助言』の巻頭には、18 世紀後半に活躍したイギリスの外科医、チャールズ・ホワイト(Charles WHITE)への短い献辞が添えられている。それに続く序文「助産婦達へ」(Avis aux sages-femmes)には、日頃から自身が産

第 3 章　17-18 世紀の女性のための知的啓蒙書

科医として助言をし、共に分娩の仕事をしている助産婦達の職業上の向上心や誇りへの共感と、確かな知識を得たいと願う彼女達に、本書でその願いに応えようとする著者の意図が明確に示されている。実際、「従順で知識を熱心に求める女性(un sexe docile & avide d'instructions)が、古びた偏見を捨てて(abjurer d'anciens préjugés)、力の代わりに器用さを用い、ついには自然の声に耳を傾けるのを、私は大いに満足して見ないはずはない」(*Avis aux sages-femmes*, p. 5 参照。)という言葉には、ひたむきに正しい知識を渇望する助産婦達への共感が込められている。そして、この仕事に関する不明瞭な点を解決して欲しいという幾人もの助産婦達からの長年の懇願に応えるために、「私がこの試論を出版する決意をしたのは、彼女達の目的の助けとなり、こうした私の仕事の立派な協力者達に、私が抱いている彼女達の役に立ちたいという思いを証明するためなのだ」(*Ibid.*, p. 6 参照。)と、彼女達のために本書の出版を決意したいきさつを明かしている。但し、「無益な理論」を並べて見せたり「思弁的理屈で読者を疲弊させる」つもりもなければ、「教えるより気に入られる」(*Ibid.*参照。)ことに心を砕いたわけでもなく、著者は、あくまでも助産婦達に自身の臨床経験から、全ての既知の現場の臨床に通じるような「かくも真実で、かくも単純な幾つかの原理」(quelques principes; si vrais; si simples [sic])(*Ibid.*, pp. 5-7.)を提示しようというのである。

　こうして、本書では、自然分娩に関する 12 の「単純不変の」基本原則について、妊娠時から分娩までの過程で実践に役立つ知識がまとめられている。妊娠周期によって異なる胎児を意味するフランス語の使い分けを厳密に説明する所から始まり、体内で胎児が死んだ場合、流産の場合の対処法、分娩時の注意事項など、権威に頼らず自身の経験による具体的な実践報告と観察から導いた教えに他の医師達の見解も交え、様々な処方を検討してコメントを添えており、説得力のある内容になっている。したがって、各原則での説明は丁寧で、現に行われている危険な対処法や妊婦の誤った生活習慣(何もしない蟄居生活や刺激のある飲食物を普段通り摂取するなど)なども指摘されている。子宮の自然な力を最大限に活用することを重視し、不用意に危険な器具を使用したり、反対に手で乱暴なやり方をしたり、他の対処法があるのに安易に帝王切開をしてみたり(当時、この手術法はまだ完成されておらず非常に危険であった。)、自然が定めた臨月を待たずに分娩させたりという、当時行われていた危険の多い対応の仕方は批判されている。項目は少ないが、具体的な事故例や成功例なども紹介しながら、通常起こりうることに関して、基本事項を良くまとめている。しかし、産褥熱に関する記述は見当たらない。

(150)　本書は、フランス国立図書館が所蔵するカヴァイエ(生没年や経歴などは

257

不詳)の唯一の著書である。序文で、「私がこれらの助言を与えるのは、男達がかくも多くの理由で敬意と愛情を捧げる義務がある母親(mères)であるあなた達へなのです」(*Nouvel Emile*, p. v 参照。)と言っているように、世の母親達のための助言書である。ソフロニー(Sophronie)という婦人(タイトルにある「ある母親」)から、彼女の子供達ソフィーとエミールの教育プランを描くことを依頼された「私」なる人物(男性)が、彼女に宛てた13通の手紙(全体の2/3を占める。)と、母親の手を離れる子供達に彼女が聞かせるべき有益な倫理的考察(友情や幸福、隣人愛などについて)で構成されている。タイトルや子供達の名前からも想像できるように、年齢に応じた段階的な教育や、幼年期における母親の役割の重要性などルソーの『エミール』の影響下で書かれたもので、母親が子供の成長に応じて配慮すべき事柄(育児法を含む。)や学習内容が示されている。又、『エミール』同様、男子であるエミールの教育が中心になっている。しかし、必要に応じて家庭教師を活用することや、母親の監督の下で学習した後は、学校教育を受けさせるという流れを示している点は、『エミール』より現実的な内容になっている。一方、第11書簡(pp. 101-105)でルソーの書からの引用を交えて書かれるソフィーの教育は、『エミール』で描かれるソフィーの教育同様平凡なもので、読み書きができて、母国語を流暢に話し、算術の基礎知識があり、布に花の刺繍ができれば十分で、家庭の仕事にその才能が向けられるべきだとされている。尤も、彼女が自然から授かった才能を埋もれさせるべきではないし、知性を磨くことを正当だとしてはいるが、学問については節度ある学習を要求している。

(151) バルテルミー(1750-1815年)は、グルノーブルの生まれで、一時スイスに在住し、パリにやってきた。本書の他に、『文法家の歌姫、あるいはフランス語文法を独学で学ぶ術』(*Cantatrice grammairienne, ou L'Art d'apprendre la grammaire française seul*, in-8°, xvj-416 p., Genève, et Paris, Briand, 1788)や、『新学問・芸術概要』(*Nouvel abrégé des sciences et des arts*, 1808)などの普及書も出している。『婦人の文法』の初版は、フランス国立図書館所蔵の版で確認した限りでは、ジュネーヴで1785年に出たもの(in-8°, viij-240 p.)である。これは、「大成功を博し、多数の版を重ねた」(*Grand Dictionnaire universel du XIXe siècle*, II, 1867, p. 276 参照。)という。フランス国立図書館は、この他ジュネーヴで1787年に出た1785年版の初版の再版と、1797年にフランスのポン=ド=ヴォー(Pont-de-Vaux)で出た第5版(本書ではこの版を検討)しか所蔵していない。成功を収めた書であるから、1797年以前にフランスでも出版された可能性が高いが、目下のところその事実を確認することができなかったので、フランスでの初版の年代を問題にした本章のリストでは、1797年の出

第 3 章　17-18 世紀の女性のための知的啓蒙書

版ということにした。この第 5 版の表紙には、「全面改訂、フランス語の同義語単純一覧表追加、著者の監督下での印刷」による版であることが明記されている。

　1797 年版では割愛されているが、初版には、巻頭に「ジャンリス伯爵夫人へ」(A Madame la Comtesse de Genlis) と題して、短い書簡の形式で、ジャンリス夫人への恭しい献辞が付されている。

　序文(以下に引用する箇所は、初版も 1797 年版も同じである。)で著者は、「主に令嬢用の本書において、フランス語の基礎知識は、最も単純で、最も明確に(de la manière la plus simple et la plus précise)提示されることになる」(BARTHÉLEMY, Op. cit., 5ᵉ éd., 1797, pp. vj-vij 参照。)と言っており、女子用の本書は、フランス語の基礎を簡明に提示することで、理解を容易にすることを意図して編まれたものである。バルテルミーは、「育ちの良い女性が、博学であることはいまだに敢えて要求されることは少しもない、博学を誇示したりしたら彼女は咎められさえするだろうに。しかし、知らないでは少しも済まされない知識は、母国語の知識なのだ。実際、その緒規則を知らないというのは、庶民の間でしか許されない」(Ibid., pp. v-vj 参照。)として、必ずしも博学である必要はないが、母国語の諸規則を身に付けることは必須であることを強調している。

　本書は、音節、母音と子音の説明から、9 つの品詞分類による説明、綴り字法(綴り字記号から始まり、これと発音との関係、同音異義語については、説明に加えて、アルファベット順の詳細な一覧表付き)、発音(通常の会話と詩や公の場での演説の場合の違い)、間違った表現や綴り字の説明まで、例文を示しながら一通り解説した基礎語学書である。本文中の例は文学的な詩句が多く、読者を楽しませる配慮がされているが、作詩法の説明はない。この増補改訂版の第 5 版では、特に 150 頁以上もある同義語辞典風の「フランス語の同義語簡易一覧」(Tableau simplifié des synonymes de notre langue)が追加された点が目を引く。これは、有名なジラール神父の同義語辞典(本章の註(129)参照。)から基本的な語彙項目を選び出し、大抵の場合、長過ぎる説明は簡略化することで新たに編集したものである。各語それぞれ用例が付いているばかりでなく、分かり易い説明で統一されている。簡略化は原文から主要部分を抜き出す形でなされており、適切と思われる説明まで削除されているケースもあるが、定評ある辞典が、部分的であれ、簡明な形で女子の学習用に提供された点は注目したいところである。とはいえ、結局のところ、本書は、語彙や綴り字の頁に重点が置かれ過ぎていて(第 5 版では全体の 7 割以上を占める。)、品詞分類順による文法の説明がやや簡略過ぎる印象を受けるであろ

う。尤も、綴り字と文法は密接な関係があるから、綴り字の頁においても、間違い易い中性代名詞 le の用法について解説したり、名詞や形容詞の性と語尾の関係、過去分詞の性・数一致に関する規則の解説に充てるなど、文法的な説明が見られる点も指摘しておきたい。

(152) ル・グロワン・ラ・メゾヌーヴについては、本書第 2 章の註 (53) 参照。ここで主張されている女性の伝統的な役割遂行のために、理性的な判断力を備えた教養ある女性となるために必要な知識についても、第 2 章で既に紹介した。「緒言」において著者は、本書は自分の娘達の教育に携わっている著者の女友達のひとりのために書いたものだが、「私は、他の母親達、あるいは女教師達が、何らかの利益を引き出すことができるような洞察をそこに見出すことを願って、それら［私が思い切って書いたいくらかの覚え書き］を公にすることにしたのです」(*Essai sur le genre d'instruction*, an VII, p. 3 参照。) として、母親や女教師達に役立つことを願って出版された書であることが示されている。本書は成功を博し、1843 年には、第 3 版が出る。第 2 版 (1801 年) からは、自身の女学校運営の経験をもとにした『実践的考察』(*Considérations pratiques*) が付録として追加された。全 7 章の構成による本書は、社会が求める女性の果たすべき役割（第 1 章）、女性に必要な知識（第 2-4 章）と才芸（第 5-6 章）、子供の教育方法（第 7 章）をテーマにした女子教育論である。各章のタイトルは、例えば第 1 章が「社会は女性達から何を求めているのか？」(Qu'est-ce que la société demande des femmes?) とあるように、全て問いの形になっており、以下がその解答という形をとっている。論の展開に深みがあるとは言えないが、説得力のある筆の運びで明快に纏められている。革命後の時代が求める女性像に対応しながらも、啓蒙の時代の洗礼を受けた女性による論考らしい野心的な知育の中身を主張している点に注目したい。19 世紀に再版された本書については、第 4 章 3. にある「女子教育の手引書」でも改めて言及する。

(153) GRÉARD (Octave), *Education et instruction, Enseignement secondaire*, tome 1, 2ᵉ éd., Hachette, 1889, p. 174, p. 190, pp. 294-295 (ANNEXES: N° XXX) 参照。

(154) *Ibid.*, p. 174 参照。

(155) *Ibid.*, p. 294 参照。

(156) この他 L. シービンガーが、*The Mind Has No Sex?* (1989) の中で、本叢書のうち、科学の分野について言及している箇所で、「そのシリーズの 10 の分類中三つを科学が占めていた」（シービンガー『科学史から消された女性たち』藤岡伸子他訳、工作社、第 300 頁）としているが、正しくは、「11 の分類中四つ」である。又、ジャンヌ・ペフェール (Jeanne PEIFFER) は、その論文「18

第3章　17-18世紀の女性のための知的啓蒙書

世紀における女性の科学熱」でも同じ間違いをしているだけでなく、この文庫シリーズが、「1785年に、八つ折版の154巻で出た」(Parue en 1785, en 154 vol. in-8°) としている。(«L'Engouement des femmes pour les sciences au XVIIIe siècle» in *Femmes et Pouvoirs sous l'Ancien Régime*, 1991, p. 213 参照。)

(157) «Avant-propos» in *Voyages*, tome 1, pp. 1-2 及び *Catalogue des livres du fonds de Cuchet*, in-8°, 4 p., [1792]参照。尚、これは、フランス国立図書館所蔵のキュシェの出版案内カタログのうち、本叢書を紹介した当時の唯一のカタログである。「1792」という年代は、カタログに記載されていたものではなく、同国立図書館によるものである。「ある文学者グループ」の原語は «une Société de Gens de Lettres» である。

(158) ROUCHER, (Jean-Antoine), *Voyages*, tome 1, 1785, p. 1 参照。

(159) *Ibid.*参照。

(160) 原文には、「ある文学者グループが、旅行紀、歴史、哲学、文学、科学、芸術が提供しうる有益で好ましい知識(connaissances utiles & agréables)全てを収めることになる叢書の計画を構想したのは、彼女達に[女性達に]ああした作業[彼女達の蔵書を構成すべき書物の選択]をしなくても済むようにしてやるためなのである」(*Ibid.*, pp. 1-2 参照。)とある。

(161) 原文には、「最も細心の注意を払う母親でさえ、その娘に対して、とりわけ、社交界入り直前の時期に、[この文庫を]読むことに危惧の念を抱く可能性はないと申し上げておく」(*Ibid.*, p. 2 参照。)とある。

(162) *Ibid.*, pp. 2-3 参照。

(163) «Bibliothèque Universelle des Dames, ou petite Bibliothèque Encyclopédique, contenant les Elémens de toutes les Sciences» (*Catalogue des livres du fonds de Cuchet*, [1792].)

(164) *Voyages*, tome 1, pp. 4-12 参照。

(165) *Catalogue des livres du fonds de Cuchet* 参照。引用の原語は、«1785 & suiv. 154 vol. in-18», «12 vol. pour completter[sic] cet ouvrage» である。尚、キュシェの後を引き継いだと思われるパリの「書籍出版販売業者」(libraires-éditeurs)、メナール・エ・ドゥゼーヌ・フィス(Ménard et Desenne, fils)の1819年の出版・在庫カタログに、「婦人の百科文庫、11分野別、すなわち、「旅行紀」、「歴史」、「合集」、「演劇」、「小説」、「倫理」、「数学」、「物理学」、「博物学」、「医学」、「芸術」、154巻、十八折版」(Bibliothèque Universelle des Dames, divisée en onze classes, savoir: *Voyages, Histoire, Mélanges, Théâtre, Romans, Morale, Mathématiques, Physique, Histoire Naturelle, Médecine et Arts*, 154 vol., in-18) (*Catalogue des livres du fonds de Ménard et Desenne, fils*, 1819, p.

3.)とあり、本叢書の最終的な構成と体裁が確認できる。
(166) 原文には、「これ[この貴重な叢書]に協力した推奨に値する文士や学者達の中から、「旅行紀」の分野はルシェ、「合集」の分野はアンベール、「田舎と家庭の家政」はパルマンチエ、「物理学」はシゴー・ド・ラフォン、「天文学」はラランド、「男性と女性の身体」と「家庭の医学」はルッセル、「化学」はフルクロワ、「植物学」はデュシユ、「数学」はモンジェ、「音楽」はラセペッドと名を挙げるだけで十分である」(Parmi les littérateurs et les savans recommandables qui y[à cette précieuse Collection] ont concouru, il suffit de nommer Roucher pour la classe des *Voyages* ; Imbert, pour celle des *Mélanges* ; Parmentier, pour l'*Économie rurale et domestique* ; Sigaud de la Fond[sic], pour la *Physique* ; de Lalande pour l'*Astronomie* ; Roussel, pour la *Physique de l'homme et de la femme*, et la *Médecine domestique* ; Fourcroy, pour la *Chimie* ; Dussieux [sic], pour la *Botanique* ; Mongez, pour les *Mathématiques* ; et Lacépède pour la *Musique*) (*Ibid.*, p. 3.)とある。

(167) ジャン＝アントワーヌ・ルシェ(Jean-Antoine ROUCHER)については、*Grand Dictionnaire universel du XIXe siècle*, XIII, 1875, p. 1426参照。尚、『旅行紀』と『歴史』のシリーズには、著者名が書物に記されていない。フランス国立図書館のカタログは、いずれについても、「バルビエによるとJ.-A.ルシェによって書かれた」(Rédigé par J.-A. Roucher, d'après Barbier)という注記をしている。少なくとも、『旅行紀』については、1819年のメナール・エ・ドゥゼーヌ・フィスの出版・在庫カタログの記述から、ルシェによるものであることが確認できる。

(168) バルテルミー・アンベールについては、*Grand Dictionnaire universel du XIXe siècle*, IX, 1873, p. 580 参照。

(169) アントワーヌ＝オーギュスタン・パルマンチエ(Antoine-Augustin PARMENTIER)の出発点は、薬剤師の仕事で、1766年に、パリの廃兵院(Invalides)で薬剤師補佐の地位を得、1772年には、そこの院長になった。(*Grand Dictionnaire universel du XIXe siècle*, XII, 1874, p. 308 参照。)

(170) その実験物理学講座が人気を博した シゴー・ド・ラフォンについては、既に本書の第2章でも触れた。彼については、*Grand Dictionnaire universel du XIXe siècle*, XIV, 1875, pp. 700-701 及び、その著書『一般物理学』(*Physique générale*, tome 1, 1788, pp. v-xiv.)参照。

(171) ジョゼフ＝ジェローム・ド・ラランド(Joseph-Jérôme de LALANDE)は、国王フランソワ1世が1529年に設立した公開講座制の高等教育機関であるコレージュ・ド・フランス(Collège de France)で、46年間教授を勤めた。彼は

又、『百科全書』の補巻の項目を執筆し、1789年には、『体系的百科事典』（*Encyclopédie méthodique*）にある天文学関係の項目の改訂に携わった。ラランドについては、*Grand Dictionnaire universel du XIXᵉ siècle*, X, 1873, pp. 93-94 他参照。

(172) *Grand Dictionnaire universel du XIXᵉ siècle*, X, 1873, p. 93 参照。

(173) *Nouvelle Biographie générale*, tome 28, 1967, p. 949 参照。後にラランドの甥の天文学者と結婚することになるマリー＝ジャンヌ＝アメリー・アルレ（Marie-Jeanne-Amélie HARLAY（1768 -1832 年）は、天文学を愛し、彼の生徒のひとりとして薫陶を受け、その仕事を手伝っていた。この事が、ラランドに『婦人の天文学』を書くことを思い立たせたという。

(174) この叢書の『身体と精神から見た女性について』（*De la femme, considérée au physique et au moral*, 1788-1789）は、本書をほぼ再現したものである。ルッセルについては、*Biographie universelle ancienne et moderne*, tome 36, pp. 633-634, *Grand Dictionnaire universel du XIXᵉ siècle*, XIII, 1875, p. 1466 参照。

(175) フルクロワについては、BUISSON, *Nouveau Dictionnaire de pédagogie et d'instruction primaire*, 1911, pp. 645-646, *Dictionnaire universel des noms propres alphabétiques et analogiques illustré en couleurs, Le Petit Robert 2*, 1977, p. 671 他参照。

(176) *Nouveau Dictionnaire de pédagogie…*, p. 645 参照。尚、王立植物園での講義には女性も出ることができた。

(177) 彼は、1786年から出版の始まった『体系的百科事典』（*Encyclopédie méthodique*）の化学と薬学、冶金学の巻（6 vol., 1786-1815）のうち、化学と冶金学の執筆者でもあった。

(178) BUISSON, *Op. cit.*, p. 646 参照。

(179) 文庫シリーズのために、全9巻（1789-1791年）に及ぶ女性のための数学の普及書の出版に携わっていた頃、自身の専門分野での事典の編纂も行っている。モンジェについては、*Grand Dictionnaire universel du XIXᵉ siècle*, X, 1873, p. 440 参照。

(180) *Grand Dictionnaire universel du XIXᵉ siècle*, IX, 1873, p. 25 参照。博物学と音楽が、「彼の生涯を分かち合ったふたつの情熱」（*Ibid.*参照。）であったという。ベルナール＝ジェルマン＝エチエンヌ・ド・ラヴィル・ラセペッド伯爵（Bernard-Germain-Etienne de Laville, comte de LACÉPÈDE）については、上記の辞典参照。尚、詳細は確認できていないが、『音楽の詩学』（*La Poétique de la musique*, 2 vol., in-8°）が既に1785年に出版されていたことはわかっている。

(181) 『植物学』（*Botanique*, 2 vol., 1786）には、著者名の記載がないが、先に紹介

した 1919 年のメナール・エ・ドゥゼーヌ・フィスのカタログには、「植物学」の担当はデュシュであると説明がされていた。又、*Grand Dictionnaire universel du XIXe siècle*, XV(1876, p. 689.)にも、彼(D'Ussieux)がこの叢書に協力した旨の記載が見られる。

(182) ラランドの『婦人の天文学』(*Astronomie des dames*, 1785)だけは、叢書に収められた初版を確認できなかったので、1996 年に出たリプリント版である増補階改訂第 3 版(1806 年)(3e éd., revue et augmentée, in-18, 248 p., [pl.], Bidault)で計算した。

(183) 単に「歴史」とあるが、内容はヨーロッパ中心の世界史である。

(184) この分野の書物自体には分野名の記載がないが、便宜上、『旅行紀』(*Voyages*)の第 1 巻の「前書き」(Avant-propos)にある本叢書の内容案内に従った。

(185) 上記の註(184)に同じ。

(186) 第 1 巻は第 1 章である。続巻は、刊行されなかったが、その原因は不明である。

(187) PARMENTIER (Antoine-Augustin), *Economie ruale et domestique*, tome 1, p. 36 参照。

(188) 分野は別であるが、これら 3 巻は、『一般物理学』(*Physique générale*)の 2 巻に続いて、「第 3 巻」、「第 4 巻」、「第 5 巻」と続く体裁になっている。

(189) 本章の註(184)に同じ。

(190) 本章の註(184)に同じ。

(191) «Avant-propos» in *Voyages*, tome 1, 1785, pp. 5-12 参照。王立科学アカデミーの会員、ジャック・オザナンの『数学遊戯』とは、『数学・物理学遊戯』(*Récréations mathématiques et physiques*)のことで、1694 年にパリで 2 巻本で出版された。これは、数学や物理に関係のある面白いが思考力を要するパズル集で、1778 年には 4 巻本で増補改訂新版が出た。こういうものが婦人用の文庫に収められる予定であったということは、数学を趣味のように楽しんでいた女性達が少なくなかった事実を物語っている。

(192) 尚、本書筆者は、叢書の総頁数に占める比率でも試算してみたが、ほぼ同様の結果になった。

(193) DHOMBRES (Nicole et Jean), *Naissance d'un nouveau pouvoir : sciences et savants en France 1793-1824*, Payot, 1989, p. 354 参照。

(194) *Grammaire françoise*, 1785, p. 4 参照。

(195) *Traité de l'ortographe*[sic] in *Mélanges*, tome 2, 785, p. 2 参照。

(196) *Traité de la prononciation* in *Ibid.*, p. 113 参照。

第 3 章　17-18 世紀の女性のための知的啓蒙書

(197)　*Arithmétique*, tome 1, 1789, pp. v-vi 参照。数学の「楽しみ」を女性読者に提供しようとしたしたからこそ、ジャック・オザナンの『数学遊戯』も数学の分野に入れることになっていたのであろう。(本章の註(191)参照。)確かに、数学の分野には、「前書き」にあるように、以降の叢書にある科学の分野の書の理解に役立つ「諸規則」(«Avant-propos» in *Voyages*, tome 1, p. 10 参照。)が含まれている。しかし同時に、9 巻のシリーズは、数学パズルを楽しむのに必要不可欠な基礎知識となりうるものでもある。

(198)　*Principes de chimie*, tome 1, 1787, p. xviij 参照。

(199)　*Ibid.* 参照。

(200)　*Médecine domestique*, tome 1, 1790, p. 5 参照。

(201)　*Ibid.*, pp. 6-9 参照。

(202)　*Economie domestique*, tome 1, 1788, pp. 7-8 参照。

(203)　前書きでは、『フランス語文法』に「句読法・綴り字法・作詩法概論」を加える予定なので、「母親は、子供達の教育のためにこれらを使うことができるようになるであろう」(*Voyages*, tome 1, pp. 7-8 参照。)と述べている。

(204)　*Voyages*, tome 1, p. 1 参照。

(205)　*Principes de chimie*, tome 1, p. xix 参照。

(206)　*Ibid.*, pp. xix-xx 参照。

(207)　今日、知育は昔同様深いものではないが、より広まってきており、女性もその恩恵に与っていることを示唆した上で、「女性達の知識を増やすのに、もはや克服すべき障害も闘うべき偏見もほとんどなく、彼女達に与えるべき便利な方法しかない」(*Traité de l'ortographe* [sic], in *Mélanges*, tome 2, p. 2 参照。)と著者は記している。

(208)　*Ibid.* 参照。

(209)　«leur zèle» (*Principes de chimie*, tome 1, 1787, p. xx.)

(210)　*Traité de géographie, pour servir d'introduction à la lecture des Voyages*, 1786, p. 2 参照。

(211)　«développement de la raison» (*Ibid.*, p. 3.)

(212)　*Voyages*, tome 3, 1786, pp. 155-162 参照。

(213)　«exemple à des peuples plus éclairés» (*Ibid.*, p. 242.)

(214)　*Ibid.*, p. 244 参照。

(215)　*Ibid.*, tome 18, 1790, pp. 36-37 参照。

(216)　*Ibid.*, pp. 37-61 参照。第 39 書簡(Lettre XXXIX)でのアフリカのアンゴラについての記述では、ポルトガル人によってアメリカの植民地の耕作のために毎年 15,000 人の黒人が連れて行かれる奴隷貿易の悲惨な状況から、黒人と

ヨーロッパ人の間の貧富の差、白人と黒人、その混血の間での反目など、ヨーロッパによる植民地支配に由来する様々な弊害を具体的に提示して見せている。(*Ibid.*, tome 20, 1791, pp. 98-103 参照。)

(217) *Histoire*, tome 1, 1785, pp. 45-46 参照。

(218) *Ibid.*, pp. 47-49 参照。

(219) 河盛好蔵他編『フランス文学史』、第129頁。

(220) *Histoire*, tome 8, 1785, pp.1-40 参照。

(221) *Ibid.*, tome 5, pp. 291-292.『ローマ盛衰原因論』の第8章から、共和国の、監察官(cenceurs)を用いた政策についての引用である。

(222) *Ibid.*, tome 30, 1791 参照。

(223) «Des obstacles qui s'opposent encore aux bonnes études» in *Ibid.*, pp. 293-304 参照。

(224) 例えば、第3巻の第6章、古代ギリシャの科学の多様な分野の状況を概観した「ギリシャ人の諸科学について」(Des Sciences des Grecs)の終わりで、「世界の女王[ローマのこと]を啓蒙した国民において、人間精神(l'esprit humain)がどの程度まで向上し、どの程度で歩みを止めたかを知るのに、こうした細部は私には重要であると思われた」(*Ibid.*, tome 3, 1785, p. 202 参照。)という記述があるが、人間精神の歴史への関心の強さは、『歴史』の特徴のひとつでもある。この他、『小説』のシリーズでも、全体の序文に当たる「序論」(Discours préliminaire)で、「人間精神(esprit humian)がこのジャンルで遂げた進歩を見ることができるように、年代順に従いながら、あらゆる民族の小説の中から我々が採用したプランに最もふさわしいものを選ぶことになろう」(*Romans*, tome 1, 1785, pp. xij-xiij 参照。)とあり、小説作品を時代順に見渡すことで、人間精神の発展の歴史を示そうという意図が記されている。

(225) VOLTAIRE (François-Marie AROUET, dit), *Le Siècle de Louis XIV* in *Œuvres historiques*, Gallimard, 1957, p. 617 参照。

(226) ヴォルテールは、『ルイ14世の時代』の続編とも言うべき『ルイ15世の時代概要』(*Précis du siècle de Louis XV*, 1768)の終章「ルイ15世の時代における人間精神の進歩」(Des progrès de l'esprit humain dans le siècle de Louis XV)で、啓蒙の時代における人間精神の発展のなせる業を述べると共に、これに反するようなこの時代の負の部分をクローズアップして、現代社会を批判している。この点では、人知の発展の賛美に終わっていないルシェの態度と類似している。(VOLTAIRE, *Précis du siècle de Louis XV* in *Ibid.*, pp. 1566-1571 参照。)

(227) のみならず、ヴォルテールの書の文章を改変したと思われる類似した記

述まである。例えば、ナントの王令が発令され、多数のユグノーが国外に流出した事実について、ルシェの書では、次のようにある。

「しかしながら、50万人近く［のユグノー］が王国を出た。至る所で生業で稼ぎが保障されていたのは、特に彼らだった。彼らは、フランスを富ましている技術と製造所を外国に持って行ったのだった。」(Plus de cinq cent mille [huguenots] néanmoins sortirent du royaume. C'étoit surtout ceux à qui l'industrie assuroit de quoi vivre par-tout. Ils portèrent chez l'étranger les arts & les manufactures, qui enrichissoient la France.) (*Histoire*, tome 27, 1790, pp. 222-223.)

一方、ヴォルテールは、次のように記している。
「3年間で5万近くの家族が王国を出て、その後に他の家族が続いた。そうした家族は、外国に技術と製造所と富を持って行ったのだった。」(Près de cinquante mille familles, en trois ans de temps, sortirent du royaume, et furent après suivies par d'autres. Elles allèrent porter chez les étrangers les arts, les manufactures, la richesse.) (*Le Siècle de Louis XIV* in *Œuvres historiques*, p. 1055.)

(228) この他、ルソーを始めとする啓蒙思想家達に大いに影響を与えたと言われる（荒木昭太郎編『モンテーニュ』中央公論社、1979年、第48-49頁参照。）モンテーニュの批評精神に溢れた『エセー』を、「宗教」、「教育」、「慣習と習慣」、「判断力と意見」などをテーマ毎に再編集した『モンテーニュ精選集』(*L'Esprit de Montaigne*)が、3巻本(tomes 10-12, 1788)で『倫理』(*Morale*)に収められている。

(229) 作者による序文がある場合は、更にその前に付ける形で採用されている。

(230) «Vie de Molière, par Voltaire» in *Théâtre*, tome 8, 1786, pp. 1-2 参照。尚、これは、ルシェによる『歴史』のシリーズにもこの姿勢が窺える。例えば、古代の王国が誕生する頃までの時代については、聖書の記述を基にしながらも、世俗の学者達によって推測されてきたことを取り上げ、更にそれについてコメントを付し、聖書の記述から理に適わない推論がなされた例を紹介して、論理的に反駁したり(*Histoire*, tome 1, chap. I-II 参照。)、古代ローマの建国に至るまでの真実らしくないエピソードは退けられ、ロムルスによる建国という「神話」(fable)が広まった事情を説明しながら、「したがって、ローマ建国ははっきりしておらず、最も一般的に採用されている意見を立証したのは批評精神(l'esprit de critique)によるものではないのである」(*Ibid.*, tome 4,

1785, pp. 46-47 参照。)と断言している。
(231) *Théâtre*, tome 12, pp. 177-178 参照。
(232) *Ibid.*, tome 13, 1788, p. 145, p. 147, p. 149, p. 154 参照。尚、同じ作品について、ラ・アルプは、有名な『リセ、あるいは古代と近・現代の文学講座』で、当時の不当な評価に対して何ら批判をすることもなく、専ら演劇作品としてのあり方の観点から批評をするに止めている。(*Ibid.*, tome 6, F. Didot, 1821, pp. 308-322 参照。)
(233) 但し出典は明記されていない。又、第17巻の終わりには、特定のテーマではなく、様々な思想の断章を寄せ集めたものも付されている。
(234) 序文の冒頭では、現代ほど「義務と理性の真の規範」による導きが必要な時代はなく、それ故わが国の大多数の作家達が哲学研究を行なったのだろうとしている。(*Morale*, tome 15, 1790, p. 1 参照。)
(235) *Ibid.*, p. 8, p. 9 参照。
(236) *Ibid.*, pp. 9-11 参照。
(237) *Ibid.*, pp. 40-47 参照。
(238) *Ibid.*, tome 16, pp. 208-209 参照。
(239) *Ibid.*, tome 17, pp. 100-123 参照。
(240) 確かに、「神」(DIEU)、「福音書」(ÉVANGILE)などでも、極穏当で、当時の社会通念からすれば妥当な見解が展開されている。(*Ibid.*, tome 15, pp. 13-21, pp. 40-47 他参照。)
(241) *Ibid.*, p. 53 参照。又、「専制的権力」(POUVOIR ARBITRAIRE)では、専制的権力が、それ自体「あらゆる混乱の中でも最悪」で、「混乱防止のために専制的権力を用いるとは、人々が興奮しないように、彼等[人々]を殺戮することである」とも言っており、警察国家としての現体制への厳しい批判になっている。(*Ibid.*, p. 247 参照。)
(242) *Ibid.*, tome 17, p. 1 参照。
(243) この項目には、「偏見(préjugés)、権威(autorité)、必要性、手本、我々が飲み込まれているあらゆる制度が、彼[人間]の中の自然(nature)を窒息させるであろう」(*Ibid.*, p. 38 参照。)とある。
(244) この項目には、「学問と文学、芸術が人間が繋がれている鉄鎖の上に花飾りを広げ、人間の中の元々あったああした自由の感情を押し殺すのだ」(*Ibid.*, tome 16, pp. 46-47 参照。)とある。
(245) 更に「豪奢」(LUXE)では、「虚栄心と閑暇」から生まれた豪奢は、「全てを堕落させている」とし、富める者が豪奢を享受する一方で、貧者が惨めな状況に追いやられている現実にまで言及している。(*Ibid.*, tome 15, p. 265 参

第3章　17-18世紀の女性のための知的啓蒙書

照。)
(246) *Ibid.*, tome 17, p. 288 参照。
(247) «mettre toutes les connoissances, soit utiles, soit agréables, à la portée de tout le monde» in PAGÈS, *Cours d'études encyclopédiques*, an VII, tome 1, p. 10.『家庭百科事典』(*Encyclopédie domestique*)の副題を含めた原題は、本章の註(102)参照。
(248) «tout ce que peuvent fournir de <u>connoissances utiles & agréables</u>, les Voyages, l'Histoire, la Philosophie, les Belles-Lettres, les Sciences & les Arts» (*Voyages*, tome 1, *Discours préliminaire: vue générale du globe terrestre*, p. 261.) 下線は本書筆者による。
(249) *Voyages*, tome 1, p. 2 参照。本書筆者による下線部分の原語は、«l'espoir & de plaire & d'être utile» である。
(250) *La Poétique de la musique*, tome 1, 1878, p. v 参照。本書筆者による下線部分の原語は、«agréable» である。
(251) «Discours préliminaire» in *Romans*, tome 1, 1785, p. v 参照。尚、編者名は不明である。
(252) 「小説というものは、ある時は美徳を、ある時は悪徳をというように世の中の慣習を映し出す。そして、小説では常に美徳は報いられ*、悪徳は常に罰を受けるから、小説は、その読書が興味を引くものであればそれだけ有益な倫理学の講座(Cours de Morale)となりうるのである。(*)ここでは、良い小説(bons Romans)のことを問題にしている。したがって、この叢書では、良い小説以外のものは採用されない」(*Ibid.*, p. xj 参照。)とある。
(253) *Ibid.*, p. xvj 参照。この小説は、4世紀末のヘリオドロスによる『エチオピア物語』と呼ばれるもので(フランス語では *Les Ethiopiques*)、各国語に翻訳されてきた作品である。エチオピアの王の娘カリクレイアとギリシャの都市テッサリアの貴族テアゲーネスが数々の試練を乗り越えて、最後は結ばれるという物語である。この他、『合集』(*Mélanges*)の『神話についての試論』(*Essai sur la mythologie*, 1785)の冒頭(序に当たる。)では、神話の知識が詩や芸術作品の理解に欠かせないから、「神話を知ることは有益である、もっと的確に言えば、必要である、なぜなら、神話は、文学や美術の主要な部分のひとつであるからだ」(*Ibid.*, p. 2 参照。)とある。

　ルシェは、『歴史』(*Histoire*, tome 3, 1785)の本文で、「人間に関する知識、それはオネットムの真の知識だ」だとして、有益な知識の重要性について述べている。ギリシャ人の偉大な作家達は、詩や歴史、雄弁、哲学では偉大な作品を残したが、社会に役立つ実際的な事について書くことをないがしろに

しすぎたこと、その点では、現代人の方が優れていて、「確かな有益性（utilité certaine）を目指しているから尚更評価に値する書き物によって、最近、農芸や芸術、商業について、何と多くの知識が普及してきたことか！」(*Ibid.*, p. 98 参照。)と言っている。社会的有用性の知識の重視という考えは、近代的であり、来たるべき産業社会を先取りした発想で、『百科全書』が社会に有用な技芸をも重視した事実とも符号するであろう。

(254) *De la femme, considérée au physique et au moral*, tome 1, 1788, pp. 182-229 ; tome 2, 1789, pp. 1-264 参照。本書は、同じくルッセルによる『女性の身体と精神の仕組み』(*Système physique et moral de la femme*, 1775)をほぼそのまま踏襲したものである。当時の最新の女性生理学の普及書ではあるが、母親となるべく運命づけられた女性の身体を専門家の立場から解説し、男女の体の本質的な性的差異を知的・心的差異に結びつけ、女性は諸器官のか弱さゆえに抽象的な学問の学習に不向きである一方、その鋭敏な直感力を評価するなど、今日から見ると異論の余地のある見解も示されてはいるが、当時の科学の水準を考慮すればいたしかたなかろう。尚、『人の身体』(*Physique de l'homme*, 1787)は、第1巻しか出版されておらず(その後も続巻は出ていない。)、ここでは、男性の性、生殖についての記述はない。続巻で、そうした詳述をなすつもりであったかどうかも不明である。

(255) ROUSSEL, *Médecine domestique*, tome 1, 1790, pp. 39-109 参照。「女性に役立つ知識の百科事典兼手引書」を標榜する19世紀末の『女性と家庭の辞典』(*Dictionnaire de la femme et de la famille*, 1897)ですら、女性の性やその性的肉体についての項目は除外されていたことを思えば、それより1世紀も前にこうした知識を提供しようという啓蒙精神は注目に値する。(拙論「19世紀末のある女性用百科事典」『ガリア』、XXXI, p. 238, p. 244 参照。)

(256) *Ibid.*, tome 3, 1792, pp. 89-108 参照。

(257) *Histoire*, tome 1, chap. I-II 参照。

(258) ヨーロッパを中心にした『歴史』は、ゲルマン民族の移動に始まる後半の『近・現代史』(*Histoire moderne*)のうち、17世紀の歴史は第24巻からで、18世紀の記述は、28巻の終わりから始まるが、歴史的年代は、1725年までで終わっている(*Histoire*, tome 29, 1790, p. 182 参照。)。尤も、最終巻では、古代から現代までの諸学問の進展の歴史を跡付ける中で、18世紀のフランスに紹介されたニュートンの発見についての解説や、政治学の時代としての18世紀についての記述などもある。(*Ibid.*, pp. 165-198, pp. 215-252 他参照。)しかし全体としては、同時代の歴史が手薄になっているという印象を受ける。

(259) *Voyages*, tome 3, 1786, p. 3 参照。

(260) *Voyages*, tome 6, 1787, p. 149 参照。
(261) *Principes de Chimie*, tome 1, p. xxij 参照。下線は、本書筆者による。
(262) *Ibid.*, tome 1, «Chap. IV. De l'Air» 参照。
(263) *Physique particulière*, tome 5, «Section IV. De l'électricité» 参照。«tome 5»（第5巻）とは、『一般物理学』(*Physique générale*)からの通しの巻数表示である。
(264) *Ibid.*, tome 3, «section III. Des tremblemens de terre et des volcans» 参照。
(265) *Romans*, tome 1, p. xiij 参照。
(266) 本書第2章6参照。
(267) *Essai sur la mythologie*, 1785, pp. 2-3 参照。
(268) *Voyages*, tome 1, pp. 260-261 参照。
(269) *Grammaire françoise*, p. 5 参照。「明快さ」は «clarté»、「簡潔さ」は «précision» とある。
(270) *Ibid.*, p. 6 参照。
(271) *Botanique*, tome 1, 1786, p. j 参照。
(272) *Ibid.*, p. 26 参照。
(273) 第2巻の最後の1/3は、『L***夫人への植物学についてのJ. J. ルソーの初歩的書簡』(*Lettres élémentaires de J. J. Rousseau sur la botanqiue à Madame de L****)が収められている。この文学的な書簡は、ジロー（L. Girault）という人物による『J. J. ルソーによる植物学についての手紙』(*Lettres sur la botanique, par J. J. Rousseau*, 1835)など、19世紀になっても植物学の概説が付された子供用の植物学の普及書に幾度も採用されることになる。8つの書簡は、断片的な内容で、トゥルヌフォール（Tournefort）が分類した22の科のうちの5つと複合花の説明に加えて、果樹の説明、植物の標本の作り方という実際的な知識が盛り込まれているに止まっている。ドゥレセール夫人（Madame Delessert）という女性が幼い娘に植物学の手ほどきをするために書かれた書簡であるから、分類学より身近な植物の構造を教えることで、植物の観察の仕方を知り、この世界に親しむことを重視した結果であろう。『植物学』(*Botanique*)では、植物学を学問的に概説した後で、こうした植物観察の実践とでも言うべき書簡で読者を楽しませる工夫がなされている点に注目したい。
　尚、ジョゼフ・ピトン・ド・トゥルヌフォール（Joseph Pitton de TOURNEFORT, 1656-1708）は、有名な植物学者で、パリの植物園の植物学の教授も務めた人物であった。植物の分類学では、リンネ（Linné, 1707-1778）の仕事の先駆的役割を果たしたとされている。植物を草と木に分け、更に花弁の有無と付き方で分類するやり方はわかり易く、19世紀になっても植物の分類方法として紹介

されることが多かったが、植物に性がある点を無視した分類方法であった。この点に注目してより合理的に分類したのがリンネであった。

(274) *Principes de chimie*, tome 1, pp. xx-xxj 参照。

(275) «un extrait de mes Elémens» (*Ibid.*, p. xxj.).

(276) 初版のタイトルは、『博物学と化学の基礎的講義』(*Leçons élémentaires d'histoire naturelle et de chimie*, in-8°, 2 vol.) である。現時点では、元になった書の現物は確認できていない。

(277) *Principes de chimie*, tome 1, p. xxj 参照。

(278) *Ibid.*, p. xxij, p. xxiij 参照。

(279) «plus concis & moins volumineux» (*Physique générale*, tome 1, p. xxxij.) 元になった書の現物は目下の所確認できていない。

(280) *Ibid.*, pp. xv-xxx 参照。

(281) *Ibid.*, pp. xxx-xxxij 参照。

(282) *Ibid.*, p. xij 参照。

(283) *Ibid.*, pp. xiij-xiv 参照。

(284) *Ibid.*, pp. xiv-xvj 参照。

(285) Jeanne PEIFFER, «L'Engouement des femmes pour les sciences au XVIIIe siècle» in *Femmes et Pouvoirs sous l'Ancien Régime*, Éditions Rivages, 1991, p. 206 参照。

(286) CROMMELIN, *Encyclopédie élémentaire ou Rudiment des sciences et des arts*, tome 1, 1775, pp. 72-80 参照。

(287) そもそも、ヴォルテールによる有名なニュートン物理学の啓蒙書『万人に理解できるようにしたニュートン哲学の基礎知識』(*Elémens de la philosophie de Newton mis à la portée de tout le monde*, 1738) では、計算や幾何学図による説明が、シゴー・ド・ラフォンの書やラランドの『婦人の天文学』(1785年) よりは多いものの、文字記号による方程式も見当たらず、数学的な書という印象を与えないのである。(VOLTAIRE, *Eléments de la philosophie de Newton* in *Œuvres complètes de Voltaire*, tome 22, Garnier Frères, 1879; Kraus Reprint Limited, 1967, pp. 393-582 参照。)『婦人の天文学』(*Astronomie des dames*) については、本書筆者架蔵の1821年版による。

(288) 「引力について」(De l'Attraction) では、引力の存在とその現象に関する考察が主体であるが、引力と距離に関する重要な計算は記載されており、計算が排除されているわけではない。(*Physique générale*, tome 1, pp. 156-171 参照。)

(289) *Ibid.*, p. 102, pp. 107-109, pp. 113-128 参照。

(290) *Physique particulière*, tome 5, p. 113 参照。«tome 5»(第5巻)とは、『一般物理学』(*Physique générale*)からの通しの巻数表示である。

(291) この点では、ラランドも『婦人の天文学』で、女性読者を「科学を一瞥することで、脅えさせるのではなく、引きつけることが重要なのである」(*Astronomie des dames*, 7e éd., 1821, p. 2 参照。)として、幾何学や数計算の知識を必要とするような書物にはしない意図を示唆している。しかし、時代遅れのフォントネルの書を超える内容を目指す本書は、ニュートンによる現代の天文学の成果をも収めようとしており、簡単な数計算や、計算表、又、幾何学図を用いた説明も若干ある。但し、18世紀に出た版(初版及び1795年の増補改訂第2版)を、フランス国立図書館が所蔵していないので、18世紀の版の内容は確認できていない。

(292) セネカの問題のテーマの全文の仏語訳は、*Sénèque*, Robert Laffont, 1993 参照。但し、『魂の平和について』(*De la paix de l'âme*)は、上記の書では、『魂の平穏』(*La Tranquilité de l'âme*)となっている。

(293) ラランドの『婦人の天文学』(本書筆者架蔵の1821年版)にも、天文学の説明に必要な幾何学的な図や星座(オリオン座と大熊座)を示した図版が1枚あるが、初版での図版の有無は不明である。

(294) フランチェスコ・アルガロッチー(Francesco ALGAROTTI, 1712-1764)による婦人のためのニュートンの物理学の普及書『婦人のためのニュートンの理論体系』(*Il Newtonianismo per le dame*, 1837)の仏語訳版 *Le Newtonianisme pour les dames*(2 vol., Montalant, 1738)にある著者の序文にも、「線や図は、本書から完全に排除されている。なぜなら、そういうものは、余りに真面目で余りに学問的に見え、楽しませる配慮をしなければ教えることができない人達を怯えさせるからだ」(*Ibid.*, tome 1, pp. xlj-xlij 参照。)とある。

(295) PEIFFER, *Op. cit.*, p. 213 参照。

(296) ラ・アルプは、『リセ、あるいは古代と近・現代の文学講座』の序文で、「これは、若い学習者のための基礎的な書でも、学者達のための博学の書でもない。[...]これは、自分がやった勉強をもっと深める余地のある人達にとっては、学習の補いであり、他の学習をする時間のない社交界人士にとっては、学習の追加である」(LA HARPE, *Op. cit.*, tome 1, 1821, p. VI 参照。)と言っている。

(297) «Cette précieuse Collection, dont le mérite est suffisamment connu, convient non seulement aux dames, mais encore à tous ceux qui veulent se procurer à peu de frais une bibliothèque choisie, dans tous les genres» (*Catalogue des livres du fonds de Ménard et Desenne, fils*, 1819, p. 3.) 尚、学位論

文提出後、この紹介文が、ラランドの『婦人の天文学』の1806年版(本書第4章3.のリスト及び同章の註(37)参照。)の表表紙の裏にも既に記載のあることがそのリプリント版で確認できた。

(298) 19世紀の再版については、次の章で問題にする。

(299) ボードゥロックの『助産婦見習いのための分娩術の基礎知識』(1775年)については、註の(132)で記したように、1806年の第3版まで現物を確認できなかったので、第4版の1812年版(lxxiv-532 p.)で計算した。又、ルプランス・ド・ボーモンの『少女百科』(全2巻、1760年)は、本書筆者架蔵の1778年版(4巻本で、総頁数が947頁)で、『若い淑女のための教え』(全3巻、1764年)も、本書筆者架蔵の1772年版の『若い淑女百科』(4巻本で、総頁数が1,148頁)で計算した。後者2つの版で計算したため、全体の巻数が3巻増えた。尚、総頁数とは、原則として、序文、本文、目次の全体を指すが、できるだけ実際の書物の頁付けを尊重したので、書物によっては、中表紙も頁数に入っている場合がある。

(300) 尚、ミルモンの書は、1頁当たりのストローク数が『婦人の百科文庫』の約1.5倍ある。

(301) «De la nature & de la propagation de la Lumière» in MIREMONT, *Op. cit.*, tome 3, 1779, p. 445, p. 449 参照。

(302) 本章の註(134)及び(140)参照。一覧表は、フランス国立図書館の所蔵カタログの表記に倣って、リストでは頁数の後に tableau という表現で記載をしてある。又、プリュネの『婦人の文法』(1777年)では、本章の註の(133)で解説したような口絵が付されている。

(303) 本章の註(294)参照。

(304) *Grand Dictionnaire universel du XIXe siècle*, VIII, 1872, pp.1162-1163、*Ibid.*, VII, 1870, pp. 720-721、*Ibid.*, V, 1869, p. 47 参照。

(305) 本章の註(125)参照。ルプランス・ド・ボーモン夫人は『少女百科』を出版するまでに、既に貴族の家庭での女子教育の経験もあり、又、『完璧な教育、あるいは地理と年表入りの古代史概要』(*Education complète, ou Abrégé de l'histoire ancienne, mêlée de géograpie et de chronologie*, in-12, 5 vol., 1753, Londres)や『子供百科』(*Magasin des enfans*, in-12, 4 vol., 1757)なども発表し、好評を得ていた。教育者としての彼女について、ビュイッソンは、「ルプランス・ド・ボーモン夫人は、それほど独創的な精神の証も、一級の才能の証も示さなかったが、それでもやはり18世紀の女教師達の中で非常に名誉ある地位を占めている」(BUISSON, *Nouveau Dictionnaire de pédagogie et d'instruction primaire*, 1911, p. 1023 参照。)と評価した。

第3章　17-18世紀の女性のための知的啓蒙書

(306) 1777年、シャルトル公（duc de Chartres で、七月王政時代の国王となるルイ＝フィリップの父）の生まれたばかりの双子の姉妹の家庭教師の職に専心し、若い娘達のための道徳的な演劇作品集（これは、もともと、自分の子供達のために彼女が構想していたもの。）、『若い娘用の演劇』(*Théâtre à l'usage des jeunes personnes*, in-8°, 4 vol., 1779-1780)を出版した。彼女のこの作品を、「宮廷中の人々が読みたがった」という。(LABORDE, *L'Œuvre de Madame de Genlis*, 1966, pp. 28-29 参照。)

(307) LE GROING LA MAISONNEUVE, *Essai sur l'instruction des femmes*, 3ᵉ éd., 1844, pp. xiij-xiv 参照。初版の、『女性の使命に最も対応していると思われる種類の教育についての試論』の表表紙と中表紙の間に、彼女の女学校、「若い娘達のための学校」(MAISON D'ÉDUCATION POUR LES JEUNES PERSONNES)の案内書が挟み込まれている。

(308) 各著者については、先の女性用の知的啓蒙書一覧に付した註を参照されたい。

(309) 本章の註(134)参照。

(310) TROUSSON (Raymond), *Romans de femmes du XVIIIᵉ siècle*, Robert Laffont, 1996, pp. XXXVI-LXXV 参照。

(311) MEURDRAC, *La Chymie charitable et facile en faveur des dames*, 2ᵉ éd., 1674, «AVANT[-]PROPOS» 参照。序文には、頁付けがなされていない。

(312) *Ibid.* 参照。しかし、それでも本書を出版することにしたのは、著者が本書の有益性を確信していたことは勿論だが、そればかりではない。彼女は、「知的能力に少しも男女の別はない」(les Esprits n'ont point de sexe)のであるから、「もし、女性達の知的能力が男性達のと同様に磨きをかけられ、彼女達を教育することに時間と費用が費やされるのなら、女性の知的能力は、男性達のそれと肩を並べることができるだろうに」と考え、事実、「現代では、散文や詩、言語、哲学、国家の統治においてさえ、男性の知的能力や適性になんら劣ることのない女性達が輩出した」(*Ibid.* 参照。)という認識が彼女にあったからであった。あのプーラン・ド・ラ・バールの主張を髣髴とさせる男女の知的平等の認識が、既にムルドゥラックにはあったのである。

(313) EPINAY, *Les Conversations d'Emilie*, tome 1, 1822, Alexis Eymery, pp. V-VI 参照。この19世紀の版にある序文は、1781年版（第2版）の序文を、再現したものである。

(314) 本章の註(137)参照。

(315) 尚、優れた助産婦として、又、国王の免状を得て、フランス全土での産婆教育の任務を負い、多くの助産婦の教育・養成でその手腕を発揮したアン

ジェリック＝マルグリット・ル・ブルシエ・デュ・クードゥレ (Angélique-Marguerite LE BOURSIER DU COUDRAY, 1712-1791) による、「[分娩]技術の主たる規範」のみを収めた、「助産婦見習い達の基本的な知識」 (DELACROIX (D. M. P. A.), *Biographie des sages-femmes célèbres, anciennes et contemporaines*, 1833, p. 72.) の書と言われていた『分娩術概要』 (*Abrégé de l'art des accouchemens*, in-12, lij-194 p., Vve Delaguette, 1759) がある。本書筆者は、学位論文提出時までに現物を確認できていなかったので、コメントは控えたが、その後の調べで、本書の表表紙に「若い助産婦と、一般に、この技術 [分娩術] での熟練を望むこの技術の全ての見習い人 (tous les Elèves) に有益な書」とあることがわかった。「全ての見習い人」の原語を見ると男女を想定していて、分娩技術を学ぶ医師の卵をも読者対象として考慮していたと考えられる。本書は第2版 (1773年) から26枚のカラー図版付きとなり、1785年には第6版が出た。サン＝ジェルマンやボードゥロックの書ほど詳細でなく、又、理解に役立つ対話形式も採用していないが、基礎知識が簡潔明快に纏められている上にカラー図版の存在が本書の再版につながったと考えられる。第6版以降の再版が確認されていないのは、遥かに詳細で充実した内容を持つボードゥロックの書が、これに取って代わることになったためであろう。

(316) コンスタンス・ジョエル (Constance JOËL)『医の神の娘達―語られなかった女医の系譜』内村瑠美子訳、メディカ出版、1992年、第86頁、及びDIDEROT, *Encyclopédie*, nouvelle éd., tome XXIX, 1778, Genève, art. «SAGE-FEMME», p. 672 参照。ジョエルの書の原題は、*Les filles d'Esculape ― Les femmes à la conquête du pouvoir médical* (Robert Laffont, 1988) である。

(317) ル・ブルシエ・デュ・クードゥレについては、本章の註 (315) 及びコンスタンス・ジョエルの前掲邦訳書参照。

(318) 「慈善活動家の婦人」 (dame de charité) や、本書については本章の註 (121) 参照。

(319) 16世紀の女性詩人マリー・ド・ロミュー (Marie de Romieu) は、「慈善活動をする婦人になるというのが、流行事となった」 (Etre DAME DE CHARITÉ est devenu une affaire de mode) と既に言っていた。(*Grand Dictionnaire universel du XIXe siècle*, III, 1867, art. «CHARITÉ», p. 990.)

(320) LITTRÉ, *Dictionnaire de la langue française*, tome 3, 1874, p. 1076 参照。

(321) «Personnes charitables, qui par leur état ne sont point Artistes» (ARNAULT DE NOBLEVILLE, *Op. cit.*, 1747, p. iij.)

(322) VERDIER, *Cours d'éducation à l'usage des élèves destinés aux premières professions et aux grands emplois de l'Etat*, 1777, p. 321 参照。ヴェルディエは、

第 3 章　17-18 世紀の女性のための知的啓蒙書

医学を修め、ポーランド王の侍医を務めた後、パリで有料の寄宿学校を開いていた。学校は男子のみを受け入れていたようであるが、本書では、女子教育についても「女子の教育プランと女子教育について」(PLAN D'ÉDUCATION ET DES ÉTUDES DES FILLES)の章で若干言及がなされており、引用はこの箇所からのものである。

(323) ヴェルディエは、ラテン語が、「神との親密な付き合いをする満足感」を女性達に与えるだけでなく、「もし、精神が、いくつもの言語の習得によってのみ、その最高の完成のレベル(son haut degré de perfection)に到達することができるのだとすれば、ラテン語は、多分他の全ての言語よりも望ましい」と、ラテン語学習の精神陶冶の効用も指摘し、「これは、抗うことのできない流行だ」(*Ibid.*参照。)と、こうした流行を是認している。一方、プリュネは、『婦人の文法』(*Grammaire des dames*, 1777)の序文で、婦人達が、フランス語の正確な綴り字を習得するにはラテン語を知らなければいけないという「偏見」から醒めて、フランス語文法の学習で、正確に書けるようになるという認識を持つことを勧めている事実からすると(*Ibid.*, p. xxxj 参照。)、ラテン語の学習が、フランス語の学習に役立つという理由からも、女性達がラテン語に取り組んでいたのであろう。

(324) 尚、19 世紀にも再版されることになる書物に関しては、改めて第 4 章で言及することになる。

(325) フロマジョは、「若い男性達の教育については大いに書かれてきたが、やはり同じ位重要な女子教育については、皆無なのである」とか、「女子教育ほどかくもまずい構想がなされ、なおざりにされてきたものはない」などと言っている。(FROMAGEOT, *Cours d'études des jeunes demoiselles*, tome 1, p. v, p. x 参照。)

(326) *Ibid.*, pp. xj-xiv 参照。

(327) *Ibid.*, p. xv 参照。

(328) *Ibid.*, pp. vj-x 参照。

(329) フロマジョは、「男性の教育を改善するためにどれほど多くの冊数の書が書かれてきたことであろう？学習講座で同じ学習進度を受け入れる能力のある女性達のためには、どうしてそうしたものが、こんなにもほとんどないのか？」(*Ibid.*, p. xix 参照。)と嘆いている。

(330) *Ibid.*, p. xvij 参照。

(331) フロマジョは、「彼女達[女性達]に見識があればあるほど、我々は彼女達の軽薄さを心配する必要がなくなるだろうし、彼女達は、我々の物事の見方や、物事についての論理的な判断(jugement raisonné)の下し方に一層近くな

るだろうし、うわべだけの真実を真実と取り違えにくくなるだろう」(*Ibid.*, p. xxiij 参照。)と言っている。
(332) *Ibid.*, pp. xvij-xviij 参照。
(333) *Ibid.*, p. lxij 参照。
(334) *Ibid.*, p. xxij 参照。
(335) *Ibid.* 参照。
(336) *Ibid.*, p. vj 参照。フロマジョは又、「どうして、彼女達[女性達]は、人生の最初の時期を有益で好ましい知識(connoissances utiles & agréables)を獲得することに費やさないのだろう」と言い、この重要な時期を無為のうちに過ごすため、何もしないか、つまらないことしかしない習慣がついてしまうのだと繰り返し言っている。(*Ibid.*, pp. xix-xx 参照。) 無為の防止という学業の有益性の論拠は、本書の第2章でも見てきたものである。
(337) *Ibid.*, p. v 参照。
(338) *Ibid.*, p. lvij 参照。
(339) DUPLESSY, *Répertoire des lectures faites au musée des dames*, 1788, p. 3 参照。デュプレッシーと『婦人のミュゼでなされる講義総覧』については、本章の註(145)参照。
(340) *Ibid.*, pp. 5-6 参照。
(341) «PREMIERE LECTURE» in *Ibid.*, pp. 20-23 参照。
(342) *Ibid.*, p. 6 参照。
(343) DUPLESSY, *Op. cit.*, p. 7 参照。
(344) デュプレッシーは、「謙虚さ(modestie)は、学習と学識の必然的な結果(suite nécessaire de l'étude & du savoir)である。なぜなら、それは、まだどれほど多くの習得すべき知識が残っているかを教えてくれるからであり、それは、学識によって知られた男性達に対するより多くの尊敬と敬意を教養のある女性達に鼓舞するはずだからだ」(*Ibid.* 参照。)と言っている。
(345) デュプレッシーは、「知識、有益あるいは好ましい知識(les connoissances utiles ou agréables)は、女性達に世帯の世話をさせないようにするどころか、反対に、より熱心に母親と妻の義務(les devoirs de mère & d'épouse)を果たさせるのだ」(*Ibid.*, pp. 7-8 参照。)と言っている。デュプレッシーは、特に教養ある母親については、国家の未来の市民である我が子の有能な教育者としても期待できると考えており、母親の教養を重視していた。(*Ibid.*, p. 8 参照。)
(346) デュプレッシーは、「もし、彼女達[女性達]に知識があったら、知的な才能がもたらす優越性を知ることができたら、そうした才能は、肉体の魅力や人に気に入られる才能にどれほど多くの魅力を付け加えることであろう」、

278

「教養ある女性(femme instruite)は、目で人に気に入られるという魅惑的な才能に、精神を満足させる才能をつけ加えることになろう。そうすれば、勝利はより持続的で、尊敬によって支えられるから、それだけ一層輝かしいであろう」(*Ibid.*, p. 9, p. 10 参照。)と言っている。

(347) *Ibid.*, pp. 10-11 参照。ラ・ファイエット伯爵夫人(comtesse de La Fayette, 1634-1693)は、心理分析小説『クレーヴの奥方』(*La Princesse de Clèves*, 1678)の作者として名高い作家で、自宅でサロンを開いていた。ルゼ＝マルネジヤも、『若い婦人のための読書プラン』で、教養ある男性達が教養ある有名な女性達のサロンに集い、彼女達の「知識」(lumieres)に敬意を表し、彼女達から「趣味の神託」(les oracles du goût)を受取っていたとし、フランス人達は、「彼等を世界の全ての諸民族から区別する、あの巧みで自在な礼儀正しさ、あの好ましく気の利いた言い回しを、こうした女性達に負っているのだ」(*Plan de lecture pour une jeune dame*, 2e éd., 1800, p. 2 参照。)と記しており、フランスのサロン文化における教養ある女性達の役目を非常に重視している。

(348) 本章9.の中の「啓蒙の時代認識の中での女性啓蒙の意図」参照。

(349) GAILLARD, *Poëtique françoise à l'usage des dames*, 1749, p. iij 参照。

(350) *Ibid.* 参照。

(351) *Ibid.*, pp. iv-v 参照。

(352) *Ibid.*, p. v 参照。

(353) *Ibid.*, p. v-vj 参照。

(354) «Littérature légère», «Sciences de goût & d'agrément» (*Ibid.*)

(355) «les Esprits n'ont point de sexe» («AVANT[-]PROPOS» in MEURDRAC, *La Chymie charitable et facile en faveur des dames*, 2e éd., 1674. 本章の註(312)参照。

(356) 本章の註(137)参照。

(357) DUPLESSY, *Op. cit.*, pp. 11-14 参照. とはいえ、デュプレッシーは、難なく学問に取り組めるような工夫をしてやることで、女性の関心を引くに値し、楽しんで取り組める学問が少なくないことも示唆していた。(*Ibid.*, pp. 16-17 参照。)

(358) LEZAY-MARNÉSIA, *Op. cit.*, 2e éd., 1800, p. 2 参照。

(359) *Ibid.*, p.viij 参照。

(360) LE GROING LA MAISONEUVE, *Op. cit.*, 3e éd., 1844, p. 40 参照。

(361) BARTHÉLEMY, *Grammaire des dames*, 5e éd., 1797, pp. v-vj 参照。尚、引用の部分は、ジュネーヴで出た初版(1785年)と同じである。尚、本書については、本章の註(151)参照。

(362) *Ibid.*, p. 420.参照。バルテルミーが引用したのは、有名なガブリエル・ジラール神父(abbé Gabriel GIRARD, 1677-1748)の同義語辞典の序文からで、「良い教育というものは、品行同様、言葉にも気配りの対象を広げるものである。そうした教育は、単に、知性や学識、美徳によって魂の内面を豊かにするだけではなく、巧く自身の考えを表明する技によって外面をも豊かにしようとするものなのだ。そうした教育は、表現が考えに照応することを望むのである」(GIRARD, *Synomymes françois,* nouvelle éd., tome 1, 1769, p. iv 参照。)などと記している。尚、文法家ジラール神父の同義語辞典は、『フランス語の的確さ』(*Justesse de la langue françoise,* 1718)で、1736年には、『フランス語の同義語、その様々な意味と、的確に語るためにそこからなさねばならない選択』(*Synonymes françois, leurs différentes significations, et le choix qu'il en faut faire pour parler avec justesse*)のタイトルで出版され、以後改訂されながら版を重ね続けた。(*Grand Dictionnaire universel du XIXe siècle,* VIII, 1872, p. 1267 参照。)

(363) «une partie essentielle & fondamentale de l'éducation» (PRUNAY, *Grammaire des dames,* 1777, p. xvij.)

(364) *Ibid.*, pp. xix 参照。

(365) *Ibid.*, p. xxxj 参照。

(366) *Ibid.*, p. xxxij 参照。

(367) ADAM, *La Vraie manière d'apprendre une langue quelconque, vivante ou morte, par le moyen de la langue françoise.* [Première partie] *Grammaire françoise universelle, à l'usage des dames,* 1779, p. vj 参照。

(368) 著者は、イタリア語の魅力は広く知られているのに、フランスでは(特に婦人達の間では)、その魅力に見合った広がりを見せていないと指摘する一方で、イタリア語は「多くの一般的なあるいは特殊な諸規則」がフランス語に類似しているから、「特にフランス人女性にとって」、イタリア語は最も学び易い言語だとしており、フランスの婦人達にこの言語をもっと普及させたいという著者の思いが伝わってくる。(BENCIRECHI, «Aux dames françaises» in *Leçons hebdomadaires de la langue italienne à l'usage des dames,* 1778, pp. iij-iv 参照。) 尚、ルゼ=マルネジヤも、『若い婦人のための読書プラン』で、「イタリア語の平易さ、優美さ、諧調性、心地良い柔らかさは、北方の諸民族の耳障りな言語よりも好まれるに値する」(LEZAY-MARNÉSIA, *Op. cit.,* 2e éd., p. 4 参照。)と述べていた。

(369) LE GROING LA MAISONNEUVE, *Essai sur l'instruction des femmes,* 3e éd., 1844, pp. 40-42 参照。第3版は、タイトルが改められたが、序文が追加された

第 3 章　17-18 世紀の女性のための知的啓蒙書

だけで中味は初版と同一である。

(370) «partie essentielle de nos connoissances» (CONTANT D'ORVILLE, *Bibliothèque historique à l'usage des dames*, 1779, p. viij.)
(371) «cette étude, si propre à former l'esprit & à régler le cœur» (*Ibid.*, p. x.)
(372) *Ibid.*, p. xiij 参照。
(373) *Ibid.*, p. xiij-xiv 参照。
(374) FROMAGEOT, *Cours d'études des jeunes demoiselles*, tome 1, 1772, p. xxxiij 参照。
(375) *Ibid.*, p. x 参照。
(376) «cours de morale le plus complet et le plus utile» (LEZAY-MARNÉSIA, *Op. cit.*, 2e éd., p. 28.)
(377) *Ibid.*, p. 12, p. 16 他参照。
(378) FROMAGEOT, *Op. cit.*, tome 4, p. 8 参照。この他、エノーは『基礎の地理』（1771 年）の末尾で、対話者の母親に、人間の幸不幸は法律次第であるが、「悪法や偏見」によって作られる人々の不幸全てを教えるのは歴史の役割で、歴史は「正しく見事な法律」を教えてくれるとして、本書で地理の学習を終えた後、歴史の学習を始める動機付けとなる発言をさせている。(HÉNAULT, *Op. cit.*, p. 350 参照。)
(379) MIREMONT, *Op. cit.*, tome 1, p. 144 参照。
(380) *Ibid.*, p. 133 参照。
(381) *Ibid.*, p. 134 参照。
(382) *Ibid.*, p. 143 参照。
(383) *Ibid.*, p. 144 参照。
(384) FROMAGEOT, *Op. cit.*, tome 1, p. 4 参照。
(385) 本文の最初の対話では、登場人物である女の子の言葉を通して、「地球上のあらゆる地域を知ることは面白い」と、まず、地理の知識を持つことの楽しみが示されている。(HÉNAULT, *Géographie élémentaire*, 1771, p. 4 参照。)
(386) *Ibid.*, p. j, p. ix 参照。
(387) *Ibid.*, pp. 2-3 参照。
(388) 本書の末尾では、これまで母親が娘に教えた地理の知識は、国々についての説明や、旅行者の話を理解し、楽しむためにも十分だとされており、勿論、地理の知識が必要なその他のジャンルの読書（例えば、小説や旅行記）にも役立つことが示されているのである。(*Ibid.*, p. 350 参照。)
(389) ゴンクール兄弟も、『18 世紀の女性』(*La Femme au dix-huitième siècle*) で、女性達が文壇で多大な影響力を持っていた事実を記している。(GONCOURT,

(389) *Ibid.*, éd. de 1878, pp. 400-401 参照。)
(390) LEZAY-MARNÉSIA, *Op. cit.*, 2ᵉ éd., pp. 28-29 参照。
(391) *Traité de versification* in *Mélanges*, tome, 2, 1785, p. 146 参照。マドリガル（madrigal）は叙情短詩で、エピグラム（épigramme）は諷刺詩である。
(392) *Ibid.*参照。
(393) LEZAY-MARNÉSIA, *Op. cit.*, 2ᵉ éd., p. 64, p. 66 参照。ル・グロワン・ラ・メゾヌーヴも、既に本書第2章で触れたように文学講座の効用を指摘していた。
(394) *Ibid.*, p. 62 参照。この点では、コンタン・ドルヴィルが、その文学の読書案内で、フランス文学に止まらず、ギリシャ・ラテンの仏語訳の書にまで及ぶ幅広い読書案内を施しているものの、「婦人達がその知識を最大限に広げることができるのは、このジャンル［フランス文学］においてなのです」（CONTANT D'ORVILLE, *Bibliothèque de littérature*, 1785, p. 3 参照。）と言っている。
(395) LEZAY-MARNÉSIA, *Op. cit.*, 2ᵉ éd., p. 37 参照。
(396) 小説が、歴史や倫理学の書以上に人間について教えてくれるとして、彼は「もし、幾ばくかの楽しい時を過ごしたいという欲求だけでなく、それぞれの時代の風俗、習慣、精神をそこで［小説の中で］発見しようという意図で読書をするなら、歴史や、非常に巧く書かれた倫理学の書においてさえ見出せるような知識以上に、そこ［小説］から、人間とその思想の歩みを知ることができるようになるための多分より確かな知識（lumières peut-être plus sûres）を得ることになるであろう」（*Ibid.*, p. 40 参照。）と言っている。
(397) 彼は、リチャードソンの小説は「最も純粋な教訓」を与え、フィールディングは「モリエールと同じ位思想家」で、「憐れな人間達の、取るに足りない情念、悪癖、悪徳、滑稽と偏見」を描いたとしており、小説の倫理的有用性を擁護する姿勢が窺える。（*Ibid.*, p. 48 参照。）
(398) MIREMONT, *Op. cit.*, tome 1, p. 234 参照。これは、彼女が推奨するバトゥー神父（abbé Charles BATTEUX, 1713-1780）の『文学講座』（*Cours de belles-lettres*, 4 vol., 1750）による学習によるもので、文学ジャンルについての完璧な知識と共に、「文体を育む」ことができるとしている。
(399) ミルモンは、「見識と趣味、これが最良の鑑定家だ」と言っている。（MIREMONT, *Ibid.*, p. 233 参照。）
(400) GAILLARD, *Rhétorique françoise, à l'usage des jeunes demoiselles*, 7ᵉ éd., an VII, p. 1 参照。
(401) *Essai sur la mythologie*, 1785, p. 2 参照。

第 3 章　17-18 世紀の女性のための知的啓蒙書

(402) LEZAY-MARNÉSIA, *Op. cit.*, 2ᵉ éd., pp. 30-31 参照。

(403) *Essai sur la mythologie*, p. 2 参照。

(404) 哲学の中に、有益性を求めるというのは、教育という立場からは当然の事で、これは、若者の場合も同様である。ロランも、『知性と心情の面を考慮した文学の教育及び学習方法について』(*De la manière d'enseigner et d'étudier les belles-lettres, par rapport à l'esprit et au cœur*, nouvelle éd., tome 4, 1732)で、「実際、この[哲学の]勉強は、巧く導かれ、行き届いていれば、品行を正し、理性と判断力に磨きをかけ、有益であると同じ位興味深い無限の知識で精神を豊かにすることに貢献しうるのである」(*Ibid.*, p. 319 参照。)などと言っている。

(405) MIREMONT, *Op. cit.*, tome 1, p. 278; tome 2, p. 15 参照。

(406) MIREMONT, *Op. cit.*, tome 2, p. 340 参照。

(407) *Ibid.*, pp. 341-408 及び本章の註(138)参照。尚、この認識論の部分は、生理学を扱った『生理学ダイジェスト』(*Extraits de physiologie*)に続いて配置されており、後者の末尾で著者は、「身体の主たる機能を検討した後で、頭脳の働き全てについての敷衍をやり遂げるというのは興味深い」(*Ibid.*, p. 340 参照。)と言っている。

(408) FROMAGEOT, *Op. cit.*, tome 1, pp. xxvij-lxj, p. lvj 参照。フロマジョの教育実践は、自身が担当したある若い令嬢の教育が問題になっているが、読者は女子教育プランのお手本をここに見出すことができよう。ここでは、地理、歴史、神話、博物学、技芸、フランス語文法、綴り方、文学、論理学、形而上学、道徳など幅広い分野が問題になっている。

(409) *Ibid.*, p. lvj 参照。

(410) *Ibid.*, p. lvij 参照。

(411) *Ibid.*, p. lvij 参照。

(412) *Morale*, tome 1, pp. 1-3 参照。

(413) LEPRINCE DE BEAUMONT, *Magasin des adolescentes*, éd. de 1778, tome 1, p. 66, pp. 71-72 参照。

(414) *Traité de logique et de rétorique*[sic] *françoise*, p. 44, p. 3 参照。

(415) BLANCHET, *La Logique de l'esprit et du cœur, à l'usage des dames*, pp. 1-3 参照。

(416) FROMAGEOT, *Op. cit.*, tome 1, p. liv 参照。

(417) *Ibid.*, pp. liv-lv 参照。

(418) «quelques notions précises sur les Loix» (MIREMONT, *Op. cit.*, tome 1, pp. 68-69.)

(419) *Ibid.*, p. 28 参照。
(420) ミルモンは、「私はここで、女性にとって精密科学が無益であるということを認めるものであるが、一方、実験に基いた物理学というこの分野ほど精神を的確にする (former l'esprit à la justesse) のに貢献する勉強があろうか？」(*Ibid.*, tome 2, p. 17 参照。) とある。
(421) *Ibid.*, pp. 17-18 参照。
(422) FROMAGEOT, *Op. cit.*, tome 1, p. xl 参照。
(423) *Ibid.*, p. xxxvij, p. xxxix 参照。
(424) *Ibid.*, pp. xlj-xlij 参照。但し、性に関する知識については全く言及がない。フロマジョは、これを故意に避けたのではなかろうか。
(425) *Ibid.*, pp. xlv-xlvj 参照。
(426) MIREMOMT, *Op. cit.*, tome 1, p. 266 参照。
(427) *Ibid.*, pp. 269-270 参照。ル・グロワン・ラ・メゾヌーヴも、植物学の利点について、「植物学は、散歩を、とりわけ田舎での散歩を無限により興味深いものにする」(LE GROING LA MAISONNEUVE, *Essai sur l'instruction des femmes*, 3e éd., 1844, p. 16 参照。) と述べている。植物学を楽しみの学問として流行らせたのは、ルソーであった。尚、ミルモンは、動物については、「動物達は新たな姿を見せてくれる。その異なった種類、その多様性、その習慣、そのしつけのようなもの、滋養の取り方、全てが興味深い光景を形作る」(*Ibid.*, p. 270 参照。) と言っているが、ビュフォンの『博物誌』のような描写を想定しているのであろう。
(428) MIREMOMT, *Op. cit.*, tome 1, p. 279, p. 280 参照。
(429) *Ibid.*, p. 282 参照。
(430) *Ibid.*, tome 2, pp. 107-340.
(431) 彼女は、生理学という世間では馴染みがなく、社交界で話題にするのも滑稽で、優美さとは程遠く、相当の記憶力を要する夥しい項目で構成された学問の知識を女性達に与えることへの非難の声が上がるのではないかと予想していた。(*Ibid.*, pp. 10-11 参照。)
(432) *Ibid.*, p. 11 参照。
(433) *Ibid.*, p. 13 参照。
(434) «culture de l'esprit», «élévation des idées» (*Ibid.*)
(435) MIREMOMT, *Op. cit.*, tome 2, pp. 20-106. 副題に、『ティッソ氏の著書のダイジェスト』(*Extraits des ouvrages de M. Tissot*) とある。ティッソについて本章の註(138)でも記したが、当時有名だったスイス人の医師で、その多くの著書は、彼をヨーロッパ中で有名にした。発明されたばかりの種痘を熱心に広め

第 3 章　17-18 世紀の女性のための知的啓蒙書

たことでも知られている。特に彼の『健康についての民衆への助言』(1761 年)は、大成功を博し、各国語に翻訳され、版を重ねたという。(*Grand Dicitionnaire universel du XIXe siècle*, XV, 1876, p. 235 参照。) ティッソは、『オナニー』(1760 年)も出版しているが、勿論、『健康についての助言』では、本書のテーマは除外されている。

(436)　MIREMOMT, *Op. cit.*, tome 2, p. 9 参照。
(437)　*Ibid.*参照。
(438)　ミルモンは、『生理学ダイジェスト』の中で若い娘達に人間の生殖について知識を与えることには否定的であった。それには、まず、「人間の生殖という計り知れない謎」は、「最も学識ある自然学者達」でさえ、「おおよそのこと」しか教えてくれないという当時の医学水準の問題があることを仄めかした後で、「自然をヴェールに包まれたままにしてしておこう、自然が享受している休息を保障する幸いな心地良さを、とりわけ想像力に任せておくことにしよう」(*Extraits de physiologie* in *Ibid.*, p. 340 参照。)と彼女は言っている。
(439)　JOURDAIN, *Le Médecin des dames*, 1771, p. xij 参照。
(440)　«Avant-propos» in SAINCT-GERMAIN, *L'Eschole methodique et parfaite des sages-femmes*, 1650 参照。
(441)　LE GROING LA MAISONNEUVE, *Op. cit.*, p. 68-69 参照。
(442)　MIREMONT, *Op. cit.*, tome 1, p. 7 参照。
(443)　*Ibid.*, p. 64 参照。
(444)　*Ibid.*, p. 65 参照。
(445)　37 点のうち以下の 2 点は、18 世紀版の現物が確認できていない、ボードゥロックの『助産婦見習いのための分娩術の基礎知識』(1775 年)と、フランス国内で出版された最初の版を特定できないバルテルミーの『婦人の文法』(1797 年)である。尚、後者(第 5 版)には献辞はない。
　　アントニーニが献辞を捧げた英国の婦人については、本章の註(119)参照。ムルドゥラックが、ギッシュ伯爵夫人(comtesse de Guiche)へ、ルプランス・ド・ボーモンが、エグルモン伯爵夫人(comtesse d'Egremont)とグランヴィル夫人(Madame Grenville)へ(『若い淑女百科』、1772 年)、フロマジョが、ランジャック侯爵夫人(marquise de Langeac)に、プリュネが、ランバル大公妃(princesse de Lamballe)へ、ルゼ＝マルネジヤが、彼の読書案内の第 2 版で、著者の知人と思われる印刷・書籍販売業者の女性に献辞を捧げている。
　　この他、男性への献辞については、文献の解説を施したそれぞれの註で記したように、サン＝ジェルマンが、国務評定官で国王の侍医に(『助産婦の方法的且つ完璧な学校』)、バリーが、文献学者で神学者の友人に(『婦人の理解

285

力に合わせた極上の哲学』)、アルノー・ド・ノーブルヴィルが、オルレアンの総徴税区司法・警察・財務監察官に(『慈善活動家の婦人の教本』)、サコンブが、イギリスの外科医に(『助産婦への助言』)寄せている。

(446) 英国婦人、ナイト夫人(Madame Knight)の自著への好意的な反応に対する「感謝」の念を「献身」と「熱意」の気持ちで応える意図を、アントニーニは、その献辞で恭しく綴っている。(ANTONINI, «A Madame Knight» in *Grammaire italienne à l'usage des dames*, éd. de 1731 参照。)更に、彼は、「貴女のご決断による力は、余りにも知られております」とした上で、「奥様、美徳を渇望し、才能を獲得しようと熱望する人々のために貴家代々のあの同じ庇護(protection)を拙著にお与えくださいますよう [...]。それ[貴家代々の庇護]は、私に対して好意的であることを読者に伝えることになるでしょう」(*Ibid.* 参照。)と、読者に影響を与えることが予想される夫人の本書への庇護を求めている。これは、男性知識人と、文芸や文化人を庇護する上流婦人の関係を想起させるものである。

(447) «A son altesse sérénissime Madame la princesse de Lambale, surintendante de la maison de la reine» in *Grammaire des dames*, p. iij 参照。この他、フロマジョも立派に子供達の教育をしてきたランジャック侯爵夫人(marquise de Langeac)に自著を捧げ、献辞を付けている。冒頭では、彼女が「若い令嬢達の教育のために編まれた書」を進呈するにふさわしい女性であることが示唆されている。(FROMAGEOT, *Op. cit.*, tome 1, pp. [iij]-vj 参照。)

(448) HÉNAULT, *Géographie élémentaire*, 1771, p. x 参照。

(449) 著者は、「これらの対話を読むことは、ほとんど常に幼年期の教育を担っている母親達が予めこれらを理解させておいた子供達には、少しも困難でなかろう」(*Ibid.*参照。) と言っている。

(450) 本章の註(131)参照。

(451) «Avant[-]propos» in Sainct-Germain, *L'Eschole methodique et parfaite des sages-femmes*, 1650 参照

(452) *Voyages*, tome 1, p. 17 参照。

(453) *Abdeker, ou L'Art de conserver la beauté*, tome 1, 1790, pp. v-vj 参照。1754 年に出版された本書は、「真のベストセラー」(C. Pasteur, *Les Femmes et les médecins*, Zulma, 1997, p. 103 参照。)であったと言われているが、女性読者を楽しませながら有益な知識を施す工夫がされていたからであろう。

(454) «les épines sont arrachées» (MIREMONT, *Op. cit.*, tome 2, p. 18.)

(455) CROMMELIN, *Encyclopédie élémentaire ou Rudiment des sciences et des arts*, tome 1, pp. 239-248 (項目「生殖について」(DE LA REPRODUCTION)参

照。引用したタイトル部分の原語は、«Ouvrage dans lequel on se propose de réunir <u>toutes les connoissances</u> qui peuvent servir à l'éducation d'un jeune homme»（下線は本書筆者による。）である。

(456) JOURDAIN, *Le Médecin des dames*, 1771, pp. 107-111, pp. 167-200 参照。

(457) 但し、ボードゥロックの、『助産婦見習いのための分娩術の基礎知識』（1775 年）については、18 世紀の版がフランス国立図書館になかったため、19 世紀の再版もの（第 7 版、1837 年）による。尚、サコンブの『助産婦への助言』（1792 年）は、出産の現場で役立つ知識をまとめたものであるが、解剖学や、生理学の知識は既にあることが前提になっていると思われる。したがって、こうした基礎知識を改めて解説していない。

(458) SACOMBE, *Avis aux sages-femmes*, 1792, p. 6 及び本章の註(149)参照。

(459) MIREMONT, *Op. cit.*, tome 2, p. 18 参照。

(460) «De l'Hydrostatique» in *Ibid.*, tome 3, pp. 200-249 参照。

(461) «les ouvrages des Romanciers de tous les pays et de tous les âges» (LEZAY-MARNÉSIA, *Op. cit.*, 2ᵉ éd., p. 41.)

(462) GAILLARD, *Poëtique françoise, à l'usage des dames*, 1749, p. x.) 下線は本書筆者による下線部分の原語は、«toutes les différentes sortes de Poësie» である。

(463) 本章の註(122)参照。

(464) BOILEAU-DESPRÉAUX (Nicolas), *Œuvres complètes*, Gallimard, 1966, pp. 157-185 参照。プレイヤード版は、フランスのガリマール社から出ている有名な『プレイヤード叢書』(*Bibliothèque de la Pléiade*)である。

(465) FROMAGEOT, *Op. cit.*, tome 1, pp. xx-xxj 参照。

(466) *Ibid.*, p. xx 参照。

(467) BEAUCHAINT, *Principes de langue françoise*, 1789, pp. 337-357 参照。

(468) JOURDAIN, *Op. cit.*, p. iv 参照。

(469) 『婦人の百科文庫』の『旅行紀』で、著者のルシェは、社交界の婦人読者の趣向にも配慮しながら、専門的な細部を回避する方針を採った。その第 1 巻で、地理学は、「専門的な細部の行列でごたごたしているため、魅了するかわりに不快にする」と言い、学問も男性と同じで、「感じがよくなるのでなければ、又、女性達の趣味の繊細さを傷つけ、彼女達の想像力の優美さを怖けづかせるあの粗野な形式、あの荒っぽいやり方を洗練させなければ、彼女達から愛されえない」という「真理」を確信した著者は、「洗練された社交界の物腰」(le ton d'un monde poli)を尊重し、「地理学者達の学術的な細部」(les détails didactiques des Géographes)を避けたのだという。(*Voyages*, tome 1, pp.

17-18参照。)こうして、専門的すぎる内容や学者ぶった表現は避けて、代わりに、文学的な描写も交えて、親しみやすい地理学を目指したわけである。

(470) JOURDAIN, *Op. cit.*, p. v 参照。

(471) *Ibid.*, p. v 参照。例えば、「肺について」(Des Poumons)で、他の身近な動物における同じ部位の名称を例示した後で、人間の肺について説明しているのは、女性にこの器官のことを理解させるためである。(*Ibid.*, p. 9 参照。)

(472) «De la Génération» in *Ibid.*, pp. 167-172 参照。

(473) 例えば、「妊娠について」(De la Grossesse)、「分娩と産後の肥立ちについて」(De l'Accouchement, et de ses Suites)でさえ、人間のみが問題になっている。(*Ibid.*, pp. 173-200 参照。)

(474) «la femme la moins instruite peut avoir une idée d'elle-même, sans que rien la rebute ni n'offense sa pudeur» (*Ibid.*, pp. v-vj.)

(475) ボーシャンの『令嬢用フランス語の基礎知識』(1788年)などの文法書については、品詞名など文法用語を回避するわけにはいかない。しかし、文法用語自体が説明の対象であるので、その概念や用法が分かり易く解説されている。

(476) NOLLET, *Leçons de physique expérimentale*, 8e éd., tome 1, 1775, pp. xcv-cviij 参照。

(477) MIREMONT, *Op. cit.*, tome 3, 1779, p. 5-16 参照。

(478) ADAM, *La Vraie manière d'apprendre une langue quelconque, vivante ou morte, par le moyen de la langue françoise; ou Démonstration et pratique de la nouvelle méthode d'enseignement*, 1787, p. 6 参照。アダンのフランス語の文法書については、本章の註(134)参照。

(479) CURIONI, *Op. cit.*, p. 14 参照。この他、ベンチレーキやボーシャンも、それぞれ、本章の註(129)と(146)で解説したように、自著の簡明さを序文で謳っている。

(480) MIREMONT, *Op. cit.*, tome 2, pp. 511-412 参照。

(481) JOURDAIN, *Op. cit.*, p. iij, pp. iv-v 参照。

(482) PRUNAY, *Op. cit.*, pp. xix-xx 参照。

(483) *Ibid.*, p. xix 参照。

(484) *Ibid.* p. xix 及び本章の註(133)参照。

(485) ミルモンの講座シリーズには、ノレの書の縮約版である『実験物理学講座』(*Cours de physique expérimentale*)以外にも、様々な文献から借用して簡略化したものが収められているが、こうした簡略版の類についても同様のことが言えよう。ミルモンの『生理学ダイジェスト』(*Extraits de physiologie*, in

MIREMONT, *Op. cit.*, tome 2, pp. 107-340.)については、イギリスの医師で生理学者のフォーブズ・ウインスロー(Forbes WINSLOW, 1810-1874)や、ヨーロッパ中で名声を博した生理学者で植物学者、解剖学者のアルベール・ド・アレール(Albert de HALLER, 1708-1777)などの書を参考にした模様である。又、認識論を扱った『コンディヤック神父のいくつもの書とその他のいくつかの書からのダイジェスト』(*Extraits détachés de plusieurs ouvrages de M. l'abbé de Condillac, et de quelques autres, in Ibid.*, tome 2, pp. 341-408.)は、コンディヤック(1715-1780年)を中心に、ロック(Locke)なども参考にしていると思われる。『歴史の総体を成すよう取り纏められた歴史ダイジェスト』(*Extraits historiques rapprochés de maniere à former un corps d'histoire, Ibid.*, tomes 4-7)では、序文で、著者が参考にした歴史書の著者として、モンテスキューや、思想家で歴史家、コンディヤックの兄弟でもあるガブリエル・ボノー・ド・マブリー(Gabriel Bonnot de MABLY, 1709-1785)などの名が挙げられている。(*Ibid.*, tome 4, pp. 1-4 参照。) 実験物理学の分野以外は、参照文献が全て明らかになっているわけではないので、本書筆者は、目下の所的確な評価を下すには至っていない。他人の著書の簡略版で済ませるというやり方には問題もあろうが、その分野で著名な人物の手による著書を基にした簡略版によって、その英知の一端に容易に女性達を触れさせるという意義があることも認めてよいのではなかろうか。

(486) MIREMONT, *Op. cit*, tome 2, p. 18 参照。
(487) ルプランス・ド・ボーモンの『少女百科』(1760年)と『若い淑女のための教え』(1764年)、パンクックの『令嬢にふさわしい学習』(1749年)、プリュネの『婦人の文法』(1777年)、アダンの『婦人用のフランス語普遍文法』(1779年)と『婦人用のイタリア語文法』(1783年)、ドゥロベックの『ラテン語の鍵』(1779年)と『婦人用英語発音概要』(1786)、キュリオーニの『イタリア語の学習を始めるための婦人用の手引書』(1792年) の9点である。
(488) FROMEGEOT, *Op. cit.*, tome 1, pp. xxvj-xxvij 参照。
(489) LALANDE, *Op. cit.*, 7e éd., 1821, p. 2 参照。
(490) この点については、ルゼ=マルネジヤは、『若い婦人のための読書プラン』(1784年)の第2版(1800年)で、天文学や博物学を親しみやすくしたフォントネルやビュフォンの役割を歓迎すると共に、古代ギリシャを知るのに役立ち、成功を博したジャン=ジャック・バルテルミー神父(abbé Jean-Jacques BARTHÉLEMY, 1716-1795)の『若きアナカルシスのギリシャ旅行紀』(*Voyage du jeune Anacharsis en Grèce*, 1788)を推奨して、次のように言っている。

「フォントネルとビュフォンは、科学と博物学に対して、その殿堂に入ることを余りに困難にしている棘を抜き、その通り道に花を散りばめるという貢献をしたが、博学はそれを待望していたのだ。[...]『若きアナカルシスの[ギリシャ]旅行紀』が出て、ギリシャは、幾人かの学者達によって研究されただけで、世の人々から忘れらたままになっていた博学者達の手による多くの書き物によって知られているよりも、より良く知られることになった。」(LEZAY-MARNÉSIA, *Op. cit.*, 2ᵉ éd., p. 81 参照。)

(491) LALANDE, *Op. cit.*, 7ᵉ éd., p. 27 参照。

(492) *Ibid.*, p. 2 参照。『天文学概論』(*Traité d'astronomie*)は、1764 年に四つ折版の 2 巻で初版が出たが、後に巻数が増え、『婦人の天文学』(1821 年版)の序文では、四つ折版の 3 巻本(in-4°, 3 vol.)ということで紹介されている。一方、『天文学概要』(*Abrégé d'astronomie*, in-8°, xxxvj-507 p., 1774)は、本書では単に、『概要』(*Abrégé*) と簡略化したタイトルで紹介されており、1795 年の再版でも初版同様八つ折版で出た。

(493) JOURDAIN, *Op. cit.*, p. 39, p. 80, p. 90, p. 210, p. 299 他、及び PRUNAY, *Op. cit.*, pp. 319-320 参照。尚、「正確に...」の原語は、«Livres absolument nécessaires aux personnes qui seront charmées de parler et d'écrire correctement» である。この他、極基礎的な内容に絞ったキュリオーニの『イタリア語の学習を始める婦人用の手引書』でも、巻末でイタリア語の文法書やイタリア語の詩法などの書を紹介している。(CURIONI, *Op. cit.*, p. 48 参照。)

(494) エノーは、『基礎の地理』の末尾で、これまで教えた地理の知識のお蔭で、娘は旅行記を楽しんで読み、歴史書の読書を容易で有益にできるのだと母親に言わせている。これは、本書がそうした役目を担っていることを意味している。(*Ibid.*, p. 350 参照。)

(495) MIREMONT, *Op. cit.*, tome 3, pp. 17-20、及び *Encyclopédie*, nouvelle éd., tome 25, 1778, art. «PHYSIQUE» 参照。

(496) «Métaphysique des Corps ou Physique générale. De l'Etendue, de l'Impénétrabilité, du Mouvement, du Vuide, &c.»、«La copie & l'explication du système figuré, inséré dans l'Encyclopédie» (MIREMONT, *Op. cit.*, tome 3, p. 20.)、«Système figuré des connoissances humaines» in *Encyclopédie*, tome 1, 1751 ; nouvelle éd., tome 1, 1777 参照。

(497) MIREMONT, *Op. cit.*, tome 4, pp. 262, 263 参照。

(498) *Ibid.*, p. 48, p. 51, p. 91, p. 281 他参照。ヴォルテールの『世界史についての試論』(全 2 巻、1754 年)の初版は、『シャルルマーニュからカール 5 世まで

第 3 章　17-18 世紀の女性のための知的啓蒙書

の世界史概要』(*Abrégé de l'histoire universelle depuis Charlemagne jusqu'à Charles-Quint*, 2 vol., 1753)で、後に、『ルイ 14 世の時代』(*Siècle de Louis XIV*)等も含む『シャルルマーニュから現代までの世界史及び諸国の風俗と精神についての試論』(*Essai sur l'histoire générale et sur les mœurs et l'esprit des nations, depuis Charlemagne jusqu'à nos jours*, 7 vol., 1756)となった。

(499) MIREMONT, *Op. cit*., tome 4, p. 2 参照。

(500) 僧侶であるフロマジョは、「何よりも良きキリスト教徒である」自分の生徒に、「宗教の神聖さ」を尊重することを望んでいた。(FROMEGEOT, *Op. cit*., tome 1, p. lx 参照。)

(501) «Histoire» in *Ibid*., tome 2, pp. 3-6 参照。

(502) *Ibid*., pp. 15-22、De l'esprit des lois in MONTESQUIEU, *Œuvres complètes*, II, 1951, Gallimard, pp. 250-261 参照。

(503) 例えば、フロマジョの書にある「ローマ人の法律と風俗、習慣」(Lois, mœurs et usages des Romains)の章の最初の頁(FROMAGEOT, *Op. cit*., tome 6, pp. 2-4.)には、モンテスキューの『ローマ人盛衰原因論』の第 1 章の前半部分(MONTESQUIEU, *Op. cit*., II, pp. 69-72.)からの借用と若干の改変が見られる。

(504) «Histoire Universelle de Bossuet et celle de Voltaire» (LEZAY-MARNÉSIA, 2ᵉ éd., 1800, p. 26.)

(505) ルゼ＝マルネジヤは、「彼[ヴォルテール]は、全ての民族を混乱なく同一の画面に集め、容易にその利害関係を理解させ、諸帝国を動かすあらゆる原動力を同時に見出し、諸行為を語るというよりは見せてくれる。そこで人物達は動き、おのずと明らかになるのである」などと、特にコメントを付けて賛美している。(LEZAY-MARNÉSIA, *Op. cit*., pp. 26-27 参照。)　尚、ボシュエの世界史の書についてのコメントはない。

(506) 『世界史論』(*Discours sur l'histoire universelle*, 1681)を、「異論の余地なく、あらゆる歴史書の中で第 1 級の最良の歴史書」、「最高の書」(un livre d'or)などと賛美し、本書が不十分だとする現代作家達による主張(シャルルマーニュの時代までしか扱っていないなどの欠点)には批判的である(CONTANT D'ORVILLE, *Op. cit*., 1779 p. 11 参照。)。しかし、巻末の著書一覧では、同書を「感嘆しないでは読むことのできない不朽の書」と賛美する一方で、「尤も、これはシャルルマーニュまでの世界史の序論にすぎない」(*Ibid*., p. 206 参照。)と、その不十分さを指摘している。

(507) コンタン・ドルヴィルは、ヴォルテールの書くもの全てに「最高の詩的天才の刻印」(empreinte du plus beau génie poétique)を認める一方で、歴史書については、彼の才能が「無軌道(écarts)」に支配されているとして批判的で

291

ある。(*Ibid.*, p. 259 参照。)
(508) «admirable Ouvrage», «Ouvrage excellent» (*Ibid.*, p. 51, p. 239.)
(509) «Catalogue des Ouvrages de Littérature qui doivent entrer dans la Bibliothèque de Madame de ***» in CONTANT D'ORVILLE, *Op. cit.*, 1785, p. 97, p. 101 参照。
(510) *Ibid.*, p. 62 参照。
(511) *Ibid.*, p. 87-88 参照。
(512) «Il seroit inutile de vanter le mérite de cet Ouvrage, les impressions qu'on en a faites, prouvent suffisamment l'utilité que le Public en receu[sic]» (MEURDRAC, *Op. cit.*, 1711.)本書の再版状況については、本章8.で示した女性用の知的啓蒙書一覧及び註(118)参照。
(513) *Biographie universelle*, tome 15, 1856, p. 377 参照。
(514) GAILLARD, *Poëtique françoise*, p. viij 参照。
(515) *Biographie universelle*, tome 15, 1856, p. 377 参照。
(516) *Grand Dictionnaire universel du XIXe siècle*, II, 1867, p. 384 参照。
(517) このシリーズについては、本章の註(134)参照。
(518) ADAM, *Les Fables de Phedre, affranchi d'Auguste, traduites en vers blancs italiens*, 1783, p. v 参照。
(519) «AVIS» in LEZAY-MARNÉSIA, *Op. cit.*, 2e éd., 1800, p. 4、«AVERTISSEMENT» in CONTANT D'ORVILLE, *Op. cit.*, 1785 参照。
(520) この中には、部分的に再版が確認されている『婦人の百科文庫』も含まれる。
(521) GONCOURT, *La Femme au dix-huitième siècle*, 1878, pp. 398-399 参照。
(522) LEZAY-MARNÉSIA, *Op. cit.*, 2e éd., 1800, p. 1 参照。
(523) ESPINASSY, *Op. cit.*, p. 70 参照。
(524) SAINCT-GERMAIN, «Avant-propos» in *Op. cit.* 事実、著者は、17世紀初頭、王妃マリー・ド・メディシス(Marie de Médicis)の助産婦であったルイーズ・ブルジョワ(Louise BOURGEOIS)が、有能な医師達による教育などの他に、この分野の良書を読んだことで知識を習得したらしいという例を挙げ、この前例は、助産婦達にとって「その職業の掟と諸規則を説明する良書の読書」を心掛け、又これを望むようになることの重要性を示しているとしている。同時に、この事が、著者に、問答形式による本書を書く気にさせたのだという。
(525) CONTANT D'ORVILLE, *Mélanges tirés d'une bibliothèque*, tome 2, *Bibliothèque de littérature à l'usgae des dames*, 1785, pp. 103-104 参照。

(526) *Ibid.*, p. 205, p. 207, pp. 211-212, p. 214 他参照。プリューシュも、『自然の姿』で、世俗の歴史の勉強を深めたい婦人達のためには、「婦人達を特別に助けるための、ギリシャ語とラテン語の歴史書からの優れた翻訳書」(PLUCHE, *Op. cit.*, tome 6, nouvelle éd., 1755, p. 104.)を薦めていた。

(527) «Traductions des Poëtes Grecs & Latins», «Traductions de Poëtes Etrangers» in CONTANT D'ORVILLE, *Mélanges tirés d'une bibliothèque*, tome 2, 1785, pp. 90-101 参照。

(528) CONTANT D'ORVILLE, *Mélanges tirés d'une bibliothèque*, tome 1, p. ix 参照。

(529) ルゼ＝マルネジヤは、「楽しく確実に教養を積むことができるようになるのは、読書量を増やすことよりも、断然、秩序立てて且つ選択をして読書をすることによるものである」(LEZAY- MARNÉSIA, *Op. cit.*, 2e éd., p. 33 参照。)と述べている。

(530) *Ibid.*参照。

(531) 例えば、本書の第 2 章で取り上げたデスピナッシーによる『令嬢の教育についての試論』(1764 年)の第 5 章、「読書について」(«Des Lectures» in ESPINASSY, *Op. cit.*, pp. 54-70 参照。)で、読書案内がなされている。又、フロマジョは、『若い令嬢の学習講座』(第 1 巻、1772 年)の序文(FROMAGEOT, *Op. cit.*, pp. v-lxj.)で、彼の女子教育の実践と共に女子教育論を展開する中で、文法や論理学の書なども紹介している。ミルモンも、『女性教育論、及び知育の完璧な講座』の第 1 巻『女性教育論』(1779 年)で、若い娘のための読書行為についての言及のみならず、女子教育を担う女子修道院の修道女達の教育改革とその具体的なプランを示すと共に、修道院の図書館に入れるべき文献のリストを提案している。(MIREMONT, *Op. cit.*, pp. 82-83, p. 120, p. 124, p. 265 参照。)

第 4 章
18 世紀から 19 世紀へ
――女性のための知的啓蒙書の再版とふたつの時代の連続性――

　フランスの 19 世紀は、反動の時代であると共に、18 世紀精神の継承と発展の時代でもある。本章では、女性のための知的啓蒙書においても、ふたつの時代の連続性という現象がありえたのかどうかを検討してみたい。これは、著者が現在新たな検討の対象としている 19 世紀前半の女性用の知的啓蒙書における前世紀の啓蒙書の影響を把握するために、特に関心を寄せている点である。

　ここでは、まず、19 世紀前半のフランスの歴史と女性史におけるふたつの時代の連続性について言及し、次いで、そうした現象に呼応する当時の出版と、特に知識の普及書の再版の状況を概観する。このような背景を踏まえた上で、19 世紀に女性を読者対象として再版された知的啓蒙書に検討を加えたい。最後に、前世紀の伝統を踏まえて、新たな女性のための啓蒙書の出版が 19 世紀前半に継承された可能性についても触れるつもりである。これを通して、筆者の今後の研究の展望を示すことになろう。

1. 女性の時代の継承

女性の黄金時代は失われたか？

　19 世紀がナポレオン 1 世で幕を明けたことは、女性の諸権利獲得の歴史においては、不幸なことであったと言わねばならない。1804 年の民法典は、既婚女性の法律上の未成年者扱いを決定的にし、教育制度の整備は

男子の教育をまず念頭に置いて、公教育における男女の知育格差を一段と助長し、女子に門戸を閉ざしたまま進められた高等教育の整備は、アカデミズムの中心がサロンから大学に移ることに繋がり、サロンは、かつてのような栄光の輝きを喪失していくであろう。現代フランスの基礎となったナポレオンの偉業には、法典の整備に見られるように、大革命時代に試行錯誤のうちに進みつつあった事業や計画を継承し、実現したものもあるが[1]、そもそも大革命自体が、男女の平等の精神とはほとんど無縁であったことを考えれば、革命の最後の申し子とでも言うべきナポレオンの登場で始まった19世紀が、女性史の上では暗い幕開けとなったとしても不思議はない。そして、男性達が政治的諸権利を獲得していく中で、女性達は、民法上の権利のみならず、政治上の権利の拡大とも全く無縁であった19世紀は、確かに、男性主導の時代であると言えよう。更に、ブルジョワジーが主導権を握っていくこの時代は、女性達が、女性個人としてよりは、妻、母としての女性の立場を常に優先させるブルジョワ社会の掟が支配的になる時代であり、上層階級の既婚女性が、少なくとも慣例により自由を享受しえた前世紀とは対照的な時代として19世紀が認識されるのも無理からぬことである。

　例えば、E.バダンテールは、他の世紀より女性の野心に好意的な18世紀を、ナポレオンとルイ14世の二つの強権主義の間隙の時代と位置付け、これは、支配階級の女性達にとって幸運な時代であったが、19世紀は母性だけが女性の存在理由となる時代であると見なしている[2]。又、赤木富美子氏も『フランス演劇から見た女性の世紀』で、「自由に活躍したとされる女性の数と範囲の増大」が見られる18世紀という「黄金時代が次の世紀にはあとかたもなく消え失せ、今日どこにでもある男性社会の仲間入りをしてしまったことは歴史の示すとおりである[3]」としているのである。こうした19世紀のフランス女性史における否定的なイメージは、ほとんど定着しているかのようである。しかし、目紛しい政治的変貌と共に、18世紀の時代精神を継承しつつ、市民社会が進展していった時代である19世紀の女性史を、終始、いかなるニュアンスもなく、このような画一的な

色合で染め上げてしまってよいのであろうか。後述するように、サロンの復活や前世紀の時代精神を呼吸してきた女性達の活躍など、女性の時代の継承も確かに存在していたのである。

ふたつの時代の連続性

ところで19世紀の前半は、紛れもなく反動の時代である。1801年の政教条約でナポレオンは教皇と和解し、1808年には、旧制度下の位階制度を真似て、帝国貴族を創設した。1814年に王政が復活し(立憲王政)、旧制度時代の爵位も復活する。同年6月4日に公布された憲章で、カトリックが再び国教とされ、国王は神聖不可侵の国家元首で、行政権、法の発議権、軍事・外交上の発動権を認められていた。7月革命は、行き過ぎた反動に対する軌道修正であるが、国家元首としての国王も旧制度下の爵位も存続したままであり、カトリックは、1830年の憲章において、国教とは規定されなかったものの、少なくとも、「フランス人の大多数が信仰を表明する」宗教とされている[4]。

しかし、19世紀前半は、反動の時代であると共に、大革命の成果をも継承していた。1814年の憲章では、フランス人の法の前での平等や、個人の自由、信仰の自由、私有財産などが保証されており、1789年の「人権宣言」の精神を継承しているのである[5]。7月革命と2月革命は、大革命の小規模な再来であり、この前例の影響は無視できないであろう。公教育の整備や、後述する、18世紀の啓蒙思想家の著書や知的啓蒙書の頻繁な再版と、新たな知的啓蒙書の出版の進展は、啓蒙の時代精神の継承を物語るものである。

要するに、旧制度の復活を思わせる大革命後の反動も、18世紀の新しい時代精神の継承も、何れも、18世紀と19世紀の連続性を意味するものなのである。

サロンの復活

反動の時代は、旧制度時代のような女性が主催する華やかなサロンをも

蘇らせる。宮廷を復活させた帝政期に、そしてとりわけ、ブルボン王朝が復活した王政復古期、旧制度時代の名残り、又はその蘇りを感じさせるサロンが復活していったのである。七月王政期に入ると、サロンのブルジョワ化が進んで、高雅な趣味人のサロンは衰退していくが(6)、それでもいくつもの知られた重要な文芸サロンは健在であった。

　19世紀前半を彩るサロンには、例えば、世紀初頭、ヨーロッパ中の名士達が競って訪れたというスタール夫人(1766-1817年)のサロン(7)、帝政初期から末期にかけて、有名な作家や芸術家、貴族達が集まったという作家ソフィー・ゲー(Sophie GAY, 1776-1852)のサロン(8)、王政復古期に再開され、元亡命貴族達が集まった画家のヴィジェ＝ルブラン夫人(Madame Vigée-Lebrun, 1755-1842)のサロン(9)、七月王政時代から第二帝政期にかけて開かれた作家ダグー伯爵夫人(comtesse d'Agoult, 1805-1876)の文芸サロン(10)などが知られている。こうして、貴族や文化人達の交流の場としての特徴を持つ、女性の主催するサロンが蘇ったのである。とりわけ、スタール夫人やヴィジェ＝ルブラン夫人のように、革命前に既にサロンを開いていた女性達は、まさに二つの時代の懸け橋のような存在であろう。

　サロンでは、会話と舞踏、朗読会、演奏会などが催されたが、18世紀のような科学ブームの席巻は見られず、科学よりは文芸が社交界の重要な関心事のひとつであった。18世紀末から、科学は一般に数学化の傾向が一層強まり、最先端の科学の知識は、一般の社交界人には難解過ぎて、娯楽の域に収まりきらない状況が顕著になってきたせいであろう。又、大学や学会がアカデミズムの中心的な役割を果たすようになると、学問を職業とする専門家達は、通常素人の集まりであるサロンとは一線を画すことになる。彼らにとってサロンは、前世紀ほどの重要性を持たなくなってきたのである。しかし、文芸の分野だけは、とりわけ、新しい芸術運動は、高尚な趣味と確かな鑑識眼を持つサロンのメンバーの支持を必要としたのであり、社交界の人々にとっても文芸は、最も接近しやすい、又、高雅な趣味への欲求を満たす領域であり続けた。尤も、七月王政下における新聞というマスメディアを含めた出版文化全体の著しい発展、更にその後、サン

ト゠ブーヴ(Sainte-Beuve, 1804-1869)に代表される批評のプロによる近代文学批評がジャーナリズムと一体化する形で確立し、文化の発信源としてのサロンの地位が相対的に低下していくことになるであろう。

　他方、ロマン派運動の拠点となった、シャルル・ノディエ(Charles NODIER, 1780-1844)やヴィクトル・ユゴー(Victor HUGO, 1802-1885)のサロンなど、男性達によるサロンは、嘗てより遥かに目立つようになる。世紀後半も女性達によるサロンは継続され、中には、政界やアカデミーのロビー役をするサロンもあり、その影響力がなくなったわけではないが[11]、全体からすれば、前世紀のような栄光の時代ではもはやない。とはいえ、少なくとも、世紀前半は、18世紀の時代を経て生きた女性達や、まださほど遠くはない栄光の時代の記憶に助けられて、その輝きをいくばくか蘇らせることができたのである。

18世紀精神の刻印を受けた女性達の活躍

　18世紀に生まれ、この時代精神を呼吸してきた女性達が、19世紀をも生き抜いて活躍した例は珍しくない。例えば、スタール夫人やジャンリス夫人(1746-1830年)はその最も顕著な例である。

　スタール夫人は、娘時代の幅広い読書による教養に加え、百科全書派や政治家の集う母親のサロンで受けた教育が彼女に18世紀の新しい時代精神を植え付け、相対的な視点と既成の価値観への批判精神を養うことになったと考えられる[12]。そしてその成果は、『文学論』(*De la littérature*, 1800)や『ドイツ論』(*De l'Allemagne*, 1814)に反映されることになるのである。これらはいずれも好評で、前者は1818年に第3版が出て、その後も出版されるが、とりわけ後者は1819年には第5版を数え、20世紀に至るまで幾度も版を重ね続けることになる。

　一方、『アデールとテオドール』(1782年)で、実に幅広い分野の女子の知育を提唱していたジャンリス夫人も、啓蒙の時代と19世紀初頭の懸け橋のような女性であった。多芸多才で博識家であった彼女は、18世紀末から帝政時代に至るまで執筆活動を続け、小説、演劇作品、評論、回想録な

ど多数の著書を出版しており、再版されたものも少なくない。教育家としての才能に恵まれ、階級を問わず、教育による知的啓蒙の必要性を訴えていた彼女は[13]、19世紀初頭、『田舎の学校計画案』(*Projet d'une école rurale*, 1801)で、庶民階級の女子の公教育の充実を目指して教育計画を提唱し、『女性の影響について』(*De l'influence des femmes*, 1811)の序文でも、女性作家の擁護と女性の知育の不備を問題視し[14]、教育家という立場での啓蒙精神は19世紀になっても発揮されることになる。

この他、学問好きな18世紀の上流階級の女性のひとりで、女子教育の手引書『女性の使命に最も対応していると思われる種類の教育についての試論』の著者ル・グロワン・ラ・メゾヌーヴ夫人(1764-1832年)も、帝政時代、豊富な教育カリキュラムを誇る若い娘達のための寄宿学校の運営に力を注いだし[15]、帝政期から七月王政時代初頭まで研究成果を発表した数学者のソフィー・ジェルマン(Sophie GERMAIN, 1776-1831)は、幼少の頃より、自宅で交わされる会話から18世紀という時代の「知的活力の影響」を受けて育ったという[16]。

勿論、前世紀に活躍して19世紀には既に故人となっていた女性達も、その著書の再版、回想録、彼女達への称賛などという形で19世紀に蘇った例も枚挙に暇がない[17]。

更に、19世紀に生まれながら、前世紀の女性の時代を継承する女性達もいた。例えば、既に娘時代、幅広いジャンルの読書経験を持っていたジョルジュ・サンド(George SAND, 1804-1876)は、七月王政時代初期より、作家として華々しい活躍をすることになるであろう[18]。又、ダグー伯爵夫人は、貴族の娘として、ラテン語、歴史、地理、フランス語文法、数学の基礎、ラテン文学やフランス文学など幅広い教養を身に付けていた。彼女は、「生涯、文学の傑作をその原語で読む」ことを望んで、フランス語やドイツ語の他に、英語、イタリア語、オランダ語も学んだという[19]。

19世紀のフランス女性史において、女性の間での学問熱が取り沙汰されることはないのであるが、この時代の個々のインテリ女性達(前世紀をも生きた女性達を含めて)の生涯を改めて検討してみると、女性達(但し上層

第4章　18世紀から19世紀へ

階級)が学識に接近する伝統は、決して失われたわけではないことがわかるであろう。尤も、科学のあらゆる分野が女性達の熱烈な趣向の重要な部分を占めるという極端な現象は、影を潜める。少なくとも、前世紀のように目立った現象ではなくなったことも確かである。

女子の知育擁護論の再版

　本書の第2章で紹介した女子の知育を擁護する教育論の中にも、19世紀に再版されたものがあった。以下、19世紀前半(1801年から1848年まで)におけるそうした女子教育論の再版状況を、把握しえた範囲で記しておこう。

　家庭での役割遂行のための女子の知育を特に強調し、この目的に応じたカリキュラムを提案しながらも、これ以外の学業の有益性も部分的に認めていたフェヌロンの『女子教育について』(1687年)は、19世紀を通して版を重ね続けたロングセラーの書である。フランス国立図書館は、1811年版から1846年版までの15版を、他に、フェヌロンの作品集の中に収められているもので4版(1825年版から1844年版)を所蔵している。出版報には、これ以外にも、1801年から1847年まで、少なくとも上記のタイトルで11の版が掲載されているのを筆者は確認している。本書は、1811年版が2,000部、1825年版では3,000部、1828年版(但し出版報掲載の年代)では2,500部の出版申告[20]がパリで(以下、特別な記載がない限りパリでの申告部数を問題にする。)なされている。これだけでも、根強い人気を保持し続けた書であることがわかる。

　同じ頃、女子の役割遂行のための知育を重視しながら、これを超えるような学業も消極的ながら許容していた「女性の学習」(Etudes des femmes)を収めたフルリーの『学習の選択及び方法論』(1686年)については、フランス国立図書館は、1822年版、1826年版、1829年版の3つの版を所蔵している。

　18世紀末、やはり家庭で役立つ女性を養成するための知育を唱え、このために有益な知識と共に、理に適った知的な頭の働きを育むことを重視

したル・グロワン・ラ・メゾヌーヴの『女性の使命に最も対応していると思われる種類の教育についての試論』は、1801年の第2版で、女学校での教育経験をもとに教育の実践及び理念を記した部分が追加された。更に、1844年、『女性の教育についての試論』(*Essai sur l'instruction des femmes*)というタイトルで第3版(初版の序にあたる「緒言」と本文の内容には変更がない。)が出た。本書は、「女学校にとって長らく古典であり続けた本[21]」であるという。

一方、若い娘達に「しっかりした学問」を推奨したランベール夫人の『ある母親の娘への助言』(1828年)は、フェヌロンの女子教育論程ではないにしても、19世紀の前半、幾度も版を重ねている。この教育論は、初版では、『ある母親の息子と娘への助言』(*Avis d'une mère à son fils et à sa fille*)というタイトルで出版された書の中に、男子の教育論と共に収められたもので、18世紀、このタイトルで幾度も版を重ねている。18世紀、男子の教育論抜きで出版された版については、フランス国立図書館は、ドイツ語の学習用(読者対象は明確に示されていない。)に編まれた独仏対訳版の『ある母親の娘への助言』(革命暦8年[1799又は1800年])[22]しか所蔵していない。しかし、19世紀前半の版では、1811年から1848年まで5つの版(1819年の版については、出版申告部数が1,000部)を所蔵している。これ以外に筆者は、出版報に2つの版(1819年と1822年で、いずれも出版申告部数は1,000部)が掲載されているのを確認している。初版通りに男子の教育論と共に出版されたものについては、少なくとも、1829年版がある。この他、『ある母親の娘への助言』が収められた彼女の全集が、1808年に出た。更に、1813年の出版報にも、彼女の新たな全集の出版が報じられており(750部出版)、「唯一の完全版[23]」とあるから、当然女子教育論も収められていたはずである。

尤も、これらの女子教育論は、女子の知育を擁護しているとはいえ、又、程度の差はあるものの、中庸の域を出るところまでは行っていない。これらが、19世紀に至っても版を重ね続けたとしても不思議はないかもしれない。しかし一方で、百科全書的な女子の知育のプランが示されていた

第 4 章　18 世紀から 19 世紀へ

『アデールとテオドール』も又、19 世紀前半、幾度も再版されたのは興味深い。1802 年に第 4 版が、1827 年には第 7 版(これ以降、七月王政下にも再版されたかどうかは不明)が出た。少なくとも、1813 年には 2,000 部が出版されている。本書は大成功を博した書であり、19 世紀中庸の伝記事典も、ジャンリスのこの書を「その最も重要な著書、あるいは、少なくとも著者としての彼女の名声を成した書(24)」としている。但し、これは男子の教育論の書でもあり、必ずしも女子の知育のプランが読者を引きつけたとは断定できない。しかし、第 2 章でも言及した最終巻末の百科全書的な読書プラン(これは、娘達の読書リストのお手本である。)は、特にアデールについて詳述したものなのである。

尚、初版と 1822 年の第 6 版を比較すると、本文の中身についてはほとんど変化がない。それに対して、巻末の「6 才から 22 才までアデールが受けた読書講座」は、当然のことであるが、かなり書物が追加されており、入れ替えもある。しかし、百科全書的な読書プランであることに変わりはないのである(25)。

とはいえ、本書を遥かに上回るフェヌロンの女子教育論の人気は、ブルジョワジーの時代である 19 世紀、女子の知育は重要だが、一般には、百科全書的な知育を女子に施すことが求められていなかったことを意味している。実際、ミルモンの女子教育論も、リバリエとコッソン・ド・ラ・クレッソニエールの教育論も再版が確認されていない。しかし、18 世紀においてさえ、啓蒙の時代と女性の学問熱の風潮に最もふさわしいと思われるプーラン・ド・ラ・バールの教育論も女性論も、再版が確認されていない。一方、フェヌロンの女子教育論については、フランス国立図書館は、少なくとも、1719 年から 1776 年までに出た 6 つの版を所蔵しているのである。結局のところ、プーラン・ド・ラバールの進歩的な主張は、18 世紀においてさえ、やはり特異なものであったのである。

しかし、女子教育に関する行政が常に男子より遥かに遅れをとっていた 19 世紀に、前世紀の女子の知育擁護の言説が度々繰り返され、又、ジャンリスの知育のプランが王政復古末期まで再版され続けた事実だけでも、

303

注目すべきではなかろうか。

2. 啓蒙の時代の書物と知識の普及書の再版

啓蒙の時代の書物の再版

19世紀は出版文化の時代であるが、世紀初頭は、まだ大革命前とさほど書物の出版点数は変わらず、第一帝政末期から拡大傾向を見せる[26]。但し、1717年から1829年について言えば、1817年から1825年まで、年毎の出版点数のうち、最低で38％から48％の高い割合で再版ものが占めている。1826年から1828年までは、34％から36％、1829年には18％と、再版率は低下していく[27]。1817年以前における再版率に関する統計がないので、正確なことは言えないが、やはり再版ものの占める割合が高かったのではないかと思われる。

ところで、ソヴィニー(Sauvigny)は、書物の出版点数が1812年の4,648点から1825年の7,542点と躍進したが、これらの多くは18世紀の再版ものではないかと推測している[28]。又、シャルチエも、19世紀前半の状況について、「出版は伝統的なジャンルや書物に支配されたままであった[29]」として、19世紀の書物の出版における、前世紀の書物の再版の重要性を示唆している。

この点については、M. ライアンズが、19世紀前半のフランスにおける（一部ベルギーでの出版も含む。）ベストセラー一覧表を作成しており、確かに、17-18世紀の出版物の再版ものが無視できない部分を占めていたことが窺える。とりわけ、七月王政以前ではそうであった[30]。実際、七月王政以前までは、ベストセラーに占める国内の17-18世紀の再版ものの割合が極めて高く、七月王政下に入るとその割合は逆転に転じることになる。勿論この現象には、ロマン派の作家の作品や、大衆小説家・詩人の作品の台頭が大きく関わっていることは言うまでもない。しかし、17-18世紀の著書の割合が減少していくとはいえ、1846-1850年の時期ですら、これが合わせて30％近くも占めており、決して無視できない割合である[31]。

しかも、1826年から1830年と、1846年から1850年を除いて、ベストスリーは、常にラ・フォンテーヌの『寓話』(*Fables*, 1668-1694)と『学習の選択及び方法論』の著者でもあるフルリーの『歴史的教理問答集』(*Catéchisme historique*, 1679)、フェヌロンの『テレマックの冒険』(*Les Aventures de Télémaque*, 1699)なのである。この他、ラシーヌやモリエールの作品集、ペロー(Perrault, 1628-1703)の童話もしばしばリストに登場しており、17世紀の古典は、前世紀の再版ものの中で重要な分野であった。これらは、18世紀にも度々再版されて19世紀に引き継がれたものであるが、中でも、ルイ14世統治に対する痛烈な風刺文学の様相を呈している『テレマックの冒険』は、18世紀の精神を先取りする作品である。

一方、18世紀の再版ものも、17世紀の再版もの同様重要である。『ポールとヴィルジニー』(1787年)は、1831年から1840年までのリストに登場するルソーの『ジュリーあるいは新エロイーズ』(1761年)と共に、19世紀のロマン派文学の形成に影響を与えた作品である。又、ビュフォンの『博物誌』とこれの子供用の縮約版、更に、ルソーやヴォルテールの全集は、1830年までのリストに連続して登場している。

18世紀の時代を代表する啓蒙思想家達の全集が、19世紀前半、盛んに出版されたという事実は注目すべきであろう。フランス国立図書館の所蔵カタログには、ヴォルテールの全集(初版)は、全巻出たと思われるものに限れば、王政復古時代前半から1830年までに14の版、王政復古時代末期から1834年にかけて2つの版、七月王政時代にはひとつの版が記載されている。一方、ルソーの全集も、同じく、1816年から1830年のベストセラーのリストに連続して登場し、この間、計31の版が記載されている。モンテスキューの全集は、リストに挙がっていないが、少なくともフランス国立図書館の所蔵カタログでは、全集や著作集は、1816年から1834年にかけて、初版で10以上の版を確認することができるのである。

知識の普及書の再版

18世紀の様々な知識の普及書も、19世紀に多数フランス国内で再版さ

れた。これまでに紹介したものを中心に、主に国立図書館所蔵の文献を元に、以下にいくらかリスト化して例示してみよう。ここには、後に、女子用の啓蒙書との比較で言及することになる文献のほとんど全てが入っている。尚、年代の前に«◎»のあるものは、男女用の書で、[ ]付きの年代は、特に注記しない限り、出版年が不明で、当時の出版報[32]に掲載された年代であり、現物は、目下の所確認できていない。その他リストの記載の仕方は、第3章8.のリストに準じた。又、出版部数の典拠は、本章の註(20)で記した通りである。版の数は、特に注記しない場合は、主にフランス国立図書館の所蔵カタログによるが、出版報(19世紀の版のみ)も参考にした。しかし、必ずしも版の総数が把握できたわけではない。以上のことは、後述の19世紀に再版された女性のための知的啓蒙書についても同様である。尚、「増補改訂版」などといった記載は、手元の資料で判明しているものに限られているので、実際には、より多くの版で、こうした記載があると思われる。

◎ 1686年　ベルナール・ル・ボヴィエ・ド・フォントネル『世界の複数性についての対話』(FONTENELLE (Bernard Le Bovier de), *Entretiens sur la pluralité des mondes*, in-12, pièces limin. et 359 p., pl., Veuve C. Blageart.) [フォントネルが1757年に亡くなるまでに33回版を重ねた。19世紀の前半、単独で、あるいは、ラランドの『婦人の天文学』との合本で、1801年から1841年まで少なくとも計8回(王政復古時代の版が4つで、七月王政下の版は2つ)の再版を確認している。1820年の合本版は、1,200部、[1821]年の単独版は、2,000部。]

1732-1750年　アントワーヌ・プリューシュ神父『自然の姿、あるいは、若い人達の好奇心をかき立て、その精神を育むのに最もふさわしく思われてきた博物学の特徴的な点についての対話』(全9巻) (PLUCHE (abbé Antoine), *Le Spectacle de la nature, ou Entretiens sur les particularités de l'histoire naturelle qui ont paru les plus propres à rendre les jeunes gens curieux et à leur former l'esprit*, in-12, 8 tomes en 9 vol., frontispices et pl., Veuve

第 4 章　18 世紀から 19 世紀へ

Estienne.)［18 世紀後半までに 9 版。1844 年に縮約改訂版『自然の姿の美点、あるいは、プリューシュによる動物と植物の博物学についての対話』(*Beautés du spectacle de la nautre, ou Entretiens sur l'histoire naturelle des animaux et des plantes, par Pluche*, in-12, 264 p., Tours, A. Mame) が出て、1863 年にその第 9 版が出る。］

1749-1788 年　ジョルジュ・ルイ・ルクレール・ビュフォン伯爵『一般と個別の博物誌』(全 36 巻) (BUFFON (Georges Louis Leclerc, comte de), *Histoire naturelle, générale et particulière*, in-4°, 36 vol., Imprimerie Royale.)［18 世紀末まで版を重ねる。19 世紀、『全集』(*Œuvres complètes*) が 1811 年 (280 部) と 1817-1818 年に、及びその再版が 1819-1822 年に出る。1826 年から 1830 年までの全集本での出版は、パリで計 7 版を数えた。更に 1830 年代に再版も含め 4 つの全集版 (この年代に刊行が始まったものに限れば) が刊行されていることがわかっている。この他、19 世紀を通して、子供向けの様々な簡略版が多数出回る[33]。例えば、『子供の小ビュフォン』(*Le Petit Buffon des enfans*) というタイトルの普及書は、1811-1815 年において地方で出た 3 つの版の出版推定総部数は、5,000 部であった。この種のタイトルの書は、ライアンズのベストセラー一覧表に登場しており、19 世紀後半に至るまで再版され続ける。又、多くの教育図書を出版したピエール・ブランシャール (Pierre BLANCHARD, 1772-1856) による『若い人のビュフォン』(*Le Buffon de la jeunesse*, 1801) の改訂第 5 版 (in-12, 4 vol., 1817) は、1,000 部で、1835 年には、改訂第 6 版 (in-12, 4 vol.) が出る。尚、初版は副題を確認できなかったが、増補改訂第 2 版 (in-12, 5 vol., ◎ 1802) と、5 巻本になった増補改訂第 3 版 (in-12, 5 vol., ◎ 1804) には、「両性の (de l'un et de l'autre sexes) 若者と博物学の基礎知識を身につけたいと思う人達用の基礎的な書」とあり、男女用であることが明記されている。第 4 版は確認ができなかったが、改訂第 5 版と同第 6 版では、この記載がカットされている。］

1754 年　ノエル＝フランソワ・ド・ヴァイー『フランス語の一般並びに

特殊原則』(WAILLY (Noël-François de), *Principes généraux et particuliers de la langue françoise*, in-12) [1778 年に第 11 版。1802 年に第 11 版、1819 年に増補改訂第 13 版。1823 年、1826 年、1827 年にも出る。]

1759 年　ノエル＝フランソワ・ド・ヴァイー『フランス語文法概要』(WAILLY (Noël-François de), *Abrégé de la grammaire françoise*, in-12, [ij]-144 p., table, De Bure l'aîné.) [1780 年に第 9 版。1801 年に第 11 版、1804 年に増補改訂第 12 版、1817 年に第 14 版 (3,000 部)、1822 年に第 15 版、1824 年にも出る。]

1780 年　シャルル＝フランソワ・ロモン『フランス語文法の基礎知識』(LHOMOND (Charles-François), *Elémens de la grammaire françoise*, in-12, iv-89 p., Colas.) [1797 年に第 10 版。1812 年に第 16 版。その他、1794 年に亡くなった著者に代わって、19 世紀、様々な編者によって同じタイトルで無数に版を重ねた。1823 年の第 18 版は 3,000 部。]

1781 年　ジャン＝ルイ・ボードゥロック『分娩術』(全 2 巻) (BAUDELOCQUE (Jean-Louis), *L'Art des accouchemens*, in-8°, 2 vol., pl., Méquignon l'aîné.) [1796 年に第 3 版。19 世紀の版は、1807 年の第 4 版から 1815 年の第 5 版を経て、1844 年の第 8 版まで 5 回 (うち、七月王政時代は 2 回) を重ねたことがわかっている。いずれも、増補改訂版で、パリのメキニョン (Méquignon) から 2 巻本 (八つ折版) で出た。第 6 版 (1822 年) は 400 部。]

1784 年　ルイ・コット『問答形式による子供用の博物学の基礎的講義』(COTTE (Louis), *Leçons élémentaires d'histoire naturelle par demandes et réponses, à l'usage des enfans*, in-12, 159 p., J. Barbou.) [18 世紀版は他に 1790 年版。1810 年に第 3 版、1819 年に改訂第 4 版 (500 部)。19 世紀の版には図版がある。]

◎ 1786 年　ムスタロン『若い人のリセ、あるいは補いの学習、両性の若者用、特に学業が中断されたり疎かにされた若い人達用の新しい知育の講座』(全 2 巻) (MOUSTALON, *Le Lycée de la jeunesse, ou Les Études réparées; nouveau cours d'instruction à l'usage des jeunes gens de l'un et l'autre sexe, et particulièrement de ceux dont les études ont été interrompues ou négligées*, in-12, 2 vol., Serriere, 1786.)［1810 年に増補改訂第 3 版、1823 年に増補改訂 第 4 版。］

◎ **1786-1790 年　シャルル＝アルベール・ドゥムースチエ『神話についてのエミリーへの手紙』**（全 4 巻）（DEMOUSTIER (Charles-Albert), *Lettres à Emilie sur la mythologie*, in-8°, 4 vol., Cailleau, Desenne.）［フランス国立図書館所蔵の 18 世紀の国内版は、計 7 版。19 世紀前半、1801 年から［1847］年まで、39 の版（うち、1830 年以前の版が 33 で、その 7 割以上が王政復古時代の版）を確認。1812 年、出版元ブリアン（Briand）から出た版は 6,300 部で、1826 年、サンタン（Saintin）から出た版が 5,000 部。フランス国立図書館は、19 世紀後半の版を 5 つ所蔵。］

1787 年　ルイ・コット『若い人用の博物学の基礎的講義』（COTTE (Louis), *Leçons élémentaires d'histoire naturelle, à l'usage des jeunes gens*, in-12, VIII-471 p., J. Barbou, 1787.）［［1819］年に第 3 版（500 部）、1828 年に第 4 版（図版付き。）。］

1787-1789 年　レオンハルト・オイラー『物理学と哲学の諸問題に関するドイツのある王女への手紙』（EULER (Leonhard), *Lettres à une princesse d'Allemagne sur divers points de physique et de philosophie*, in-8°, 3 vol., pl., Royez.）［初版は、1768-1772 年、サンクト・ペテルブルグで出版。19 世紀版は、1812 年（1,000 部）、◎ 1829 年（十八折版サイズの選集版で、唯一女性読者をも対象にしていることが言及されている版であり、『精選文庫』（*Bibliothèque choisie*, 1829-30）に収められた。）、1842 年、1843 年、1859 年、1866 年にパリで出た。］

1796 年　ピエール・シモン・ラプラス侯爵『宇宙体系解説』（全 2 巻）（LAPLACE (Pierre Simon, marquis de), *Exposition du système du monde*, in-8°, 2 vol., 1796.）［革命暦 7 年（1798 又は 1799 年）に第 2 版。1803 年に第 3 版。1813 年に増補改訂第 4 版（500 部）、1835 年に第 6 版、1836 年にその再版。］

◎ **革命暦 7 年（1798 又は 1799 年）『少年時代の教本――あるいは、倫理、**

政治、博物学、地理、歴史、神話、フランス革命、憲法等々についての、ある父親とその子供達の両性用絵付き対話』(*Manuel de l'adolescence. Ou Entretiens d'un père avec ses enfans, sur la morale, la politique, l'histoire naturelle, la géographie, l'histoire, la mythologie, la Révolution française, la Constitution, etc. etc. à l'usage des deux sexes, avec figure*, in-18, frontispice, xij-528 p., Veuve Fournier.)［著者名は不明である。［1801］年に第3版。1812年に第12版(2,000部)、1828年に第28版(2,000部)、［1842］年に第47版。［1815］年に2,000部。筆者の調べでは、常に十八折版で対話形式であるが、改訂もなされてきた。］

革命暦7-8年（**1798又は1799年-1799又は1800年**）　ジャン＝フランソワ・ド・ラ・アルプ『リセ、あるいは古代と近・現代の文学講座』(LA HARPE (Jean-François de), *Lycée, ou Cours de littérature ancienne et moderne*, in-8°, 16 tomes en 19 vol., H. Agasse.)［1813年版(3,000部)及び1813-1814年版(2,000部)から1840年版まで、フランス国立図書館は25版を所蔵している。1827年、出版元のブードワン・フレール(Boudouin frères)から600部、1929年にその第2版が1,000部。これらに加えて、縮約版(例えば、1822年に出た『若い人のラ・アルプ』(*La Harpe de la jeunesse*, in-18, 4 vol.)がある。)が、1814年から1844年にかけて11版(七月王政下の版は3つ)がある。］

革命暦8年（**1799又は1800年**）　『天球概論に続く、フランスの新しい県別区分付き、問答形式によるクロザの地理概要』(*Abrégé de la géographie de Crozat, par demandes et par réponses, avec la nouvelle division de la France par départements, précédé d'un traité de la sphère*, in-12, viij-231 p., Vve Fournier.)［本書については、第3章の註(45)参照。革命暦10年(1801又は1802年)に第2版、1812年に第17版、1828年に第24版、1832年に第25版。1836年にも増補改訂新版が出る。1811年の2つの版が計6,000部、1812年に出た4つの版の合計が6,500部。1813年に出た2つの版のうちひとつが2,000部。］

◎革命暦8年（**1799又は1800年**）　アンリ・タルデュー・ド・ネール

夫人『若い人の百科事典、あるいは、新学問・芸術基礎概要、最良の著者達の書のダイジェスト』(TARDIEU DE NESLE (Mme Henri), *Encyclopédie de la jeunesse, ou Nouvel abrégé élémentaire des sciences et des arts, extraits des meilleurs auteurs*, in-12, 2 parties en 1 vol., viij-398 p., pl., Henri Tardieu.)[34][[1802]年に増補改訂第2版、1825年に増補改訂第6版。]

　以上の例だけでも、前世紀の知識の普及書の再版が、19世紀の前半、盛んに行なわれていたことがわかるであろう。とりわけ、七月王政時代以前(特に王政復古時代)は顕著である。そして、先の章でも言及した、女性への書簡形式、問答形式、対話形式で書かれた普及書も、その形を改めることなく19世紀に引き継がれていったのである。
　又、19世紀になって(あるいは18世紀に引き続き)増補改訂版が出る一方で、『博物誌』や『リセ、あるいは古代と近・現代の文学講座』などの場合のように、膨大過ぎる啓蒙書の簡略・抜粋版が多数出版された事実は、知識の広がる裾野の拡大傾向を意味しているであろう。中でも、ビュフォンの『博物誌』については、若者と一般読者をも対象にした簡略版の他に、とりわけ、子供用の簡略版が多数出版された。上記のリストで挙げた版以外にも、世紀後半に至るまで版を重ねた『ビュフォン選集』(*Buffon. Morceaux choisis*, in-18, 349 p., 1823)など、多くの普及版が出ている。
　版型については、十二折版を採用した『クロザの地理概要』(革命暦8年)のように、初版から既に小型版を採用していたものは、これを維持している。大型版である四つ折版を初版とその他の18世紀の版でも採用したことのあったビュフォンの『博物誌』では、少なくとも、フランス国立図書館の所蔵カタログに掲載された19世紀前半の版では、八つ折版や十八折版を採用していた。ビュフォンの全集本(ほとんどが『博物誌』で占められている。)は大抵、インテリアとしても見栄えのする八つ折版だが、中には、1830年から1832年にかけてパリのルコワント(Lecointe)から出た『ビュフォン全集』(全80巻)(*Œuvres complètes de Buffon*, 80 vol.)のように、十

八折版を採用した版もあった。又、これの簡略版は大抵の場合、小型版である十二折版や、十八折版、二十四折版で出版された。

一方、比較的小型の版型を採用していたものが、より小さい版型を採用するケースもあった。例えば、ラ・アルプの『リセ、あるいは古代と近・現代の文学講座』は、初版の版型(八つ折版)を維持する一方で(上記のリストで示した25版中、13の版がそうである。)、十六折版や、十二折版、十八折版も採用し、縮約版では、十八折版を採用したひとつの版を除いて、全て十二折版である。又、文学的な読み物として楽しめるドゥムースチエの『神話についてのエミリーへの手紙』(初版は八つ折版)に至っては、既に、18世紀の版でも十八折版を採用する傾向が見られるようになっていたが(初版を含め、1792年の第3版までは八つ折版で、それ以降は、十八折版が3つ、八つ折版はひとつしか確認できなかった。)、19世紀前半の39の版のうち、八つ折版は僅か7つで、最も多いのは十八折版で19の版に及ぶ。残りは、十二折版が4つ、二十四折版がひとつ、三十二折版が8つもあるのである。

全体としての数は少ないが、男女用の書や版がいくつもあり[35]、ドゥムースチエの書を筆頭に、版を重ねているものがあるのは注目してよいであろう。特に、先の章でも紹介した男女用の百科全書的な総合学習書、『若い人のリセ』(1786年)や『少年時代の教本』(革命暦7年)、『若い人の百科事典』(革命暦8年)も版を重ねているのは、教育図書の出版における啓蒙の時代精神の女性への波及の現象が、19世紀に受け継がれていったことを示す具体例となっている。

3. 19世紀に再版された18世紀の女性のための知的啓蒙書

再版された女性のための知的啓蒙書一覧

男女用の啓蒙書のみならず、先の章でリストアップした女性のための啓蒙書についても、19世紀に再版されたもの(第3章のリストでは、年代の頭に«*»を付した。)があった。既に、第3章で若干解説を施したが、ここで、

第 4 章　18 世紀から 19 世紀へ

まず、19 世紀における再版状況（判明している範囲内で）を記載した再版書のリストを提示しよう。文献の所在に関する特別なコメントのある版や［ ］付き年代の版以外は、フランス国立図書館が所蔵するものである。

1746 年　ガブリエル＝アンリ・ガヤール『大部分が近・現代の我が国の最も優れた雄弁家と詩人達から引いた例文付き、若い令嬢用のフランス語の修辞学試論』（GAILLARD (Gabriel-Henri), *Essai de rhétorique françoise, à l'usage des jeunes demoiselles, avec des exemples tirés, pour la plupart, de nos meilleurs orateurs & poëtes modernes*, in-12, [iij]-348 p., Le Clerc）；『大部分が近・現代の我が国の最も優れた雄弁家と詩人達から引いた例文付き、若い令嬢用のフランス語の修辞学』、1811 年（*Rhétorique françoise, à l'usage des jeunes demoiselles, avec des exemples tirés, pour la plupart, de nos meilleurs orateurs et poëtes modernes*, in-12, xvj-412 p., Bossange et Masson, 1811）；増補改訂新版、1822 年（nouvelle éd., corrigée et augmentée, in-12, xvj-409 p., Versailles, Depélafol, 1822）；［1822］年（in-12, Villette-Jacquard, Douai, [1822]）［出版報によるもので現物は未確認。］；増補改訂新版［著者の略歴解説の追加］、1823 年（nouvelle éd., revue et augmentée d'un précis de la vie de l'auteur, in-12, xiv-396 p., Delalain, 1823）［1,000 部］；増補改訂新版［著者の略歴解説の追加］、1825 年（nouvelle éd., revue et augmentée d'un précis de la vie de l'auteur, in-12, xij-315 p., Mme Veuve Dabo, 1825）；1835 年（in-12, viij-339 p., Avignon, 1835.）［計 6 版で、第 2 版（1748 年）以降のタイトル（「〜試論」(*Essai de…*) がない。）を踏襲。1822 年版以降は、タイトルにある «françoise» が «française» と現代綴り字に変更されている。1811 年版と 1823 年版のみパリで印刷。尚、ガヤール（1726-1806 年）の死後に出たこれらの増補改訂版の編者は不明。］

1749 年　アンドレ＝ジョゼフ・パンクック『文法と詩、修辞学、書簡のやりとり、年代学、地理、歴史、英雄神話、道徳的な寓話、礼儀作法の規則、算術の短い概論を含む、令嬢にふさわしい学習』（全 2 巻）

(PANCKOUCKE (André-Jeseph), *Les Etudes convenables aux demoiselles, contenant la grammaire, la poésie, la rhétorique, le commerce des lettres, la chronologie, la géographie, l'histoire, la fable héroïque, la fable morale, les regles [sic] de la bienséance, & un court traité d'arithmétique,* in-12, 2 vol., Lille, Panckoucke）；増補改訂新版［地理の部分増補］、1803 年（全 2 巻）(nouvelle éd., revue, corrigée et augmentée dans la partie géographique, in-12, 2 vol., Les Libraires associés, 1803）；『初等学校と寄宿学校用の令嬢にふさわしい学習』（全 2 巻）、増補改訂新版［E. マンテルによる地理概要追加］、1809 年（*Etudes convenables aux demoiselles à l'usage des écoles et des pensions,* nouvelle éd., revue, corrigée et augmentée d'un abrégé de géographie, par E. Mentelle, in-12, 2 vol., Bossange, Masson et Besson, 1809）；「ドプール伯爵夫人による、文法とルイ 14 世崩御からルイ 18 世即位までの新しいフランスの区分を増補した」改訂新版（全 2 巻）、1822 年（nouvelle éd., revue, corrigée et augmentée d'une grammaire, de la nouvelle division de la France depuis la mort de Louis XIV jusqu'à l'avènement de Louis XVIII, par Mme la comtesse d'Hautpoul, in-12, 2 vol., Bossange, 1822.）［2,000 部］［以上、3 つの版を確認している。1822 年版は、全体の科目の枠組みを若干変更し、説明文も一部書き換え、それまでの問答形式の代わりに通常の叙述形式を採用するなどした新版である。］

1760 年　ジャンヌ＝マリー・ルプランス・ド・ボーモン『少女百科、あるいは、ある賢明な女性家庭教師と名家の出の生徒達のうちの幾人もの生徒との間の対話――『子供百科』の続編として』（全 2 巻）(LE-PRINCE DE BEAUMONT (Jeanne-Marie), *Magasin, ou Dialogues entre une sage gouvernante et plusieurs de ses élèves de la première distinction. Pour servir de suite au Magasin des enfans,* 4 parties en 2 vol., in-12, J.-B. Reguilliat, 1760）；［挿絵入り］新版（全 2 巻）、1802 年（*Le Magasin des adolescentes, ou Dialogue entre une sage gouvernante et ses élèves. Pour serivir de suite au Magasin des enfans,* nouvelle éd., ornée de figures in-12, 4 parties en 2 vol., Billois, 1802)［筆者架蔵でタイトルの頭に定冠詞が追加されたがタイトルの日本語訳は初版に同じ］；（全2巻）、1810年（in-12, 4 parties en 2 vol., Périsse frères, 1810）；（全4巻）、1817年（in-12, 2 tomes en 4 vol., Avignon, Etienne Chaillot, 1817）；（全4巻）、1825年（in-12, 2 tomes en 4 vol., fig., Mme Dabo-Butschert, 1825.)［以上、4つの版を確認している。］

1764年　ジャンヌ＝マリー・ルプランス・ド・ボーモン『社交界に入り結婚する若い淑女のための教え、その身分における又その子供達に対する彼女達の義務──『少女百科』の続編として』（全3巻）（LE-PRINCE DE BEAUMONT (Jeanne-Marie), *Instructions pour les jeunes dames qui entrent dans le monde, se marient ; leurs devoirs dans cet état et envers leurs enfans. Pour servir de suite au Magasin des adolescentes*, in-12, 3 vol., Lyon, J.-B. Reguilliat）；『社交界に入り結婚する若い淑女百科、その身分における又その子供達に対する彼女達の義務─『子供百科』と『少女百科』の続編として』（全3巻）、新版、1811年（*Le Magasin des jeunes dames ou Instructions pour les personnes qui entrent dans le monde et se marient; leurs devoirs dans cet état et envers leurs enfans. Pour servir de suite au Magasin des enfans et des adolescentes*, nouvelle éd., in-12, 3 vol., Billois, 1811）；（全3巻）、［1811年］（in-18, 3 vol., Nicolle,［1811］.)［1,000部］；（全4巻）、1828年（in-18, 4 vol., Senlis, Tremblay, 1828)［以上3つの版を確認している。］

1775年　ルイーズ＝フロランス＝ペトロニーユ・タルディユ・デスクラヴェル・デピネ侯爵夫人『エミリーの会話』（EPINAY (Louise-Florence-Pétronille Tardieu d'Esclavelles, marquise d'), *Les Conversations d'Emilie*, in-12, frontispice, viij-388 p., Leipsick et Paris, Pissot）；新版（全2巻）、1822年 (nouvelle éd., in-18, 2 vol., frontispices, P. Persan, 1822）；新版（全4巻）、1822年(nouvelle éd., in-18, 4 vol., frontispice［s?］, Alexis Eymery, 1822.)［19世紀の版は上記2つの1822年版しか確認されていない。パリのペルサン(Persan)から出た版は、1781年の新版(第2版)の20の対話

(1774年にドイツで出た初版、及び1775年版(フランスでの初版)は、12の対話しかない。)をほぼ踏襲している。パリのアレクシス・エムリー(Alexis Eymery)から出た版については、フランス国立図書館は、第1巻しか所蔵していないので全体の内容を確認できなかった。]

1775年 ジャン＝ルイ・ボードゥロック『問答形式による助産婦見習いのための分娩術の基礎知識』(BAUDELOCQUE (Jean-Louis), *Principes sur l'art des accouchemens, par demandes et réponses, en faveur des élèves sages-femmes*, in-12); 第3版、1806年 (3e éd., 1806) [現物の所在は未確認][36];「この学習を容易にするのに適した多数の銅版画による図版で充実した」増補改訂第4版、1812年 (4e éd., revue, corrigée, augmentée et enrichie d'un grand nombre de planches en taille-douce, propre à en faciliter l'étude, in-12, lxxij-532 p., pl., Méquignon, 1812) [3,000部]; 第6版、1829年 (6e éd., in-12, lxxij-532 p., pl., Méquignon, 1829);「見直し、入念に訂正をし、非常に多数の註と器具や種痘、瀉血に関する付録で増補した、F.-J. モローによる」第7版、1837年 (7e éd., revue, soigneusement corrigée et augmentée de notes très-nombreuses, et d'un appendice sur les instrumens, la vaccine et la saignée, par F.-J. Moreau, in-12, xxxv-575 p., pl., Germer-Baillière, 1837.) [第3章の註(132)で記したように、第3版(19世紀に出た最初の版)までは、現物を確認できなかった。第4版(第5版と第6版も同様)は、第3版(著者の生前に出た最後の版で、目下の所現物を確認できていない。)の「正確なコピー」であるとされている。これらの増補改訂版である第7版は、内容だけでなく、図版も30枚から34枚に増えた。]

1785-1793年 『婦人の百科文庫』(154巻) (*Bibliothèque universelle des dames*, in-18, 154 vol., [Cuchet].) このうち、部分的に再版が確認されたのは以下の通り。

バルテルミー・アンベール『合集』(IMBERT (Barthélemi), *Mélanges*.) 第1巻 (1785年)『フランス語文法』(*Grammaire françoise*, 281 p.

1785.)［［1806］年、パリのビドー（Bidault）より、十八折版で再版。］

第2巻（1785年）『綴り字概論』、『作詩法概論』、『発音概論』（*Traité de l'ortographe*［sic］, *Traité de la prononciation, Traité de la versification*, 356 p., 1785.)［［1806］年、パリのビドー（Bidault）より、十八折版で再版。］

第5-7巻『ホメロスの『オデュッセイア』』（*L'Odyssée d'Homère*）［出版年代の記載なし。出版年代は、前後の巻の出版年代から推測して1785-1787年のいずれかであると考えられる。［1817］年にパリのメナール・エ・ドゥゼーヌ・フィス（Ménard et Desenne, fils）より、十八折版で再版。］

ジョゼフ＝ジェローム・ル・フランソワ・ド・ラランド『婦人の天文学』1785年（LALANDE (Joseph-Jérôme Le François de), *Astronomie des dames*, in-18, 1785）；増補改訂版、1806年（3ᵉ éd., revue et augmentée, in-18, 248 p.,［pl.］, Bidault, 1806[37]）；第4版、1817年（4ᵉ éd., in-18, 230 p.,［pl.］, Ménard et Desenne, fils, 1817）［1,000部］；第6版、1820年（6ᵉ éd., in-18, 204 p.,［pl.］, Ménard et Desenne, fils, 1820）；第7版、1821年（7ᵉ éd., in-12, 204 p., pl., Ménard et Desenne, fils 1821）［本書筆者架蔵］；新版、1824年（nouvelle éd., in-32, 182 p., pl., Salmon, 1824.)

［上記の第4版から第7版には、1枚目の表紙の裏に、「本書は『婦人の百科文庫』(154巻、十八折版)の一部を成し、これ［同文庫］はメナール・エ・ドゥゼーヌにある」(Cet ouvrage fait partie de la Bibliothèque universelle des Dames, 154 vol., in-18, laquelle se trouve chez Ménard et Desenne)とある。］

これ以外に、フォントネルの『世界の複数性についての対話』との合本で出た版は、以下の通りである。

『J. ド・ラランドによる『婦人の天文学』に続く、フォントネルによる『世界の複数性についての対話』』(1820 年)(*Entretiens sur la pluralité des mondes par Fontenelle, précédés de l'Astronomie des dames par J. de Lalande*, in-8°, 408 p., pl., Janet et Cotelle, 1820)［1,200 部］；第 2 版、1826 年 (2ᵉ éd., in-8°, xvi-393 p., pl., Janet et Cotelle, 1826.)［ラランドの書は「フォントネルの書への手ほどきと必要な補い」として収められている。本章の註(72)参照。］

『ラランドによる『婦人の天文学』、フォントネルによる『世界の複数性についての対話』付き』(1841 年)(*Astronomie des Dames, par Lalande ; suivie des Entretiens sur la pluralité des mondes, par Fontenelle*, in-12, 270 p., A. René, 1841.)［これは 1841 年に出版された『令嬢文庫』の第 1 シリーズ(全 12 巻)(*Bibliothèque des demoiselles*, 1ᵉʳᵉ série, in-12, 12 vol., 1841) の叢書に収められているものである。以上、単独では 6 版(未確認の第 5 版も含める。)、3 つの合本版も合わせると、19 世紀に 9 回版を重ねたことが判明している。尚、1795 年の増補改訂第 2 版と合わせると、初版以降、計 10 回の再版になる。］

革命暦 7 年(1798 又 1799 年) フランソワーズ＝テレーズ＝アントワネット・ル・グロワン・ラ・メゾヌーヴ伯爵夫人『女性の使命に最も対応していると思われる種類の教育についての試論』(LE GROING LA MAISONNEUVE (Françoise-Thérèse-Antoinette, comtesse), *Essai sur le genre d'instruction qui paroît le plus analogue à la destination des femmes*, in-18, 69 p., imprimerie de Dufart)；［付録追加による］増補改訂第 2 版、1801 年 (2ᵉ éd., revue, corrigée et augmentée d'un supplément, in-18, 154 p., l'auteur, Pougens et J. D. Frères, 1801)；『女性の教育についての試論』［著者の略歴紹介文追加による］増補第 3 版、1844 年 (*Essai sur l'instruction des femmes*, 3ᵉ éd., dédiée à la mémoire de l'auteur par ses élèves et ses amis et augmentée d'une notice biographique, in-18, xlj-143 p., Tours, R. Pornin et Cie, 1844.)［19世紀は2度版を重ねた。初版と第2版のもう1枚の表の表紙には、『女性の教育についての試論』というタイトルも既に付されていた。第2版から、自身の女学校運営の経験をもとにした『実践的考察』(*Considérations pratiques*)が付録として追加された。尚、第3版の表紙には、「その生徒達と友人達によって著者に敬意を表して捧げられた第3版」とある。］

この他、もともと、特に「女性用」ということが明示されていなかったものが、19世紀に、特に女性を読者対象として出版されたものがあった。以下に挙げるビュフォンの『博物誌』の女子用の簡略版（編者不明）がそれである。

1819年 『鳥類の一般博物誌と世界中の四足動物の博物誌を含む、令嬢のビュフォン』(全4巻)（*Le Buffon des demoiselles, contenant l'histoire générale des oiseaux et l'histoire naturelle des quadrupèdes des quatre parties du monde*, in-12, 4 vol., portrait de Buffon et pl., Chevalier.)［表紙には、「ビュフォンの肖像と、銅版画による140枚の図版付き」とある。本書の構成については、本章の註(88)参照。目下の所現物は確認できていないが、本書の内容案内『令嬢のビュフォン、内容案内』(*Le Buffon des demoiselles, prospectus*, in-12, Chevalier)は、［1818］年に3,000部。］

又、当時名声を博した外科医で、外科学アカデミーの会員（1775年）、フランス学士院の会員（1796年）であったニコラ・ソースロット（Nicolas SAUCEROTTE, 1741-1814)[38]の保健、小児医学と育児（若干、産科学の分野の記述もある。）の以下の書は、19世紀になっても再版され、その孫の医師、アントワーヌ＝コンスタン・ソースロット（Antoine-Constant SAUCEROTTE, 1805-?)が1838年の増補改訂版で母親向けであることをタイ

トルと、更にその本文の末尾で、「ここで、若い母親達に最も有益であるに違いないと私が信じた助言で締めくくる(39)」として明確にした。

革命暦4年［**1796年**］　ルイ＝セバスチアン（通称ニコラ）・ソースロット『妊娠中の子供の生命維持と誕生から6~8才までの身体育成について』(SAUCEROTTE (Louis- Sébastien, dit Nicolas), *De la conservation des enfans pendant la grossesse, et de leur éducation physique, depuis la naissance jusqu'à l'âge de six à huit ans*, in-32, 80 p., Guillaume)；増補改訂第2版、1808年 (2ᵉ éd., revue et augmentée, in-18, 78 p., Guibal fils, Lunéville, 1808)；第2版、1820年 (2ᵉ éd., in-18, 72 p., Guillaume, 1820)；『妊娠中の子供の生命維持とその誕生から6~8才までの育児法についての一家の母親への助言』［孫のC. ソースロットによる全面］増補改訂第3版、1838年 (*Avis aux mères de famille sur la conservation des enfants pendant la grossesse et sur la manière de les élever depuis leur naissance jusqu'à l'âge de six à huit ans*, 3ᵉ éd., refondue et augmentée, par C. Saucerotte ［petit-］fils, in-18, IV-68 p., Nancy, Grimblot, Thomas et Raybois, 1838.) ［初版の年代「1796年」は、フランス国立図書館のカタログによる。1820年版は、1808年版を初版とみなしているが、内容は初版（革命暦4年）とほぼ同じである。本書の構成などについては後述の「科学の分野の啓蒙書」参照。］

尚、ジャンリス夫人の、『美徳の年代記、あるいは若い娘用の歴史講座』(1781年)の19世紀の版については、少なくとも、著者は、1806年(新版)、［1812］年(2,000部)、1819年、1825年の出版（いずれもパリにおいて）を確認している。しかし、1806年版のタイトルは、『美徳の年代記、あるいは芸術家と若い文士用、及び若い人の教育に役立てるための、世界とイコノグラフィーと文芸の歴史』(*Les Annales de la vertu, ou Histoire universelle, iconographique et littéraire; à l'usage des artistes et des jeunes littérateurs, et pour servir à l'éducation de la jeunesse*)（下線は著者による。）と、「若い娘」(jeunes personnes)からより幅広い読者を対象にする表現に改められており、以後の版もこれを踏襲している。したがって、上記のリストからは一応除外することにした。

尤も、既に本書の第3章の註(139)で記したように、初版の序文で、著者は、女性読者に受け入れられることを念頭に置きながらも、より広範囲な読者層をも狙っている意図が見られた。上記の註でも述べたように、幅広い内容を盛り込み、且つ教育的な本書は、成功を博し、自信を得た著者は、読者対象を広げたタイトルにしたのではなかろうか[40]。

又、アルノー・ド・ノーブルヴィルの『慈善活動家の婦人の教本』(1747年)についても、著者が確認しえた唯一の19世紀版(1816年版)に付された新たな編者による序文では、もっと幅広い読者層を狙っていることが示唆されているため、これもリストから外すことにした。より幅広い読者から支持を受けてきた事実が、本書の広範囲な有益性を編者に確信させ、対象とする読者層を広げることになったと考えられる[41]。

19世紀に継承された女性のための知的啓蒙書の概況

第3章でリストアップした女性のための啓蒙書のうち、約2割に当たる8点(部分的な再版が確認されている『婦人の百科文庫』も含む。）と、18世紀に出版されたもので新たに女性用として出版された2点を合わせて、計10点、『婦人の百科文庫』で再版された4点を個別のものとして計算すれば、計13点が女性用として19世紀に引き継がれたことになる。

確認することができた範囲内ではあるが、最も多く再版がなされた上位3点は、『婦人の天文学』の9回(フォントネルの『世界の複数性についての対話』との合本3版を含む。）、次いで、『若い令嬢用のフランス語の修辞学試論』の6回、『助産婦見習いのための分娩術の基礎知識』の5回である。これらに、『少女百科』が4回、『若い淑女のための教え』と『令嬢にふさわしい学習』が3回、『エミリーの会話』と『女性の使命に最も対応していると思われる種類の教育についての試論』、『妊娠中の子供の生命維持と

誕生から6~8才までの身体育成について』がそれぞれ2回と続く。その他は1回の再版が確認されている。再版の時代別分布状況は、出版年代の特定できる再版もの34版中[42]、帝政以前が3版、帝政時代が8版、王政復古時代が18版、七月王政時代が5版である。85％が七月王政時代以前で、特に王政復古時代が全体の半分以上を占めている。出版点数の増加が見られた王政復古時代に、再版ものの割合が高かったという当時の出版状況と合致する現象である。

ところで、高い評価を得ていたと考えられる『婦人の百科文庫』でさえ、目下のところ部分的な再版しか確認されておらず[43]、同じく未完に終わったフロマジョやミルモンの野心的な叢書に至っては、部分的であれ、再版は確認されていない。又、先の『若い令嬢用のフランス語の修辞学試論』が繰り返し版を重ねているのに対して、同じ著者によるこれも極めて膨大な『婦人用のフランス詩法』も再版が確認されていない。助産婦向けの名著であるボードゥロックの書は別格で、再版されているのは基礎的な普及書が中心である。女子の知育や教養が重視されるとしても、やはり、前世紀のような顕著な学問熱は影を潜めたと言うべきなのであろうが、これらの野心的な書物の再版の問題は、前世紀でさえ同様の状況であった。

この他、前世紀目立っていた語学文法書の類は、上記の婦人文庫シリーズにあるものを除いて再版されていない。これは、ロングセラーのロモンやヴァイーのフランス語文法書のような他の優れた語学の普及書との競合が、再版を困難にしたのかもしれない。

さて、著者については、皆、その経歴からその分野に通じていると考えられるか、あるいは、少なくともその分野の著書を出版している人物（そのプロフィールについては、先の章の本文と註で紹介した。）である。それは、再版ものの増補改訂者についてもほぼ同様である。例えば、『助産婦見習いのための分娩術の基礎知識』(1775年)の1837年版は、パリ大学の医学部の教授で、「今世紀[19世紀]前半の最も優れた産科医[44]」と言われたフランソワ＝ジョセフ・モロー(François-Jeseph MOREAU, 1789-1862)によるものである。この他、『令嬢にふさわしい学習』の1809年の増補改訂版では、

第 4 章　18 世紀から 19 世紀へ

その表紙に、「フランス学士院会員でオランダ王陛下の筆頭地理学者であるE.マンテル(Mentelle)による地理概要で増補した(45)」とあり、地理学の専門家と思われる人物による地理学の概説がなされている。但し、『令嬢のビュフォン』の編者、及び『若い令嬢用のフランス語の修辞学試論』の19世紀版の改訂者は不明である。

　尚、13点の書物のうち、4点(全体の31％)が女性の著者によるものである。これは、先の章で見た女性のための啓蒙書の傾向に類似している。その女性の著者は、ルプランス・ド・ボーモン、デピネ、ル・グロワン・ラ・メゾヌーヴであるが、先の章の本文や註でも紹介したように、彼女達は、私生活で(デピネの場合)、あるいは、家庭教師(ルプランス・ド・ボーモンの場合)や女学校の経営(ル・グロワン・ラ・メゾヌーヴの場合)といった女子教育の仕事に携わった女性達である。特に、ルプランス・ド・ボーモンは、多くの子供向けの教育的な物語の作者として有名である。又、パンクックの『令嬢にふさわしい学習』の1822年版は、作家で、教育図書の執筆も自ら手掛けたボフォール・ドプール伯爵夫人(comtesse Beaufort d'Hautpoul, 1763-1837)による新版である。この他、『婦人の百科文庫』に収められた3巻本の『ホメロスの『オデュッセイア』は、ダシエ夫人(第3章同様ここでも執筆者の数には含めない。)の翻訳書(1716年に発表)が採用されていた。少数ではあるが、女性達(ダシエ夫人を除く計4人のうち、3人までが貴族である。)の手による書も再版されたのである。

　読者対象は、13点中(1838年版のタイトルで特に母親に向けた助言の書であることが明示されたN.ソースロットの書も含める。)、結婚前の娘や少女向けが5点、婦人向けが4点、母親向けが2点、母親と女教師向けが1点、その他助産婦志願者用の1点である。但し、母親が娘の教育のために参照することを想定した『エミリーの会話』は母親向けであるが、教育の対象である、思春期前の幼い少女のための学習書としても使えるであろう。

　先の章で見た女性のための啓蒙書の全般的な傾向と比べて、再版された書物における婦人(dame)向けの書の占める割合が後退(約半分を占めていたのが、約1/3に減少)しているのがわかる。代わりに、結婚前の娘や少女、

母親を読者対象にした書の割合が、それぞれ若干増加している。全体の書物の点数が少ないので、細部についてその現象傾向を特徴づけることは差し控えるべきであろう。しかし、少なくとも、婦人向けの書物の割合の減少は、19世紀、学問に勤しむ婦人達は存続し続けたものの、ここでも、もはや婦人達の学問熱の流行現象が、18世紀のように華々しく目立つ現象が過去のものとなっていったことを示唆しているのではなかろうか。実際、七月王政時代の5版の再版もののうち、婦人用の書は、『世界の複数性についての対話』と合本で出版された『婦人の天文学』のみで、しかもこれは、先のリスト（「再版された女性のための知的啓蒙書一覧」）で示したように、『令嬢文庫』に収められたものなのである。残りの4版は、『若い令嬢用のフランス語の修辞学』(1835年)、『助産婦見習いのための分娩術の基礎知識』(1837年)、C. ソースロットの『一家の母親への助言』(1838年)、ル・グロワン・ラ・メゾヌーヴの『女性の教育についての試論』(1843年) である。すなわち、公教育行政が男子程ではないが注意を払い始めた少女達、伝統的に女性の職業として認知されてきた助産婦、社会からその役割の実際的な有用性がますます認識されていく母親と女教師のための啓蒙書ということになる。限られた点数ではあるが、時代の状況を反映した再版状況であろう。

　版型については、四つ折版であったビュフォンの『博物誌』の女子用の普及版が十二折版の小型で出版されたのは、他の普及版の傾向と同様である。他に、デピネの『エミリーの会話』(1775年) は、確認されている前世紀の版は全て十二折版であったが、19世紀の版は十八折版と、更に小型化している。版型のサイズが大型化したラランドの『婦人の天文学』（初版以来単独ではほとんどが十八折版）とフォントネルの『世界の複数性についての対話』との合本版のような例（八つ折版と十二折版）もあるが、他は、ほぼ初版の小型版を継承している。因みに、34版中、最も多いのが、18世紀既にポピュラーな版型であった十二折版で、全体の半数以上を占める19版ある。次いで、十八折版が11版、八つ折版が2版、ひとつが三十二折版である[46]。こうして見ると、女性用の普及書が、特に他の普及書と

第 4 章　18 世紀から 19 世紀へ

異なった版型を採用する傾向があったわけではないことがわかる。

　ところで、再版された書のリストには、先にも触れたようにフロマジョとミルモンの叢書もなく、『婦人の百科文庫』も、目下の所、部分的にしか再版が確認がされていない。しかし、平均すれば、第 3 章でリストアップした女性のための啓蒙書に匹敵する規模なのである。すなわち、18 世紀にはなかった『令嬢のビュフォン』を除く 12 点の国内での初版本は、全 19 巻で 1 点につき約 1.6 巻である。そして、これらの平均頁数は、『少女百科』については筆者架蔵の 1778 年版、『若い淑女のための教え』は同じく 1772 年版（『若い淑女百科』）、『助産婦見習いのための分娩術の基礎知識』は 1812 年版、『婦人の天文学』は 1806 年版で計算すると、その 1 巻当たり（全体の巻数は 22 巻）の平均総頁数は約 304 頁になる。最低が 69 頁（『女性の使命に最も対応していると思われる種類の教育についての試論』）、最大が、18 世紀の版が確認できなかったボードゥロックの『助産婦見習いのための分娩術の基礎知識』（1775 年）の 1812 年版の 604 頁を除けば、『令嬢にふさわしい学習』の第 2 巻の 534 頁、次いで、同第 1 巻の 515 頁である。1 点当たりの総頁数では、『ホメロスの『オデュッセイア』』（全 3 巻）の 1,168 頁が最も多い。100 頁以下のものは 2 点に止まっている。前世紀の大規模な叢書や学習講座シリーズが抜けたものの、全体的に見ると、特に規模の小さいものだけが再版されたというわけでもないことがわかるであろう。

　先のリストでもわかるように、他の普及書同様、女性のための教育図書も、例えばガヤールの『若い令嬢用のフランス語の修辞学試論』のように、再版されながら、増補改訂がされているケースがいくつもある。中には、パンクックの『令嬢にふさわしい学習』のように、著者亡き後、19 世紀の編者によって新版が出た例さえあった。時代の進展と共に、改訂の必要が出るのは当然である。その一方で、ラランドの書は、1795 年には増補改訂版が出たが、19 世紀の前半、幾度も版を重ねながら、少なくとも、著者が閲覧しえた 1806 年以降の版では、古めかしい綴り字や字体の変更を除いて、編者による特別な改訂の形跡が見られない。既に 18 世紀の版

で、ニュートンやその後の天文学の成果を盛り込んだ本書は、基礎知識を得るには十分であったのであろう。又、ルプランス・ド・ボーモンの２つの学習書は、18世紀に完成されたものをほぼ19世紀版は受け継いでいるが、ここでは（とりわけ、『若い淑女のための教え』の場合）、多様なジャンルが話題になりながら、深い知識や知識量よりは、対話の中の思考の道筋や倫理道徳的側面が重要であるため、増補改訂版が出ることもなかったものと思われる。

又、叙述スタイルについては、『令嬢にふさわしい学習』の1822年版が、初版以来の問答形式を捨てて通常の叙述形式を採用した例を除いて、他は全て18世紀の版を踏襲している。この例外的な版を別にすれば（19世紀の他の版、1803年版と1809年版は問答形式である。）、13点中、通常の叙述形式が8点(62％)で最も多く、残りが対話形式の3点、問答形式の2点である。先の章で問題にした、17-18世紀の女性のための知的啓蒙書全体では（少なくとも第3章でリストアップした文献について言えば）、通常の叙述形式は70％であったから、数値の上では、教育上の工夫をした叙述スタイルが若干多くなったと言える。しかし、全体の点数自体が少ないため1点の差でパーセンテージが大きく変わるから（1点につき7.69％）、この程度であるなら、むしろ目立った差はないと見るべきであろう。尚、男性の著者から女性への献辞が付された書は再版されていない。

13点の啓蒙書の内容は、医・科学系（産科・小児医学、保健、天文学、博物学）が4点（但し、ソースロットの書は育児の分野を含む。）、語学・文学関係（修辞学、文法、綴り字法、作詩法、古代文学）が4点、総合学習書（ジャンルについては第3章10.参照。）が3点、女子教育が2点（『エミリーの会話』もこれに含める。）である。少ない点数にしては、ジャンルが案外多岐に亙ると言える。又、医・科学系が全体の31％も占めているのは、いかにも18世紀の時代の遺産を引き継いだという印象を受けるであろう。

尤も、『婦人の百科文庫』に多数あった科学の分野の叢書のうち、再版されたのは、ラランドの書だけである[47]。前世紀の女性達の間での熱狂的な科学ブームの波が遠のいたことは確かであろうが、その余波は残って

いると言っていいだろう。一方、ビュフォンの『博物誌』が火付け役となった前世紀の博物学ブームは、19世紀になって子供用ダイジェスト版による夥しい再版となって引き継がれた。これは、幼年期を発見したルソーの『エミール』の影響もあり、子供用の出版物が盛んになる19世紀の状況を反映したものであるが、『令嬢のビュフォン』という女子用のダイジェスト版まで出た点は注目に値する。

18世紀精神と女子啓蒙の意図の継承

　以上のように、前世紀の女性のための啓蒙書の再版ものの傾向に、多少なりとも変容が認められるとはいえ、継承された部分があることも事実である。更に、これらの書の序文で表明されていた時代精神を反映する女子啓蒙の意図が、19世紀版で再現され、その精神が継承されたケースがあることも見逃せない事実であり、ここで是非検討しておきたい。中でも、ガヤールの修辞学の啓蒙書の序文の言説は、最も目立つ例である。

　先の章で紹介したように、ガヤールは、『婦人用のフランス詩法』(1749年)の序文で、啓蒙の時代にふさわしく、女性の知的啓蒙を重視する積極的な言説を展開していた。これは残念ながら、再版されなかったが、『若い令嬢用のフランス語の修辞学試論』(1746年)の序文においても同様の見解が展開されていたのである。彼の著書の中で最も成功を収めた本書は、18世紀の版を含めれば、1835年に至るまで13回も版を重ねたことが確認されているロングセラーの書で、本書が最も再版回数が多い重要な女子用の啓蒙書である。19世紀版の序文は、初版の序文に追加を施した第2版(1748年)の序文と、ここでの主張を更に発展させ、修辞学擁護をより敷衍した第3版(1752年)以降の序文のいずれかを採用している[48]。しかし、いずれも、反無知、反偏見の時代精神と、サロンの知的な女性達への敬意、そしてそれらに立脚した女性啓蒙の意志が明確に表明されており、知的女性擁護論の様相を呈した興味深い内容である。以下、内容的に重なる部分もあるが、ふたつの序文をそれぞれ紹介したい。

　第2版の序文を引き継いだ1823年版の序文の冒頭で、ガヤールは、精

緻な考察をし、適切な表現を選び、魅力的な言説を実践できる「感じが良くて才気のある女性達」との付き合いは、男性の知性と感性を育むことに役立ち、こうした婦人達との会話は、有益で楽しい「一種の実践的修辞学」であるとしている[49]。これは、特に文学サロンなどでその能力を発揮してきた女性達の存在を念頭に置いたものであろう。サロンでの学びは、男性から女性という一方通行によるものとは限らない。男性も又、好ましい趣味を備えた知的女性達との付き合いや会話を通して学ぶのである。ガヤールは、そうした真に魅力ある婦人達の養成に役立つことを願いながら本書を編集したのであろう。なぜなら、本書は、既に修辞学に秀でている婦人達ではなく、「その趣味が、芽生え始め、不完全で、まだ確かな対象を持たないため、不正確で有害な指針に従えば、不幸にも道を踏み外してしまう可能性がある若い娘達」の役に立つことを期待し、本書にある優れた種々のお手本を通して、若い娘達の内に「ああした見事な作品に一層親しみ、これらを読み、絶えず新たな熱意と渇望に駆られて再読したいという称賛すべき欲求を掻き立てる」ことを目指しているからである[50]。まず、娘達を、優れた作品に親しむことができる読者にすることから始めねばならないのである。

　いや、そればかりではない。彼は次のように語気を強めて言葉を続けている。

　「[...]しかし、将来、自身に才能を感じることになる彼女達[若い令嬢達]が、どうして読書の楽しみだけに止まっていて、ああした著名な達人達を模範として倣おうという気高い意図を抱かないことがあろうか？　滑稽な偏見（ridicule préjugé）の申し子である悪しき羞恥心が、文学の共和国に最大の敬意を表しているようなその構成員達を文学の共和国から奪うべきであろうか？　したがって、もやはダシエもデズリエールの再来もなくなるのであろうか？　もはや、女性達には、考えたり、好感が持てたり、才気を持つことが許されないのであろうか？[51]」

彼は、才能のある娘達は、読者であるに止まらず、偉大な先人達のように作者や文学者になることも目指せばよいと考え、それを阻止する「滑稽な偏見」を非難すると共に、女性が知性と感じの良さの両方を持ちうることを示唆するのである。あの文献学者のダシエ夫人や有名な詩人のデズリエール夫人 (Madame Deshoulières, 1637-1694)[52] を先人の例に挙げている所に、ガヤールの若い娘達に寄せる期待の大きさが窺えるというものである。

更に、反女学者を正当化する論拠となってきた『女学者達』について、彼は、作者のモリエールは、「衒学趣味から来る非常識な行ないを舞台にし、男性達を介して既に女性達にまで広がっていたあの悪癖の進展を阻止したかった」だけなのだとし、「そこから、女性達が才能を持ったり、それを育むのは恥ずべきことだと奇妙にも結論付けられることになると、彼は予測できたであろうか?[53]」と、この芝居が女性の学問への趣向を阻むために不当に利用されてきた事実を非難するのである。とはいえ、こうした不当な論拠は、一般受けする分かり易さがあるだけになかなか消え去らないものである。しかし、そのような時代の状況があっても、時流が婦人達に味方をする時がやって来ることを願い、その時「女性達は、[自身が]芸術の魅力を損なうどころか、これを生み、潤色するのだということを理解するようになると期待すべきだ」と、彼は前向きな提案をするのである[54]。

こうして、ガヤールは、読者として趣味を養い有益で楽しい読書をするための指南書、作者としてのキャリアを積むための指南書というふたつの役割を本書に与える意図を表明して、「私は本書で、ふたつの目的を目指す。もし、読書をしたいだけなら、私は、趣味を養成し、知識を与えながら同時に楽しませることのできる著者達を紹介する。もし、敢えて才人のキャリアに挑戦しようというのなら、私は従うべき指針を示す[55]」と言うのである。事実、多数の著名な作家達から引いた例文はその出典が示されており、又、その文例の解説を通して、優れた文章家になるための秘訣を読者は伝授されることになるのである。

一方、第3版以降の序文を引き継いだ1822年の序文にも、読者を鑑賞者と創作者へと導こうという著者の意図が読み取れるのである。そして、女性の知性と才能を積極的に擁護し、これを妨げる不当な偏見の存在をより激しく非難するのである。彼はまず、修辞学の目的が「優れた作品を創作すること」と「これを味わうこと[56]」にあるとして、修辞学を学ぶことが創作と鑑賞のための学習に繋がることを読者に伝えている。更に彼は、女性の中に天与の「趣味という魂の恵まれた能力」を認め、女性が取り組む対象を「全て」に広げ、叙事詩や悲劇といった「最も偉大で最も優れた対象」にも向けるべきだとして、女性の趣味を高めることを鼓舞するのである[57]。但し、「全て」と言っても、「男性達が、学校や法廷に出る権利を専ら我が物としてきた[58]」という状況では、女性が修辞学を活かす場は限られている。彼は、医学や哲学などの分野で活躍した女性達は極少数に留まってきたという歴史上の事実を指摘した上で、これを決して是認するわけではないが、少なくとも、現状を踏まえれば、「若い娘達の芽生え始めている趣味を育むためであれ、既に出来上がった他人の趣味を褒めちぎるためであれ、彼女達［女性達］に、こうしたあらゆる分野に関して、考察とお手本を示してやることができる[59]」としている。そして、そのために、娘時代に趣味を育み、鑑賞者となるためにあらゆる文学ジャンルに亘る文章を女性達に示すことは可能だという見解を表明するのである。事実、本書では、説教文学から古典演劇、叙事詩、科学の普及書など実に多様なジャンルから例が引かれている。

　しかし、ここでもガヤールは、作品の鑑賞者の養成だけに満足してはいなかった。職業を前提とするわけではないが、少なくとも才能だけが問われるような作品の作者に女性がなることは許されると考え、女性が知性を堂々と発揮し、これを陶冶し、その成果を世に送る著者となることを擁護しようという意図が次の言葉に窺える。彼は言う。

　　「しかし、才能だけを前提とする作品に関して、女性達は、それらを読み味わう楽しみに止まるべきであろうか？ 彼女達は、公然と知

性を持ち、これに磨きをかけ、その成果を花開かせ、演劇と文学の共和国を豊かにすることを禁じられているというのであろうか！ シャトレ夫人がかくも多くの稀有な知識を獲得したのは、デズリエール夫人があんなにも素敵な詩を書いたのは、ランベール夫人が女性に、キケロが男性になしたのと同じ貢献をし、女性達の老年期を心地よくする術を教えたのは、間違いだったというのか？[60]」

彼が、科学や文学などの分野における偉大な前世紀の女性達の例を蘇らせることで、自身の主張の論拠の正しさを納得させようとしている点にも注目しておきたい。

更に、この序文でも、一般的に女性達の才能の開花を阻んできた「時代遅れの偏見」を厳しく批判すると共に、この「しつこい桎梏」に打ち勝って不滅の名声を得た女性達の存在に言及している[61]。そして、反女学者の風潮が存続している事実を念頭に置いているのであろう。ガヤールは、ここでも、モリエールの『女学者達』を引き合いに出している。すなわち、ここに出て来る3人の女学者達が滑稽だと言われるが、ふたりの男の学者達(トリッソタンとヴァディウス)は、「それ以上にそう[滑稽]だ」と断じた上で、この極端な例から、「衒学者は愚かだから、[人は]無知であるべきだ」という極端な結論を導き出しかねないことに異議を唱えるのである[62]。こうして、性や身分の別なく芸術に優れた才能を発揮する者を尊重することを訴え[63]、女性がその知的才能を公然と発揮することを積極的に擁護しているのである。

一方、パンクックの『令嬢にふさわしい学習』(1749年)の序文も、2つの19世紀版(1803年版と1809年版)に引き継がれた。ガヤールによる序文程野心的な内容ではないが、それでも女子啓蒙の意図は明確に示されている。著者は、「婦人達が偉業で秀でないのは、それは、女性達を要職から遠ざけ、偉業をなす手段を奪っているからだ[64]」と、女性の偉業における劣勢は、それを果たす場が与えられていない現状に由来するのであり、婦人の能力が男性より劣っているわけではないことを訴えている。

尤も、婦人には、男性の場合と異なり、必ずしも偉大な行ないが期待されているわけではない。しかし、「国家の秩序と規律を維持するのは、男性の心遣いと敏腕のお陰で、家庭の幸福を維持し、増大させるのは、女性の心遣い(soins)とやり繰り(économie)、知性(intelligence)のお陰である(65)」として、社会における伝統的な男女の役割分担の観念を表明しているものの、女性の役割遂行のために、その知性にも期待を寄せていた。

　そして、「熱意と巧みさ」でもってその責務を果たし、「軽薄で移ろいやすい魅力」でなく「確かな魅力」で人の心を動かし、外見の美しさよりも内面の「長所と美徳」で人から好意を受けることが女性達には重要であるとする著者は、「したがって、彼女達［女性達］を自身の身分にふさわしい勉強や読書に専心させることで、早くからその頭と心を育む努力をすることは、彼女達の利益になるのだ。本書を構成する諸概論によって、私が貢献するつもりでいるのはこの点である(66)」と、本書執筆の動機を記すのである。「女性の身分にふさわしい勉強と読書を」という制限付きではあるが、将来の女性自身のために、勉強と読書によって「早くから知性と心を育む」ことを提唱する著者は、本書によって真面目に女性の教育を考えていることは確かなのである。

　この他、『少女百科』(1760年)の1778年版(筆者架蔵)の序文では、中庸をいく女性像を理想とする考えが表明されているが、ここにもやはり時代精神が表われている。ルプランス・ド・ボーモンは、「15才の少女の中に、キリスト教徒の女性、感じの良い妻、優しい母親、注意深い倹約家、その［交際社会の］有益性と楽しみを増やせるような交際社会の一員を養成することを考えなければならない(67)」と、伝統と時代性を反映した女性像を提唱している。そして、「若い娘達の知性について、あまりに悪く考えられているが、彼女達を少しずつ、筋道だって考えること(raisonnement)に慣れさせさえすれば、彼女達は何でもできる(68)」と、女子の知的能力の発達が教育次第であり、理性的な思考能力の鍛練の重要性を示唆しているのである。更に、女性達のあらゆるジャンルの読書熱(学問熱の反映である。)に触れ、「今日、女性達は、歴史、政治、哲学書や宗教書と、何でも読む

第 4 章　18 世紀から 19 世紀へ

ことを誇っている。したがって、自身が読むものに対して確かな判断を下すことができるようにし、真実と偽りを識別する術を彼女達に教えなければならない[69]」と言っている。「筋道だって考えること」同様、判断力と真偽の識別能力の養成の重視を示唆する言説にも、啓蒙の時代精神が感じられるであろう。これは、19 世紀版にも継承されたのであった。

　尚、『婦人の百科文庫』の『合集』のシリーズのうち、出版報(1806 年)に再版が報じられることになる第 1 巻と第 2 巻の序文にも明確な女性啓蒙の意図が示されていたことは、先の章で指摘した通りであるが、残念ながら 19 世紀版の現物を確認できなかった。

　さて、18 世紀の版の現物を確認できなかった書で、著者による 19 世紀版の序文にも、真面目な女性啓蒙の意図が明確に示されているものがある。以下に示してみたい。

　19 世紀前半最も版を重ねた『婦人の天文学』は、単行本で出た 1806 年版(第 3 版)から 1821 年版までは、『婦人の百科文庫』のシリーズの中の書として刊行されたもので、本書が、この叢書の中で唯一版を重ね続けた人気本であった。ラランド(1807 年没)の生前に出た最後の版(1806 年)は、その後の版で検討できたものを見る限り、誤植の訂正と思われる箇所を除いて内容に変更が加えられることはなかった[70]。序文がどこまで 18 世紀版と同じかは不明であるが、少なくとも、ここでの言説には、やはり 18 世紀の啓蒙の時代を感じさせるものがある。この点については、既に第 3 章で、ラランドが、啓蒙書の役割をよく認識し、婦人達のために、本格的な天文学の書物への懸け橋の役割を本書に与えようという意図をもっていた事実を示す言葉をこの序文から引いた。

　ところで、彼は序文の冒頭で、婦人達の間での天文学ブームと、この学問に必要な数学的な図や計算が、婦人達の学習の継続を困難にしている事実を指摘している[71]。本書はそうした事情を考慮して書かれた天文学の入門書である。しかし、易しい天文学の概説書と言えば、既にフォントネルの『世界の複数性についての対話』(1686 年)がある。コペルニクスの地動説と共にデカルトの宇宙論(渦動説)にも準拠していた本書は、ニュート

333

ンの宇宙論の登場によってもはや時代遅れとなった内容を含んでいるにも拘らず、読まれ続けていたのである。その上、ここに登場する地球以外の星々に住む住民に関する空想上の話題は、読者を楽しませるものではあるが、もはや科学とは言えない。ラランドは、「この書物は、浅薄であり過ぎ、物事の本質に達していないから、これを読んでも宇宙の構造が少しもわからない。だが私は、これを理解させることができると思う[72]」として、フォントネルの書とは異なり、もっと真面目に、天文学の基礎知識を女性に授けようとこの概説書を構想したのも当然であろう。

この後、古代から現代に至るまで天文学の分野で活躍した女性達の歴史を語り、更に、次のように言っている。

「女性達には、教養を積み、競争する機会が欠けているだけなのだと私は思う。事実、教育や偏見という障害があるにも拘らず抜きん出る女性達を十分目にするので、名声を勝ち得た大部分の男性達と同じくらい女性達にも知性があると信じることができるのだ[73]。」

女性は、男性と同等の知的能力を持っており、十分な教育を施し、競争意識を持たせれば、女性が天文学の分野で一層活躍できるはずだという含みを持たせた、女性のための知的啓蒙書の著者にふさわしい言葉だと言えよう。

一方、3番目に19世紀前半における再版数が多かったボードゥロックの『助産婦見習いのための分娩術の基礎知識』(1775年)は、1837年版の「偏者の前書き」によると、初版以来、「30,000部が発売された[74]」という好評の書であった。18世紀版、及び1806年の第3版(著者の生前に出た唯一の19世紀版)は、現物を確認できなかったが、「第3版の正確なコピー[75]」である第4版から第7版には、第3版の序文が再現されている。ここには、産科医の教授として、産科医院で助産婦志願の生徒達に教えてきた経験から、彼女達の教育に本書を役立たせようという著者の明確な意図が表明されている。

第 4 章　18 世紀から 19 世紀へ

　田舎出の、知的能力を伸ばす機会に最も恵まれない階層出身の助産婦志願のある女性の教育を任され、成果をあげた彼は、国内で増え始めた助産婦養成学校に通う田舎の女性達の知識が足りないのは、彼女達の適性に問題があるからではなく、養成学校の適切な教育方法や教育手段の欠如、必要不可欠な知識のみを収めた「彼女達に理解可能な書物」の欠如のせいであると考えたという[76]。彼が助産婦志願の生徒達のために、特に問答形式のマニュアル本を世に出したのは、まさに、こうした現実の認識に由来していたのである[77]。

　そして、生徒達がたった一つの講義で得られる知識は僅かであるが、かといって、幾年にも亘っていくつも受講する余裕がない事情を考慮して、「これほど分厚い本」を彼女達に提供することにしたのであった。又、彼女達の「学習を容易にし、これをより実りあるものとするために」、30 の図版も加えたのであった[78]。

　革命暦 11 年のヴァントーズ 29 日(1803 年 3 月 10 日)法により、各県で最も生徒数の多い産院は、通年で理論と実技の分娩講座を無料開講しており、助産婦志願生は、助産婦の資格取得のための面接試験を受験する条件として、少なくとも 2 つの講義の受講と、9 ヵ月の出産の立ち合いと、6 ヵ月の実技を義務づけられるようになった[79]。しかし、少ない講義を補うこうしたマニュアル本は不可欠であったと思われる。本書の成功の持続はそのことを物語っているであろう。ボードゥロックは、教育と医療の現場に身を置いている立場から、実際的な啓蒙書の必要性を実感していたと考えられる。

　最後に、N. ソースロットによる『妊娠中の子供の生命維持と誕生から 6 ～ 8 才までの身体育成について』(1796 年)を増補改訂した、C. ソースロットの『妊娠中の子供の生命維持とその誕生から 6~8 才までの育児法についての一家の母親への助言』(1838 年)についても言及しておきたい。初版の第一部の序に相当する箇所で、「あなた方妊産婦よ、母性やあなた方自身を思う気持ちから私は懇願します、私がこれからあなた方に施す教えに従ってください[80]」としており、妊婦である女性読者を特に考えてい

ることは確かである。しかし、同時に、「ああ、あなた方夫達と妻達よ」、「夫達よ[81]」と呼びかけて助言をしており、本書は、夫婦で読むことも想定した印象を与える書き方になっている。この点は、初版のタイトル同様、1820年版まで変更がなかった。しかし、著者の孫であるC.ソースロットは、これの増補改訂版(1838年)で、タイトルを『妊娠中の子供の生命維持とその誕生から6~8才までの育児法についての一家の母親への助言』と改めて、読者対象が母親であることを明確にし、新たに自ら筆を執った序文(もはや、「夫」や「夫婦」には言及していない。)を付したのである。ここで彼は、母親の義務の心地良さと重要性を強調するが、母親による子供の世話の仕方は、子供を必ずしも常に健康で活力のある人間にしているとは言えないとしている。すなわち、盲目的な愛情で子供の世話をすれば十分というということではなく、子供達の生命と健康な体を脅かす「偏見(préjugés)、あらゆる種類の誤り(erreurs)」について、「先人の経験を参照し」、「より博識ある人の助言を求める」必要があるとしている。彼は、その祖父が特にこうした思いを強くし、「簡潔さゆえに万人に理解できる形で、こうした主題について必ず知る必要があることを<u>一家の母親達</u>に説明しているような書物の有用性」を理解して、その長年に亘る経験の成果をささやかな書に収めたという偉大な先人の志を紹介している[82]。彼が再版するのはそういう書物なのである。C.ソースロットは、こうしたいきさつを紹介することで、原著者の、危険な「偏見と誤り」の排除と女性啓蒙の意図を継承したことを読者に伝えているのである[83]。

このように、反無知、反偏見と知識普及の精神が、程度やニュアンスの差こそあれ、女性のための知的啓蒙書の著者の意図の中に継承されている点は、知識の普及書の再版に、単なる知識の伝達以上の意義を持たせるものとなっていると言える。

科学の分野の啓蒙書

再版された啓蒙書のうち、科学の分野に相当する4点は、『分娩術の基礎知識』(1775年)、『婦人の天文学』(1785年)、『令嬢のビュフォン』(1819年)、

『一家の母親への助言』(1838年)である。このうち、『婦人の天文学』と『令嬢のビュフォン』は、それぞれの分野の入門書と言ってよいであろう。実際的な知識を提供する実用書である。

　『婦人の天文学』については、既に第3章や本章で、その啓蒙書としての在り方や、著者の意図について言及してきた。「フォントネルの例に倣って、私は婦人達に、『クレーヴの奥方』に必要な努力の程度しか求めない」とか、「私は、学者達のことはすっかり忘れ、婦人達のことばかり考えていた[84]」と言う彼は、益々強まる天文学の数学化の傾向に反して、複雑な数式を避け、わかりやすい天文学の啓蒙書を専ら婦人のために執筆したのであった。しかし、その点では、フォントネルに倣いながらも、もっと新しい天文学の成果を反映させ、更に無駄のない通常の叙述形式を採用して、フォントネルの書を超える概説書で婦人達を真面目に啓蒙しようとしたことは事実である。彼は、「フォントネルの書に取って代えようとして、私が出版した『婦人の天文学』は、もっとためになるだろうが、それほど面白くはない[85]」と言っている。本論に入る前の予備知識として、概略ではあるが、天文学史と、天文学に欠かせない角度測定に関する説明(簡単な計算と幾何学の知識)に始まり、本論では、天体の見かけの動きと宇宙での実際の動き(ケプラーの法則など)、地球の真の大きさの計測、天体の位置と名称、時差、食、天体の引力と重さ、天体と地球の間の距離の計測、星の光の屈折現象、木星の衛星、彗星、潮の満ち干など、ニュートン以来の天文学の数々の成果も盛り込み、簡明なフランス語で天文学の基礎が解説されている。引力や重力、天体の計測に関する計算など必要に応じて基礎的な数値や計算(方法)は示されており、天文学の知識という点では、こうした厳密さに欠けるフォントネルの書より遥かに有益な天文学の初心者向け概説書である。因みに、同じく成功を博したラプラスの天文学の普及書、『宇宙体系解説』(1796年)は、より網羅的に詳しい内容(数的データも含めて)を提供しているが、特により複雑な計算式が提示されているわけでもない[86]。第3章でも触れたように、数学的な装いを避けるのは、普及書としては極普通のことであった。

筆者架蔵の第7版(1821年)にもある『婦人の天文学』に付された唯一の図版(少なくとも単独で出版された19世紀版にはこのような図版があった[87]。)は、本書の理解のために描かれたもので、簡単な3つの幾何学的な図と2つの星座で、これを見ただけでも、本書が基礎的な書物であることがわかる。確かに、本書は、遥かに詳細なラプラスの書とは比べ物にならない規模の概説書である。しかし、正確な天文学の知識よりは、女性読者好みの文学的な叙述が受けたフォントネルの書よりも、基礎的な知識を確実に提供しており、読者を天文学へと誘う入門書としては十分であると考えられる。

　一方、ビュフォンの『博物学』の女子用の簡略版(編者は不明)、『令嬢のビュフォン』(全4巻、1819年)[88]は、四足獣と鳥類の他に原著にはなかった翼手類やアザラシも入れているが、これらに先立つビュフォンによる博物学の理論や、大地と自然、人間、鉱物についての記述は割愛されている。後にラセペッドによって追加された、爬虫類と魚類、鯨に関する記述も収められていない。入門書には不可欠な「博物学入門」に相当する全体の序文もなく、編集上の不手際であると思われるが、第1巻については、残りの巻にはあるようなアルファベット順の索引(本文に記載された生き物の名前)も欠如している。因みに、これより規模の遥かに小さい、後に小学校の認定図書となる『ビュフォン選集』(*Buffon. Morceaux choisis*, in-18, 349 p., 1823)[89]は、例えば第5版(1850年)を見ると、内容を四足動物と鳥類だけに限定している。しかし、ビュフォンと『博物誌』についての「歴史的概要」(有名な動物学者ジョルジュ・キュヴィエ(Georges CUVIER, 1769-1832)による略歴紹介文からの抜粋)と、文学作品としての本書についての有名な文学者達による批評を集めた「文学の観点からの見解」、ビュフォンによる大地と自然、人間についての記述の抜粋が付されているなど行き届いた作りになっている[90]。

　これに比べると、『令嬢のビュフォン』は、丁寧な作りとは言い難いかもしれない。しかしながら、少なくとも鳥類についての最初の巻である第3巻の冒頭には、編者による前書き(計3頁)に続いて、鳥類入門編である

第 4 章　18 世紀から 19 世紀へ

「基礎概要」(Précis élémentaire)(計 46 頁)が、第 4 巻の巻末には、実際的な鳥の剥製の作り方に関する説明(計 12 頁)が付されているのである。前書きで編者は、ビュフォンによる鳥達の描写を讃えると共に、分類学の発達した現代から見て、彼の書に不十分な点があること、又、若い人達が読むには膨大過ぎるという点を指摘し、キュヴィエによる分類方法に従って鳥類全体の分類図を示した後で、本文ではそれぞれ問題の鳥の「科(famille) と属(genre)」を示すとしている[91]。更に、分類図に先立って、「私に可能であった以上の明快さ(clarté)」でもって鳥類の特徴を知るのに「不可欠な基礎知識」を提示し、本文では「基礎的な書物」として不必要なものは全て削り、しかも新たな観察結果も取り入れるとしており[92]、新しい時代の啓蒙書としての配慮を見せている。但し、ビュフォンの見事な原文は「完全に保つことを義務とした[93]」とも言っており、原文の文学的な価値が本書で伝わる配慮もしようというのである。

　こうして、「基礎概要[94]」では、鳥類の特徴や習性について、ビュフォンによる記述も借用しながら解説がなされ、更に計 20 頁に亘って、特徴別による鳥類の全体的な分類図、更に詳細な分類一覧が付されており、これは、初級レベルを超える内容であろう。本文でも、ビュフォンによるおおまかな区分に従った見出しを尊重しながら、適宜、科と属の記載がなされている。尤も、鳥以外の動物を扱った前半の 2 巻では、序もなければ、動物全体を見渡す概説もない。個別の動物の解説に終始しているのである。又、ビュフォンによる区分の見出しも割愛されている。したがって、鳥類全体を見渡す記述に加えて、分類区分を示しながら個別の鳥の解説がされている後半の 2 巻と釣り合いが取れておらず、統一性のない編集になってしまっている。

　しかし、総頁数は 898 頁、目次や序などを除く本文だけでは 834 頁で、巻末の索引項目は、400 を優に超えているのである[95]。但し、総称としての名前だけが項目になっていて、具体的な個々の品種や類似の品種については、別項目として記載されていないこともあるので、実際に記載のある生き物の種類はもっと多いことになる。これに対して、筆者架蔵のビュ

339

フォンの『博物誌』(全80巻、1830-1832年)のうち四足獣と鳥類に該当する生物名の索引項目は、2,000近くある[96]。『令嬢のビュフォン』は、項目数だけを見ればその1/5を超える程度であるが、簡略版としては、まずまずの数と言える。因みに、先の『ビュフォン選集』(第5版)は、計84種しか収めていない。又、同じく成功を博したブランシャールの『若い人のビュフォン』(*Le Buffon de la jeunesse*, 1801)の第6版(in-12, 4 vol., 1835)について言えば(魚類や植物、昆虫も扱っている。)、最初の2巻に『令嬢のビュフォン』で扱われているものと同じ種類の生き物が出て来るが、見出し項目は300に満たないのである[97]。更に『令嬢のビュフォン』の本文に照応する総頁数(鳥類全体についての解説は除く。)は、554頁で、活字のポイントがやや小さいことを考慮して、参考までに1頁当たりの印字可能総数を元に規模を比較すると、『令嬢のビュフォン』は、その照応する分野の本文の規模が『若い人のビュフォン』の約1.4倍であるが、1項目当たりの記述の規模には大差がない。但し、後者は、ド・ヴォルモン氏(M. de Valmont)が子供達のために博物学の話をするという大枠の設定があり、原文にはない文章が追加されているのは勿論、原文を利用しながら新たに編集されているので、比較の対象にはならないかもしれない。

筆者架蔵のビュフォンの『博物誌』との比較では、原文にはなかった動物の生態を理解する興味深いエピソードが付加されている場合があるものの[98]、概ね1項目当たりの記述は、半分位に縮小されたことになる。

さて、割愛の対象について言えば、動物の性に関する記述(生殖器や性行動、妊娠)、動物の生理学上の細かい記述、又、恐らくは付随的と判断された記述がカットされた。更に、全体の文章を再現しないで、簡単に要旨だけにしたり、必要な部分だけを取り出すなどの方法で簡略化している。その際、単語をより日常的な表現に置き換えるという、読者対象を考慮した工夫がなされている場合もある。但し、原文をそのまま再現した一節は、ギユメ(« »)で囲って、その他の改変された一節と区別をするという配慮がなされている[99]。尤も、先の『ビュフォン選集』や『若い人のビュフォン』でも、性行動の記述は削除してあり、読者層を考慮すれば奇異な

第4章　18世紀から19世紀へ

ことではなかろう。しかし、版を重ねた『若い人のビュフォン』では、ビュフォンの原文を利用しながら、削除のみならず、要約や書き換え、補足的説明も加えてさすがにより手際良く再編集されている(100)。

ところで、『令嬢のビュフォン』は、ビュフォンの肖像画以外に140枚の図版付きである。本文の中に綴じ込まれた見事な図版は、類似した品種を並べて、一目でその違いが区別できるよう配慮してあり、多数の動物を再現している。良く出来たこの豊富な図版は、本書で特に際立つ点である。因みに、先の『ビュフォン選集』の版では、本文の添え物として動物の小さな挿絵が10個あるだけである。又、『若い人のビュフォン』の最後の第6版の表紙にも、「32枚の図版」とあるだけである(101)。同じ4巻本で、やはり好評であったラルルセ(Lalourcey)の『若い人の新ビュフォン』(*Le Nouveau Buffon de la jeunesse*, 4 vol., 1802)も、例えば第3版(1817年)には34枚の図版しかなかった(102)。

一般に、『博物誌』の簡略版は、『ビュフォン選集』や、『子供の小ビュフォン』(in-24, 180 p., 1810)のような1巻本でミニサイズの子供用ダイジェスト版が最も普及する一方で、ブランシャールの『若い人のビュフォン』や『若い人の新ビュフォン』のような、青少年向きの4巻本も人気があった。『令嬢のビュフォン』は、扱う内容が限られており、編集方針が一貫していないなどの欠点がある。又、簡略化された本文は、要点が簡単に把握できる反面、削除によって知識が欠落するという短所もある。しかし、少なくとも、普及書としての配慮をしながら、少女達のために、多数の項目を4巻本に纏めたことを考えれば、その野心的な意図は大いに評価されるべきであろう。

さて、教養としての科学ではなく、仕事のための実際的なマニュアル本は、現実に知識が要求されるため、当然網羅的な内容を持つことになる。したがって、再版の際、より充実した内容にしようという努力が払われるのは当然であろう。『分娩術の基礎知識』(1775年)がそのケースである。

本書が、助産婦の仕事を選ぶ「ほとんど全ての女性達」のガイドブックになる程の好評を得たため(103)、ボードゥロックは、助産婦志願の女性達

のためには知識量を手加減する必要はないと悟り、増補版(第2版)を出した。しかし、医学生用の書物で技術を学ぼうとするくらい熱心に、より多くの知識を求めている一部の女性達には、それでも十分ではなかったのである。従って、彼は第3版も増補するが、それでも十分ではないと残念がる女性達がいることを彼は予想していた[104]。ところが、著者は、第3版出版の4年後に他界してしまうため、続く第4版から第6版は、第3版の「正確なコピー」が出版されることになったのである。第7版(1837年)で新たに巻頭に付された「偏者の前書き」(編者名は不明)では、「科学の水準に本書を合わせることが、不可欠になっていた」とすると共に、「全ての助産婦見習いの生徒達」から長年、分娩に使う主な器具についての記述を追加して欲しいという要望があり、産科医のモローがこれに応えることになったという経緯が明かされている[105]。こうして、「多数の書き込み[106]」が、本文の中にギュメ付きで(モローによるものであることを示すMというイニシャルを添えて)、ボードゥロックの原文に追加記入することになったという。特に骨盤の奇形や子宮の感度と収縮性、妊娠中の月経、妊娠の兆候、母親の胎内での胎児の位置、胎児の血液の循環などについて、追加の記述がなされることになる。更に、モローは、自身の判断で、「検膣鏡を説明し、その使い方を知らせ、瀉血と種痘を行なうための適切な規範を示した[107]」のであった。又、これらも考慮して図版も4枚追加された。

とはいえ、大半はやはりボードゥロックの原文が中心である。彼はまず、臨床での学習の基礎になり、自身で時宜を得た処置をする基礎になる「自然分娩の仕組みと、その原因、その兆候、産後の肥立ちについての完璧な知識[108]」を助産婦志願の女性達に与えることの重要性を説く。そして、現実にはほとんどが正常分娩であるが[109]、たとえ異常分娩でも(特別に困難な例を除けば)、それについての十分な知識をもった助産婦ならば、事態を理解して早めに男性の産科医の助けを求めたり、あるいは、その到着を待たずに(時間が経過すればかえって危険であるから)単独で適切な処置を始められると考えていた[110]。「こうした新しい世代の助産婦達に私が想定している知識レベルをもってすれば、彼女達は、自身よりも遥かに知識のあ

第 4 章　18 世紀から 19 世紀へ

る男性に相談するために分娩の時間を待つことがなくなるのだ(111)」と言う著者は、本書にそれに見合うだけの十分な知識を盛り込もうとしたのである。

こうして前半(第 1 部)では、妊娠・出産に関係する解剖学上、生理学上の女性の身体の構造と機能、妊娠、出産、胎児、(正常)分娩(その状況、助産婦による処置など)、新生児と女性への産後の処置やケアなどが扱われている。勿論、職業上必要な性についての知識は、当時の医学で判明している範囲内できちんと説明がなされている。後半(第 2 部)では、異常分娩について、その原因、多様なケースとその徴候や対処法が中心になっており、他に、流産、想像妊娠、妊娠時の病気や事故、出産時の事故などが扱われている。これらの網羅的な項目は、問答形式によって可能な限り明快な易しいフランス語で語られている。勿論、産科学用語も、易しいフランス語で必ず説明がなされていることは言うまでもない。

更に、モローが、医学部の教授であると共に、助産婦志願者の教育に携わる自身の立場から、彼女達の要望と自身の判断で、先に示したような補足をしたのであった。例えば、胎児の血液の循環に関するボードゥロックの説明は明快でないとして、これに関する新しい研究をもとに大幅な補足をし、更に詳しい図版を付けている(112)。

又、モローによる巻末の「付録」に、通常の叙述形式による検膣鏡や鉗子といった外科器具の使い方や、本文と同じ問答形式による瀉血と種痘の実際的な説明がある(113)。尤も、革命暦 11 年のヴァントーズ 29 日(1803 年 3 月 10 日)法により、助産婦が難産でこうした用具を使用する場合は、医師を呼ばねばならなかった(114)。C. ジョエルは、19 世紀の状況について、「都会では外科医と助産婦の勢力争いが激化した。外科医たちのほうがうまく機械を使いこなして助産婦に対抗できた分だけ、患者の人気は外科医のほうへだんだんと流れていった。出産は何世紀ものあいだ、卑しい行為と考えられていた末に、男の支配する医学界の関心を引いたのである。機械操作は、複雑なケースの出産から助産婦を遠ざけ、男の領分のシンボルになった(115)」と言っている。医学界が、単なる技術屋として助産婦を見

343

下す傾向にあったことは否めないだろう。又、上記の法律は、現場の医師達が、ライバルである有能な助産婦より優位な立場に立つことを可能にするものであった。本書のように、助産婦志願の女性達のために外科器具の使い方を示そうというのは(既にボードゥロックも、本文で外科器具の使用について説明をしていた。)、助産婦の仕事を正当に評価し、彼女達の仕事に期待をかけていることを意味している。尚、種痘の知識は、1803年、助産婦志願者の教育課程に入り、彼女達は、新生児にこれを計画的に施すことを学ぶことになった。現場での実践により、「種痘の迅速かつ有効な普及を促し、乳児死亡率の低下を促す新たな要因となった[116]」という。本来は医師の仕事である種痘や瀉血についての実際的な知識の伝授も、助産婦の現場での対応に期待と信頼が寄せられている証拠である。

　一方、34枚の概ね写実的な図版は、女性の骨盤から生殖器、多様なケースを想定した母体の中の胎児、医療器具などに及ぶが、本書の理解には欠かせない要素となっていることも付け加えておかねばならない。

　ところで、助産婦見習い用の本書は確かに膨大であるが、ボードゥロックが、1781年に出版し好評を博した『分娩術』(*L'Art des accouchemens*)[117]はこれより遥かに詳しい。実際、『分娩術の基礎知識』の第7版(1837年)は、『分娩術』の第8版(1844年)の半分にも満たないのである。とはいえ、分娩術に専心しようという「若者達」(jeunes gens)のことを考慮し、「私の講義を既に聴いたことがあり、又当時聴講していた多くの人達の懇願[118]」を受けて書かれたこのより網羅的な書は、未来の外科医だけでなく、彼の講義を受講していた助産婦達が参照することも想定されていたはずである。しかし、これは、通常の叙述形式で書かれており、図版も少なく(初版で14枚、第8版でも15枚しかない。)、初学者にとって分かり易さという点では、やはり助産婦用の書の方が遥かに上である。したがって、本書で重要な基礎事項を押さえた上で、更により詳細に書かれた『分娩術』で知識を獲得するということが可能になるであろう。『分娩術』が『分娩術の基礎知識』の出版より5年も遅れて出版されているのは、前者を更に発展させる意味があったのではなかろうか。事実、前者は、後者と同じ構成に

第 4 章　18 世紀から 19 世紀へ

なっており、内容がより詳細になっているだけなのである。

　最後に、母親向けの『一家の母親への助言』(1838 年) は、先のリストで示した N. ソースロットの書に、孫の C. ソースロットが増補改訂したものである。初版以来の構成をほぼ踏襲し、第 1 部が、妊娠中の胎児の保全のための妊婦への助言で、衣食や運動、妊婦の様々な体の不調とその対処法、第 2 部が、出産直後の新生児への処置から離乳期までの育児 (授乳期の乳児の体調不良と対処法を含む。)、第 3 部が離乳期以降から 8 才までの育児と主な子供の病気の症状とその対処法で、これらは易しいフランス語で簡潔明快に記載されている。但し、育児だけでなく、保健や産科学、小児医学の分野に及ぶこれらの実際的な助言は、最も一般的な最小限の事項に限ったもので、網羅的とは言い難い。例えば、第 2 部の乳児の体調不良については 5 つの症状が、第 3 部の子供の病気については、9 つの病名が問題になっているが[119]、あの『婦人の百科文庫』の中に収められていた『家庭の医学』では、子供の病気については、30 以上の症状や病名、病気の原因が巻末の索引に記載されていた[120]。中には、胎児性梅毒についての記載まである[121]。梅毒の蔓延していた 19 世紀の手引書ならば、当然あるべき項目であろうが、ソースロットの書にはその記載が全くない。おそらくは、家庭で母親が簡単に対処できる程度の症状を問題にしたからであろう。

　とはいえ、本書は小さいながら初版を出す段階で政府から高い評価を受け、その表紙に、「基礎的な書物を検討するためにフランス政府が任命した委員会により、一等賞を受賞した書[122]」と記されることになる。そして、当時、「子供の病気治療で最も有名な首都の医師のひとり[123]」であったデセサルツ (J.-C. Désessartz, 1729-1811)[124] は、「ソースロット氏の書は、その本の薄さで判断されるべきではない。なぜなら、これは、妊婦、出産した女性、乳児に授乳する女性に関する、そして最後に、子供の誕生から離乳がなされる時期までと、離乳期から 6~8 才までに必要な子供の世話に関する、<u>完璧な概要</u>であるからだ[125]」と、本書を称賛したという。簡略版としては申し分がないという評価を専門家から得ていたということにな

345

る。のみならず、読者からも好評で、「随分前から」、この増補改訂版(第2版)は売り切れ状態であったのだという。それでも本書を求める人々に応えるために、著者は、「小児医学が近年なした進歩によって必要になった追加や変更」をし、「自身の個人的な体験」を考慮して再版する決心をしたのであった(126)。

　彼が執筆したパラグラフには、アステリスクが施されており、特に子供の病気や種痘についての記述について彼による記述が重要な部分を占めているのは、現代の小児医学の状況を考慮して解説したものである(127)。しかし、子供が大人と同じ病気にかかるということ、又、母胎で感染するケースがあり、その治療にあらゆる手段が用いられねばならないという現代医学での認識を示しながら(128)、それ以上の展開がないなど、必ずしも医学の進歩の成果が活かされているとは言えない。実際、彼による執筆の部分は、本書の本文全体の中で2割を超えない程度でしかないのである。とはいえ、若い妊産婦達に、簡略ではあるが、「私が、若い母親達に最も有益であるはずだと思った助言(129)」を一通り与えようとした真摯な意図があったことだけは認めねばならない。

語学・文学の啓蒙書

　この分野の啓蒙書は、『婦人の百科文庫』に収められていたアンベールによる『合集』の第1巻『**フランス語文法**』(1785年)と、同2巻の『**綴り字概論**』、『**発音概論**』、『**作詩法概論**』(1785年)、及び同第5巻から第7巻のダシエ夫人による翻訳書『**ホメロスの『オデュッセイア』**』、及び、ガヤールの『**若い令嬢用のフランス語の修辞学試論**』(1746年)の4点である。うち、最初の文庫シリーズの書については、19世紀に再版された現物を確認できていないので18世紀版を問題にする。

　アンベールによる最初の2巻は、意図的に基礎的な内容に限ったものである。彼は、交際社会で期待される役割を女性が果たすために、女性が教養を積むことを願うと共に、女性が学習に取り組み易いよう計らいたいと考えていた(130)。したがって、女性のために編まれた第1巻のフランス語

文法の学習書は、「私は、明快さによって女性[本書が対象としている女性]がこの種の勉強[文法]に容易に取り組めるようにし、簡潔さによってその学習時間を短縮してやりたかった。なぜなら、女性をうんざりさせてはいけないだけでなく、長時間、文法の学習に取り組ませ過ぎてもいけないからだ[131]」とあるように、この学習を容易にするために簡潔明快であることを心掛けたのであった。こうして、「骨の折れる過剰さ」よりはむしろ「割愛」の方が許されるという確信のもとに、「出きる限り学問的な体裁を避けた」のであった[132]。こうした意図は、第1巻の前書きで表明されたものであるが、本書の末尾でも、こうした簡明さの原則が第2巻で採用されることを予告しており[133]、これらフランス語の学習書は、普及書の基本原則を意識して編まれたということになる。

　実際、この2巻は、段階的に基礎的な事項が平明なフランス語で説明されている。とりわけ、基礎文法書は、理解を促すために文法事項のまとめ方を工夫する必要があるが、『フランス語文法』は、冠詞や所有形容詞、動詞の活用など様々な項目で簡単な一覧表を作成して解かり易くしている。これをロングセラーのヴァイーによる「若い人」用の文法書『フランス語文法概要』(1754年)[134]の1804年版(発音と句読法を除いて文法の部分に限ると、『フランス語文法』とほぼ同程度の規模)[135]と比べると、ヴァイーの書は、全体を見渡すのにより明瞭な動詞の活用表があるものの、それ以外では、特に抜きん出た工夫があるとは思えないから、アンベールの書は、見易さという点ではむしろ優っていると言ってよい。尤も、この点では、ロモンによる子供用のロングセラーの基礎文法書『フランス語文法の基礎知識』(1780年)[136]は、本書の半分程の規模（本書と同じ文法の部分に限った場合）ながら、より見易く纏められた一覧表[137]を駆使しており(子供用であるから当然であろうが)、これに比べればやや工夫が足りないという印象を受けるであろう。内容については、66種もの多くの動詞の活用表(但し全ての人称、全ての法や時制についての活用があるのは最初の8つに限る。)があり、巻末に「注意すべき表現[138]」の頁を設けて、日常迷いそうな基礎的な表現について文法的な説明を加えて補足するなど、ロモンやヴァ

イーにはないような配慮が見られる。しかし、一方で、受動態の説明が不十分だったり、代名動詞、前過去、前未来や条件法過去、現在分詞やジェロンディフについて説明がないのである(活用表にその形はあるのだが)。因みに、ヴァイーの書にはこれらについての説明があるが、ロモンの書には、受動態と代名動詞、現在分詞、ジェロンディフを除いて、やはりきちんとした説明がない。ロモン同様、アンベールの書も、基礎文法事項を厳選した結果であろうが、婦人用としては「割愛」が行き過ぎているという印象を受けるのである。

さて、当時の文法書には、巻頭で綴りと発音(綴り字との関係における)の説明を付す他に、巻末に特に綴り字法や句読法、発音についての説明、そしてややレベルが高いものになると、作詩法が付加される場合があった。『合集』では、文法以外のこれらのテーマを第2巻に収めたのであった。因みに、ロモンの先の書には、巻頭に付された母音と子音の発音についての極簡単な説明(2頁半)の他に、巻末に、綴り字法(名詞の語尾、動詞、代名詞など)と句読法が計10頁強に亘って添えられているだけで[139]、勿論不十分な内容ではあるが、子供用としては、この程度の極基礎的な内容で十分であろう。一方、ヴァイーの先の書でも、巻頭に母音の発音と綴り字の関係などについて若干の説明がある他、巻末には綴り字と発音の関係と句読法についての説明が極基礎的な事項に限って、計26頁半に亘って示されている[140]。基礎事項を可成カバーしているが、実際に書く際問題になりそうな、二重子音字と単子音字[141]、複数形の語尾[142]、«;»と«:»の区別、発音についても、二重子音字の発音、発音と綴り字の規則の例外などについて、全く言及していないか、不十分な説明である。これに対して、アンベールの書は、綴り字と発音の概説の部分(本文)は、計145頁[143](うち、第2巻での綴り字法が109頁)で、ヴァイーの書の2倍近い規模である。

アンベールの書は、上記のような点について、発音と綴り字の規則の例外について(ヴァイーの書はこの点には触れていない。)はあまり詳しいとは言えないものの、その他の点については、比較的豊富な実例を挙げながら丁

寧に説明している。二重子音字か否か、有音のhか無音のhかなどの問題について、丁寧な語彙の一覧表を作成したり、その他、様々な規則について、丁寧に例示をして説明している。尤も、綴り字と発音の照応についての最も基礎的な部分の説明が一通り説明されていないのは(ヴァイーの書は、十分とは言えないが素描はしている。)、基礎の概説書としては大きな欠点と言える。しかし、その一方で、一応の規則を示し、時にその規則性の由来や、例外についてもコメントし、当時の慣用に関する問題点にも触れている所があり[144]、初級レベルを超える内容(しかも実際的な)も見られるのである。何れにせよ、一般向けのヴァイーによるロングセラーの文法書『フランス語の一般並びに特殊原則』(1754年)の例えば1819年版(綴り字と発音の部分は、アンベールの書の場合の4倍の規模)のほとんど網羅的な内容[145]には及ばない知識量ではある。

　ところで、アンベールの書の第2巻の最後には、作詩法の概説があり、これは本書の中で、質・量とも、最も充実した内容になっている。190頁(序を除くと183頁)を占めるこの概説は、脚韻の種類から諸規則、母音の問題(母音衝突など)、その他詩法における様々な規則と破格、定型詩とその他の詩のジャンル(42種類に及ぶ。)などに至るまで、適宜例示をしながら、基本を押さえて網羅的に解説を施し、充実した内容になっている。特に脚韻の規則など、作詩技法上の説明が丁寧である。その点では、詩のジャンルの説明が大部分を占める一種の文学講座の様相を呈していたガヤールによる『婦人用のフランス詩法』(1749年)の巻頭に付された「作詩法について」は、説明が不十分であるし、明快さにも欠ける[146]。又、ロモンの先の基礎文法書をより詳細にした、寄宿学校生用の『ロモンのフランス語文法』(*Grammaire françoise de Lhomond* で、ロングセラーの書だが初版の出版年代不明)の、例えば1816年版(第22版)の巻末にある作詩法では、アンベールの書の約半分の規模しかなく、基礎事項を厳選しているので、アンベールの書と比べると簡略過ぎる[147]。ヴァイーの上記の一般向けの文法書では、作詩法の部分はアンベールの書の約1/3の規模だが、詩のジャンルについての説明が少な過ぎる点を除けば、網羅的である[148]。し

かし、ひとつひとつの項目についての説明が簡単過ぎる部分もあり[149]、ヴァイーの書では、実際に詩作をする場合は別に参考書が必要であろう。いずれにせよ、アンベールの書が特に作詩法の分野に力を入れたのは、社交界でこの知識が重視されたためであり、本書が上層階級の婦人達を読者対象としているからに他ならない。彼はそうした状況に対応しようと、充実した内容を心掛けたのである[150]。

さて、3巻本の『ホメロスの『オデュッセイア』』は、ダシエ夫人によるホメロスのギリシャ語叙事詩の仏語訳(1708年)である。編者による簡単な前書き[151]には、作者とその作品、フランスでの受容について若干説明があるが、簡略過ぎてかえって要領を得ない印象を受ける。しかし、戦闘ばかりが出て来る『イリアス』よりも『オデュッセイア』を選んだ理由に、後者の方がより興味深く、教訓的で多様性があることや、フェヌロンの『テレマックの冒険』(1699年)を生んだ作品であるといった分かり易い理由の列挙は、婦人読者に次の頁を開かせるのに十分であろう。解説としては大雑把であるが、確かに寓意性に富み、面白く、後の文芸に多大な影響を与えたこの作品を婦人達に翻訳を通して知らしめ、古代文学に接近できる機会を与えたことが重要なのである。又、最後に、「彼女の翻訳は、厳密かつ正確でありながら、優美さを欠いていないのである。したがって、この翻訳は、多くの箇所で、原文の魅力を表現している[152]」と、ダシエ夫人の翻訳が採用された理由も記されている。評価の高い翻訳書の(それも古代文学の)著者が「あの著名な女学者[153]」であることも、婦人読者の励みになる効果が期待できよう。

最後に、ガヤールの『若い令嬢用のフランス語の修辞学試論』(1746年)は、完璧とは言えないにしても、女子用としては、十分な内容をもった修辞学の書である。本書の19世紀版(例えば1823年版)と、18世紀の最後の版と思われる第7版(革命暦7年で1798又は1799年)を比べると、全体の構成はほぼ同じだが、約9％規模が小さくなっている。しかし、省略できる部分(あるいは適当ではない部分)をカットしたしだけでなく、例文を差し替えたり、説明文にも手を入れて改訂されており、基礎の普及書としては

十分な規模である。例えば、公教育王室会議で王立コレージュやその他の公教育施設での修辞学の教育用に認定されることになるフィロン(C.-D.-A. Filon)の『フランス語の修辞学の基礎知識』(Eléments de rhétorique française, 1826)[154]は、序文や序論を除く本文はガヤールの書の6割弱[155]、又、ペラール (J.-F. Perrard)の文学のバカロレア受験のためのマニュアル本、『文学のバカロレア資格志願者用標準修辞学』(第2版)(Rhétorique classique, à l'usage des aspirans au grade de bachelier ès-Lettres, 2e éd., 1830)[156]は、同じく約半分[157]の規模しかない。尤も、ガヤールの書は、豊富な例文が特徴で、その分規模が大きくなっていることは確かである。しかし、ひとつひとつの解説は、フィロンの書より、むしろガヤールの書の方が詳しい傾向にある。フィロンの書は、理論と共にその具体的な実践のための解説部分も重視されており(学校教育の現場を反映したものであろう。)、作文の作法や具体的な言説のタイプに関する解説が本文全体の46%を占めているため[158]、修辞学そのものの理論の部分はより限定されてしまっている。

　ガヤールは本書で、「最も普通かつ同時に最も有益な修辞学の諸規則[159]」を提示しようとした。つまり、フランス語の修辞学の最も重要な基礎を一通り示すつもりであったのである。従って、上記の2つの普及書同様、修辞学の定義に始まり、修辞学の重要な3つの要素(「発想法」、「統辞法」、「表現法」)を細部に亘って解説し、最後に、第4の要素である発話の際重要になる発声と仕草についても簡単に触れている[160]。最後の要素は、フィロンの書にはないが、ペラールの書では、やはり最後に同様の項目がある[161]。

　かなりの項目を取り揃えているが、全体的には、フィロンの書の方が説明項目が多い[162]。但し、ひとつひとつの解説は、豊富な例示と共になされるガヤールの書の方が遥かに詳しいのである。特に、例文が実に多様性に富んでいるのが特徴である。フェヌロン、ラ・フォンテーヌ、ボシュエ、ボワロー、ラシーヌ、コルネイユ、ヴォルテール、著名な詩人J.-B.ルソー(Jean-Baptiste ROUSSEAU, 1671-1741)など、主に17-18世紀の作家や詩人などからの引用が多いが、ミルトンやシェークスピアの翻訳、古代文学

の翻訳(163)からの引用も若干ある。本書の表紙には、初版以来の「大部分が近・現代の我が国の最も優れた雄弁家と詩人達から引いた例文付」という添え書きがあるが、J.-B.ルソーや特にヴォルテールの劇作品からの引用が多く、19世紀の作品からの引用がない。この点では、19世紀になって初版が出た他の２つは古典と共に現代の文章も採用している。尚、ペラールの書では、読者対象を考えれば当然であるが、古代文学の作品からのラテン語の引用が仏語訳と共に(但し、解説の一部として引かれる短いラテン語は仏語訳があるとは限らない。)頻繁に出て来る。これは、勿論、「若い令嬢」用では見られないことである(164)。

　全体の説明事項が他の２つに比べて少ないとはいえ、欠落項目を検討する限り、読者対象を考慮して特に説明項目を省略したとは考えにくく、例えば「表現法」に分類される「冗語法(pléonasme)」や「曲言法(litote)」という基本項目が欠落しているのは、不備によるものであろう(165)。一方、「３つの雄弁のジャンル」として、「法廷弁論体(Genre judiciaire)」と「議会弁論体(Genre délibératif)」、「褒貶体(Genre démonstratif)」を紹介し、とりわけ最初の２つについては、長文の例文付きで解説している(166)。通常、娘達には無縁であろうと思われるこうした伝統的な項目も、先の発声法や仕草同様、解説が施されている点には注目したい。尚、ペラールの書は、この３つのジャンルを項目として扱って解説はしているが、作品から引用してコメントする程ではないのである。一方、フィロンの書では、巻末の索引に項目としては挙げられておらず、修辞学の定義の中で例示もなく簡単に説明されているに過ぎない(167)。

　とはいえ、フィロンの書は、事項の用語説明だけに終わって、例示を全くしていないケースも少なくないが、網羅的に事項をカバーしていることは確かで、しかも、明快な易しいフランス語で簡潔に要点を浮かび上がらせており、基礎学習書としては確かに良くできている。巻頭にフランス語史やフランス語文法などについての解説を序論として付し、作文など実践の部分にも配慮した『フランス語の修辞学の基礎知識』は、学習書として優れていると言える。又、ペラールの書は、例示はやはり限られているが、

352

問答形式で要点と解説の流れがよく分かるように作られており、フランス語も明快である。これに対して、ガヤールの書は、全体的に見て、フィロンの書程網羅的ではないものの、基礎の書としては、それなりに事項をカバーしていると言える。豊富な例文を盛り込んだ丁寧な解説は、項目として掲げられた解説事項以上の、表現上の細部の綾を解説付きで例示しており、読者対象を「若い令嬢」に限った書としては、しっかりした内容であると言える。

総合学習書

筆者が知る限り初めての女子用の総合学習書であるパンクックの**『令嬢にふさわしい学習』**(1749年)と、学習書としては最初の対象年代別の総合学習書シリーズであるルプランス・ド・ボーモンの**『少女百科』**(1760年)と**『若い淑女のための教え』**(1764年)についても、これまでに指摘しなかった点について特に述べてみよう[168]。

パンクックの書は、ミルモンやフロマジョの総合学習書と異なり、極基礎的なレベルである。又、算術の基礎を除いて科学の科目が外されている。しかし、それでも女子用の基礎科目の総合学習書としては、18世紀前半に完成された初めての普及書として大いに評価に価する。そして、序文で、「宗教の勉強は、万人、あらゆる年齢、あらゆる性、あらゆる身分にとって必須であり、いかなる他の勉強にも代替されえない」としながらも、優れた宗教書が既にあるとして、女子用のそうした概説書のタイトルをいくつか紹介するに止め[169]、本文では世俗の多様な知識(但し、当時の慣例に従って歴史の分野では聖史が含まれる。)を提供している点にこそ注目すべきであろう。

頁数の多い順にそのジャンルを紹介すると、歴史(聖書の記述に基づく古代史、世俗の古代史(特に古代ローマ史)と、特にフランスを中心にしたヨーロッパ史、時代区分の概念と歴史年表)、地理(地理の学習に必要な幾何学の極基礎的な知識、地理学上の諸用語、地球、フランスと世界の地理)、神話、フランス詩法、修辞学、フランス語文法(句読法、綴り字法、アルファベット

順による同音異義語一覧を含む。)、実用手紙文(用途別)、算術(数詞、四則と簡単な比例計算、分数計算、お金や度量衡に関する実際的な計算)、倫理の分野に当たる寓話[170]、修身と礼儀作法[171]である。全2巻の本文(年表も含める。)の総頁数1,013頁の配分は、歴史が42％(うち聖史は歴史全体の14％)、地理は15％、神話が13％、詩法が7％、修辞学が6％、文法が5％、寓話が4％、算術が5％、手紙文が2％、最も少ない修身と礼儀作法は僅か1％である。世俗の知識が圧倒的に優位を占めるが、歴史に偏った分、文法の分野は、文法そのものの説明が極めて不十分であるし、算術以外の理数系の分野が欠落しており、バランスに欠ける。しかし、一方で、修辞学や詩法は、例示をしながら要点をかなりカバーしている。又、歴史(風俗や文化に関する記述はほとんどない。)や地理は、深みのある内容ではないが、基礎的な学習書としては、案外盛沢山なのである。これは、本書が問答形式によるものでありながら、答えの解説がしばしば非常に長く、通常の叙述形式と変わらない場合が少なくないせいである。特に、歴史や地理では、10頁から30頁位に亘って解説が続く場合も珍しくない。従って、演劇風の対話形式[172]や、完全に小間切れになった問答形式の書に比べて無駄がなく、多くの知識を収めることが可能であった。実際、第1巻の巻頭にある総索引にある主たる見出し項目だけでも、320を超えている[173]。

　以後19世紀版に至るまで増補改訂がなされていくが、特にボフォール・ドプール伯爵夫人による1822年版では、算術を除いて問答形式を通常の叙述形式に改め、パンクックの書のガイドラインを若干変更し、特に文法の分野については全面的な本文の書き換えを行なった新版である。全体の活字(本文の通常の大きさ)の印字可能数で見た序文と索引を除く本文の頁[174]の規模は、最終的に1割強増えている。しかし、問答形式が採用されていた版は、頁に余白が多かったわけであるから、実際には頁以上に増えたことになる。

　内容については、実用手紙文や同音異義語の一覧表の頁はカットされる一方で、新たに「統辞法」(Syntaxe)の分野を設けて文法の説明を補っている。文法そのものの説明は、全面的に書き換え、簡略だが、文法事項をか

なり網羅したので、より文法の概説書らしい体裁になっている。この他、現代史の記述の追加など、これまでの改訂の成果も継承しながら[175]、最終的に、各分野の頁の配分は、歴史が44％(うち、聖史は歴史全体の11％)、地理が17％、神話と文法が8％、修辞学、統辞法、算術がそれぞれ5％、詩法が4％、寓話が3％、修身と礼儀作法が1％となっている。歴史が相変わらず突出しているが、聖史の比重は下がっている。尤も、現代史の部分が追加されていったため頁数が多くなり、その分、聖史の比重が下がるのは当然である。フランス語に関する分野が、20％(詩法、修辞学、文法、実用手紙文)から21％(文法、修辞学、統辞法、詩法)とさして変化はないが、本書では統辞法に文法を補う内容が多く盛り込まれているので、特にフランス語文法の比重が高くなった。極初歩の文法ではあるが、内容的にも初版に比べれば遥かに充実していると言える。しかし、反面、通常の文法書にはある発音と綴り字法についての説明がカットされたのは不備である。又、地理の分野に簡単な天文学の説明[176]が加わっているものの、僅かであり、理数系の分野は相変わらず乏しい状況であるのは、この分野が「令嬢にふさわしい学習」の分野とは見做されなかったせいであろうか。しかし、種々の不備を内在させながらも、最終版が最も充実した版であることは確かである。

　因みに、同程度の規模のムスタロンによる両性の若い人や満足の行く学業ができなかった一般の大人向けの総合学習書(通常の叙述形式)、『若い人のリセ』(1786年)の第4版(1823年)は、歴史や寓話が無く、代わりに、文学(古代から現代までの散文と韻文の文学ジャンルの解説と著書の紹介)と哲学(論理学、形而上学、倫理学)、科学(物理学、天文学、地学、気象)の分野をカヴァーしている。但し、地理は、科学の分野の中に含まれていて、地球という規模で見た簡単な地理学の概念の解説があるだけである[177]。序文と索引を除く本文の総頁(913頁)に占める各ジャンルの比率は、文法(発音と綴り字法と句読点、統辞法を含む。)や作詩法、修辞学、フランス語史、文学(ジャンルの分類と解説)といったフランス語と文学の分野が計81％(それぞれ単独では、文法が28％、修辞学が27％、文学が15％)、科学が9％、神話

が7％、哲学が3％である。算術はなく、科学と哲学はあるが、極簡単な解説に過ぎない不十分なものである。パンクックの書が歴史に偏っていたように、ムスタロンの書は、フランス語と文学の分野に偏っていることがわかる。算術や地理、歴史がないがしろにされているのは、基礎の学習書としては不備であると言えるであろう。その代わり、文法や修辞学は、パンクックの書の1822年版よりも量が多い分、確かにより充実した内容になっている。とはいえ、文法の説明に関しては、パンクックの書では、しばしば簡潔に要点を列挙する方法が採用されていたり、見やすい配置の仕方の一覧表(動詞の活用やいくつかの代名詞の種類について)が工夫されており、極基礎的な規範を把握するにはやはり都合よくできていると言える。

　カヴァーしている分野の違いを別にしても、ジャンルの数や内容は、大人の読者も想定しているムスタロンの書の方が上であることは確かである。しかし、総合学習書の中では、19世紀前半に最も再版回数が多かったと思われる『少年時代の教本(178)』(革命暦7年で1788又は1789年)に比べれば、全般的に見て、内容は遥かに充実している。後者の書は、副題として、「倫理、政治、博物学、地理、歴史、神話、フランス革命、憲法等々についての、ある父親とその子供達の対話」とあるように、多様なジャンルの知識が対話の対象になっている(179)。父親とふたりの子供(男女)との間で交わされる25の対話は、話者の感想や感情表現も交えて進んでいくため、当然のことながら問答形式より無駄が多い。神話の簡単な概説を通常の叙述形式で巻末に付加したり、本文で、フランスの地方名とその中心都市を一覧表にしているのは(180)、この欠点を補うためであろうが、こうした形式は極一部に止まっている。知識の内容も、概して深みに欠ける。尤も、パンクックの1822年版の1/3の規模で、多様なジャンルを話題にしているのであるから当然であろう。しかし、徳育にも配慮されている上に、活気ある会話を楽しみながら、基礎的な知識を習得できる本書は、読者から歓迎されたものと思われる。

　さて、同じ対話形式の総合学習書でも、ルプランス・ド・ボーモンの2つの書、『少女百科』(1760年)と、『若い淑女のための教え』(1764年)の場合

は、徳育を重視する傾向が一層強く、対話も『少年時代の教本』に比べて、多様な知識の展開が限られている。この傾向は、後者の場合、特に強く表われている。勿論、先に指摘したように、『少女百科』の序文では、判断力と真偽の識別能力の養成の重視が示唆されており、女教師と女生徒達の対話を通して、考えや判断の道筋を示すことでこの意図が実現されていることは事実である。

筆者架蔵の『少女百科』の1778年版[181]の本文の総頁数は、923頁に及び、規模にして『少年時代の教本』の2倍以上はあるが、『令嬢にふさわしい学習』(1749年)よりも1割以上規模が小さい。著者による最終的な手直しを経た1802年版[182]では、同じ33の対話が収められているが、本文で若干の削除がなされていて、規模が6%程小さくなっている。各巻(全4巻)の巻頭には、1枚ずつ、本文の内容(エピソードや物語)を示す口絵が付されている。本書では、既に第3章の註(125)や本文でも紹介したように、徳育と知育の多様なジャンルの話題が自由な雰囲気の中で活発に展開されていく。しかし、教訓的な物語やエピソードと共に会話の中で少しずつ断片的に知識が提示される本書は、その知識の幅に多様性はあるが、深みに欠けるのである。尤も、『少女百科』が、一通りの基礎知識を獲得させるというよりは、理性的な考え方と判断力を身に付けた、有徳のキリスト教徒を養成することを目指しているということは、先に「18世紀精神と女子啓蒙の意図の継承」で引いた序文からの引用でも明らかである。

実際、本書では、「キリスト教なくして、真の恒常的な美徳はありません[183]」としており、新約聖書から引き出されるエピソードや教えは、本書では重要な話題であり、価値判断の基準になっている。しかし、他方、女教師は、「魂の滋養」である「真理」の追求の重要性[184]と、「幼年期に身についた偏見は、皮膚のように張り付いていて、真理の発見の重大な妨げとなっているのです[185]」と反偏見を説き、正しい認識のために「私達は、幾何学の精神を身につけるよう努力しなければいけません[186]」と、生徒達に呼びかけている。これは、天与の「理性[187]」を働かせることであり、有徳なキリスト教徒としての価値基準を尊重しながらも、思考と的

確な判断力が重視される本書では、一見無駄なように思われる女教師と生徒達の間のやり取りの中に、身近な、あるいは具体的な事実を喚起して、思考の過程や思考方法が示されることになるのである[188]。

　本書の続編である『社交界に入り結婚する若い淑女のための教え、その身分における又その子供達に対する彼女達の義務』(1764年)は、後に『社交界に入り結婚する若い淑女百科、その身分における又その子供達に対する彼女達の義務』(1772年)などとタイトルが改められることになるが[189]、このタイトルが示す通り、結婚を控えた若い女性達の将来の生活を考慮してなされる教導の書である[190]。第3章でも示したように、聖書、歴史(ローマ史)、倫理的・道徳的問題、その他教訓として役立つ物語や身近な事例などについて、先の書同様、女教師と女生徒達の間で対話が交わされる形式になっており、対話を通して考察が進められている。一般的な倫理・道徳のテーマも重視される一方で、『少女百科』以上に、信仰とキリスト教擁護の観点が鮮明で[191]、人生や女性の在り方について、キリスト教の倫理・道徳を基盤にした精神修養書の側面が強くなっている。

　ところで、先の『少女百科』には、18世紀版も19世紀版も、「『子供百科』の続編として」という言葉が、『若い淑女のための教え』(『若い淑女百科』)には、18世紀版では、「『少女百科』の続編として」、19世紀版では、「『子供百科』と『少女百科』の続編として」という言葉がタイトルの最後に添えられている[192]。これらは、ひとつのシリーズになっているのである。尤も、第3章でも若干言及した[193]『子供百科』は、『子供百科、あるいは、ある賢明な女性家庭教師とその名家の出の生徒達との間の対話──その中で各人の才能と気質、性向に応じて<u>若い人達</u>を考えさせ、話させ、行動させる──』(下線は筆者による。)であり、タイトルの下線部分の表現(19世紀版も同様である。)から、男子も当然読者対象にしていると解釈されるはずである。従って、本書では、女子用の啓蒙書一覧からは一応外してきた。しかし、一連の対話は、女教師と5才から13才までの7人の女生徒達の間で交わされるもので、女子用の続編の存在を考えれば、当然、女子の教育が念頭にあったことは間違いない。事実、本書を執筆した著者に

は、「確かに私は、彼女[女性]達を論理的に思考する人(logiciennes)や、哲学者(philosophes)にさえするつもりでいます。私は、良く生きることができるようになるために、彼女達に考える術を、的確に思考する術を教えたいのです。もし、万が一、この目的に到達できるという望みがなければ、私は、今からでもすぐに、ものを書いたり、教えたりすることを断念するでしょうに[194]」という思いがあることを序文で明かしている。彼女が、自身の分身とも言える女教師を作中に登場させながら、少女達の思考の手続きを尊重する対話を実現しているのは、的確に思考することのできる女性を育成したいという思いがあったからなのである。唯、一方で、子供(enfans)の教育に専心する人が掲げるべき目的は、良い品行の育成と、精神を豊かにし、精神に「幾何学的な考え方(tournure géométrique)」を身に付けさせることだと言う時、子供の教育全般を想定した持論を述べた上で、「本書がこうした目的に適い、これを果たすのなら、[本書は]良い教育を施すのに十分である」とも言っており[195]、これは男女の別なく子供達の教育に役立つことを期待して書かれたと推測できるのである。それがタイトルの表現に表われているのであろう。しかし、いずれにせよ、理性的な思考の育成を重視する啓蒙の時代にふさわしい教育理念と対話という形式によるその実践は、『子供百科』に源を発し、それが後のふたつの続編に引き継がれていったことを、ここでは特に指摘しておく必要がある。

　尚、ここで「百科」という訳語をあてたタイトル冒頭の «magasin» という語は、「百科に亘る混成の書[196]」の意味である。事実、聖史や古代史、フランス史、地理、様々な学問と芸術の由来と意義、寓話やその他教訓的なお話などの他、倫理や道徳的なテーマについての多様な対話が展開されている。続編にもこのタイトルがあるのは、その多様性のためであろう。コンスタン(P. Constant)は、「ルプランス・ド・ボーモン夫人は、当時の若い娘達に知育と徳育の完璧な講座を提供したのだ[197]」と極めて好意的に評価しているが、実際には、多様なテーマが話題になっているものの、系統性に欠け、知識に深みがあるとは言えない。それでも、特に女子の公教育の不備を考慮すれば、多様なテーマと、思考しながら進められる対話形

式によって心と頭(特に理性的な思考力)を、読者の成長段階に応じて育成しようとする(しかも、読み物としても楽しめる。)このシリーズは、当時としては斬新で、19世紀になっても魅力のある書であり続けたものと思われる[198]。

そして、これらの教養書は、次に取り上げる『エミリーの会話』同様、提供される知識の量では測れない重要な知育の書であることを認識するべきであろう。

女子教育の手引書

デピネ侯爵夫人の『エミリーの会話』(1775年)と、女子教育論にもなっているル・グロワン・ラ・メゾヌーヴ伯爵夫人の『**女性の使命に最も対応していると思われる種類の教育についての試論**』(革命暦7年)は、いずれも19世紀に重要視されるようになる娘の教育者としての母親を念頭に置いた点が共通している。後者については、女性の伝統的な知的職業として受け継がれ、19世紀、教育制度の進展と共にその重要度が増す女教師をも対象にした手引書である。

そして、ルプランス・ド・ボーモンもその連作で目指した、子供の理性的な頭の働きの養成を特に意識した書が、『エミリーの会話[199]』である。大幅な増補改訂をした第2版(1781年)をほぼ踏襲した1822年版[200]は、2巻本の本文の総頁数が632頁、規模にして、『少年時代の教本』(革命暦7年)の約1.7倍、『少女百科』(1802年)の8割強で、初版や第2版同様、娘と母親が対話している場面を描いた口絵が添えられている。娘のエミリーと母親[201]との対話では、「理性的動物」である人の定義に始まって、知識、歴史や寓話の有用性、家庭、社会、国家、戦争、教育、幸福、美貌、若い娘や人としての行動規範など倫理的・道徳的な問題を中心にした多様な話題が展開されているが、知識の習得よりは、しっかりした判断力や理にかなった考え方を養成するよう対話が工夫されている。対話全体を通して系統だった流れはないものの、母親が娘をより適切な判断へと導くために、即断を避けて熟慮と検討を促すようなやり取りが随所に見られるのであ

る。著者は、娘の「知性を育み、難無く易々と熟慮する習慣をつけさせる」には、「効果的にそれ［会話］を利用すれば容易だろう(202)」と考えて、この形式を採用したとしており、真面目な知的啓蒙の手段としてこうした対話形式を採用したのであった。これらは19世紀版にも継承されることになるのである(203)。

　この点について、『19世紀百科大辞典』(*Grand Dictionnaire universel du XIXe siècle*)は、この対話をソクラテスの知的産婆術に相当するものであるとして、著者は「娘の知性の産婆」による巧みな技で、その「知性と分別の芽」を育んでいると評価することになるであろう(204)。本書は、知的産婆術のお手本を母親に示した18世紀という時代の産物とも言える啓蒙書なのである(205)。

　一方、ル・グロワン・ラ・メゾヌーヴの手引書については、第2章と第3章でも既に言及してきた。普及書としての在り方は、本論(初版から1844年版に至るまで同一)は僅か69頁ながら、第3章の註(152)でも指摘したように、全7章の構成で、女性が果たすべき義務、その義務の遂行と精神陶冶に必要な知識、身に付けるべき才芸、理想的な子供の教育方針といった内容が、順序立てて、大抵の場合、その理念と共に具体的な内容が解説されている。叙述形式でありながら、各章のタイトルを質問の形で示して論点を明確にし、しかも明快で平易なフランス語で解答を施しており、手引書としての工夫が感じられる書である。ここで彼女が重視しているのは妻、母としての義務の遂行のための学びである。しかし、自身の精神陶冶のための勉強にも1章(第4章)を設けており(206)、18世紀のサロン文化を生きる精神的に自律した女性達の在り様を反映している部分も19世紀版にそのまま引き継がれた点は興味深い。又、才芸の習得では、好ましい女性になるためだけでなく、貧困に陥った場合の生活の手段として役立つ才芸の学習に1章(第6章)を充てている(207)。ここには、革命とその後の混乱による社会情勢に対応した内容も盛り込まれており、女性のより多様な運命に対応した内容となっている点は評価できるであろう。

　一方、子供の教育方針(性別は問題になっていない。)(208)については、子供

の能力や年齢に応じた教育効果を期待することを勧める点には、ルソーの『エミール』の影響が感じられるが、この名著のように子供の発達段階に応じた具体的な教育方針までは示されておらず、物足りない印象を受ける。とはいえ、『エミール』では女子の教育には大して関心が払われていなかったことを考えれば、本書の意義を大いに認める必要がある。

　さて、19世紀版では、第2版(1801年)から、著者による73頁に亘る『実践的考察』が追加されている。これには、章立てもなく、内容が十分整理されていなかったり、教師の資質の問題に関するコメントがきちんとなされていないという欠点がある。しかし、主に自身が運営する女学校での彼女の教育方針とその実践(学業から生活面まで)、その実践を踏まえた彼女の女子教育についての所見が纏められており、学習内容(部分的に教育方法とその効果についての簡単な説明もある。)[209]や新入生の受け入れ方、寄宿学校での一日の生活スケジュール、精神面での信仰の重要性、女生徒への接し方など、適宜実際的な解説を付しながら具体的に解説されていて、読者は著者の教育実践の在り様を良く知ることができるようになっている。そして、これらは、理論としての本論を補足する(特に女教師による教育実践の面で)役割を果たしているのである。これによって、本論が一層説得力を増すことになったと言える。

　カットワ(F. Cattoisで生没年不明)は、第3版(1844年)である『女性の教育についての試論』の巻頭に付した著者の略歴紹介文において、女性が家庭の要となり、子供の最初の教育者としての重要な役割が女性に割り当てられるという大革命後の時代の変化と女性の使命を著者が理解して、「この新しい時代の要求」に応えた本書が、初版から読者に受け入れられ、正当な評価を受けたとしている[210]。更に、『実践的考察』が追加された第2版がすぐに出て、本書が母親と女教師にとってそれぞれの義務に適っており、双方に有益だったとして、次のように高く評価している。

　　「これは、女教師達同様、母親達に役立った。なぜなら、このささやかな試論には、双方の義務に同じく適っているという二重の利点が

あるからだ。又、このことが他のいかなる類似本よりも本書にある長所であり、本書に特別な価値を与える長所なのである(211)。」

　現時点で、筆者は適切な比較検討ができるほど当時の類似本の出版状況を把握していないので、残念ながら、この点についてはコメントをすることができない。これは今後の課題としたい。とはいえ、これだけははっきりと言える。つまり、もともと、本論において、女性の伝統的な役割を重視していた本書は、『実践的考察』で、女性を市民ではなく、娘、妻、母としてのみ位置づけ、男性が国家に対して義務を負うように、女性は家庭を全て引き受けるという考えを示すなど(212)、その傾向をより顕著にした言説を展開していた。こうして本書は、男女分業の社会通念が特に支配的になり、妻、母としての女性の役割がより重視され、「母親＝子供の教師」というモデルが推奨されるブルジョワジーの時代に呼応するものとして注目され、初版から半世紀近く経た七月王政時代、再び再版されることになっても不思議はないのである。

　再版された女性用の知識の普及書は、目下の所以上のように限られた文献しか判明していないため、その全貌を明らかにしたとは言いがたい。しかし、時代状況に呼応して、女性のための知識の普及書においても、前世紀の婦人達の間での学問ブーム、科学熱は、そのまま継承されることはなかったとはいえ、とりわけ世紀初頭は、その記憶を幾ばくか次の時代に蘇らせる程度には引き継がれたとは言えないだろうか。
　ところで、こうした再版の書は、そのまま単に再版されたり、あるいは、増補改訂されながら、19世紀のある時期(特に王政復古時代)まで読者の歓迎を受けた後、やがては消えていく運命にあった。これには、いくつもの理由が考えられる。すなわち、時代の進展と共に内容が古びたということ、著者の死後、その意図を引き継いで改訂する者がもはやいなかったということ、他の類似した教養書と競合関係にあって商業ベースに乗ることができなかったということ、更には、より時代に呼応した新たな啓蒙書が登場

してきたといった理由が考えられるであろう。筆者は、この最後の点に注目して、目下、19世紀前半の女性ための啓蒙書の出版について調べを進めているところであるが、まだその全容を明らかにするに至っていない。しかし、これまでに検討してきた前世紀の状況がその後どのように引き継がれていくのかという点について、これまでの研究成果を交えながら、最後に若干記しておきたい。

4. 前世紀を継承する19世紀前半の女性のための知的啓蒙書

　産業革命がピークに達する第二帝政時代以降、出版文化も飛躍的な発展を遂げるが、その下地は、前世紀の啓蒙の時代精神を継承し、新しい時代の要求に応えながら出版文化が花開いていった19世紀前半に形成されたものである。この時代は、人気を博した有名なロレ(Roret)の百科全書的な叢書の相次ぐ出版に代表されるように[213]、前世紀の知的啓蒙書の出版の伝統を継承して、普及書の出版が拡大しつつある時代であった。出版文化の進展には、教育制度の整備が進んでいった背景があるが、本書の第1章で触れたように、女子の場合は、その歩みが遅れていたという事情があった。そうした中で、教養という伝統的な楽しみを求める女性達や、複雑化する社会の中で、サロンでの社交活動や家庭での役割を十分果たすことを求められる女性達を意識した知識の普及書も少なからず出版されていったのである。以下にその例をいくらか具体的に記してみたい。

　18世紀末、百科全書的な啓蒙の精神の女性への波及効果とでもいうべき『婦人の百科文庫』は、前世紀においても極めて例外的な叢書であった。19世紀前半、婦人達の際立った学問熱は影を潜めたかのように見えるが、その精神を継承する書物はあったのである。

　それは、実用的な教養書の出版を手掛けていたオド(Audot)社から出た『婦人の百科事典』(22巻)(*Encyclopédie des dame*, 22 vol., 1821-1823)[214]である。本叢書の発売前に出た内容案内冊子[215]によると、これは、18世紀末の婦

第 4 章　18 世紀から 19 世紀へ

人文庫同様、十八折版サイズのテーマ別による百科文庫であり、数学、天文学、物理、化学、発明発見史、博物学、生理学、保健、装い、家政、地図(地理及び天文学の)、地理、神話、古代史、世界の歴史、美術、音楽、舞踊、古代文学、フランス文学など、優れた業績を誇る執筆陣も擁して、実に幅広いテーマに亘る知識を提供しようとするものであった。全巻揃えば、182-184 巻の膨大な叢書になるはずであった。しかし、実際に出版が実現したのは、博物学と植物学、フランス史、古代文学(ラ・アルプの『リセ、あるいは古代と近・現代の文学講座』からの抜粋版)、論理学、音楽史、美術、舞踊、地図(古代と現代の)、家政、装いを扱った 22 巻でしかなかった。しかし、ディドロの『百科全書』を連想させるタイトルと共に、18 世紀末の膨大な婦人文庫を髣髴とさせるこの叢書の企画だけでも、啓蒙の時代精神の反映を見て取ることができよう。更に、あの前世紀の婦人文庫には、古代ギリシャ・ローマの古典の翻訳が多くは抜粋の形で多数収められていたが、この時代、古代から 18 世紀初頭までのヨーロッパ各国の古典を紹介する『婦人のための精選文庫』(全 36 巻) (*Bibliothèque choisie pour les dames*, 36 vol., 1818-1821)[216]も刊行され、うち 24 巻がこうした古典の翻訳の抜粋に充てられているのである。新たなこれらふたつの博学の叢書の出版は、いずれもブルボン王朝が復活し、前世紀のサロンの蘇りが見られた王政復古時代である点が興味深い。

尚、こうした百科全書的な啓蒙精神は、既に、世紀初頭、未完に終わった多様なジャンルの書き物で構成された『婦人の百科事典』(2 巻)(*Encyclopédie des dames*, 2 vol., 1806)[217]の中に継承の萌芽のひとつが認められていたものであるが、七月王政下に出る極めて完成度の高い女性用の百科辞典『婦人と若い娘用の会話辞典』(全 10 巻)(*Dictionnaire de conversation à l'usage des des dames et des jeunes personnes*, 10 vol., 1841)[218]に本格的に引き継がれることになるのである。

ところで、先のオド社から出た叢書の企画は「女性用の知育の完璧な講座[219]」であったが、この理念はミルモン伯爵夫人による女性用の講座シリーズのタイトルにあった「知育の完璧な講座」(cours complet d'instruction)

に通じるものである。因みに、未完に終わったミルモンやフロマジョの学習講座シリーズの試みは、19世紀初頭、歴史と地理、博物学、神話といった婦人のための基礎的な学習講座であるやはり未完の『婦人の古典』(2巻)(*Le Classique des dames*, 2 vol., 1803)⁽²²⁰⁾で再度挑戦がなされ、七月王政時代、百科全書的な総合学習講座シリーズ『女子のための完璧な教育講座』(全23巻)(*Cours complet d'éducation pour les filles*, 23 vol., 1837-1844)⁽²²¹⁾によって、初めて完全版が実現することになる。

この他、本書では総合学習書に分類したルプランス・ド・ボーモンによるあの『百科』のシリーズは、これを借用したり改変して再構成した『若い令嬢の百科事典』(*Encyclopéide des jeunes demoiselles*, [1807])⁽²²²⁾の中に蘇った。ここでも女教師と女生徒達との対話形式が採用され、やはり精神修養的側面が重視されているが、『百科』のシリーズよりは、知識内容が整理されているものである。

一方、フォントネルの『世界の複数性についての対話』は、その中身が古びても19世紀に読み継がれ続けたが、19世紀初頭、同じギャラントリーの精神に溢れた文学的な科学の普及書、『物理学と化学、博物学についてのソフィーへの手紙』(*Lettres à Sophie, sur la physique, la chimie et l'histoire naturelle*, 2 vol., 1810)が爆発的な人気を呼び、1833年には第11版が出る。詩句を交えた書簡形式の本書は、フォントネルの書だけでなく、同じ形式を採用してやはり19世紀も人気を保ち続けたドゥムースチエの『神話についてのエミリーへの手紙』(1786-1790年)などの影響が特に認められる文学的な科学の啓蒙書である⁽²²³⁾。

その他、女性のための保健医学の書『女性の友』(*L'Ami des femmes*, 1804)⁽²²⁴⁾や、少女向けの修辞学の学習書『若い令嬢の修辞学』(*Rhétorique des jeunes demoiselles*, 1839)⁽²²⁵⁾、フランス語文法の普及書『ヴォードヴィルによる文法』(*La Grammaire en vaudevilles*, 1806)⁽²²⁶⁾、母親と女教師のための教育の手引書『女性の実際的な教育、一家の母親と女教師用の教本』(*Education pratique des femmes, manuel à l'usage des mères de famille et des institutrices*, 1841)⁽²²⁷⁾など、前世紀と同じジャンルの普及書も出版されている。

いやそればかりではない。先に挙げた膨大な女子用の学習講座シリーズが、19世紀前半に完成したという事実は、確かに驚きであろう。しかし、それ以外にも、女性の法律の知識の重要性が唱えられながら、遂に実現しなかった女性のための法律知識の啓蒙書が、王政復古時代に2点も出ることになるのである[228]。又、七月王政時代、男子に遅れを取りながらも少しずつ整備されていく女子の初等教育の制度に対応して、女子教員資格試験用のマニュアル本という新たなジャンルの普及書も登場する[229]。これは、啓蒙の時代精神の波及効果が、時代と共に広がりを見せていったことを示す例として注目したい事実である。

まだ、分析を進めている過程であり、詳述することは差し控えるが、以上に例示した女性のための知的啓蒙書の存在は、前世紀の知識の普及書の前例を考慮してこそ、理解できるものであると著者は確信している。

＊ ＊ ＊

反動であれ、啓蒙精神であれ、19世紀前半が18世紀の継承の時代であることに疑いはない。反動の時代であると共に、啓蒙の時代精神の継承の時代であったからこそ、幾ばくかでも、あの「女性の時代」の蘇り現象はあったと言える。

そして、19世紀前半、そうした時代の状況に呼応するかのように、前世紀の出版物の再版という現象の中に、前世紀との連続性が顕著に表われているのである。中でも、啓蒙の時代精神の継承は、啓蒙思想家達の著書の相次ぐ再版と共に、知的啓蒙書が盛んに再版された事実に認めることができるはずである。

そして、女性のための知的啓蒙書も又、判明している数は限られてはいるが、そうした現象の流れの中にあったという事実は、実に興味深いと言わねばならない。とりわけ、啓蒙の時代精神を反映し、真摯な啓蒙の意図とそのための種々の工夫がなされたものも少なくないという事実は、特に注目に値する。尤も、野心的な内容の啓蒙書もある中で、大半が基礎的なレベルに止まっていることも事実であるが、女性の公教育の不備を考えれ

ば、そして、少しでも広範な読者のことを考慮すれば(実際には、商業ベースの問題もあるのであるから)、まず求められるのは、基礎の啓蒙書なのであったのは当然であろう。しかし、こうした再版ものが限られているからといって、前世紀の女性のための啓蒙書の出版を、例外的な現象と決め付けることは避けるべきであろう。なぜなら、目下探究の過程ではあるが、19世紀前半、新たに世に送り出された女性のための知識の普及書も又、前世紀の啓蒙の時代精神とその産物である女性のための知的啓蒙書の前例の影響を受けている可能性が高いという事実が想定されるからである。

第 4 章　18 世紀から 19 世紀へ

註

(1) フランソワ・フュレ他『フランス革命事典』第 1 巻、河野健二他監訳、みすず書房、1995 年、第 721-736 頁、第 804-818 頁参照。原著、FURET (François) et OZOUF (Mona), *Dictionnaire critique de la Révolution française*, Flammarion, 1988.

(2) BADINTER (Elisabeth), *Emilie, Emilie, l'ambition féminine au XVIIIème siècle*, p. 29 参照。

(3) 赤木富美子著『フランス演劇から見た女性の世紀』大阪大学出版会、1996 年、第 3 頁。

(4) «Charte constitutionnelle de 1830» in *Les Lois françaises de 1815 à 1914 accompagnées des documents politiques les plus importants*, 4e éd., p. 67 参照。

(5) «CHARTE CONSTITUTIONNELLE» in *Les Cinq codes du royaume*, Delarue, 1825, p. 1 参照。

(6) 7 月王政時代、「もはやサロンというものはない」(Il n'y a plus de salons) と決まり文句のように言われたという。(MARTIN-FUGIER (Anne), *La Vie élégante ou La Formation du Tout-Paris 1815-1848*, Fayard, 1990, p. 99 参照。)

(7) 革命前からパリでサロンを開いて社交界の花形であったスタール夫人は、テルミドールの反動後、パリでサロンを再開し、執政政府時代には、彼女のサロンは、反ナポレオンの自由主義者の集う場となった。1803 年には、ナポレオンによってパリ退去を余儀なくされたが、ナポレオンが失脚するや、彼女にとって「輝かしい日々が戻った。パリの夫人のサロンには、ヨーロッパ中の名士が競って訪れた」のであった。(室井庸一他編『フランス女流作家たち』三省堂、1989 年、第 76 頁参照。)

(8) ソフィー・ゲーのサロンも、パリでは評判が高かった。彼女は、「機知のある会話、美貌、広い趣味によって人を飽かず楽しませることができた」ということであるから、まさに、前世紀のサロンの女主人の資質を持ち合わせていたのである。(伊東冬美『ジラルダン夫人の生涯』TBS ブリタニカ、1990 年、第 17 頁。)

(9) マリー＝アントワネットの専属画家であったヴィジェ＝ルブラン夫人は、既に革命前のパリで、ディドロや数学者のダランベール(d'Alembert)、作家のマルモンテル(Marmontel)、ラ・アルプなどが集うサロンを開いていた。革命時代は国外に逃れていたが、1802 年にパリに戻り、ナポレオンの要請で、その妹カロリーヌ(Caroline)の肖像画も書いている。彼女は、復古王政期にサロンを再開し、これは彼女が亡くなるまで続いた。

(10) ダグー伯爵夫人のパリのサロンは、とりわけ、七月王政時代、「音楽や絵画、文学を変革しようとしている芸術家や思想家だけを迎え入れた。時代の雰囲気、社会そのものがそこにみなぎっていた」という。ドミニック・ドゥザンチ『新しい女』持田明子訳、藤原書店、1991年、第61頁参照。(原著、DESANTI (Dominique), *Daniel ou Le Visage secret d'une comtesse romantique, Marie d'Agoult*, Stock, 1980.) この他、1814年から1830年頃まで、最も栄えた政治・文学サロンで、王党派や文学界の名士達が集まっていたレカミエ夫人 (Madame Récamier, 1777-1849) のサロン、1830年代半ばから1850年代半ばまでパリで開かれていた作家のジラルダン夫人 (Madame de Girardin, 1804-1855) の文芸サロンなども有名であった。

(11) CERFBERR (Gaston) et RAMIN (M. V.), *Dictionnaire de la femme et de la famille*, Firmin-Didot, 1897, p. 613参照。とりわけ19世紀後半政界に大きな影響力をもったジュリエット・アダン (Juliette ADAM, 1836-1936) は、有力な政治・文芸サロンを開いていた。(菊森秀夫『文芸サロン』中央公論社、1979年、第139-148頁参照。)

(12) 彼女は、娘時代、ギリシャ・ラテンの作家の書を翻訳で学び、フランス文学は勿論、英文学にも通じ、イタリアの散文家や詩人も知り、「17世紀の古典主義作家達や18世紀の思想を吸収した」のであった。(D'ANDLAU (B.), *La Jeunesse de Madame de Staël (de 1766 à 1786) avec des documents inédits*, p. 59参照。) 更に、母親のネッケル夫人 (Madame Necker, 1739-1794) がパリで開くサロンに、少女時代から参加を許されていた。「当時パリで最ももてはやされた文学サロンのひとつであった」彼女のサロンには、マルモンテルやディドロ、ヴォルテール、グリム、ビュフォン、ラ・アルプなどの他に、革命時代には、コンドルセやシェイエス (Sieyès) など多彩な著名人が集まっており、「このサロンはすべてを学ぶ場であり、世界に通ずる窓であった。[...] 進歩的な啓蒙思想家たちが政局を議論したり、来たるべき社会の未来像を熱をこめて語ったり、作家が書き終えたばかりの自分の原稿を読みあげて客たちの反応をうかがったりする、いわば時代の最先端をゆく「知識の発酵所」」であった。ここでの教育は、彼女に多大な影響を与え、「後の文学者スタール夫人のあらゆる活動の源泉は、この時期に培われた精神から発しているといっても過言ではない」と言われている。事実、サロンは、彼女の会話と議論への好みと技を育み、常連の啓蒙思想家達が、彼女に「未来への進歩へのゆるぎない確信を与えてくれた」のである。(室井庸一他、前掲書、第61頁参照。)

(13) 本書の第2章の註(46)参照。ジャンリス伯爵夫人については、同章の註(46)及び(100)、LABORDE (Alice M.), *L'Œuvre de Madame de Genlis*, Editions

第4章　18世紀から19世紀へ

A.-G. Nizet, 1966 他参照。

(14)　GENLIS, *Projet d'une école rurale pour l'éducation des filles*, Maradan, 1801、GENLIS, «Réflexions préliminaires sur les femmes» in *Histoire des femmes célèbres*, tome 1, pp. 9-10 参照。後者は、*Œuvres choisies de Madame de Genlis*, tome XIII, Paris et Londres, Colburn, 1813 に収められた版による。

(15)　彼女の女子教育論は評判を呼び、ナポレオンは彼女を、レジオン・ドヌール勲章受章者の娘や孫娘、姉妹達が入学を許されるレジオン・ドヌールの学校(Maisons d'éducation de la Légion d'honneur)の初代校長に迎えようとしたが、彼女はこれを拒み、以後、自身でパリの自邸に開いたばかりの若い娘達のための寄宿学校の運営に精力を注ぐことになる。当時の学校案内書などによると、カリキュラムは、フランス語の読み・書きと文法、計算、地理、神話、歴史(世界史、ローマ史、フランス史)、作詩法、文学の基礎、英語、イタリア語、ピアノ、デッサン、針仕事であった。このカリキュラムは、十分とは言えないにしても、当時としては、多様性のある内容である。この点については、『女性の使命に最も対応していると思われる種類の教育についての試論』の初版に添付された彼女の経営する「若い娘達のための学校」の案内書、及び第2版(1801年)に追加された『実践的考察』(*Considérations pratiques*)参照。彼女の学校は、「最高の名家」が娘達の教育を託しに詰め掛けたという。(LE GROING LA MAISONNEUVE, *Op. cit.*, 3e éd., p. xiv 参照。)
ル・グロワン・ラ・メゾヌーヴについては、本書第2章の註(53)参照。

(16)　«Etude sur la vie et les œuvres de Sophie Germain» [par H^{te} Stupuy] in *Œuvres philosophiques de Sophie Germain*, nouvelle éd., Firmin-Didot, 1895, p. 5 参照。彼女は、少女時代、数学史の本を読んで以来数学に夢中になり、1794年開設されたばかりの公共土木事業中央学校(Ecole centrale des travaux publics で、1年後に理科系のエリート校である理工科学校(Ecole polytechnique)になるが、いずれも女性は受講を許されていなかった。)の一流の教授達、とりわけ化学者のフルクロワや数学者のラグランジュ(Lagrange)の講義ノートを入手して勉強した。

(17)　例えば、ダシエ夫人(1647-1720年)が世に出したホメロスの作品の優れた仏語訳は、18世紀は勿論、19世紀になっても再版され続け、フランス国立図書館は、19世紀前半の版だけでも、少なくとも、『イリアス』(*L'Iliade*, 1699)は6つ、『オデュッセイア』(*L'Odyssée*, 1708年)は5つの版を所蔵している。啓蒙思想家や作家達の集まる有名なサロンを開いていた作家のタンサン侯爵夫人(marquise de Tencin, 1681-1749)の著書も、個々の作品は勿論だが、『タンサン夫人全集』(*Œuvres complètes de Mme Tencin*, 4 vol., 1812)や『タンサン夫人

371

著作集』(*Œuvres de Mme de Tencin*, 1847 年)など、選集や全集(単独又は他の作家との合本で)の形で、19 世紀半ば過ぎまで、幾度も版を重ねている。又、パリで有名な百科全書派のサロンを開いていたジョフラン夫人(Madame Geoffrin, 1699-1777)への賛辞(作家で哲学者のモルレ(Morellet, 1727-1819)や数学者のダランベール(d'Alembert, 1717-1783)などによる。)が収められている『ジョフラン夫人礼賛』(*Eloges de Madame Geoffrin*, xxiv-283 p., H. Nicolle, 1812)が出ているし、有名な革命家ロラン夫人(Madame Roland, 1754-1793)の回想録、『ロラン夫人回想録』(*Mémoires de Mme Roland*, 2 vol.)は、1820 年にパリのボードワン・フィス(Baudoin fils)から初版が出て、19 世紀前半だけでも 4 回版を重ね、20 世紀に至るまで再版され続けた。

(18) サンドは、修道院では大した教育を受けられなかった。その代わり、父親の家庭教師をしていたことのある男性が、ラテン語から歴史、植物学に至るまで彼女の知育に携わった。しかし、彼女は、何よりも自宅で、古代文学、古典と現代文学、思想・哲学書、英文学などの幅広い読書経験を積むことができたのだという。(SAND, *Histoire de ma vie* in *Œuvres autobiographiques*, tome 1, Gallimard, 1970, pp. 774-775, pp. 798-812, pp. 1037-1100、SALOMON (Pierre), *George Sand,* Hatier, 1953, pp. 14-15 参照。)

(19) DUPECHEZ (Charles), *Marie d'Agoult*, Académique Perrin, 1989, p. 39 参照。この他、デルフィーヌ・ド・ジラルダン(Delphine de GIRARDIN, 1804-1855)は、前世紀の社交界の女主人の資質を持った才媛の母親、ソフィー・ゲーの薫陶を受けてその文才を育み、多才な作家活動に従事するとともに、有名な文芸サロンを切り盛りする女性となった。母親から、「ギリシャ語、ラテン語に通じた作家の言葉を勉強するよう」言われていた彼女は、既に、10 才から 17 世紀の古典主義作家の作品に親しんでいたという。(伊東冬美、前掲書、第 20 頁参照。)

(20) 以下、このケースを含め、1815 年以降の出版物の出版申告部数については、本稿で特に注記しない限り、全て、フランスの国立古文書館所蔵のパリでの出版申告台帳(*Déclarations des imprimeurs [de Paris]*, années 1815-1834, 1838-1849, F/18*(II) 1-35、及び *Déclarations des imprimeurs de Paris*, 1817-1834, F/18*/43-119)による。又、1811 年から 1814 年の出版物の出版部数について、本稿で特に注記しない場合は、1811 年 11 月から 1814 年 3 月までに限り出版部数の記載がある出版報(*Bibliographie de la France, ou Journal général de l'imprimerie et de la librairie*)による。

(21) «un livre longtemps resté classique pour les établissements de jeunes filles» (GRÉARD, *Education et instruction*..., tome 1, 2e éd., 1889, p. 110.)

(22) BOULARD (Antoine-Marie-Henri), *Avis d'une mère à sa fille, par Mme de Lambert, en allemand et en français, avec une traduction interlinéaire de l'allemand, propre à faciliter l'étude de cette langue*, 2 parties en 1 vol., in-8°, H. Agasse, an VIII.

(23) *Bibliographie de la France*, 16 avril 1813, p. 179 参照。

(24) *Nouvelle Biographie générale*, tome 9, Firmin-Didot, 1858, p. 906 参照。

(25) «Cours de lecture suivi par Adèle depuis l'âge de six ans jusqu'à vingt-deux» in GENLIS, *Adèle et Théodore*, tome 3, M. Lambert, 1782, pp. 343-354、*Ibid.*, 6e éd., tome 4, Lecointe et Durey, 1822, pp. 383-404 参照。第6版以前の19世紀の版は、フランス国立図書館も所蔵していないので、ここでは言及不能である。又、1827年の第7版での読書プランは、第6版をそのまま踏襲することになる。

(26) 復古王政末期には、年間7,000点から8,000点の発行がなされた。(ESTIVALS, *La Statistique bibliographique de la France sous la monarchie au XVIIIe siècle*, pp. 407-415、LYONS, *Le Triomphe du livre*, pp. 12-13 参照。)

(27) *Histoire de l'édition française*, tome 2, p. 737 参照。

(28) SAUVIGNY (G. de Bertier de), *La Restauration*, Flammarion, 1990, p. 329 参照。

(29) ロジェ・シャルチエ著『読書の文化史』福井憲彦編訳、新曜社、1993年、第49頁。

(30) LYONS (Martyn), «LES BEST-SELLERS» in *Histoire de l'édition française*, tome 3, pp. 415-419、LYONS, *Le Triomphe du livre*, pp. 83-84 参照。以下、本稿で示すベストセラーの総出版部数については、これを典拠としている。

(31) ライアンズによる一覧表「フランスのベストセラー」(Best-sellers français)は、1811年から1850年まで、5年刻みによる7つのランキング表で構成され、総出版部数(推定も含める。)による上位12点から上位31点(表によって数が異なり、平均すると上位25点位を列挙している。)を紹介している。これをもとに、ベストセラーとして列挙されている出版物の総点数に占める17-18世紀の再版と19世紀の出版物の割合(但し、一覧表にある外国で出版された書物の仏語訳書は除外する。)を示すと次のようになる。

年代	ベストセラー総点数	17世紀の再版	18世紀の再版	19世紀
1811-1815	12	50％	42％	8％
1816-1820	20	25％	55％	15％
1821-1825	24	25％	42％	17％
1826-1830	30	20％	40％	13％
1831-1834	27	19％	19％	48％
1835-1840	26	19％	15％	38％
* 1841-1845	31	19％	19％	29％
1846-1850	28	18％	11％	61％

*仏語訳書を加えると、17世紀から順に、23％、26％、42％である。

(32) *Bibliographie de la France, ou Journal général de l'imprimerie et de la librairie*, 1814-1848, *Bibliographie de l'Empire français, ou Journal général de l'imprimerie et de la librairie*, nov. 1811-1814.

(33) 子供用の版でフランス国立図書館が所蔵する最も古い版は、『子供の小ビュフォン』(*Le Petit Buffon des enfans*, in-24, Avignon, E. Chaillot, 1810)であるが、これ以前にこうしたタイトルの書があったかどうかは、目下のところ不明である。

(34) 本書は、百科事典という名のテーマ別の子供用の総合学習書である。巻末にアルファベット順の索引がある。3色を用いて大陸を縁取りした世界地図と、国境と県を色で縁取りしたフランスの地図、神話の神々の姿と「世界七不思議」の図版付きである。第6版の序文に、「この概要書(abrégé)は、両性の若い人用(à la jeunesse des deux sexes)である」(6ᵉ éd., Boiste fils aîné, 1825, p. vj 参照。)と、初版と同一の表現がある。

(35) この他、バスヴィルの『神話の基礎知識』(*Elémens de mythologie*, 1784)も[1805]年(出版報に掲載された年代で、現物は未確認)に男女用として再版された模様である。18世紀の版と再版については、本書第3章の註(94)参照。

(36) 第3版(1806年)の存在は、1837年版の「偏者の前書き」(AVANT-PROPOS DE L'ÉDITEUR)に記載されている。(BAUDELOCQUE, *Op. cit.*, p. v 参照。)

(37) 本書筆者は、学位論文提出後、この版の存在を1996年にヴァンヌ(Vannes)のビュリリエ(Burillier)から出た第3版のリプリント版により確認した。図版(planche)はないが、本文には図を示す記号が付されており、もともと第7版に見られるような図版1枚があったと考えられる。中表紙の前の頁には、本書が収めれている154巻本の叢書の宣伝が付されている。本書第3章の註(297)及び対応する第3章の本文参照。

第 4 章　18 世紀から 19 世紀へ

(38) 彼の孫による『妊娠中の子供の生命維持とその誕生から 6~8 才までの育児法についての一家の母親への助言』(1838 年)の表表紙には、「N. ソースロット、学士院、モンペリエ、パリなどの医学会会員、元筆頭軍医長など」とある。彼は、子供の身体育成に関して国民公会から表彰されたという。(*Grand Dictionnaire universel du XIXe siècle*, XIV, 1875, p. 258 参照。)又、『妊産婦と幼い子供に関するいくつもの偏見と誤った習慣の検討』(*Examen de plusieurs préjugés et usages abusifs concernant les femmes enceintes, celles qui sont accouchées et les enfans en bas âge*, in-12, xij-99 p., 1777)なども出版している。

(39) SAUCEROTTE, *Avis aux mères*..., 1838, p. 64 参照。下線は本稿筆者による。A.-C. ソースロットは、19 世紀後半に至るまで、医学新聞や、百科事典等のために活発な執筆活動をしたり、物理、科学、博物学の概説書を多く世に出した人物である。又、地方都市の高校の博物学の教授も務めた。(*Grand Dictionnaire universel du XIXe siècle*, XIV, 1875, p. 258 参照。) 尚、第 3 版の表紙には、彼の名前の下に、「パリ大学の医学博士、王立医学アカデミー、ブリュッセル、カーン(Caen)、メス(Metz)、ディジョン(Dijon)の科学アカデミー、ナンシー(Nancy)の王立協会、モスクワの物理・医学会などの通信会員、受賞歴のある幾冊もの書の著者」とある。

(40) 尤も、大幅に増補された 1806 年版(in-12, 5 vol., Maradan)には、女性史に関する項目が追加されており、女性読者のことが念頭にあったことに変わりはなかろう。例えば、「アマゾンについて」(Des Amazones)や「最近 2 世紀の最も有名な女性作家達についての解説」(Notice des femmes auteurs les plus célèbres des deux derniers siècles)という項目が追加されている。(GENLIS, *Les Annales de la vertu ou Histoire universelle, iconographique et littéraire, à l'usage des artistes et des jeunes littérateurs, et pour servir à l'éducation de la jeunesse*, nouvelle éd., revue, corrigée et augmentée de plus de 700 pages, Maradan, 1806, tome 1, pp. 424-427 ; tome 5, pp. 205-242 参照。)

(41) 1816 年版は、医学博士キャピュロン(本書第 3 章の註(121)参照。)による増補改訂新版であるが、その新しい序文(もはや初版の序文は掲載されていない。)によると、本書は好評で、幾度も版を重ね、読者対象とした女性達だけでなく、「医師や外科医の大部分」も本書を手にしていたという事実が記されている。改良された新版は、「専門家や慈善活動家の婦人達だけでなく、医学教育を受けなかったものの、健康に良いあるいは有害なものを採用もしくは退けるための十分な知識を有する全ての人に大いに有益」であることを謳っている。(ARNAULT DE NOBLEVILLE, *Manuel des dames de charité, ou Formules de médicamens, faciles à préparer, dressées en faveur des personnes*

charitables, qui soignent les pauvres des villes et des campagnes. Avec des remarques sur le traitement des maladies les plus ordinaires, et un abrégé de la saignée, nouvelle éd., revue et augmentée, par Capuron, Thomine, 1816, p. v, p. vij 参照。)

(42) 18世紀に出版されたもので新たに女性用として出版された『令嬢のビュフォン』(*Buffon des demoiselles*, 1819) と、N. ソースロットの書 (1796年) の1838年版『一家の母親への助言』(C. ソースロットによる新版) を含む。

(43) 本書第3章9.の中の「再版と反響について」参照。

(44) «l'accoucheur le plus distingué de la première moitié de ce siècle» (*Grand Dictionnaire universel du XIXe siècle*, X, p. 554.) 尚、第7版の表紙には、「F.-J. モロー、パリ大学の産科、婦人科、小児科の教授、パリの産院の医師など」とあり、ボードゥロック同様、助産婦養成に携わっていた。

(45) *Etudes convenables aux demoiselles*, tome 1, 1809 参照。

(46) 但し、版型が不明であるボードゥロックの『分娩術の基礎知識』(1806年版) は除く。尚、ラランドの『婦人の天文学』の19世紀の再版のうち、本書筆者架蔵の1821年版 (第7版) は十二折版であるが、中身の印刷は十八折版と同じであるため、余白がその分多くなっている。

(47) 同じ叢書に収められていたルッセルの『身体と精神から見た女性について』の元になった女性生理学の書『女性の身体と精神の仕組み』(*Le Systême physique et moral des femmes*, 1775) は、19世紀になっても版を重ね、19世紀前半に限っても、判明しているだけで5回版を重ねている。

(48) 後者の18世紀版の序文については、第4版 (1765年)、第5版 (1776年)、第6版 (1787年) のように博学な説明が入るものもあった。19世紀の版で現物を確認できた5つの版のうち、第2版の序文を採用しているのは1835年版を含め3つの版である。尚、ふたつの序文は著者の存命中に出来上がっており、2種類ある理由は目下の所不明である。

(49) GAILLARD, *Rhétorique française, à l'usage des jeunes demoiselles*, 1823, p. iij 参照。「一種の実践的修辞学」の原語は、«une espèce de Rhétorique-Pratique» である。

(50) *Ibid.*, pp. v-vj 参照。

(51) *Ibid.*, p. vj 参照。

(52) アントワネット・デズリエール (Antoinette DESHOULIÈRES, 1637-1694) は、詩人として名声を博した女性で、ルイ14世から年金を与えられ、ヴォルテールも、彼女を「フランスの最も偉大な女性詩人」のひとりと認めていたという。(*Dictionnaire des femmes célèbres*, p. 237 参照。)

(53) GAILLARD, *Op. cit.*, 1823, pp. vj-vij 参照。
(54) *Ibid.*, p. vij 参照。
(55) *Ibid* 参照。
(56) *Ibid.*, 1822, p. v 参照。
(57) *Ibid.*, pp.v-vj 参照。
(58) *Ibid.*, p. vj 参照。
(59) *Ibid* 参照。
(60) *Ibid.*, p. viij 参照。キケロは『大カトー・老年について』を書いたが、ランベール夫人(1647-1733年)はキケロが問題にしていなかった女性の老いと老年期について、『老年論』(*Traité de la vieillesse*)に纏めた。女性達に有益な助言が見出されるこの倫理的な考察は、1747年に出版されたランベール夫人の作品集の中で発表され、賞賛の的になったという。(LAMBERT, *Œuvres*, pp. 179-180 参照。)
(61) 彼は、「無名、無知、怠惰、あるいは軽薄な楽しみ事のうんざりさせるような繰り返しを女性達に余儀なくさせるああした時代遅れの偏見(préjugé gothique)の跡がいつの時代にも見られるものだ、しかし、いつの時代にも、女性達が、このしつこい桎梏(joug importun)に堂々と揺さぶりをかけ、不滅へと飛翔し、男達に彼女達を感嘆させ、あるいは羨望させるのも又目にするのである」(GAILLARD, *Op. cit.*, pp. viij-ix 参照。)と言っている。
(62) *Ibid.*, pp. x-xj 参照。
(63) 彼は、「いかなる性、身分の人であれ、成功裏にそれら[芸術]に専心する者達を尊重しよう」(*Ibid.*, p. xij 参照。)と言っている。
(64) «Si les Dames ne se distinguent point par de grandes actions, c'est qu'on leur en ôte les moyens, en les éloignant des grands emplois»(PANCKOUCKE, *Op. cit.*, tome 1, 1749, p. v.)
(65) *Ibid.*, pp. v-vj 参照。
(66) *Ibid.*, p. vj 参照。
(67) LEPRINCE DE BEAUMONT, *Magasin des adolescentes*, tome 1, 1778, p. x 参照。
(68) *Ibid.*, p. xxij 参照。
(69) «Aujourd'hui les femmes se piquent de tous lire ; histoire, politique, ouvrage de philosophie, de Religion ; il faut donc les mettre en état de porter un jugement sûr par rapport à ce qu'elles lisent, & leur apprendre à discerner le vrai d'avec le faux»(*Ibid.*)
(70) 1806年版の本文に出て来る最も新しい既知の天文学的現象の年代は「1805

年」である。500以上の彗星がこれまで現れたが、今後現れたらそれとわかる彗星は1805年までに94個だけが観測されたり記述されたとしている。(*Astronomie des dames*, 3e éd.,1806, p. 176参照。)又、計算上、今後認められると予測される現象の記述については、水星の太陽面通過が1815年と1832年に起こるとしている。(*Ibid.*, p. 127参照。)実際には、このふたつの年代の間にも太陽面の通過が起こることになるが、ふたつの年代そのものは正確な記述である。これらの点については、後の版(フォントネルの書との合本版を含む。)でも変更がない。尚、第4版(1817年)以降の版では、1806年版に見られた古めかしい綴り字は、そのほとんどが現代風に改められている。

(71) *Ibid.*, 7e éd., 1821, p. 2参照。以下、1806年版も原文に変更はない。

(72) *Ibid.*, p. 3参照。フォントネルの書は、天文学の概説書の体裁をとりながら、タイトルに「天文学(astronomie)」の語がない。赤木昭三先生は、その訳書『世界の複数性についての対話』(工作社、1992年)の「解説」(第208頁参照。)で、タイトルにある「世界の複数性」こそその主題であることを的確に指摘された。しかし、当時の一般の読者にそうした意識があったかどうかは疑問である。ラランドはフォントネルの書を批判して、ご婦人方により正確な天文学の知識を与えようと『婦人の天文学』を著し、19世紀には、ラランドの書が「フォントネルの書への手ほどきと必要な補い (une introduction et un complément nécessaire à l'ouvrage de Fontenelle)」(«Avertissement des éditeurs» in *Entretiens sur la pluralité des mondes par Fontenelle, précédés de l'Astronomie des dames par J. de Lalande*, 1820, p. [6] ; 2e éd., 1826, p. ij参照。)と位置づけられ、フォントネルの書の前にラランドの書を序章のように加えた合本が出版されたのも、一般には、フォントネルの書が、文学としても面白く読める天文学の入門書というふうに受け取られがちであったためではなかろうか。

尚、本章の「再版された女性のための知的啓蒙書一覧」のリストで示したフォントネルの書との合本版は、1841年版も含め、3つともラランドの書が先に収められている。フォントネルの書は人気はあるが、より正確な天文学の知識を読者に提供する必要があると判断して編者は、このような配慮をしたと考えられる。したがって、19世紀に出た両者の合本版は、ラランドの意思を継承するものとして評価されるべきである。L. シービンガーは、怪しげな典拠(目下のところ確認不能)を基に、「[...]ラランドは特に女性のために、率直で簡潔な散文で書いたのである。しかし、ラランドは失敗だった—女性達の間でさえ、『女性叢書』[『婦人の百科文庫』のこと]の編者が指摘した通り、「ラランドの『女性[婦人]の天文学』は[フォントネルのものより]勉強にはな

第 4 章　18 世紀から 19 世紀へ

るがそれほど面白くなくほとんど読まれなかった」」(シービンガー『科学史から消された女性達』藤岡他訳、第 296 頁。)と決め付けている。確かにフォントネルの書の方が面白く読まれ、読者に受けたことは事実であろうが、本章 3. で掲げたリストで示した通り、19 世紀前半、ラランドの書はフォントネルの書に劣らず版を重ねただけでなく、合本版のようにフォントネルの書を補完する役目も与えられていたのである。よって、ラランドの書は、もっと評価されるべきであろう。

(73)　LALANDE, *Op. cit.*, 7ᵉ éd., 1821, p. 7 参照。
(74)　BAUDELOCQUE, *Op. cit.*, 1837, p. xj 参照。
(75)　*Ibid.*, p. vj 参照。
(76)　*Ibid.*, pp. xij-xiij 参照。
(77)　彼によると、自身の教授経験から、「教理問答集の形式」(la forme de catéchisme)は、「ほとんど勉強する心構えのできていない、注意力を持続させられないような助産婦志願の生徒達が、熟慮したり、思いを巡らせたり、比較したり、判断したりする最良の方法であるという見解を確信した」ので、第 2 版(1787 年)もこの形式を維持するべきだと考えたという。そして、今回も又、分娩術を生徒達に教えられるのは、この形式で本書を著わすことだと大いに確信して、この第 3 版に問答形式を採用したとしている。(*Ibid.*, pp. xvj-xvij 参照。)
(78)　*Ibid.* 参照。
(79)　DELACOUX, *Biographie des sages-femmes célèbres*, 1833, p. 18 参照。
(80)　SAUCEROTTE, *De la conservation des enfans pendant la grossesse*, an IV, p. 12 参照。本書筆者による下線部分の原語は «Vous, femmes enceintes» である。
(81)　*Ibid.*, pp. 11-12 参照。
(82)　SAUCEROTTE, *Avis aux mères sur la conservation des enfants*, 1838, p. [iij] 参照。
(83)　事実、例えば、C. ソースロットは、種痘が天然痘を予防する確かな手段であることを強調する一方で、これを認めない「根絶しがたい偏見」(préjugés indéracinables)があることを指摘して非難している。(*Ibid.*, p. 62 参照。)
(84)　LALANDE, *Op. cit.*, 7ᵉ éd., 1821, p. 4 参照。
(85)　1841 年の合本版に収められた『世界の複数性についての対話』に付されたラランドによる「1801 年版の序文」(«Préface de l'édition de 1801» in *Astronomie des dames par Lalande ; suivie des Entretiens sur la pluralité des mondes par Fontenelle*, collection «Bibliothèque des demoiselles», A. René, 1841, p. 117.) 参照。尚、19 世紀前半にフォントネルの書とラランドの書との合本版

が、少なくとも3回出ているが、この点については、本章の註(72)参照。
(86) LAPLACE, *Op. cit.*, 4ᵉ éd. revue et augmentée, in-4°, viij-458 p., Vᵛᵉ Courcier, 1813 参照。ラプラスと本書については、第3章6.及び同章の註(71)で若干言及した。
(87) 18世紀版(初版と第2版)に既に図版が付されていたかどうかは不明である。リプリント版でしか確認できなかった1806年(第3版)にも、同様の図版があった模様である。この点については、本章の註(37)参照。
(88) 第1-2巻が『四足獣の博物学』(*Histoire naturelle des quadrupèdes*)、第3-4巻が『鳥類の博物学』(*Histoire naturelle des oiseaux*)である。尚、本書については、L. シービンガーが前掲書で、17-18世紀、婦人向けのポピュラーサイエンスの書が産業と化したことを記している第2章の註でそのタイトルを紹介しているが、それ以上の言及は全くない。(前掲書、第406頁の註5参照。)
(89) ロラン(Rollandで生没年不詳)による第4版(1846年)が、1848年に小学校の博物学の認定図書として公教育会議で承認される。(*Liste officielle des ouvrages autorisés pour les écoles primaires, depuis la réorganisation de l'Instruction publique jusqu'au 1ᵉʳ septembre 1850*, Jules Dalalain, [sans date], p. 26 参照。)
(90) *Buffon. Morceaux choisis, ou Recueil de ce que ce grand écrivain offre de plus remarquable sous le rapport de la pensée et du style*, par A. Rolland, 5ᵉ éd., ouvrage autorisé par le Conseil de l'Instruction publique, in-12, XII-228 p., Jules Delalain, 1850 参照。抜粋は、編者による脚注付きで、原文の一部を寄せ集めたものである。尚、巻末には、目次の前に、ビュフォンがアカデミーの会員として迎えられた際の演説(1753年8月25日付け)まで、脚注付きで掲載されている。
(91) *Le Buffon des demoiselles*, tome 3, p. ij 参照。
(92) *Ibid.*, pp. ij-iij 参照。尚、表紙のタイトルの下に、「この偉大な作家の最も見事な作品をそのまま踏襲し、最高の評価を受けた旅行記に集められている興味深くためになる多くの逸話で増補し、鳥を剥製にする方法についての概説を後付けした、ビュフォンの『博物誌』に準拠して編集した書」とあるが、原文を尊重しながら、追加をした文章の出典は明らかではない。
(93) *Ibid.*, p. iij 参照。
(94) *Ibid.*, pp. 1-46 参照。尚、本稿筆者が閲覧しえたフランス国立図書館所蔵の唯一の現物には、落丁があり、最初の2頁が欠落している。
(95) 第1巻については索引がないので、本書筆者が独自に索引を作成して計算に入れた。
(96) *Histoire naturelle générale* in *Œuvres complètes de Buffon* (in-18, 80 vol.,

第 4 章　18 世紀から 19 世紀へ

Lecointe, 1830-1832)のうち、該当する tomes 26-60 参照。
(97)　BLANCHARD, *Op. cit.*, tome 2, 1835, p. 218. 但し、「旧大陸の鸚鵡」(PERROQUETS DE L'ANCIEN CONTINENT)のような大雑把な見出しの許に種々のオウムが紹介されているような場合もあり、実際の総数はもう少し多くなる。
(98)　註(92)で記したように追加部分もあった。例えば、「猿」(SINGES)では、オラン・ウータンの優れた知性を証拠立てる興味深いエピソードを 3 頁近くに亘って紹介しているが、これは、原文にはなかったものである。(*Le Buffon des demoiselles*, tome 2, pp. 128-130 参照。)この記述は、新しい観察結果によるものであろうか。目下の所、追加された記述の学術的価値の検討まではできていない。
(99)　例えば、「猫」(LE CHAT)がこのようなやり方で縮約された項目の一つである。原文の後半にあった野性の猫についての詳しい記述は、3 行にまとめられている。そのため、図版にはある世界の様々な野性種の猫についての記述が完全にカットされており、やや物足りない。又、猫の性行動と妊娠の記述、猫の瞳孔についての詳しい記述も割愛されている。(*Ibid.*, tome 1, pp. 51-56, *Histoire naturelle* in *Op. cit.*, tome 27, 1830, pp. 178-195 参照。)又、ここでは、例えば、«mâcher»(咀嚼する)は «manger»(食べる)に書き換えがなされている。これは、読者対象を考慮してのことであろう。
(100)　例えば、ブランシャールの『若い人のビュフォン』(*Le Buffon de la jeunesse*)の項目「猫」(LE CHAT)では、性行動については言及しないものの、それ以外の点では、原文を必要に応じて利用し、原文にあった内容全体をわかりやすい形でなるべく盛り込む努力をしている。(BLANCHARD, *Ibid.*, 6e éd., 1835, tome 1, pp. 135-141 参照。)本書については、本章 2.で示した知識の普及書一覧にあるビュフォンの『博物誌』に付した説明参照。
(101)　但し、フランス国立図書館所蔵のこの版は、図版が欠落しているので、現物は確認できていない。初版(1801 年)は不明だが、第 2 版(5 vol., 1802 年)は、57 枚の図版があった。4 巻本の第 6 版は、よりコンパクトになって図版の枚数が減ったものと思われる。
(102)　LALOURCEY, *Le Nouveau Buffon de la jeunesse*, 3e éd., in-12, 4 vol., Genets jeune, 1817 参照。尚、本書は、人や爬虫類、魚類に関する記述もあり、各巻末に索引があることは勿論だが、第 1 巻の巻頭には、簡単な導入部分(但し、博物学の概要を伝える内容にはなっていない。)もある。当時多数出ていたこの種の普及書のうちでも、かなり充実した内容になっている。尚、本章の註(96)のビュフォンの全集で該当する巻については、401 枚の図版(in-18)が本文に挟み込まれているが、サイズが小さいので、1 枚につきひとつの生き物が

381

描かれているだけである。『令嬢のビュフォン』の綴じ込みの図版は、1枚にいくつも描かれていることが多い(1枚に10以上の生き物が描かれているものも幾枚もある。)ので、全体としてはこれを上まわる数になると思われる。
(103) 本書の好評ぶりについては、第3章の註(132)でも記した。
(104) «Avertissement de l'auteur» in BAUDELOCQUE, *Op. cit.*, 7ᵉ éd., 1837, pp. xvij-xxiij 参照。
(105) *Ibid.*, p. vj, p. viij 参照。
(106) *Ibid.*, p. vj 参照。
(107) *Ibid.*, p. ix 参照。
(108) *Ibid.*, p. xxiv 参照。
(109) 彼自身が仕事をしているパリの産科医院(Hospice de la Maternité)では、ここで生まれた10,687人の新生児のうち(産科医院開設の1797年12月10日から1805年の6月19日までについて)、その分娩の際、特別な処置が不可欠であったケースはせいぜい126人ないし127人に過ぎなかったという。(*Ibid.*, p. xxix 参照。)
(110) *Ibid.*, pp. xxx-xxxiv 参照。
(111) *Ibid.*, p. xxiv 参照。
(112) *Ibid.*, pp. 145-149、及び pl. VII 参照。
(113) «Des instrumens, de la saignée et de la vaccine» in *Ibid.*, pp. 509-567 参照。
(114) NYSTEN (P.-H.), *Dictionnaire de médecine, de chirurgie, de pharmacie, des sciences accessoires et de d'art vétérinaire*, 9ᵉ éd., 1845, p. 719 参照。
(115) ジョエル『医の神の娘達―語られなかった女医の系譜』内村瑠美子訳、メディカ出版、1992年、第92頁。
(116) 前掲書、第91-92頁。
(117) 本章2.の「知識の普及書の再版」のリスト参照。第8版(1844年)の総頁数は、1,346頁にも及ぶ。
(118) BAUDELOCQUE, *L'Art des accouchemens*, 8ᵉ éd., tome 1, p. 1 参照。
(119) *Avis aux mères...*, 1838, pp. 40-45, pp. 56-62 参照。特に授乳期の子供の体調不良や、幼年期によく見られる病気が問題になっている。
(120) *Médecine domestique*, tome 1, 1790, pp. 244-246、*Ibid.*, tome 2, 1791, pp. 255 参照。
(121) *Ibid.*, tome 2, pp. 10-13 参照。
(122) SAUCEROTTE, *De la conservation des enfans...*, an IV 参照。尚、本書に1等賞を与えたというこの政府委員会の詳細は不明である。
(123) SAUCEROTTE, *Avis aux mères...*, 1838, p. III 参照。

(124) ジャン゠シャルル・デセサルツ (Jean-Charles DÉSESSARTZ) は、パリ大学医学部の外科学教授 (1770年)、薬学教授 (1776年)、同学部長 (1776年)、学士院会員 (1795年) を歴任した。著書の中には、『幼い子供達の体育論』(Traité de l'éducation corporelle des enfans en bas âge, in-8°, 1760) もあり、これはルソーの『エミール』の創作に役立ったという。(Grand Dictionnaire universel du XIXe siècle, VI, 1870, pp. 549-550 参照。)

(125) «Avertissement» in Avis aux mères..., 1838, pp. V-VI 参照。下線は本稿筆者による。

(126) Ibid., p. IV 参照。

(127) Ibid., pp. 56-65 参照。

(128) Ibid., p. 56 参照。

(129) 本書の末尾で、C. ソースロットは、「もし、彼女達 [若い母親達] にどのような配慮をして子供の命を守ることができるかということを分からせたら、私は自分の目的を達成したことになるだろう」(Ibid., p. 64 参照。) と言っている。

(130) IMBERT, Grammaire françoise, 1785, p. 4 参照。

(131) Ibid., p. 5 参照。

(132) Ibid., p. 3 参照。著者は、巻末でも、「私は本書の基礎知識に何も付け加えるつもりはない。これで十分でありうると願っている。これは、少なくとも、文法書の中で最も明快且つ最も学問的でない (la plus claire & la moins scientifique des Grammaires) と私は敢えて信じるのである」(«Conclusion» in Ibid., p. 262 参照。) とさえ言っている。

(133) 著者は、第2巻について「私がこの文法書で採用した簡潔・明快の原則 (principes de simplicité & de clarté)、私は、「発音」、「句読法」、「作詩法」を扱う巻についても、この原則に忠実であり続ける」と予告している。(«Conclusion» in Ibid., p. 266 参照。)

(134) 本章 2. のリスト参照。

(135) WAILLY, Abrégé de la grammaire françoise, 12e éd., revue, corrigée & augmentée, in-12, 160 p., H. Barbou.『フランス語文法』と同じ文法の内容を扱った部分は 125 頁である。『フランス文語法』よりも判型が大きく、1 頁当たりの印字可能数も多いので、結果的に、頁数の割には規模は、アンベールの書と同程度になる。

(136) 本章 2. のリスト参照。

(137) 『フランス語文法の基礎知識』(1780年) をより詳細にした寄宿学校生用の『寄宿学校用のロモンのフランス語文法』(文学の教師シャルル゠コンスタン・

ルテリエによる全面改訂第22版、1816年)(*Grammaire françoise de Lhomond, à l'usage des pensionnats*, entièrement refaite par Charles-Constant LETELLIER, professeur de Belles-Lettres, 22e éd., in-12, 240 p., Le Prieur, 1816)でも、同様の一覧表が駆使されており、これは、ロモンの文法書に特徴的なスタイルと考えてよいであろう。尚、後者の文法書は、初版の年代もタイトルも目下の所不明なので、巻末の参考文献表には入れなかった。

(138) *Grammaire françoise*, 1785, pp. 245-262 参照。例えば、«Je partirai demain»(単純未来形による「私は明日出発するつもりだ」)と«Je pars demain»(現在形による「私は明日出発する」)の違いが説明されている。(*Ibid.*, p. 245 参照。)

(139) LHOMOND, *Op. cit.*, 1780, pp. 1-3, pp. 79-89 参照。

(140) WAILLY, *Op. cit.*, 1804, pp. 1-5, pp. 133-154 参照。

(141) 動詞 mourir と nourrir など、同じ子音を重ねて書くか否かという問題である。

(142) 例えば、七月王政時代頃まで、通常、単音節の語を除いて、語尾が ant や ent で終わる名詞や形容詞の複数形は、通常の文法の規則に反して ans や ens と綴られていたし、今日同様、数を表す cent(百)や mille(千)の複数形の問題は通常の理屈とは異なっていた。

(143) *Mélanges*, tome 1, pp. 9-12、*Ibid.*, tome 2, pp. 4-112, pp. 113-144 参照。

(144) 例えば、上記の註(142)で記した ans や ens について、著者は問題視している。

(145) WAILLY, *Principes généraux et particuliers de la langue françosie*, 13e éd., revue et augmentée, in-12, Auguste Delalain, 1819, pp. 374-470 参照。但し、«,»と«;»、«;»と«:»との区別については、アンベールの書の方が詳しい。又、上記の註(142)で記した点についても、全く説明されていない。

(146) «De la versification» in GAILLARD, *Poëtique françoise, à l'usage des dames*, pp. 1-33 参照。

(147) LHOMOND, *Grammaire françoise de Lhomond, à l'usage des pensionnats*, pp. 209-228 参照。本書については、本章の註(137)参照。

(148) WAILLY, *Principes généraux et particuliers de la langue françoise*, pp. 471-497 参照。

(149) 特に、脚韻についての特別な規則についての説明が簡略すぎたり、細かい例示を省くなど、アンベールの書ほど丁寧ではない。(*Ibid.*, pp. 476-479、*Mélanges*, tome 2, pp. 160-188 参照。)

(150) アンベールが社交界での作詩法の重要性を認識している事実は、本書第3章10.の中の「具体的な学問の奨めとその効用」で指摘した通りである。

(151) «Avertissement des éditeurs» in *Mélanges*, tome 5, pp. v-viij 参照。この前書きをアンベールが担当したかどうかは不明である。
(152) *Ibid.*, p. viij 参照。
(153) «Cette illustre savante» (*Ibid.*)
(154) FILON (Charles-Désiré-Auguste), *Eléments de rhétorique française*, in-12, iv-317 p., Brédif, 1826. 1839 年版(第 3 版)の序文の前に、公教育大臣から著者への認定通知書(1835 年 2 月 18 日付け)の抜粋が掲載されており、その中で、「本書の使用は、王立コレージュとその他の公教育施設において、修辞学の教育のために許可されることが決定した」(*Ibid.*, Hachette, 1839 参照。)とある。本書は、自身のコレージュの生徒達に「弁論修辞法入門」として役立ち、同時に「両性の若い人達」(jeunes gens des deux sexes)のための「完璧な文体論」(«Préface» in *Ibid.*, p. j 参照。)となることを念頭に置いて書かれたもので、女子も読者として想定されている。フィロンは、1823 年に上級クラスの教授資格者となり、本書を出した頃、王立コレージュの補助教員(本書の表紙の記載による。)をしていた。1832 年には、高等師範学校の助教授に、後にアカデミーの視学官になる。文学を離れて歴史の仕事に没頭した彼は、多数の歴史書を出版している。本書は彼の最初の著書で、1884 年に第 10 版が出た。(*Dictionnaire de biographie française*, tome 13, 1975, p. 1361、及び *Grand Dictionnaire universel du XIXe siècle*, VIII, 1872, p. 379 参照。)
(155) FILON, *Op. cit.*, pp. 69-311 参照。本文の前に、フランス語の歴史や文法などについて解説した序論が付されている。
(156) PERRARD (Jean-Ferréol), *Rhétorique classique, à l'usage des aspirans au grade de bachelier ès-Lettres*, 2e éd., revue et corrigée par l'auteur, xij-227 p., Papinot, 1830. 本書(初版の年代は不明)は、問答形式によるマニュアル本で、序文によると、著者は、文学のバカロレアの受験生の復習教師を長年やっており、本書の大部分が文学部で口頭試問を担当する教授達の監修を受け、出題頻度の最も高い難しい点ひとつひとつに注意を払ったとされている。(«Avertissement» in *Ibid.*, p. xj 参照。) ペラール(生没年不詳)は、本書の表紙の記載によるとパリの王立裁判所の弁護士であった。
(157) *Ibid.*, pp. 1-227 参照。
(158) FILON, *Op. cit.*, pp. 201-311 参照。本書は 3 部構成で、第 1 部が修辞学の理論、第 2 部が基礎的な修辞学を踏まえた作文の作法を教える実際的な解説、第 3 部が修辞学が実際に適用される言説の種類とその具体的な解説に充てられている。
(159) GAILLARD, *Rhétorique française, à l'usage des jeunes demoiselles*, nouvelle

éd., revue, corrigée, et augmentée d'un précis de la vie de l'auteur, Auguste Delalain, 1823, p. 394 参照。

(160) «De la Prononciation, ou Eloquence du geste et de la voix» (in *Ibid.*, pp. 390-394.)参照。ガヤールの書は、「発想法」(invention)、「統辞法」(disposition)、「表現法」(élocution) という3大要素に、上記の4つ目の要素「発音、あるいは仕草と声の雄弁」を解説した4部構成になっている。

(161) ペラールの書では、これは「第20」(Numéro XX)の仕草と声などに関する項目 (PERRARD, *Op. cit.*, pp. 219-227.)が対応している。

(162) 例えば、「統辞法」の分野では、ガヤールの場合は4つ(「導入部」(exorde)、「叙述部」(narration)、「確証」(confirmation)、「終結部」(péroraison)を挙げて説明しているが、「確証」についての説明の中で「反論」(réfutation)について若干言及している。)、ペラールではこれに「段落分け」(division) が加わり、フィロンでは更に、「提示」(exposition)が加わっている。要するに、ガヤールの書にだけ全く欠けているのは、「段落分け」のみである。又、修辞学で一番比重の大きい「表現法」の重要項目で「文彩」(figure)の分野である「転義」(figures des mots)と「論理的文彩」(figures des pensées)の種類(それぞれの書で最も重要な部分を占める。)ではガヤールが32、フィロンが44、ペラールが46で、ガヤールの書だけにないものは9つある。

(163) 古代ギリシャの風刺作家ルキアノスの『死者達の対話』の仏語訳(*Dialogues des morts*)の抜粋がある。(GAILLARD, *Op. cit.*, pp. 162-163 参照。)

(164) 一方、読者対象として女子も想定している(本章の註(154)参照。)フィロンの書には、古代文学からの引用はあるが、常に仏語訳によるものである。

(165) これらは、上記の註(162)の「文彩」の分野で欠けていた9つの中に含まれる。

(166) GAILLARD, *Op. cit.*, pp. 214-249 参照。

(167) PERRARD, *Op. cit.*, pp. 5-8、FILON, *Op. cit.*, pp. 70-71 参照。

(168) これまでに指摘した点については、第3章の註(123)、(125)、(126)他参照。

(169) PANCKOUCKE, *Les Etudes convenables aux demoiselles*, 1749, p. vij 参照。

(170) 寓話の一節は引用されるが、寓話集ではない。「寓話は、教化するためだけにおどけ、常に面白がらせるより教化する偽装した哲学である」(*Ibid.*, p. 432 参照。)と定義されており、寓話の本質や意義、具体的な寓話の持つ様々な寓意と、これに関連する教育的な倫理的なテーマを問題にしている。(«Des fables morales» in *Ibid.*, pp. 431-473 参照。)

(171) これは、僅かな頁しか占めていない。(«De la bienséance» in *Ibid.*, pp.

第 4 章　18 世紀から 19 世紀へ

474-485 参照。)
(172) 例えば、本章 2. のリストに挙げた『少年時代の教本』(革命暦 7 年)は、父親とその息子と娘の 3 人の対話による総合学習書であるが、規模がパンクックの書の 1/4 であるばかりでなく、話者の感想や感情を交えて進む対話は無駄が多い。
(173) «Table alphabétique des principales matières traitées dans ces deux volumes» in PANCKOUCKE, *Op. cit.*, tome 1, 1749, pp. xvj-xxxvj 参照。項目によっては、更にその後に細かい項目が続く場合もあるが、それは計算に入っていない。
(174) 1822 年版は、索引(初版のようなアルファベット順の索引ではなく、通常の索引)と序文を除く総頁数が 951 頁で、初版の 1,013 頁より少ないが、活字が若干小さいので、総頁の印字可能数から見た規模は、初版の約 1.1 倍強である。1822 年版の総頁数には、1809 年版で加わった巻末の、お金と度量衡の換算表(«Tableau comparatif des nouveaux poids, mesures et monnaies»)と、地名を引くと所属の県名がわかるようになっている地名辞典(«Dictionnaire des principaux lieux du royaume de France, en Europe, avec l'indication des départemens où chaque lieu est situé» in *Etudes convenables aux demoiselles*, tome 2, 1822, pp. 508-543 参照。)を含む。尚、地理の部分は、1809 年版で全面改訂され、内容が刷新された。
(175) 上記の註(174)参照。
(176)「宇宙形状誌の基礎知識」(«Notions cosmographiques» in *Etudes convenables aux demoiselles*, tome 1, 1822, pp. 231-234.)参照。
(177) MOUSTALON, *Le Lycée de la jeunesse, ou Les Etudes réparées; nouveau cours d'instruction à l'usage des jeunes gens de l'un et de l'autre sexe, et particulièrement de ceux dont les études ont été interrompues ou négligées*, 4ᵉ éd., corrigée et augmentée d'une nouvelle partie relative à la philosophie, et ornée du portrait de l'auteur, in-12, 2 vol., 1823 参照。尚、本書は、本章 2. のリストに入っている。本書については、第 3 章の註(99)他参照。本文の総頁数は 913 頁であるが、活字のポイントがやや小さいので、パンクックの書の 1822 年版よりも、3 ％程規模が大きい。
(178) *Manuel de l'adolescence*, in-18, xij-528 p., an VII 参照。本書は、本章 2. のリストにも入れた。
(179) *Ibid.* 参照。巻末には、唯一通常の叙述形式による短い神話の概説「神々と神話の英雄達の歴史概要」(«Abrégé de l'histoire des dieux, et des héros de la fable» in *Ibid.*, pp. 489-528.)もついている。

387

(180) *Ibid.*, pp. 335-337 参照。
(181) *Magasin des adolescentes,* in-12, 4 vol., Lyon, Pierre Bruiset Ponthus, 1778.
(182) *Le Magasin des adolescentes,* nouvelle éd., ornée de figures, in-12, 4 parties en 2 vol., frontispice, Billois, 1802. 本文の総頁数は、874 頁である。
(183) *Le Magasin des adolescentes*, tome 2, 1803, partie III, p. 171 参照。
(184) *Ibid.*, tome 2, partie IV, p.238, tome 1, partie Ière, p. 104 参照。
(185) *Ibid.*, tome 1, partie 1ère, p. 107 参照。
(186) *Ibid.*, p. 105 参照。
(187) *Ibid.*参照。註(183)～(187)に対応する本文での引用箇所は、1778年版も同一である。
(188) 例えば、「第7の対話」(両極端に陥ることが戒められている。)では、社交界に嫌悪しか感じず、現実世界にないものを渇望するようになっているというリュシーの告白を受けて、社交界に楽しみを見出しているルイーズは、死ぬまでに神の冒涜にならない程度ならあらゆる楽しみを経験しておきたいとしている。女教師はそれぞれの発言に対して、すぐに自分の見解を述べず、リュシーにそのような状態に陥った理由を説明させ、更にその発言内容についてルイーズに意見を求め、その後で、倫理的見地から推奨すべき若い女性の楽しみの規範を示し、聖書の教えで部分的にそれを補強している。(*Ibid.*, tome 1, partie II, pp. 209-216 参照。) 尚、思考における「幾何学の精神」重視の姿勢は、「第5の対話」では帰結(conséquance)と原則(principe)が、「第8の対話」では自明の命題としての公理(axiome)が話題になるなど、極簡単ではあるが、論理学的思考方法が示されていることからも伺える。これらは、神の真理や全能の神の存在の理性的な理解に繋げることにも援用されている。
(189) タイトルの変遷については(確認しえた範囲内)、第3章8.のリスト参照。本書については、第3章でも若干紹介した。尚、18世紀版は、例えば、19日間に及ぶ大小31の対話と巻末の一通の手紙から成る1772年版の『若い淑女百科』(*Magasin des jeunes dames*, in-12, 4 vol., J. F. Bassompierre)の本文の総頁数は、1,128頁で、本章で引いた『少女百科』(*Magasin des adolescentes*)の1778年版の規模と比較すると、約1.2倍である。19世紀版は、例えば、1811年版『若い淑女百科』(*Le Magasin des jeunes dames*, in-12, 6 parties en 3 vol., Billois)では、本文の総頁数は1,239頁で、単純に活字印字可能数の総和で規模を比較すれば、約3％増しだが、各対話の間の余白を大きく取るなど余裕のあるレイアウトを施しているので、増加しているとは言えない。むしろ、小さな対話ひとつ(第4日目)が割愛され、部分的に削除されている台詞もある。
(190) 実際、「ローマ史を勉強すると、家庭を巧く治めることができるようです

ね？」(*Magasin des jeunes dames*, tome 2, 1772, p. 192 ; *Le Magasin des jeunes dames*, tome 2, 1811, partie III, p. 27.)という言葉が象徴するように、通常の学習科目からも女性が家庭で果たすべき役割のための教訓を引き出そうとする姿勢も見られる。
(191)『少女百科』でもそうであるが、本書で、神は、検証の必要のない唯一自明の存在であることを前提に、理性と信仰の両立を図る立場を取っている。(*Magasin des jeunes dames*, 1772 ; *Le Magasin des jeunes dames*, 1811, «PREMIERE JOURNEE» 参照。)
(192) 第3章8.及び本章3.のリスト参照。
(193) 第3章の註(58)及び本文参照。
(194) *Le Magasin des enfans*, tome 1, Parmentier, 1823, partie Ire, p. 11 参照。
(195) *Ibid.*, p. 4 参照。
(196) *Dictionnaire alphabétique et analogique de la langue française*, tome 6, p. 137 参照。
(197) CONSTANT (Paule), *Un Monde à l'usage des demoiselles*, Gallimard, 1987, p. 369 参照。但し、コンスタンは、このシリーズの内容を示しただけで、女子のための知的啓蒙書としての本書の位置づけも、分析も全く行っていない。啓蒙書としての側面がクローズアップされにくいのは、本書に挟み込まれている教訓的な御伽噺や逸話が注目される傾向にあるからであろう。
(198) 作家のカトリーヌ＝ジョゼフ＝フェルディナン・ジラール・ド・プロピアック (Catherine-Joseph-Ferdinand GIRARD DE PROPIAC, 1756-1832)は、その女子用の人物伝『若い令嬢のプルタルコス』(*Le Plutarque des jeunes demoiselles*, 1806)で、この3部作について、「ルプランス・ド・ボーモン夫人のこれらの著書は、ほとんど全ての寄宿学校にあるので、私はそれらについて分析をしなくてもよかろう」(*Ibid.*, 3e éd., 1821, tome 2, p. 378 参照。)と言っている。19世紀初頭、この3部作は女学校の図書室に常備されており、少女達の間で良く知られた書であったと考えられる。
(199) 本書については、第3章の註(131)他参照。
(200) 19世紀版により近いと思われる1788年の第5版(第3章8.のリスト参照。)があるが、目下のところ現物を確認できていない。
(201) 第2版(1781年)の序文の冒頭では、自分の子供である娘の教育に従事している「ある母親」(une mere[sic])がこの対話形式を用いて本書の執筆を試みたという設定で経緯が語られている。(*Les Conversations d'Emilie*, tome 1, 1781, pp. [j]-ij 参照。) 1822年のエムリー(Eymery)版は、この部分を再現している。同年のペルサン(Persan)版も同じ経緯を説明している。現実には、主

に孫娘のエミリーの教育に携わった著者の経験が、本書の執筆に活かされたものと思われる。

(202) EPINAY, *Op. cit.*, tome 1, 1781, p. ij 参照。

(203) 目下の所出版が判明している2つの19世紀版(1822年)の序文のうち、パリのアレクシス・エミリー(Alexis Eymery)から出た版は、第2版の序文とほぼ同じ(若干の語句の書き換えが見られるが、趣旨に変わりはない。)であるが、パリのペルサンから出た版は、第2版の序文をその要点だけに絞って簡素化し、書き換えを施しており、後者は18世紀の別の版(目下のところ未確認)によるものかもしれない。しかし、第3章の註(131)や本章で引用した箇所は、全く同じ(18世紀の古い綴り字は改められている。)か、書き換えがされているものの、ほぼ同様の趣旨になっている。

(204) *Grand Dictionnaire universel du XIXe siècle*, V, 1869, art. «Conversations d'Emilie», p. 47 参照。今日、本書にあるこうした意味での女子の知的啓蒙の役割を改めて評価するべきである。例えば、第5の対話では、4元素や3界(博物学における)というものを知って物知りになったつもりでいるエミリーに、母親は、耳にしたり読んだりしたことを繰り返して口に出すだけのオウムのようなあり方を戒めると共に(娘がそうであるとは言っていないが)、世界が何で構成されているかを具体的に想起させ、まず、その答えの中のひとつである「川」を取り出して、そこから水の起源とその変容、液体としての性格に話しを導き、知識内容を、経験的に理解できる範囲内で明確なものにしていくのである。4元素(élémens)が出揃ったところで、自然を構成する基本要素だけでなく、「書き方の基礎(élémens)」や「学問の基礎(élémens)」という表現があることや、幸福を形成する要素(élémens)を考察するところまで話が及ぶ。母親は、娘が考え易いように問いかけ、あるいは考えの道筋を導き、考えの及ぶレベルを高めていき、娘も、型通りの答えではなく、自分の頭で考えることを余儀なくされ、自発的に考えを述べ、母親に疑問をぶつけていく様子がやり取りの中で描かれている。更に、対話の過程で、書物で読んだ内容を鵜呑みにすることなく自分で考えることの重要性や、明快で正確な観念を得るために、基本事項から始めて徐々に先に進んでいくという学びの姿勢も母親は教えている。したがって、ここでの4元素の話は、化学の知識の習得というより、浅薄な学識と本来の学びのあり方、思考力養成のための方法を示すための材料に過ぎないのである。事実、水以外の元素については、その話しの展開が簡略になっている。(«Cinquième conversation» in *Les Conversations d'Emilie*, tome 1, Persan, 1822, pp. 79-109 参照。)

尚、E. バダンテールも、本書に言及しているが、男女の知的平等と女子の

第 4 章　18 世紀から 19 世紀へ

学問を重視するデピネ夫人の考えを反映した反ソフィーとしての本書の位置づけに止まっている。(BADINTER, *Emilie, Emilie*..., ch. 6.参照。)
(205) この他、デピネ侯爵夫人の『エミリーの会話』の第 2 版(1781 年)の序文では、既に本書の第 3 章の註(131)で示したように、娘の教育を行なう母親を導こうという明確な啓蒙の意図が表明されていた。
(206) 「女性の理性に磨きをかけるのに最もふさわしい勉強は何か？」と題した第 4 章(*Essai sur l'instruction des femmes*, 3e éd., 1844, pp. 33-42.)では、女性の判断力、思考力の養成を重視し、そのために文学講座の学習を、更にその学習のために歴史や外国語の勉強を推奨していた。
(207) 「大破産した場合、女性が最も効果的に頼みの手段としうる能力は何か？」と題した第 6 章(*Ibid.*, pp. 54-61.)参照。
(208) 「最も子供達から成功を期待できる教え方は何か？」と題した第 7 章(*Ibid.*, pp. 62-69.) 参照。
(209) 学習内容としては、算術、フランス語文法、英語、イタリア語、フランス史、ローマ史、世界史、地理(歴史と平行してなされる。)などが挙げられている。
(210) *Essai sur l'instruction des femmes*, 3e éd.,1844, pp. xxxiij-xxxvj 参照。初版の時点での本書のことをカットワ自身、「簡潔で、つつましく、あの実際的な良識に満ち満ちたこの書」(Cette œuvre simple, modeste, toute pleine de ce bon sens pratique) (*Ibid.*, pp. xxix-xxx.)と妥当な評価を下している。尚、第 3 版の表紙には、「その生徒達と友人達によって著者に敬意を表して捧げられた第 3 版」とあるが、著者の略歴紹介文の前に、貴族の女性達や僧侶など計 41 名(20 名が女性)の予約購読者の名前が記されている。これらは、第 3 版の出版を支援した著者の教え子達や友人達であろうか。この中に、「カットワ博士」(M. le docteur Cattois)という名前もあり、巻頭の著者の略歴紹介文を執筆した人物又はその親族であろうか。
(211) *Ibid.*, pp. xxx 参照。尚、本章の註(15)で記したように、本書は評判となり、ナポレオンが、彼女を自身が創設する女学校の初代校長に迎えようとしたほどであった。
(212) 著者は、「女性達は社会に属しているのではない、彼女達は娘、妻、母であるが、市民ではない。男性は、国家に尽くす義務があり、女性は完全に家庭に属している。それが彼女の世界であり、そこでこそ、彼女自身の幸福が、彼女の周囲に自身が広める幸福から得られる代価となるのだ」(*Considérations pratiques* in *Ibid.*, pp. 90-91 参照。)と言っている。
(213) 書籍出版業者ニコラ＝エドム・ロレ(Nicolas-Edme RORET, 1797-1860)に

391

よる百科の知識を提供するするテーマ別の叢書は人気を博し、1821年から1849年までに375点が出版され、1939年までには計905点に達したという。(*Histoire de l'édition française*, tome 3, pp. 443-444参照。)

(214) *Encyclopédie des dames*, in-18, 22 vol., Audot., 1821-1823. 本叢書については既に検証済みである。本書「はじめに」の註(2)参照。

(215) *Encyclopédie des dames* [prospectus], in-18, 52 p., Audot, l821参照。

(216) *Bibliothèque choisie pour les dames*, in-18, 36 vol., Lefuel. この叢書は、女性の知的啓蒙を意図して、作家のデュフレノワ夫人(Madame Dufrénoy, 1765-1825)によって編集されたものである。

(217) *Encyclopédie des dames*, in-12, 2 vol., 1806, Guyon, Maison et Gervais. 各巻読み切りの多くの詩作品に加え、歴史や神話、文法などの知育の頁が混ぜ合わされている。本書については、本書筆者が研究ノートとして公表した『婦人の百科事典』(1806)について」『女性空間』第10号、日仏女性資料センター、1993年、第219-224頁参照。

(218) ウイリアム・デュックケット(William DUCKETT, 1805-1863)による本書については既に検証済みである。本書序の註(2)参照。

(219) «Avant-propos» in BOÏART (Elise), *Essai sur la danse antique et moderne*, 1823, p. 2. 上記の書(『古代と近・現代の舞踊についての試論』)は、『婦人の百科事典』(*Encyclopédie des dames*)の叢書のひとつである。

(220) GUINAN-LAUREINS (Jean-Baptiste), *Le Classique des dames*, in-8°, 2 vol., Madame Plauzoles, Firmin Didot, Garnery, l'auteur, 1803. 著者ギナン=ラウランス(生没年不詳)には、他に歴史関係の著書がある。歴史と地理、博物学、神話、フランス語、イタリア語、英語、倫理の「基礎講座」となるよう企画されたが、語学と倫理を含む書は出版の事実が確認されておらず、目下の所2巻のみ現物を確認している。

(221) *Cours complet d'éducation pour les filles*, 23 vol., in-8°, Hachette, 1837-1844. 教師であったオーギュスタン=フランソワ・テリー(Augustin-François THÉRY, 1796-1878)らによるこのシリーズは、後に縮約版も出た。

(222) C*** T* (Mme), *Encyclopédie des jeunes demoiselles*, in-12, Pointhieu, [1807]. 本書は、1822年に再版(2,000部)された。編者の名前は不明である。

(223) MARTIN (Louis-Aimé), *Lettres à Sophie, sur la physique, la chimie et l'histoire naturelle*, in-8°, 2 vol., H. Nicolle, 1810参照。ルイ=エメ・マルタン(1782-1848年)による本書には、同じく、婦人に宛てた書簡形式の科学の普及書である、オイラーの『ドイツのある王女への手紙』からの借用もあり、この書の影響も認められる。本書は、1833年に第11版が出て、1842年と1847

第 4 章　18 世紀から 19 世紀へ

年にも再版がなされた。本書に関する詳細は、拙論「ルイ゠エメ・マルタンの『ソフィーへの手紙』について― 19 世紀初頭の女性読者向けの科学の普及書―」『日仏教育学会年報』第 15 号、日仏教育学会、2009 年、第 82-91 頁参照。

(224) MARIE DE SAINT-URSIN (P.-J.), *L'Ami des femmes*, in-8°, xxx-378 p., 1804, Barba. 著者のマリー・ド・サン゠トゥルサン (Marie de Saint-Ursin, 1769-1819) は、医師である。本書は 1805 年に第 2 版が出た。

(225) DOUBLET (Victor), *Rhétorique des jeunes demoiselles*, in-12, VII-183 p., 1839. 著者のドゥブレ (Doublet, 1806-1874) は、教師で教育図書を多数出版した。本書は 1868 年まで 4 回再版が確認されている。

(226) SIMONNIN (Antoine-Jean-Baptiste), *La Grammaire en vaudevilles*, in-12, frontispice, 259 p., Barba. 著者のシモナン (Simonnin, 1780-1856) は劇作家であった。本書は、基礎的なフランス語文法の書である。これは、カロリーヌ (Caroline) という女性に宛てた詩句交じりの 12 通の書簡形式によるもので、ギャラントリーの精神に溢れている。この書簡に散りばめられた詩句は、ヴォードヴィル (vaudeville) と呼ばれた俗謡の替え歌になっている。

(227) LAJOLAIS (Nathalie de), *Education pratique des femmes, manuel à l'usage des mères de famille et des institutrices*, in-12, iij-502 p., Didier, 1841. 著者ナタリー・ド・ラジョレ嬢 (Mlle Nathalie de LAJOLAIS) の生没年など、目下の所不明である。1842 年に同じタイトルで、1843 年にタイトルを『女性の実際的な教育についての一家の母親と女教師の書』(*Le Livre des mères de famille et des institutrices sur l'éducation pratique des femmes*) と変えて再版された。

(228) オーギュスト゠シャルル・ギシャール (Auguste-Charles GUICHARD で生没年不詳) の『女性の法典』(*Le Code des femmes*, in-8°, ij-472 p., l'auteur, 1823) とナルシッス゠エパミノンダス・カレ (Narcisse-Epaminondas CARRÉ, 1794-1878) による『女性の法典』(*Code des femmes*, in-18, xj-232 p., J.-P. Roret, 1828) がそれである。著者はいずれも弁護士で、それぞれ第 2 版が出ている。

(229) 例えば、多数の教育図書を出版したエミール・ルフラン (Emile LEFRANC で生没年不詳) の『基礎初等教育の能力認定女性志願者の完璧で体系的な新しい教本』(*Nouveau Manuel complet et méthodique, des aspirantes aux brevets de capacité pour l'instruction primaire élémentaire*, in-12, xij-396 p., pl., J. Delalain, 1836) がそのひとつである。本書の第 3 章で助産婦 (見習い) 用の啓蒙書をリストに入れることにしたのは、筆者が、教職という知的職業を目指す女性のためのこうしたマニュアル本が 19 世紀にあった事実を掴んでいたからである。そこで前世紀については、医学の専門的な知識を必要とする助産婦のためのマニュアル本を問題にしようと考えたのであった。

393

むすび

　フェヌロンは、19世紀も版を重ね続ける『女子教育について』の冒頭で、「女子教育ほどなおざりにされているものはない」と嘆いていた[1]。それから100年以上経た19世紀初頭、ナポレオン1世は、国内の教育制度の整備を手掛けるが、その学制では女子教育に対するいかなる配慮もなされていなかった。確かに教育制度史を見渡してみると、女子の公教育の立ち遅れは著しいと言わざるをえない。しかし、現実には、17-18世紀のフランスで、上層階級の女性達の中には、社交界を中心とする交際社会や家庭での役割を果たすために、あるいは自己充実のために、知識と教養への積極的な接近を試みていた者が少なからずおり、その目立った学問ブームが、賛否両論を呼び、後世に語り継がれさえしたのであった。
　事実、反女学者の根強い風潮もある中、そうした状況に呼応するかのように、女性の知識獲得の重要性を認識し、その認識のレベルには差があるものの、女子の知育を擁護する言説が、様々な女子教育論で展開されていたのである。のみならず、ルネサンス以来の学問尊重の精神の伝統を継承し、台頭するイギリスの思想・文化に触発されて高まりを見せた啓蒙の時代精神は、ディドロの『百科全書』の出版に代表される、書物による知識普及を推進していくことになる。そうした潮流の中で、女性を読者対象とした知識の普及書も少なからず出版されていた事実は、啓蒙の時代精神の女性への波及効果を窺わせるものであろう。実際、『婦人の百科文庫』を頂点とする当時の女性のための多様なジャンルに及ぶ世俗の知識の普及書には、当時の普及書の傾向を少なからず反映している点が認められるのである。又、例えば、多用な科学の分野の啓蒙書や啓蒙史学の影響を受けた歴史の普及書(叢書や講座シリーズの一部)、更に、論理学の普及書は勿論のこと、『エミリーの会話』などに見られる判断力や思考力を重視する普及書の存在などは、当時の時代精神を如実に反映した現象として特筆に価す

るであろう。更に、その序文で展開される女子の知育擁護や啓蒙の意図には、当時の女子の知育擁護の言説に通じるものがあるばかりでなく、これらが、女性啓蒙の実践者である著者や編者によって表明されているだけに、より真摯な響きと説得力が感じられるのである。

但し、その多くが男性によって編まれたという事実には、知の領域における根本的な男女格差の問題が潜んでいる。とはいえ、女子教育論同様、男性が女性の啓蒙に熱意を見せるのは、当時の交際社会が、男女間における共通の知的基盤をある程度必要としていたという、女性にとっては真に幸いな特殊事情があったからでもある。

尤も、「女性用」と表示された教養書には、本書で指摘したように、レベルや知識内容に限界のあるものも目立つ。しかしながら、ラランドが『婦人の天文学』で期待を込めたように、こうした普及書には、次の学習ステップに女性読者を導く架け橋の役割もあるのである。又、教育制度が未整備の状況を考慮すれば、基礎的な知識の普及書以上により広範囲な啓蒙効果が期待できるものはないのである。19世紀になっても、幾度も再版が繰り返されたガヤールの修辞学の学習書や、ラランドの天文学の普及書などは、それだけ多くの読者に読まれたということを意味しているであろう。

とはいえ、革命の嵐を乗り越えて再版されたものは決して多くはなかった。又、上記の叢書やフロマジョなどの学習講座シリーズが未完に終わったことは、当時における、女性に求められる知識の限界を露呈したことになる。「総覧の野心」をも女性の知的啓蒙に波及させようとした著者や編者達の人道主義的な意図は、恐らくは革命の混乱という時代の不幸も重なって、敢え無く挫折することになったのである。

しかし、19世紀に再版された普及書は、たとえ少数であろうとも、前世紀の啓蒙の時代精神の中で醸成されたものであり、革命の流血に塗れて葬り去られることなく、次の時代に引き継がれたことに意味があるのである。中には、ガヤールの修辞学の学習書のように、前世紀の啓蒙の時代精神を読者にそのまま伝える序文が付されたものさえあった。のみならず、

むすび

　前世紀の女性のための啓蒙書の伝統やその啓蒙の精神は、19世紀に新たに出版される女性のための知的啓蒙書の中に蘇ることになるのである。これらは、再版ものも含め、ふたつの時代の連続性という歴史的事実のコンテクストの中で眺めれば、納得の行く現象であろう。

　本書筆者が長らく関心を寄せてきた 19 世紀前半の女性のための知的啓蒙書の研究は、新しい時代の変化を考慮しながら、こうした前世紀の女性のための知的啓蒙書の検討の成果を十分踏まえてこそ成り立つものである。既に、いくつかの文献については詳細な分析を済ませたが、全体像を明らかにするべく、目下、当該の文献の検討作業を、第一帝政時代、王政復古時代、七月王政時代と時代区分をした上で進めており、世紀初頭の啓蒙書の検討作業が終盤に差し掛かっている。今後、相当な時間と手間を要すると思われるが、いずれ改めて公表する機会を得たいと考えている。

　ところで、近年、本書でリストアップしたムルドゥラックやラランドの書の再版や復刻版が出ている。又、この時代のフランス女性史の分野では、サロン文化に加えて、女性科学者の歴史が脚光を浴びている[2]。筆者が研究を開始してから長い年月が経過し、現在ではこうしたテーマは日本でも一般に知られるようになってきた。確かに女性の間での科学ブームは目立った現象であったし、その頂点に立つ女性達の存在は大変興味深い。しかし、女性達の関心は科学に止まるわけではなかったのである。女性と知というテーマをより包括的に捉えるためにも、本書筆者が明らかにしたことは大いに意義あるものと考える。

　それにしても、リスクの大きい出版業界で、知識の普及書の著者や編者達の中に、特に「女性」を啓蒙の対象とし、その啓蒙の意図を表明して女性の学識への接近を奨励するという人道主義的な行為を実践した者達と、その真摯な動機の成果に対して、もっと光が当てられてもよいのではなかろうか。研究を開始した当初からのこうした思いを忘れることなく、本書筆者は、これからも探究を継続していきたいと考えている。

＊　＊　＊

　尚、本書の最初の 2 章は、筆者が勤務する大学でのゼミ用教科書としてアレンジした上で三恵社より既に出版をしている。本書と内容が重複するが、幸い発行元のご理解を得ることができた。

　一冊の書物が完成するまでには、実に多くの時間と労力を要する。本書の出版に際しては、特に溪水社の木村逸司氏と木村斉子さんに大変お世話になった。厚くお礼申しあげたい。

　又、拙論を見直して著書にする過程で、多くの方々から助言をいただけたことは大変有難かった。とりわけ、中村マリ＝ポール先生、稲垣昭先生、鈴木覺先生、レティシア・ガルデー先生には、数々の貴重なご教示を賜った。更に、校正の段階では、竹本江梨さんが面倒な作業の手伝いを快く引き受けてくださった。末筆ながら、心から感謝申しあげたいと思う。

2010 年 5 月

註

(1) 本書第2章の4.及び同章の註(36)参照。

(2) フランスでは、例えば、ポワリエ(J.-P. Poirier)の『中世から大革命までのフランスの女性科学者の歴史』(*Histoire des femmes de science en France du Moyen Age à la Révolution*, Editions Pygmalion / Gérard Watelet, 2002)が出ており、大半が17-18世紀の女性科学者の紹介に充てられている。日本でも、近年、川島慶子氏の『エミリー・デュ・シャトレとマリー・ラヴォアジエ、18世紀フランスのジェンダーと科学』(東京大学出版会、2005年)が出版された。

: **参考文献**

パリと日本で出た文献については、原則として出版地名を省略した。第2版以降変更のないタイトルは省略してある。タイトル中の大文字表記は一定していないので、今日のような表記様式に統一してある。又、タイトルや固有名詞で、今日とは異なる綴り字になっているものは、本文同様そのままにした。便宜上、本書で検討の対象とした文献も改めて文献表に入れたが、版を重ねた17-18世紀の知識の普及書については、原則として、初版と主に本書で引用のために参照したその後の版に限り記載した。

17-18世紀の女性のための知識の普及書

Bibliothèque universelle des dames, in-18, 154 vol., [Cuchet], 1785-1793.

ADAM (Nicolas), *Grammaire italienne, à l'usage des dames, ou La Vraie manière d'apprendre aisément, & le plus promptement qu'il est possible, par le moyen de la Grammaire françoise universelle, à l'usage des dames*, in-8°, viij-71 p., tableau, Benoît Morin, 1783.

ADAM (Nicolas), *Les Fables de Phedre, affranchi d'Auguste, traduites en vers blancs italiens ; accompagnées de la construction françoise & d'un dictionnaire très-commode, en faveur des personnes qui apprennent la langue italienne par le moyen des grammaires italiennes & françoises, à l'usage des dames*, in-8°, 229 p., Benoît Morin, 1783.

ADAM (Nicolas), *La Vraie manière d'apprendre une langue quelconque, vivante ou morte, par le moyen de la langue françoise.* [Première partie] *Grammaire françoise universelle, à l'usage des dames*, viij-xij-68 p., tableau, Benoît Morin, 1779.

ALGAROTTI (Francesco), *Le Newtonianisme pour les dames, ou Entretiens sur la lumiere, sur les couleurs et sur l'attraction* (traduits de l'italien de M. Algarotti par M. Duperron de Castera), in-12, 2 vol., Montalant, 1738.

ANTONINI (abbé Annibale), *Grammaire italienne à l'usage des dames avec des dialogues et un traité de la poésie*, in-12, [x]-298-[lxvj] p., Rollin, 1728 ; nouvelle éd., revue, corrigée, et augmentée par l'auteur, in-12, [x]-354 p., Jean-Luc Nyon, 1731.

ARNAULT DE NOBLEVILLE (Louis-Daniel), *Manuel des dames de charité, ou*

Formules de médicamens, faciles à préparer, dressées en faveur des personnes charitables, qui distribuent des remèdes aux pauvres dans les villes, & dans les campagnes, avec des remarques utiles pour faciliter la juste application des remèdes qui y sont contenues. Et un traité abrégé sur l'usage des différentes saignées, in-12, xxxij-256 p., Orléans, N. Lanquement ; Paris, Debure, 1747 ; *Manuel des dames de charité, ou Formules de remèdes faciles à réparer, en faveur des personnes charitables qui soignent les pauvres des villes et des campagnes. Avec des remarques sur le traitement des maladies les plus ordinaires, et un abrégé de la saignée*, nouvelle éd., revue et augmentée, par J. Capuron, in-8°, viij-470 p., Thoine, Leriche, 1816.

BARTHÉLEMY (abbé Louis), *Grammaire des dames, ou Nouveau traité d'orthographe française, réduite aux règles les plus simples & justifiées par des morceaux chosis de poësie, d'histoire etc.*, in-8°, viij-240 p., Genève, P. Barde, 1785 ; in-8°, viij-239 p., 1787, Genève, P. Barde ; 5ᵉ éd., in-8°, viij-423 p., entièrement refondue, augmentée d'un tableau simplifié des synonymes de notre langue, et imprimée sous les yeux de l'auteur, Pont-de-Vaux, J. P. Moiroud, 1797.

BARY (René), *La Fine philosophie, accomodée à l'intelligence des dames*, in-12, 406 p., J. Couterot, 1660.

BAUDELOCQUE (Jean-Louis), *Principes sur l'art des accouchemens, par demandes et réponses, en faveur des élèves sages-femmes*, in-12, 1775 ; 7ᵉ éd., in-12, xxxv-575 p., pl., Germer-Baillière, 1837.

BEAUCHAINT, *Principes de la langue françoise, rédigés d'après les plus célèbres grammairiens, à l'usage des demoiselles*, in-12, 357 p., Paris, Guillot ; Saint-Malo, L. H. Hovius, fils ; Rennes, E. G. Blouet, 1788.

BENCIRECHI (abbé), *Leçons hebdomadaires de la langue italienne, à l'usage des dames, suivies de deux vocabulaires ; d'un recueil des Synonymes français de l'abbé Girard, appliqués à cette langue ; d'un discours sur les lettres familières ; et d'un précis des regles*[sic] *de la versification italienne ; dédiées aux dames françaises, par M. l'abbé Bencirechi*, in-12, viij-324 p., La Veuve Ravenel, 1772 ; *Leçons hebdomadaires de la langue italienne à l'usage des dames, suivies de deux vocabulaires ; d'un recueil des Synonymes français de l'abbé Girard, appliqués à cette langue; d'un discours sur les lettres familières ; et d'un précis des regles*[sic] *de la poésie italienne. Dédiées aux dames françaises par M. l'abbé Bencirechi*, nouvelle éd. avec des additions faites par l'auteur, in-12, vij-324 -vij p., l'auteur,

参考文献

Fétil, 1778 ; *Etrennes italiennes, présentées aux dames, qui désirent d'apprendre l'italien par une méthode qui leur facilite et rende agréable l'étude de cette langue*, in-12, 334 p., Dénos, Molini, 1783.

BLANCHET (Jean), *La Logique de l'esprit et du cœur, à l'usage des dames*, in-12, 104 p., La Haye et Paris, Cailleau, 1760.

CAVAYÉ (P.), *Nouvel Emile, ou Conseils donnés à une mère sur l'éducation de ses enfans*, in-12, 172 p., Castres, Rodiers, an V.

CONTANT D'ORVILLE (André-Guillaume), *Mélanges tirés d'une bibliothèque*, tome 1 : *Bibliothèque historique à l'usage des dames, contenant un catalogue raisonné de tous les livres nécessaires pour faire un cours complet d'histoire en langue françoise, suivie d'un extrait de l'Histoire de la conquête de Constantinople, par Geoffroi de Villehardouin, et de celui de la Vie de S. Louis, par le sire de Joinville*, in-8°, xvj-371 p., Moutard, 1779 ; *Bibliothèque historique à l'usage des dames*, nouvelle éd. corrigée, in-8°, xvj-467 p., Moutard, 1785.

CONTANT D'ORVILLE (André-Guillaume), *Mélanges tirés d'une bibliothèque*, tome 2 : *Manuel des châteaux, ou Lettres contenant des conseils pour former une bibliothèque romanesque, pour diriger une comédie de société & pour diversifier les plaisirs d'un salon*, in-8°, xvj-349 p., Moutard, 1779 ; *Bibliothèque de littérature à l'usage des dames, contenant des conseils pour former une bibliothèque choisie de livres de belles-lettres écrits en françois. Pour servir de nouvelle éd. au second volume des Mélanges tirés d'une grande bibliothèque*, in-8°, 363 p., Moutard, 1785.

CURIONI (Peppina), *Méthode pour commencer l'étude de la langue italienne, à l'usage des dames*, in-12, 47 p., l'auteur, 1792.

DROBECQ (Jean-Louis), *La Clé de la langue latine, ou Moyen très-simple par lequel les personnes des deux sexes et de tous les âges (particulièrement les dames) peuvent apprendre le latin, l'apprendre bien, l'apprendre en peu de temps, sans peine aucune ; en dépit des pédans*, in-8°, 31 p., Rome et Paris, l'auteur, maison de Mlle Le Poivre, 1779.

DROBECQ (Jean-Louis), *Précis de prononciation angloise pour les voyelles simples, A, E, I, O, U, Y, en prose et en vers, à l'usage des dames*, in-8°, 16 p., l'auteur, 1786.

DU GOUR (Antoine Jeudy) [pseud. de Gouroff], *Nouvelle Rhétorique française, à l'usage des jeunes demoiselles ; avec les exemples tirés des discours prononcés à l'Assemblée nationale, et des ouvrages de Raynal, de J. J. Rousseau, de Condorcet, de Florian, etc. etc. etc.,* in-12, 298 p., Angers, Pavie ; Paris, Bossange, 1792.

DUPLESSY (baronne), *Répertoire des lectures faites au musée des dames,* tome 1, in-12, 124 p., Cailleau, 1788.

EPINAY (Louise-Florence-Pétronille Tardieu d'Esclavelles, marquise d'), *Les Conversations d'Emilie,* in-8°, frontispice, vj-430 p., Leipzig, S. L. Crusius, 1774 ; in-12, viij-388 p., Leipsick et Paris, Pissot, 1775 ; [2ᵉ éd.] nouvelle éd., in-12, 2 vol., frontispices, Humblot, 1781 ; nouvelle éd., in-18, 2 vol., frontispices, P. Persan et Cⁱᵉ, 1822 ; nouvelle éd., in-18, tome 1, frontispice, Alexis Eymery, 1822.

FROMAGEOT (abbé Pierre), *Cours d'études des jeunes demoiselles, ouvrage non moins utile aux jeunes-gens de l'autre sexe, et pouvant servir de complément aux études des colléges*[sic]*; avec des cartes pour la géographie, & des planches en taille-douce pour le blason, l'astronomie, la physique & l'histoire-naturelle*[sic], in-12, 8 vol., pl., Vincent, 1772-1775.

GAILLARD (Gabriel-Henri), *Essai de rhétorique françoise, à l'usage des jeunes demoiselles, avec des exemples tirés, pour la plupart, de nos meilleurs orateurs & poëtes modernes,* in-12, [iij]-348 p., Le Clerc, 1746 ; *Rhétorique françoise, à l'usage des jeunes demoiselles, avec des exemples tirés, pour la plupart, de nos meilleurs orateurs & poëtes modernes,* 2ᵉ éd., revue, corrigée et augmentée, in-12, pièces limin. et 468 p., Ganeau, 1748 ; 3ᵉ éd., corrigée et augmentée, in-12, xij-456 p., Brocas, 1752 ; 4ᵉ éd., corrigée et augmentée, in-12, xvj-491 p., Despilly, 1765 ; 7ᵉ éd., corrigée et augmentée, in-12, 418 p., Les Libraires associés, an VII ; nouvelle éd., corrigée et augmentée, xvj-409 p., Depélafol, 1822 ; nouvelle éd., corrigée, et augmentée d'un précis de la vie de l'auteur, xiv-396 p., Aug. Delalain, 1823.

GAILLARD (Gabriel-Henri), *Poëtique françoise, à l'usage des dames, avec des exemples,* in-12, 2 vol., Le Clerc, 1749.

GENLIS (Stéphanie-Félicité du Crest de Saint-Aubin, comtesse de), *Annales de la vertu, ou Cours d'histoire à l'usage des jeunes personnes,* in-8°, 2 vol., Lambert & F. J. Baudouin, 1781; *Les Annales de la vertu ou Histoire universelle, iconographique et littéraire, à l'usage des artistes et des jeunes littérateurs, et pour servir à l'éducation de la jeunesse,* nouvelle éd. revue, corrigée et augmentée de plus de 700 pages, in-12, 5 vol., Maradan, 1806; nouvelle éd., in-12, 5 vol., Maradan, 1811.

HÉNAULT, *Géographie élémentaire, traité en forme d'entretiens, ouvrage principalement fait en faveur des meres de famille et des jeunes demoiselles*, in-12, xj-353 p., Freres Estienne, 1771.

JOURDAIN (Anselme-Louis-Bernard Bréchillet), *Le Médecin des dames, ou L'Art de les conserver en santé*, in-12, xxiv-466 p., Vincent, 1771.

LALANDE (Joseph-Jérôme Le François de), *Astronomie des dames*, in-18, 3ᵉ éd., revue et augmentée, 248 p., [pl.], Bidault, 1806 (Vannes, Burillier, 1996); 7ᵉ éd., in-12, 204 p., pl., Ménard et Desenne, fils, 1821; *Astronomie des Dames, par Lalande ; suivie des Entretiens sur la pluralité des mondes, par Fontenelle*, in-12, 270 p., A. René, 1841.

LE GROING LA MAISONNEUVE (Françoise-Thérèse-Antoinette, comtesse), *Essai sur le genre d'instruction qui paroît le plus analogue à la destination des femmes*, in-18, 69 p., imprimerie de Dufart, an VII ; 2ᵉ éd., revue, corrigée et augmentée d'un supplément, in-18, 154 p., l'auteur, Pougens et J. D. Frères, 1801 ; *Essai sur l'instruction des femmes*, 3ᵉ éd., dédiée à la mémoire de l'auteur par ses élèves et ses amis et augmentée d'une notice biographique, in-18, xlj-143 p., Tours, R. Pornin et Cⁱᵉ, 1844.

LEPRINCE DE BEAUMONT (Jeanne-Marie), *Instructions pour les jeunes dames qui entrent dans le monde, se marient ; leurs devoirs dans cet état et envers leurs enfans. Pour servir de suite au Magasin des adolescentes*, in-12, 3 vol., Lyon, J.-B. Reguilliat, 1764 ; *Magasin des jeunes dames qui entrent dans le monde et se marient ; leurs devoirs dans cet état et envers leurs enfans. Pour servir de suite au Magasin des adolescentes*, in-12, 4 vol., J. F. Bassompierre ; in-12, 4 vol., J. F. Bassompierre, 1772 ; *Le Magasin des jeunes dames ou Instructions pour les personnes qui entrent dans le monde et se marient; leurs devoirs dans cet état et envers leurs enfans. Pour servir de suite au Magasin des enfans et des adolescentes*, nouvelle éd., in-12, 3 vol., Billois, 1811.

LEPRINCE DE BEAUMONT (Jeanne-Marie), *Magasin des adolescentes, ou Dialogues entre une sage gouvernante et plusieurs de ses élèves de la première distinction. Pour servir de suite au Magasin des enfans*, in-12, 4 parties en 2 vol., J.-B. Reguilliat, 1760 ; in-12, 4 vol., Lyon, Pierre Bruyset Ponthus, 1778 ; nouvelle éd., ornée de figures, 4 parties en 2 vol., Billois, 1802.

LEZAY-MARNÉSIA (Claude-François-Adrien, marquis de), *Plan de lecture pour une jeune dame*, in-18, xviij-74 p., imprimerie de Prault, 1784 ; 2ᵉ éd., augmentée d'un supplément et de divers morceaux de littérature et de morale, in-8°, xij-255 p., Lauzanne, A. Fichier & Luc Vincent ; Paris, Louis, 1800.

MEURDRAC (Marie), *La Chymie charitable et facile en faveur des dames*, in-12, [xxxiij]-334 p., 1666 ; 2ᵉ éd., in-12, [xxxiij]-334 p., Jean. d'Hoüry, 1674 ; dernière édition, revue et augmentée de plusieurs préparations nouvelles et curieuses, in-12, frontispice, [vij]-420 p., tableau, Laurent d'Houry, 1711; nouvelle édition présentée et annotée par Jean Jacques, 250 p., CNRS éditions, 1999.

MIREMONT (Anne d'Aubourg de la Bove, comtesse de), *Traité de l'éducation des femmes, et cours complet d'instruction*, in-8°, 7 vol., imprimerie de Ph.-D. Pierres, Moutard, 1779-1789.

PANCKOUCKE (André-Jeseph), *Les Etudes convenables aux demoiselles, contenant la grammaire, la poésie, la rhétorique, le commerce des lettres, la chronologie, la géographie, l'histoire, la fable héroïque, la fable morale, les regles*[sic] *de la bienséance, & un court traité d'arithmétique*, 2 vol., in-12, Lille, Panckoucke, 1749 ; in-12, 2 vol., Lille, Panckoucke, 1759 ; nouvelle éd., revue, corrigée et augmentée dans la partie géographique, in-12, 2 vol., Les Libraires associés, 1803 ; *Etudes convenables aux demoiselles à l'usage des écoles et des pensions*, nouvelle éd,. revue, corrigée et augmentée d'un abrégé de géographie, par E. Mentelle, in-12, 2 vol., Bossange, Masson et Besson, 1809 ; nouvelle éd., revue, corrigée et augmentée d'une grammaire, de la nouvelle division de la France depuis la mort de Louis XIV jusqu'à l'avènement de Louis XVIII, par Mᵐᵉ la comtesse d'Hautpoul, 2 vol., in-12, Bossange, 1822.

PRUNAY (de), *Grammaire des dames, où l'on trouvera des principes sûrs & faciles, pour apprendre à l'ortographier*[sic] *correctement la langue française, avec les moyens de connaître les expressions provinciales, de les éviter, & de prévenir, chez les jeunes demoiselles l'habitude d'une prononciation vicieuse*, in-12, frontispice, xxxvj-322 p., Lottin l'aîné, 1777.

SACOMBE (Jean-François), *Avis aux sages-femmes*, in-8°, 120 p., Croullebois, 1792.

SAINCT-GERMAIN (Charles de), *L'Eschole methodiqve et parfaite des sages-femmes, ov L'Art de l'accovchement*, in-12, [xxv]-352 p., Gervais Clovsier, 1650.

SAUCEROTTE (Louis-Sébastien, dit Nicolas), *De la conservation des enfans pendant la grossesse, et de leur éducation physique, depuis la naissance jusqu'à l'âge de six à huit ans*, in-32, 80 p., Guillaume, an IV[1796] ; 2ᵉ éd., revue et augmentée, in-18, 78 p., Guibal fils, Lunéville, 1808 ; 2ᵉ éd., in-18, 72 p., Guillaume, 1820; *Avis aux mères de famille sur la conservation des enfants pendant la grossesse et sur la manière de les élever depuis leur naissance jusqu'à l'âge de six à huit ans*, 3ᵉ éd., refondue et augmentée, par C. Saucerotte [petit-] fils, in-18, IV-68 p., Nancy, Grimblot, Thomas et Raybois, 1838.[1838 年版で、母親向けであることが明確になる。]

17-18 世紀のその他の知識の普及書（[ ] 付きの年代は、出版年が不明で、出版報に掲載された年代を表わす。）

Abrégé de la géographie de Crozat, par demandes et par réponses, in-12, iv-231 p., Veuve Fournier, an VIII ; in-12, [iv]-280 p., Lyon, J. AYNÉ, 1810.

Botanique des enfans, ou Histoire naturelle, générale et particulière du règne végétal, 2 parties en 1 vol., in-8°, Baudouin, an VIII.

Encyclopédie domestique, ou Annales instructives, formant recueil, de toutes sortes de remedes, recettes, préservatifs, curatis des diverses maladies et incommodités des hommes et des animaux, de secrets, d'inventions, de découvertes utiles et agréables, dans les sciences et arts, et généralement de tout ce qui peut intéresser la santé, la beauté, la curiosité, c'est-à-dire, les besoins et les agrémens de la vie morale et physique, à l'usage des deux sexes de la cour, de la ville et de la campagne, in-8°, Laurens jeune, [1791].

Le Livre des enfans, ou Idées générales & définitions des choses, dont les enfans doivent être instruits, Charles Osmont, 1706 ; nouvelle éd., revue, corrigée et augmentée, in-12, [x]-187 p., Jacques Clouzier, 1728.

Manuel de l'adolescence. Ou Entretiens d'un père avec ses enfans, sur la morale, la politique, l'histoire naturelle, la géographie, l'histoire, la mythologie, la Révolution française, la Constitution, etc. etc. à l'usage des deux sexes, avec figure, in-18, xij-528 p., Veuve Fournier, an VII ; *Manuel de l'adolescence ou Entretiens d'un père avec ses enfans, sur la morale, l'histoire, l'histoire-naturelle, la géographie, la mythologie. A l'usage des deux sexes*, 25ᵉ éd., in-18, frontispice, 504 p., Th. Leclerc jeune, 1826.

ADAM (Nicolas), *La Vraie manière d'apprendre une langue quelconque, vivante ou morte, par le moyen de la langue françoise*, in-8°, 12 vol., Benoît Morin, 1779-1787.

ARNAULD (Antoine), NICOLE (Pierre), *La Logiqve ou L'Art de penser*, 480 p., Charles Savreux, 1662.

BASSVILLE (Nicolas-Jean Hugou de), *Elémens de mythologie, avec l'analyse des poëmes d'Homère & de Virgile, suivie de l'explication allégorique à l'usage des jeunes personnes de l'un & de l'autre sexe*, in-12, iv-311 p., pl., Laurent, 1784 ;

407

Elémens de mythologie, avec l'analyse des poëmes d'Homère & de Virgile, 2ᵉ éd., in-12, viij-326 p., pl., Laurent, 1789.

BAUDELOCQUE (Jean-Louis), *L'Art des accouchemens*, in-8°, 2 vol., pl., Méquignon, 1781 ; 8ᵉ éd., revue, corrigée et augmentée, in-8°, 2 vol., pl., Méquignon, 1844.

BOSSUET (Jacques Bénigne), *Discours sur l'histoire universelle* (1681), in-8°, 2 tomes en 1 vol., Emler Frères, 1829.

BOULARD (Antoine-Marie-Henri), *Avis d'une mère à sa fille, par Mᵐᵉ de Lambert, en allemand et en français, avec une traduction interlinéaire de l'allemand, propre à faciliter l'étude de cette langue*, 2 parties en 1 vol., in-8°, H. Agasse, an VIII.

BUFFON (Georges Louis Leclerc, comte de), *Histoire naturelle générale* (1749-1788) in *Œuvres complètes de Buffon*, in-18, 80 vol., Lecointe, 1830-1832.

COTTE (Louis), *Leçons élémentaires de physique, d'astronomie et de météorologie, par demandes et par réponses, à l'usage des enfans*, in-12, 175 p., pl., J. Barbou, 1787 ; 3ᵉ éd., in-12, VIII-237 p., Auguste Delalain, 1821.

COTTE (Louis), *Leçons élémentaires d'histoire naturelle par demandes et réponses, à l'usage des enfans*, in-12, 159 p., J. Barbou, 1784 ; 3ᵉ éd., in-12, 168 p., pl., Auguste Delalain, 1810.

COTTE (Louis), *Leçons élémentaires d'histoire naturelle, à l'usage des jeunes gens*, in-12, VIII-471 p., J. Barbou, 1787 ; 4ᵉ éd., in-12, VIII-392 p., pl., Auguste Delalain, 1828.

CROMMELIN (Issac-Mathieu), *Encyclopédie élémentaire ou Rudiment des sciences et des arts*, in-12, 3 vol., frontispice, Autun, P. P. Dejussieu, 1775.

DEMOUSTIER (Charles-Albert), *Lettres à Emilie sur la mythologie*, in-8°, 4 vol., Cailleau, Desenne,1786-1790 ; *Lettres à Emilie sur la mythologie* in *Œuvres de C. A. Demoustier*, in-18, 2 vol., pl., Ant. Aug. Renouard, 1804 ; *Lettres à Emilie sur la mythologie*, in-8°, 2 vol., frontispices et pl., Charles Froment, 1828.

DIDEROT (Denis) & ALEMBERT (Jean le Rond d'), *Encyclopédie ou Dictionnaire raisonné des sciences, des arts et des métiers*, in-folio, 28 vol., Briasson, 1751-1772 ; nouvelle éd., in-4°, 39 vol., Genève, Pellet, 1777-1779.

ESPINASSY (Adélaïde d'), *Nouvel abrégé de l'histoire de France à l'usage des jeunes gens*, in-12, 7 vol., Saillant, 1766-1771.

EULER (Leonhard), *Lettres à une princesse d'Allemagne sur divers points de physique et de philosophie*, in-8°, 3 vol., pl., St. Peterbourg, 1768-1772; in-8°, 3 vol., pl., Royez, 1787-1789; [édition réduite], in-18, 325 p., Bureau de la Bibliothèque choisie, 1829 ; in-8°, 2 vol., pl., Hachette, 1842.

FONTENELLE (Bernard Le Bovier de), *Entretiens sur la pluralité des mondes*, in-12, pièces limin. et 359 p., pl., Veuve C. Blageart, 1686; *Entretiens sur la pluralité des mondes par Fontenelle, précédés de l'Astronomie des dames par J. de Lalande*, in-8°, 408 p., pl., Janet et Cotelle, 1820 ; 2e éd., in-8°, xvj-393 p., pl., Janet et Cotelle, 1826 ; *Entretiens sur la pluralité des mondes, suivis des Dialogues des morts*, in-18, 2 vol., pl., F. Dalibon et Cie, 1831 ; *Entretiens sur la pluralité des mondes*, in-12, 135 p., Editions de l'Aube, 1994.（フォントネル『世界の複数性についての対話』赤木昭三訳、工作社、1992年）

FORMEY (Jean-Henri-Samuel), *Abrégé de toutes les sciences, à l'usage des enfans de six ans jusqu'à douze*, in-8°, nouvelle éd., revue et augmentée, Berlin, 1767; *Abrégé de toutes les sciences, à l'usage des enfans*, 5e éd., corrigée de nouveau, in-12, ix-180 p., pl., Bruxelles, B. Le Franq, 1785; *Abrégé de toutes les sciences, à l'usage des enfans, ou Encyclopédie de la jeunesse*, 7e éd., refondue et augmentée, in-12, iv-140 p., pl., Amsterdam, Guillaume Holtrop, 1793.

GARNIER-DESCHESNES (Edme-Hilaire), *La Coutume de Paris mise en vers, avec le texte à côté*, in-12, 441 p., Saugrain, 1768 ; nouvelle éd., in-12, 441 p., Leboucher, 1784.

GIRARD (abbé Gabriel), *Synonymes françois, leurs différentes significations, et le choix qu'il en faut faire, pour parler avec justesse*, nouvelle éd., in-12, 2 vol., Le Breton, 1769.

LA HARPE (Jean-François de), *Lycée, ou Cours de littérature ancienne et moderne*, in-8°, 16 tomes en 19 vol., H. Agasse, an VII-an XIII; in-8°, 16 vol., F. Didot, 1821-1822.

LANCELOT (Claude), ARNAULD (Antoine), *Grammaire générale et raisonnée*, 151 p., Pierre Le Petit, 1660.（C. ランスロ、A. アルノー『ポール・ロワイヤル文法』南舘秀孝訳、大修館書店、1972年）

LAPLACE (Pierre Simon), *Exposition du système du monde*, in-8°, 2 vol., 1786; 4e éd., revue et augmentée, in-4°, viij-458 p., Vve Courcier, 1813.

LA PORTE (abbé Joseph de), *Esprit de l'Encyclopédie, ou Choix des articles les plus curieux, les plus agréables, les plus piquans et plus philosophiques de ce grand dictionnaire*, in-12, 5 vol., Vincent, 1768 ; OLLIVIER (Remi), *Esprit de l'Encyclopédie, ou Choix des articles les plus agréables, les plus curieux et les plus piquans de ce grand dictionnaire*, in-8°, in-12, Fauvelle et Sagnier, 1798-1800 ;

HENNEQUIN (Joseph-François-Gabriel), *Esprit de l'Encyclopédie, ou Recueil des articles les plus curieux et les plus intéressans de l'Encyclopédie, en ce qui concerne l'histoire, la morale, la littérature et la philosophie ; réunis et mis en ordre par M. Hennequin, l'un des colaborateurs de la Biographie universelle*, nouvelle éd., augmentée d'un grand nombre d'articles qui ne se trouvent point dans les éditions précédentes, in-8°, 15 vol.,Verdière, 1822.

LAVOISIER (Antoine Laurent de), *Traité élémentaire de chimie*, in-8°, 2 vol., Cuchet, 1789 ; 3ᵉ éd., in-8°, 2 vol., Deterville, 1801.

LE BOURSIER DU COUDRAY (Angélique-Marguerite), *Abrégé de l'art des accouchemens, dans lequel on donne les précéptes nécéssaires pour le mettre heureusement en pratique*, in-12, lij-194 p., Vᵛᵉ Delaguette, 1759 ; in-8°, xvj-208 p., pl., Debure père, 1777.

LEPRINCE DE BEAUMONT (Jeanne-Marie), *Education complète, ou Abrégé de l'histoire universelle mêlée de géographie et de chronologie*, in-12, 3 vol., Londres, J. Nourse, 1753 ; in-12, 3 vol., Lyon, Les frères Duplain, 1762 ; in-12, 4 tomes en 2 vol., Billois, 1803.

LEPRINCE DE BEAUMONT (Jeanne-Marie), *Magasin des enfans, ou Dialogues entre une sage gouvernante, et avec ses élèves de la première distinction, dans lesquels on fait penser, parler, agir les jeunes gens suivant le génie, le tempérament et les inclinations d'un chacun*, in-12, 4 parties en 2 vol., Lyon, 1758 ; *Le Magasin des enfans, ou Dialogues entre une sage gouvernante, et plusieurs de ses élèves de la première distinction, dans lesquels on fait penser, parler, agir les jeunes gens suivant le génie, le tempérament et les inclinations d'un chacun*, in-18, 4 tomes en 2 vol., Paris, 1797 ; *Le Magasin des enfans, ou Dialogues d'une sage gouvernante avec ses élèves ; dans lesquels on fait penser, parler, agir les jeunes gens suivant le génie, le tempérament et les inclinations d'un chacun*, nouvelle éd., ornée de figures, in-12, 4 tomes en 2 vol., Parmantier, 1823.

LHOMOND (Charles-François), *Elémens de la grammaire françoise*, in-12, iv-89 p., Colas, 1780 ; nouvelle éd., in-12, 72 p., Hachette, 1850.

MOUCHON (Pierre), *Table analytique et raisonnée des matieres contenues dans les XXXIII volumes in-folio du Dictionnaire des sciences, des arts et des métiers, et dans son Supplément*, 2 vol., Paris, Panckoucke ; Amsterdam, M. M. Rey, 1780.

MOUSTALON, *Le Lycée de la jeunesse, ou Les Études réparées; nouveau cours d'instruction à l'usage des jeunes gens de l'un et l'autre sexe, et particulièrement*

参考文献

de ceux dont les études ont été interrompues ou négligées, in-12, 2 vol., Serriere, 1786 ; *Le Lycée de la jeunesse, ou Les Etudes réparées ; nouveau cours d'instruction à l'usage des jeunes gens de l'un et de l'autre sexe, et particulièrement de ceux dont les études ont été interrompues ou négligées*, 3e éd., corrigée et augmentée d'une nouvelle partie relative à la philosophie, in-12, 2 vol., Lebel et Guitel, 1810 ; 4e éd., corrigée et augmentée d'une nouvelle partie relative à la philosophie et ornée du portrait de l'auteur, in-12, 2 vol., Auguste Boulland, 1823.

NOLLET (abbé Jean-Antoine), *Essai sur l'éléctricité des corps*, in-12, frontispice, xx-227 p., pl., Freres Guérin, 1764.

NOLLET (abbé Jean-Antoine), *Leçons de physique expérimentale*, in-12, 6 vol., pl., Les Freres Guérin, 1743-1748 ; 8e éd., in-12, 6 vol., pl., Durand, 1775.

OUDIN (César), *Grammaire italienne*, 3e éd., in-8°, 318 p., Jean Gesselin, 1623.

PAGÈS (François-Xavier), *Cours d'études encyclopédiques, ou Nouvelle encyclopédie élémentaire, contenant : 1° histoire de l'origine et des progrès de toutes les sciences, belles-lettres, beaux-arts et arts mécaniques ; 2° l'analyse de leurs principes ; 3° tous ces mêmes objets traités en détail, principalement la physique, la chimie, et l'histoire naturelle. Le tout d'après les meilleurs auteurs, et les découvertes les plus récentes, avec frontispice, et un atlas de 62 planches ou tableaux*, in-8°, 6 vol. avec un atlas de planche (in-4°), Artaud, an VII.

PANCKOUCKE (André-Jeseph), *Manuel philosophique, ou Précis universel des sciences*, in-12, 2 vol., pl., Lille, André Joseph Panckoucke, 1748.

PLUCHE (abbé Antoine), *Le Spectacle de la nature, ou Entretiens sur les particularités de l'histoire naturelle qui ont paru les plus propres à rendre les jeunes gens curieux et à leur former l'esprit*, in-12, 8 tomes en 9 vol., frontispices et pl., Vve Estienne, 1732-1750 ; in-12, tomes 5-8, frontispices et pl., Frères Estienne, 1755 ; in-12, tomes 1-4, frontispices et pl., Frères Estienne, 1764.

RANCY (De), *Essai de physique en forme de lettres ; à l'usage des jeunes personnes de l'un & l'autre sexe : augmenté d'une lettre sur l'aimant, de réflextions sur l'éléctricité, & d'un petit traité sur le planétaire*, in-12, xij-584 p., Hérissant fils, Lottin l'aîné, 1768.

RIGORD (Le P. François-Xavier), *Connoissance de la mythologie, par demandes et par réponses*, in-12, ij-345 p., C. Simon père et C. F. Simon fils, 1739; 6e éd., in-12, xij-516 p., Veuve Avoye, 1768.

ROUSSEL (Pierre), *Système physique et moral de la femme, ou Tableau philosophique de la constitution, de l'état organique du tempérament, des mœurs & des fonctions propres au sexe*, in-12, xxvj-380 p., Vincent, 1775; nouvelle éd., in-8°, 283 p., Crapart, Caille et Ravier, 1803.

ROUX (Augustin), *Nouvelle Encyclopédie portative, ou Tableau des connoissances humaines; ouvrage recueilli des meilleurs auteurs, dans lequel on entreprend de donner une idée exacte des sciences les plus utiles, et de les mettre à la portée du plus grand nombre des lecteurs*, in-12, 2 vol., Vincent, 1766.

TARDIEU DE NESLE (Mme Henri), *Encyclopédie de la jeunesse, ou Nouvel Abrégé élémentaire des sciences et des arts, extraits des meilleurs auteurs*, in-12, 2 vol., pl., Henri Tardieu, an VIII ; 6e éd., in-12, vj-388 p., pl., Boiste fils aîné, 1825.

TISSOT (Samuel-Auguste-André-David), *Avis au peuple sur la santé* (éd. de 1782), 432 p., Quai Voltaire Histoire, 1993.

VALLAIN (Louis-Pierre), *Lettres à M^r de * * * sur l'art d'écrire, où l'on fait voir les divers inconvéniens d'une écriture trop négligée; et où il est traité de plusieurs objets relatifs à cet art*, in-16, 168 p., Aug. Mart. Lottin, 1760.

VENERONI (Giovanni), *Maître italien ou Grammaire françoise et italienne de Veneroni*, nouvelle éd., xij-592 p., Avignon, Offray, 1800.

WAILLY (Noël-François), *Abrégé de la grammaire françoise*, in-12, [ij]-144 p., table, De Bure l'aîné, 1759; in-12, 159 p., H. Barbou, 1804.

WAILLY (Noël-François), *Principes généraux et particuliers de la langue françoise*, in-12, 1754 ; in-12, xx-304, table, J. Barbou, 1763 ; in-12, 517 p., Auguste Delalain, 1819.

WANDELAINCOURT (Antoine-Hubert), *Cours d'éducation à l'usage des demoiselles, et des jeunes messieurs qui ne veulent pas apprendre le latin*, in-12, 8 vol., Rouen, Le Boucher le jeune; Paris, Durand neveu, 1782

19世紀前半の知識の普及書（縮約など新たな編集によるもので、編者によって原題に変更が加えられている前世紀の再版ものも含む。女性用を含む。）

Bibliothèque choisie pour les dames, in-18, 36 vol., Lefuel, 1818-1821.

Buffon. Morceaux choisis, ou Recueil de ce que ce grand naturaliste offre de plus ramarquable sous le rappport de la pensée et du style, in-18, 349 p., pl., Boiste fils aîné, 1823 ; *Buffon. Morceaux choisis, recueil de ce que ce grand naturaliste offre de plus ramarquable sous le rappport de la pensée et du style ; par M. l'abbé Rolland*, 4e éd., revue et augmentée, in-12, XII-238 p., Jules Delalin, 1846 ; *Buffon. Morceaux choisis, recueil de ce que ce grand naturaliste offre de plus ramarquable sous le rapport de la pensée et du style, par M. A. Rolland*, 5ᵉ éd., ouvrage autorisé par le Conseil de l'Instruction publique, XII-228 p., Jules Delalain, 1850.

Encyclopédie des dames, in-12, 2 vol., Guyon, Maison et Gervais, 1806.

Encyclopédie des dames, in-18, 22 vol., Audot., 1821-1823.

Encyclopédie des jeunes étudiants et des gens du monde, ou Dictionnaire raisonné des connaissances humaines, des mœurs et des passions, contenant : les principes élémentaires de la physique, de l'astronomie, de la géographie physique, de l'histoire naturelle, de la chimie, de la physiologie, de l'hygiène, de la politique, de la morale et de la philosophie, par une société de gens de lettres et de savants, in-8°, 2 vol., Hachette, 1833-1834.

Le Buffon des demoiselles, contenant l'histoire générale des oiseaux et l'histoire naturelle des quadrupèdes des quatre parties du monde, in-12, 4 vol., portrait de Buffon et pl., Chevalier, 1819.

Le Petit Buffon des enfans, ou Extraits d'Histoire naturelle des quatrupèdes, reptiles, poissons et oiseaux, in-24, 180 p., pl., Avignon, E. Chaillot, 1810.

BIAGIOLI (Giosafatte), *Grammaire italienne élémentaire, à l'usage de la jeunesse*, viij-208 p., l'auteur, 1817.

BLANCHARD (Pierre), *Le Buffon de la jeunesse*, 1801 [この初版の年代は *La Grande Encyclopédie* (tome 6, [sans date], H. Lamirault et Cⁱᵉ, p. 1912) による もので、版型や巻数などは不明。] ; *Le Buffon de la jeunesse, ou Abrégé de l'Histoire nautrelle des trois règnes de la nature, ouvrage élémentaire, à l'usage des jeunes gens de l'un et l'aure sexes, et des personnes qui veulent prendre des notions d'histoire naturelle*, 2ᵉ éd., corrigée augmentée, in-12, 5 vol., pl., Leprieur, an X-1802 ; 3ᵉ éd., corrigée et augmentée, in-12, 5 vol., pl., Leprieur, 1804 ; *Le Buffon de la jeunesse, ou Abrégé de l'Histoire nautrelle des trois règnes de la nature, ouvrage élémentaire, à l'usage des jeunes gens et des personnes qui veulent prendre des notions d'histoire naturelle*, 5ᵉ éd., in-12, 5 vol., pl., Leprieur, 1817; 6ᵉ éd., in-12, 4 vol., pl., Belin Leprieur, 1835.

BOITARD (Pierre), *Nouveau manuel complet d'entomologie, nouvelle éd., revue et considérablement augmentée*, tome 2, Roret, 1843.

C *** T * (Mᵐᵉ), *Encyclopédie des jeunes demoiselles, ou Choix de conversations intéressantes sur différens sujets, recueillis des ouvrages de Madame Leprince de Beaumont et des meilleurs auteurs qui ont écrit sur l'éducation des jeunes* *personnes*, 2ᵉ éd., in-12, frontispice, 317 p., Bargeas, 1822.

CARRÉ (Narcisse-Epaminondas), *Code des femmes*, in-18, xj-232 p., J.-P. Roret, 1828.

DOUBLET (Victor), *Rhétorique des jeunes demoiselles*, in-12, VII-183 p., 1839.

DUCKETT (William), *Dictionnaire de conversation à l'usage des dames et des jeunes personnes*, in-12, 10 vol., Langlois et Leclercq, 1841.

DUCKETT (William), *Dictionnaire de la conversation et de la lecture*, in-8°, 68 vol., Belin-Mandar, 1832-1851.

FILON (Charles-Désiré-Auguste), *Eléments de rhétorique française*, in-12, iv-317 p., Brédif, 1826 ; 5ᵉ éd., revue et augmentée, XXXII-252 p., L. Hachette, 1849.

GARNER (John), *The New Universal Dictionary, English and French, and French and English*, 2ⁿᵈ vol., in-4°, lxiij- 767 p., Rouen, 1802.

GIRARD DE PROPIAC (Catherine-Josephe-Ferdinand), *Le Plutarque des jeunes demoiselles, ou Abrégé des vies des femmes illustres de tous les pays*, in-12, 2 vol., Gérard, 1806 ; 3ᵉ éd., revue et augmentée, 2 vol., Gérard, 1821.

GUICHARD (Auguste-Charles), *Le Code des femmes*, in-8°, ij-472 p., l'auteur, 1823.

GUINAN-LAOUREINS (Jean-Baptiste), *Le Classique des dames, ou Cahiers élémentaires d'histoire, de géographie, d'histoire naturelle, de mythologie, de langues française, italienne et anglaise, et de morale universelle*, in-8°, 2 vol., Madame Plauzoles, Firmin Didot, Garnery, l'auteur, 1803.

LAJOLAIS (Nathalie de), *Education pratique des femmes, manuel à l'usage des mères de famille et des institutrices*, in-12, iij-502 p., Didier, 1841 ; *Le Livre des mères de famille et des institutrices sur l'éducation pratique des femmes*, 2ᵉ éd., in-12, vj-439 p., Didier, 1843.

LALOURCEY, *Le Nouveau Buffon de la jeunesse, ou Précis élémentaire de l'histoire naturelle*, in-18, 4 vol., Henri Tardieu, an X-1802 ; *Le Nouveau Buffon de la jeunesse, ou Précis élémentaire de l'histoire naturelle, à l'usage des gens des deux sexes*, 3ᵉ éd., ornée de cent vingt-quatre figures, in-18, 4 vol., Jeunets, jeune, 1817.

LEFRANC (Emile), *Nouveau Manuel complet et méthodique, des aspirantes aux brevets de capacité pour l'instruction primaire élémentaire*, in-12, xij-396 p., pl., J. Delalain, 1836.

MARIE DE SAINT-URSIN (P.-J.), *L'Ami des femmes, ou Lettres d'un médecin concernant l'influence de l'habillement des femmes sur leurs mœurs et leur santé, et la nécessité de l'usage habituel des bains en conservant leur costume actuel ;*

参考文献

suivies d'un appendix contenent des recettes cosmétiques et curatives ; ornées de sept gravures en taille-douce, in-8°, frontispice, xxx-378 p., grav., Barba, l'auteur, 1804.

MARTIN (Louis-Aimé), *Lettres à Sophie, sur la physique, la chimie et l'histoire naturelle*, in-8°, 2 vol., H. Nicolle, 1810.

PERRARD (Jean-Ferréol), *Rhétorique classique, à l'usage des aspirans au grade de bachelier ès-Lettres*, 2ᵉ éd., revue et corrigée par l'auteur, xij-227 p., Paginot, 1830.

SCOPPA (abbé Antonio), *Elémens de la grammaire italienne mis à la portée des enfans de 5 à 6 ans*, in-12, viij-100 p., Courcier, 1811.

SIMONNIN (Antoine-Jean-Baptiste), *La Grammaire en vaudevilles, ou Lettres à Caroline sur la grammaire française*, in-12, frontispice, 259 p., Barba, 1806.

17-18 世紀の女子教育論、女性論

BOUDIER DE VILLEMERT (Pierre-Josephe), *L'Ami des femmes*, in-18, [ij]-190 p., [sans lieu], 1758.

BOUDIER DE VILLEMERT (Pierre-Josephe), *Le Nouvel Ami des femmes*, in-12, [ij]-260 p., Monory, 1779.

CASTEL DE SAINT-PIERRE (abbé Charles-Irénée), *Un projet pour perfectionner l'éducation des filles* in *Œuvres diverses de M. l'abbé de Saint-Pierre*, tome 2, Gissy, 1730.

ESPINASSY (Adélaïde d'), *Essai sur l'éducation des demoiselles*, B. Hochereau, in-12, 84 p., 1764.

FÉNELON (François de Salignac de La Mothe), *De l'éducation des filles* (1687) in *Œuvres* I, Gallimard, 1983.

FLEURY (abbé Claude), «Etudes des femmes» in *Traité du choix et de la méthode des études*, Pierre Aubouin, Pierre Emery et Charles Clousier, 1686.

GENLIS (Stéphanie-Félicité du Crest de Saint-Aubin, comtesse de), *Discours sur la suppression des couvens de religieuses, et sur l'éducation publique des femmes*, in-8°, xxjv-84 p., Onfroy, 1790.

LACLOS (Pierre Choderlos de), *De l'éducation des femmes* (1783), 138 p., Jérôme Millon, 1991.

LAMBERT (Marie-Thérèse, marquise de), *Avis d'une mère à sa fille* (1728) in *Avis d'une mère à son fils et à sa fille*, in-18, J.-J. Blaise, 1829.

LAMBERT (Marie-Thérèse, marquise de), *Réflexions nouvelles sur les femmes*

(1727) in *Œuvres*, Librairie Honoré Champion, 1990.

LE GROING LA MAISONNEUVE (Françoise-Thérèse-Antoinette, comtesse), *Essai sur le genre d'instruction qui paroît le plus analogue à la destination des femmes*, in-18, 69 p., imprimerie de Dufart, an VII; 2ᵉ éd., revue, corrigée et augmentée d'un supplément, in-18, 154 p., l'auteur, Pougens et J. D. Frères, 1801; *Essai sur l'instruction des femmes*, 3ᵉ éd., dédiée à la mémoire de l'auteur par ses élèves et ses amis et augmentée d'une notice biographique, in-18, xlj-143 p., Tours, R. Pornin et Cⁱᵉ, 1844.

MIREMONT (Anne d'Aubourg de la Bove, comtesse de), *Traité de l'éducation des femmes, et cours complet d'instruction*, imprimerie de Ph.-D. Pierres, tome 1, 1779.

POULAIN DE LA BARRE (François), *De l'égalité des deux sexes* (1673), in-8°, 113 p., Fayard, 1984.（フランソワ・プーラン・ド・ラバール『両性平等論』古茂田宏他訳、法政大学出版会、1997年）

POULAIN DE LA BARRE (François), *De l'éducation des dames pour la conduite de l'esprit dans les sciences et dans les mœurs*, in-12, [xiv]-358 p., Jean du Puis, 1674.

POULAIN DE LA BARRE (François), *De l'excellence des hommes, contre l'égalité des sexes*, in-12, 334 p., Jean du Puis, 1675.（フランソワ・プーラン・ド・ラバール『男の優秀さについて、両性の平等説への反論』古茂田宏他訳 [前掲の『両性平等論』に収録]）

PUISIEUX (Madeleine d'Arsant de), *Conseils à une amie*, in-12, xix-194 p., [sans lieu], 1749.

RIBALLIER & COSSON DE LA CRESSONNIERE (Charlotte-Catherine), *De l'éducation physique et morale des femmes*, in-12, viij-494 p., Freres Estiennes, 1779.

ROUSSEL (Pierre), *Système physique et moral de la femme* (1775), in-8°, 52-xx-283 p., Chapart, Caille et Ravier, 1803.

THOMAS (Antoine-Léonard), *Essai sur le caractère, les mœurs et l'esprit des femmes, dans les différens siècles*, in *Œuvres de Thomas*, nouvelle éd., tome 4, Moutard, 1773.

VERDIER (Jean), «Plan d'éducation et des études des filles» in *Cours d'éducation à l'usage des élèves, destinés aux premières professions et aux grands emplois de l'Etat*, Moutard, 1777, pp. 319-325.

参考文献

17-18 世紀の教育論

CAVAYÉ (P.), *Nouvel Emile, ou Conseils donnés à une mère sur l'éducation de ses enfans*, in-12, 172 p., Castres, Rodiers, an V.

GENLIS (Stéphanie-Félicité du Crest, comtesse de), *Adèle et Théodore, ou Lettres sur l'éducation, contenant tous les principes relatifs aux trois différens plans d'éducation des princes, des jeunes personnes, et des hommes*, in-12, 3 vol., M. Lambert, 1782 ; *Adèle et Théodore, ou Lettres sur l'éducation*, in-12, 6ᵉ éd., 4 vol., Lecointe et Durey, 1822 ; 7ᵉ éd., in-12, 4 vol., Lecointe et Durey, 1827.

GENLIS (Stéphanie-Félicité du Crest de Saint-Aubin, comtesse de), *Discours sur l'éducation publique du peuple*, in-8°, 36 p., Onfroy, 1791.

LOCKE (John), *Some Thoughts concerning Education* (1693), in *The Works of John Locke*, A New Edition, corrected, London (1823), reprinted by Scientia Verlag Aalen, Germany, Volume 9, 1963. (ジョン・ロック『教育に関する考察』服部知文訳、岩波書店、1988 年)

ROLLIN (Charles), *De la manière d'enseigner et d'étudier les belles-lettres, par rapport à l'esprit et au cœur*, 4 vol., J. Estienne, 1726-1728 ; nouvelle éd., 4 vol., Veuve Estienne, 1732 ; nouvelle éd., 4 vol., Veuve Estienne, 1748.

ROUSSEAU (Jean-Jacques), *Emile ou De l'éducation* (1762), Garnier Frères, 1964.

VERDIER (Jean), *Cours d'éducation à l'usage des élèves, destinés aux premières professions et aux grands emplois de l'Etat*, pp. 319-325, Moutard, 1777.

19 世紀前半の女子教育論

GENLIS (Stéphanie-Félicité du Crest de Saint-Aubin, comtesse de), *Projet d'une école rurale pour l'éducation des filles*, in-8°, 25 p., imprim. de Guilleminet, an X-1801.

LE GROING LA MAISONNEUVE (Françoise-Thérèse-Antoinette, comtesse), *Considérations pratiques* in *Essai sur l'instruction des femmes*, 3ᵉ éd., in-18, Tours, R. Pornin et Cⁱᵉ, 1844, pp. 71-143.

MARTN (Louis-Aimé), *De l'éducation des mères de famille, ou De la civilisation du genre humain par les femmes*, in-8°, 2 vol., C. Gosselin, 1834.

NECKER DE SAUSSURE (Albertine-Adrienne), *L'Education progressive*, tome 3, Paulin, 1838.

RÉMUSAT (Claire-Elisabeth-Jeanne Gravier de Vergennes, comtesse de), *Essai sur l'éducation des femmes*, in-8°, XX-276 p., Ladvocat, 1824 ; 3ᵉ éd., in-8°, 290 p., Ladvocat, 1825.

19世紀前半の教育論

GUIZOT (Pauline), *Education domestique, ou Lettres de famille sur l'éducation*, in-8°, 2 vol., A. Leroux et Constant-Chantpie, 1826.

NECKER DE SAUSSURE (Albertine-Adrienne), *L'Education progressive*, in-8°, 2 vol., Lauzanne, George Rouiller, 1828-1834.

女子教育史

L'Education des filles au temps de George Sand, textes réunis par Michèle Hecquet, Artois Presses Université, 1999.

Les Demoiselles de Saint-Cyr, maison d'éducation 1686-1793, Somogy, 1999.

BONNEVILLE DE MARSANGY (Louis), *Madame Campan à Ecouen, étude historique et biographie d'après des lettres inédites et les documents conservés aux Archives nationales et à la Grande-Chancellerie de la Légion d'honneur*, H. Champion, 1879.

GRÉARD (Octave), «Enseignement secondaire des filles» in *Education et instruction, Enseignement secondaire*, tome 1, Hachette, 1887.

KILIAN (E.), *De l'instruction des filles à ses divers degrés*, Librairie administratif de Paul Dupont et Cie, 1842.

LEDUC (Guyonne) (sous la dir. de), *L'Education des femmes en Europe et en Amérique du Nord de la Renaissance à 1848*, L'Harmattan, 1997.

MAYEUR (Françoise), *L'Education des filles en France au XIXe siècle*, Hachette, 1979.

MAYEUR (Françoise), *L'Enseignement secondaire des jeunes filles sous la troisième République*, Presses de la Fondation nationale des Sciences politiques, 1977.

ROUSSELOT (Paul), *Histoire de l'éducation des femmes en France*, in-12, 2 vol., Didier, 1883.

ROGERS (Rebecca), *Les Demoiselles de la Légion d'honneur*, Plon, 1992.

SONNET (Martine), *L'Education des filles au temps des Lumières*, CERF, 1987.

梅根悟監修『世界教育史体系』第34巻(女子教育史)、講談社、1977年

教育史

CHERVEL (André), *Histoire de l'enseignement du français du XVIIe au XXe siècle*, Retz, 2006.

参考文献

FURET (François) et OZOUF (Jacques), *Lire et écrire, l'alphabétisation des Français de Calvin à Jules Ferry*, 2 vol., Minuit, 1977.
GRÉARD (Octave), *Education et instruction, Enseignement secondaire*, tome 1, Hachette, 1887; tome 1, 2ᵉ éd., Hachette, 1889.
PARIAS (Louis-Henri) (sous la dir. de), *Histoire générale de l'enseignement et de l'éducation en France*, 4 vol., Nouvelle Librairie de France, 1981.
PROST (Antoine), *Histoire de l'enseignement en France, 1800-1967*, Armand Colin, 1968.
SNYDERS (Georges), *La Pédagogie en France aux XVIIᵉ et XVIIIᵉ siècles*, PUF, 1965.

梅根悟監修『世界教育史体系』第 9-10 巻(フランス教育史)、講談社、1975 年
コンドルセ他『フランス革命期の公教育論』坂上孝編訳、岩波書店、2002 年

教育法令集関係、報告書

Règlements et arrêtés concernant les maisons d'éducation de filles in *Extrait du recueil des actes administratifs*, n° 19, Librairie administrative de Paul Dupont, 1844.

ALLAIRE (Martine) et FRANK (Marie-Thérèse), *Les Politiques de l'éducation en France de la maternelle au baccalauréat*, La Documentation française, 1995.
CAHEN (L.) et MATHIEZ (A.), *Les Lois françaises de 1815 à 1914 accompagnées des documents politiques les plus importants*, 4ᵉ éd., Félix Alcan, 1933.
CHERVEL (André), *L'Enseignement du français à l'école primaire, textes officiels concernant l'enseignement primaire de la Révolution à nos jours*, tome 1, INRP, 1992.
LEHEMBRE (Bernard), *Naissance de l'école moderne, les textes fondamentaux 1791-1804*, Nathan, 1989.

その他の法令集

Code de l'instruction primaire, 2ᵉ éd., P. Dupont, 1834.
Les Cinq codes, Editions nouvelles, Delarue, 1825.

CAHEN (L.) et MATHIEZ (A.), *Les Lois françaises de 1815 à 1914 accompagnées des documents politiques les plus importants*, 4ᵉ éd., Félix Alcan, 1933.

女性史

ABENSOUR (Léon), *Histoire générale du féminisme*, Genève, Slatkine Reprints, 1979.

ALBISTUR (Maïté) & ARMAGATHE (Daniel), *Histoire du féminisme français*, 2 vol., Des Femmes, 1977.

ALBISTUR (Maïté) & ARMAGATHE (Daniel), *Le Grief des femmes*, tome 1, Éditions Hier & Demain, 1978.

ARON (Jean-Paul), *Misérable et glorieuse, la femme du XIXe siècle*, Fayard, 1980.

BADINTER (Elisabeth), *Emilie, Emilie, l'ambition féminine au XVIIIème siècle*, Flammarion, 1983.

CONSTANT (Paule), *Un monde à l'usage des demoiselles*, Gallimard, 1987.

DAUBIÉ (Julie-Victoire), *La Femme pauvre au dix-neuvième siècle*, tome 1, Côté-femmes, 1992.

DECAUX (Alain), *Histoire des Françaises*, 2 vol., Académique Perrin, 1972-1979.

DESPLANTES (Fr.) et POUTHIER (Paul), *Les Femmes de Lettres en France*, Rouen, Mégard et Cie, 1890.

GONCOURT (Édmond et Jules de), *La Femme au dix-huitième siècle*, nouvelle éd., revue et augmentée, G. Charpentier, 1878.

HAASE-DUBOSC (Danielle) et VIENNOT (Eliane) (sous la dir. de), *Femmes et Pouvoirs sous l'Ancien Régime*, Éditions Rivages, 1991.

KNIBIEHLER (Yvonne) et FOUQUET (Catherine), *La Femme et les médecins*, Hachette, 1983.

KNIBIEHLER (Yvonne) et FOUQUET (Catherine), *Histoire des mères*, Montalba, 1977.

LUPPÉ (Comte de), *Les Jeunes filles à la fin du XVIIIe siècle*, Édouard Champion, 1925.

PASTEUR (Claude), *Les Femmes et les médecins*, Zulma, 1997.

RABAUT (Jean), *Histoire des féminismes français*, Editions Stock, 1978.(ジャン・ラボー『フェミニズムの歴史』加藤康子訳、新評論、1987 年)

POIRIER (Jean-Pierre), *Histoire des femmes de science en France*, Editions Pygmalion / Gérard Watelet, 2002.

TIMMERMANS (Linda), *L'Accès des femmes à la culture (1598-1715)*, Éditions Champions, 1993.

参考文献

赤木富美子『フランス演劇から見た女性の世紀』大阪大学出版会、1996 年
川島慶子『エミリー・デュ・シャトレとマリー・ラヴォアジェ、18 世紀のジェンダーと科学』東京大学出版会、2005 年
シービンガー『科学史から消された女性たち』藤岡伸子他訳、工作社、1992 年 (SCHIEBINGER (Londa), *The Mind Has No Sex?*, Cambridge, Harvard University Press, 1989.)
ジョエル『医の神の娘達―語られなかった女医の系譜』内村瑠美子訳、メディカ出版、1992 年 (JOËL (Dr. Constance), *Les filles d'Esculape—Les femmes à la conquête du pouvoir médical*, Robert Laffont, 1988.)
デュロン『大世紀を支えた女たち』伊藤洋・野池恵子訳、白水社、1991 年 (DULONG (Calude), *La Vie quotidienne des femmes au grand siècle*, Hachette, 1984.)

フランスのサロン

Les Grands Salons littéraires (XIIe et XVIIIe siècles), conférences du Musée Carnavalet (1927), Payot, 1928.

ANCELOT (Marguerite-Chardon, dame Virginie), *Les Salons de Paris*, Jules Tardieu, 1858.
ANCELOT (Marguerite-Chardon, dame Virginie), *Un Salon de Paris—1824 à 1864—*, E. Dentu, 1866.
CLOTZ (Marguerite) et MAIRE (Madeleine), *Salons du XVIIIe siècle*, Nouvelles Editions latines, 1949.
CONCHES (Feuillet de), *Les Salons de conversation au dix-huitième siècle*, Charavay Frères Éditeurs, 1882.

赤木昭三・赤木富美子『サロンの思想史』名古屋大学出版会、2003 年
川田靖子『17 世紀フランスのサロン』大修館書店、1990 年
菊森秀夫『文芸サロン』中央公論者、1979 年

フランス史

BROC (Le Vicomte de), *La Vie en France sous le premier Empire*, Plon, 1895.
CARPENTIER (Jean) et LEBRUN (François) (sous la dir. de), *Histoire de France*, Seuil, 1987.
GUIGNET (Philippe) et GREVET (René), *La France et les Français au XVIIIe siècle*

(1715-1788), *Economie et culture*, Ophrys, 1781.
MARTIN-FUGIER (Anne), *La Vie élégante ou La Formation du Tout-Paris 1815-1848*, Fayard, 1990.
SAUVIGNY (G. de Bertier de), *La Restauration*, Flammarion, 1990.
SOBOULE (Albert), LEMARCHAND (Guy) et FOGEL (Michèle), *Le Siècle des Lumières*, tome 1, 2 vol., PUF, 1977.

安藤隆穂『フランス啓蒙思想の展開』、名古屋大学出版会、1989 年
柴田三千雄他編『フランス史』全3巻、山川出版社、1995-1996 年
シャルチエ『フランス革命の文化的起源』松浦義弘訳、岩波書店、1994 年
(CHARTIER (Roger), *The Cultural Origins of the French Revolution*, Durham, Duke University Press, 1991; *Les Origines culturelles de la Révolution française*, Seuil, 2000.)
モルネ『フランス革命の知的起源』山田繰九朗他訳、剄草書房、1974 年
(MORNET (Daniel), *Les Origines intellectulles de la Révolution française*, Armand Colin, 1933.)

出版・書物の歴史（読書や特定の出版物に関する研究も含む。）
Répertoire des ouvrages pédagogiques du XVIe siècle, Complément (1886-1894), INRP, 1979.

BUISSON (Ferdinad), *Répertoire des ouvrages pédagogiques du XVIe siècle*, Imprimerie Nationale, 1886.
CALIN (Julien), ESCARPIT (Robert) et MARTIN (Henir-Jean) (sous la direction de), *Le Livre français, hier, aujourd'hui, demain*, Imprimerie Nationale, 1972.
CHARTIER (Roger) et MARTIN (Henri-Jean) (sous la dir. de), *Histoire de l'édition française*, 4 vol., 1990, Fayard.
CHARTIER (Roger) (sous la dir. de), *Histoire de la lecture, un bilan des recherches, actes du colloque des 29 et 30 janvier 1993*, IMEC et La Maison des Sciences de l'Homme, 1995.
CHOPPIN (Alain), *Les Manuels scolaires: histoire et actualité*, Hachette, 1992.
CHOPPIN (Alain) (sous la dir. de), *Les Manuels scolaires en France de 1789 à nos jours*, Nos 1~8, INRP, 1987-2000.
DARNTON (Robert), *L'Aventure de l'Encyclopédie, 1775-1880*, Académique Perrin, 1982.

参考文献

ESTIVALS (Robert), *La Statistique bibliographique de la France sous la monarchie au XVIIIe siècle*, Imprimerie Nationale, 1965.
HENTSCH (Alice A.), *De la littérature didactique du Moyen Age s'adressant spécialement aux femmes* (1903), Genève, Slatkine Reprints, 1975.
LYONS (Martyn), *Le Triomphe du livre*, Promodis, 1987.
MARTIN (Henri-Jean), *Le Livre français sous l'Ancien Régime*, Promodis, 1987.
QUEMADA (Bernard), *Les Dictionnaires du français moderne*, Didier, 1968.
SAVY (Nicole) et VIGNE (Georges), *Le Siècle des dictionnaires*, Editions de la Réunion des Musées Nationaux, 1987.

市川慎一『百科全書派の世界』世界書院、1995 年
桑原武夫編『フランス百科全書の研究(1751-1780)』岩波書店、1954 年
シャルチエ『読者と読書』長谷川輝夫他訳、みすず書房、1994 年 (CHARTIER (Roger), *Lectures et lecteurs dans la France d'Ancien Régime*, Seuil, 1987.)
シャルチエ『読書の文化史』福井憲彦編訳、新曜社、1993 年
プルースト『百科全書』平岡昇他訳、岩波書店、1979 年 (PROUST (Jacques), *L'Encyclopédie*, Armand Colin, 1965.)

フランス文学史
Il était une fois... les contes de fées, Bibliothèque nationale de France, 2001.

LAGARDE (André), MICHARD (Laurent), *XVIIe Siècle, les grands auteurs français du programme*, Bordas, 1970.
LAGARDE (André), MICHARD (Laurent), *XVIIIe siècle, les grands auteurs français du programme*, Bordas, 1970.
LARNAC (Jean), *Histoire de la littérature féminine en France*, 7e éd., Editions KRA, 1929.
TROUSSON (Raymond), *Romans de femmes du XVIIIe siècle*, Robert Raffont, 1996.
VAN TIEGHEM (Philippe), *Petite Histoire des grandes doctrines littéraires en France*, PUF, 1946.（フィリップ・ヴァン・チーゲム『フランス文学理論史』萩原弥彦他訳、紀伊国屋書店、1973 年）

石澤小枝子『フランス児童文学の研究』久山社、1991 年
河盛好蔵他編『フランス文学史』新潮社、1973 年
私市保彦『フランスの子供の本』白水社、2001 年

語史、語学史
稲垣昭『フランス語文法史における冠詞理論の変遷とその形成』三恵社、2004 年
島岡茂『フランス語の歴史』大学書林、1974 年
リカード『フランス語史を学ぶ人のために』伊藤忠他訳、世界思想社、1995 年 (RICKARD (Peter), *A History of The French Language*, 2nd ed., London, Academic Division of Unwin Hyman, 1989.)
渡部昇一『英語学史』(『英語学体系』第 13 巻)大修館書店、1981 年

科学史（科学の普及書に関する参考文献を含む。）
BÉGUET (Brunot), CANTOR (Maryline) et LE MEN (Ségolène), *La Science pour tous*, Réunion des Musées Nationaux, 1994.
DHOMBRES (Nicole et Jean), *Naissance d'un nouveau pouvoir: sciences et savants en France 1793-1824*, Payot, 1989.

アシモフ『アイザック・アシモフの科学と発見の年表』小山慶太他訳、丸善株式会社、1996 年 (ASIMOV (Isaac), *Asimov's Chronologiy of Science and Discovery*, New York, HarperCollins Publishers, 1989.)
ギンディキン『ガリレイの 17 世紀』三浦伸夫訳、シュプリンガー・フェアラーク東京、1996 年 (GINDIKIN (Simon G.), *Tales of Physicists and Mathematicians* (translated by Alan Shuchat), Boston and Basel, Birkaüser, 1988.
城阪俊吉『科学技術史』第 4 版、日刊工業新聞社、1990 年
シンガー『医学の歴史』(全 4 巻)酒井シズ他訳、朝倉書店、1996 年 (SINGER (Charles) and UNDERWOOD (E. Ashworth), *A Short History of Medicine*, London, Oxford University Press, 1962.)
シンガー『生物学の歴史』西村顕治訳、時空出版、1999 年 (SINGER (Charles), *A History of Biology ; to about the year 1900; A General Introduction to the Study of Living Things*, Third and Revised Edition, London and New York, Abelard-Schuman, 1959.)
竹内均『化学の大発見物語』ニュートンプレス、2002 年
竹内均『生物学を開拓した人たちの自然観』ニュートンプレス、2002 年
フント『思想としての物理学の歩み』上巻、井上健他訳、吉岡書店、1982 年 (HUND (Friedlich), *Geschichte der physikakischen Begriffe*, Teil 1, Mannheim, Bibliographisches Institut AG, 1978.)
ベル『数学をつくった人びと』上巻、田中勇他訳、東京図書、1997 年（BELL (E. T.), *Men of Mathematics*, vol. 1, London, Whitefriars Press, 1937.)

参考文献

矢島道子他偏『はじめての地学・天文学史』ベレ出版、2004 年

哲学史
内山勝利他偏『哲学の歴史』第 1-6 巻、中央公論新社、2008 年
シュヴェーグラー『西洋哲学史』（上下巻）谷川徹三他訳、岩波書店、1973 年
(SCHWEGLER (Albert), *Geschichte der Philosophie im Umriss*, Stuttgart, 1848.)

人物事典、回想録、伝記
Biographie universelle ancienne et moderne, et Supplément, 85 vol., Michaud, 1811-1862.
Dictionary or National Biography, 63 vol., London, Smith, Elder, 1885-1900.
Dictionary or National Biography, Supplément, 3 vol., London, Smith, Elder, 1901.
Dictionnaire de biographie française, 18 vol., Librairie Letouzey et Ané, 1933-1989.
Nouvelle Biographie générale depuis les temps les plus reculés jusqu'à nos jours, 45 vol., Firmin Didot frères, 1857-1866.

BADINTER (Elisabeth), *Emilie, Emilie, l'ambition féminine au XVIIIème siècle*, Flammarion, 1983.
BRIQUET (Fortunée B.), *Dictionnaire historique, littéraire et bibliographique des Françaises et des étrangères naturalisées en France*, Treuttel et Würtz, 1804.
BROGILE (Gabriel de), *Madame de Genlis*, Académique Perrin, 1985.
D'ANDLAU (B.), *La Jeunesse de Madame de Staël (de 1766 à 1786) avec des documents inédits*, Genève, Droz, 1970.
DELACOUX (D. M. P. A.), *Biographie des sages-femmes célèbres, anciennes, modernes et contemporaines*, Trinquart, 1833.
DIESBACH (Ghislain de), *Madame de Staël*, Perrin, 1983.
DUPECHEZ (Charles), *Marie d'Agoult*, Académique Perrin, 1989.
HENNET (H.), *Galerie des contemporaines, ou Collection de portraits des femmes qui se sont rendues célèbres depuis la fin du dix-huitième siècle, en France et dans les pays étrangers*, in-folio, [I]-98 p., impr. de J. Didot, 1826.
MAZENOD (Lucienne) & SCHOELLER (Ghislaine), *Dictionnaire des femmes célèbres de tous les temps et de tous les pays*, Robert Laffont, 1992.
MONTFERRAND (Alfred de) (sous la dir. de), *Biographie des femmes auteurs contemporaines françaises*, in-8°, x-456 p., Armand-Aubrée, [1836].

MORELLET (André), *Eloges de Madame Geoffrin, contemporaine de Madame DU Deffand, par MM. Morellet, Thomas et d'Alembert; suivis de lettres de Madame Geoffrin et à Madame Geoffrin; et d'un essai sur la conversation*, etc., etc., xxiv-283 p., H. Nicolle, 1812.
SAND (George), *Œuvres autobiographiques*, tome 1, Gallimard, 1970.
SALOMON (Pierre), *George Sand*, Hatier, 1953.
伊東冬美『ジラルダン夫人の生涯』TBSブリタニカ、1990年
科学者人名辞典編集委員会編『科学者人名事典』丸善株式会社、1997年
ドゥザンチ『新しい女』持田明子訳、藤原書房、1991年(DESANTI (Dominique), *Daniel ou Le Visage secret d'une comtesse romantique, Marie d'Agoult*, Stock, 1980.)
長塚隆二『ジョルジュ・サンド評伝』読売新聞社、1977年
室井庸一他編『フランス女流作家たち』三省堂、1989年

作品、著作集、作品研究他
Poésies et romanciers du Moyen Age, Gallimard, [s. d.].
Sénèque, Robert Laffont, 1993.

BOILEAU-DESPRÉAUX (Nicolas), *Œuvres complètes*, Gallimard, 1966.
FENELON (François de Salignac de La Mothe), *Œuvres*, I, Gallimard, 1983.
GENLIS (Stéphanie-Félicité du Crest de Saint-Aubin, comtesse de), *Œuvres choisies de Madame de Genlis*, tomes XIII-XIV, Paris et Londres, Colburn, 1813.
GERMAIN (Sophie), *Œuvres philosophiques de Sophie Germain suivies de pensées et de lettres inédites et précédées d'une étude sur sa vie et ses œuvres par H^{te} Stupuy*, nouvelle éd., Firmin-Didot, 1895.
HOMERE, *Iliade, Odyssée*, Gallimard, 1955.
LABORDE (Alice M.), *L'Œuvre de Madame de Genlis*, Editions A.-G.Nizet, 1966.
LAMBERT (Marie-Thérèse, marquise de), *Œuvres*, Librairie Honoré Champion, 1990.
MOLIÈRE, *Œuvres complètes*, 2 vol., Gallimard, 1971-1972.
MONTAIGNE (Michel de), *Œuvres complètes*, Gallimard, 1962.
MONTESQUIEU (Charles de Secondat, baron de La Brède et de), *Œuvres complètes*, Gallimard, 2 vol., 1949-1951.
PLATON, *Œuvres complètes*, 2 vol., Gallimard, [s. d].
ROUSSEAU (Jean-Jacques), *Œuvres complètes*, I-IV, Gallimard, 1990-2001.

VOLTAIRE (François-Marie AROUET, dit), *Œuvres complètes de Voltaire*, 52 vol., Garnier Frères, 1883-1885 ; Nendeln (Liechtenstein), Kraus Reprint Limited, 1965-1967.

VOLTAIRE (François-Marie AROUET, dit), *Œuvres historiques*, Gallimard, 1957.

アリストテレス『弁論術』戸塚七朗訳、岩波書店、2007年
荒木昭太郎編『モンテーニュ』(『世界の名著』19)、中央公論社、1979年
岡邦雄他訳『世界大思想全集』第44巻(ガリレイ『力学対話』他)、春秋社、1931年
コンディヤック『人間認識起源論』古茂田宏訳、上下巻、岩波書店、2003年 (CONDILLAC (Etienne Bonnot de), *Essai sur l'origine des connaissances humaines* (1746) in *Œuvres complètes*, tome 1, Genève, Slatkine, 1970.)
田中美知太郎編『プラトン』全2巻(『世界の名著』6-7)、中央公論社、1978年
ロック『人間知性論』大槻春彦訳、全4巻、岩波書店、2006年 (LOCKE (John), *An Essay concerning Human Understanding* (1690), 2 vol., Oxford, 1894.)

書誌、出版報、出版(所蔵)カタログ

Bibliographie de la France, ou Journal général de l'imprimerie et la librairie, 1814-1848, Pillet.

Bibliographie de l'Empire français, ou Journal général de l'imprimerie et de la librairie, nov. 1811-1814.

Catalogue général des livres imprimés de la Bibliothèque nationale: auteurs, 231 vol., Imprimerie Nationale, 1897-1981.

Catalogue hebdomadaire ou Liste des livres, estampes, cartes, ordonnances, édits, déclarations, arrêts, qui sont mis en vente chaque semaine, tant en France qu'en pays étrangers ; l'indication des volumes, du nombre & de la grandeur dont ils sont formés ; les noms des auteurs, la nature du papier & du caractère &c. que l'on a employés, & les adresses des libraires ou autres qui les vendent, in-8°, 27 vol., Despilly, 1763-1789.

Journal général de la littérature française, Treuttel et Würtz, 1800-1809.

Journal général de l'imprimerie et de la librairie, 4 déc. 1810-30 sept. 1811.

Journal typographique et bibliographique, publié par P. Roux, 1797(22 septembre)-1801 (décembre).

BARBIER (Ant.-Alex.), *Dictionnaire des ouvrages anonymes*, 3e éd., 4 vol.,

Hildesheim, G. Olms, 1963 ; *Ibid.,* 4 vol., Hildesheime, Zürich, New York, G. Olms, 1986.

BRUNET (Jacques-Charles), *Manuel du libraire et de l'amateur de livres* (1860-1865), 6 vol., Genève, Slatkine Reprints, 1990.

BRUNET (Jacques-Charles), *Supplément* (1878-1880), 2 vol., Genève, Slatkine Reprints, 1990.

CASPARD-KARYDIS (Pénélope), CHAMBON (André), FRAISSE (Geneviève), POINDRON (Denise), *La Presse d'éducation et d'enseignement, XVIIIe siècle-1940,* 4 vol., INRP et Editions du CNRS, 1981-1991.

CONLON (Pierre M.), *Le Siècle des Lumières, Bibliographie chronologique,* 14 vol., Genève, Librairie Droz S. A., 1983-1995.

DESGRAVES (Louis) et autres, *Répertoire bibliographique des livres imprimés en France au XVIIIe siècle,* 5 vol., Baden-Baden & Bouxwelles, Editions Valentin Kœrner, 1988-1992.

ERSCH (J. S.), *La France littéraire contenant les auteurs français de 1771 à 1796,* 3 vol., Hambourg, B. G. Hoffmann, 1797-1798.

GRAND-CARTERET (John), *Les Almanachs français,* J. Alisié et Cie, 1896.

Ministère de l'Instruction publique et des cultes, *Liste chronologique et officielle des ouvrages d'enseignement supérieur et secondaire, approuvé de 1802 au 1er septembre 1850,* impr. de Paul Dupont, [1851].

[Ministère de l'Instruction publique et des cultes], *Liste officielle des ouvrages autorisés pour les écoles primaires depuis la réorganisation de l'Instruction publique jusqu'au 1er septembre 1850,* Jules Delalain, [sans date].

Ministère de l'Instruction publique et des cultes, *Liste officielle des ouvrages qui ont été autorisés depuis l'année 1802 jusqu'au 1er septembre 1850, pour le service de l'instruciton primaire, avec indication de la date de l'autorisation,* impr. de Paul Dupont, [sans date].

フランス国立図書館(Bibliothèque nationale de France)所蔵の出版・在庫カタログ

8° Q10 [avant 1811]

8° Q10B [1811-1924]

その他事(辞)典類

Dictionnaire encyclopédique du livre, tomes 1-2, Editions du Cercle de la Librairie,

参考文献

VOLTAIRE (François-Marie AROUET, dit), *Œuvres complètes de Voltaire*, 52 vol., Garnier Frères, 1883-1885 ; Nendeln (Liechtenstein), Kraus Reprint Limited, 1965-1967.
VOLTAIRE (François-Marie AROUET, dit), *Œuvres historiques*, Gallimard, 1957.

アリストテレス『弁論術』戸塚七朗訳、岩波書店、2007 年
荒木昭太郎編『モンテーニュ』(『世界の名著』19)、中央公論社、1979 年
岡邦雄他訳『世界大思想全集』第 44 巻（ガリレイ『力学対話』他)、春秋社、1931 年
コンディヤック『人間認識起源論』古茂田宏訳、上下巻、岩波書店、2003 年 (CONDILLAC (Etienne Bonnot de), *Essai sur l'origine des connaissances humaines*(1746) in *Œuvres complètes*, tome 1, Genève, Slatkine, 1970.)
田中美知太郎編『プラトン』全 2 巻 (『世界の名著』6-7)、中央公論社、1978 年
ロック『人間知性論』大槻春彦訳、全 4 巻、岩波書店、2006 年（LOCKE (John), *An Essay concerning Human Understanding*(1690), 2 vol., Oxford, 1894.)

書誌、出版報、出版(所蔵)カタログ

Bibliographie de la France, ou Journal général de l'imprimerie et la librairie, 1814-1848, Pillet.
Bibliographie de l'Empire français, ou Journal général de l'imprimerie et de la librairie, nov. 1811-1814.
Catalogue général des livres imprimés de la Bibliothèque nationale: auteurs, 231 vol., Imprimerie Nationale, 1897-1981.
Catalogue hebdomadaire ou Liste des livres, estampes, cartes, ordonnances, édits, déclarations, arrêts, qui sont mis en vente chaque semaine, tant en France qu'en pays étrangers ; l'indication des volumes, du nombre & de la grandeur dont ils sont formés ; les noms des auteurs, la nature du papier & du caractère &c. que l'on a employés, & les adresses des libraires ou autres qui les vendent, in-8°, 27 vol., Despilly, 1763-1789.
Journal général de la littérature française, Treuttel et Würtz, 1800-1809.
Journal général de l'imprimerie et de la librairie, 4 déc. 1810-30 sept. 1811.
Journal typographique et bibliographique, publié par P. Roux, 1797(22 septembre)-1801 (décembre).

BARBIER (Ant.-Alex.), *Dictionnaire des ouvrages anonymes*, 3ᵉ éd., 4 vol.,

Hildesheim, G. Olms, 1963 ; *Ibid.,* 4 vol., Hildesheime, Zürich, New York, G. Olms, 1986.

BRUNET (Jacques-Charles), *Manuel du libraire et de l'amateur de livres* (1860-1865), 6 vol., Genève, Slatkine Reprints, 1990.

BRUNET (Jacques-Charles), *Supplément* (1878-1880), 2 vol., Genève, Slatkine Reprints, 1990.

CASPARD-KARYDIS (Pénélope), CHAMBON (André), FRAISSE (Geneviève), POINDRON (Denise), *La Presse d'éducation et d'enseignement, XVIIIe siècle-1940,* 4 vol., INRP et Editions du CNRS, 1981-1991.

CONLON (Pierre M.), *Le Siècle des Lumières, Bibliographie chronologique,* 14 vol., Genève, Librairie Droz S. A., 1983-1995.

DESGRAVES (Louis) et autres, *Répertoire bibliographique des livres imprimés en France au XVIIIe siècle,* 5 vol., Baden-Baden & Bouxwelles, Editions Valentin Kœrner, 1988-1992.

ERSCH (J. S.), *La France littéraire contenant les auteurs français de 1771 à 1796,* 3 vol., Hambourg, B. G. Hoffmann, 1797-1798.

GRAND-CARTERET (John), *Les Almanachs français,* J. Alisié et Cie, 1896.

Ministère de l'Instruction publique et des cultes, *Liste chronologique et officielle des ouvrages d'enseignement supérieur et secondaire, approuvé de 1802 au 1er septembre 1850,* impr. de Paul Dupont, [1851].

[Ministère de l'Instruction publique et des cultes], *Liste officielle des ouvrages autorisés pour les écoles primaires depuis la réorganisation de l'Instruction publique jusqu'au 1er septembre 1850,* Jules Delalain, [sans date].

Ministère de l'Instruction publique et des cultes, *Liste officielle des ouvrages qui ont été autorisés depuis l'année 1802 jusqu'au 1er septembre 1850, pour le service de l'instruciton primaire, avec indication de la date de l'autorisation,* impr. de Paul Dupont, [sans date].

フランス国立図書館(Bibliothèque nationale de France)所蔵の出版・在庫カタログ

8° Q10 [avant 1811]

8° Q10B [1811-1924]

その他事(辞)典類

Dictionnaire encyclopédique du livre, tomes 1-2, Editions du Cercle de la Librairie,

参考文献

2002- 2005.
La Grande Encyclopédie, inventaire raisonnée des sciences, des lettres et des arts, 31 vol., H. Lamirault et Cie, [1885-1902].
Trésor de la langue française informatisé (cédérom), CNRS Editions, 2004.

BÉLY (Lucien) (sous la dir. de), *Dictionnaire de l'Ancien Régime*, PUF, 1996.
BUISSON (Ferdinand), *Dictionnaire de pédagogie et d'instruciton primaire*, 4 vol., Hachette, 1878-1887.
BUISSON (Ferdinand), *Nouveau Dictionnaire de pédagogie et d'instruction primaire*, Hachette, 1911.
CERFBERR (Gaston) et RAMIN (M. V.), *Dictionnaire de la femme et de la famille*, Firmin-Didot, 1897; 2e éd., Firmin-Didot, [sans date].
FIERRO (Alfred), *Histoire et dictionnaire de Paris*, Robert Laffont, 1996.
LAFFONT-BOMPIANI, *Dictionnaire des œuvres de tous les temps et de tous les pays*, 6 vol. et index, Robert Laffont, 1990.
LAROUSSE (Pierre), *Grand Dictionnaire universel du XIXe Siècle*, Administration du Grand dictionnaire universel, 15 vol., 1866-1876.
LAROUSSE (Pierre), *Grand Dictionnaire universel du XIXe Siècle, Supplément*, 2 vol., Administration du Grand dictionnaire universel, 1878-1890.
LITTRÉ (É.), *Dictionnaire de la langue française*, 4 vol., Hachette, 1873-1874.
LITTRÉ (É.), *Dictionnaire de la langue française, Supplément*, Hachette, 1892.
MOLINIÉ (Georges), *Dictionnaire de rhétorique*, Librairie Générale Française, 1992.
ROBERT (Paul), *Dictionnaire universel des noms propres alphabétiques et analogiques illustré en couleurs, Le Petit Robert 2*, Le Robert, 1977.
NYSTEN (Pierre-Hubert), *Dictionnaire de médecine et des sciences accessoires à la médecine*(1804), 9e éd., J.-B. Baillière, 1845.
ROBERT (Paul), *Le Grand Robert de la langue française*, 2e éd., 9 vol., Le Robert, 1987.
WARENT (Léon), *Dictionnaire de la prononciation française*, tome 2(noms porpres), Gembloux, Editions J. Duculot, 1966.

『スーパー・ニッポニカ Professional』(DVD-ROM)、小学館、2004 年

池田廉他偏『伊和中辞典』第 2 版、小学館、1999 年

伊吹武彦他偏『仏和大辞典』白水社、1981年
岩崎民平監修『現代英和辞典』研究社、1976年
小学館ロベール仏和大辞典編集委員会偏『小学館ロベール仏和大辞典』小学館、1988年
田中秀央偏『羅和辞典』第11版、研究社、1977年
田村毅他偏『ロワイヤル仏和中辞典』第2版、旺文社、2005年
フュレ他『フランス革命事典』（全2巻）河野健二他監訳、みすず書房、1995年 (FURET (François) et OZOUF (Mona), *Dictionnaire critique de la Révolution française*, Flammarion, 1988.)

フランス国立古文書館（Archives nationales）の資料
Déclarations des imprimeurs [de Paris], années 1815-1834, 1838-1849, F/18*(II) 1-35.
Déclarations des imprimeurs de Paris, 1817-1834, F/18*/43-119.
Ouvrages périodiques, non périodiques, 1810-1864, F/18* IX 1-138.

(編)著者・タイトル索引

本索引は、巻頭のグラヴィア頁と「はじめに」から「むすび」を含む本文及び主要な註で出てきた19世紀前半までの教育論、女性論、知識の普及書、その他作品のタイトル(叢書などに収められた個別の著作物を含むが、出版案内や雑誌、新聞の類いは除く。)とその(編)著者が対象である。具体的なタイトル名の記載がない著者については、割愛した。頁番号の後の(G)はグラヴィア頁であることを示し、該当頁が註である場合は、( )付きで註の番号を入れた。

I. (編)著者名

ア

アグリッパ(AGRIPPA, Cornelius) 54(34)
アダン(ADAM, Nicolas) 96, 97, 98, 139, 142, 162, 189, 200, 201, 236-239(134), 247(140), 251(143), 288(478), 289(487)
アランベール(ALEMBERT) → ダランベール(d' ALEMBERT)
アルガロッチー(ALGAROTTI, Francesco) 273(294)
アルコンヴィル(ARCONVILLE) → ダルコンヴィル(夫人)(d'ARCONVILLE)
アルノー・ド・ノーブルヴィル(ARNAUT DE NOBLEVILLE, Louis-Daniel) 92, 142, 148, 185-186, 201, 224-225(121), 286(445), 321
アントニーニ(神父)(ANTONINI, abbé Antoine) 2(G), 18(G), 19(G), 91, 142, 178-179, 222-223(119), 231(129), 285(445), 286(446)
アンベール(IMBERT, Barthélemi) 103, 107, 120, 262(166,168), 316, 346-350, 383(132, 133, 135), 384(145, 149), 385(151)

ウ

ヴァイー(WAILLY, Noël-François) 75, 76, 133, 307-308, 322, 347-350
ヴァラン(VALLAIN, Louis- Pierre) 80
ヴァランクール(VALINCOUR, Jean-Baptist-Henri du Trousset de) 79-80
ヴィルアルドゥアン(VILLEHARDOUIN, Geoffroi de) 96, 241(135)
ヴェルディエ(VERDIER, Jean) 150-151, 276-277(322, 323)
ヴォルテール(VOLTAIRE, François-Marie AROUET, dit) 24, 45, 80, 99, 124-125, 196-197, 198-199, 210(31), 234(131), 241(135), 246(138), 255(148), 256(148), 266-267(226, 227), 272(287), 290-292(498, 505, 507), 305, 351, 352, 370(12), 376(52)

431

エ
エスピナッシー (ESPINASSY) → デスピナッシー(嬢) (d'ESPINASSY)
エノー (HÉNAULT) 94, 165, 179, 229(127), 281(378), 290(494)
エピネ (EPINAY) → デピネ(侯爵夫人) (d'EPINAY)
エリザベート (ELISABETH) 219(115)

オ
オイラー (EULER, Leonhard) 80, 219(113), 309, 392(223)
オウィディウス (OVIDIUS) 63(111), 204
オザナン (OZANAM, Jacques) 114, 264(191), 265(197)
オリヴィエ (OLLIVIER, Remi) 73

カ
カヴァイエ (CAVAYÉ, P.) 99, 181, 257-258(150)
カステル・ド・サン=ピエール(神父) (CASTEL DE SAINT-PIERRE, abbé Charles-Irénée) 35, 42-43, 58(67)
ガヤール (GAILLARD, Gabriel-Henri) 20(G), 21(G), 91, 92, 142, 158-159, 167-168, 185, 200, 201, 224(120), 225(122), 255-256(148), 313, 325, 327-331, 346, 349, 350-353, 377(61, 63), 386(160, 162), 396
ガリレイ (GALILEI, Galileo) 79, 212(55)
ガルニエ=デシェーヌ (GARNIER-DESCHESNES, Edme-Hilaire) 80, 214(67)
カレ (CARRÉ, Narcisse-Epaminondas) 393(228)

キ
キケロ (CICERO) 38, 331, 377(60)
ギシャール (GUICHARD, Auguste-Charles) 393(228)
ギナン=ラウランス (GUINAN-LAOUREINS, Jean-Baptiste) 392(220)
キャピュロン (CAPURON, Joseph) 225(121), 375(41)
キュリオーニ(嬢) (CURIONI, Peppina) 99, 142, 144, 189, 192, 254(147), 289(487), 290(493)

ク
クリスチーヌ・ド・ピザン (Christine de PISAN) 54(34)
クロムラン (CROMMELIN, Issac-Mathieu) 74, 183, 210(31)

コ
コッソン・ド・ラ・クレッソニエール(嬢) (COSSON DE LA CRESSONNIERE,

Charlotte-Catherine) 27, 31, 32-33, 34, 35, 55(38), 57(59), 303
コット(COTTE, Louis) 75-76, 77, 210(41), 308, 309
コルネイユ(トマ)(CORNEILLE, Thomas) 109, 125
コルネイユ(ピエール)(CORNEILLE, Pierre) 108-109, 125, 224(120), 351
コンタン・ドルヴィル(CONTANT D'ORVILLE, André-Guillaume) 96, 139, 145, 148, 150, 152, 164, 181, 186, 198, 201, 203-204, 240(135), 241-243(136), 282(394), 291-292(507)
コンディヤック(神父)(CONDILLAC, Etienne Bonnot de) 169, 245(138), 289(485)
コンドルセ(侯爵)(CONDORCET, Marie-Jean-Antoine-Nicolas de Caritat, marquis de) 9, 10, 99, 370(12)

サ

サコンブ(SACOMBE, Jean-François) 99, 142, 183-184, 256-257(149), 286(445), 287(457)
サレルヌ(SALERNE, François) 224-225(121)
サン゠ジェルマン(SAINCT-GERMAIN, Charles de) 90, 142, 176-177, 180, 183, 185, 203, 219-220(116), 276(315), 285(445), 292(524)

シ

シゴー・ド・ラフォン(SIGAUD DE LAFOND, Joseph-Aignan) 20, 21, 48, 103-104, 105, 111, 113, 120-121, 130, 134-135, 136, 262(166, 170), 272(287)
シモナン(SIMONNIN, Antoine-Jean-Baptiste) 393(226)
シャトレ(侯爵夫人)(CHÂTELET, Emilie Le Tonnelier de Breteuil, marquise du) 12, 21, 23, 24, 51(12), 52(19), 331, 399(2)
シャルドン・ド・クルセル(CHARDON DE COURCELLES, Etienne) 225(121)
ジャンリス(伯爵夫人)(GENLIS, Stéphanie-Félicité du Crest de Saint-Aubin, comtesse de) 3(G), 4(G), 34-35, 44-47, 49, 55-56(46), 61-62(100), 97, 142, 148, 153, 162, 171, 187, 205, 246-247(139), 259(151), 275(306), 299, 303, 320, 370(12)
ジュルダン(JOURDAIN, Anselme-Louis-Bernard Bréchillet) 94, 142, 147, 176, 183, 187, 188, 191, 195, 230(128)
ジョワンヴィル(侯)(JOINVILLE, Jean, sire de) 96, 241(135)
ジラール(神父)(GIRARD, abbé Gabriel) 94, 231(129), 259(151), 280(362)
ジラール・ド・プロピアック(GIRARD DE PROPIAC, Catherine-Josephe-Ferdinand) 389(198)
ジロー(GIRAULT, L.) 271(273)

ス

スタール(男爵夫人)(STAËL-HOLSTEIN, Germaine Necker, baronne de)　12, 298-299, 369(7), 370(12)

セ

セネカ(SENECA)　137, 273(292)

ソ

ソースロット(C.)(SAUCEROTTE, Antoine-Constant)　319-320, 324, 335, 336, 345, 375(39), 376(42), 379(83), 383(129)
ソースロット(N.)(SAUCEROTTE, Louis-Sébastien, dit Nicolas)　319-320, 323, 326, 335-336, 345, 375(38), 376(42)

タ

ダシエ(夫人)(DACIER, Anne)　18, 24, 103, 108, 323, 328, 329, 346, 349, 350, 371(17)
ダランベール(d' ALEMBERT, Jean Le Rond)　196, 372(17)
ダルコンヴィル(夫人)(d'ARCONVILLE, Geneviève-Charlotte-Thiroux)　51(13)
タルデュー・ド・ネール(夫人)(TARDIEU DE NESLE, Mme Henri)　86, 217(100), 310-311
タンサン(侯爵夫人)(TENCIN, Claudine-Alexandrine Guérin, marquise de)　371-372(17)

テ

ティッソ(TISSOT, Samuel-Auguste-André-David)　245(138), 284-285(435)
ディドロ(DIDEROT, Denis)　68, 70, 73, 102, 196, 365, 370(12), 395
デスピナッシー(嬢)(d'ESPINASSY, Adélaïde)　29, 31, 37, 39-40, 47, 56(51), 59(82), 60(83, 85), 202-203, 293(531)
デセサルツ(DÉSESSARTZ, Jean-Charles)　345, 383(124)
デピネ(侯爵夫人)(d'EPINAY, Louise-Florence-Pétronille Tardieu d'Esclavelles, marquise)　23, 52(19), 95, 142, 144-145, 179, 180, 200, 201, 234(131), 315, 323, 360-361, 389-391(201, 204, 205)
デュ・グール(DU GOUR, Antoine Jeudy)　99, 255-256(148)
デュシユ(D'USSIEUX, Louis)　105, 111, 262(166), 264(181)
デュックケット(DUCKETT, William)　392(218)
デュプレッシー(男爵夫人)(DUPLESSY, baronne)　98, 150, 152, 156-158, 160, 252-253(145), 278-279(339, 344-346, 357)

(偏)著者・タイトル索引

デュフレノワ(夫人)(DUFRÉNOY, Adélaïde-Gillette Billet) 392(216)
テリー(THÉRY, Augustin-François) 392(221)

ト

ドゥブレ(DOUBLET, Victor) 393(225)
ドゥムースチエ(DEMOUSTIER, Charles-Albert) 7(G), 84-85, 89, 144, 215(83), 216(91), 309, 312, 366
ドゥリー(d'HOURY, Laurent) 200, 222(118)
ドゥロベック(DROBECQ, Jean-Louis) 97, 98, 142, 147, 150, 159, 181, 192, 243(137), 251(144), 289(487)
ドプール(伯爵夫人)(d'HAUTPOUL) 314 → ボフォール・ドプール(伯爵夫人)(BEAUFORT D'HAUTPOUL)
トマ(THOMAS, Antoine-Léonard) 48
ド・ランシー(De RANCY) 85, 216(95)

ニ

ニュートン(NEWTON, Sir Isaac) 12, 21, 37, 51(12), 135, 270(258), 272(287), 273(294), 326, 333-334, 337

ノ

ノレ(神父)(NOLLET, abbé Jean-Antoine) 3(G), 20, 47-48, 85, 89, 120, 141, 184, 188, 189, 190, 192, 216(93), 246(138), 288(485)

ハ

パジェス(PAGÈS, François-Xavier) 74, 127, 210(34)
バスヴィル(BASSVILLE, Nicolas-Jean Hugou de) 85, 374(35)
パスカル(PASCAL, Blaise) 79, 110
バトゥー(神父)(BATTEUX, abbé Charles) 282(398)
バリー(BARY, René) 90, 193, 220(117), 285(445)
バルテルミー(神父) [『若きアナカルシスのギリシャ旅行紀』] (BARTHÉLEMY, abbé Jean-Jacques) 289-290(490)
バルテルミー(神父) [『婦人の文法』] (BARTHÉLEMY, abbé Louis) 99, 142, 145, 161, 258-259(151), 280(362), 285(445)
パルマンチエ(PARMENTIER, Antoine-Augustin) 103, 112, 118, 181, 262(166, 169)
パンクック(PANCKOUCKE, André-Jeseph) 92, 151, 153, 180, 187, 189, 192, 201, 226 (123), 289(487), 313, 323, 325, 331, 353-354, 356, 386(172), 387(177)

435

ヒ

ピザン (PISAN) → クリスチーヌ・ド・ピザン (Christine de PISAN)

ピュイジユ [『ある女友達への助言』] (PUISIEUX, Madeleine d'Arsant de)　56(49), 58(62)

ピュイジユ [『女性は男性に劣らない』] (PUISIEUX, Philippe-Florent de)　54(34)

ピュジェ・ド・サン=ピエール (PUGET DE SAINT-PIERRE)　217-218(104)

ビュッフェ (BUFFET, Marguerite)　222(118)

ビュフォン (伯爵) (BUFFON, Georges Louis Leclerc, comte de)　37, 70, 74, 75, 81, 104, 105, 284(427), 289-290(490), 305, 307, 311, 319, 324, 325, 327, 336, 337, 338-341, 370(12), 380(90, 92), 381(100, 102)

フ

ファエドルス (PHAEDRUS, Caius-Julius)　98, 146, 248(141)

フィールディング (FIELDING, Sarah)　213(58)

フィロン (FILON, Charles-Désiré-Auguste)　351, 352-353, 384-385(154), 386(162, 164)

フェヌロン (FÉNELON, François de Salignac de La Mothe)　24, 26-27, 34, 40, 41-42, 53(26), 301, 302, 303, 305, 350, 351

フォルメ (FORMEY, Jean-Henri-Samuel)　209(30)

フォントネル (FONTENELLE, Bernard Le Bovier de)　12, 19, 78, 81, 82, 83, 84, 85, 120, 134, 144, 181, 215(82), 289-290(490), 306, 317-318, 321, 324, 333, 334, 337, 338, 366, 378-380(70, 72, 85)

ブディエ・ド・ヴィルメール (BOUDIER DE VILLEMERT, Pierre-Josephe)　57(60)

ブランシェ (BLANCHET, Jean)　93, 171, 227-228(124)

ブランシャール (BLANCHARD, Pierre)　307, 340, 341

プーラン・ド・ラ・バール (POULAIN DE LA BARRE, François)　26, 27, 28, 29, 30, 32, 33, 34, 35-36, 54-55(35, 39), 56(52), 101, 131, 159, 172, 203, 275(312), 303

プリューシュ (神父) (PLUCHE, abbé Antoine)　45, 47, 62(103), 71, 72, 78-79, 89, 120, 140, 187, 219(114), 293(526), 306-307

プリュネ (PRUNAY, de)　96, 161-162, 179, 191-192, 195, 235(133), 274(302), 277(323), 285(445), 289(487)

フルクロワ (侯爵) (FOURCROY, Antoine-François, comte de)　104-105, 111, 117, 119-120, 121, 130, 134, 135, 262(166) 263(175), 371(16)

フルリー (神父) (FLEURY, abbé Claude)　32, 40-41, 53(26), 57(58), 301, 305

フロマジョ(神父)(FROMAGEOT, abbé Pierre)　95, 140-141, 142, 147, 151, 152, 153, 154-156, 164, 165, 169, 171-172, 173, 174, 184, 186, 193-194, 197-198, 201, 202, 232-234(130), 277-278(325, 329, 331, 336), 283(408), 284(424), 285(445), 286(447), 291(500, 503), 293(531), 322, 325, 353, 366, 396

ヘ

ペラール(PERRARD, Jean-Ferréol)　351, 352-353, 385(156), 386(161, 162)
ヘリオドロス(HELIODOROS)　269(253)
ベルナルダン・ド・サン＝ピエール(BERNARDIN DE SAINT-PIERRE, Jacques-Henri)　122, 152, 249(142)
ベンチレーキ(神父)(BENCIRECHI, abbé)　94, 142, 162, 230-231(129), 280(368), 288(479)

ホ

ボーシャン(BEAUCHAINT)　99, 148, 187, 253-254(146), 288(475, 479)
ボシュエ(BOSSUET, Jacques Bénigne)　37, 198, 199, 291(505), 351
ボードゥロック(BAUDELOCQUE, Jean-Louis)　95, 140, 141, 142, 180, 183, 200, 201, 234-235(132), 256(149), 274(299), 276(315), 285(445), 287(457), 308, 316, 322, 325, 334-335, 341-342, 343, 344, 376(44, 46), 379(77)
ボフォール・ドプール(伯爵夫人)(BEAUFORT D'HAUTPOUL, Anne-Marie de, comtesse)　314, 323, 354
ホメロス(HOMEROS)　75, 85, 103, 108, 131, 137, 204, 317, 323, 346, 350, 371(17)
ボーモン(夫人)(BEAUMONT)　→　ルプランス・ド・ボーモン(夫人)(LEPRINCE DE BEAUMONT)
ボワロー(BOILEAU-DESPRÉAUX, Nicolas)　80, 185, 226(122), 351

マ

マリー・ド・サン＝トゥルサン(MARIE DE SAINT-URSIN, P.-J.)　393(224)
マルタン(MARTIN, Louis-Aimé)　392-393(223)
マンテル(MENTELLE, E.)　314, 323

ミ

ミルモン(伯爵夫人)(MIREMONT, Anne d'Aubourg de la Bove, comtesse de)　8, 14(18), 22, 24, 27, 29, 37-38, 49, 59(74), 97, 140, 141, 151, 152, 153, 154, 164-165, 167, 168-169, 172-176, 177, 182, 184, 188, 189, 190, 192, 196-197, 201, 244-245(138), 274(300), 282(399), 284(420, 427, 431), 285(438), 288-289(485), 293(531), 303, 322, 325, 353, 365-366

437

ム

ムスタロン (MOUSTALON)　86, 87, 308, 355-356
ムルドゥラック (MEURDRAC, Marie)　18-19, 90, 143, 144, 145, 159, 178, 189, 199, 221-222(118), 225(121), 275(312), 397

メ

メネストゥリエ (MÉNESTRIER, Claude-François)　80

モ

モリエール (MOLIÈRE)　18, 23, 25, 31, 109, 125, 155, 158, 282(397), 305, 329, 331
モルレ (MORELLET, André)　372(17)
モロー (MOREAU, François-Joseph)　316, 322, 342-344, 376(44), 382(109)
モンジェ (MONGEZ, Antoine)　105, 110, 117, 262(166), 263(179)
モンテスキュー (MONTESQUIEU, Charles de Secondat, baron de La Brède et de)　37, 45, 80, 99, 123-124, 196-197, 198, 199, 247(139), 255(148), 256(148), 289(485), 291(503), 305
モンテーニュ (MONTAIGNE, Michel de)　53(29), 267(228)

ラ

ラ・アルプ (LA HARPE, Jean-François de)　61(99), 74-75, 136-137, 138, 166, 185, 249(142), 268(232), 273(296), 310, 312, 365, 369(9), 370(12)
ラヴォアジエ (LAVOISIER, Antoine Laurent de)　76, 130, 208(18)
ラクロ (LACLOS, Pierre Choderlos de)　28
ラシーヌ (RACINE, Jean)　22(G), 130, 224(120), 305, 351
ラジョレ(嬢) (LAJOLAIS, Nathalie de)　393(227)
ラセペッド(侯爵) (LACÉPÈDE, Bernard-Germain-Etienne de Laville, comte de)　105, 113, 128, 262(166), 263(180), 338
ラ・ファイエット(伯爵夫人) (LA FAYETTE, Marie-Madeleine Pioche de La Vergne, comtesse de)　100, 158, 279(347)
ラ・フォンテーヌ (LA FONTAINE, Jean de)　305, 351
ラプラス (LAPLACE, Pierre Simon)　81, 214(71), 309, 337, 338, 380(86)
ラ・ブリュイエール (LA BRUÈYRE, Jean de)　52(16), 110
ラ・ポルト(神父) (LA PORTE, abbé Joseph de)　73
ラランド (LALANDE, Joseph-Jérôme Le François de)　12(G), 13(G), 14(G), 84, 104, 111, 135, 194-195, 215(82), 250(143), 262(166, 171), 263(173), 264(182), 272(287), 273(291, 293), 274(297), 317-318, 324, 325, 326, 333, 334, 376(46), 378-380(72, 85), 396, 397

(偏)著者・タイトル索引

ラルルセ(LALOURCEY) 341
ランシー(RANCY)→ド・ランシー(De RANCY)
ランベール(LAMBERT, Jacques) 82, 214-215(76)
ランベール(侯爵夫人)(LAMBERT, Marie-Thérèse, marquise de) 25, 37, 38-39, 54(32), 302, 331, 377(60)

リ

リゴール(RIGORD, Le P. François-Xavier) 77, 187, 211(44)
リバリエ(RIBALLIER) 27, 31, 32-33, 34, 35, 36, 55(38), 57(59), 60(82), 303

ル

ル・カミュ(LE CAMUS, Antoine) 109
ルキアノス(LUCIANOS) 386(163)
ル・グロワン・ラ・メゾヌーヴ(伯爵夫人)(LE GROING LA MAISONNEUVE, Françoise-Thérèse-Antoinette, comtesse) 30-31, 42, 43-44, 46, 57(53), 100, 142, 160, 162-163, 172, 177, 180-181, 260(152), 275(307), 282(393), 284(427), 300, 302, 318, 323, 324, 360, 361-362, 371(15), 391(212)
ルシェ(ROUCHER, Jean-Antoine) 103, 106, 107, 121, 122-124, 130, 262(166, 167), 266-267(226, 227, 230), 269-270(253), 287-288(469)
ルゼ=マルネジヤ(侯爵)(LEZAY-MARNÉSIA, Claude-François-Adrien, marquis de) 31-32, 33, 57(57), 98, 152, 160, 164, 166-167, 168, 184, 198, 201, 202, 204-205, 249-250(142), 279(347), 280(368), 282(396, 397), 285(445), 289-290(490), 291(505, 506), 293(529)
ルソー(ROUSSEAU, Jean-Jacques) 11(G), 23, 39, 59-60(82, 83), 99, 110, 124-127, 130, 177, 199, 214(66), 234(131), 255(148), 256(148), 267(228), 271(273), 284(427), 305, 327, 362, 383(124)
ルッセル(ROUSSEL, Pierre) 16(G), 17(G), 104, 112, 113, 117-118, 129, 183, 262(166), 263(174), 270(254), 376(47)
ルテリエ(LETELLIER, Charles-Constant) 383-384(137)
ルフラン(LEFRANC, Emile) 393(229)
ルプランス・ド・ボーモン(夫人)(LEPRINCE DE BEAUMONT, Jeanne-Marie) 2(G), 22(G), 23(G), 24(G), 79, 93, 142, 144, 151, 170, 178,179, 201, 212(58), 228-229(125), 274(299, 305), 285(445), 289(487), 314-315, 323, 326, 332, 353, 356-359, 360, 366, 389(198)
ルフランソワ(神父)(LEFRANÇOIS, abbé A.) 211(45)
ル・ブルシエ・デュ・クードゥレ(LE BOURSIER DU COUDRAY, Angélique-Marguerite) 148, 275(315), 276(317)

439

ロ

ロック (LOCKE, John)　228(124), 245(138), 289(485)

ロトゥルー (ROTROU, Jean de)　108

ロモン (LHOMOND, Charles-François)　308, 322, 347-348, 349, 383-384(137)

ロラン (ROLLAND)　380(89)

ロラン（シャルル）(ROLLIN, Charles)　25, 29, 41, 283(404)

ロラン（夫人）(ROLAND, Madame)　372(17)

ワ

ワンドゥランクール（神父）(WANDELAINCOURT, Antoine-Hubert)　86, 87, 88, 216(97), 218(110)

II. タイトル

　タイトルによっては、便宜上副題などを省略した。フランス語タイトルの古い綴り字は、本文と同じで変更を加えていない。尚、アルファベットのJ(フランス語では「ジ」と発音)で始まるタイトルがいくつかあるが、フランス語読みで配列してある。

あ

アウグストゥスの解放奴隷ファエドルスの寓話　146 → ファエドルスの寓話［アダン］
青本叢書(*Bibliothèque bleue*)　69-70, 72, 75, 207(1), 208(21), 209(27)
悪魔の姉妹の結婚(*Le Mariage de la sœur du diable*)　252(145)
新しい教育方法の論証と実践(*Démonstration et pratique de la nouvelle méthode d'enseignement*)　237(134)
新しい物理学(*Nouvelle physique*)　218(110)
アデールとテオドール(*Adèle et Théodore*)　3(G), 44-47, 61(100), 205, 299, 303, 373(25)
アデールとテオドール、あるいは、王子と若い娘、男子の三つの異なる教育プランに関するあらゆる原則を収めた教育についての書簡　61(100) → アデールとテオドール
アデールとテオドール、あるいは教育についての書簡　44, 61(100) → アデールとテオドール
アブデケール、あるいは美しさを保つ術(*Abdeker, ou L'Art de conserver la beauté*)　109-110, 114, 115, 128, 181-182
アリアーヌ(*Ariane*)　109
ある女友達への助言(*Conseils à une amie*)　58(62)
ある母親の息子と娘への助言(*Avis d'une mère à son fils et à sa fille*)　302
ある母親の息子への助言(*Avis d'une mère à son fils*)　59(79)
ある母親の娘への助言(*Avis d'une mère à sa fille*)　38-39, 59(79), 302
ある膨大な蔵書から集めた文献集(*Mélanges tirés d'une grande bibliothèque*)　240(135), 241(136)

い

イタリア語の学習を始めるための婦人用の手引書(*Méthode pour commencer l'étude de la langue italienne, à l'usage des dames*)　99, 189, 192, 254-255(147), 289(487), 290(493)

441

イタリア語の無韻詩句に翻訳されたアウグストゥスの解放奴隷ファエドルスの寓話　98, 248-249(141)　→　ファエドルスの寓話[アダン]

イタリア語をこの言語の学習を容易で楽しくする方法で学びたい婦人に捧げるイタリアのエトレンヌ　95, 231-232(129)　→　婦人用週１回のイタリア語講義[ベンチレーキ]

一家の母親への助言[C. ソースロット] (*Avis aux mères de famille*)　320, 324, 335-336, 337, 345-346, 374(38), 376(42), 382(119)

一般的・理論的文法(*Grammaire générale et raisonnée*)　237(134)

一般と個別の博物誌　70, 307　→　博物誌[ビュフォン]

一般物理学(*Physique générale*)　20, 50(9), 103, 111, 120, 262(170), 264(188), 271(263), 272(288)

田舎と家庭の家政(*Economie rurale et domestique*)　102, 103, 112, 114, 118, 128, 181

田舎の学校計画案(*Projet d'une école rurale*)　300

田舎の友への手紙(*Les Provincilales*)　79

伊羅仏辞典(*Dictionnaire italien, latin et françois*)　222-223(119)

イリアス(*Iliade*)　63(111), 137, 350, 371(17)

う

ヴァンセスラス(*Venceslas*)　108

ヴォードヴィルによる文法(*La Grammaire en vaudevilles*)　366, 393(226)

宇宙体系解説(*Exposition du système du monde*)　81, 214(71), 309, 337

え

英語発音概要　243(137)　→　婦人用英語発音概要

エステル(*Esther*)　22(G)

エセー(*Essais*)　53-54(29), 267(228)

エチオピア物語(*Les Ethiopiques*)　269(253)

エミリーの会話(*Les Conversations d'Emilie*)　95, 142, 144-145, 146, 179, 200, 201, 234(131), 315-316, 321, 323, 324, 326, 360-361, 389-391(201, 203, 204, 205), 395

エミリーへ(*A Emilie*)　84

エミール(*Emile*)　23, 39, 59-60(82), 125, 258(150), 327, 362, 383(124)

L*** 夫人への植物学についてのJ. J. ルソーの初歩的書簡(*Lettres élémentaires de J. J. Rousseau sur la botanique à Madame de L ****)　111, 128, 214(66), 271(273)

演劇(*Théâtre*)[『婦人の百科文庫』]　108-109, 115, 124, 130, 132

II. タイトル索引

お

狼と子羊(*Il Lupo e l'agnello*)　249(141)
幼い子供達の体育論(*Traité de l'éducation corporelle des enfans en bas âge*)　383(124)
オデュッセイア(*L'Odyssée*)　63(111), 103, 108, 131, 137, 317, 323, 346, 350, 371(17)
オナニー(*Onanisme*)　245(138), 285(435)
オラース(*Horace*)　109
オリヴァー・クロムウェル伝(*Histoire d'Olivier Cromwell*)　255(148)
音楽の詩学(*Poétique de la musique*)　105
音楽の詩学(*La Poétique de la musique*)[『婦人の百科文庫』]　105, 113, 115, 128, 263(180)
女学者達(*Les Femmes savantes*)　18, 25, 56(52), 109, 155, 158, 329, 331

か

概要　290(492) → 天文学概要[ラランド]
化学講義(*Leçons de chimie*)　51(13)
化学の基礎知識[フルクロワ](*Principes de chimie*)　104, 111-112, 117, 119-120, 130, 134, 138
化学要論[ラヴォアジエ](*Traité élémentaire de chimie*)　76
学習の選択及方法論(*Traité du choix et de la méthode des études*)　32, 40-41, 57(58), 301, 305
学問芸術論(*Discours sur les sciences et les arts*)　125
学問と品行において精神を導くための婦人教育について(*De l'éducation des dames pour la conduite de l'esprit dans les sciences et les mœurs*)　34, 36, 203
合集(*Mélanges*)[『婦人の百科文庫』]　10(G), 103, 107-108, 115, 116, 120, 131, 132, 133, 136-137, 166, 168, 170, 204, 228(124), 256(148), 269(253), 316-317, 333, 346, 348
家庭の医学(*Médecine domestique*)　16(G), 17(G), 113, 117-118, 183, 345
家庭百科事典(*Encyclopédie domestique*)　87, 127, 269(247)
神の摂理について(*De la Providence*)　137
カール12世伝(*Histoire de Charles XII*)　199
完璧な教育、あるいは地理と年表入りの古代史概要(*Education complète, ou Abrégé de l'histoire ancienne, mêlée de géograpie et de chronologie*)　274(305)

き

機械学と位置運動についてのふたつの新しい科学に関する論議と数学的証明

443

(*Discorci e dimostrazioni matematiche, intorno à due nuoue scienze attenenti alla mecanica & i movimenti loclali*)　212(55)　→ 新科学対話
幾何学(*Géométrie*)　111
技芸の歴史(*Histoire des arts*)　88
寄宿学校用のロモンのフランス語文法　383-384(137)　→ロモンのフランス語文法
基礎初等教育の能力認定女性志願者の完璧で体系的な新しい教本(*Nouveau Manuel complet et méthodique, des aspirantes aux brevets de capacité pour l'instruction primaire élémentaire*)　393(229)
基礎知識　134　→ 博物学と化学の基礎知識[フルクロワ]
基礎知識　135→ 理論物理学と実験物理学の基礎知識[シゴー・ド・ラフォン]
基礎的百科事典(*Encyclopédie élémentaire*)　25, 74, 135-136, 183, 209(31)
基礎の地理[エノー](*Géographie élémentaire*)　94, 165, 179-180, 229-230(127), 281(378, 385, 388), 290(494)
教育講座[ワンドゥランクール](*Cours d'éducation*)　218(110)
教訓的お話し(*Contes moraux*)　228(125)
魚類の博物誌(*Histoire naturelle des poissons*)　105
ギリシャの劇詩人達(*Poëtes dramatiques grecs*)　108
ギリシャの詩人達(*Poëtes grecs*)　108, 131
ギリシャの詩人達全般について(*Des poëtes grecs en général*)　108
近・現代史(*Histoire moderne*)　107, 270(258)

く

寓話[ラ・フォンテーヌ](*Fables*)　305
クルミー侯爵夫人の回想録(*Mémoires de Mme la marquise de Cremy*)　14(18)
クレーヴの奥方(*La Princesse de Clèves*)　80, 83, 279(347), 337
『クレーヴの奥方』についての某侯爵夫人へ手紙(*Lettres à Madame la marquise *** sur le sujet de la Princesse de Clèves*)　80
クロザの地理(*Géographie de Crozat*)　211(45)　→ クロザの地理概要
クロザの地理概要(*Abrégé de la géographie de Crozat*)　77, 211(45), 310, 311

け

携帯地図帳(*Atlas portatif*)[『婦人の百科文庫』]　105, 107, 137, 141
健康についての助言(*Avis sur la santé*)[『女性教育論、及び知育の完璧な講座』]　175-176, 245(138), 284-285(435)
健康についての民衆への助言[ティッソ](*Avis au peuple sur la santé*)　245(138), 285(435)

II. タイトル索引

現用語であれ死語であれ、何らかの言語をフランス語を手段にして学ぶ真の方法(*La Vraie manière d'apprendre une langue quelconque, vivante ou morte, par le moyen de la langue françoise*) 200, 236(134)

こ

公教育に関する5つの覚え書き(*Cinq Mémoires sur l'instruction publique*) 9

口腔と該当する部位の病気及びその真に外科的な手術についての概論(*Traité des maladies & des opérations réellement chirurgicales de la bouche et des parties qui y correspondent*) 230(128)

穀物と穀物粉を僅かな費用で保存する容易な方法(*Méhode facile de conserver à peu de frais les grains et les farines*) 103

穀物の扱い方と穀物でパンを作る方法についての助言(*Avis sur la manière de traiter les grains et d'en faire du pain*) 103

古語・廃語と新語の見事な使い方を扱ったフランス語についての新しい考察(*Nouvelles Observations sur la langue françoise, où il est traité des termes anciens & inusitez, & du bel usage des mots nouveaux*) 222(118)

古代史(*Histoire ancienne*) 107

古代と近・現代の舞踊についての試論(*Essai sur la danse antique et moderne*) 392(219)

古代と近・現代の文学講座(*Cours de littérature ancienne et moderne*) 61(99), 75, 136-137, 166, 185, 249(142), 268(232), 273(296), 310, 311, 312, 365

滑稽な才女達(*Les Précieuses ridicules*) 109

子供の書(*Le Livre des enfans*) 6(G), 71, 72, 73, 77, 209(26, 30)

子供の小ビュフォン(*Le Petit Buffon des enfans*) 307, 341, 374(33)

子供の植物学(*Botanique des enfans*) 214(66)

子供百科(*Magasin des enfans*) 79, 93, 212-213(57, 58, 59), 228-229(125), 274(305), 314, 315, 358-360

子供用のあらゆる学問概要(*Abrégé de toutes les sciences, à l'usage des enfans*) 209(30)

コンスタンチノープル征服史(*Histoire de la conquête de Constantinople*) 96, 241(135)

コンディヤック神父のいくつもの書とその他のいくつかの書からのダイジェスト(*Extraits détachés de plusieurs ouvrages de M. l'abbé de Condillac, et de quelques autres*) 169, 289(485)

さ

作詩法概論(*Traité de la versification*) 107-108, 166, 317, 346, 349-350

様々な時代における女性の性格と風俗、精神についての試論(*Essai sur le caractère, les mœurs et l'esprit des femmes, dans les différens siècles*) 48
産科医— 一家の母親に有益で、分娩術の実践を志す人達に有益な書(*Le Médecin- accoucheur, ouvrage utile aux mères de famille et nécessaire aux personnes qui se destinent à la pratique de l'art des accouchemens*) 256(149)
三角法(*Trigonométrie*) 105, 111
算術(*Arithmétique*) 110-111, 117
散文と韻文による単母音 A、E、I、O、U、Y の婦人用英語発音概要 98, 140
→ 婦人用英語発音概要

し

死者達の対話[ルキアノス](*Dialogues des morts*) 386(163)
思春期から老年末期までの男性達の医者(*Le Médecin des hommes depuis la puberté jusqu'à l'extrême vieillesse*) 230(128)
J. J. ルソーによる植物学についての手紙(*Lettres sur la botanique, par J. J. Rousseau*) 271(273)
J. J. ルソーの断片的考察集(*Pensées de J. J. Rousseau*) 11(G), 125, 268(233, 234, 240-246)
自身の娘達のための教育の手引書(*Manuel d'éducation pour ses filles*) 219(115)
慈善活動家の婦人の教本(*Manuel des dames de charité*) 92, 141, 148-149, 185-186, 187, 188, 201, 224-225(121), 286(445), 321, 375(41)
自然哲学の数学的原理(*Philosophiae naturalis principia mathematica*) 21, 51(12)
自然の研究(*Etudes de la nature*) 152, 249(142)
自然の姿(*Le Spectacle de la nature*) 45, 47-48, 62(103), 71, 78-79, 89, 120, 140, 187, 212(52), 213(60), 219(114), 293(526), 306-307
自然の姿の美点(*Beautés du spectacle de la nautre*) 307
四足獣の博物学(*Histoire naturelle des quadrupèdes*) 380(88) → 令嬢のビュフォン
実験物理学講義[ノレ](*Leçons de physique expérimentale*) 20, 47-48, 85, 120, 141, 184, 188, 216(93), 246(138)
実験物理学講座(*Cours de physique expérimentale*)[『女性教育論、及び知育の完璧な講座』] 184, 188, 189, 190, 192, 288(485)
実験物理学室の詳細と利用法(*Description et usage d'un cabinet de physique expérientale*) 104
実践的考察(*Considérations pratiques*)[『女性の使命に最も対応していると思われる種類の教育についての試論』] 260(152), 319, 362-363, 371(15)

Ⅱ．タイトル索引

実用的理論的イタリア語辞典(*Grammaire italienne pratique et raisonnée*) 223(119)
J. ド・ラランドによる『婦人の天文学』に続く、フォントネルによる『世界の複数性についての対話』(*Entretiens sur la pluralité des mondes par Fontenelle, précédés de l'Astronomie des dames par J. de Lalande*) 318
詩法[ボワロー](*Art poëtique*) 80-81, 185, 226(122)
社交界に入り結婚する若い淑女のための教え、その身分における又その子供達に対する彼女達の義務─『少女百科』の続編として[1764年] 93, 229(126), 315, 358 → 若い淑女のための教え、若い淑女百科
社交界に入り結婚する若い淑女百科、その身分における又その子供達に対する彼女達の義務─『子供百科』と『少女百科』の続編として[1811年] 315 → 若い淑女のための教え、若い淑女百科
社交界に入り結婚する若い淑女百科、その身分における又その子供達に対する彼女達の義務─『少女百科』の続編として[1772年] 93-94, 358 → 若い淑女のための教え、若い淑女百科
シャルルマーニュからカール5世までの世界史概要(*Abrégé de l'histoire universelle depuis Charlemagne jusqu'à Charles-Quint*) 290-291(498)
シャルルマーニュから現代までの世界史及び諸国の風俗と精神についての試論 291(498) → 世界史についての試論[ヴォルテール]
守銭奴(*L'Avare*) 109, 125
ジュリーあるいは新エロイーズ(*Julie ou La Nouvelle Héloïse*) 199, 305
城館の教本(*Manuel des châteaux*) 96-97, 145, 152, 181, 199, 241-243(136)
少女百科(*Magasin des adolescentes*) 2(G), 22(G), 93, 94, 151, 170, 179, 201, 212(57), 228-229(125, 126), 274(299, 305), 289(487), 314-315, 321, 325, 332, 353, 356-358, 359-360, 388(188, 189), 389(191)
小説(*Romans*)[『婦人の百科文庫』] 100, 105-106, 109-110, 115, 128, 131, 132, 204, 266(224), 269(252, 253)
少年時代の教本(*Manuel de l'adolescence*) 86, 309-310, 312, 356-357, 360, 387(172, 179),
将来一級の職業や国家の要職に就くことになる生徒達用の教育講座(*Cours d'éducation à l'usage des élèves destinés aux premières professions et aux grands emplois de l'Etat*) 150-151
書簡形式による両性の若い人用の物理学試論(*Essai de physique en forme de lettres ; à l'usage des jeunes personnes de l'un & de l'autre sexe*) 85, 216(95)
女教師(*The Governess*) 213(58)
植物学(*Botanique*) 15(G), 111-112, 128, 133-134, 263-264(181), 271(273)
助産婦の方法的且つ完璧な学校[サン＝ジェルマン](*L'Eschole methodiqve et*

447

parfaite des sages-femmes) 90, 148, 176-177, 180, 219-220(116), 285(445)
助産婦への助言[サコンブ](Avis aux sages-femmes) 99, 148, 183-184, 256-257(149), 286(445), 287(457), 288(445)
助産婦見習いのための分娩術の基礎知識 200, 274(299), 285(445), 287(457), 321, 322, 324, 325, 334-335 → 分娩術の基礎知識[ボードゥロック]
女子教育改善計画案(Un projet pour perfectionner l'éducation des filles) 35, 42-43, 58(67)
女子教育について[フェヌロン](De l'éducation des filles) 24, 41-42, 301
女子修道院の廃止と女性の公教育についての論説(Discours sur la suppression des couvens de religieuses, et sur l'éducation publique des femmes) 34-35
女子のための完璧な教育講座(Cours complet d'éducation pour les filles) 366, 392(221)
女性教育論[ミルモン](Traité de l'éducation des femmes) 293(531)
女性教育論、及び知育の完璧な講座[ミルモン](Traité de l'éducation des femmes, et cours complet d'instruction) 8, 22, 37, 49, 59(74), 97, 140, 146, 151, 154, 244-246(138), 293(531)
女性についての新しい考察(Réflexions nouvelles sur les femmes) 25-26
女性の影響について(De l'influence des femmes) 300
女性の教育について[ラクロ](De l'éducation des femmes) 28
女性の教育についての試論(Essai sur l'instruction des femmes) 57(53), 302, 318-319, 324, 362-363, 391(206, 210) → 女性の使命に最も対応していると思われる種類の教育についての試論[ル・グロワン・ラ・メゾヌーヴ]
女性の高貴さと優秀性について(De Nobilitate et praecellentia foeminei sexus) 54(34)
女性の実際的な教育、一家の母親と女教師用の教本(Education pratique des femmes, manuel à l'usage des mères de famille et des institutrices) 366, 393(227)
女性の実際的な教育についての一家の母親と女教師の書(Le Livre des mères de famille et des institutrices sur l'éducation pratique des femmes) 393(227)
女性の使命に最も対応していると思われる種類の教育についての試論[ル・グロワン・ラ・メゾヌーヴ](Essai sur le genre d'instruction qui paroît le plus analogue à la destination des femmes) 30-31, 43-44, 57(53), 100, 142, 146, 177, 180-181, 260(152), 275(307), 300, 302, 318-319, 321, 325, 360-363, 371(15), 391(206, 210)
女性の身体と精神の仕組み[ルッセル](Système physique et moral de la femme) 104, 270(254), 376(47)
女性の体育と心の教育について[リバリエとコッソン・ド・ラ・クレッソニ

Ⅱ．タイトル索引

エール](*De l'éducation physique et morale des femmes*) 27, 36-37, 55(39)
女性の友[ブディエ・ド・ヴィルメール](*L'Ami des femmes*) 57(60)
女性の友[マリー・ド・サン＝トゥルサン](*L'Ami des femmes*) 366, 392-393(224)
女性の法典[カレ](*Code des femmes*) 393(228)
女性の法典[ギシャール](*Le Code des femmes*) 393(228)
女性は男性に劣らない(*La Femme n'est pas inférieure à l'homme*) 54(34)
初等学校と寄宿学校用の令嬢にふさわしい学習 314 → 令嬢にふさわしい学習[パンクック]
ジョフラン夫人礼賛(*Eloges de Madame Geoffrin*) 372(17)
初歩的基礎知識の辞典(*Dictionnaire des notions primitives*) 217-218(104)
序論―地球概観(*Premier Discours: vue générale du globe terrestre*) 106, 132-133
新英仏・仏英万能辞典(*The New Universal Dictionary, English and French, French and English*) 251(144)
新エミール(*Nouvel Emile*) 99, 181, 257-258(150)
新科学対話 79, 212(55) → 機械学と位置運動についてのふたつの新しい科学に関する論議と数学的証明
新学問・芸術概要(*Nouvel abrégé des sciences et des arts*) 258(151)
身体と精神から見た女性について[リュッセル](*De la femme, considérée au physique et au moral*) 112, 129, 183, 263(174), 270(254), 376(47)
シンナ(*Cinna*) 109
神話についてのエミリーへの手紙(*Lettres à Emilie sur la mythologie*) 7(G), 84-85, 89, 215(83, 85), 309, 312, 366
神話についての試論[アンベール](*Essai sur la mythologie*) 108, 132, 168, 269(253)
神話の基礎知識[バスヴィル](*Elémens de mythologie*) 85, 216(94), 374(35)
神話の知識[リゴール](*Connoissance de la mythologie*) 77, 187, 211(44)

す

彗星に関するある地方貴族からある貴婦人への手紙(*Lettre d'un gentil-homme de province à une dame de qualité sur le sujet de la comète*) 80, 213(62), 214(74)
数学(*Mathématiques*)[『婦人の百科文庫』] 110-111
数学・物理学遊戯 264(191) → 数学遊戯
数学遊戯(*Récréations mathématiques*) 114, 264(191), 265(197)

せ

聖王ルイ伝(*Vie de S. Louis 又は Histoire de Saint-Louis*) 96, 241(135)

449

聖史概要(*Abrégé de l'histoire sainte*) 218(110)
精選文庫(*Bibliothèque choisie*) 309
聖なる中庭の哲学(*La Philosophie de la cour sainte*) 82, 215(76)
生理学ダイジェスト(*Extraits de physiologie*) 174, 176, 283(407), 285(438), 288-289(485)
世界史 198 → 世界史についての試論[ヴォルテール]
世界史 198 → 世界史論[ボシュエ]
世界史と諸国民の風俗と精神についての試論 198 → 世界史についての試論[ヴォルテール]
世界史についての試論[ヴォルテール](*Essai sur l'histoire universelle*) 196, 198, 290(498)
世界史論[ボシュエ](*Discours sur l'histoire universelle*) 198, 291(506)
世界の複数性についての対話(*Entretiens sur la pluralité des mondes*) 19, 78, 81, 82, 83-84, 85, 120, 134, 211(49), 215(79, 82), 306, 317-318, 321, 324, 333-334, 366, 378-380(70, 72, 85)
選集[フェヌロン](*Œuvres choisies*) 53(26)
全集[ビュフォン](*Œuvres complètes*) 307

そ

その効能と利用法、特性の説明付き常用植物概説(*Description abrégée des plantes usuelles, avec leurs vertus, leurs usages et leurs propriétés*) 224(121)
その欲求によって啓蒙される人(*L'Homme éclairé par ses besoins*) 227(124)
ソフィーへの手紙(*Lettres à Sophie*) 366, 392-393(223)

た

大カトー・老年について(*Cato maior de senectute*) 377(60)
体系的百科事典(*Encyclopédie méthodique*) 73, 263(171), 263(177)
代数学(*Algèbre*) 111
大部分が近・現代の我が国の最も優れた雄弁家と詩人達から引いた例文付き、若い令嬢用のフランス語の修辞学[試論] 91-92, 313 → 若い令嬢用のフランス語の修辞学[試論]
対話と詩論付き婦人用のイタリア語文法 91 → 婦人用のイタリア語文法[アントニーニ]
魂の平穏(*La Tranquillité de l'âme*) 273(292) → 魂の平和について
魂の平和について(*De la paix de l'âme*) 137, 273(292)
タルチュフ(*Tartuffe*) 109, 125
タンサン夫人全集(*Œuvres complètes de Mme Tencin*) 371(17)

II. タイトル索引

タンサン夫人著作集(*Œuvres de Mme de Tencin*)　371-372(17)
男性の優秀性について、反男女平等(*De l'excellence des hommes, contre l'égalité des sexes*)　55(35)

ち

知性と心情の面を考慮した文学の教育及び学習方法について(*De la manière d'enseigner et d'étudier les belles-lettres, par rapport à l'esprit et au cœur*)　25, 54(30), 283(404)
地方語表現を知り、それを避け、若い令嬢達の間違った発音の習慣を予防する方法と共に、フランス語の正確な綴り方を学ぶための確実で容易な諸原則を収めた婦人の文法 → 婦人の文法[プリュネ]　96, 235-236(133)
地理[フロマジョ](*La Géographie*)　165
地理を学ぶための簡略で易しい手引書(*Méthode abrégée et facile pour apprendre la géographie*)　211(45) → クロザの地理概要
鳥類の一般博物誌と世界中の四足動物の博物誌を含む、令嬢のビュフォン　319 → 令嬢のビュフォン
鳥類の博物学(*Histoire naturelle des oiseaux*)　380(88) → 令嬢のビュフォン

つ

綴り字概論(*Traité de l'ortographe*[sic])　10(G), 107-108, 116, 120, 317, 346, 348
妻の書(*Le Livre de l'épouse*)　219(115)

て

テアゲーネスとカリクレイアの恋(*Amours de Théagènes et Chariclée*)　109, 128, 269(253)
ティッソ氏の著書のダイジェスト(*Extraits des ouvrages de M. Tissot*)　245(138), 284(435) → 健康についての助言
哲学教本、あるいは科学百科概要(*Manuel philosophique, ou Précis universel des sciences*)　226-227(123)
哲学書簡(*Les Lettres philosophiques*)　80, 213(61)
テレマックの冒険(*Les Aventures de Télémaque*)　53(26), 305, 350
天球概論に続く、フランスの新しい県別区分付き、問答形式によるクロザの地理概要　310 → クロザの地理概要
天文学概要[ラランド](*Abrégé d'astronomie*)　195, 290(492)
天文学概論[ラランド](*Traité d'astronomie*)　104, 195, 290(492)
天文対話　79, 212(55) → プトレマイオスとコペルニクスとの二大世界体系についての対話

と

ドイツのある王女への手紙(*Lettres à une princesse d'Allemagne*)　80, 89, 213(64), 219(113), 309, 392(223)
ドイツ論(*De l'Allemagne*)　299
動物の博物学(*Histoire naturelle des animaux*)　224(121)
特殊物理学(*Physique particulière*)　113, 130

に

女房学校(*L'Ecole des femmes*)　109
人間嫌い(*Misantrope*)　109
人間知性論(*An Essay concerning Human Understanding*)　245(138)
人間認識起源論(*Essai sur l'origine des connaissances humaines*)　245(138)
人間不平等起源及び根拠論(*Discours sur l'origine et les fondemens de l'inégalité parmi les hommes*)　125
妊産婦と幼い子供に関するいくつもの偏見と誤った習慣の検討(*Examen de plusieurs préjugés et usages abusifs concernant les femmes enceintes, celles qui sont accouchées et les enfans en bas âge*)　375(38)
妊娠中の子供の生命維持とその誕生から6~8才までの育児法についての一家の母親への助言　320, 335, 336, 375(38) → 一家の母親への助言[C. ソースロット]
妊娠中の子供の生命維持と誕生から6~8才までの身体育成について[N. ソースロット] (*De la conservation des enfans pendant la grossesse, et de leur éducation physique, depuis la naissance jusqu'à l'âge de six à huit ans*)　320, 321-322, 335-336

は

博物学概要講座[ワンドゥランクール](*Cours abrégé d'histoire naturelle*)　218(110)
博物学と化学の基礎知識[フルクロワ](*Elémens d'histoire naturelle et de chimie*)　104-105, 134, 272(276)
博物学と化学の基礎的講義　104, 272(276) → 博物学と化学の基礎知識[フルクロワ]
博物学の基礎的講義[コット](*Leçons élémentaires d'histoire naturelle*)　76, 77, 308
博物誌(*Histoire naturelle*)[ビュフォン]　70, 71, 74, 81, 105, 208(23), 284(427), 305, 307, 311, 319, 324, 327, 338-341, 380(92), 381(100)
発音概論(*Traité de la prononciation*)　107-108, 116-117, 317, 346, 348-349

Ⅱ. タイトル索引

万人に理解できるようにしたニュートン哲学の基礎知識(*Elémens de la philosophie de Newton mis à la portée de tout le monde*) 272(287)

ひ

ピエール・コルネイユ礼賛(*Eloge de Pierre Corneille*) 224(120)
美徳の年代記([*Les*] *Annales de la vertu*) 4(G), 5(G), 45, 49, 97, 148, 153, 187, 246-247(139), 320-321, 375(40)
美徳の年代記、あるいは芸術家と若い文士用、及び若い人の教育に役立てるための、世界とイコノグラフィーと文芸の歴史 246(139), 320-321, 375(40) → 美徳の年代記
美徳の年代記、あるいは若い娘用の歴史講座 49, 97, 320 → 美徳の年代記
人さまざま(*Les Caractères*) 52(16)
人の身体(*Physique de l'homme*) 112, 264(186), 270(254)
火の性質と伝播についての論考(*Dissertation sur la nature et la propagation du feu*) 51(12)
百科、あるいは、社交界に入り結婚する若い淑女のための教え、その身分における又その子供達に対する彼女達の義務―『少女百科』の続編として 93 → 若い淑女のための教え、若い淑女百科
百科全書(*Encyclopédie*) 68, 70-71, 72, 73-74, 81-82, 86, 102, 106, 196, 208(22), 209(25), 225(121), 234(131), 263(171), 270(253), 365, 395
百科全書精選集(*Esprit de l'Encyclopédie*) 73
百科に亘る学習講座(*Cours d'études encyclopédiques*) 74, 127
ビュフォン選集(*Buffon. Morceaux choisis*) 311, 338, 340, 341, 380(89, 90)
ビュフォン全集(*Œuvres complètes de Buffon*) 311

ふ

ファエドルスの寓話[アダン](*Les Fables de Phedre*) 98, 146, 237(134), 248-249(141)
風俗の百科・歴史・批評辞典(*Dictionnaire universel, historique et critique des mœurs*) 240(135)
婦人教育について 203 → 学問と品行において精神を導くための婦人教育について
婦人と若い娘の会話辞典(*Dictionnaire de conversation à l'usage des dames et des jeunes personnes*) ii, 365, 392(218)
婦人の医者(*Le Médecin des dames*) 94, 147, 176, 183, 187, 188, 191, 195, 230(128), 288(471, 473)
婦人の古典(*Le Classique des dames*) 366, 392(220)

453

婦人のための慈悲深く易しい化学(*La Chymie charitable et facile en faveur des dames*)　19, 90-91, 143, 159, 189, 199, 221-222(118)

婦人のための精選文庫(*Bibliothèque choisie pour les dames*)　365, 392(216)

婦人のためのニュートンの理論体系(*Le Newtonianisme pour les dames*)　273(294)

婦人の天文学(*Astronomie des dames*)　12(G), 13(G), 14(G), 98, 104, 111, 135, 138, 194-195, 215(82), 250(143), 263(173), 264(182), 272(287), 273(291, 293), 274(297), 290(492), 306, 317-318, 321, 324, 325, 333-334, 336-338, 374(37), 376(46), 377-380(70, 72, 87), 396

婦人の百科事典[1806年](*Encyclopédie des dames*)　365, 392(217)

婦人の百科事典[1821-1823年](*Encyclopédie des dames*)　ii, vii(2), 364-366, 392(219)

婦人の百科文庫(*Bibliothèque universelle des dames*)　1(G), 8(G), 9(G), 10(G), 11(G), 15(G), 16(G), 17(G), iii, v, viii(4), 26, 50-51(9), 54(33), 98, 100-138, 139, 140, 141, 142, 143, 152, 153, 154, 158, 166, 168, 169, 170, 181, 182, 183, 184, 189, 194, 196, 201, 204, 205, 220(116), 228(124), 250(143), 256(148), 260-262(156, 157, 160, 161, 165, 166), 264(182), 274(300), 287(469), 292(520), 316-317, 321, 322, 323, 325, 326, 333, 345, 346, 364, 378(72), 395

婦人の文法[バルテルミー] (*Grammaire des dames*)　99, 145, 161, 258-259(151), 285(445)

婦人の文法[プリュネ](*Grammaire des dames*)　96, 161, 191-192, 195, 235-236(133), 274(302), 277(323), 289(487)

婦人の都 (*La Cité des dames*)　54(34)

婦人のミュゼでなされる講義総覧(*Répertoire des lectures faites au musée des dames*)　98-99, 150, 152, 156-158, 252(145), 278(339)

婦人の理解力に合わせた極上の哲学(*La Fine philosophie, accomodée à l'intelligence des dames*)　90, 193, 220-221(117), 285-286(445)

婦人用英語発音概要(*Précis de prononciation angloise [...] à l'usage des dames*)　98, 140, 150, 181, 192, 289(487)　→ 英語発音概要

婦人用週1回のイタリア語講義[ベンチレーキ](*Leçons hebdomadaires de la langue italienne*)　94-95, 162, 230-232(129)

婦人用のイタリア語文法[アダン](*Grammaire italienne, à l'usage des dames*)　97-98, 247-248(140, 141), 289(487)

婦人用のイタリア語文法[アントニーニ](*Grammaire italienne à l'usage des dames*)　2(G), 18(G), 19(G), 91, 178-179, 222-223(119), 231(129), 286(446)

婦人用の知性と心情の論理学(*La Logique de l'esprit et du cœur à l'usage des dames*)　93, 171, 227-228(124)

Ⅱ．タイトル索引

婦人用のフランス語普遍文法[アダン](*Grammaire françoise universelle, à l'usage des dames*)　96, 162, 189, 200-201, 236-240(134), 247(140), 251(143), 289(487)
婦人用のフランス詩法[ガヤール](*Poëtique françoise, à l'usage des dames*)　92, 158-159, 185, 200, 225-226(122), 322, 327, 349
婦人用の文学の蔵書(*Bibliothèque de littérature à l'usage des dames*)　97, 145, 199, 241-242(136)　→城館の教本
婦人用の歴史の蔵書(*Bibliothèque historique à l'usage des dames*)　96, 148, 150, 164, 198, 201, 204, 240-241(135)
物体の電気についての試論(*Essai sur l'éléctricité des corps*)　3(G), 20, 89, 219(112)
物理学教程(*Institutions de physique*)　51(12)
物理学事典(*Dictionnaire de physique*)　104
物理学と化学、博物学についてのソフィーへの手紙　366→ソフィーへの手紙
物理学と哲学の諸問題に関するドイツのある王女への手紙　80, 309→ドイツのある王女への手紙
物理学と天文学、気象学の基礎的講義(*Leçons élémentaires de physique, d'astronomie et de météorologie*)　77, 211(43)
プトレマイオスとコペルニクスとの二大世界体系についての対話(*Dialogo sopra i due massimi sistemi del mondo, Tolemaico e Copernicano*)　212(55)→天文対話
腐敗論(*Traité de la putréfaction*)　51(13)
フランス語で書かれた文学書の選び抜かれた蔵書を作るための助言を収めた婦人用の文学の蔵書―『ある膨大な蔵書から集めた文献集』の第2巻の新版として　97→城館の教本
フランス語の一般並びに特殊原則[ヴァイー](*Principes généraux et particuliers de la langue françoise*)　75, 76, 133, 210(39, 40), 307-308, 349-350
フランス語の修辞学の基礎知識[フィロン](*Eléments de rhétorique française*)　351, 352-353, 384-385(154, 155, 158), 386(162, 164)
フランス語の的確さ[ジラール](*Justesse de la langue françoise*)　280(362)
フランス語の同義語[ジラール](*Synonymes françois*[又は*français*])　94, 231(129), 280(362)
フランス語文法[アンベール](*Grammaire françoise*)　107, 116, 133, 137, 265(203), 316-317, 346-348, 383(135)
フランス語文法概要[ヴァイー](*Abrégé de la grammaire françoise*)　75, 133, 308, 347-349
フランス語文法の基礎知識[ロモン](*Elémens de la grammaire françoise*)　308,

455

347, 383(137)
フランス史に関する私的回想録の百科叢書(*Collection universelle des mémoires particuliers relatifs à l'histoire de France*)　103
フランスの三大悲劇詩人、コルネイユ、ラシーヌ、クレビヨンの比較(*Parallèle des trois principaux poëtes tragiques françois : Corneille, Racine et Crébillon*)　224(120)
フランスの地理(*Géographie de la France*)　255(148)
フランソワ1世伝(*Histoire de François I*^{er})　224(120)
文学講座(*Cours de belles-lettres*)　282(398)
文学のバカロレア資格志願者用標準修辞学[ペラール](*Rhétorique classique, à l'usage des aspirans au grade de bachelier ès-Lettres*)　351, 352, 353, 385(156), 386(161, 162)
文学論(*De la littérature*)　299
文章術についての某氏への手紙(*Lettres à M*^{r} *de *** sur l'art d'écrire*)　80, 213(63)
分析的且つ理論的一覧表(*Table analytique et raisonnée*)　72
分娩学の基礎知識[サコンブ](*Elémens de la science des accouchemens*)　256(149)
分娩術[ボードゥロック](*L'Art des accouchemens*)　235(132), 308, 344-345
分娩術概要[ル・プルシエ・デュ・クードゥレ](*Abrégé de l'art des accouchemens*)　275-276(315)
分娩術の基礎知識[ボードゥロック](*Principes sur l'art des accouchemens*)　95-96, 140, 141, 148, 180, 200, 234-235(132), 274(299), 285(445), 287(457), 316, 321, 322, 324, 325, 334-335, 336, 341-344, 376(46), 379(77)
文法家の歌姫、あるいはフランス語文法を独学で学ぶ術(*Cantatrice grammairienne, ou L'Art d'apprendre la grammaire française seul*)　258(151)
文法と詩、修辞学、書簡のやりとり、年代学、地理、歴史、英雄神話、道徳的な寓話、礼儀作法の規則、算術の短い概論を含む、令嬢にふさわしい学習　92, 313-314 → 令嬢にふさわしい学習[パンクック]

へ

ペルシャ人の手紙(*Lettres persanes*)　80, 199
変身物語(*Les Métamorphoses*)　63(111)

ほ

補遺(*Supplément*)[『若い婦人のための読書プラン』]　166, 249(142)
法の精神について(*De l'esprit des lois*)　196-197, 247(139)
ホメロスとウェルギリウスの詩の分析を伴う神話の基礎知識、両性の若い人用

II. タイトル索引

の寓意的説明付き　85, 216(94) → 神話の基礎知識[バスヴィル]
ホメロスの『オデュッセイア』(*L'Odyssée d'Homère*)　103, 108, 131, 137, 317, 323, 346, 350
ホラチウスの作品の文学的翻訳(*Traduction littéraire des œuvres d'Horace*)　237(134)
ポリュークト(*Polyeucte*)　109
ポールとヴィルジニー(*Paul et Virginie*)　122, 305

ま

マリー=テレーズの御世の年代記(*Annales du règne de Marie-Thérèse*)　232(130)

み

見開きで原文付き、詩句になったパリの慣習法(*La Coutume de Paris mise en vers, avec le texte à côté*)　80, 214(67)
民衆公教育論(*Discours sur l'éducation publique du peuple*)　55-56(46)

も

最も有名な文法家達に準拠して編集された令嬢用フランス語の基礎知識　99, 253-254(146) → 令嬢用フランス語の基礎知識[ボーシャン]
モンテーニュ精選集(*L'Esprit de Montaigne*)　267(228)
問答形式による子供用の博物学の基礎的講義　308 → 博物学の基礎的講義[コット]
問答形式による助産婦見習いのための分娩術の基礎知識　95-96, 148, 234-235(132), 316 → 分娩術の基礎知識[ボードゥロック]

ら

ラテン語の鍵(*La Clé de la langue latine*)　97, 140, 145, 159-160, 192, 243-244(137), 289(487)
ラテン語の基礎知識(*Les Elémens de la langue latine*)　243-244(137)
ラテン語文法、あるいは、この言語の基礎の役目をするために出版された『婦人用のフランス語普遍文法』を予め完璧に理解していることを前提に、容易に可能な限り迅速にラテン語を学ぶ方法(*Grammaire latine, ou La Manière d'apprendre la langue latine aisément & le plus promptement qu'il est possible ; supposé que d'avance l'on sache parfaitement la Grammaire françoise universelle, à l'usage des dames, publiée pour servir de base à celle-ci*)　238(134)

457

ラテンの詩人達(Poëtes latins) 108
ラランドによる『婦人の天文学』、フォントネルによる『世界の複数性についての対話』付き(Astronomie des Dames, par Lalande ; suivie des Entretiens sur la pluralité des mondes, par Fontenelle) 215(82), 318
卵生四足動物と蛇の博物誌(Histoire naturelle des quadrupèdes ovipares et des serpens) 105

り

リセ、あるいは古代と近・現代の文学講座　75, 136-137, 166, 185, 249(142), 268(232), 273(296), 310, 311, 312, 365 → 古代と近・現代の文学講座
両性の平等について(De l'égalité des deux sexes) 26, 29, 34, 36, 54-55(35), 56(52)
旅行紀(Voyages)[『婦人の百科文庫』] 8(G), 9(G), 101, 103, 106-107, 116, 118, 119, 121, 127-128, 130, 132-133, 181, 262(167), 264(184), 265-266(216), 287-288(469)
『旅行紀』の読書入門として役立つ地理概論(Traité de géographie, pour servir d'introduction à la lecture des Voyages) 106, 121, 133
理論物理学と実験物理学の基礎知識[シゴー・ド・ラフォン](Elémens de physique théorique et expérimentale) 104, 134
臨床医学講座(Cours de médecine pratique) 224(120)
倫理(Morale)[『婦人の百科文庫』] 1(G), 11(G), 110, 115, 125-127, 130, 131, 132, 137, 169-170, 204, 267(228), 268-269(233, 234, 240, 241, 243, 244, 245)

る

ルイ15世の時代概要(Précis du siècle de Louis XV) 266(226)
ルイ14世の時代(Le Siècle de Louis XIV) 124, 198, 199, 266(226), 291(498)
ル・シッド(Le Cid) 109

れ

令嬢及びラテン語を学ぶことを望まない若い男性用の教育講座(Cours d'éducation à l'usage des demoiselles, et des jeunes messieurs qui ne veulent pas apprendre le latin) 86, 88
令嬢にふさわしい学習[パンクック](Les Etudes convenables aux demoiselles) 92, 151-152, 187, 189, 192, 201, 226-227(123), 289(487), 313-314, 321, 322-323, 325, 326, 331, 353-355, 356, 357, 386(172), 387(174, 177)
令嬢の教育についての試論(Essai sur l'éducation des demoiselles) 29-30, 39-40, 202-203, 293(531)
令嬢のビュフォン(Le Buffon des demoiselles) 319, 323, 325, 327, 336-337, 338-

II．タイトル索引

341, 376(42), 380-382(88, 92, 94, 95, 98, 99, 102)
令嬢文庫(*Bibliothèque des demoiselles*) 318, 324
令嬢用フランス語の基礎知識[ボーシャン](*Principes de la langue françoise [...] à l'usage des demoiselles*) 99, 148, 187, 253-254(146), 288(475)
例文付き婦人用のフランス詩法 92 → 婦人用のフランス詩法[ガヤール]
歴史(*Histoire*)[『婦人の百科文庫』] 107, 121, 122-124, 129-130, 132, 262(167), 266-267(224, 226, 227, 230), 269-270(253, 258)
歴史的教理問答集(*Catéchisme historique*) 305
歴史の総体を成すように取り纏められた歴史ダイジェスト(*Extraits historiques rapprochés de manière à former un corps d'histoire*) 196-197, 289(485)

ろ

老年論(*Traité de la vieillesse*) 377(60)
ローマ人盛衰原因論(*Considérations sur les causes de la grandeur des Romains et de leur décadence*) 123-124, 198, 199, 247(139), 266(221), 291(503)
ロモンのフランス語文法(*Grammaire françoise de Lhomond*) 349, 383-384(137)
ロラン夫人回想録(*Mémoires de Mme Roland*) 372(17)
論理学あるいは思考術(*La Logiqve ov L'Art de penser*) 228(124)
論理学、あるいは、真理の探究における我々の悟性を導く術[ワンドゥランクール](*Logique, ou L'Art de diriger notre entendement dans la recherche de la vérité*) 88
論理学及びフランス語の修辞学概論[アンベール](*Traité de logique et de réthorique*[sic] *françoise*) 107-108, 115, 170, 228(124), 256(148)
論理学そのものの用法が説明されている論理学[バリー](*Logique où il est donné l'usage de la logique mesme*) 221(117) → 婦人の理解力に合わせた極上の哲学

わ

若い淑女のための教え(*Instructions pour les jeunes dames*) 93, 146, 151, 179, 201, 212(57), 229(126), 274(299), 289(487), 315, 321, 325, 326, 353, 356-357, 358, 359-360
若い淑女百科(*Magasin des jeunes dames*) 2(G), 23(G), 24(G), 93-94, 229(126), 274(299), 285(445), 315, 325, 358, 359-360, 388-389(189, 190, 191)
若い人達用の新概要フランス史(*Nouvel abrégé de l'histoire de France à l'usage des jeunes gens*) 56(51), 60(85)
若い人の新ビュフォン(*Le Nouveau Buffon de la jeunesse*) 341, 381(102)
若い人の百科事典(*Encyclopédie de la jeunesse*) 86-87, 311, 312

若い人のビュフォン(*Le Buffon de la jeunesse*) 307, 340-341, 381(100, 101)
若い人のラ・アルプ(*La Harpe de la jeunesse*) 310
若い人のリセ(*Le Lycée de la jeunesse*) 86, 87, 217(98), 308-309, 312, 355-356, 387(177)
若い人用の博物学の基礎的講義(*Leçons élémentaires d'histoire naturelle, à l'usage des jeunes gens*) 76, 309
若い婦人のための読書プラン(*Plan de lecture pour une jeune dame*) 31-32, 98, 152, 160, 164, 166-167, 184, 198, 201, 204-205, 249-250(142), 279(347), 280(368), 289(490)
若い物理学者達の教本(*Le Manuel des jeunes physiciens, ou Nouvelle physique élémentaire*) 218(110)
若い娘用の演劇(*Théâtre à l'usage des jeunes personnes*) 275(306)
若い令嬢の学習講座[フロマジョ](*Cours d'études des jeunes demoiselles*) 95, 140, 147, 154, 164, 186, 197-198, 232-234(130), 293(531)
若い令嬢の修辞学[ドゥブレ](*Rhétorique des jeunes demoiselles*) 366, 393(225)
若い令嬢の百科事典(*Encyclopéide des jeunes demoiselles*) 366, 392(222)
若い令嬢のプルタルコス(*Le Plutarque des jeunes demoiselles*) 389(198)
若い令嬢用の新しいフランス語の修辞学[デュ・グール](*Nouvelle Rhétorique françoise, à l'usage des jeunes demoiselles*) 99, 255-256(148)
若い令嬢用のフランス語の修辞学[試論][ガヤール]([*Essai de*] *rhétorique françoise, à l'usage des jeunes demoiselles*) 20(G), 21(G), 91, 142, 159, 167-168, 200, 201, 223-224(120), 225(122), 255-256(148), 313, 321, 322, 323, 324, 325, 327, 346, 350-353, 376(48), 386(160, 162, 163)
若きアナカルシスのギリシャ旅行紀(*Voyage du jeune Anacharsis en Grèce*) 289-290(490)

Résumé（要旨）

Etude sur les ouvrages destinés à l'instruction du public féminin en France (1650-1800) : leurs traits principaux, leurs cadres sociaux et leur héritage pour le XIXe siècle

Misako KOYAMA
Maître de conférences
à l'Université des Langues étrangères de Nagoya

Cet ouvrage est la version remaniée de notre thèse de doctorat préparée sous la direction du professeur Takao KASHIWAGI et soutenue le 25 janvier 2008 à l'Université d'Osaka.

L'enseignement des filles en France sous l'Ancien Régime, très médiocre par rapport à celui des garçons, présente généralement une image trop négative de l'instruction des femmes ; l'enseignement des jeunes filles aura une image plus négative encore sous Napoléon Ier qui n'a presque aucun souci de leur éducation au début du XIXe siècle.

Cependant, le goût pour les sciences partagé même par les femmes depuis la Renaissance, l'importance des activités dans les salons qui supposaient une certaine égalité intellectuelle entre les deux sexes et divers traités de pédagogie qui défendaient l'instruction solide des femmes ont assurément favorisé la culture de l'esprit chez elles et leur accès aux Lumières, hors du système scolaire, malgré les préjugés tenaces contre les femmes savantes.

On reconnaît ce phénomène, déjà dans la deuxième moitié du XVIIe siècle et surtout au XVIIIe, accompagné de la production d'ouvrages de vulgarisation : les uns, reposant parfois sur une esthétique de la galanterie, qui répondaient au désir de s'instruire agréablement chez les mondains de l'un et de l'autre sexe, et les autres qui servaient à l'instruction de la jeunesse des deux sexes. Nous faisons remarquer ici que le Siècle des Lumières en particulier a connu un essor dans la production des livres des connaissances profanes.

Il faut également relever l'existence de ceux rédigés spécialement pour le public féminin, dignes d'être qualifiés de travail philanthropique, mais aujourd'hui presque oubliés même des Français.

Notre étude d'un corpus de 37 titres (soit 209 volumes) d'ouvrages destinés à la diffusion des connaissances profanes chez les femmes et les jeunes filles nous a permis de saisir ce qui en faisait la spécificité.

Notamment, la *Bibliothèque universelle des dames* (in-18, 154 vol., [Cuchet], Paris, 1785-1793) occupe sans aucun doute le premier rang parmi ces livres ; conçue par « une Société de Gens de Lettres » en vue de fournir toutes les connaissances utiles et agréables aux femmes désireuses de s'instruire, et de leur épargner le travail du choix des livres qui doivent former leur bibliothèque, elle se compose de onze « classes » : « Voyages » (géographie), « Histoire » (histoire universelle ancienne et moderne), « Mélanges » (grammaire française, orthographe, prononciation, versification, logique, rhétorique, mythologie et littérature ancienne), « Théâtre », « Romans », « Morale » (philosophie morale et littérature moraliste), « Mathématiques », « Physique et Astronomie », « Histoire naturelle », « Médecine » et « Arts » (musique).

Le fort pourcentage des sciences, de l'histoire et des belles-lettres que l'on peut y constater correspond exactement à l'état contemporain de la production imprimée en France. En outre, il est vraiment remarquable que beaucoup de rédacteurs bien autorisés comme Lalande, Fourcroy, Parmentier, Sigaud de Lafond, etc. y ont concouru dans le dessein d'éclairer le public féminin.

Cette collection, pour inachevée qu'elle soit, mérite quand même le nom de « petite Bibliothèque encyclopédique », et présente aux lectrices l'idée du progrès de l'esprit humain, l'esprit critique contre l'ignorance, les préjugés et l'intolérance, etc., ce qui caractérise justement l'*Encyclopédie* et les œuvres des philosophes des Lumières.

Notre analyse de cette bibliothèque nous fait supposer une certaine diffusion de l'esprit des Lumières chez les femmes avec des publications qui avaient pour but de les éclairer ; nous connaissons en effet bien d'autres livres instructifs en faveur du public féminin, soit 36 ouvrages, qui enseignent le français, l'italien, le latin, l'anglais, la rhétorique, la logique, l'art poétique, la mythologie, l'histoire et la géographie universelles ainsi que celles de la France, ou encore, la chimie, la physique, l'arithmétique, la médecine, la physiologie, la pédagogie, la philosophie, etc.

Certes, comme tous les livres de cette époque « mis à la portée de tout le monde », ces ouvrages de petit format se caractérisent souvent par « la clarté » et « la précision », voire la réduction à de simples « éléments », ce qui facilite assurément l'acquisition des principes essentiels par les lectrices même peu instruites, pour leur permettre d'accéder aux connaissances plus étendues.

Cependant, selon les auteurs, diverses intentions sont à relever : tantôt l'ambition encyclopédique, tantôt le dessein sincère de faire accéder les femmes à un savoir utile, tant dans la sphère domestique, que dans celle de l'accomplissement de la personne.

De plus, s'y manifestent la lutte contre l'ignorance et les préjugés, la promotion de la raison et du jugement qui font l'esprit des Lumières, ce que nous avons déjà constaté dans certains traités de pédagogie en faveur de l'instruction des jeunes filles.

Le résultat de cette enquête nous conduit naturellement à l'examen des publications instructives à l'usage des femmes et des jeunes personnes au XIXe siècle. En effet, l'héritage du XVIIIe se fait sentir dans le siècle suivant, qui voit la réédition de huit des 37 ouvrages, ayant survécu à l'époque sanglante de la Révolution, et une nouvelle production de livres de vulgarisation caractérisés par cet esprit du Siècle des Lumières avec la même volonté d'instruire le public féminin ; on assiste aussi au retour de certains salons intellectuels et à la réédition de plusieurs de ces traités sur l'éducation parus sous l'Ancien Régime.

Basées sur le résultat des analyses de notre thèse, il est probable que nos recherches sur les publications destinées à l'instruction des femmes et des jeunes personnes, dans la première moitié du XIXe siècle — période pendant laquelle la vulgarisation des connaissances prend forme avec le développement de l'industrie et de la culture bourgeoise, surtout sous Louis-Philippe — contribueront à dévoiler un aspect nouveau de la diffusion du savoir chez les femmes et à valoriser une série d'entreprises philanthropiques d'auteurs, pour la plupart tombés dans l'obscurité de l'histoire.

【著者】

小山　美沙子（こやま　みさこ）

大阪大学大学院文学研究科仏文学専攻修士課程修了、同博士課程単位取得満期退学、文学博士、現在名古屋外国語大学准教授

フランスで出版された女性のための
知的啓蒙書（1650～1800年）に関する一研究
―その特徴及び時代背景から19世紀への継承まで―

平成22年6月20日　発行

著　者　小山　美沙子
発行所　㈱溪水社
　　　　広島市中区小町1-4　（〒730-0041）
　　　　電話　(082) 246-7909
　　　　FAX　(082) 246-7876
　　　　E-mail：info@keisui.co.jp

ISBN978-4-86327-093-0 C3020